3.ª edición

Manual de psicología de la salud

ISAAC AMIGO VÁZQUEZ
CONCEPCIÓN FERNÁNDEZ RODRÍGUEZ
PROFESORES TITULARES DE PSICOLOGÍA DE LA UNIVERSIDAD DE OVIEDO
MARINO PÉREZ ÁLVAREZ
CATEDRÁTICO DE PSICOLOGÍA DE LA UNIVERSIDAD DE OVIEDO

3.ª edición

Manual de psicología de la salud

EDICIONES PIRÁMIDE

COLECCIÓN «PSICOLOGÍA»

Diseño de cubierta: C. Carabina

Realización de cubierta: Anaí Miguel

Tercera edición ampliada y revisada

Reservados todos los derechos. El contenido de esta obra está protegido por la Ley, que establece penas de prisión y/o multas, además de las correspondientes indemnizaciones por daños y perjuicios, para quienes reprodujeren, plagiaren, distribuyeren o comunicaren públicamente, en todo o en parte, una obra literaria, artística o científica, o su transformación, interpretación o ejecución artística fijada en cualquier tipo de soporte o comunicada a través de cualquier otro medio, sin la preceptiva autorización.

© Isaac Amigo Vázquez
   Concepción Fernández Rodríguez
   Marino Pérez Álvarez
© Ediciones Pirámide (Grupo Anaya, S. A.), 1998, **2003, 2009,** 2010
Juan Ignacio Luca de Tena, 15. 28027 Madrid
Teléfono: 91 393 89 89
Depósito legal: M. 38.184-2010
ISBN: 978-84-368-2340-0
Printed in Spain
Impreso en Lavel, S. A.
Polígono Industrial Los Llanos. Gran Canaria, 12
Humanes de Madrid (Madrid)

Vida honesta y arreglada,
usar de pocos remedios,
no reparar en los medios
de no alterarse por nada,
ejercicio y diversión.
No tener nunca aprensión,
salir al campo algún rato,
poco encierro, mucho trato
y continua ocupación.

Consejos para mantener la salud
    Fray Gregorio de Salas
    Clérigo extremeño (siglo XVIII)

Índice

Presentación 17

PARTE PRIMERA
Conceptualización de la psicología de la salud

1. La psicología de la salud 21

    1. Aproximación histórica a los conceptos de salud y enfermedad 21
        1.1. La relación mente-cuerpo 21
        1.2. El modelo biomédico 22
        1.3. Hacia una nueva conceptualización de la salud y la enfermedad 24
            1.3.1. El modelo biopsicosocial 24
    2. El nacimiento de la psicología de la salud 25
        2.1. Delimitación disciplinaria 26
            2.1.1. Medicina psicosomática 26
            2.1.2. Psicología médica 27
            2.1.3. Medicina conductual 27
            2.1.4. Psicología clínica 28
        2.2. La práctica profesional de la psicología de la salud 29

2. Aspectos teóricos y estrategias de intervención para la modificación de las conductas de salud 31

    1. Hábitos saludables 31
    2. Los obstáculos en el camino de la prevención 33
        2.1. Actitudes y pautas culturales 33
        2.2. La naturaleza de los hábitos saludables 34
        2.3. El sistema sanitario y los cambios en las recomendaciones sobre la salud 34
        2.4. La orientación de la psicología clínica 34
    3. La conducta de salud y sus determinantes 35
        3.1. El contexto social 35
        3.2. La percepción del síntoma 35
        3.3. Los estados emocionales 35
        3.4. Las creencias sobre la salud 36

4. Aproximaciones teóricas al concepto de conducta de salud 36
   4.1. El modelo de la creencia sobre la salud (MCS) 36
   4.2. El cambio de actitud como estrategia de prevención 37
        4.2.1. Campañas informativas 37
        4.2.2. Apelaciones al miedo 38
        4.2.3. Cambio de actitud y cambio de conducta 39
   4.3. El enfoque conductual 39
        4.3.1. El problema de la recaída 40
5. Aplicaciones de los enfoques teóricos 40
   5.1. Las recomendaciones del médico 40
   5.2. Las campañas en los medios de comunicación 40
   5.3. La promoción de la salud en la escuela 41
   5.4. La promoción de la salud en el lugar de trabajo 42
   5.5. Grupos de autoayuda 43
   5.6. Programas comunitarios 43
   5.7. Conclusiones 44

PARTE SEGUNDA
Conducta y salud

3. Control del peso, dietas y trastornos alimentarios 47

1. Introducción 47
2. Mecanismos de regulación del peso 47
   2.1. El *efecto suelo* de las dietas 48
   2.2. El *efecto techo* de la sobrealimentación 49
   2.3. El concepto de *setpoint* o punto de ajuste del peso 49
   2.4. La facilidad para ganar peso 50
3. ¿Es la obesidad un riesgo para la salud? 52
   3.1. El sistema de medida y el grado de obesidad 53
   3.2. La distribución de la grasa en el cuerpo 54
   3.3. Las fluctuaciones de peso 55
4. Las dietas 55
   4.1. El mantenimiento de la pérdida de peso 58
   4.2. El efecto de las dietas yo-yo 59
   4.3. Fármacos y cirugía 59
   4.4. Atracones y sobrepeso 60
5. Trastornos de la conducta alimentaria 61
   5.1. La anorexia nerviosa 61
        5.1.1. El abordaje de la anorexia nerviosa 64
   5.2. La bulimia 65
        5.2.1. La lógica de la bulimia 67
        5.2.2. La intervención en la bulimia 68
   5.3. El trastorno por atracón 69
        5.3.1. La lógica del trastorno por atracón 70
        5.3.2. La intervención en el trastorno por atracón 71
6. Programa para la prevención de la anorexia y la bulimia 72
   6.1. Objetivos del programa 72
   6.2. Características del programa 72
   6.3. Descripción del programa sesión por sesión 72

4. Ejercicio físico 75
1. Ejercicio físico y adaptación 75
2. Efectos saludables del ejercicio físico 75
   - 2.1. Sistema cardiovascular 76
   - 2.2. Cáncer 79
   - 2.3. Ansiedad 81
   - 2.4. Depresión 82
   - 2.5. Control de peso 84
   - 2.6. Otros beneficios 86
3. Riesgos del ejercicio físico 87
4. La enseñanza de la educación física 89

5. Alcohol 91
1. Introducción 91
2. Los beneficios del alcohol 92
   - 2.1. Sobre la salud cardiovascular 92
   - 2.2. Alcohol y el riesgo de úlcera 94
   - 2.3. Otros efectos 95
3. Los peligros del alcohol 95
4. ¿Es el alcoholismo una enfermedad?: implicaciones en la prevención 96

6. Tabaco 99
1. El consumo de tabaco 99
2. Tabaco y enfermedad 100
   - 2.1. Enfermedades cardiovasculares 101
   - 2.2. Cáncer 101
   - 2.3. Envejecimiento de la piel 102
   - 2.4. Impotencia 103
   - 2.5. Otros efectos del tabaco 104
3. El fumador pasivo 104
4. Los beneficios del abandono del tabaco 105
5. Prevención del tabaquismo 106
6. Programa para la prevención del abuso de sustancias 106
   - 6.1. Objetivos del programa 107
   - 6.2. Características del programa 107
   - 6.3. Descripción del programa por componentes 107

PARTE TERCERA
Conducta y enfermedad

III.1. El papel del estrés en el desarrollo de la enfermedad

7. Estrés 115
1. Delimitación conceptual 115
2. Rutas psicofisiológicas del estrés 117
   - 2.1. El sistema nervioso autónomo 117
   - 2.2. El sistema hipotalámico-hipofisario-suprarrenal 118

3. Estrés y enfermedad 119
   3.1. Estrés y sistema cardiovascular 119
   3.2. Estrés y sistema gastrointestinal 120
   3.3. Estrés y sistema endocrino 121
   3.4. Estrés y sistema inmunitario 122
   3.5. Estrés y sexualidad 123
   3.6. Estrés y estados emocionales 126
   3.7. Estrés y conducta de enfermedad 126
4. ¿Qué hace a una situación estresante? 127
   4.1. La impredecibilidad de los acontecimientos 127
   4.2. La incontrolabilidad de los acontecimientos 127
        4.2.1. El *burn out* o el síndrome de estar quemado en el trabajo 129
   4.3. La falta de apoyo social 131
   4.4. Los eventos vitales estresantes 133
   4.5. El modo de afrontar la situación 136
5. Técnicas para el control del estrés 139
   5.1. Técnicas de relajación muscular 139
   5.2. Técnicas de biofeedback 140
        5.2.1. Los cinco tipos de biofeedback más utilizados 141
   5.3. Las diversas formas de la meditación trascendental 142
6. El estrés saludable 144

III.2. El dolor como problema central de los trastornos psicofisiológicos

8. Dolor crónico 149

1. Caracterización del trastorno 149
2. Teorías explicativas del dolor 150
3. Conducta de dolor 152
4. Evaluación psicológica del dolor crónico 154
   4.1. La entrevista 154
   4.2. Procedimientos de autoinforme y cuestionarios 154
5. Tratamiento del dolor crónico 155
   5.1. Tratamiento farmacológico 155
   5.2. Tratamientos psicológicos 156
        5.2.1. Técnicas operantes 156
        5.2.2. Técnicas de condicionamiento clásico 157
        5.2.3. Técnicas cognitivo-conductuales 158
        5.2.4. La terapia de aceptación y compromiso 160
        5.2.5. Conclusiones 163

9. Cefaleas 165

1. Caracterización del trastorno 165
2. Clasificación de los dolores de cabeza 165
   2.1. Cefalea tensional 166
   2.2. Migrañas 166
   2.3. Cefalea por sobreabuso de medicación 167
3. Mecanismos explicativos del dolor de cabeza 168
4. Evaluación psicológica del dolor de cabeza 169

    5. Tratamientos del dolor de cabeza 170
        5.1. Tratamiento farmacológico 170
            5.1.1. Cefalea tensional 170
            5.1.2. Migraña 170
        5.2. Tratamiento dietético 170
        5.3. Tratamientos psicológicos 171
            5.3.1. Entrenamiento en relajación y biofeedback 171
            5.3.2. Entrenamiento en asertividad 173

10. Placebo 175

1. Introducción 175
2. Definición 176
3. Características del efecto placebo 177
4. Variables que modulan el efecto placebo 178
    4.1. La conducta del profesional de la salud 178
    4.2. Las características del paciente 178
    4.3. La comunicación médico-paciente 179
    4.4. Determinantes contextuales del efecto placebo 179
    4.5. El marco cultural y el efecto placebo 180
    4.6. La generalidad del efecto placebo 180
5. Mecanismos explicativos del efecto placebo 181

III.3. Enfermedades crónicas: prevención y tratamiento

11. Hipertensión esencial 185

1. Caracterización del trastorno 185
2. Factores de riesgo 186
    2.1. Obesidad 186
    2.2. Consumo de sal 186
    2.3. Alcohol 186
    2.4. Sedentarismo 187
    2.5. Variables psicológicas 187
    2.6. Estrés 188
3. Evaluación de la presión arterial 189
    3.1. La medida manual de la presión arterial 189
    3.2. Métodos de medición automática de la presión arterial 190
    3.3. La medida ambulatoria de la presión arterial (MAPA) 190
4. La hipertensión de bata blanca o hipertensión clínica aislada 190
    4.1. Caracterización de la hipertensión de bata blanca 190
    4.2. Presión arterial y condicionamiento clásico 191
    4.3. Implicaciones clínicas 192
5. Tratamiento de la hipertensión arterial 194
    5.1. Tratamiento farmacológico 194
    5.2. Tratamientos psicológicos 194

12. Síndrome del intestino irritable 197

1. Caracterización del trastorno 197
2. Sintomatología 198

	3.	Etiología	199
	4.	Tratamientos del síndrome del intestino irritable	201
		4.1. Tratamientos médicos	201
		4.2. Tratamientos psicológicos	202
		4.2.1. Hipnosis	202
		4.2.2. Biofeedback	202
		4.2.3. Entrenamiento en el manejo del estrés	203
		4.2.4. Manejo de contingencias	205
	5.	Intervención comportamental en el síndrome del intestino irritable	205
		5.1. Evaluación conductual y análisis funcional	205
		5.2. Tratamiento conductual	207
		5.3. Estudio de un caso clínico	208

13. Asma bronquial 213

1. Caracterización del trastorno 213
2. Tratamiento médico 214
3. El papel de los factores psicológicos en el asma 214
   3.1. Variables cognitivas 214
   3.2. Variables emocionales 214
   3.3. Variables conductuales 216
4. Evaluación de las variables psicológicas relevantes en el asma 216
   4.1. La entrevista en el asma 216
   4.2. Listado de Problemas Conductuales en el Asma 217
   4.3. Encuesta de Actitud sobre el Asma 217
   4.4. El autorregistro del asma. 217
5. El manejo de los factores psicológicos que contribuyen al asma 217
   5.1. Corregir creencias erróneas sobre el tratamiento del asma 218
   5.2. Conocer las condiciones que desencadenan y agravan el asma 218
   5.3. Reconocer los signos tempranos de la crisis y saber responder a ellos 218
   5.4. Aprender técnicas de relajación y respiración abdominal 219
6. Programas de automanejo 219

14. Cáncer 221

1. Caracterización del trastorno 221
2. Factores de riesgo del cáncer 223
3. Sintomatología 226
4. Tratamiento médico 227
5. Consecuencias físicas y psicológicas del cáncer 228
6. Estilos de afrontamiento del cáncer 228
7. Intervenciones psicológicas en el cáncer 230
   7.1. La comunicación de la información sobre la enfermedad 230
   7.2. Intervención psicológica sobre los efectos negativos de la enfermedad y del tratamiento 231
   7.3. Psicoterapia 232
        7.3.1. Terapia psicológica adyuvante 233
   7.4. Terapia de grupo 235
   7.5. Terapias psicológicas para la prevención del cáncer y recidiva de la enfermedad 235

PARTE CUARTA
La adhesión a los tratamientos

15. La adhesión a los tratamientos terapéuticos 239
    1. Los problemas de la adhesión 239
    2. Concepto y teorías 241
        2.1. Modelos biomédicos 241
        2.2. Modelos conductuales 241
            2.2.1. Modelos operantes 242
            2.2.2. Modelos de comunicación 242
            2.2.3. Modelos cognitivos 242
    3. Evaluación de la adhesión 246
    4. Factores asociados a la adhesión terapéutica 247
        4.1. Variables de la enfermedad 248
        4.2. Variables del tratamiento 248
        4.3. Variables de la relación médico-paciente 248
        4.4. Variables del paciente 249
    5. Análisis funcional de la adhesión terapéutica 251
    6. Estrategias de intervención para la promoción de la adhesión 257
        6.1. Métodos para mejorar la comunicación 259
        6.2. Entrenamiento en entrevista clínica 260
        6.3. Estrategias psicológicas de interés en la promoción de la adhesión 260
    Anexo 15.1. Esquema de entrevista para promover la adhesión a los tratamientos 265
    Anexo 15.2. Pauta de registro de variables implicadas en la adhesión terapéutica 268

16. La adhesión al tratamiento diabetológico 271
    1. Caracterización del trastorno 271
    2. Las barreras para la adhesión al tratamiento diabetológico 272
    3. Los requisitos conductuales del tratamiento diabetológico 273
        3.1. La medida de la glucosa: técnicas e indicadores 274
            3.1.1. Glucosuria 275
            3.1.2. Glucemia 275
            3.1.3. Entrenamiento en discriminación del nivel de glucemia 276
            3.1.4. Hemoglobina glucosilada 276
        3.2. Medicación hipoglucemiante 277
            3.2.1. La insulina 277
            3.2.2. Antidiabéticos orales 278
        3.3. Dieta 278
        3.4. Ejercicio físico 279
        3.5. Estados metabólicos descompensados 279
        3.6. Estrés 280
    4. Programas para facilitar la adhesión diabetológica 281
        4.1. Programas educativos 281
        4.2. Programas de modificación de conducta 282
    Anexo 16.1. Descripción conductual de un programa de tratamiento diabetológico. Un estudio de caso 285

Bibliografía 293

Presentación

Esta tercera edición del *Manual de psicología de la salud* (ampliada y revisada) pretende ser una actualización de los conocimientos y los cambios en las líneas de trabajo que se van sucediendo continuamente dentro de esta área de conocimiento, al igual que ocurre en cualquier otro ámbito del trabajo académico y científico. Si se examina la evolución de este texto, desde su primera edición en 1998 hasta la actualidad, se podrá comprobar el paso de una cierta ingenuidad inicial, en virtud de la cual se abrieron grandes expectativas en el ámbito de la prevención y de la clínica de múltiples problemas de salud, a un cierto afianzamiento del trabajo en un número limitado de temas. El dolor, la prevención de conductas insalubres, los trastornos cardiovasculares, el cáncer o la adhesión a los tratamientos son áreas de trabajo preferentes donde se pueden encontrar aportaciones muy relevantes de muchos investigadores españoles.

De acuerdo con todo ello, el manual se estructura en cuatro partes fundamentales: *Conceptualización, Conducta y salud, Conducta y enfermedad* y *Adhesión a los tratamientos*. Dentro de la primera, se intenta una aproximación histórica y conceptual a esta disciplina. Se enfatizan también los puntos de intersección con otras áreas de la psicología.

En la segunda parte de este libro se aborda la relación entre conducta y salud. Se trata, por un lado, de presentar los aspectos teóricos y técnicas de intervención en los que basarse para el desarrollo de programas de promoción de la salud y prevención de la enfermedad. Por otro, analizar los factores de riesgo cuya corrección, a través de comportamientos adecuados, resultan fundamentales para conseguir ese estado de bienestar físico y psicológico que se suele denominar salud. En este sentido, se resalta, paradójicamente, cómo determinadas creencias y prácticas de salud (nutricionales o de ejercicio físico) resultan iatrogénicas.

La tercera parte, conducta y enfermedad, se inicia con un tema dedicado a explicar el papel que el estrés tiene en el desarrollo de la enfermedad. Los tres temas siguientes, el dolor crónico, las cefaleas y el placebo, se han incluido en un bloque dedicado al dolor. El estudio del placebo es muy interesante en este punto porque éste es su ámbito de aplicación por excelencia. El siguiente bloque, dentro de este apartado, se refiere a las posibilidades de prevención y tratamiento de enfermedades crónicas muy prevalentes (la hipertensión esencial, el síndrome del intestino irritable, el asma y el cáncer) y que implican cambios sustanciales en el estilo de vida de las personas que las sufren.

La última parte está dedicada a la adhesión a los tratamientos terapéuticos. Se trata de ilustrar, utilizando la diabetes como ejemplo para ello, cómo se puede intervenir, desde una perspectiva psicológica, para favorecer el cumplimiento de los regímenes terapéuticos.

Oviedo, julio de 2009.

LOS AUTORES

PARTE PRIMERA
Conceptualización de la psicología de la salud

La psicología de la salud 1

1. APROXIMACIÓN HISTÓRICA A LOS CONCEPTOS DE SALUD Y ENFERMEDAD

El nacimiento de la *psicología de la salud* habría que situarlo en un contexto en el cual, a pesar de los espectaculares avances que se han vivido dentro del campo de la medicina y la farmacoterapia, se ha puesto de relieve que la salud no es sólo cuestión de una tecnología que permita reparar los sistemas biológicos del organismo cuando estos fallan, sino que ésta también depende de todo aquello que la persona puede hacer para prevenir la enfermedad y promover el bienestar. En este mismo sentido, la OMS (1948) ya definió la salud no sólo como ausencia de enfermedad, sino como un estado de bienestar físico y psicológico.

A lo largo de la historia y en todas las culturas, siempre se han reconocido y enseñado comportamientos muy distintos y a veces contradictorios para potenciar la salud. Baste pensar, por ejemplo, en los cambios en las recomendaciones dietéticas que se han efectuado en el mundo occidental en las últimas décadas en relación al valor nutricional de determinados alimentos.

Esas recomendaciones sobre lo que hay hacer para llevar un estilo de vida saludable, vienen determinadas, en gran medida, por el modo en que cada cultura ha entendido la relación mente-cuerpo. Dicha relación, a lo largo de la historia de las civilizaciones, ha ido balanceándose desde una perspectiva holística a una visión dualista. La primera, que supone asumir que el ser humano es un todo indisociable mente-cuerpo diferente de la mera suma de esos elementos, suele conllevar un énfasis en lo que la persona puede hacer para mantener su salud, tal como ocurrió en Grecia y en China o como en la actualidad propone el modelo biopsicosocial de la salud. Por el contrario, el dualismo implica una visión de la salud como algo que viene dado y en la que se pone menos énfasis en la importancia de los comportamientos saludables que en los tratamientos de las enfermedades, tal como en la actualidad se desprende del modelo biomédico.

1.1. La relación mente-cuerpo

Un breve repaso a la historia nos permitirá observar cómo el modo de entender la salud que propone la psicología de la salud está esbozado formalmente en culturas muy distintas a la nuestra. En la antigua Grecia se consideraba que la mente y el cuerpo estaban esencialmente unidos, de tal manera que se influían mutuamente. Hipócrates es, probablemente, el mejor representante de esa tradición. La salud, según él, era la resultante de un estado de armonía del individuo consigo mismo y con el exterior, mientras que la enfermedad devenía de la ruptura de ese equilibrio por causas naturales. Ahora bien, dentro de las causas naturales no sólo incluía las de naturaleza biológica, sino también las relativas al comportamiento del individuo y su «personalidad». Mucho antes, en China, también se desrrrolló una concepción naturalista de la salud y de la enfermedad. Esta aproximación evolucionó de un modo independiente a las nociones desarrolladas en el mundo occidental, aunque también entendía la enfermedad como un fenómeno natural. El concepto clave para entender la noción de enfermedad en la cultura china sería el balance de fuerzas. La enfermedad aparecería cuando se rompiese el balance de esas fuerzas opuestas, por ejemplo, cuando el cuerpo sufre mucho calor o mucho frío, o cuando se sufre un acontecimiento emocional o se produce un desequilibrio en la dieta. Desde esta perspectiva, mente y cuerpo están indisolublemente unidos y la salud física se ve decisivamente influida por las emociones y conductas de las personas. Esta visión sigue vigente aún hoy en día en la medicina china actual (Pachuta, 1989).

Durante la Edad Media se produjo un giro en esta concepción naturalista de la salud en el mundo occidental hacia un visión dualista del ser humano según la cual, dentro de cada persona, hay un espíritu eterno que vive dentro de un cuerpo finito. Este enfoque espiritualista se hizo cada vez más dominante debido al poder creciente de la Iglesia Católica en todos los ámbitos de la sociedad en esa época. Su influencia en la practica médica era tal que, en el año 1139, el Papa Inocencio II dictó una norma por la que prohibía a los sacerdotes dispensar medicina, con objeto de que se dedicaran más intensamente a las prácticas propias de su ministerio (Shelton, Anastopoulos y Elliot, 1991). La enfermedad era vista como el resultado de la violación de una ley divina y la curación como resultado de la fe y arrepentimiento del pecado. Los procedimientos curativos eran en realidad prácticas religiosas. Durante el Renacimiento se recuperó una cierta conceptualización de la enfermedad en términos naturalistas. Durante este período, se vivió un renovado interés por el estudio de las ciencias, fruto del cual fueron, por ejemplo, el desarrollo del microscopio o la realización de las autopsias. Sin embargo, «esta visión holística del fenómeno salud-enfermedad, empieza a cobrar influencia en el pensamiento médico como un residuo ancestral notablemente desnaturalizado. Será durante el Renacimiento cuando tenga lugar el hecho que cambió la historia de la medicina y posibilitó la aparición, consolidación y absoluta primacía del modelo biomédico» (Gil Roales-Nieto, 1996).

Efectivamente, el modelo biomédico tuvo su fundamento doctrinal en el dualismo mente-cuerpo y la teoría que quizá mejor la representó fue la de René Descartes (1596-1656). Descartes planteó que lo físico y lo espiritual son dos realidades separadas; mientras que el cuerpo pertenecería a la realidad física, la mente sería una realidad espiritual. De acuerdo con esta visión, el cuerpo sería como una máquina que podría ser analizada en términos de sus partes constituyentes y entendida así en términos mecánicos. La enfermedad sería, entonces, el resultado del fallo de algún elemento de la máquina y, al igual que haría un mecánico, el trabajo del médico sería el de diagnosticar dicho fallo y reparar la maquinaria. Desde esta perspectiva, la salud y la enfermedad pasan a ser vistas como una cuestión meramente bioquímica, omitiéndose la importancia de los factores sociales o psicológicos. Este planteamiento dualista, que con el tiempo ha llegado a ser dogma oficial de la naturaleza humana (Ryle, 1949), fue admitido muy prontamente por la Iglesia Católica, ya que el avance científico dejaba de ser un peligro para sus dogmas y para el poder social que ejercía. El espíritu y la mente pasaban a ser entendidos como algo inmaterial, no sujeto a las leyes del mundo físico a las que estaba sometido el cuerpo. Esta perspectiva de la realidad permanece fuertemente arraigada en la cultura occidental actual.

No obstante, se debe subrayar que esta aproximación mecánico-analítica de la enfermedad derivada del posicionamiento dualista ha reportado (dejando al margen sus problemas, que veremos más adelante) grandes beneficios a la humanidad. Así, por ejemplo, las enfermedades infecciosas han sido en gran medida controladas, las tasas de mortalidad han decrecido espectacularmente en el mundo occidental y la cirugía ha permitido tratar e, incluso, curar algunas enfermedades que antes resultaban fatales.

1.2. El modelo biomédico

El modelo biomédico descansa sobre dos supuestos básicos (Engel, 1977). El primero de ellos es la doctrina del dualismo mente-cuerpo, descrita en el apartado anterior, en virtud de la cual se entiende que el cuerpo es una entidad física y la mente forma parte del dominio espiritual. El segundo principio es el del reduccionismo. Se asume que todo el proceso de la enfermedad se limita a una cuestión de reacciones físicas y químicas. Un cáncer, por ejemplo, es visto como un fenómeno de naturaleza física en el cual la proliferación incontrolada de células, fruto de una mutación genética, acabará dañando otros órganos y tejidos del organismo, mientras que la reacción emocional de la persona a esa enfermedad, así como otros elementos, como la adhesión al tratamiento que pueden ser importantes en su evolución son, generalmente, obviados. En definitiva, se aborda la enfermedad atendiendo a sus aspectos físicos, se trata un cáncer o un infarto de miocardio y no se presta atención al hecho de que detrás de ellos hay una persona cuya respuesta (personal, familiar, etcétera) a ese nuevo estado va a influir en el curso de la patología.

Aunque este modo de entender la enfermedad ha dado lugar a grandes éxitos médicos, Engel (1977) ha puesto de manifiesto algunas de las *insuficiencias* que esta perspectiva médica presenta a la hora de dar cuenta del proceso salud-enfermedad.

En primer lugar, desde el modelo biomédico, *el criterio fundamental para el diagnóstico de la enfermedad es la presencia de anormalidades bioquímicas*. Esto ignora el hecho documentado de que esas alteraciones bioquímicas son condiciones necesarias pero no suficientes para el establecimiento del diagnóstico. Éste sería el caso, por ejemplo, de la llamada hipertensión de bata blanca (véase capítulo 11) donde la medición de un parámetro biológico se puede mostrar insuficiente e, incluso, iatrogénico en el diagnóstico y tratamiento de la hipertensión esencial.

En segundo lugar, *el diagnóstico del estado físico depende también, en gran medida, de la información que proporciona el paciente*. Aunque el examen físico y las pruebas de laboratorio son decisivas para identificar la enfermedad, el diagnóstico descansa, además, sobre lo que el paciente es capaz de comunicar al profesional de la salud. Así, por ejemplo, el diagnóstico de los trastornos digestivos funcionales se establece únicamente por los síntomas que el paciente refiere, una vez excluida la patología orgánica (véase capítulo 12). Por lo tanto, la exactitud en el diagnóstico también depende, en cierta medida, de la habilidad del médico en la entrevista terapéutica y su capacidad para comprender los determinantes psicológicos, sociales y culturales de los síntomas presentados por el paciente.

En tercer lugar, la aproximación biomédica a la enfermedad, concentrada en el estudio de la problemática fisiológica *ignora la influencia de determinadas situaciones vitales en la salud de las personas*. La enfermedad no sólo está mediada por la susceptibilidad biológica del organismo, sino que también son decisivos en ella los eventos vitales estresantes que una persona sufre a lo largo de su vida (véase capítulo 7).

Por otra parte, *los factores psicológicos y sociales son fundamentales a la hora de determinar cuándo una persona y aquellos que le rodean llegan a verla como enferma*. Puesto que esta etiqueta suele ser la razón última a la hora de tomar la decisión de buscar ayuda médica, el modelo biomédico resulta insuficiente a la hora de explicar por qué la gente, en algunos casos, no busca ayuda y por qué decide tomar esa decisión o por qué cumple las prescripciones médicas (véase capítulo 15).

En quinto lugar, *el modelo biomédico también puede fracasar a la hora de determinar la recuperación de la salud después de la enfermedad*. Se sobrentiende, en muchos casos, que la enfermedad finaliza cuando se han corregido las alteraciones fisiológicas. Sin embargo, no siempre ocurre así, tal y como queda ilustrado en el caso del dolor crónico benigno (véase capítulo 8), en el cual las consecuencias sociales pueden mantener las quejas del paciente.

Finalmente, dentro de estas críticas al modelo biomédico, Engel también señala el hecho poco reconocido de que *el resultado del tratamiento también se verá influido decisivamente por la relación médico-paciente*. Si bien desde la perspectiva biomédica el énfasis se pone en el uso de medicamentos u otras tecnologías, la interacción con el médico puede ser decisiva, puesto que de ella depende, en gran medida, la cooperación del paciente. Además, las reacciones a la conducta del médico pueden traducirse en cambios psicofisiológicos que alteran el curso de la enfermedad. En este sentido, Engel (1977) ha señalado que los requerimientos de insulina de un diabético pueden fluctuar, significativamente, dependiendo de la percepción que el paciente tiene de su relación con el doctor (véase capítulo 16).

1.3. Hacia una nueva conceptualización de la salud y la enfermedad

Ante las dificultades planteadas al modelo biomédico, diversos autores han sugerido la necesidad de formalizar una nueva conceptualización que permita comprender y controlar mejor la enfermedad (Jasnoski y Schwartz, 1985). Aunque en este intento se plantean opciones con matices distintos, existe, obviamente, un gran acuerdo en la necesidad de incorporar los aspectos positivos del modelo biomédico así como sus avances técnicos y farmacológicos. Lo que se pretende es, en definitiva, superar la formulación dualista cuerpo-mente.

1.3.1. *El modelo biopsicosocial*

El modelo biopsicosocial sostiene que es el conjunto de los factores biológicos, psicológicos y sociales el determinante de la salud y de la enfermedad (Reig, 2005). De este modo, tanto los que se podrían calificar de *macroprocesos* (apoyo social, trastornos de salud mental, etcétera) como los *microprocesos* (alteraciones bioquímicas) interactúan en el proceso de salud-enfermedad. Lo cual implica que la salud y la enfermedad tienen una causación múltiple y que múltiples, también, son sus efectos. El modelo biopsicosocial, además, pone en el mismo ámbito de su interés la salud y la enfermedad (frente al modelo biomédico que se ocupa fundamentalmente de la enfermedad) y sostiene que la salud es algo que se alcanza cuando el individuo tiene cubiertas sus necesidades biológicas, psicológicas y sociales y no como algo que le es concedido como un don.

En el ámbito de la investigación, el modelo sostiene que para comprender los resultados en el dominio de la salud y la enfermedad, se deben tener en cuenta todos los procesos implicados y se deben tratar de medir los tres tipos de variables antes mencionadas. Si ello no se hace así y el investigador atribuye a un tipo particular de variables el protagonismo principal, se deberá sobrentender que los otros tipos de variables son condiciones necesarias para que tenga lugar el proceso. Por ejemplo, en el caso de un infarto de miocardio, si se atribuye al estrés un papel decisivo como desencadenante del mismo se está asumiendo que ciertas condiciones biológicas del organismo son necesarias para que este proceso ocurra (véase capítulo 7).

Para comprender el proceso de interacción de las variables biológicas, psicológicas y sociales, los investigadores, en general, han adoptado la *teoría de sistemas*. Según ésta, todos los niveles de organización en cualquier ente están relacionados entre sí jerárquicamente y los cambios en cualquier nivel afectarán a todos los demás. Por lo tanto, la salud, la enfermedad y la atención médica serían un conjunto de procesos interrelacionados que provocan cambios en el organismo y éstos, a su vez, sobre los otros niveles. Obviamente, esta conceptualización fuerza a adoptar un perspectiva multidisciplinar y en el ámbito de la investigación requiere la utilización del análisis multivariado y otras complejas pruebas estadísticas para el estudio de los determinantes de la salud y de la enfermedad (Vallejo, 1996).

El modelo biopsicosocial conlleva, como es natural, distintas implicaciones clínicas. En primer lugar, se sostiene que el proceso de diagnóstico debería considerar siempre el papel interactivo de los factores biológicos, psicológicos y sociales a la hora de evaluar la salud o enfermedad de un individuo. Por lo tanto, el mejor diagnóstico es el que se hace desde una perspectiva multidisciplinar (véase capítulo 8).

Por otra parte, el modelo también sostiene que las recomendaciones para el tratamiento deben tener en cuenta los tres tipos de variables antes mencionadas. Se trata, en definitiva, de ajustar la terapia a las necesidades particulares de cada persona, considerando su estado de salud en conjunto y haciendo aquellas recomendaciones de tratamiento que sirvan para abordar el conjunto de problemas que esa persona plantea.

En tercer lugar, el modelo biopsicosocial destaca explícitamente la importancia de la relación entre el paciente y el clínico. Se reconoce que una buena relación entre ambos puede mejorar de un modo sustancial la adhesión del paciente al tratamiento, la propia efectividad del mismo y acortar el tiempo de recuperación de la enfermedad. En definitiva, desde este modelo se insiste en la necesidad de que el médico debe comprender además de los factores biológicos, los factores psicológicos y sociales que contribuyen al desarrollo y mantenimiento de la enfermedad con objeto de abordarla adecuadamente.

2. EL NACIMIENTO DE LA PSICOLOGÍA DE LA SALUD

En un contexto interesado por un modelo holístico de salud, surge el nacimiento formal de la psicología de la salud (Ballester, 1998), coincidiendo ello, además, con la propuesta formulada a finales de los sesenta, de considerar la psicología como una profesión sanitaria, al reconocerse que la conducta del ser humano puede ser crucial tanto en el mantenimiento de la salud como en el origen y evolución de la enfermedad.

Básicamente, son tres las razones que se suelen plantear como causas particulares de la emergencia de la psicología de la salud. En primer lugar, desde mediados del siglo XX asistimos a un cambio en la preocupación sanitaria que se ha desplazado, en una medida importante, desde las enfermedades infecciosas (que hoy se encuentran, en general, bastante bien controladas a través de los antibióticos) a los trastornos de carácter crónico de etiología pluricausal que están ligados al estilo de vida propio de las sociedades industrializadas. El incremento de estas «nuevas» enfermedades (como el cáncer o los problemas cardiovasculares) es, en definitiva, producto de comportamientos y hábitos poco saludables o insanos, que, actuando sinérgicamente, facilitan la aparición de enfermedad.

En segundo lugar, este tipo de enfermedades crónicas, con las cuales el paciente tiene que convivir durante muchos años, suelen conllevar una serie de cambios importantes en su estilo y calidad de vida (por ejemplo, mantener una buena adhesión a los tratamientos crónicos) a los que las personas deben adaptarse.

Finalmente, el modelo médico de la enfermedad, como ya hemos señalado, entiende la enfermedad en términos de un desorden biológico o desajustes químicos y, en definitiva, asume el *dualismo mente-cuerpo*. Esta perspectiva es, a todas luces, insuficiente, tanto para entender como para tratar los problemas de salud crónicos que han emergido con fuerza a lo largo del siglo XX. En este sentido, los clínicos que gozan de mayor prestigio y conocimiento saben que el mejor de los diagnósticos y tratamientos posibles siempre estará influido por la calidad de la relación médico-paciente que se haya establecido.

Por todas estas razones y en pleno desarrollo de esta perspectiva emergente de los problemas de salud, la Asociación Americana de Psicología (APA) creó, en 1978, como una más de sus divisiones, la 38 concretamente, la Health Psychology (división de psicología de la salud) que al año siguiente, en 1979, publica su primer manual *Health Psychology. A Handbook* (Stone, Cohen y Adler, 1979). En 1982 también aparece la revista de esta división de la APA con el título *Health Psychology*.

Las atribuciones de esta disciplina y sus áreas de trabajo quedan descritas en la vigente, y ampliamente aceptada, definición de Matarazzo (1980, p. 815):

«La psicología de la salud es la suma de las contribuciones profesionales, científicas y educativas específicas de la psicología como disciplina, para la promoción y mantenimiento de la salud, la prevención y tratamiento de la enfermedad, la identificación de los correlatos etiológicos y diagnósticos de la salud, la enfermedad y la disfunción asociada, además del mejoramiento del sistema sanitario y la formulación de una política de la salud».

En esta formulación de Matarazzo se recogen las cuatro líneas de trabajo fundamentales del psicólogo de la salud. En primer lugar se destaca *la promoción y el mantenimiento de la salud,* que incluiría todo el ámbito de las campañas destinadas a promover hábitos saludables, como, por ejemplo, el de una dieta adecuada. La segunda línea de trabajo la constituye *la prevención y el tratamiento de la enfermedad*. La psicología de la salud enfatiza la necesidad de modificar los hábitos insanos con objeto de prevenir la enfermedad, sin olvidar que se puede trabajar con aquellos pacientes que sufren enfermedades en las cuales tienen gran importancia ciertos factores conductuales, además de enseñar a la gente que ya ha enfermado a adaptarse con más éxito a su nueva situación o aprender a seguir los regímenes de tratamiento. En tercer lugar, la psicología de la salud también se centra en el estudio de la *etiología y correlatos de la salud, enfermedad y las disfunciones*. En este contexto la etiología hace referencia al estudio de las causas (conductuales y sociales) de la salud y enfermedad. Dentro de las mismas se incluirían hábitos tan referidos como el consumo de alcohol, el tabaco, el ejercicio físico o el modo de enfrentarse a las situaciones de estrés. Finalmente, también se atribuye como competencia de la psicología de la salud el estudio del *sistema sanitario y la formulación de una política de la salud*. En definitiva, se trataría de analizar el impacto de las instituciones sanitarias y de los profesionales de la salud sobre el comportamiento de la población y desarrollar recomendaciones para mejorar el cuidado de la salud.

2.1. Delimitación disciplinaria

La psicología de la salud no es la única disciplina que se ha ocupado del campo antes descrito. A continuación, trataremos de puntualizar las diferencias y los puntos de encuentro que mantiene con otras áreas de conocimiento.

2.1.1. *Medicina psicosomática*

La medicina psicosomática constituyó el primer intento de investigar, dentro del ámbito médico, las relaciones entre las variables psicosociales y las alteraciones psicofisiológicas. El término fue acuñado en 1918 por Heinroth (Reig, 1981). Con él se quiso dar cuenta de las relaciones entre los procesos psicológicos y las estructuras somáticas. Históricamente se han descrito dos momentos en la evolución de la medicina psicosomática (Lipowski, 1986). El primero comprende entre 1935 y 1960 y se caracteriza por la notable influencia del psicoanálisis. De hecho, en esta fase, la medicina psicosomática se centró fundamentalmente en el estudio de la etiología y patogénesis de la enfermedad física desde una perspectiva abiertamente psicodinámica. Se asumía que las causas de algunas enfermedades orgánicas concretas se encuentran en ciertas características de personalidad, conflictos interpersonales y el modo de responder a dichos conflictos. Si se suma una cierta vulnerabilidad orgánica, constitucional o adquirida a la presencia de los tres factores antes mencionados, el resultado será una enfermedad específica. Según uno de sus representantes más relevantes en ese momento, Alexander (1950), las alteraciones de salud más importantes que podían considerarse de naturaleza psicosomática serían el asma, la neurodermatitis, la úlcera de duodeno, la colitis ulcerosa, la artritis reumatoide, la hipertensión esencial y la diabetes.

A partir de 1965 se observa un cambio de orientación en esta disciplina. Se abandonan progresivamente las formulaciones psicoanalíticas para explicar la enfermedad, se busca una base más sólida de conocimiento equiparable al de la medicina y se plantea la necesidad del desarrollo de técnicas terapéuticas eficaces para el tratamiento de la enfermedad psicosomática. Este cambio de orientación queda plasmado en los objetivos que, según Lipowski (1977), le corresponderían a la medicina psicosomática: 1) el estudio del papel de los factores psicológicos, biológicos y sociales en la homeostasis del ser humano; 2) una aproximación holística a la práctica de la medicina, y 3) una relación con la práctica psiquiátrica de consulta-apoyo.

A pesar de esta notable evolución, las diferencias entre la medicina psicosomática y la psicología de la salud se plantean de un modo evidente. El énfasis de la primera en la enfermedad y en el tratamiento frente al interés de la segunda en la salud y la prevención son alguno de los contrastes que se acentúan si se atiende a la metodología o a las técnicas de intervención. Al margen de su papel histórico de sensibilizar a los médicos y psicólogos hacia la interacción de las emociones y los desórdenes físicos, el interés casi exclusivo de la medicina psicosomática por el tema de la enfermedad (en detrimento de la salud), su inicial vinculación con la teoría psicoanalítica y atención limitada a un pequeño grupo de alteraciones fisiológicas, redujeron las posibilidades de esta disciplina para hacerse cargo de la temática de la salud en su sentido más amplio.

2.1.2. *Psicología médica*

La definición muy amplia y general de lo que es la psicología médica formulada, por Asken (1979), puede ilustrar perfectamente el campo diverso y disperso que se le asigna a esta disciplina. Según este autor su objetivo es:

> «... el estudio de los factores psicológicos relacionados con cualquiera de los aspectos de la salud física, la enfermedad y su tratamiento a nivel del individuo, el grupo y los sistemas. La psicología médica no representa una orientación teórica particular; los problemas de la misma pueden ser conceptualizados desde cualquier orientación deseada. La psicología médica tiene, además, como foco, todas las áreas de interés académico: investigación, intervención, aplicación y enseñanza» (p. 67).

Desde esta perspectiva dentro de la psicología médica cabría prácticamente todo. Se podría recoger en ella la medicina psicosomática en su primera etapa, se aceptaría la intervención psicológica en el ámbito médico desde posiciones teóricas distintas e, incluso, contradictorias o, simplemente, cabría el uso de técnicas psicológicas (de tipo psicométrico, por ejemplo) para el diagnóstico y evaluación de la enfermedad física. A pesar de todo ello, la psicología médica no ha podido englobar todo el ámbito de trabajo que caracteriza a la psicología de la salud ni la conceptualización del objeto de estudio de la misma. A modo de ejemplo, la psicología médica no pone en primer plano la salud como objeto de intervención y olvida, además, el papel de otras profesiones clínicas en el cuidado de la salud, subordinando el campo psicológico al médico y confundiendo el objeto de estudio con la competencia profesional (Gil Roales-Nieto, 1996).

2.1.3. *Medicina conductual*

Posiblemente, deslindar la «medicina conductual» de la «psicología de la salud» constituye el ejercicio más difícil de delimitación conceptual dentro de esta área de conocimiento, ya que hasta los años ochenta ambos términos se usaron casi indistintamente para referirse a esta nueva aproximación de tipo biopsicosocial a la salud. El término «medicina conductual» fue utilizado por primera vez en 1973 apareciendo en el título del libro *Biofeedback: Behavioral Medicine* (Birk, 1973). Se presenta este término como un sinónimo y complemento del biofeedback y se reconoce así la importancia que tuvo el biofeedback en el nacimiento de esta disciplina. No obstante, el término equivalente en el ámbito infantil *behavioral pediatrics* ya había sido empleado en 1970 en un artículo sobre los factores conductuales en la etiología y el curso de la enfermedad somática en el contexto hospitalario (Friedman, 1970).

Tal y como expresa el concepto, la medicina conductual nace como una extensión de la tradición teórica conductista, por lo cual su preocupación principal fueron las conductas de salud y enfermedad, las contingencias que las mantienen y los cambios necesarios que habría que operar en las mismas para modificar dichas conductas. En la práctica clínica, la medicina conductual emplea las técnicas de modificación de conducta para la evaluación, prevención y tratamiento de la enfermedad física o disfunciones psicofisiológicas, además de la utilización del análisis funcional de la conducta para la comprensión de las conductas asociadas a los trastornos médicos y problemas en el cuidado de la salud (Pormelau y Brady, 1979, p. xii).

En este sentido, Schwartz y Weiss formularon una definición de la medicina conductual, ampliamente aceptada, en la que se recogen sus características esenciales:

«La medicina conductual es un campo interdisciplinario ocupado en el desarrollo e integración de la ciencia biomédica y conductual, conocimiento y técnicas relevantes para la salud y la enfermedad y la aplicación de esas técnicas y ese conocimiento para la prevención, diagnóstico, tratamiento y rehabilitación» (Schwartz y Weiss, 1978, p. 250).

En base a esta formulación dos son las diferencias fundamentales que se pueden enfatizar entre la psicología de la salud y la medicina conductual. En primer lugar, en la medicina conductual se pone el acento en su naturaleza interdisciplinaria, frente a la psicología de la salud que se presenta como una rama de la psicología y, en segundo lugar, mientras que la medicina conductual parece centrarse en el tratamiento y rehabilitación de la enfermedad, la psicología de la salud se preocupa, especialmente, del ámbito de la promoción de la salud (Godoy, 1999).

Es por ello, quizá, que el término medicina conductual suele ser utilizado por los investigadores y clínicos que trabajan en el ámbito médico (hospitales, facultades de medicina, etcétera), mientras que el término psicología de la salud suele ser asumido por los psicólogos que se dedican a la investigación dentro de los distintos departamentos de las facultades de psicología (Kaptein y Van Rooijen, 1990).

No obstante, en el trabajo profesional cotidiano ambos términos no están tan distantes como las discusiones conceptuales a veces dan a entender y, de hecho, la mayor parte de los psicólogos que trabajan en el campo de la conducta, la salud y la enfermedad combinan los elementos de ambas disciplinas.

2.1.4. *Psicología clínica*

Respecto a la delimitación de campos entre la psicología clínica y la psicología de la salud existe, en nuestro país, una interesante polémica (Pelechano, 1996). Se trata de definir si son disciplinas distintas o si cualquiera de ellas puede asumir los contenidos y tareas de la otra. Frente a este dilema se han decantado dos posturas opuestas. Por un lado, algunos autores sostienen que no hay justificación para la creación de una nueva especialidad de psicología de la salud (Belloch, 1996; Botella, 1966; Echeburúa, 1996; Blanco-Picabia, 1996), ya que consideran que la psicología clínica puede asumir todas las funciones que se pretenden desempeñar desde el ámbito de la psicología de la salud. Entre los argumentos que se han desgranado para defender esta postura se encuentran: que no existen elementos suficientes que diferencien adecuadamente la psicología clínica de la psicología de la salud; que la psicología clínica puede contener a la psicología de la salud porque el único elemento que quedaría, hoy por hoy, fuera de la primera, sería el de la prevención, de la que también se podría hacer cargo el psicólogo clínico; que aceptar la división entre la psicología clínica (dedicada a los trastornos emocionales) y la psicología de la salud (dedicada al tratamiento de la enfermedad física) supondría reasumir la dualidad mente-cuerpo que es, precisamente, lo que se intenta superar; que lo único que se intenta es cambiar la etiqueta, pero sin que ello suponga un auténtico cambio de funciones en lo que ha venido siendo el trabajo del psicólogo clínico y, finalmente, que, al menos en España, la psicología de la salud ha tomado un camino errado porque se está haciendo, mayoritariamente, una psicología de la enfermedad y se han descuidado, de un modo muy importante, los aspectos relacionados con la prevención.

En el polo opuesto (Gil Roales-Nieto y Luciano, 1996; Pelechano, 1996) se han postulado distintas razones para justificar la existencia de una psicología de la salud desligada de la psicología clínica. Se sostiene que una aproximación biopsicosocial, tal y como se ha presentado en este capítulo, llevada a sus últimas consecuencias comportaría una visión unitaria de la clínica y de la salud, en tanto que lo que se busca es romper la dualidad entre lo psicológico y lo físico. Aunque desde una perspectiva conceptual y académica esto parecería idóneo, su aplicación a la práctica profesional que día a día desempeña hoy el psicólogo, parece más difícil. En cualquier caso, asumir este planteamiento holístico, tanto conceptualmente como en sus consecuencias

© Ediciones Pirámide

aplicadas, obligaría a un replanteamiento integral del mundo académico y profesional, con la creación de un tronco disciplinar común que podría girar en torno a las llamadas ciencias de la salud.

En definitiva, parece que, como ha ocurrido siempre en la historia de la ciencia, la emergencia de una nueva disciplina que se desgaja de otra genera siempre tensiones de muchos tipos (profesionales, académicos y conceptuales). No obstante, en el caso que nos ocupa parece que la psicología de la salud no es reductible a la psicología clínica, al menos en el mundo académico. Sin embargo, esa distinción, hoy por hoy, no es tan clara en el mundo profesional, sin que ello presuponga que la psicología de la salud no pueda ser la matriz de la psicología clínica, al menos desde una perspectiva conceptual.

2.2. La práctica profesional de la psicología de la salud

Tal como hemos apuntado, en la actualidad, el ejercicio profesional de la psicología de la salud en nuestro país no se puede deslindar claramente de la práctica de la psicología clínica. Sin embargo, sí han emergido campos de trabajo que forman parte de la lógica conceptual de esta nueva especialidad. En un estudio sobre las ofertas de empleo en EE.UU. para psicólogos de la salud, Brannon y Feist (2001) observaron que las áreas de trabajo más demandadas eran el manejo del estrés, los trastornos de alimentación y el dolor crónico. Muchas de esas ofertas de trabajo estipulaban que la persona contratada debía formar parte de un equipo multidisciplinar. En nuestro país, muchos psicólogos clínicos se están ocupando de estos temas, además de otros como el cáncer o la adhesión a los tratamientos. Asimismo, cada vez es más frecuente la participación del psicólogo en el diseño y ejecución de los programas de prevención de la enfermedad (Costa, 2008), tal como ocurre en el caso de los trastornos alimentarios, del abuso de sustancias o de las enfermedades de transmisión sexual. No obstante, en un mercado tan competitivo como el de la salud, todavía queda pendiente la aportación profesional de los psicólogos a otra amplia gama de problemas, sobre los cuales se están llevando a cabo múltiples investigaciones en las universidades del mundo desarrollado. Los problemas cardiovasculares, los trastornos gastrointestinales o el asma son algunos ejemplos (Gatchel y Oordt, 2003).

Aspectos teóricos y estrategias de intervención para la modificación de las conductas de salud

1. HÁBITOS SALUDABLES

Aunque habitualmente los conceptos de promoción de salud y prevención de la enfermedad se presentan como dos tareas diferentes, la realidad es que ambos términos acogen un contenido que, en muchos casos, se está solapando. De hecho, resultaría difícil encontrar una estrategia de prevención que al mismo tiempo no sirviese para la promoción de la salud, y viceversa, todas aquellas intervenciones que se orientan a potenciar la salud sirven, en mayor o menor medida, para prevenir la enfermedad (Gil Roales-Nieto, 1996). Este solapamiento es especialmente evidente en lo referente a la llamada prevención primaria.

Según la clasificación de Fielding (1978), comúnmente aceptada dentro del campo de las ciencias de la salud (aunque no exenta de críticas), se pueden distinguir tres tipos fundamentales de prevención. La *prevención primaria,* que se refiere a las medidas tomadas para prevenir la aparición de la enfermedad en personas sanas; la *prevención secundaria,* que se refiere a los esfuerzos necesarios que se realizan para detener el progreso de la enfermedad una vez que ésta se ha iniciado y, finalmente, la *prevención terciaria,* que incluye los procedimientos de tratamiento y rehabilitación de aquellas enfermedades que ya han mostrado sintomatología clínica.

Dentro la *prevención primaria* se habla, a su vez, de *dos estrategias.* La primera se centra en la *modificación de los hábitos insanos,* como, por ejemplo, el tabaco, el alcohol o la dieta. Dado el enorme número de personas que participan de dichos hábitos, la intervención centrada en el cambio de esas conductas es esencial. Sin embargo, esos programas de intervención son tan sólo, y muy a menudo, parcialmente exitosos debido al importante número de recaídas a medio plazo. Éste es el caso del tabaquismo. Aunque se han desarrollado diversos programas para el abandono del hábito de fumar que alcanzan un éxito importante a corto plazo, a medio plazo un porcentaje significativo de sujetos retoma este hábito. Es por esto, quizás, que los esfuerzos actualmente también se vuelcan en la *prevención de esos hábitos insanos,* entre los que se incluyen la prevención del tabaquismo entre adolescentes (Becoña, Palomares y García, 1994; Becoña 2006), la prevención del uso de drogas (Macià, 1995; Espada y Méndez, 2003), la prevención del alcoholismo (Secades, 2001) o la prevención de embarazos y enfermedades de transmisión sexual (Cáceres y Escudero, 2002; Lameiras, Rodríguez y Ojea, 2004).

A partir de esta división estratégica se podría afirmar que mientras la *promoción de la salud* tiene como objetivo fundamental de sus intervenciones la *adquisición y mantenimiento de comportamientos saludables* y, por lo tanto, la mejora de la calidad de vida, la *prevención de la enfermedad* englobaría aquellas intervenciones cuyo objetivo es el de la *reducción o eliminación de aquellos comportamientos que se pueden calificar como de riesgo* para el desarrollo de algún tipo de enfermedad.

En esta línea, cobra pleno sentido la distinción postulada por Matarazzo (1984) entre lo que él ha denominado *patógeno conductual* e *inmunógeno conductual.* El primero de esos conceptos haría referencia a todos aquellos comportamientos que incrementan la susceptibilidad de la persona a las enfermedades de mayor prevalencia y que son, actualmente, la causa más importante de mortalidad en las sociedades industrializadas. De hecho, tal y como se presenta en la tabla 2.1, las principales causas de muerte en el mundo occidental parecen estar estrechamente vinculadas a estos patógenos conductuales.

TABLA 2.1

Principales causas de muerte en la sociedad industrializada y factores de riesgo asociados

Causas de mortalidad	Factores de riesgo
Ataque al corazón	Tabaco. Hipertensión. Colesterol. Obesidad. Alcohol. Falta de ejercicio físico. Dieta. Exceso de sal en la dieta. Estrés.
Neoplasias malignas	Tabaco. Alcohol. Dieta. Sustancias cancerígenas ambientales. Sustancias cancerígenas en el ámbito laboral.
Accidentes de circulación	Alcohol. Estrés. No uso del cinturón de seguridad.

En concreto, se estima que el tabaco y el alcohol en conjunto causan casi un 30 por 100 de las muertes (Centers for Disease Control, 1991). El consumo de cigarrillos contribuye, cuando menos, al desarrollo de un amplio rango de enfermedades, entre las que se incluyen el ataque cardíaco, la bronquitis crónica y el enfisema pulmonar, además del cáncer de pulmón, laringe, páncreas y vejiga. Mientras que el abuso del alcohol está implicado directamente en el cáncer de hígado y está presente aproximadamente en el 50 por 100 de los fallecimientos por accidente de tráfico.

No obstante, las personas pueden desarrollar comportamientos que permiten reducir el riesgo de enfermar y es lo que Matarazzo (1984) denominó inmunógenos conductuales. Los efectos saludables de estos siete hábitos (tabla 2.2), fueron puestos de manifiesto en el estudio de Belloc (1973), en el cual 7.000 adultos fueron entrevistados sobre sus hábitos de salud. Estas personas fueron seguidas entre cinco años y medio y nueve años y medio (los resultados a los cinco años y medio de seguimiento aparecen en la figura 2.1). A los nueve años y medio de la entrevista inicial, los hombres que seguían los siete hábitos saludables mostraban tan sólo el 28 por 100 de la mortalidad de la de aquellos que mostraban tres hábitos saludables o menos. En el caso de las mujeres la cifra era del 43 por 100 (Breslow y Enstrom, 1980; Enstrom y Breslow, 2008).

TABLA 2.2

Hábitos de vida relacionados con un mejor estado de salud (Belloc y Breslow, 1972)

1. Dormir siete u ocho horas diarias.
2. Desayunar diariamente.
3. No tomar alimentos nunca o casi nunca entre comidas.
4. Mantenerse en el peso adecuado a la talla o próximo a ello.
5. No fumar.
6. Tomar alcohol moderadamente o no hacerlo.
7. Practicar una actividad física regular.

El otro modo de distinguir entre prevención de la enfermedad y promoción de la salud ha sido formulado por distintos autores sobre la base de los agentes implicados en el proceso. En concreto, Stokols (1992) sostiene que mientras el concepto de *promoción de la salud enfatizaría el papel de los individuos, grupos y organizaciones* como agentes fundamentales del desarrollo de las prácticas y políticas de salud para mejorar el bienestar individual y colectivo, la *prevención de la enfermedad* se limitaría al ámbito

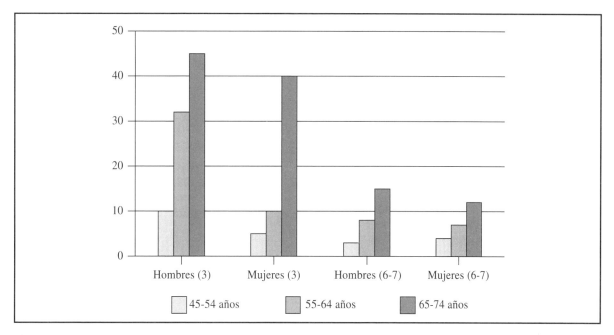

Figura 2.1.—Relación porcentual entre el número de prácticas de salud (entre paréntesis) y la mortalidad a los cinco años y medio de seguimiento. Adaptada de Belloc (1973).

clásico de la salud pública, destacando el *papel que desempeñan los profesionales sanitarios y las administraciones públicas* en la salud.

2. LOS OBSTÁCULOS EN EL CAMINO DE LA PREVENCIÓN

Aun cuando en la actualidad se dispone de una gran cantidad de información sobre lo que uno puede hacer para mantenerse saludable y muchas personas, de hecho, se adhieren a conductas de prevención, existen algunos obstáculos que limitan notablemente la generalización de las mismas al conjunto de la población. Dichos obstáculos se pueden agrupar en cuatro grandes categorías (Bishop, 1994).

2.1. Actitudes y pautas culturales

Dentro de la cultura occidental, la salud se considera como uno de nuestros valores más apreciados y, de hecho, así se verbaliza en muchas conversaciones cotidianas que giran en torno a este tema (como ocurre todos los años el día de la lotería de navidad, especialmente, entre los no premiados). La cuestión está en que existen otros valores que también ocupan una posición muy alta dentro de nuestra jerarquía cultural y que entran en clara contradicción con el de la salud. Tener éxito, vivir cómodamente o experimentar sensaciones muy fuertes son algunas de las motivaciones que se oponen, en muchos casos, al comportamiento saludable. En este sentido, por ejemplo, las enfermedades cardiovasculares, primera causa de muerte en la sociedad industrial, tienen entre sus factores de riesgo más importantes el sedentarismo, la obesidad y el tabaco. Y, del mismo modo, la moda de la delgadez ha generado unos hábitos de alimentación iatrogénicos (véase capítulo 3)

Por otra parte, una segunda actitud que dificulta los esfuerzos de prevención es la equiparación que se hace de la buena vida y hábitos poco saludables (Fernández Ríos, 1997). En este contexto se sobrentiende, por ejemplo, que los alimentos más apetecibles son los de alto contenido en colesterol, o que el sedentarismo es más reconfortante que el ejercicio físico moderado. Este sobrentendido olvida que igual que se aprende a disfrutar de un tipo de alimentación o de una pauta de actividad física también se puede aprender a disfrutar de otros hábitos más sanos.

A todo lo anterior habría que añadir que la continua publicidad sobre el poder de la tecnología médica para curar a través de trasplantes, órganos artificiales y técnicas quirúrgicas puede servir como justificación para no emprender medida preventiva alguna. Si bien no se debe olvidar que existen importantísimos intereses económicos creados sobre el actual estilo de vida.

2.2. La naturaleza de los hábitos saludables

La dificultad de la prevención se sitúa también en la propia naturaleza de los hábitos saludables. Mientras que muchas de las conductas que pueden ser perniciosas para la salud (fumar, beber en exceso, las prácticas sexuales poco seguras, etcétera) llevan casi siempre a una gratificación inmediata que las refuerza positivamente, los hábitos de salud, por el contrario, suponen casi siempre una demora de la gratificación, por lo que, cuando ambos tipos de conducta entran en competencia, existe una menor probabilidad de ocurrencia de las conductas saludables. En este sentido, por ejemplo, es muy ilustrativo lo que ocurre con la práctica del ejercicio físico. Aquellas personas que lo practican habitualmente, reconocen que se encuentran mucho mejor tanto física como psicológicamente; sin embargo, el coste inicial de la práctica del ejercicio físico lleva a muchas personas a posponerlo indefinidamente.

Al retraso de la gratificación que supone la práctica de algunos hábitos saludables, habría que añadir que dichos hábitos tan sólo reducen la posibilidad de enfermar en términos de probabilidad relativa. Este hecho hace que, psicológicamente, muchas personas desatiendan, por ejemplo, la diferencia entre tener un riesgo bajo de sufrir un infarto o tener un riesgo alto. El hecho de no haber tenido nunca infarto puede proporcionar la sensación de una cierta invulnerabilidad ante esta enfermedad. Asimismo, en muchas conductas de riesgo no existen señales anticipatorias o estímulos discriminativos de los problemas que pueden acarrear y, cuando existen, se puede aprender a desatenderlas, tal como ocurre con las advertencias que figuran en las cajetillas de tabaco.

2.3. El sistema sanitario y los cambios en las recomendaciones sobre la salud

La propia lógica de nuestro sistema sanitario supone una dificultad añadida para la práctica de la prevención. Desarrollado sobre el modelo biomédico, su objetivo primordial es el tratamiento y la curación de la enfermedad, por lo que no es de extrañar que los profesionales de la salud sean entrenados, fundamentalmente, en el diagnóstico y tratamiento de enfermedades específicas. Hay, además, reforzadores positivos muy potentes, como el prestigio, las retribuciones dinerarias o un cierto sentido de competencia profesional muy ligados a la medicina curativa. Por el contrario, los esfuerzos por la prevención se acompañan de muy poco reforzamiento.

Desde las instituciones sanitarias y a lo largo de las últimas décadas, se han modificado las recomendaciones sobre los hábitos saludables (a veces contraviniendo las anteriores), lo que ha podido favorecer un cierto clima de escepticismo sobre el que se justifica lo innecesario de adoptar comportamiento saludable. Baste pensar, por ejemplo, en el caso del aceite de oliva o del pescado azul.

2.4. La orientación de la psicología clínica

Si bien el interés por el tema de la prevención ha calado pronto dentro del campo profesional de la psicología, algunos condicionantes han impedido que dicho interés se trasladase de un modo inmediato a la práctica. En primer lugar, la psicología clínica se ha centrado histórica y tradicionalmente en el campo de la salud mental, en el cual se abordan problemas afectivos y emocionales. El interés por la salud física es mucho más reciente y no ha cuajado en una actividad profesional propia a pesar de disponerse, en problemas muy concretos, de técnicas más eficaces que la intervención médica (véase, capítulo 9).

Por otra parte, al igual que ocurre con la práctica médica, la práctica de la psicología también se ha entendido como una interacción privada entre el paciente y el clínico. Esta actitud ha limitado el desarrollo de programas de intervención en escuelas, lugares de trabajo, etcétera. Dentro de estos contextos es donde puede verse más claramente su utilidad en la promoción de la salud (Costa y López, 2008).

3. LA CONDUCTA DE SALUD Y SUS DETERMINANTES

De acuerdo con la definición de Kasl y Cobb (1966) las conductas de salud son aquellas conductas que la persona manifiesta, mientras se encuentra sana, con el propósito de prevenir la enfermedad. Por lo tanto, la conducta de salud engloba, en palabras de Matarazzo (1984), «los esfuerzos de las personas por reducir sus patógenos conductuales y practicar conductas que sirvan como inmunógenos conductuales». No obstante, a este respecto, la investigación sobre el tema ha mostrado que la práctica de una determinada conducta de salud no conlleva la práctica de otras, o lo que es lo mismo, que las conductas de salud mantienen entre sí una débil correlación. La persona que usa el cinturón de seguridad no tiene por qué implicarse en la práctica de la actividad física.

Existen distintos tipos de variables que parecen determinar en gran medida la conducta de salud. Desde una perspectiva psicológica, merecen ser destacadas la influencia del contexto social, la percepción del síntoma, los estados emocionales y las creencias sobre la salud.

3.1. El contexto social

El contexto social de la persona ejerce una notable influencia sobre sus hábitos de salud. Así, por ejemplo, Gil y Ballester (2002) han observado que los dos mejores predictores del consumo y abuso del alcohol en los jóvenes lo constituyen que los padres inicien a los niños con motivo de fiestas o celebraciones y la asunción, por parte del grupo de iguales, de que el alcohol facilita la diversión. Pero no sólo el contexto social influye en las primeras etapas de vida. En los adultos, tal como veremos en el siguiente capítulo, las relaciones sociales influyen decisivamente en el cuidado de la salud, y contar con una verdadera red de apoyo social es una de las condiciones más importantes para evitar las conductas de riesgo y promover el comportamiento saludable.

3.2. La percepción del síntoma

En el momento en que aparecen algunos síntomas inesperados muchas personas deciden iniciar un cambio en ciertas conductas de salud. La persona que un día nota que cuando sube las escaleras llega sin aire arriba, puede decidir iniciar un programa de ejercicio físico. O un fumador que comienza a toser de modo persistente puede empezar a pensar en dejar de fumar. En estos casos los síntomas se suelen considerar como una señal de un potencial problema físico y los cambios que se producen en las conductas de salud constituyen una manera de reducir el riesgo percibido. Sin embargo, la influencia de estos síntomas suele ser sólo transitoria (Leventhal et al., 1985), y de hecho, por ejemplo, el fumador suele retomar el consumo de tabaco una vez que la tos ha cesado.

3.3. Los estados emocionales

Los estados emocionales pueden modificar notablemente las conductas de salud. Así, por ejemplo, el fumador puede llegar muy pronto a encadenar las situaciones de estrés con el consumo de tabaco como una forma de enfrentarse a dichas situaciones. De hecho, situaciones de ansiedad o de aburrimiento suelen ser potenciales desencadenantes de la conducta de fumar (Becoña, Palomares y García, 1994). En esta misma línea, se ha observado, dentro de la población joven, que aquellos que mani-

© Ediciones Pirámide

fiestan unos niveles más altos de estrés, tienen una menor probabilidad de implicarse en las conductas de salud en general. Asimismo, las personas adultas que se sienten estresadas tienen más probabilidades de comer más y peor, de hacer menos ejercicio o fumar más sin son fumadores (Amigo, 2000). Por el contrario, un estado de bienestar general induce a implicarse en un mayor número de comportamientos saludables.

3.4. Las creencias sobre la salud

Las creencias que sobre la salud tiene una persona también influyen en sus hábitos. Cuando se padece una enfermedad es muy probable que el que la sufre desarrolle, sobre la base de sus conocimientos y experiencia, toda una serie de valoraciones en relación a los cambios que se van produciendo y que pueden influir notablemente en las conductas de salud que adopte. Entre los hipertensos, que en general suelen mostrar una baja adhesión al tratamiento farmacológico, el consumo de la medicación puede quedar regulado en función de sus excesos en la dieta o de síntomas que atribuyen a la enfermedad (como el enrojecimiento de la piel), sin que exista una evidencia objetiva de que tales cambios puedan atribuirse a un incremento de la presión arterial.

Una clase de creencias que puede influir en las prácticas de salud son las relacionadas con la vulnerabilidad percibida por el propio sujeto. En general, las personas tienden a ver el futuro de su salud de un modo excesivamente optimista y poco realista. De hecho, cuando se evalúa la probabilidad de padecer una enfermedad en el futuro, la mayoría cree tener una probabilidad muy por debajo de la media de padecer alguna alteración física (Weinstein, 1988). Todo lo cual constituye una importante barrera psicológica de cara a modificar los hábitos de salud.

Además, las creencias sobre la bondad de determinados comportamientos en la salud no garantizan la puesta en práctica de dichos comportamientos. Muchas personas están convencidas de que dejar de fumar o hacer ejercicio físico puede mejorar su salud; sin embargo, no son capaces de incluir esas conductas dentro de sus hábitos de vida. Las creencias sobre lo que lleva a la salud se tornan así en condiciones necesarias pero no suficientes para el desarrollo de un estilo de vida saludable.

4. APROXIMACIONES TEÓRICAS AL CONCEPTO DE CONDUCTA DE SALUD

Tras la presentación de ese conjunto de factores que influyen en la conducta de salud, se pasará a examinar algunas de las teorías que han sido desarrolladas para explicar el comportamiento saludable de las personas y los métodos que a partir de ahí se han propuesto para ayudar a modificar dicho comportamiento. Se desarrollarán dos teorías. El modelo de la creencia sobre la salud, que puede servir para ilustrar un conjunto de aproximaciones basadas en la premisa de que los cambios en las actitudes y las creencias de las personas son los prerrequisitos necesarios para provocar cambios en las conductas salutíferas (para un estudio más detallado de los mismos, véase capítulo 15). Y, en segundo lugar, la teoría del aprendizaje aplicada al ámbito de la salud, según la cual los hábitos sanos son conductas aprendidas y, por lo tanto, tanto su adquisición, mantenimiento y modificación están regulados, como en cualquier otra conducta, por las leyes del aprendizaje.

4.1. El modelo de la creencia sobre la salud (MCS)

Según los autores de este modelo, Becker y Maiman (1975), las conductas de salud están más o menos racionalmente determinadas por la vulnerabilidad percibida por el sujeto respecto a lo amenazada que se encuentra su salud. Según el MCS, la disposición de una persona para adoptar una conducta de salud está en función de dos factores. Por una parte, la percepción de *susceptibilidad* personal a la enfermedad, y por otra, la *severidad* percibida de las consecuencias de la enfermedad. A modo de ejemplo, una persona tan sólo dejará de fumar si cree que está en peligro de contraer una enfermedad y si, además, él cree que las consecuencias de dicha enfermedad pueden ser graves.

No obstante, la decisión de si se inicia una acción dependerá de la evaluación que se haga de las conductas de salud potenciales. Dichas conductas serán evaluadas desde el punto de vista de su relación costo/beneficio. Además, tal conducta también se verá influida por ciertas claves que pueden disparar su ejecución. Retomando el ejemplo del tabaco, si una persona se cree susceptible al cáncer de pulmón y cree que dejando el tabaco puede anular este riesgo, entonces es probable que así lo haga. Este hecho se verá especialmente favorecido si esta persona conoce a otro fumador al que ya se le haya diagnosticado un cáncer o si él mismo está expuesto a otras claves (por ejemplo, una tos persistente o la recomendación del doctor) que faciliten la conducta de salud.

Además, dentro del MCS se señalan otros factores adicionales, denominados factores de modificación, que incluyen tanto variables demográficas (sexo, edad, raza, etcétera) como variables psicosociales (personalidad, clase social, presión del grupo, etcétera) que afectan de modo indirecto a las conductas de salud a través de su influencia en las creencias sobre la salud.

Este modelo ha sido puesto a prueba en un considerable número de investigaciones. En general, esos estudios han encontrado que las conductas de salud parecen estar relacionadas tanto con las medidas de vulnerabilidad percibida como con los beneficios percibidos del inicio de una conducta saludable. En esta misma línea, otros estudios han encontrado que los componentes del MCS pueden ser buenos predictores de las prácticas de autoexploración de mama (Champion, 1990; Nahcivan y Secginli, 2007), de la participación en el *screening* del cáncer de útero (Hennig y Knowles, 1990) o la falta de adhesión al consumo de antihipertensivos (Grégoire, Moisan, Guibert, Ciampi y Milot, 2006).

No obstante, a pesar de esos resultados el MCS ha sido objeto de diversas críticas, tanto desde una perspectiva interna como externa. Entrando en el análisis de esta propuesta teórica, Wallston y Wallston (1984) han planteado que la MCS es más una lista de variables que un modelo real, puesto que, si bien especifica una serie de parámetros que parecen tener una estrecha relación con la salud, no aclara las relaciones que pudiesen coexistir entre los mismos. Por otra parte, dentro de la investigación llevada a cabo sobre este modelo, se han desarrollado diferentes modos de operacionalizar sus distintos componentes, por lo cual existe una escasa consistencia en el modo en que se ha llevado a cabo la medición de los mencionados parámetros.

Desde una perspectiva externa al modelo, se ha propuesto que éste puede ser útil para describir las conductas de salud que requieren un acto volitivo consciente, tales como iniciar una dieta o vacunarse; ahora bien, una vez que la persona ha desarrollado un hábito (por ejemplo, el tabaquismo), este tipo de modelos son de escasa utilidad para predecir la conducta de salud de las personas. Cuando el fumador enciende un cigarrillo está llevando a cabo casi siempre una conducta automática que se desencadena sin la necesidad de ningún proceso volitivo consciente.

4.2. El cambio de actitud como estrategia de prevención

Como ya se ha visto, el MCS pone especial énfasis en el papel que desempeñan las actitudes y creencias de las personas en las conductas relacionadas con la salud. Este tipo de teorías plantean que el cambio en las actitudes y creencias constituyen un prerrequisito del cambio de conducta. Por lo tanto, estimular conductas de prevención requiere convencer a la población de su susceptibilidad a determinadas enfermedades, tales como el cáncer o cardiopatía isquémica y convencerla también de que existen estrategias efectivas para prevenirlas.

¿Cómo promover ese cambio de actitud? Desde los años cincuenta múltiples investigaciones han abordado muy en detalle el problema y se han descrito alguno de los principios que se pueden usar para promover el cambio creencias y actitudes.

4.2.1. *Campañas informativas*

Iniciar una campaña para que las personas desarrollen conductas saludables, requiere que esas personas tomen conciencia de la relación existente entre conducta y salud. Desde este punto de vista, por lo tanto, motivar a la gente para que realice ejercicio físico y consuma una dieta equilibrada supondría que esas personas tendrían que conocer el papel que desempeña el ejercicio y la dieta en la salud y se den cuenta de su importancia. Como se señaló anteriormente, un primer paso en el cambio de la conducta sería la información.

Promover el cambio de conducta a través de las campañas de información implica al menos cinco procesos diferentes. En primer lugar, es necesario que a través de la campaña se consiga captar la *atención* de la audiencia. Esto, obviamente, no resulta nada fácil si tenemos en cuenta la enorme cantidad de información que a diario transmiten los medios de comunicación. Una vez que la persona ha recibido el mensaje, el siguiente paso es el de la *comprensión*. Esto significa que para que el mensaje sea efectivo, se debe presentar en unos términos comprensibles para la audiencia a la que se dirige. Asumiendo que el mensaje es comprendido, el tercer paso del proceso de persuasión es la *aceptación* de las propuestas que se plantean. Finalmente, para que el mensaje tenga un efecto a largo plazo se debe conseguir su *retención* y la *acción* a través de la cual las personas se implican en cambios hacia conductas más saludables.

La cuestión más importante referida a este punto es la de cómo incrementar la probabilidad de que ese proceso informativo se traduzca en cambio de conducta. Las investigaciones ya clásicas realizadas al respecto han encontrado algunos factores críticos en el proceso de persuasión. En primer lugar, es de sobra conocido que la *efectividad del mensaje depende en muchas ocasiones de quien lo presenta*. Un comunicador que se presente como un experto en la materia y digno de confianza suele ser la fórmula más eficaz. En el caso que nos ocupa de los mensajes relacionados con la salud, los médicos y otros profesionales de la salud, son los comunicadores ideales, especialmente, si son conocidos por el público y tienen cierto prestigio. Asimismo, también se ha constatado que *los mensajes son más efectivos si se presentan a través de comunicadores que resultan personalmente atractivos para el público, seguros en la transmisión del mensaje y si mantienen cierta similaridad con la audiencia.*

Por otra parte, el modo en el cual está construido el mensaje también es importante. *Los mensajes deben ser claros, concisos y no demasiado complejos.* Los mensajes técnicos y más elaborados han de quedar reservados para una audiencia especializada. *El tipo de argumento que será usado dependerá de la audiencia.* Si se presume que la audiencia mantiene una posición escéptica o crítica con el mensaje que se presenta, el comunicador deberá anticipar las objeciones y usar un argumento doble con el cual, por una parte, refutará las posibles objeciones, y por otra, presentará su postura. Finalmente, de cara a asegurar que el núcleo del mensaje es comprendido, *el comunicador debe explicitar las conclusiones que se derivan de la información presentada* y, por lo tanto, no presuponer que la audiencia las extraerá por sí misma.

4.2.2. Apelaciones al miedo

Una de las estrategias más comunes para intentar cambiar las actitudes es apelar al miedo, tal y como, por ejemplo, se ha hecho en España dentro de las campañas para prevenir los accidentes de tráfico. La idea que aquí subyace es que el mensaje alcanzará mejor su objetivo si consigue provocar cierto miedo y aprehensión. Obviamente, esta estrategia es viable en el campo de la salud, puesto que el objeto del cambio de los hábitos de riesgo es evitar futuras enfermedades y discapacidades. De hecho, muchas campañas dentro de este ámbito (contra el tabaco o el uso de drogas) utilizan esta fórmula.

El asunto desemboca en una polémica cuya resolución se encuentra, probablemente, en los contenidos específicos de las apelaciones al miedo y las respuestas que provocan. En este sentido, los estudios sobre el tema indican algunas *condiciones básicas para que las llamadas al miedo sean efectivas*. En primer lugar, una llamada al miedo debe clarificar la medida en la cual las prácticas negativas de salud tienen *consecuencias indeseables*. Además, el mensaje debe convencer a las personas de que *esas consecuencias son reales* y pueden afectarles.

Una vez hecho esto, se debe describir la *forma de evitar esas consecuencias negativas*. Finalmente, el mensaje debería *persuadir a la gente de que es capaz de comportarse conforme a los cambios* que se han sugerido.

4.2.3. *Cambio de actitud y cambio de conducta*

Los estudios sobre el efecto de las campañas basadas en la información y la apelación al miedo parecen haber demostrado su utilidad para modificar las actitudes de la audiencia a la que van dirigidas. Aunque éste puede ser considerado como un paso importante, especialmente en el campo de la salud, es tan sólo un primer paso, ya que las campañas dirigidas a promover un cambio de actitud tienen como objetivo último modificar la conducta ¿Hasta qué punto lo logran?

Las investigaciones sobre la relación entre cambio de actitud y cambio de conducta han mostrado resultados dispares. Los intentos de prevenir la enfermedad basados en el cambio de actitud también han constatado esos efectos contradictorios (Bishop, 1994). Por todo ello, no se debe olvidar que la debilidad de la relación entre el cambio de actitud y de conducta constituye una importante advertencia para todos aquellos intentos de prevenir la enfermedad basados, exclusivamente, en las técnicas de cambio de actitud. Se puede influir, en cierta medida, en las conductas de salud a través del cambio de actitud, sin embargo, esto es sólo probable bajo ciertas circunstancias. En general, parece que las *actitudes* tendrán una mayor *influencia sobre la conducta* cuando éstas se adquieren a través de una *experiencia directa,* cuando son *fácilmente accesibles y son relevantes* y tienen *interés para la persona*. Además, el cambio de actitud tendrá más efecto sobre la conducta cuando es consistente o, al menos, no entra en contradicción con las normas prevalentes.

4.3. El enfoque conductual

Tal y como se ha señalado, los hábitos relacionados con la salud están fuertemente anclados en el comportamiento de las personas y muestran una baja susceptibilidad al cambio. Los procedimientos de cambio de actitud, tanto aquellos que intentan provocar miedo en la población como los que se basan en proporcionar información, a menudo no son suficientes (aunque sí necesarios) para provocar el cambio. Esos procedimientos pueden motivar a las personas para cambiar, pero no proporcionan las habilidades necesarias para alterar y mantener el cambio de conducta.

Sobre la base de esta premisa, desde el análisis de conducta se ha propuesto la utilización de los principios de aprendizaje para modificar los hábitos de salud de las personas. La terapia de conducta toma como centro de su intervención la conducta en sí misma, las condiciones que la mantienen y los factores que la refuerzan. La conducta se encuentra gobernada por un amplio abanico de estímulos discriminativos y contingencias de reforzamiento, ya se trate de estímulos externos o de eventos internos como lo que uno piensa y se dice a sí mismo. De este modo, ciertos patrones de conducta desadaptativos pueden tener su origen en los monólogos internos sobre los hábitos de salud que, a modo de estímulos discriminativos, pueden bloquear el cambio de conducta. Por ejemplo, para una persona que desea dejar de fumar decirse a sí misma de un modo sistemático «nunca seré capaz de dejarlo» o «ya he fracasado demasiadas veces» podría actuar inhibiendo un cambio de conducta.

Del mismo modo, otro supuesto básico del análisis de conducta es que los procesos encubiertos, tales como pensamientos e imágenes, se ajustan a las mismas leyes de aprendizaje y reforzamientos que las conductas externas observables. Por lo tanto, del mismo modo que se podría modificar la conducta controlando las condiciones estimulares en las que se da y los reforzamientos que la siguen, asimismo se podrían modificar las cogniciones.

Dentro del análisis de conducta es importante destacar otra cualidad de los hábitos de salud: *la distinción entre iniciar un cambio en la conducta y mantener ese cambio*. Como ya se ha comentado, a menudo resulta relativamente fácil conseguir que la gente inicie un cambio en determinados hábitos de salud (por ejemplo, la dieta); sin embargo, suele ocurrir que no resulta nada fácil mantener ese cambio a lo largo del tiempo. Desde el enfoque conductual se reconoce la existencia de este problema y se trata de elaborar programas que permitan mantener el cambio. No obstante, éste continúa siendo el obstáculo más importante en el ámbito de la modificación de los hábitos de salud.

4.3.1. *El problema de la recaída*

Efectivamente, la recaída es uno de los problemas más importantes dentro del ámbito de la promoción de la salud. La literatura pone en evidencia que éste constituye uno de los principales obstáculos para la consolidación de los logros terapéuticos en cualquier ámbito de la salud. Así, por ejemplo, las estadísticas muestran que más del 75 por 100 de aquellos que han conseguido abandonar el consumo de tabaco, alcohol o heroína tras un programa de tratamiento, suelen recaer en dichos hábitos al cabo de un año.

Uno de los programas de prevención de recaídas más citados en la literatura es el desarrollado por Marlatt (1985). Su propuesta tiene como objetivos: *a*) que la persona considere la posibilidad de elección entre las conductas posibles, y *b*) desarrollar habilidades de afrontamiento para solventar satisfactoriamente las situaciones susceptibles de recaída. Se trata, en definitiva, de un programa multimodal que pone el énfasis en ayudar a los clientes a identificar las posibles situaciones de recaída para posteriormente entrenar las habilidades necesarias para manejar esas situaciones. Las técnicas utilizadas son las que comúnmente se citan dentro del marco de la aproximación cognitivo-comportamental. El análisis pormenorizado del problema del abandono de los tratamientos se hará en el capítulo 15.

5. APLICACIONES DE LOS ENFOQUES TEÓRICOS

Derivadas de las aproximaciones teóricas antes citadas, se han llevado a la práctica una serie de estrategias para potenciar los hábitos saludables y reducir la práctica de conducta insana, que a continuación pasaremos a reseñar.

5.1. Las recomendaciones del médico

El prestigio con el que suelen contar algunos médicos parecería situar en la consulta médica el contexto idóneo para promover las conductas de salud entre la población general. Así, por ejemplo, se ha comprobado que advertir a los pacientes de un modo breve pero firme sobre la conveniencia de dejar de fumar puede ser suficiente para que algunos de ellos dejen de hacerlo. El porcentaje de personas que responden a esta advertencia del médico estaría en torno a un 3 por 100 (Lancaster y Otead, 2004). A pesar de que ese porcentaje pueda parecer pequeño, es significativamente mayor que el de las personas que abandonan el tabaco sin dicha recomendación y, además, si cada médico persuadiese a ese 3 por 100 de su pacientes de dejar de fumar, el efecto acumulativo de esta intervención sería enorme.

5.2. Las campañas en los medios de comunicación

Otra fórmula conocida para modificar las actitudes de la población es, obviamente, a través de los medios de comunicación. En las sociedades industrializadas son pocas las personas que no reciben información a través de la radio, la televisión o la prensa escrita. En la sociedades modernas, más de la mitad de la población ve la televisión a diario durante una media de entre 3 y 6 horas. Este simple dato es suficiente para evidenciar el enorme potencial que podrían tener los medios de comunicación de masas para modificar los hábitos de salud.

No obstante y a pesar de ello, las investigaciones sobre el tema han puesto de manifiesto que las campañas en los medios de comunicación dirigidas a problemas específicos tienen un efecto bastante débil. Algunas campañas, sin embargo, han sido exitosas, caracterizándose todas ellas porque proporcionan una información bastante amplia sobre el tema que abordan y porque se mantienen durante bastante tiempo en pantalla. Quizá uno de los ejemplos más conocidos de este tipo es el *Stanford Three Community Study,* un proyecto encaminado a reducir el riesgo coronario (Maccoby, Farquhar, Wood y Alexander, 1977). Este trabajo se llevó a cabo, durante tres años, en tres pequeñas ciudades de California y durante el estudio se realizó una sistemática evaluación de los factores de riesgo coronario al inicio y durante cada uno de los tres años de duración del proyecto. La ciudad de Tracy fue elegida como ciudad control, no recibiendo otra información sobre la salud que la que habitualmente era presentada a través de los medios de comunicación. En la ciudad de Gilroy se montó una campaña multimedia de dos años de duración que incluyó más de 50 anuncios en televisión, diversas horas de programas de radio y más de 100 anuncios radiofónicos, columnas semanales en los periódicos, así como información proporcionada a través de la correspondencia sobre qué es el riesgo coronario y cómo reducirlo. Esta misma campaña fue repetida en la ciudad de Watsonville, donde además se completó como un programa de instrucción intensivo cara a cara. A lo largo de los tres años de estudio, el riesgo coronario de aquellos que inicialmente presentaban alto riesgo de cardiopatía isquémica mostró una tendencia descendente en las tres ciudades, siendo ese descenso significativamente mayor en las dos ciudades experimentales. La mayor reducción del riesgo se obtuvo en Watsonville, que recibió, además de la campaña a través de los medios de comunicación, el programa de instrucción cara a cara. Curiosamente, las intervenciones tuvieron efectos diferentes sobre cada uno de los factores de riesgo. El mayor efecto se constató en el consumo de alimentos con alto colesterol y el tabaco, mientras que en relación a la pérdida de peso no se obtuvieron apenas resultados.

Cabría preguntarse, a luz de lo anterior, por qué las campañas a través de los medios de comunicación obtienen resultados tan dispares. Entre otras razones, se encontraría el hecho de que, aunque los medios de comunicación gozan de cierta ubicuidad, el enorme número de informaciones que transmiten hace que muchos mensajes sólo lleguen a un pequeño porcentaje de personas. Únicamente, las campañas muy amplias e intensivas llegan a un amplio sector de la población. Además, muchos de los mensajes que entran en los hogares no son atendidos, ya que, tal y como se ha descrito al hablar del proceso de persuasión, la recepción de un mensaje no garantiza que éste sea comprendido y/o aceptado. En esta línea, habría que recordar que muchas de las recomendaciones que sobre salud se ofrecen en los medios de comunicación compiten, con frecuencia, con un número mayor de anuncios publicitarios que tratan de promover hábitos insanos, tales como el consumo de tabaco.

En conjunto, el valor fundamental de las recomendaciones hechas a través de los medios de comunicación se encuentra en sus efectos acumulativos. Aunque los mensajes individuales de los medios de comunicación tienen relativamente un efecto débil, el efecto aditivo de los mensajes a lo largo del tiempo incrementa su potencia. Hecho conocido por las grandes multinacionales (del refresco, por ejemplo) que saben que sólo la publicidad continua de sus productos garantiza el mantenimiento y/o incremento de sus ventas. En esta línea se ha constatado que el recuerdo de los anuncios antidroga se asocia con una menor probabilidad del abuso de sustancias (Block, Morwitz, Putsis y Sen, 2002). Además, la efectividad de estos programas se optimiza cuanto más coherentes son los mensajes desde las distintas fuentes de información.

5.3. La promoción de la salud en la escuela

La escuela, dada su naturaleza y función, constituye el marco inicialmente idóneo para promover las conductas saludables debido, entre otras razones, a que durante la infancia se aprenden muchos patrones de conducta y a la gran cantidad de tiempo que los niños pasan en ella. Desde esta perspectiva, se han desarrollado los programas de educación para la salud en la escuela que tratan de ayudar a los niños a comprender las implicaciones sociales y personales de las cuestiones relacionadas con la salud e incrementar su competencia para tomar decisiones adecuadas sobre sus comportamientos. ¿En qué medida son efectivos estos programas? Existen datos muy alentadores sobre las posibilidades de estos programas, aunque quedan cuestiones por resolver.

En la literatura pueden encontrarse numerosas referencias de programas de prevención aplicados en la escuela y destinados, principalmente, a la prevención de distintos factores y/o conductas de riesgo en relación con el consumo de sustancias, prácticas sexuales y hábitos de alimentación. En general, y en relación a los objetivos formulados, los programas han mostrado ser efectivos. Los primeros programas, básicamente orientados a proporcionar información, no provocaron cambios sustanciales en relación a comportamientos específicos. En consecuencia, los programas más recientes se dirigen a desarrollar habilidades de afrontamiento conforme a los objetivos propuestos (comunicación, asertividad, resolución de conflictos, competencia social, etcétera). Por otra parte, los programas más eficaces, además de centrarse en las personas, incluyen componentes dirigidos a los contextos en los que interactúa el participante (trabajo con familias, grupos de iguales, etcétera). En el ámbito de la prevención del consumo de sustancias un buen ejemplo de estos programas son los de Botvin, Baker, Dusenbury, Tortu o Botvin (1990); Perry, Williams, Veblen-Morteson (1996) o Perry, Williams, Komro et al (2002). Diseñados para prevenir el consumo de alcohol y drogas entre adolescentes, dichos programas mostraron su capacidad para reducir el consumo de estas sustancias a lo largo del periodo de seguimiento. Sin embargo, otras investigaciones no han encontrado esos resultados y muestran la necesidad de seguir investigando sobre cuáles son los componentes efectivos de los programas de prevención y las poblaciones idóneas para su implementación (Komro, Perry, Veblen-Mortenson et al 2008). En el ámbito de la prevención de los trastornos alimentarios, aunque existe un buen número de programas preventivos aplicados en la escuela, hay pocos estudios controlados en los que se analice su eficacia (Raich, Sánchez-Carracedo, López-Guimerà, Portell, Moncada y Fauquet (2008). En el trabajo de Killen, Barr Taylor, Hammer y Litt (1993) una muestra de 963 chicas fueron divididas en un grupo control y grupo experimental. La intervención consistía en dieciocho horas de información y habilidades de afrontamiento. Los resultados revelaron cambios en el nivel de conocimiento y en el índice de masa corporal (IMC), aunque estos últimos fueron menores. Sin embargo, las chicas consideradas de alto riesgo según el nivel de preocupaciones que exhibían en relación al peso fueron las que más se beneficiaron, por lo que los autores concluyeron que los programas de prevención de los trastornos de la conducta alimentaria serían más efectivos y eficientes si se dirigiesen a las adolescentes de alto riesgo. Esta hipótesis ha sido corroborada recientemente con un programa de prevención de los trastornos alimentarios a través de Internet (Taylor, Bryson y Luce, 2006).

5.4. La promoción de la salud en el lugar de trabajo

Puesto que los adultos pasan una gran parte de su tiempo en su lugar de trabajo, este contexto se presenta como un lugar muy adecuado para desarrollar programas de promoción de la salud. Posiblemente por esta razón, en los últimos años se han puesto en práctica algunos programas de este tipo, que van desde la simple lectura de recomendaciones básicas para la salud (por ejemplo, ejercicio o nutrición) hasta aquellos que posibilitan la práctica del ejercicio físico u otras actividades para la promoción de la salud. En el ámbito laboral los programas más frecuentes han sido los de prevención de riesgos laborales y resucitación cardiopulmonar, sin olvidar aquellos centrados en el abuso de drogas, alcohol y tabaco, además de la toma de la presión arterial, ejercicio físico y programas de manejo del estrés (Novak, Bullen, Howden-Chapman y Thornley, 2007; Yamagishi, Kobayashi, Kobayashi, Nagami, Shimazu y Kageyama, 2007).

No obstante, el lugar de trabajo presenta algunas limitaciones, ya que para que uno de estos programas tenga éxito a largo plazo es necesario el apoyo de la propia empresa, la implicación en el programa de los empleados, liderazgo profesional y continuos e importantes esfuerzos promocionales. Por otra parte, también se debe tener en cuenta que los intentos de promoción de la salud basados en el cambio de conducta individual no deben hacer olvidar que, del mismo modo, deben ser atendidos otros factores que afectan a la organización del trabajo, tales como el estrés generado por el propio tipo de trabajo, la exposición a sustancias tóxicas o el uso de equipos y procedimientos peligrosos (Sloan, 1987).

5.5. Grupos de autoayuda

Los grupos de autoayuda suponen un enfoque diferente en los programas de promoción de la salud en la medida que los que lo llevan a cabo no son profesionales, sino personas que, por su propia experiencia, son conocedores directos del problema que se trate. En los últimos años han surgido múltiples grupos de autoayuda en problemas tales como la enfermedad crónica, el alcoholismo o las drogas. Estos grupos se han desarrollado sobre la idea de que para ayudar a alguien con un problema determinado nadie mejor que otro que lo haya padecido y superado. El grupo desempeña un papel crítico en la medida que proporciona a sus miembros apoyo, refuerzo, sanciones y *feedback* sobre sus conductas (Bardet Blochet y Zbinden, 2008).

Los grupos de autoayuda más conocidos están implicados en la modificación de conductas adictivas tales como el alcohol del que destaca sobre todo Alcohólicos Anónimos (AA) (en Estados Unidos también se han desarrollado mucho los grupos de adicción a la comida). En general y debido a la propia estructura de dichos grupos no hay muchos resultados sobre su eficacia. Así, por ejemplo, un estudio sobre AA indica que una tasa de recaída tras un año de seguimiento es del 68 por 100 (Brandsma, Maultsby y Welch, 1980), lo que sugiere que, aunque para muchas personas estos grupos pueden ser útiles a corto plazo, a largo plazo su eficacia no esta establecida.

5.6. Programas comunitarios

Los programas comunitarios trascienden los ámbitos específicos antes mencionados y tienen como objetivo la promoción de la salud para todos aquellos miembros de una comunidad dada, lo que tiene importantes ventajas. Por una parte, estos programas se llevan a cabo en el medio natural donde las personas a las que va dirigido desarrollan su vida diaria, lo cual puede facilitar la generalización de los resultados del programa, cuestión fundamental y que suele ser dificultosa cuando la aplicación del programa se lleva a cabo en contextos específicos ajenos a los cotidianos. Asimismo, puesto que los miembros de la población viven en la misma comunidad, las oportunidades de intercambiar información y de dar, al tiempo que recibir, apoyo social se ven notablemente favorecidas entre los participantes. Por último, también cabría recordar que puesto que los programas comunitarios son aplicados a gran escala, el costo per cápita de los mismos se reduce notablemente.

No obstante, para que estos programas sean efectivos es necesario que cumplan, al menos, una condición básica. Deben incluir múltiples canales de información a través de los cuales pueda llegar a la población la información deseada, tales como campañas en los medios de comunicación, programas en los centros de trabajo y programas de educación para la salud en las escuelas, advertencias del personal médico e, incluso, el asesoramiento cara a cara (Puska, 1984). Uno de los ejemplos más claros de la eficacia de estos programas fue el *North Karelia Project,* desarrollado en Finlandia a lo largo de cinco años a principios de los setenta (Puska, 1984). Este proyecto constituyó un programa muy amplio de educación para la salud llevado a cabo en el condado de North Karelia, elegido, entre otras razones, porque en él se encontraba una de las prevalencias de hipertensión más altas del mundo. El programa incluyó la elaboración de material educativo sobre el tema del riesgo de cardiopatía isquémica, así como el entrenamiento necesario para promover cambios hacia hábitos saludables, además de movilizar el apoyo social necesario para mantener dichos cambios. En este sentido, se introdujeron cambios ambientales en la comunidad, tales como la restricción del uso del tabaco y la reducción de grasa en el contenido de los alimentos disponibles en las tiendas. Todos estos esfuerzos se tradujeron, tras cinco años de trabajo, en reducciones estadísticamente significativas en el consumo de tabaco, niveles de colesterol y presión arterial. En conjunto, el riesgo cardiovascular se redujo un 17 por 100 entre los hombres y un 11 por 100 entre las mujeres, observándose, además, que las tasas de fallecimiento asociadas a la cardiopatía isquémica también mostraron un decremento significativo. Las implicaciones de esta estrategia global de intervención en la prevención primaria están claramente vigentes (Puska y Keller, 2004).

5.7. Conclusiones

En este capítulo se han presentado los hábitos que conformarían un estilo de vida saludable, las estrategias de promoción de la salud que se están utilizando para desarrollarlos y potenciarlos entre la población general, así como los obstáculos que habría que sortear para promover dichos hábitos. La tarea no resulta fácil si se tiene en cuenta que las consecuencias a corto plazo de las conductas insanas suelen ser más gratificantes que las consecuencias inmediatas de las conductas saludables. Quizás sea por esta razón por la qué los programas de prevención de la enfermedad y promoción de la salud no siempre obtienen resultados óptimos. No obstante, dada la repercusión del estilo de vida en la salud, parecen justificados todos los esfuerzos en esta área.

Existe claramente una desproporción entre los trabajos publicados sobre intervenciones en trastornos específicos y programas de prevención (Ballester y Gil, 2003). Estos autores calcularon que, por ejemplo, en el ámbito de las drogas, desde 1997, los programas de prevención sólo suponen un 0,2 por 100 del total de publicaciones en esta área. Todo lo cual hace pensar en la necesidad no sólo de promover la implantación de estas actuaciones, sino de desarrollar programas que presenten una adecuada evaluabilidad, tal que pueda ser posible contrastar no sólo sus efectos globales, sino también qué elementos y condiciones explican los resultados de los programas preventivos.

PARTE SEGUNDA
Conducta y salud

Control del peso, dietas y trastornos alimentarios 3

1. INTRODUCCIÓN

El problema del sobrepeso en el ser humano solo puede entenderse desde la lógica de la evolución de las especies. El *homo sapiens* ha evolucionado dentro de un contexto de inevitable lucha por la supervivencia, donde la obtención de alimentos no siempre era fácil y requería, en muchos casos, un gasto energético importante, además de poner en peligro la vida de alguno de sus miembros. Dicho de otro modo, durante los 200.000 años de nuestra historia como *homo sapiens* la obtención de alimentos fue difícil y hubo que invertir una gran cantidad de energía en ello.

Este panorama comenzó a cambiar con el desarrollo de la agricultura en el neolítico, unos 10.000 años a.C. A partir de este momento, el hombre comenzó progresivamente a abandonar su modo de vida basado en la caza y la recolección, tomando el control de la producción de los alimentos a través de la agricultura cerealista (trigo, centeno, etcétera) y de la ganadería (bovina, ovina, etcétera). El cambio fue tan espectacular que se calcula que, durante ese proceso, el incremento de la población fue aproximadamente de un 1.000 por 100.

Si espectacular fue ese cambio en cuanto a la producción de calorías, otro hito igualmente decisivo y mucho más cercano en el tiempo se ha producido en los últimos cincuenta años con el desarrollo de una agricultura y una ganadería intensivas, que han garantizado la subsistencia de la población del mundo occidental. En la actualidad, la mayoría de los habitantes de las sociedades desarrolladas disponen, respecto a sus necesidades metabólicas, de un número ilimitado de calorías que pueden obtener con un gasto energético cada vez menor.

En este contexto cultural, teniendo en cuenta que una de las principales preocupaciones de nuestros antepasados fue la obtención de alimentos, no es de extrañar que ante una situación de abundancia y de escaso gasto energético los individuos de nuestra especie tiendan a engordar. Puesto que el cuerpo del hombre no está genéticamente preparado para la obesidad, cuando ésta se hace presente aparecen generalmente determinados trastornos o enfermedades. Para adaptarnos evolutivamente a la obesidad, si es que ello ocurre algún día, será necesario que a lo largo de muchas generaciones se vayan seleccionando los individuos que, siendo obesos, sufran muy pocas repercusiones en su salud y en los que, además, la obesidad se convierta, por alguna razón, en una garantía de supervivencia; sólo entonces este asunto dejaría de ser un problema.

2. MECANISMOS DE REGULACIÓN DEL PESO

El peso de una persona es el resultante del balance básico entre las calorías que consume a través de los alimentos y el gasto energético que produce el metabolismo del cuerpo y la actividad física. Ahora bien, a cada uno de los términos de esta sencilla ecuación hay que añadirle otros elementos. Así, el contenido calórico varía según el tipo de

© Ediciones Pirámide

alimentos que se consuma, siendo las grasas, respecto a los hidratos de carbono y las proteínas, las que aportan más calorías por unidad de volumen; el grado de absorción de los nutrientes depende de la velocidad del tránsito intestinal y de la composición de los alimentos; el cuerpo del ser humano transforma la grasa consumida a través de los alimentos en grasa corporal muy rápidamente, por lo que las personas que consumen muchos alimentos ricos en grasa (particularmente, grasas saturadas de origen animal) tienen una mayor probabilidad de incrementar su peso que aquellos otros que, consumiendo el mismo número de calorías, consumen una dieta más pobre en grasa; las personas también difieren sustancialmente en el ritmo de actividad metabólica y nivel de actividad física y, finalmente, no habría que olvidar que existen diferencias genéticas que hacen que algunas personas asimilen más y mejor las calorías consumidas.

No obstante, si bien el mantenimiento del peso depende fundamentalmente del balance entre ingresos y gastos, el organismo dispone de un sistema de regulación que pone limitaciones muy severas a la capacidad de perder o ganar peso. Así lo ilustran los experimentos sobre el efecto de restricción y de la sobreingesta alimentaria.

2.1. El *efecto suelo* de las dietas

Hace más de cincuenta años, Keys, Brozek, Henschel, Mickelsen y Taylor (1950) sometieron a un grupo de voluntarios (objetores de conciencia norteamericanos de la Segunda Guerra Mundial) a un programa experimental para estudiar los efectos del hambre sobre el organismo. Durante los tres primeros meses de la investigación, los jóvenes, que inicialmente mostraban un peso normal, fueron alimentados regularmente. Pasado ese tiempo, y establecidas cuáles eran sus necesidades calóricas básicas, se les sometió a una dieta en la que se les permitía comer tan sólo la mitad de lo que comían habitualmente con el objeto de que redujeran un 25 por 100 de peso.

Al principio, los sujetos, aunque estaban constantemente hambrientos, empezaron a perder peso rápidamente. Sin embargo, ese rápido ritmo inicial de pérdida de peso no duró mucho, ya que, llegado un momento, se observó que esas personas tenían que reducir aún más el consumo de alimentos para continuar con la reducción de peso, lo que hizo que algunos abandonaran la investigación. Al final de esos tres meses de dieta los sujetos que la completaron lograron alcanzar el objetivo propuesto.

En una tercera fase de la investigación, se reintrodujo la alimentación normal previa a la dieta y para ello los investigadores pensaron en introducir el consumo de alimentos de una manera gradual. Sin embargo, los sujetos, que durante la fase de restricción alimentaria habían mostrado, además, importantes cambios de humor y cierta obsesión con los alimentos y los sabores, dieron muestras de una enorme voracidad comiendo todo cuanto podían. Algunos llegaron a comer hasta cinco comidas completas en un solo día, por todo lo cual la recuperación de peso fue más rápida de lo esperado e, incluso, la mayor parte de los sujetos engordaron ligeramente por encima de su peso inicial. A modo de anécdota, cabría señalar también que, en al menos la mitad de los sujetos, los cambios que se habían producido en su estado de humor se mantenían aun después de haber recuperado totalmente el peso.

De este experimento se derivan, al menos, dos conclusiones muy importantes. Por un lado, lo que podríamos denominar *efecto suelo de las dietas*, que se refiere al continuo incremento de la restricción calórica que se requiere en la dieta para seguir perdiendo peso. Por otro, al hecho de que una dieta que produce un decremento rápido de peso irá, muy probablemente, seguida por la recuperación aún más rápida de dicho peso e, incluso, con un plus de peso adicional.

Estos resultados se han vuelto a replicar en el caso de los adolescentes (Stice, Cameron, Killen, Hayward y Taylor, 1999). En esta investigación se siguió durante tres años una muestra de 692 adolescentes de 14 años de edad. A lo largo de este período se realizaron diversas encuestas sobre sus hábitos de salud, alimentación y mediciones de su peso y altura, además de comprobaciones sobre la cantidad de alimentos que realmente ingerían con objeto de eliminar cualquier sesgo perceptivo por parte de las adolescentes a la hora de informar sobre su comportamiento alimentario. Los resultados fueron categóricos. Las chicas que habían hecho esfuerzos extremos para no ganar peso a través de dietas severas, consumo de laxantes y supresores del apetito o, incluso, forzando el vómito, tenían más posibilidades de haber desarrollado sobrepeso. Por lo tanto, a la luz de este estudio se puede afirmar que las dietas hipocalóricas que practican muchas adolescentes para prevenir el sobrepeso son el mejor camino para alcanzar algún grado de obesidad en el futuro.

2.2. El *efecto techo* de la sobrealimentación

Al igual que la restricción calórica, que a partir de un punto determinado es insuficiente para continuar perdiendo peso, una sobrealimentación continua y progresiva deja de servir para ganar peso (Sims, 1976). En esta investigación se sometió a un grupo de voluntarios pagados (presos en una cárcel estatal norteamericana) a una dieta que consistía en consumir el doble de calorías que cada uno de los participantes solía ingerir, con objeto de ganar entre 10 y 15 kilos. Se trataba de crear experimentalmente la obesidad. Al principio los sujetos ganaron los primeros kilos con gran facilidad, pero posteriormente esa dieta no provocaba ya un incremento adicional de peso, para lo cual los sujetos tenían que duplicar el número de calorías que ingerían. Se dio el caso, incluso, de un hombre que llegó a consumir hasta 10.000 calorías diarias y no alcanzó la meta establecida.

Parece, por lo tanto, que el cuerpo tiende a regularse para dificultar una bajada excesiva de peso y también para obstaculizar un aumento extremo del mismo. Sobre esta base se ha desarrollado el concepto de *setpoint* o teoría del punto de ajuste del peso.

2.3. El concepto de *setpoint* o punto de ajuste del peso

Formulado por Keesey (1980), el concepto de *setpoint* permite comprender, en cierta medida, el *efecto suelo* y el *efecto techo* de la infra y de la sobrealimentación. Cuando las personas se someten a una dieta severa y comienzan a perder peso rápidamente, su metabolismo se desacelera con objeto de reducir la necesidad calórica, al tiempo que el organismo reduce su actividad física para incrementar la conservación de la energía. Esto permitiría explicar por qué los sujetos del experimento de Keys et al. (1950), llegado un punto, dejaron de perder peso aun cuando habían reducido su consumo de calorías en un 50 por 100. En el otro polo, cuando el organismo ingiere un exceso de calorías incrementa la velocidad del metabolismo para mantener su peso, tal como ocurriría en los sujetos del experimento de Sims (1976).

La teoría de *setpoint* también se ajusta a los datos obtenidos por Leibel, Rosenbaum y Hirsch (1995). En esta investigación, una muestra de hombres y mujeres obesas fueron infraalimentados con objeto de hacerles perder hasta un 10-20 por 100 de su peso inicial. Por el contrario, otra muestra de personas que nunca habían sido obesas fue sobrealimentada hasta que ganaban un 10 por 100 de su peso inicial. Los participantes que perdieron peso tendían a reducir su gasto de energía en torno a un 15 por 100 respecto a la situación anterior a la del inicio de la investigación, mientras que aquellos que ganaban peso incrementaron significativamente su gasto total de energía.

Ahora bien, el *setpoint* no es inamovible. Si una persona desarrolla un continuo balance energético positivo, resultado de un mayor ingreso calórico que gasto energético, el *setpoint* se desplazará gradualmente hacia un peso mayor y, por lo tanto, tendrá enormes dificultades para bajar de ese nuevo punto de peso. Este hecho serviría para explicar por qué muchos obesos tienen grandes dificultades para perder peso, aun siguiendo dietas muy severas. En la dirección opuesta, el *setpoint* también puede ser modificado hacia abajo, especialmente en personas que están en sobrepeso o son obesas. Tal como comentaremos, el ejercicio físico puede ayudar a controlar el peso de una forma indirecta y uno de esos caminos sería, precisamente, situando el *setpoint* unos kilos más abajo (Epstein, Valoski, Wing, McCuley, 1994; Andersen, Franckowiack, Bartlett y Fontaine, 2002).

2.4. La facilidad para ganar peso

De lo anteriormente expuesto, se puede concluir que el organismo del ser humano tiene más facilidad para ganar que para perder peso. Una de las razones que explican esto tiene que ver con su bajo consumo de energía. Su gasto energético total es la suma del gasto energético en reposo, más el gasto derivado de la actividad física, además del efecto termogénico de los alimentos. Tal como se recoge en la tabla 3.1, la mayor parte del gasto de energía viene dado por el gasto basal, es decir, por el gasto necesario para mantener las funciones fisiológicas fundamentales. La actividad física no suele requerir más que un 30 por 100 del total y el gasto que provoca la transformación en calor de los alimentos puede oscilar entre un 5 por 100 y un 10 por 100. Sin embargo, este último es un gasto muy variable que alcanza su máximo una hora después de cada ingesta, desaparece cuatro o seis horas más tarde y depende del tipo de alimentos que se consumen.

TABLA 3.1

Fórmula del gasto energético total

Gasto energético total = Gasto en reposo + Actividad física + Efecto termogénico alimentos
100 por 100 = 65-70 por 100 + 20-30 por 100 + 5-10 por 100

A partir de esta fórmula (tabla 3.1) se puede calcular el gasto energético individual, evaluando en primer lugar el gasto energético en reposo (Russolillo y Martínez, 2002). Para ello, se suele utilizar la ecuación propuesta por la Organización Mundial de la Salud (OMS), que, como se ve en la tabla 3.2, tiene en cuenta el sexo, la edad y el peso.

TABLA 3.2

Fórmula para el cálculo del gasto en reposo por género y edad

Hombres	Edad (años)	Calorías/día (P = peso en kg)
	0-3	$60{,}9 \times P - 54$
	3-10	$22{,}7 \times P + 495$
	10-18	$17{,}5 \times P + 651$
	18-30	$15{,}3 \times P + 679$
	30-60	$11{,}6 \times P + 879$
	>60	$13{,}5 \times P + 487$
Mujeres	Edad (años)	Calorías/día (P = peso en kg)
	0-3	$61{,}0 \times P - 51$
	3-10	$22{,}5 \times P + 499$
	10-18	$12{,}2 \times P + 746$
	18-30	$14{,}7 \times P + 496$
	30-60	$8{,}7 \times P + 829$
	>60	$13{.}5 \times P + 596$

Al gasto energético basal hay añadirle el gasto provocado por la actividad física. Para ello será necesario encontrar el nivel de actividad física que cada persona tiene. En la tabla 3.3 se ordena el nivel de actividad física de las personas en cuatro grandes categorías. Se trata de situar a cada persona, de acuerdo a su actividad profesional y actividad física de ocio, en una de dichas categorías.

TABLA 3.3

Clasificación de los niveles de actividad física

Leve
Se incluyen en esta categoría actividades en posición sentada y de pie, oficinistas, abogados, médicos, estudiantes, dependientes de comercio, maestros, jubilados, parados, trabajos de laboratorio, secretarias, trabajo doméstico, músicos y profesiones similares.

TABLA 3.3 (continuación)

Ligera

Se incorporan en esta categoría actividades cotidianas como caminar o pasear, deportes como el golf y el tenis de mesa y profesiones como las de electricistas, obreros de la construcción, trabajadores de la industria ligera, agricultores, pescadores, soldados, carpinteros, limpieza del hogar y de oficinas, trabajos en hostelería y restauración y profesiones similares.

Moderada

Ésta incluye la práctica de deportes como *footing*, ciclismo, baloncesto, tenis, esquiar, bailar y profesiones como trabajadores forestales, mineros, trabajadores en la industria pesada y metalurgia y trabajos no especializados, como mozo de almacén y peones

Intensa

Ésta incluye algunos trabajos muy pesados, como leñadores o herreros, o la práctica deportiva profesional.

Finalmente, teniendo en cuenta el género, se ha de escoger el factor multiplicador correspondiente al nivel de actividad, tal como aparece en la tabla 3.4 y multiplicarlo por el resultado obtenido en la tabla 3.3.

TABLA 3.4

Factor multiplicador para cada uno de los niveles de actividad general

Nivel de actividad general		Factor de actividad
Reposo, descanso, cama		1,2
Leve	Hombres	1,3
	Mujeres	1,3
Ligero	Hombres	1,6
	Mujeres	1,5
Moderado	Hombres	1,7
	Mujeres	1,6
Intenso	Hombres	2,1
	Mujeres	1,9
Muy intenso	Hombres	2,4
	Mujeres	2,2

Con este cálculo, ahora se dispone de una aproximación bastante fiable de gasto energético total de la persona a lo largo del día, tal y como se plantea en la tabla 3.5.

TABLA 3.5

Ejemplo comparativo del cálculo de gasto energético total en una mujer de 50 kg y otra que pese 100 kg

Un mujer que mide 1.60 m, tiene 47 años, pesa 50 kg y realiza un tipo de actividad ligera. En este caso su gasto energético total seria igual a:

$$8,7 \times 50 + 829 = 1.264 \text{ cal}$$
$$1.264 \times 1,5 = \textbf{1.896 cal}$$

El gasto energético total del esa misma mujer, si pesase 100 kg, sería igual a:

$$8,7 \times 100 + 829 = 1.699 \text{ cal}$$
$$1.699 \times 1,3* = \textbf{2.208 cal}$$

* En este caso, se ha rebajado el nivel de actividad de ligero a leve debido a las limitaciones que la obesidad severa suele conllevar.

En la tabla 3.5 se puede constatar cómo entre una mujer de mediana edad que pese 100 kg y otra que pese la mitad, 50 kg, la diferencia en el gasto energético total puede llegar a ser tan sólo de unas 300 cal al día. En particular, esto se suele explicar porque una persona que pese 100 kg tiene cada vez más dificultades para hacer cualquier tipo de actividad física y suele pasar mucho más tiempo sentada, por lo que su gasto energético es menor.

Para ilustrar cómo ocurre este proceso de reducción de la actividad física con el incremento del peso, Swinburn y Egger (2004) han propuesto el modelo de un tren que pierde los frenos cuesta abajo y va ganando cada vez más velocidad. Del mismo modo, una vez que se ha adquirido un cierto grado de sobrepeso, se suelen ir rompiendo los mecanismos biológicos que sirven para la estabilización del peso, hasta llegar a un punto en el que, sin necesidad de comer demasiado, el cuerpo sigue ganando peso de modo continuado.

La primera de estas alteraciones tiene que ver con la reiterada pérdida de movilidad. Cuando se llega a un sobrepeso elevado o a la obesidad, las personas tienen cada vez más dificultades para desplazarse y cada uno de los movimientos que realizan les supone un esfuerzo mayor que cuando tenían un peso más normalizado. Esto suele provocar que las personas obesas reduzcan, muchas veces sin ser conscientes de ello, todos sus niveles de actividad y de gasto de energía. Restringen sus movimientos en el trabajo, tienden a buscar un ocio sedentario y para los desplazamientos eligen cualquier clase de vehículo que les alivie de la tarea de caminar. Esto implica un gasto calórico muy escaso, por lo que fácilmente cubrirán sus necesidades energéticas por poco que coman.

Junto a la reducción del movimiento, la obesidad está médicamente asociada a ciertos problemas físicos que redundan en lo mismo. La artrosis en la columna o la rodilla, la apnea del sueño u otras dificultades respiratorias son algunos ejemplos de trastornos asociados al exceso de peso que repercuten en la persona provocando cansancio o dolores que a su vez contribuyen a que la persona reduzca más aún su actividad, se mantenga más tiempo sentada o lleve un estilo de vida más sedentario.

El estigma que supone la obesidad y el sobrepeso hace que muchas personas vean deteriorada su autoestima, se echen la culpa del estado de su cuerpo y puedan sentirse ansiosas o deprimidas. Tal y como se comentará más adelante, comer es una de las estrategias habituales para atenuar los síntomas de la ansiedad y del desánimo. De forma secundaria, también ocurre que algunos de los medicamentos que se prescriben para el tratamiento de la depresión favorecen el apetito y la ganancia de peso. Por lo cual, los trastornos emocionales en las personas con obesidad pueden contribuir de una manera destacada a impedirles bajar de peso e, incluso, en muchos casos, a incrementarlo aún más. Por último, las dietas hipocalóricas también pueden favorecer, paradójicamente, la ganancia de peso. Todo ello indica la enorme facilidad del organismo para ganar peso en determinadas condiciones y las dificultades que se presentan cuando se intenta perderlo. Sólo teniendo en cuenta esta complejidad se puede abordar de un modo adecuado la pérdida de peso.

3. ¿ES LA OBESIDAD UN RIESGO PARA LA SALUD?

Las primeras señales de alerta sobre el peligro que podía representar la obesidad para la salud fueron dadas por las compañías de seguros en Estados Unidos. Así, por ejemplo, en un estudio clásico, publicado en 1959 por la Society of Actuaries & Association Life Insurance, se revelaba que los hombres que a lo largo de su vida ganaban un 20 por 100 o más de peso sobre la media de su altura tenían una tasa de mortalidad un 25 por 100 más elevada que los hombres de peso medio. De una forma aún más concluyente, se observó que los hombres que pesaban un 40 por 100 por encima de su peso óptimo incrementaban su tasa de mortalidad en un 67 por 100.

La obesidad también parece aumentar el riesgo de padecer múltiples enfermedades que disminuyen de modo notable la calidad de vida de las personas afectadas. Posiblemente, las tres alteraciones más importantes asociadas a la obesidad sean la hipertensión arterial esencial, la diabetes mellitus y la litiasis biliar. En todos estos casos, la obesidad, si bien no es la causa última de estas enfermedades, constituye un factor de riesgo de primer orden que facilita su aparición. La hipertensión arterial, por ejemplo, es hasta cuatro veces más probable entre las personas obesas que entre las no obesas y, además, se ha observado que la reducción de peso se asocia, a su vez, con la reducción de la presión arterial. Esta estrategia puede permitir a algunos pacientes abandonar la medicación, resultando que, en muchos casos, la reducción de peso necesaria para rebajar las cifras tensionales en hipertensos obesos es bastante modesta, ya que perder 4 o 5 kg puede ser suficiente para reducir la presión arterial de un modo significativo en una gran proporción de hipertensos (Trials of Hipertensión Prevention Collaborative Research Group, 1997). Además, la reducción de peso favorece la acción de los fármacos antihipertensivos y puede reducir otros factores de riesgo cardiovascular como la dislipemia. Algo similar también ocurre con la diabetes. Particularmente, en el caso de la diabetes no insulino-dependiente tipo II, la obesidad y una edad avanzada son condiciones que favorecen el mantenimiento de azúcar en sangre. De nuevo, la reducción de peso puede ser una estrategia suficiente para controlar esta alteración. Y, finalmente, la obesidad también se relaciona estrechamente con la litiasis biliar y con la consiguiente formación de cálculos en la vesícula biliar que hacen padecer a los pacientes un intenso dolor.

Pero hay más: las bronquitis y otras alteraciones pulmonares son más frecuentes y graves entre las personas obesas que entre las no obesas. La obesidad, además, dificulta la circulación venosa por lo que las hemorroides y las varices son también más frecuentes cuando las personas muestran un peso elevado. La obesidad también acarrea problemas en el aparato locomotor y, en este caso, las personas tienden a sufrir con más frecuencia artrosis en la columna y rodilla. Las intervenciones quirúrgicas son más peligrosas en las personas obesas que en las que muestran un peso normal, y una imagen corporal no deseada, como la que en algunos casos tienen de sí mismas las personas obesas, suele traducirse en un estado de malestar emocional que, a veces, deriva en depresión. Además, en los últimos años se está disparando la tasa de invalidez entre personas que sufren obesidad mórbida.

No obstante, a pesar de todas estas observaciones, se ha constatado que los efectos de la obesidad sobre la salud son mucho más complejos y no dependen, exclusivamente, de la ganancia lineal de peso. De hecho, la relación estadística establecida entre el exceso de peso y la enfermedad es puramente correlacional y no causal. Esto explicaría que el 20 por 100 de los diabéticos, el 40 por 100 de los hipertensos y el 50 por 100 de las personas con el colesterol elevado tengan un peso normal.

En la actualidad parece haber un cierto consenso sobre la necesaria concurrencia de diversos factores moduladores del impacto de la obesidad sobre la salud (bien para agravarlo, bien para atenuarlo). Entre dichos factores destacarían el sistema de medida y el grado de sobrepeso y obesidad, la distribución corporal de la grasa y la historia individual de los cambios de peso a lo largo de la vida. La importancia de estos factores es tal que, como iremos viendo a continuación, el peligro potencial que el exceso de peso pueda tener para la salud queda totalmente mediatizado por los mismos.

3.1. El sistema de medida y el grado de obesidad

Respecto al sistema de medida y el grado de obesidad, hoy se acepta que el peso *per se* no es tan buen predictor sobre los efectos de la obesidad de la salud como el índice de masa corporal (IMC). Este índice pone en relación el peso del sujeto con su altura conforme a la siguiente fórmula:

Índice de masa corporal = Peso en kg/(Altura en m)^2

A partir de esta fórmula diversos estudios han baremado la relación entre los distintos niveles de peso y su riesgo para la salud. La tabla 3.6 se ha realizado promediando las aportaciones de distintos autores.

TABLA 3.6

Niveles de peso y su riesgo para la salud

IMC	Clase de peso	Nivel de riesgo
18,5-24,9	Peso normal	Nulo.
25-26,9	Sobrepeso grado I	Nulo.
27-29,9	Sobrepeso grado II	Ligero.
30-34,9	Obesidad grado I	Moderado.
35-39,9	Obesidad grado II	Elevado.
>40	Obesidad mórbida	Muy elevado.

De acuerdo a este baremo, no se puede hablar de un peso ideal para cada persona sino de un rango de peso adecuado, mucho más amplio de lo que socialmente se considerable deseable. Así, una personas cuya altura fuese 1,72 estaría en un peso saludable tanto si pesase 60 kg (IMC = 20,33) como si su peso fuese de 74 kg (IMC = 25). No obstante, a partir de ese punto, el incremento de IMC sitúa a la persona en un riesgo cada vez mayor de morbilidad y mortalidad.

Las investigaciones al respecto han puesto de manifiesto que, superado el sobrepeso grado II, cada incremento en el IMC en mujeres se relaciona cada vez más estrechamente con cualquier tipo de mortalidad (cardiovascular, cáncer, etcétera), incluso cuando se controla el efecto del tabaco o los cambios continuos en el peso (Manson, Willett, Stampfer, Colditz, Hunter, Hamkinson y Speizer, 1995; Rimm, Stampfer, Giovannucci, Ascherio, Spegelman, Colditz y Willet, 1995; Rinbäck-Weitoft, Eliasson y Rosén, 2008).

3.2. La distribución de la grasa en el cuerpo

Pero ni tan siquiera el IMC es suficiente para explicar la relación entre el exceso de peso y la morbi-mortalidad. Un segundo factor que hay que tener en cuenta es la distribución de la grasa en el cuerpo, que puede hacer variar de forma muy significativa el riesgo que la obesidad representa para la salud. Los datos epidemiológicos actuales señalan que aquellas personas que tienden a acumular la grasa en el abdomen muestran una mayor propensión a determinadas enfermedades (hipertensión, dislipemias o diabetes) que aquellas que tienden a acumular la grasa en las caderas y los muslos. Además, la acumulación de la grasa en la parte central del cuerpo es mejor predictor que el IMC de todas las causas de mortalidad (Folsom, Kaye, Sellers, Hong, Cerhan, Poter y Prineas, 1993) y parece especialmente potente en la predicción de los trastornos cardiocoronarios (Freedman, Williamson, Croft, Ballew y Byers, 1995).

En este sentido, cada día se dispone de nuevos resultados que permiten confirmar el perjudicial efecto de la obesidad abdominal sobre la salud (Pan y Pratt, 2008). En una investigación de Mansfield, McPherson y Koski (1999) se compararon los niveles de colesterol entre dos grupos de sujetos: un grupo físicamente activo y otro grupo de sujetos sedentarios. Sorprendentemente, los resultados de las comparaciones entre ambos grupos de sujetos indicaron que la proporción más baja cintura/cadera, y no específicamente el nivel de actividad, se asociaba con niveles más altos de lipoproteínas de alta densidad (HDL) y con niveles más bajos de lipoproteínas de baja densidad (LDL); es decir, que las personas que acumulan grasa en el abdomen tienen más probabilidades de tener un perfil de los lípidos desajustado, al margen de la actividad física que desarrollan. Asimismo, en otro estudio epidemiológico, realizado con una muestra de 47.382 mujeres, se encontró que aquellas que tendían a acumular grasa en el abdomen tenían un riesgo algo más elevado de padecer cáncer de mama que las que acumulan la grasa en las caderas (Huang, Willet, Colditz, Hunter, Manson, Rosner, Spiezer y Hankinson, 1999).

En definitiva, la distribución de la grasa en el cuerpo se considera como un predictor muy importante de sus consecuencias negativas sobre la salud, ya que el incremento de la grasa visceral en el abdomen se asocia estrechamente con la hipertensión, resistencia a la insulina, dislipemia, diabetes tipo II y muerte prematura por enfermedades del corazón. Parecería que todo esto tiene su causa en una lipolisis o degradación anormal de los tejidos adiposos que provocaría, a su vez, una disponibilidad muy elevada de ácidos grasos libres. La mayor parte de esa elevada liberación de los ácidos grasos libres provendría de los tejidos adiposos de la parte superior del cuerpo, de ahí las consecuencias adversas de la obesidad abdominal (Jensen 1997, 2006).

Aunque el riesgo para la salud de una forma particular de distribución de la grasa en el organismo afecta tanto a hombres como a mujeres, la probabilidad de riesgo no es igual para ambos, ya que son los hombres los que con mayor frecuencia acumulan grasa en el abdomen mientras que la mujer suele acumular grasa en las caderas y muslos. El hombre suele desarrollar una obesidad «tipo manzana» con predominio de la grasa en la mitad superior del cuerpo, que es lo que se ha denominado «obesidad androide». Las mujeres, por el contrario, tienden a mostrar una obesidad «tipo pera» con predominio de la grasa en la mitad inferior del cuerpo, que es lo que se ha denominado «obesidad ginoide». En cualquier caso, lo que no se debe olvidar es que, aunque el hombre tiene una probabilidad más alta de desarrollar una obesidad más perjudicial, muchas mujeres pueden desarrollar una obesidad tipo androide y también muchos hombres pueden mostrar una obesidad tipo ginoide.

Los datos epidemiológicos indican que, en el caso de la mujer, los riesgos para la salud comienzan a aumentar cuando su cintura alcanza los 80 cm y el riesgo se eleva significativamente cuando la cintura alcanza los 89 cm. Para los hombres el riesgo aumenta cuando se alcanza los 94 cm, pero se convierte en un factor de riesgo más severo cuando la cintura supera los 102 cm (Koster, Leitzmann, Schatzin, Mouw, Adams, van Eijk, Hollenbeck y Harris, 2008).

3.3. Las fluctuaciones de peso

Un tercer factor sobre el que volveremos más adelante y que modula el efecto de la obesidad sobre la salud es el de las fluctuaciones de peso. Hoy se puede afirmar, con mucha seguridad, que los cambios cíclicos en el peso inducidos por dietas son mucho más perjudiciales para la salud que un sobrepeso moderado estable. Así lo ha confirmado un estudio prospectivo sobre el tema (Mikkelsen, Heitmann, Keiding y Sorensen, 1999). En él se registraron, a lo largo de diez años, los cambios en el peso que se observaron en una muestra compuesta por un total de 15.113 hombres y mujeres residentes en Dinamarca, constatándose que, independientemente de cual fuese su peso inicial, las personas que sufrían más fluctuaciones en el peso a lo largo de ese período tenían también el riesgo más elevado de mortalidad atribuible a todas las causas. Ese riesgo aparece también cuando esos cambios de peso son exclusivamente intencionales, es decir, cuando las personas los provocan poniéndose a dieta (Sorensen, 2003).

En resumen, el sobrepeso y la obesidad pueden constituir un importante riesgo para la calidad de vida y la salud de muchas personas. Sin embargo, dicho riesgo no depende sólo de la ganancia lineal de peso sobre un hipotético peso ideal. Por un lado, es muy importante recordar que el sobrepeso grado I (IMC entre 25 y 26,9) no supone *per se* un peligro significativo para la salud. Por otra parte, también hoy sabemos que no todos los tipos de obesidad son igualmente dañinos, siendo la obesidad caracterizada por la acumulación de grasa en el abdomen la que encierra un peligro potencial muy superior a aquella en la que la acumulación de grasa se produce, fundamentalmente, en las caderas. Finalmente, los cambios cíclicos de peso que muestran algunas personas como consecuencia de someterse a dietas hipocalóricas restrictivas son mucho más peligrosos que un sobrepeso grado I.

4. LAS DIETAS

En algunos países como EE.UU. el 25 por 100 de la población puede ser considerada obesa. En España, si en 2003 un 49,23 de la población tenía algún grado de exceso de peso (el 13,32 por 100 estaba obesa y el 36,91 por 100 tenía sobrepeso), tres años más tarde la Encuesta Nacional de Salud recoge, por primera vez, que más de la mitad de los españoles tenían exceso de peso, superando la barrera psicológica del 50 por 100. En concreto, en 2006, un 15,25 por 100 y un 37,4 por 100 de los adultos tenía obesidad y sobrepeso, respectivamente, lo que confirma la tendencia creciente del problema.

La obesidad constituye el factor de riesgo para la salud en el que, anualmente, se implica un mayor número de personas con el fin de intentar reducirlo o eliminarlo. No obstante, no todos aquellos que intentan perder peso lo hacen por mejorar su salud, sino que la mayoría lo intenta por razones de estética cultural. La presión es tal, que más de dos tercios de las adolescentes y un tercio de los adolescentes están tratando de perder peso o evitar ganarlo. En el caso de los adultos, dos tercios de las mujeres y más de la mitad de los hombres están tratando de perder peso o no ganarlo. Esos datos sólo reflejan el porcentaje de personas que están en dieta en un período determinado, por lo que es muy posible que si se considerase los intentos realizados a lo largo de la vida, el porcentaje de personas que reconocerían haber realizado algún tipo de dieta sería todavía mayor (Serdula, Collins, Williamson, Anda, Pamuk y Byers, 1993).

En la misma línea, en una encuesta europea aleatorizada y estratificada (European Commission,

1999) se solicitó a 15.239 personas que indicaran, sobre un total de nueve figuras, la que mejor describiría su imagen corporal actual y su imagen corporal ideal. El 55 por 100 de los encuestados eligió una imagen ideal conformada por un cuerpo por debajo de su peso natural. La disparidad entre la imagen real e ideal del cuerpo fue generalmente mayor entre las mujeres que entre los hombres. Se observó, además, que el 1 por 100 de la población estaba tratando de perder peso a pesar de encontrarse por debajo de su peso ideal. De este grupo, el 95 por 100 eran mujeres entre las que predominaba el grupo de edad de entre los 15 y 24 años (53 por 100) y entre los 25 y 34 años (24 por 100). En este sentido, se ha observado que la insatisfacción corporal en las jóvenes suele aparecer en nuestra cultura entre los 12 y los 16 años (Baile, Guillén y Garrido, 2002). Sin embargo, el alto valor que se otorga a la delgadez en las sociedades desarrolladas no está presente en otras culturas, por ejemplo, en África o en la cuenca del Pacífico, ni tan siquiera en Occidente fue vista como algo especialmente deseable en otras épocas históricas, durante las cuales una figura con volúmenes era símbolo de poder y estatus social.

En la actualidad, la estrategia más común para reducir peso consiste en iniciar una dieta. Para ello, las personas aprenden a moderar el consumo de calorías, mediante una restricción dietética fundamentada en el conocimiento del valor calórico de los alimentos, a través de folletos informativos, de los medios de comunicación o de una prescripción médica. Y esta práctica resulta más paradójica cuando en la actualidad se sabe que el mejor patrón de alimentación para el ser humano (el que siguen las personas que tienen un peso corporal más bajo y las que suelen mantenerse en un peso normal a lo largo de la vida) es aquel en el que no se restringe ningún alimento y en el que priman los hidratos de carbono complejos (50 por 100 o más), lo que se asocia a un menor consumo de calorías a causa del mayor consumo de fibra y agua (Bowman, 2002).

Respecto a la efectividad de las dietas, las escasas investigaciones sobre el tema han mostrado que todos los tipos de dietas hipocalóricas, aun cuando parten de principios diferentes en cuanto a la cantidad y el tipo de alimentos que permiten consumir, funcionan a corto plazo. La eficacia inicial de todas ellas es muy similar y, una vez que se abandonan, la recuperación del peso es casi inevitable a medio y largo plazo. La pérdida de peso que provocan se puede explicar por lo que tienen de común, esto es, la reducción en el consumo total de calorías, que se puede conseguir de formas muy diversas: reduciendo el consumo los hidratos de carbono, reduciendo el consumo de grasas y proteínas o evitando las combinaciones de alimentos, que son mucho más apetecibles que cada uno por separado.

La *dieta de Atkins,* por ejemplo, se basa en una restricción muy severa de los hidratos de carbono. Al principio, sólo se pueden consumir unos 20 g de carbohidratos diarios con un incremento gradual hasta los 50 g diarios. La dieta de los *Weight watchers* opta fundamentalmente por una restricción de las calorías medidas en puntos, de tal forma que la persona sólo puede ingerir el equivalente a un determinado número de «puntos» en función de su peso. Cada punto equivale a unas 50 calorías. La dieta de *la Zone* busca un balance de los nutrientes de acuerdo a la siguiente proporción: 40 por 100 de hidratos de carbono, 30 por 100 de grasas y 30 por 100 de proteínas. La dieta de *Ornish*, al contrario que la dieta de Atkins, restringe las grasas y establece una alimentación casi vegetariana, reduciendo el consumo de grasa a un 10 por 100.

Dansinger, Gleason, Griffith, Selker y Schafer (2005), en un trabajo muy inusual sobre el tema, compararon las cuatro dietas antes descritas y constataron que sólo un 50 por 100 de las personas con sobrepeso u obesidad fueron capaces de mantener cualquiera de las dietas durante año. Las personas que al año seguían a régimen sólo habían conseguido perder entre 5 y 7 kg de peso, lo que en los casos de sobrepeso y obesidad no deja de ser una reducción muy modesta. Dentro de esas diferencias tan mínimas entre las dietas, la de Atkins fue con la que menor reducción de peso se observó. Sin embargo, esta dieta es, quizás, una de las más populares porque con ella los primeros kilos se pierden con mayor rapidez que con las demás. La razón de ello se debe, tal y como ha dejado muy bien explicado el profesor Grande Covián, a que la pérdida inicial de peso que provoca esta dieta viene dada por la pérdida de agua de hidratación del glucógeno en el hígado y de la musculatura. Las reservas de energía primaria del organismo se encuentran en el glucógeno, que se almacena convenientemente hidratado. Cuando se dejan de consumir hidratos de carbono el organismo empieza a consumir esas reservas de glucógeno y, por tanto, lo que se va perdiendo es también el agua. Es por esto que esos primeros kilos que se pierden son un poco una trampa. Si lo que se persigue con las dietas hipocalóricas es eliminar los depósitos de grasas, será necesario esperar unas tres semanas para que lo que se pierda en su mayor parte sea grasa y, en menor medida, proteínas (Grande Covián, 1988).

CUADRO 3.1

Algunas dietas y sus problemas

Una de las dietas de este tipo que más popularidad ha adquirido y que más ha calado en la población es la basada en la restricción de hidratos de carbono, la conocida dieta de Atkins. Se trata de reducir alimentos como el pan o las patatas, entre otros, al tiempo que se permiten todo tipo de alimentos ricos en grasas (que generalmente son más sabrosos). Sin embargo, este tipo de dietas, que se hicieron populares a principios de los setenta y que hasta la fecha han sido seguidas por miles y miles de personas, han sido criticadas especialmente tanto por su ineficacia como por su potencial peligrosidad (lamentablemente, dichas críticas no han llegado a ser tan populares como las propias dietas). Respecto a su ineficacia, los resultados de las investigaciones indican que el consumo de alimentos grasos tiende a incrementar la ingesta de grasa más que a inducir la saciedad. Además, dichas dietas también suelen producir efectos secundarios, tales como fatiga y depresión. En cuanto a su peligrosidad, hoy es de sobra conocido que una dieta rica en grasas tiende a elevar el nivel de colesterol. Por todo ello se puede afirmar que las dietas que reducen los hidratos de carbono a costa de incrementar las grasas son muy contraproducentes.

De modo opuesto, también se ha hecho conocida la dieta de Ornish, que preconiza un consumo elevado de hidratos de carbono al tiempo que se reduce el consumo de grasa. Particularmente, se recomiendan los hidratos de carbono provenientes de las frutas, vegetales y cereales integrales, pero no los del azúcar. Muchas personas encuentran más fácil seguir este tipo de dieta porque pueden comer una mayor cantidad. No obstante, la restricción del consumo de alimentos muy sabrosos supone también para muchas personas sentirse constantemente insatisfechas, lo que les lleva a saltarse la dieta con frecuencia.

Por su parte, la dieta vegetariana, aunque mitificada en parte por su relación con una forma de vida natural, no está exenta de problemas. Éstos derivan, fundamentalmente, de la menor calidad de las proteínas vegetales y la carencia de la vitamina B12. Dichas proteínas tienen un menor número de aminoácidos que las provenientes de otros alimentos. Es por ello que para suplir este déficit se debe incorporar en esta dieta leche y huevos y transformarla en una dieta lacto-ovo-vegetariana puede servir para paliar dicho déficit y el de la carencia de algunos minerales esenciales. De este modo también se superaría el problema de la carencia de la vitamina B12 (que puede causar anemia y algunos desórdenes nerviosos). Esta precaución de incorporar las proteínas de la leche y los huevos a esta dieta es especialmente importante durante la infancia, ya que un correcto desarrollo y crecimiento del cuerpo sólo es posible si se consumen proteínas de calidad en cantidad suficiente.

Quizá las dietas más sorprendentes son aquellas que se limitan a un único grupo de alimentos o, incluso, a un sólo alimento, aquello que se puede consumir, sólo fruta, sólo huevos, etc. Ni que decir tiene que, en términos nutricionales, tales sugerencias son un absoluto desastre. Si se pierde peso, es por la drástica reducción de calorías, que, en la mayoría de las ocasiones, no llega a superar las 1.200. Afortunadamente, sin embargo, las dietas basadas en un único alimento provocan una inmediata sensación de monotonía y hartazgo que hace que el intento no se prolongue, en muchos casos, más allá de unos días.

Finalmente, cabe hablar de la dieta disociada, cuyo presupuesto básico es que no se deben consumir de modo simultáneo los hidratos de carbono y las grasas, ya que cada uno de esos nutrientes requiere una digestión diferente en cada caso. Esta dieta implica la prohibición de consumir alimentos como la leche entera o desnatada, que contienen ambos nutrientes y, además, también prohíbe otros alimentos que son considerados como «tóxicos», como son el azúcar, el pan o las patatas. La fruta se tiene que consumir sola y antes de las comidas. Respecto a los principios de los que parte esta propuesta, cabe subrayar que no tienen fundamento lógico o científico alguno. Los alimentos no suelen estar hechos de un solo nutriente y en ellos se combinan regularmente la presencia de hidratos de carbono, proteínas y grasas. Para ello basta sólo mirar el etiquetado de cualquier alimento. Desde el pan, al arroz, pasando por las legumbres, todos suelen tener de todo en mayor o menor cantidad. Además, como por propia experiencia mucha gente sabe, en la mayor parte de las digestiones que hemos hecho a lo largo de la vida consumir alimentos ricos en hidratos y grasas (como la leche entera) no provoca ningún malestar especial. No obstante, mientras se practica esta dieta es posible que se restrinja el consumo de alimentos, porque se reduce notablemente la palatabilidad de las comidas. La mezcla de alimentos ricos en hidratos y grasas tiene un sabor mucho más intenso que cualquiera de ellos por separado. Esta mezcla se observa en todas las culturas. Los Yanomami, por ejemplo, no conciben el consumo de una de sus principales fuentes de energía, los insectos, ricos en proteínas, sin acompañarlos de los hidratos de carbono, generalmente plátanos.

Es evidente, por lo tanto, que ninguna dieta puede ofrecer algo distinto de cualquier otra. La pérdida de peso que puede conseguirse a través de cada una de ellas se explica por lo que tienen en común. Y ese elemento común es la reducción del consumo diario de calorías.

4.1. El mantenimiento de la pérdida de peso

En la actualidad, es un comportamiento habitual la práctica de dietas hipocalóricas que restringen la ingesta de calorías a un máximo de entre 1.200 y 1.800. Por su propia experiencia, muchas personas saben que mientras se va perdiendo peso suele resultar hasta gratificante esa sensación de control sobre el organismo. Sin embargo, cuando se retira la dieta y se retoman los hábitos alimentarios normales se inicia el inevitable regreso hacia la realidad corporal. Este hecho, comúnmente conocido, ha sido confirmado por diversas investigaciones epidemiológicas que, en general, han llegado a la conclusión de que el 95 por 100 de las personas que pierden peso lo recuperarán entre uno y cinco años más tarde. No obstante, se debe tener en cuenta que esos datos suelen obtenerse estudiando a personas que habitualmente acuden a las consultas de nutrición médicas y, por lo tanto, no se pueden aplicar al conjunto de la población que se somete a dieta, ya que entre dichas personas se incluyen grandes obesos y los que buscan ayuda profesional para perder peso (Brownell y Rodin 1994; Sarlio-Lahteenkorva, Rissanen, & Kaprio 2000). Es por ello que el control del peso a largo plazo es el reto más importante a superar para un porcentaje cada vez mayor de la población. Sin embargo, antes de iniciar una dieta se debería comprobar si el peso supone algún problema para la salud. No se debe olvidar que un sobrepeso grado I (IMC < 26,9) en una persona activa y que no tiende a acumular grasa en el abdomen no representa riesgo alguno.

Para explicar esa tendencia a recuperar el peso que se ha perdido con una dieta hipocalórica, se podría recurrir a la desaceleración del metabolismo que provocan dichas dietas y suponer que esa desaceleración no fuese puntual, sino que se mantuviese a lo largo del tiempo. Esta hipótesis no concuerda con los actuales datos disponibles, que indican que los sujetos que han sufrido cambios cíclicos de peso no muestran un cambio en su gasto energético basal. Aunque una dieta hipocalórica induce una disminución del gasto de energía metabólica, la recuperación del peso posterior parece acompañarse de la recuperación de la tasa metabólica (Wadden, Foster, Stunkard, Conill, 1996; Jebb, Goldberg, Coward, Murgatroyd, Prentice, 1991). En la misma línea se encuentra lo que ocurre con los pacientes sometidos a un *bypass* gástrico. Los resultados indican que su gasto energético en descanso es el que cabría esperar por la pérdida de tejido corporal y que, por lo tanto, no se produce un descenso significativo en su gasto energético (Das, Roberts, McCrory, Hsu, Shikora, Kehayias, Dallal, Saltzman, 2003). En definitiva, la recuperación del peso después de una dieta y de un plus adicional, si lo hubiera, no se debe a una desaceleración metabólica permanente, al menos de forma generalizada, entre las personas que siguen una dieta hipocalórica, y si ocurre, quizás tan sólo se dé en un grupo específico de sujetos que todavía no se ha identificado claramente.

Es por ello que habría que recurrir al comportamiento alimentario para explicar la recuperación del peso. En un estudio experimental, Lowe, Foster, Kerzhnerman, Swain y Wadden (2001) sometieron a un grupo de mujeres obesas a un programa dietético para reducir peso durante ocho semanas. Antes y después del experimento, estos sujetos participaron en una prueba que consistía en comer primero un batido de vainilla y, a continuación, comer libremente y tanto como quisieran de tres tipos de helados diferentes, cada uno servido en una tarrina que contenía 500 g. A los sujetos se les decía que la prueba tenía cómo objeto examinar cómo el programa de ocho semanas cambiaría las preferencias por los sabores. Los resultados confirmaron la hipótesis de partida. Las personas obesas que habían sido sometidas a dieta comieron mucho más que un grupo de personas obesas que durante ese tiempo mantuvo su consumo habitual de alimentos. Además, resultó llamativo que algunos sujetos llegaron a doblar la cantidad de helado que habían consumido durante esa misma prueba antes de iniciar la dieta. Ahora bien, es importante subrayar que esa tendencia no se observa en todos los obesos.

Teniendo en cuenta esa salvedad, se podría concluir que si las personas recuperan un peso igual o superior al que han perdido tras una dieta hipocalórica, ello se debe fundamentalmente a los cambios que dicha dieta puede provocar en su comportamiento alimentario, y que se traduce en una mayor sensibilidad y gusto por los alimentos (Raynor y Epstein, 2003) y una mayor voracidad (Lowe et al., 2001).

4.2. El efecto de las dietas yo-yo

Las dietas hipocalóricas también son la principal causa del denominado efecto yo-yo o cambio cíclico de peso. Algunas personas, tras fracasar con las dietas, no las abandonan y realizan sistemáticamente nuevos intentos de perder peso recurriendo de nuevo a ellas. Este comportamiento parece que es todo menos beneficioso para la salud. Un informe del estudio *Framingham* encontró que la gente con una historia de cambios cíclicos de peso mostraba un incremento significativo en el riesgo de mortalidad atribuible a todas las causas, destacándose la cardiopatía isquémica y el cáncer (Lissner, Odell, D'Agostino, Stokes, Kreger, Belanger y Brownell, 1991). Asimismo, también se ha observado que la fluctuación en el peso conlleva más riesgo que el sobrepeso en sí (Andrés, Muller y Sorkin, 1993).

A raíz de este resultado se han realizado diversos estudios experimentales y prospectivos que no han conseguido despejar todavía diversas incógnitas sobre esta cuestión. Así, parece que esta relación entre cambio cíclico de peso y mortalidad parece estar favorecida por otras variables presentes en la muestra. Diversas investigaciones han constatado que las fluctuaciones de peso están asociadas, de forma especial, a un elevado riesgo de mortalidad cardiovascular (Wing, Jefrey y Hellerstedt,1995; Iribarren, Sharp, Burchfiel y Petrovitch, 1995; Yaari y Goldbourt, 1998; Wannamethee, Shaper y Walter, 2002). Sin embargo, lo que llama particularmente la atención de esta relación es que esa asociación entre fluctuación de peso y mortalidad parece estar mediada por la presencia previa de factores de riesgo asociados al estilo de vida y de enfermedades preexistentes (Yaari y Goldbourt, 1998; Wannamethee, Shaper y Walter, 2002). De hecho, en algunos estudios se ha encontrado que los hombres sanos que nunca han fumado no muestran ese incremento de mortalidad asociado a los cambios de peso (Iribarren, Sharp, Burchfiel y Petrovitch, 1995). Este dato, lejos de simplificar el panorama, introduce nuevos interrogantes en el tratamiento clínico de la obesidad, ya que son precisamente aquellos pacientes que presentan otros factores de riesgo (colesterol, hipertensión, tabaquismo, etc.) en los que más se insiste en la necesidad de someterse a dieta y, de este modo, facilitar la aparición de efecto yo-yo.

Por otra parte, también es necesario subrayar que el tamaño de la fluctuación de peso parece decisivo en su relación con la mortalidad. Pérdidas o fluctuaciones superiores a 4,5 kg o 5 kg disparan dicha relación (Iribarren, Sharp, Burchfiel y Petrovitch, 1995; Yaari y Goldbourt, 1998). Esto implica que, para la mayor parte de las personas, no parecen aconsejables dietas que pretendan reducir su peso más allá de un 5 por 100 de su peso inicial (Herrera y Amigo, 2001).

En términos de morbilidad ocurre algo similar, ya que la relación entre los ciclos de peso y las enfermedades parece estar mediada por otras variables, tal como parece ocurrir en el caso de la hipertensión arterial. A este respecto se observó que los hipertensos que mostraban fluctuaciones de peso no presentaban peores cifras tensionales que los que se mantenían en un peso estable (Petersmarck, Teitelbaum, Bond, Bianchi, Hoerr y Sowers, 1999). Sin embargo, se ha observado que la fluctuación de peso en las personas que muestran una obesidad abdominal incrementa muy significativamente el riesgo de padecer hipertensión arterial (Guagnano, Ballone, Pace-Palitti, Vecchia, D'Orazio, Manigrasso, Merlitti y Sensi, 2000).

4.3. Fármacos y cirugía

Cuando hay una necesidad sentida de perder peso con urgencia, muchas personas pueden recurrir en su desesperación por anteriores fracasos al uso de determinados fármacos para acelerar la pérdida de peso y, al mismo tiempo, reducir la sensación de hambre que tan lastimosa suele ser y que tanta irritabilidad produce.

Durante las décadas de los cincuenta y sesenta en Estados Unidos, algunos fármacos, particularmente las anfetaminas, se utilizaron de una forma muy generalizada con objeto de reducir la sensación de apetito. Los efectos de esta droga incluyen también el incremento de la actividad del sistema nervioso y del metabolismo. Sin embargo, las anfetaminas a dosis constantes dejan de hacer sus efectos al cabo de unas cuantas semanas, por lo que cada vez se necesita una dosis mayor para conseguir los mismos resultados. Por todo lo cual, aunque los fármacos (tanto anfetaminas como otros más recientes) pueden ser eficaces para perder peso inicialmente, no son útiles a largo plazo. Sus efectos secundarios, especialmente de tipo cardiovascular, también los desaconsejan. Así lo demuestra que en 1997 fuesen retirados del mercado por uno de sus fabricantes y de forma voluntaria dos fármacos adelgazantes, la fenfluoramina y la dexfenfluoramina, a causa de la constatación de que el consumo de estas sustancias, sobre todo si se asociaba con otro adelgazante, la fentermina, provocaba anomalías cardíacas. Sin embargo, con dicha medida no se ha evitado la utilización de estas sustancias, por lo que las autoridades sanitarias europeas se vieron obligadas a prohibir su comercialización.

Por otra parte, cuando el control de peso se consigue sólo a través del consumo de fármacos, la persona implicada puede desarrollar la sensación de que la única manera de controlar su conducta alimenticia es a través de éstos y que sus esfuerzos son tan irrelevantes como baldíos. Por todo ello, cuando abandone las drogas, considerará inevitable recuperar el peso que había perdido.

La cirugía, en particular la cirugía gástrica, es una forma radical de controlar la obesidad extrema. El procedimiento quirúrgico más común consiste en grapar el estómago para reducir su capacidad para contener alimentos, por lo que el individuo obeso se ve obligado a restringir su ingesta. Como cualquier otro tipo de cirugía siempre conlleva riesgo y, además, no es infrecuente una cierta alteración gástrica e intestinal posterior. Por todo ello, esta intervención se reserva para aquellas personas que se encuentran por encima del 100 por 100 de su peso ideal y que han fracasado reiteradamente en sus esfuerzos para controlar la ingesta y para quienes la reducción de peso es urgente para evitar complicaciones de salud más importantes.

4.4. Atracones y sobrepeso

Además de los problemas descritos hasta aquí, las dietas son, como iremos viendo a continuación, un precursor necesario de los llamados trastornos de la alimentación. Sin llegar a ese extremo, las dietas hipocalóricas también se han vinculado muy estrechamente con los atracones y, paradójicamente, también el sobrepeso. Aun cuando pudiera parecer sorprendente, los resultados de algunos estudios, como el de Keys (1950), apuntaban esta tendencia. French, Jeffery, Sherwood y Neumark-Sztainer (1999) evaluaron la prevalencia y los correlatos de los atracones en una muestra no clínica de mujeres reclutadas entre la población general. Participaron en este estudio 817 mujeres de edades comprendidas entre los 20 y 45 años, a quienes se midió, al inicio del trabajo y a los tres años de seguimiento, el índice de masa corporal, el número de atracones autoinformados por la propia mujer (entendiendo por atracón la ingestión de una gran cantidad de alimento, acompañada de una percepción de falta de control sobre los mismos), seguimiento de dietas hipocalóricas, actividad física y eventos vitales estresantes. Los resultados mostraron que la prevalencia de los atracones era de un 9 por 100 entre las mujeres de peso normal y de un 21 por 100 entre la mujeres con sobrepeso, si bien la frecuencia de los atracones era más bien baja, ya que en la mayoría de las mujeres no solían sobrepasar de uno a la semana. Sin embargo, lo que llama más la atención de estos resultados es que cuando se comparaba a las mujeres que se daban atracones con quienes no se los daban, se encontraba que entre las primeras aparecía con mucha más frecuencia la tendencia a practicar alguna dieta hipocalórica, además de actitudes más extremas hacia el peso y la figura y niveles más altos de depresión, eventos vitales estresantes y sedentarismo. En particular, la historia personal de intentos de perder peso a través de las dietas restrictivas aparecía como un predictor independiente de la aparición de atracones, tanto en las mujeres de peso normal como en las mujeres con sobrepeso. Los resultados en este sentido parecen consistentes, encontrándose que las personas con algún grado de sobrepeso y las mujeres en general recurren con más probabilidad a usar dietas o a comer menos como conductas compensatorias de los atracones (Wammes, French y Bryg, 2007).

CUADRO 3.2

Alteraciones emocionales, alimentos hipercalóricos e incremento de peso

El estrés y, en general, las alteraciones emocionales provocan cambios en la conducta alimentaria y en el peso (Torres y Nowson, 2007a). No obstante, no todas las personas responden de un modo similar. Mientras que algunas tienden a comer menos cuando se encuentran estresadas, una mayoría, por el contrario, tiende a comer mucho más. Ahora bien, esta tendencia a comer más parece que se produce sólo ante el estrés crónico de la vida diaria y no ante el estrés agudo y puntual. Cuando esto ocurre, los alimentos que se buscan para tratar de calmar los nervios son aquellos que contienen más calorías y que son particularmente ricos en azúcar y grasas. Parece que existe un mecanismo fisiológico que explica esta preferencia. Este tipo de alimentos frenan a corto plazo el efecto de cortisol, la hormona que provoca los síntomas del estrés crónico. En estudios con animales a los que se les extirpaba las glándulas adrenales, se observó que, cuando se les inyectaba la hormona del estrés, se alteraban, y cuando después comían azúcar, se calmaban. Es decir, que determinados alimentos sirven para frenar temporalmente los estados de tensión emocional.

En el ser humano el consumo de alimentos como una estrategia de afrontamiento de las alteraciones emocionales está muy modulado por el aprendizaje cultural. Así, parece que son las mujeres con sobrepeso en especial las que recurren más a los alimentos ricos en calorías para calmar los estados de ansiedad o desánimo. Por el contrario, los hombres suelen utilizar más el alcohol o el tabaco para afrontar los estados emocionales desagradables.

Se puede afirmar, entonces, que el estrés facilita la ganancia de peso por dos razones. Por un lado, porque los alimentos calóricos a los que se recurre para afrontarlo aportan un número innecesario y elevado de calorías y, por otro, porque la tensión emocional provoca las sensaciones de cansancio y fatiga que disminuyen, muchas veces de modo inconsciente, la cantidad de actividad física que las personas realizan.

Además, el estrés también favorece el tipo de obesidad más perjudicial para la salud, la obesidad tipo manzana u abdominal. El cortisol activa los receptores de la grasa del abdomen y el vientre de tal forma que los depósitos de grasa en esta zona aumentan. Cuanta más grasa abdominal, mejor se interrumpe a corto plazo el estrés, pero más vulnerable hace a las personas a padecer diabetes, enfermedades cardiovasculares y accidentes cerebro-vasculares. De hecho, se ha encontrado que las personas con obesidad abdominal son más reactivas psicológica, neuroendocrina y cardiovascularmente al estrés que las personas con obesidad en las caderas. Esta reactividad puede ser el vínculo entre la obesidad abdominal y el incremento del riesgo de sufrir estas enfermedades (Torres y Nowson, 2007b).

5. TRASTORNOS DE LA CONDUCTA ALIMENTARIA

5.1. La anorexia nerviosa

Una de las razones más importantes de la irrupción de la anorexia como un grave problema de salud en el mundo desarrollado se encuentra en la presión social existente respecto a la delgadez como característica definitoria de un cuerpo ideal. En nuestra sociedad la esbeltez se presenta como una condición básica para ser mejor aceptado por los demás y son los adolescentes los más vulnerables a esa presión por la delgadez.

En este contexto se ha desarrollado, implícita o explícitamente, la idea de que las dietas son necesarias y saludables. Y es por todo ello que muchos jóvenes, particularmente las chicas, se someten de

© Ediciones Pirámide

forma voluntaria a los rigores de algún tipo de régimen alimenticio. El problema surge cuando esta preocupación por el peso comienza a transformarse, poco a poco, en el centro de su preocupación vital y la persona entra, casi sin darse cuenta, en la espiral de la anorexia. Es importante subrayar que esto no supone que las dietas sean *per se* las culpables de la cada vez mayor prevalencia de la anorexia. La dieta constituye «tan sólo» el primer eslabón del largo proceso anoréxico que acaba en un desenlace fatal en alrededor de un 10 por 100 de los casos. Hace treinta años este cuadro era prácticamente desconocido.

No obstante, existen datos históricos y sociológicos que demuestran que este comportamiento patológico también se ha dado en otros momentos y en otros lugares, pero nunca con la frecuencia con que hoy lo conocemos y por razones muy distintas a las que hoy lo propician. Es más, los pocos casos de anorexia descritos a lo largo de la historia no son nada parecidos a los que hoy conocemos (véase cuadro 3.3).

CUADRO 3.3

La anorexia nunca fue como ahora

A lo largo de la historia del mundo occidental, particularmente durante la Edad Media, se ha documentado la existencia de personas, casi siempre mujeres, que restringían voluntariamente la cantidad de alimento. Muchas de ellas pertenecían a congregaciones religiosas, entre las que destacaban las dominicas y las agustinas. El doctor J. Toro (1996) retoma el concepto de «anorexia santa» para explicar estos comportamientos, que se relacionan muy estrechamente con la idea de espiritualidad de la época definida por el «vencimiento de las pasiones de la carne».

Se ha discutido mucho sobre si esos casos de «anorexia santa» serían similares a los de la anorexia nerviosa actual. Dos elementos parecen marcar la diferencia. El miedo a engordar y la distorsión de la imagen corporal. No existe ninguna evidencia de que dichos signos estuvieran en esos casos de «anorexia santa». La restricción voluntaria de alimentos no tenía como objeto alcanzar la delgadez, sino que era el signo más visible de la entrega espiritual y renuncia a uno mismo. En ese contexto, el reforzamiento de la restricción alimentaria (no la pérdida del peso) podría haber sido sistemático, ya que no se debe olvidar que el acto de comer era siempre un acto comunitario. Además, es posible que tampoco se diese una distorsión significativa de la imagen corporal, ya que la ausencia de espejos o de cualquier otro medio para verse a sí mismo con facilidad limitaba la preocupación por el cuerpo.

A partir del siglo XVI, el ayuno dejó de ser considerado un elemento tan fundamental en el camino hacia la santidad dentro de la Iglesia Católica. Es entonces cuando los casos de «anorexia santa» empiezan a decaer de una forma notable. Sin embargo, comienzan a hacerse famosos los casos de chicas jóvenes que alcanzan gran notoriedad por su renuncia a comer. Tenían generalmente un origen humilde, permanecían solteras, lo que exaltaba aún más su comportamiento, y todo ello les proporcionaba un cierto halo sobrenatural. Se trata ahora de renunciar a los alimentos por razones que van derivando cada vez más en un espectáculo comercial, que se traduce en fama, peregrinaciones, etc. De nuevo, lo que importa destacar aquí es el componente social del trastorno que adopta una forma nueva en un contexto diferente. Cuando los condicionantes religiosos para promover el ayuno voluntario desaparecen, tiende a desaparecer la anorexia religiosa, y cuando se consigue llamar la atención del público a través de la delgadez, aparece esa anorexia espectáculo.

Los primeros casos documentados de anorexia, tal y como hoy la conocemos, corresponden a las descripciones hechas en 1689 por el médico británico Richard Morton sobre dos jóvenes que restringieron voluntariamente su alimentación. Esto le llevó a una de ellas a la muerte mientras que la otra fue curada por el propio Morton al ser obligada a abandonar sus estudios (en los que parece ser que ponía demasiado celo), a viajar y a alejarse de su familia (Toro, 1996). Sin embargo, en términos formales, el concepto de *anorexia nervosa* fue acuñado por el médico, también británico, Sir William Gull en 1874, con objeto de enfatizar la naturaleza del trastorno no tanto orgánica cuanto emocional o psicológica. A partir de entonces, y aun cuando se hicieron algunos intentos para formular una explicación biológica de esta alteración alimentaria, las aproximaciones a la etiología del problema han sido fundamentalmente psicosociales.

Para entender esas diferencias, cabría recordar que en la actualidad el consenso sobre los criterios para el diagnóstico de la enfermedad se encuentran recogidos en el *Manual Diagnóstico y Estadístico de los Trastornos Mentales* (DSM-IV) (véase tabla 3.7). Perder al menos un 15 por 100 del peso respecto al peso natural debido a una restricción alimenticia autoimpuesta, tener miedo a engordar y, en especial, a la obesidad, distorsionar la propia imagen corporal y, en las mujeres, la pérdida de la menstruación son los síntomas habituales de lo que hoy llamamos «anorexia nerviosa».

TABLA 3.7

Criterios para el diagnóstico de la anorexia nerviosa según el DSM-IV

A) Rechazo a mantener el peso corporal igual o por encima del valor mínimo normal considerando la edad y la talla (por ejemplo, pérdida de peso que da lugar a un peso inferior al 85 por 100 de lo esperable).
B) Miedo intenso a ganar peso o a convertirse en obeso, incluso estando por debajo del peso normal.
C) Alteración de la percepción del peso o la imagen corporal, exageración de su importancia en la autoevaluación o negación del peligro que comporta el bajo peso corporal.
D) En las mujeres pospuberales, presencia de amenorrea (por ejemplo, ausencia de al menos tres ciclos menstruales consecutivos).

Tipos:

Restrictivo: Durante el episodio de anorexia nerviosa, el individuo no recurre regularmente a atracones o a purgas (por ejemplo, provocación del vómito, uso excesivo de laxantes, diuréticos o enemas).

Compulsivo/purgativo: Durante el episodio de anorexia nerviosa, el individuo recurre regularmente a atracones o a purgas (por ejemplo, provocación del vómito, uso excesivo de laxantes, diuréticos o enemas).

La prevalencia de la anorexia se situaría entre 0,7 por 100-2 por 100 de las mujeres jóvenes (Kjelsas, Bjornstorm y Götelan, 2004). Los datos sobre su evolución no son muy alentadores, ya que después de cinco años del diagnóstico un 25 por 100 de los pacientes (mayoritariamente mujeres) no ha superado la enfermedad. A ello habría que sumar la aparición de cuadros psicopatológicos graves, como la depresión y trastornos obsesivos e, incluso, ciertos trastornos de personalidad (Del Río, Torres y Borda, 2002). Además, la mortalidad, que a medio plazo se sitúa en torno a un 10 por 100, en seguimientos a treinta años puede elevarse hasta casi un 20 por 100 (Toro, 1996).

Al hablar sobre las causas de la anorexia nerviosa hay que enfatizar que se trata de una enfermedad social, en la que la genética podría desempeñar el papel de una predisposición que difícilmente podrá manifestarse fuera de ese nicho ambiental que es la sociedad desarrollada. Todas las alteraciones bioquímicas de la anorexia como las del sistema reproductor, endocrino y sistema nervioso autónomo, además de sus efectos sobre los neurotransmisores están asociadas a la malnutrición y sirven para apuntalar una patología psíquica que refuerza el propio cuadro de la enfermedad. Los factores de riesgo más importantes son variables de tipo demográfico, adolescente de sexo femenino que se encuentra en un ambiente social y familiar que estimula la delgadez para mejorar una imagen personal que se encuentra distorsionada (Ferrer-García y Gutiérrez-Maldonado, 2008).

La anorexia suele afectar a adolescentes o chicas jóvenes de raza blanca. En su mayoría, estas jóvenes suelen mostrarse complacientes de cara al exterior y su currículum académico está lleno, en general, de muy buenas calificaciones. Manifiestan, además, una continúa preocupación por los alimentos, pueden cocinar y recomendar a los demás que coman al tiempo que ellas prácticamente no prueban bocado. Este comportamiento les lleva a perder entre un 15 y un 50 por 100 de su peso, a pesar de lo cual se siguen viendo a sí mismas en un estado de sobrepeso. A medida que se acentúa la pérdida de peso, se incrementan los sentimientos de hostilidad hacia aquellos que son vistos como una amenaza en su carrera hacia una delgadez extrema. Suelen ser ambiciosas, perfeccionistas y provienen de familias que han alcanzado un cierto estatus social y económico. Para eliminar esa grasa sobrante que dicen tener en su cuerpo se someten a programas de ejercicio físico muy intensos. Esta conducta se mantiene hasta que, debido a la pérdida de peso, sus energías decaen y aparece la fatiga y el cansancio que les imposibilita seguir con ese ritmo de actividad.

La preocupación de la familia, en particular de la madre, por el peso de su hija y por su atractivo, puede constituir un elemento que facilite el desarrollo de la anorexia. Pike y Rodin (1991) observaron que las madres de las jóvenes que padecían este trastorno de la alimentación tendían a creer que sus hijas no eran lo suficientemente atractivas y pensaban, además, que debían perder peso. Qué duda cabe que esta actitud de los progenitores, en aquellos casos en que se da, puede favorecer y contribuir a desencadenar este trastorno de la alimentación.

El perfeccionismo y el alto nivel de autoexigencia, como estilos habituales de comportamiento, pueden constituir dos aspectos muy importantes de la anorexia, ya que su combinación con un ambiente familiar en el que se respira una alta motivación de logro puede ser la mezcla necesaria que haga explotar el problema. Efectivamente, desde hace ya muchos años se viene insistiendo en el hecho de que las anoréxicas encuentran en su enfermedad una forma (muy perniciosa) de ganar el control sobre su vida a través del control del cuerpo. En ambientes familiares donde las metas son altas, los padres pueden tender a organizarlo todo, incluyendo los logros que desearían que sus hijos alcanzasen. En este sentido, algunos autores han subrayado que las anoréxicas, antes de iniciar este problema, ven a sus padres como sobreexigentes y teniendo un control muy elevado sobre sus vidas, mostrándose ellas demasiado complacientes como para rebelarse contra esa situación de una forma abierta. Desde este punto de vista, su enfermedad les permite pasar a tomar el control sobre un aspecto fundamental de la existencia, como es su figura y el peso de su cuerpo (Toro y Artigas, 2000), lo cual constituye, paradójicamente, uno de los elementos que más dificulta la solución del problema.

Esta necesidad de control sobre el propio cuerpo podría explicar el efecto paradójico que producen los estimulantes del apetito cuando son administrados a las anoréxicas. Cabría pensar, en buena lógica, que esos fármacos acabarían rompiendo el comportamiento restrictivo de las pacientes con los alimentos. Sin embargo, hoy es de sobra conocido que, lejos de ello, lo único que estimulan es la necesidad de controlarse aún más ante las señales de hambre que provocan estos fármacos. En la misma dirección, cabe interpretar las reacciones que provoca el uso (en algunos casos extremos en los que se ha tenido que utilizar) de la sonda nasogástrica para alimentar a los pacientes. A pesar de lo aversivo del procedimiento, lo que más perturba a las anoréxicas no es lo desagradable que dicho procedimiento pueda resultar cuanto «la pérdida de control» que experimentan sobre la alimentación y los temores que ello provoca sobre su peso y su distorsionada imagen corporal.

Desde esta perspectiva, las familias en las que se respira una alta motivación de logro y en las que los progenitores aspiran a que sus hijas lleguen a ser algo por sí mismas en la vida, pero al mismo tiempo quieren controlar el qué y el cómo de esos logros, pueden estar creando alguna de las condiciones necesarias para el desarrollo de la enfermedad. No se trata de una reacción inconsciente de la anoréxica contra sus padres en un sentido psicoanalítico, sino del ejercicio de una clase de conducta, el *autodominio personal,* que los padres, posiblemente, han reforzado a lo largo de la vida de sus hijos. El problema es que ese ejercicio de autodominio personal se pasa a ejercer sobre la alimentación y lleva a la patología. No se debería olvidar que la paciente anoréxica está manifestando un comportamiento socialmente muy valorado y en el que ha sido muy bien educada, el perfeccionismo y la ambición (Raich, 1999), pero dirigido a una meta muy perniciosa: el control extremo del peso.

5.1.1. *El abordaje de la anorexia nerviosa*

A pesar de sus nefastas consecuencias para quien la padece y quienes le rodean, la anorexia nerviosa es uno de los trastornos de conducta más difíciles de tratar. La razón de ello se encuentra, por un lado, en que la anoréxica está convencida de que no hay nada extraño en su comportamiento y, por otra parte, en que las propuestas de cambio que se le formulan atentan directamente contra uno de los aspectos de su vida sobre el que está más orgullosa: el control de su peso y del cuerpo. No es extraño, entonces, que las anoréxicas se complazcan al compararse con aquellas personas que muestran sobrepeso o que rechazan la actividad física y que muestren abiertamente sus sentimientos de hostilidad hacia aquellos que son vistos como una amenaza en su carrera hacia una delgadez extrema. Los consejos bien intencionados de su círculo más próximo de familiares y amigos suelen resultar, cuando menos, inútiles, al igual que las amenazas y críticas que surgen en momentos de tensión. En estas circunstancias, la paciente percibe, curiosamente, una falta de apoyo por parte de quienes le rodean (Quiles, Quiles y Terol, 2003).

Sólo cuando el deterioro físico empieza a ser notorio, los padres suelen decidir el inicio del tratamiento. Existe un consenso bastante amplio en que el primer paso del mismo debe ser la recuperación de un peso normal. En función de la gravedad del paciente se tendrá que considerar la posibilidad de hospitalizarle (véase tabla 3.8). Generalmente, la intervención se realiza combinando el tratamiento ambulatorio y la hospitalización, ya que sólo el inicio del tratamiento en un momento muy temprano de la enfermedad evita el internamiento. Recuperar el peso normal es sólo el primer paso; a partir de ahí será necesario tratar de operar otros cambios importantes en relación a la imagen corporal o el miedo a engordar para caminar hacia la solución del problema (Morandé,1999). Todo ello obligará a la paciente a enfrentarse (como casi siempre ocurre en los tratamientos psicológicos) a aquellas cosas que teme, en particular a la ganancia de peso y a la pérdida de control que anticipa sobre su figura y su cuerpo.

Por todo ello, el tratamiento de la anorexia (Saldaña, 1994) deberá intentar promover cambios en el ámbito del comportamiento, en particular la modificación de los hábitos alimentarios y, si fuese conveniente, el control de la actividad física. Asimismo, la modificación de una imagen corporal, que se encuentra totalmente desajustada, junto con el control del miedo al incremento de peso, será un aspecto importante para garantizar el mantenimiento de un peso normal y saludable en el futuro. Mejorar las relaciones familiares a través de la comunicación puede evitar conflictos innecesarios que agudicen el problema. Finalmente, anticipar las posibles recaídas en una pérdida patológica de peso, desafortunadamente bastante frecuentes, facilitará el manejo cotidiano del problema por parte de todos los afectados.

TABLA 3.8

Criterios para la hospitalización de los pacientes anoréxicos (Toro y Vilardell, 1987)

1. Cuando el trastorno tiene una duración superior a cuatro meses.
2. Cuando la pérdida de peso es del 25 por 100 al 30 por 100 y compromete la vida de la paciente a causa de la desnutrición.
3. Cuando se trata de un subtipo de anorexia bulímica en la que se presentan conductas de tipo purgativo.
4. Cuando las relaciones familiares son muy conflictivas y/o el paciente presenta un alto grado de aislamiento.
5. Cuando la psicopatología secundaria al trastorno es grave, tal como ansiedad, depresión, ideación suicida, desadaptación social, etcétera.

5.2. La bulimia

Otro trastorno de la alimentación que no suele ser tan fatal como la anorexia, pero que condiciona muy negativamente la vida de las personas que lo padecen, es la bulimia (véase tabla 3.9). La bulimia también se encuentra estrechamente relacionada con las dietas hipocalóricas y se caracteriza por momentos de gran voracidad durante los que la persona come una gran cantidad de alimentos muy rápidamente. Estos episodios se repiten recurrentemente y, tras ellos, se suelen iniciar conductas purgativas para eliminar los alimentos ingeridos con objeto de mantener el control sobre el peso. Entre dichas conductas se suelen observar vómitos autoinducidos, consumo de laxantes y/o diuréticos y práctica abusiva de ejercicio físico. Este trastorno afecta sobre todo a mujeres jóvenes, en torno a un 90 por 100 de los casos, y su prevalencia se situaría entre un 1,2 por 100 y un 4,6 por 100 de las mujeres jóvenes, si bien esta cifra es difícil de precisar, ya que las personas tienden a ocultar esta patología (Kjelsas et al., 2004). Al contrario de lo que ocurre en la anorexia, su familia y sus amigos no se dan cuenta de este padecimiento, ya que el peso suele mantenerse dentro de un rango de normalidad y también el comportamiento alimentario es aparentemente normal.

TABLA 3.9

Criterios para el diagnóstico de la bulimia nerviosa según el DSM-IV (1995)

A) Presencia de atracones recurrentes, caracterizándose el atracón por:
  1. Ingesta de alimento en un corto espacio de tiempo (por ejemplo, dos horas) en cantidad superior a la que la mayoría de las personas ingerirían en un período similar y en las mismas circunstancias.
  2. Sensación de pérdida de control sobre la ingesta del alimento (por ejemplo, sensación de no poder parar de comer o no poder controlar el tipo o la cantidad de comida que se está ingiriendo).
B) Conductas compensatorias inapropiadas, de manera repetida, con el fin de no ganar peso, como son provocación de vómito, uso excesivo de laxantes, diuréticos, enemas u otros fármacos, ayuno y ejercicio excesivo.
C) Los atracones y conductas compensatorias inapropiadas tienen lugar, como promedio, al menos dos veces a la semana durante un período de tres meses.
D) La autoevaluación está exageradamente influida por el peso y la silueta corporal.
E) La alteración no aparece exclusivamente en el transcurso de la anorexia nerviosa.

Tipo purgativo: Durante el episodio de bulimia nerviosa, el individuo se provoca regularmente el vómito o usa laxantes, diuréticos o enemas en exceso.

Tipo no purgativo: Durante el episodio de bulimia nerviosa, el individuo emplea otras conductas compensatorias inapropiadas, como el ayuno o el ejercicio intenso, pero no recurre regularmente a provocarse el vómito ni usa laxantes, diuréticos o enemas en exceso.

A lo largo de la historia podemos encontrar en diferentes sociedades comportamientos formalmente muy similares a los que hoy se agrupan bajo el diagnóstico de bulimia nerviosa y que, sin embargo, no eran considerados como signos de enfermedad, sino como una práctica social fomentada y bien vista. Es el conocido caso de los ciudadanos de clase media y alta de Roma, que, a lo largo del banquete de celebración, acudían al *vomitorium* para purgarse de una manera expeditiva y poder así seguir comiendo. Esta práctica no se restringió exclusivamente a esa época histórica, sino que el uso de eméticos prescritos por los propios médicos para provocar el vómito fue una herramienta considerada como curativa a lo largo de los siglos. Esto implica que comportamientos topográficamente idénticos (comilonas y vómitos) han dejado de ser una actividad lúdica, festiva o terapéutica para convertirse en la actualidad en un problema patológico.

Existe, por lo tanto, una enorme diferencia en la función que desempeñan los atracones y vómitos en la sociedad occidental. En la actualidad, las personas que se someten a estos rituales psicopatológicos están tratando de no ganar peso por miedo a la obesidad y de mantener una silueta que no dañe demasiado la autoestima personal. Aunque la bulimia fue identificada como tal en la década de los sesenta, no es hasta 1980 cuando son descritos los criterios para su diagnóstico, tal y como se recogen en el *Manual Diagnóstico y Estadístico de los Trastornos Mentales* (DSM-III). Hasta entonces este trastorno había sido considerado como una alteración secundaria a la anorexia nerviosa, debido a que en torno a una tercera parte de las personas que padecen bulimia muestran también una patología anoréxica.

Las personas bulímicas, a diferencia de las anoréxicas, son de mayor edad, no suelen pertenecer a un estrato social único, sino que provienen de muy diferentes capas sociales, sus relaciones sexuales suelen oscilar entre momentos de cierto descontrol de los impulsos y momentos de gran retraimiento y suelen mantener su peso igual o por encima de un nivel normal (Espina, Ortego, Ochoa, Yenes y Alemán, 2001; Sepúlveda, Botella y León, 2001).

© Ediciones Pirámide

CUADRO 3.4
La bulimia y pérdida de control

En la bulimia, además de la pérdida de control sobre los alimentos, se han descrito otros comportamientos donde se constata una relativa pérdida de control personal (Vanderlinden y Vandereycken, 1999). Uno de ellos se refiere a las manifestaciones de la ira. Una situación común puede ser la siguiente: las personas que sufren bulimia tratan de estar solas cuando sienten la necesidad de darse un atracón, por ello la presencia de cualquier persona en casa «que no acaba de marcharse» es vista como un obstáculo que le impide satisfacer su deseo. Un deseo tan fuerte que puede ser equiparable a cualquier otra adicción. En tales circunstancias, es habitual que la bulímica «estalle» de ira por cualquier motivo trivial ante la persona que, por su sola presencia, y muchas veces sin ser consciente de ello, está bloqueando la gratificación alimenticia. Del mismo modo, se ha constatado que los atracones se acompañan con cierta frecuencia del consumo de alcohol y también se ha documentado que el consumo de sustancias psicoactivas no es infrecuente entre las personas que padecen esta forma de descontrol alimentario.

Pero aún hay más, ya que algunas personas bulímicas también padecen cleptomanía y por ello se ven compulsivamente arrastradas a robar objetos que no siempre necesitan ni les van a ser útiles. No obstante, en muchos casos, se hurtan bienes relacionados con su trastorno, como comida, dinero, laxantes, etc., y se hace, según el testimonio de las propias afectadas, por la vergüenza que les produce adquirir este tipo de artículos. También pueden encuadrarse dentro de la pérdida de control sobre su propio comportamiento las autoagresiones. Esas lesiones que se causan, y que van desde formas leves como la tricotilomanía (arrancarse el pelo) hasta tajarse la piel con un instrumento filoso, pasan casi siempre inadvertidas para los demás, ya que tienden a ocultarlas con gran celo.

Dentro de este panorama general no es de extrañar que la culpa y la depresión constituyan un correlato habitual de la bulimia. Por todo ello se ha planteado la posibilidad de que la depresión sea una puerta de entrada a este trastorno alimentario. En este sentido, existen algunas pruebas que indicarían la existencia de cuadros depresivos en algunas bulímicas que aparecen unos meses e, incluso, hasta un año antes del inicio de los problemas con la alimentación. Aun cuando esto pueda ser así en casos particulares, lo cierto es que muchos de los comportamientos propios del episodio bulímico habitualmente provocan un estado de depresión y culpa. Si algo caracteriza al atracón es la pérdida de control. La paciente come todo lo que puede en un espacio de tiempo muy corto con la sensación de no poder parar. Es de sobra conocido que la pérdida de control sobre cualquier aspecto relevante de nuestra vida provoca en el ser humano (al igual que en otras muchas especies animales) un estado depresivo de menor o mayor intensidad. En la bulimia esa sensación de no poder más puede llegar a ser muy intensa y, en tales circunstancias, no son infrecuentes las ideas de suicidio. En los programas de tratamiento a los que las bulímicas se someten voluntariamente se han constatado algunos intentos serios de quitarse la vida por parte de algunas de las pacientes.

5.2.1. *La lógica de la bulimia*

La bulimia suele tener su punto de partida en una dieta hipocalórica. Los estudios sobre el tema muestran que al menos el 80 por 100 de las personas bulímicas habían iniciado una dieta antes de que se manifestara el trastorno. A partir de ahí, el atracón bulímico suele ser la consecuencia natural de la violación de una restricción alimentaria autoimpuesta que conduce a comer sin control una gran cantidad de alimentos muy calóricos considerados prohibidos. Este atracón provoca un estado de preocupación y ansiedad por el peso que lleva a la persona a iniciar algún tipo de maniobra para purgarse. La purga, realizada generalmente a través del vómito, es vivida como una forma de alivio de ansiedad porque con él la persona se libera del temor a engordar. Por todo lo cual, el vómito es reforzado y por ello se incrementa la probabilidad de que en el futuro se recurra a él para seguir aliviando la ansiedad que provoca el atracón (véase, tabla 3.10). A partir de este momento, la persona suele caer en un círculo vicioso muy peligroso en el que tras la purga se inicia de nuevo una severa restricción calórica autoimpuesta que tiene como único destino final una sobreingesta descontrolada y, a partir de ahí, la consiguiente purga.

© Ediciones Pirámide

TABLA 3.10

Juego de reforzamientos en el acto bulímico

RESTRICCIÓN ⇒ ATRACÓN (culpa) ⇒ PURGA ⇒ RESTRICCIÓN
Refuerzo +   Refuerzo −
(Saciedad)   (Alivio de la ansiedad)

Los atracones, durante los cuales la persona tiende a ingerir grandes cantidades de dulces pueden llevar, aunque parezca paradójico, a un estado de hipoglucemia o escasez de azúcar en la sangre. Esto es debido a que la ingesta de altas cantidades de azúcares hace que el páncreas comience a producir cantidades excesivas de insulina con objeto de regular el nivel de azúcar en sangre. La consecuencia es un paradójico estado hipoglucémico que se traduce en fatiga, vértigo e, incluso, un cierto estado depresivo. Este estado provoca, a su vez, cierto círculo vicioso, ya que el organismo vuelve a reclamar más azúcar en forma de dulces, galletas, etcétera. En general, las personas que se dan este tipo de atracones rara vez consiguen una dieta equilibrada, ya que suele adolecer de los suficientes ácidos grasos, fuente principal de energía, y todo eso conlleva un cierto estado de letargo y depresión. Además de todo ello, algunas personas llegan a obsesionarse con los atracones, los cuales anticipan constantemente en detrimento de otras muchas actividades de salud y ocio.

Pero las purgas son también muy perjudiciales. La salud dental puede ser la primera en resentirse, debido al corrosivo efecto del ácido clorhídrico sobre los dientes tras el vómito. Además, el efecto de este ácido también puede sentirse en otras partes del sistema digestivo como el esófago y la boca, en forma de hemorragias y lesiones. Incluso, en algunas personas bulímicas se ha observado la tendencia a regurgitar los alimentos de forma espontánea tras un consumo moderado de alimentos. La purga realizada a través de laxantes y diuréticos puede provocar daños en el riñón, deshidratación, colon espástico o pérdida del control voluntario sobre el hábito intestinal. Finalmente, también se ha comprobado que las purgas sistemáticas provocan una ralentización del metabolismo, lo cual conlleva una mayor facilidad para ganar peso, ya que el organismo, a pesar de que no puede asimilar aquello que la persona vomita, reduce su gasto energético basal.

5.2.2. *La intervención en la bulimia*

Se ha constatado que un elemento inicial básico para el tratamiento de la bulimia consiste en romper la cadena de comportamiento en la que se enlazan, sin solución de continuidad, restricción alimentaria/episodio de voracidad/conducta purgativa (Saldaña, 1994). McPhillips (1984) asignó al azar a 20 bulímicas, que sufrían al menos tres atracones por semana, a dos condiciones de tratamiento. Un grupo de diez pacientes fue sometido a un tratamiento dietético de ocho semanas consecutivas de duración, durante el cual, sin ser conscientes de ello, consumían una dieta nutritiva de, al menos, 1.400 calorías diarias. El otro grupo recibió una dieta falsa mediante la cual consumían, aproximadamente, el mismo número de calorías que venían ingiriendo hasta ese momento, muy por debajo de sus necesidades nutricionales básicas. Los resultados mostraron que mientras que en las bulímicas sometidas a la dieta de, al menos, 1.400 calorías cesaron radicalmente los atracones durante el estudio, las sometidas a la dieta falsa no mostraron cambios en su conducta bulímica. Sin embargo, cuando a este segundo grupo se les administró la dieta nutritiva, los atracones también cesaron. Este tipo de resultados revela muy claramente que, para romper el ciclo de restricción y voracidad alimentaria que caracteriza este trastorno, es necesario modificar los patrones dietéticos de la paciente a través de un programa de alimentación suficiente y regular que prevenga los estados de hambre y voracidad.

Además de ello, la literatura actual está enfatizando, cada vez con más fuerza, el papel de las alteraciones emocionales en los episodios bulímicos

(Rodríguez, Mata, Moreno, Fernández y Vila, 2008). Los resultados de diversas investigaciones muestran que los estados de ánimo negativos y depresivos están presentes sistemáticamente antes de los atracones junto con una intensa sensación de hambre (Engelberg, Gauvin y Steiger, 2005). En muchos casos, los pacientes atribuyen el atracón más al malestar anímico que a la sensación de hambre o la violación de la abstinencia (Hilbert y Tuschen-Caffier, 2007; Smyth, Wonderlich, Heron, Sliwinski, Crosby, Mitchell y Engel, 2007). Por todo ello, las técnicas de autocontrol emocional que facilitan el manejo de los estados de ansiedad y depresión pueden ser fundamentales en el tratamiento. También parece importante enseñar al paciente a prevenir la purga después de una posible comilona o, simplemente, ante la sensación de saciedad. La «prevención de respuesta» ante este tipo de estímulos puede ser muy útil para el control de los vómitos.

Finalmente, se de ha de abordar la alteración de la imagen corporal, en virtud de la cual las personas bulímicas tienden a sobredimensionar la percepción de algunas partes de su cuerpo. Corregir esa distorsión perceptiva confrontando la dimensión percibida con la dimensión real de algunas partes de su cuerpo puede ser de gran utilidad para modificar esa creencia distorsionada sobre sí misma (Peterson, Wimmer, Ackard, Crosby, Cavanagh, Engbloom, Mitchell, 2004).

En general, hay una cierta evidencia de que la terapia cognitivo-conductual, con exposición, más prevención de respuesta, es capaz de reducir de un modo significativo el número de atracones y de conductas purgativas además de mejorar también la autoestima. No obstante, quedan pendientes la evaluación de otras formas de terapia psicológica en este trastorno (Hay, Bacaltchuk y Stefano, 2004).

5.3. El trastorno por atracón

La definición del trastorno por atracón como una nueva patología del comportamiento alimentario es muy reciente. Su descripción fue realizada a mediados de los años ochenta por Fairburn y Garner (1986) y, partir de ahí, se ha observado cómo su prevalencia ha ido aumentando significativamente entre la población del mundo occidental (Williamson, Prather, McKenzie, Blouin, 1990). Su novedad es tal que para su diagnóstico todavía se siguen utilizando diversos términos. Se ha hablado de «sobreingesta compulsiva», «trastorno de sobreingesta» o, como se denomina en el DSM-IV, «trastorno por atracón».

Este trastorno se caracteriza por episodios de una voracidad irreprimible que lleva a la persona a ingerir un gran número de alimentos en un corto espacio de tiempo, siendo éstos habitualmente de un gran contenido calórico. Durante el episodio, la persona no puede parar de comer y tiene la sensación de pérdida de control sobre lo que está haciendo. Ingiere los alimentos a gran velocidad, prácticamente sin saborearlos, y sigue comiendo a pesar de sentirse ya saciada, incluso cuando empieza a resultarle desagradable. Esos episodios suelen haber ido precedidos o acompañados de esfuerzos para regular el peso a través de dietas hipocalóricas (Masheb y Grilo, 2000). Las personas que sufren este trastorno suelen esconderse o procuran esperar a quedarse a solas para satisfacer su voracidad, dándose un atracón, tras lo cual suele embargarles un profundo sentimiento de culpabilidad o de desagrado consigo mismas. Todo ello les hace conscientes de que su conducta a la hora de comer no es muy normal.

Existen muchas similitudes y también importantes diferencias entre la bulimia y el trastorno por atracón. Si atendemos a cómo se desarrolla la comilona, apenas encontramos diferencias importantes: voracidad incontenible, ocultación para darse el atracón, ingesta descontrolada de alimentos de alto valor calórico y sentimientos de malestar con uno mismo. Sin embargo, existen diferencias importantes que hacen que el trastorno por atracón no sea tan pernicioso para la salud como lo es la bulimia. Quizá la más importante es que la persona ni siente la necesidad ni recurre a conductas purgativas como el vómito, el uso de laxantes, los ejercicios físicos intensos o el ayuno. Esta diferencia puede ser explicada, en parte, porque no existe un miedo exagerado a ganar peso y, por lo tanto, tampoco existe una insatisfacción con la imagen corporal tan traumática como ocurre en las pacientes anoréxicas y bulímicas.

Esta alteración alimentaria, que se presenta cada vez con más frecuencia como un problema alimentario *sui generis*, también muestra una estrecha relación con la obesidad y con la práctica de las dietas hipocalóricas restrictivas. De hecho, la mayor parte de las personas que presentan el trastorno por atracón, en torno a un 70 por 100, son obesas. Asimismo, entre un 20 por 100 y un 46 por 100 de las personas obesas que se someten a dietas para perder peso manifiestan episodios de trastorno por atracón (Robertson y Palmer, 1997; Berrocal y Ruiz, 2001).

5.3.1. *La lógica del trastorno por atracón*

Al hablar de las dietas, ya se subrayó la relación entre la restricción alimentaria, la voracidad y los atracones (Keys et al., 1950; French et al., 1999). Sobre la evidencia de esta relación se ha postulado *la teoría de la restricción alimentaria* (Herman y Polivy, 1984) que permite explicar algunos aspectos del trastorno por atracón. Sin embargo, antes de describir la teoría es necesario clarificar las diferencias entre dos tipos de actitudes distintas ante la alimentación: una restrictiva y otra no restrictiva (Saldaña, 1994). Se habla de personas restrictivas en relación a aquellas que, independientemente de su peso, se encuentran atrapadas en un proceso continuo y sucesivo de dietas que no ocultan a los demás. Para regular su ingesta, atienden más a creencias de lo que deben hacer en un determinado momento que a las sensaciones reales de hambre o saciedad. En el polo opuesto se encuentran las personas no restrictivas, que no suelen estar demasiado preocupadas por su peso y, por ello, tienden a comer guiándose fundamentalmente por las sensaciones fisiológicas de hambre. Ni que decir tiene que ese patrón restrictivo se suele observar con más frecuencia en las mujeres que en los hombres, y que es muy habitual entre las personas que padecen trastornos de alimentación, incluso en la obesidad.

La teoría de la restricción alimentaria sostiene que las personas restrictivas que «permanentemente» se encuentran a dieta acaban desinhibiendo su conducta de alimentación en múltiples circunstancias: ante estados emocionales como la ansiedad o la depresión, ante el consumo de determinadas sustancias o, particularmente, cuando violan una restricción autoimpuesta. La restricción continuada de determinados alimentos lleva al organismo a un estado de falta de energía que puede acompañarse de una intensa sensación de hambre y a una enorme urgencia por ingerir alimentos. Cuando se cae en este círculo, parece que las personas restrictivas tienden a desinhibirse con gran facilidad y a comer más que las personas no restrictivas, que mantienen un consumo regular y equilibrado de alimentos.

Dentro de este bucle de restricción-atracón, el atracón (al igual que ocurre en la bulimia) resulta al mismo tiempo reforzante y penalizador para el propio sujeto. Es reforzante porque alivia la sensación de hambre, de pérdida de energía y fatiga y, al mismo tiempo, atenúa el estado de ansiedad y mejora su estado de ánimo. Sin embargo, también es penalizador porque la persona suele sentirse culpable por su falta de control sobre los alimentos y puede volver a resurgir de nuevo con fuerza su preocupación por el peso. Es por esto que el único modo de librarse de este sentimiento de culpa y de tratar de recuperar el control sobre su peso es iniciar de nuevo una etapa de restricción alimentaria, que concluirá con otro atracón. Este efecto pendular en la alimentación provoca un cambio del todo indeseado sobre el organismo. El metabolismo tiende a ralentizarse, por lo que progresivamente comienza a necesitar menos calorías para realizar la misma carga de trabajo, incrementándose así la probabilidad de desarrollar y alcanzar la obesidad. Este juego de consecuencias positivas y negativas de la restricción y del atracón es el llamado *proceso de contrarregulación* que mantendría este trastorno de la alimentación (Herman y Polivy, 1984).

No sólo el efecto de la «manzana prohibida» puede hacer caer a la persona en un nuevo atracón compulsivo, sino que los estados afectivos pueden modificar muy sustantivamente el apetito. En este sentido, las investigaciones actuales parecen insistir en que el desencadenante principal del atracón en las personas que sufren este trastorno son los estados emocionales como el desánimo y la depresión o la dificultad para reconocer las alteraciones emocionales y regularlas (Spoor, Stice, Bekker, Van

Serien, Croon y Van Heck, 2006; Whiteside, Chen, Neighbors, Hunter, Lo y Larimer, 2007).

5.3.2. *La intervención en el trastorno por atracón*

A pesar de la reciente aparición y diagnóstico de este trastorno (tabla 3.11), parece evidente que cualquier programa de tratamiento que se proponga tendrá que pasar por la normalización de los hábitos de alimentación de las personas y, en segundo lugar, por la modificación de las alteraciones anímicas que pueden servir como desencadenantes del problema. Por todo ello, la primera fase del tratamiento se volcará en reducir el número de atracones semanales que la persona se da. En este sentido, cobra especial importancia proporcionar un clara información nutricional que muestre cómo la mayoría de las calorías que ingiere una persona que sufre atracones se realiza durante el atracón mismo, y que, por el contrario, durante las comidas normales la ingesta calórica es baja. Corregir esto supone comer regular y suficientemente, evitando los momentos diarios en los que la sensación de hambre sea muy aguda y que puedan servir de ocasión para atiborrarse. Aprender a evitar estímulos peligrosos en situaciones tentadoras será otra vía para atenuar el problema. La técnica de la prevención de respuesta (utilizada en la bulimia) puede ser útil para enseñar a la persona a controlarse de modo muy concreto ante los estímulos y pensamientos que anteceden al atracón. La práctica de ejercicio físico regular y moderado, en especial para las personas obesas, puede servir como una conducta de control que sirva para evitar situaciones problemáticas, ayuda a modificar el *setpoint* y mejora el estado de ánimo.

Precisamente, en un segundo momento, la atención tendría que centrarse en la mejora del estado emocional del paciente, ya que éste es otro de los desencadenantes habituales de los episodios. Los programas de modificación de conducta que han mostrado una cierta eficacia en los problemas de ansiedad, estrés y depresión pueden ser especialmente pertinentes. No se debe olvidar que, aunque a lo largo del tratamiento se consiga una remisión total del problema, existe la probabilidad de recaída en algunos casos. Por ello será inevitable preparar al paciente ante esta hipotética situación, desdramatizarla e instruirle para poner en marcha de nuevo los comportamientos necesarios para controlar los episodios de voracidad. Los datos de los estudios sobre la eficacia del tratamiento conductual del este trastorno subrayan su utilidad para la eliminación de los atracones en un número significativo de sujetos, pero que no conlleva pérdida de peso (Brownley, Berkman, Sedway, Lohr y Bulik, 2007; Krysanski y Ferraro, 2008).

TABLA 3.11

Criterios para el diagnóstico del trastorno por atracón según el DSM-IV (1995)

A) Episodios recurrentes de atracones. Un episodio de atracón se caracteriza por dos condiciones siguientes:
1. Ingesta de alimento en un corto espacio de tiempo (por ejemplo, dos horas) en cantidad superior a la que la mayoría de las personas ingerirían en un período similar y en las mismas circunstancias.
2. Sensación de pérdida de control sobre la ingesta del alimento durante el episodio (por ejemplo, sensación de no poder parar de comer o no poder controlar el tipo o la cantidad de comida que se está ingiriendo).

B) Los episodios de atracón se asocian a tres (o más) de los siguientes síntomas:
1. Ingesta mucho más rápida de lo normal.
2. Comer hasta sentirse desagradablemente lleno.
3. Ingesta de grandes cantidades de comida a pesar de no tener hambre.
4. Comer a solas para esconder su voracidad.
5. Sentirse a disgusto con uno mismo, depresión, o gran culpabilidad después del atracón.

C) Profundo malestar al recordar los atracones.

D) Los atracones tienen lugar, como media, al menos dos días a la semana durante seis meses.

E) El atracón no se asocia a estrategias compensatorias inadecuadas (por ejemplo, purgas, ayuno, ejercicio físico excesivo) y no aparecen exclusivamente en el transcurso de una anorexia nerviosa o una bulimia nerviosa.

6. PROGRAMA PARA LA PREVENCIÓN DE LA ANOREXIA Y LA BULIMIA

En la medida que las dietas pueden ser la antesala de los trastornos de la alimentación, la educación sobre este asunto de las jóvenes adolescentes, que constituye la población de riesgo más importante, puede ser una de las estrategias útiles para prevenir dichos trastornos. Por ello, a continuación presentaremos el programa para la prevención de los trastornos de alimentación desarrollado por Anna Stewart (1998), describiendo sus objetivos generales, las características del mismo y la descripción, sesión por sesión, de sus contenidos.

6.1. Objetivos del programa

Este programa tiene como objeto prevenir el desarrollo de los trastornos de alimentación, tales como la anorexia y la bulimia nerviosa, tratando de *reducir la práctica de las dietas restrictivas* y el nivel de preocupación de las jóvenes sobre el peso y la figura. Para ello, con la implantación de este programa en la escuela se pretende fomentar una *cultura entre los alumnos en la que no se alienten unos a otros a ponerse a dieta.* Asimismo, se trata de animar a los escolares a buscar ayuda profesional si ellos han comenzado a desarrollar algún tipo de trastorno de alimentación.

6.2. Características del programa

El programa de prevención se centró en las *dietas* por ser éste el elemento más fácilmente modificable de los factores de riesgo de los trastornos de la alimentación. Se desarrolla con un *estilo interactivo* más que estrictamente didáctico haciendo uso de la discusión en grupo, juego de roles, actividades para casa y autorregistro. Los alumnos son también animados a hacer cambios en su estilo nutricional y de ejercicio físico.

Las *técnicas cognitivo-conductuales* son un componente importante del programa, bajo el supuesto de que tras los trastornos de la alimentación subyacen ciertas distorsiones cognitivas. Además, incorpora todo tipo de materiales educativos, como folletos, diagramas, etcétera. Se buscaba crear una *cultura de apoyo* entre los alumnos que sirviera para contestar a la presión de las dietas.

Este programa de prevención de los desórdenes de la alimentación se incorporó dentro del *currículum escolar.* Se desarrolló en *seis sesiones de cuarenta y cinco minutos,* aunque esto parecía insuficiente. Participaron únicamente *alumnas de 13 y 14 años.* Aunque el *profesorado* permanecía en clase durante el programa y *participaba activamente en las actividades,* la formación fue llevada a cabo por un experto en trastornos de la alimentación. Los autores también prepararon una carpeta del profesor. Se subraya la necesidad de modificar cualquier actitud verbal o no verbal que pudiese contradecir el contenido de los materiales.

La información también fue enviada a los *padres de las alumnas.*

6.3. Descripción del programa sesión por sesión

1.ª sesión. Dieta e ideal de belleza en nuestra cultura

Objetivos

1. Promover el interés en el programa.
2. Desarrollar una conciencia crítica de los factores culturales que incitan a las dietas, a la preocupación por el peso y a la inseguridad sobre la apariencia.
3. Analizar cómo esos factores afectan a la personalidad de las jóvenes.
4. Favorecer una visión crítica de los mensajes en los medios sobre las dietas y la delgadez.

Contenidos

— Romper el hielo. ¿En qué medida es importante nuestro peso y nuestra figura?
— Discusión sobre los ideales de la belleza sobre una selección de anuncios.
— Alentar a las jóvenes a desafiar ese estrecho ideal de belleza.
— Introducir la historia de un personaje ficticio: «Laura».

2.ª sesión. La regulación del peso y los efectos de la dieta

Objetivos

1. Proporcionar información sobre los determinantes del peso y el concepto de peso natural.
2. Discutir los cambios en la forma y composición del cuerpo en la pubertad.
3. Discutir y criticar los mitos actuales sobre la dieta y el control del peso.
4. Concienciar sobre las prácticas de control de peso insalubres y sus efectos.
5. Alentar a respetar las diferencias individuales en el peso y la figura.
6. Definir y discutir la imagen del cuerpo.

Contenidos

— Se aborda el problema de las dietas hipocalóricas perjudiciales, como omitir comidas, evitar cierto tipo de alimentos o períodos de ayuno.
— Se describen los cambios en la figura durante la pubertad, retomando la historia de Laura, y se enfatiza el conflicto entre la figura del cuerpo en este momento y la que venden los medios de comunicación. Se describe el papel de la grasa en el cuerpo.
— Se forman pequeños grupos para evaluar las creencias populares sobre el control del peso, dieta y la figura (por ejemplo, «la delgadez lleva a la felicidad y al éxito», «la gente tiene un control total sobre su cuerpo»).
— Tarea para casa sobre costo y beneficio de las dietas.

3.ª sesión. Los trastornos de la alimentación

Objetivos

1. Explicar la naturaleza de la anorexia y bulimia nerviosas.
2. Concienciar sobre los problemas asociados a los trastornos de la alimentación.
3. Concienciar sobre las causas de los trastornos de la alimentación.

Contenidos

— La revisión de la tarea da pie a explicar las tensiones de la adolescencia.
— Se lee la historia de cómo Laura entra en un proceso de anorexia nerviosa.
— Se plantea cómo las presiones sobre la adolescencia pueden llevar a las dietas.
— Tarea para casa: ¿Qué podía haber hecho Laura para evitar el trastorno?

4.ª sesión. Intervención temprana en los trastornos de la alimentación

Objetivos

1. Proporcionar información sobre los signos tempranos de los trastornos de la alimentación.
2. Proporcionar información sobre la ayuda disponible y cómo conseguirla.
3. Fomentar formas de apoyo y ayuda para los amigos que pueden padecer trastornos de alimentación.
4. Ayudar a los alumnos a desarrollar la capacidad para desafiar los pensamientos negativos sobre uno mismo.
5. Ayudar a los alumnos a descubrir formas de mejorar la imagen corporal y la autoestima.

Contenidos

— A partir de la revisión de la tarea para casa, se llega a una discusión más general sobre aquello que desencadenó las dietas extremas de Laura.
— La principal tarea de esta sesión es introducir un modelo sobre la conducta que enfatiza la influencia circular de pensamientos, sentimientos y conductas y la naturaleza automática de muchos pensamientos. En pequeños grupos, los alumnos deben aportar ideas sobre cómo podrían ayudar y enseñar a Laura a sustituir esos pensamientos por otros más saludables.
— Tarea para casa: hacer un registro de alimentación durante dos días y describir sus características positivas.

5.ª sesión. Una alimentación y un estilo de vida saludables: una alimentación sin dietas

Objetivos

1. Promover una alimentación sin dietas.
2. Proporcionar una guía para una alimentación sana de acuerdo a la *National Food Guide of UK* (1/3 de fruta y verdura, 1/3 de pan, cereales y patatas y 1/3 de carne o pescado y productos lácteos).
3. Alentar hábitos de ejercicio físico saludables.

Contenidos

— Revisión de la tarea para casa que introduce la discusión sobre la proporción de los tipos de alimentos, los efectos de evitar alimentarse o saltarse comidas.
— Se presenta una alimentación saludable, como aquella que se rige por las sensaciones de hambre y saciedad más que por reglas dietéticas, comiendo cantidades moderadas de alimentos bien proporcionados (regla 1/3).
— Se discute los costos y beneficios de una alimentación sin dietas.
— Respecto al ejercicio físico se sugiere que junto a una alimentación equilibrada puede ser más que suficiente para tener un estado de buena salud, incluso con algún sobrepeso. Se introduce el índice de masa corporal.
— Se describe, siguiendo la historia ficticia de Laura, el tratamiento de los trastornos de la alimentación.
— Tarea para casa: registros de alimentación y evaluar los efectos de una o dos sesiones de ejercicio físico.

6.ª sesión. Una alimentación saludable: resistir a las presiones para hacer dietas

Objetivos

1. Revisar la alimentación y efectos del ejercicio físico de la semana anterior.
2. Concienciar de las presiones para hacer dieta y discutir las formas de enfrentarse a ellas.
3. Desarrollar estrategias para hacer frente al estrés.
4. Revisar los tópicos fundamentales del curso.
5. Discutir las estrategias para mantener esos cambios.

Contenidos

— Revisión de tareas: alimentación y ejercicio.
— Discusión sobre las presiones sociales y familiares para hacer dieta y las estrategias para hacer frente a las mismas (juego de roles).
— Discutir estrategias para hacer frente al estrés.
— Recordatorio de lo aprendido y feedback a los alumnos de su contribución en el curso.

Ejercicio físico 4

1. EJERCICIO FÍSICO Y ADAPTACIÓN

Al igual que ha ocurrido con la escasez de alimentos, la actividad física ha sido un elemento decisivo en el proceso de adaptación del organismo del *homo sapiens* al medio. Desde sus primeras carreras por la sabana, nuestros antepasados se vieron obligados a caminar regularmente, y ocasionalmente a correr, para poder sobrevivir. Esas actividades, que eran impuestas por el medio y provenían de la necesidad de recolectar alimentos o de escapar de los depredadores, condicionaron la supervivencia. De este modo, se fue seleccionando el cuerpo del ser humano, adaptándose fisiológica y psicológicamente a una determinada carga de trabajo físico. Es por ello que todos nuestros sistemas fisiológicos (metabólico, cardiovascular, etc.) sólo alcanzan un nivel óptimo de funcionamiento cuando realizamos una actividad física regular.

Pero esos patrones de actividad física sufrieron un cambio fundamental durante el Neolítico, ya que con el desarrollo de la agricultura se inició el camino hacia una vida sedentaria. Con ser ese cambio importante, mucho más trascendente ha sido lo ocurrido desde mediados del siglo XX cuando la población de los países desarrollados ha visto disminuir de una forma espectacular la necesidad de realizar un esfuerzo físico en el transcurso de la vida cotidiana. Muchos de los trabajos en el llamado «sector servicios» obligan a muchas personas a una actividad laboral sedentaria. Aquellos oficios que tradicionalmente requerían un mayor esfuerzo físico (agricultura, pesca o minería) se han suavizado de una forma notable con la introducción de la mecanización y automatización de dichas actividades y, como consecuencia de todo ello, el hombre occidental se ve obligado, en muchos casos, a llevar una vida sedentaria. Es más, el diseño urbano y la configuración de la vivienda obligan a buscar lugares específicos para hacer ejercicio.

Quizá por todo ello y por la evidencia concluyente de que la actividad física regular no sólo es saludable, sino que conlleva una mejor calidad de vida y una mayor sensación de bienestar, la práctica de algún tipo de ejercicio físico dentro del mundo occidental se va haciendo cada vez más común entre la población. En Estados Unidos, por ejemplo, se calcula que en torno a un 45 por 100 de los adultos practican una actividad física dentro de los parámetros adecuados durante su tiempo de ocio (Macera, Ham, Yore et al. 2005).

2. EFECTOS SALUDABLES DEL EJERCICIO FÍSICO

A principios del siglo XX los médicos recomendaban no realizar ejercicios físicos intensos porque se pensaba que podrían provocar un daño cardíaco irreparable; sin embargo, hoy se sabe que los efectos del ejercicio físico no son sólo beneficiosos desde el punto de vista de la salud cardiovascular, sino también desde el punto de vista de la salud en general. Los datos indican sistemáticamente que la práctica regular de ejercicio físico moderado es un elemento fundamental en la prevención de las enfermedades crónicas más frecuentes y que, además, reduce la mortalidad atribuible a cualquier causa (Paffenbarger, Hyde, Wing, Lee, Jung y Klampert, 1993; Kruk, 2007). El ejercicio físico puede adoptar formas muy diferentes (por ejemplo, las distintas prácticas deportivas). Sin embargo, fisiológicamente se ha postulado la existencia de dos tipos básicos. El ejercicio aeróbico, que conlleva un incremento sustancial de consumo de oxígeno a lo largo de un período amplio de tiempo, es el más saludable por su notable beneficio cardiorrespiratorio. Posiblemente, la forma más conocida de este tipo de ejercicio sea el *jogging*, aunque también existen otras múltiples formas de actividad física que implican una práctica aeróbica, como son caminar, bailar, nadar o andar en bicicleta. El ejercicio anaeróbico es aquel que implica estallidos cortos e intensos de energía, pero no un incremento en el consumo de oxígeno, tales como el squash.

Para que el ejercicio aeróbico sea beneficioso hay que tener en cuenta tres parámetros, la intensidad, frecuencia y duración de su práctica. El ejercicio debe ser lo suficientemente intenso para elevar la frecuencia cardiaca (FC) a un determinado nivel, establecido de acuerdo a una fórmula que tiene en cuenta la edad y la FC máxima de la persona (véase tabla 4.1). La frecuencia cardiaca debería permanecer elevada a este nivel al menos durante 12 minutos y preferiblemente entre 15 y 30, para asegurar los beneficios del programa. Además, la práctica del ejercicio aeróbico parece que debe realizarse entre tres y cinco días a la semana (Cooper, 1994). Obviamente, antes de alcanzar la intensidad máxima durante el entrenamiento, es necesaria la realización de unos ejercicios mínimos de calentamiento.

TABLA 4.1

Frecuencia cardiaca óptima durante la práctica del ejercicio físico

FC de trabajo = FC de reposo + 0,75 (FC máxima − FC de reposo)
FC máxima = 220 − Edad del sujeto

2.1. Sistema cardiovascular

Aunque diversos estudios realizados durante la década de los cincuenta pusieron de manifiesto el efecto positivo del ejercicio físico sobre la salud cardiovascular, es, posiblemente, el trabajo de Paffenbarger, Wing y Hyde (1978) realizado con una muestra de 17.000 alumnos de la Universidad de Harvard el que mejor ilustra dicho efecto. Se calculó, a partir de los registros de actividad tomados por los propios sujetos, el número de calorías semanales consumidas por cada uno de ellos. Los alumnos de Harvard fueron entonces divididos en dos grupos, alta y baja actividad física. En concreto, aquellos que gastaban menos de 2.000 kcal por semana durante la práctica del ejercicio físico fueron incluidos en el grupo de actividad baja (el 60 por 100 de la muestra), mientras que aquellos que consumían más de 2.000 kcal a la semana (el 40 por 100 restante) fueron asignados al grupo de actividad alta (véase figura 4.1). Señalar que 2.000 kcal sería, aproximadamente, el gasto energético de una persona de unos 70 kg que caminase a paso vivo durante una hora cinco días a la semana.

Los autores del estudio encontraron que los miembros del grupo de baja actividad mostraban un incremento del 64 por 100 de riesgo de sufrir un *ataque cardíaco* respecto al grupo de actividad alta. Además, también resultó de interés el hallazgo de que el nivel de 2.000-3000 kcal constituía el punto de corte a partir del cual la práctica de ejercicio físico no aportaba beneficios adicionales en la reducción de este tipo de riesgo cardiovascular.

Este hecho parece bastante coherente con los informes sobre el gasto energético a lo largo de diferentes períodos históricos. Según Powles (1992), para un hombre de 65 kg de peso el gasto medio diario de energía en la sociedad postindustrial sería de unos 3,5 megajulios, mientras que en una sociedad de cazadores recolectores, para ese mismo

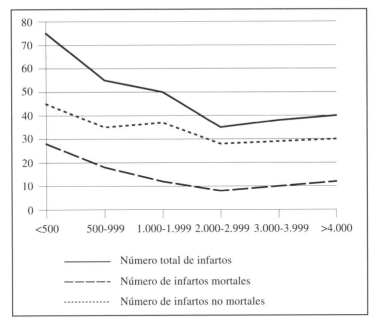

Figura 4.1.—Relación entre el número de infartos observados por cada 10.000 habitantes y el consumo de calorías semanal a través de la actividad física. Adaptada de Paffenbarger et al. (1978).

hombre, sería de 4,4 megajulios. Es decir, hemos evolucionado como especie durante miles de años adaptando al organismo a un nivel de actividad y consumo de energía un 25 por 100 por encima de lo que en la actualidad se requiere. El cambio se ha producido en muy pocas generaciones y las nuevas enfermedades son consecuencia, en parte, de esa falta de adaptación a la pérdida de actividad física.

Otro dato importante (véase tabla 4.2) aportado por Paffenbarger et al. (1978), se refirió a la reducción de riesgo de ataque cardíaco a través de la actividad física en aquellos sujetos que fumaban o mostraban un cuadro de hipertensión arterial. Se constató que las personas inactivas que fumaban o tenían la presión arterial elevada mostraban una probabilidad relativa 7,7 veces mayor de sufrir un ataque cardíaco que los sujetos activos, no fumadores y normotensos. Por el contrario, las personas activas que fumaban y eran hipertensas mostraban una probabilidad 3,03 veces mayor de sufrir un ataque cardíaco que los sujetos activos, no fumadores y normotensos. Lo que evidencia el contrapeso que pueden ejercer las conductas de salud frente a los hábitos de enfermedad.

Los estudios hasta aquí descritos se han centrado, fundamentalmente, en los resultados con varones. Uno de los trabajos que han estudiado el efecto del ejercicio físico en la mujer es el *Framingham Heart Study*. En él se constató que, mientras en los hombres la incidencia de cardiopatía isquémica era de 3 a 1 cuando se comparaba varones sedentarios con varones activos, en las mujeres la relación era prácticamente idéntica, de 2,5 a 1 (Dawber, 1980).

Ahora bien, la investigación también señala que nunca es tarde para iniciar la práctica de ejercicio físico. En este sentido, se ha observado que *la reducción de la mortalidad se encuentra asociada más a la actividad física reciente que a la actividad física pasada*. Sherman, D'Agostino, Silbershatz y Kannel (1999) evaluaron el nivel de actividad de 5.209 hombres y mujeres que participaban en el *Framingham Heart Study,* de 1956 a 1958 y de nuevo de 1969 a 1973. Incluyeron en la muestra a los individuos que en el segundo período de la in-

TABLA 4.2

Riesgo relativo de ataque cardíaco, resultado de la combinación de actividad física (≥ 2.000 kcal/semana), consumo de cigarrillos e hipertensión arterial

Actividad física	Consumo de tabaco	Historia de hipertensión	Número de ataques al corazón por cada 10.000 personas/año	Riesgo relativo de ataque cardíaco
NO	SÍ	SÍ	201,9	7,70
NO	SÍ	NO	65,5	2,50
NO	NO	SÍ	102,3	3,90
SÍ	SÍ	SÍ	79,5	3,03
NO	NO	NO	35,1	1,34
SÍ	SÍ	NO	50,1	1,91
SÍ	NO	SÍ	41,8	1,59
SÍ	NO	NO	26,2	1,00

Adaptada de Paffenbarger et al. (1978).

vestigación, entre 1969 y 1973, no mostraban enfermedades cardiovasculares. Se registró la tasa de mortalidad por todas las causas de muerte después del período 1969-1973. Los resultados indicaron que, en conjunto, la tasa de mortalidad a los dieciséis años de seguimiento fue del 37 por 100 para los hombres y del 27 por 100 para las mujeres. Pero cuando se consideraron los niveles de actividad recientes o pasados de los sujetos, se observó que aquellas personas que se mostraban más activas en la actualidad tenían un tasa de mortalidad significativamente más baja tanto en los hombres como entre las mujeres. Por el contrario, en el caso de aquellos que ya habían abandonado la actividad física, no se observaron diferencias en el conjunto de la mortalidad entre las personas más y menos activas. Por lo tanto, estos interesantes resultados parecen indicar que los efectos beneficiosos de la actividad física no perduran a largo plazo, sino que están condicionados a que se mantenga la práctica del ejercicio físico. Este hecho, por otra parte, también coincide con otros resultados sobre los factores de riesgo cardiovascular, ya que se ha demostrado sistemáticamente que el ejercicio físico reduce la presión arterial en los pacientes hipertensos. Sin embargo, unos meses después del abandono de esa actividad, la presión arterial vuelve a niveles similares a los anteriores de iniciar el programa de ejercicio físico (Amigo, González y Herrera, 1997).

En el caso concreto del infarto de miocardio se ha observado que los pacientes que son sometidos a un programa de ejercicio aeróbico tras sufrir este accidente vascular muestran una acelerada recuperación de la actividad del sistema nervioso parasimpático y de la capacidad de esfuerzo. Este hecho es importante porque la actividad del sistema nervioso parasimpático es decisiva en la normalización de los índices cardiovasculares cuando una persona se ve expuesta a cualquier forma de estrés físico o psicológico.

El *efecto preventivo del ejercicio físico* también se ha revelado en el caso del *accidente cerebrovascular*. Lee, Hennekens, Berger, Buring y Manson (1999) siguieron durante una media de 11,1 años a una muestra de 21.823 hombres, profesionales de la medicina, que al inicio de la investigación no habían padecido ningún tipo de enfermedad cardiovascular o cáncer. Al final de la misma se confirmó la ocurrencia de 553 casos de accidente cerebrovascular entre los participantes de la investigación. Los resultados demostraron, una vez ajustada estadísticamente la influencia de otras variables, como la edad, el consumo de tabaco y los antecedentes familiares, el índice de masa corporal, la hipertensión, el colesterol y la diabetes, que la actividad física se encuentra estrechamente relacionada con la incidencia de accidente cerebrovascular en los varones. Además, se constató que esa relación estaba explicada por el efecto beneficioso que la actividad física tiene sobre el peso, la presión sanguínea, el colesterol y la tolerancia a la glucosa, ya que aparte de estas influencias favorables, la actividad física en sí misma no mostraba ninguna otra forma de asociación significativa con la incidencia de accidente cerebrovascular.

En esta misma línea se encuentran los hallazgos que indican que el ejercicio físico puede incrementar las lipoproteínas de alta densidad (HDL), lo que habitualmente se conoce como «colesterol bueno», y reducir las lipoproteínas de baja densidad (LDL) o «colesterol malo». Cuando ambos procesos ocurren conjuntamente, la tasa total de colesterol no cambia pero la proporción de las HDL se incrementa, lo que se traduce en una reducción del riesgo cardiovascular.

Con respecto a la frecuencia con que la actividad física debe realizarse para que tenga un efecto significativo sobre el perfil de las lipoproteínas, Halbert, Silagy, Finucane, Withers y Hamdorf (1999) promediaron, utilizando un metaanálisis, los datos provenientes de un total de 31 investigaciones en las que habían sido sometidas 1.833 personas a un programa de ejercicio físico aeróbico. Los resultados indicaron que, en conjunto, el ejercicio físico provocó, en esta muestra, una reducción estadísticamente significativa del colesterol total, de las LDL y de los triglicéridos, mientras que al mismo tiempo se observó un incremento de las HDL. Las comparaciones entre los programas de ejercicio físico utilizados indicaron que una mayor frecuencia del entrenamiento no provoca una mejora superior a una práctica de tres veces por semana.

No obstante, quienes más directamente han conocido las bondades del ejercicio físico sobre el colesterol ha sido un grupo de monos que participaron en un conocido experimento. Kramsch, Aspen, Abramowitz, Kreimendahl y Hood (1981) demostraron que el ejercicio físico puede tener un efecto positivo sobre el sistema cardiovascular de los monos alimentados con una dieta arterioesclerogénica, una dieta alta en grasa diseñada para elevar el colesterol e inducir arterioesclerosis. Los resultados de este estudio demostraron que, comparados con los monos sedentarios, los monos físicamente activos mostraban niveles significativamente más altos de HDL y más bajos de LDL, un menor estrechamiento de las arterias y una menor incidencia de muerte súbita. Estos resultados no deberían llevar a nadie a pensar que una alimentación rica en grasas puede compensarse con una adecuada práctica física. Desafortunadamente, el ejercicio físico tan sólo puede corregir en parte lo que una dieta inadecuada distorsiona gravemente.

2.2. Cáncer

Algunos datos publicados en la literatura también indican que la actividad física puede reducir las probabilidades de sufrir algunos tipos de cáncer. Es el caso del *cáncer de colon*. Vena, Graham, Zielezny, Swanson, Barnes y Nolan (1985) compararon la actividad física ocupacional de tres grupos de hombres: unos que padecían cáncer de colon, otros cáncer de recto y otros nada. Los resultados revelaron que el riesgo de sufrir cáncer de colon se incrementaba en una medida similar a la que decrecía la actividad física ocupacional, no constatándose ningún tipo de relación entre dicha actividad y cáncer de recto. Estos resultados han sido replicados recientemente por Nilsen, Romundsatad, Petersen, Gunnell y Vatten (2008). Por su parte, Hill (1999) ha remarcado que un alto nivel de actividad física recreativa parece tener un especial efecto preventivo sobre los tipos de cáncer asociados con el sobrepeso y, en particular, el cáncer de colon. Además, parece que la actividad física en la mujer tiene un efecto preventivo sobre el cáncer de colon más acusado que en los hombres (Vena, Graham, Zielezny, Swanson, Barnes y Nolan, 1985).

Respecto al *cáncer de próstata,* tanto aquellos trabajos que se han ocupado de la actividad física laboral (LeMarchand, Kolonel y Yoshizawa, 1991) como los que han evaluado la actividad física total de los participantes en el estudio, incluyendo el ejercicio físico en tiempo de ocio (Lee, Paffenbarger y Hsieh, 1992), han constatado una menor probabilidad de desarrollar cáncer de próstata en aquellos varones que desarrollan una mayor cantidad de actividad física. Probablemente, en ello pueda influir la moderación que se produce en la producción de insulina, el precursor de la intolerancia a la glucosa (IGF-I) y testosterona, los cuales son factores de riesgo asociados a este tipo de cáncer (Barnard, 2007). Asimismo también se ha observado que el riesgo de muerte por *cáncer,* especialmente *de pulmón,* es menor entre aquellos hombres físicamente activos que entre los hombres sedentarios (Wannamethee, Shaper y McFarlane, 1993). En concreto, con objeto de descubrir el tipo y la intensidad de la actividad física que podría reducir el riesgo de padecer cáncer de pulmón, se realizó un estudio prospectivo con 13.905 alumnos varones de la universidad de Harvard que pasaron por esta institución americana a finales de los años setenta (Lee, Sesso y Paffenbarger, 1999). Veinticinco años después, 252 de ese total de alumnos habían fallecido a causa de un cáncer de pulmón. Una vez corregida estadísticamente la incidencia que en el desarrollo de esta enfermedad hubieran podido tener otros factores de riesgo (edad, consumo de cigarrillos, índice de masa corporal, etcétera), los resultados demostraron que aquellas personas que a través de la actividad física realizaban un gasto energético de 12.600 kJ/semana (equivalente a 6-8 horas de actividad física moderada) presentaban un riesgo significativamente menor de padecer cáncer de pulmón que quienes mantenían un nivel de actividad física inferior. Se ha de subrayar que esas diferencias aparecían tanto entre los no fumadores como en los ex fumadores y fumadores de más de 20 cigarrillos al día, si bien, en este último caso, las diferencias no eran tan significativas. Además, sólo aquellos sujetos que se comprometían en actividades de intensidad moderada, tales como caminar o subir escaleras, mostraban una reducción relativa de riesgo, frente a aquellos que realizaban una actividad física todavía más ligera.

En relación al *cáncer de mama,* los datos no son consistentes, aunque algunos resultados apuntan a que el ejercicio físico puede ser un factor de prevención. Gram, Funkhouser y Tabar (1999) llevaron a cabo un original estudio en el que analizaron la relación entre el nivel de actividad física y los patrones mamográficos de 2.720 mujeres noruegas. Las mamografías de estas mujeres fueron ordenadas en cinco grupos, de tal manera que las incluidas en los grupos I, II y III mostraban un bajo riesgo anatómico de desarrollar cáncer de mama, mientras que las incluidas en los grupos IV y V eran consideradas como de alto riesgo. Corregido en términos estadísticos el efecto que otras variables como la edad, el nivel educativo, la condición menopáusica o el índice de masa corporal pudiesen tener sobre dichos patrones mamográficos, se observó que las mujeres que manifestaban realizar una actividad física moderada durante más de dos horas a la semana tenían un 20 por 100 menos de probabilidades de estar incluidas en los grupos de alto riesgo, en relación a las mujeres totalmente sedentarias, si bien ese efecto, destacaban los autores, era más bien modesto. Los resultados más recientes parecen confirmar de un modo sistemático el papel protector del ejercicio en la prevención del cáncer de mama. Maruti, Willett, Feskanich, Rosner y Colditz (2008) realizaron un estudio prospectivo con una muestra de 64.777 mujeres de entre 18 y 35 años durante un periodo de seis años. Un total de 550 mujeres desarrollaron cáncer durante ese período. Los datos mostraron que las que eran físicamente más activas recibieron un 23 por 100 menos de diagnósticos de esta enfermedad que las mujeres más sedentarias. El punto de corte a partir del cual el ejercicio físico alcanzaba ese nivel de protección era correr tres o cuatro horas a la semana o caminar 13 horas a la semana.

En ese sentido, Stoll (1999) ha subrayado que el cáncer de mama en el mundo occidental aumenta en paralelo con alteraciones ligadas al síndrome de resistencia a la insulina (hiperinsulemia, dislipemia, arterioesclerosis). A partir de esa similitud, los estudios experimentales sugieren que la hiperinsulemia y demás alteraciones concomitantes pueden incrementar el desarrollo de la carcinogénesis mamaria y el mecanismo implicado podría ser el incremento de la bioactividad del precursor de la intolerancia a la glucosa IGF-1. En este sentido, otras investigaciones han mostrado que niveles más altos de este precursor incrementan el riesgo de cáncer de mama y que los fármacos que bajan las concentraciones IGF-1 se utilizan para la prevención del cáncer de mama. Por todo lo cual, la reducción de ácidos grasos polisaturados en la dieta, la evitación de la obesidad y la práctica de ejercicio físico pueden contribuir a prevenir este tipo de cáncer.

2.3. Ansiedad

Del mismo modo que se ha demostrado que el sedentarismo tiene un efecto muy negativo sobre la salud física, la inactividad física también esta presente como una causa específica del malestar emocional. En concreto, se ha calculado que en torno a un 12 por 100 de los casos de ansiedad y depresión se explican en gran medida por el estilo de vida sedentario (Garret, Brasure, Schmitz, Schultz, Hubber, 2004), ya que el ejercicio físico moderado es, posiblemente, el mejor psicofármaco natural.

Los estudios con voluntarios normales han mostrado de forma consistente, desde los años setenta, que el ejercicio físico regular tiene un «efecto sedante» y que disminuye la tensión y la ansiedad. Paradójicamente, el efecto inicial del ejercicio físico es el incremento de la tensión, sin embargo, pronto ese nivel de tensión se estabiliza y, transcurridos de 5 a 30 minutos desde la finalización del entrenamiento, muchas personas se sienten más relajadas. Esta reducción de la ansiedad, que correlaciona con reducciones en la tensión muscular, se ha mostrado más eficaz que algunos tranquilizantes.

El bienestar y la reducción de la tensión inducida por el ejercicio físico se pueden explicar (véase tabla, 4.3) por una serie de procesos biológicos, como son el incremento en la temperatura corporal que, de forma inmediata, produce un efecto tranquilizante; la reducción de la actividad muscular posterior a la práctica; la facilitación de la transmisión neuronal a través de noradrenalina, serotonina y dopamina que mejora el estado de ánimo, y la liberación de sustancias químicas endógenas similares a la morfina y sintetizadas en la glándula pituitaria que favorece la sensación de bienestar (Plante y Rodin, 1990).

TABLA 4.3

Actividad física y salud mental: mecanismos biológicos

> La relación positiva entre el ejercicio físico y la salud mental estaría mediada por una serie de procesos biológicos (Plante y Rodin, 1990).
>
> - El ejercicio físico provoca un incremento en la temperatura corporal que, de forma inmediata, produce un efecto tranquilizante.
> - El ejercicio físico regular provoca un incremento en la actividad adrenal que incrementa también la reserva de hormonas esteroideas que se encuentran disponibles para hacer frente a las situaciones de estrés.
> - La reducción de la actividad muscular en descanso que se produce después del ejercicio físico ayuda a descargar la tensión.
> - El ejercicio físico también puede facilitar la transmisión neuronal a través de noradrenalina, serotonina y dopamina que mejora el estado de ánimo.
> - El ejercicio físico provoca la liberación de sustancias químicas endógenas similares a la morfina y sintetizadas en la glándula pituitaria que favorece la sensación de bienestar.

El período de relajación postejercicio dura, aproximadamente, unas cuatro horas y después se suele retornar a los niveles previos de activación dentro de las 24 horas siguientes a su finalización. Por lo tanto, aquellas personas que sufren ansiedad crónica necesitarían practicar ejercicio físico todos los días para beneficiarse de sus efectos. La temporalización de este efecto tranquilizante también sugiere que si alguien se encuentra especialmente ansioso durante el día debe hacer ejercicio a primera hora de la mañana. Por el contrario, alguien que padezca insomnio deberá hacerlo a media tarde, ya que la práctica por la noche dificulta la entrada en el sueño.

Los estudios indican que, para optimizar su efecto tranquilizante, el ejercicio debería ser moderadamente intenso pero nunca extenuante. Una investigación realizada con jóvenes corredoras reveló que aquellas que recorrían unos 35 km a la semana se encontraban significativamente menos tensas que las que corrían o bien menos de 20 km o bien más de 60 km a la semana. Muchas personas también señalan que otros deportes, como el tenis, el golf o el ciclismo les ayudan a relajarse, aunque hay pocos estudios hechos sobre el efecto tranquilizante de tales actividades.

En relación con la actividad física en agua caliente, que tan de moda se encuentra gracias a la cada vez mayor popularidad de los balnearios, se ha observado que los sujetos sometidos a una hora de ejercicios en agua caliente (saltos y movimientos de tipo gimnástico) mostraron unos valores de las ondas alfa en el electroencefalograma (8-13 Hz) significativamente más altos al final del ejercicio que al inicio del mismo y, por otra parte, también se ha constatado un incremento en el estado de ánimo positivo (vigor) y un decremento en el estado de ánimo negativo (tensión-ansiedad y depresión-desánimo). Las ondas alfa son un indicador del estado de relajación del sujeto y su frecuencia se incrementa en la medida que la persona se relaja. Por lo tanto, este estudio sirve para confirmar algo que muchas personas intuyen y es que el ejercicio acuático, especialmente en agua caliente, incrementa los índices fisiológicos y los estados psicológicos de relajación (Oda, Matsumoto, Nakagawa y Moriya, 1999).

Otro tema interesante en relación a los efectos del ejercicio físico sobre el estrés es el estudio de los efectos sobre sus componentes principales: el estrés cognitivo o mental y el estrés físico. A partir de esta categorización se puede afirmar que las personas que refieren fundamentalmente una activación física (sudoración, taquicardias, problemas gastrointestinales, etcétera) se beneficiarán en mayor medida del ejercicio físico, mientras que aquéllas cuyo principal problema son las preocupaciones, la dificultad para concentrarse o los pensamientos intrusivos pueden, quizá, encontrar un mayor alivio en otras formas de relajación.

Pero es que, además, el ejercicio físico también amortigua e, incluso, disminuye las experiencias estresantes cotidianas. Así se desprende del trabajo de Steptoe, Kimbell y Basford (1988), quienes hicieron completar a 38 hombres y 35 mujeres unos registros diarios de ejercicio físico y evaluar las situaciones cotidianas estresantes durante 12 días consecutivos. Curiosamente, durante los días en que estas personas realizaban ejercicio físico calificaban como menos estresantes las situaciones cotidianas de este tipo con las que se encontraban y, además, registraban un menor número de ellas.

El ejercicio físico también puede modular la sensibilidad a la ansiedad. Ésta se refiere a la creencia de que las sensaciones asociadas a la ansiedad pueden acarrear problemas de salud muy graves y, por lo tanto, desempeña un papel importante en la etiología y mantenimiento del trastorno de pánico y otros trastornos de ansiedad. El ejercicio aeróbico implica la exposición a síntomas fisiológicos similares a los experimentados durante las crisis de ansiedad. Es por esto que los sujetos aquejados de esta sensibilidad a la ansiedad, tras realizar un programa breve de ejercicio aeróbico, muestran una reducción significativa de su temor a la ansiedad, lo cual puede ser de enorme importancia en la prevención de los ataques de pánico (Broman-Fulks, Storey, 2008).

2.4. Depresión

Hace más de dos décadas que se han publicado los primeros estudios experimentales que mostraron el posible efecto terapéutico de la práctica del ejercicio físico en la depresión. En un estudio en el que participaron una muestra de 49 sujetos que presentaban altas puntuaciones en el Inventario de la Depresión de Beck (BDI) se pusieron a prueba tres condiciones de tratamiento: ejercicio físico, terapia psicológica (terapia cognitiva de la depresión) o una combinación de la terapia psicológica y el ejercicio físico. A las cinco semanas de tratamiento, los sujetos de los tres grupos habían experimentado una sensible mejoría, en virtud de la cual sus puntuaciones de depresión se habían reducido a la mitad. Dicha mejoría se mantenía a los dos meses de seguimiento y, además, no se observaron diferencias significativas entre los tres grupos. Cabe destacar también que todos los participantes en este estudio mejoraron su estado de depresión, al margen de que inicialmente mostrasen una depresión leve o moderada (Fremont y Craighead, 1987)

Más recientemente, estudios epidemiológicos prospectivos a gran escala han confirmado la eficacia del ejercicio en el alivio de los síntomas depresivos. Así, por ejemplo, Hassmen, Koivula y Uutela (2000) aplicaron un amplio abanico de cuestionarios a 3.403 personas (1.856 mujeres y 1.547 hombres) en Finlandia dentro una encuesta más amplia sobre factores de riesgo cardiovascular. Los resultados mostraron que las personas que practicaban ejercicio físico dos o tres veces por semana experimentaban menos síntomas de depresión que las personas sedentarias, además de menos síntomas de estrés, ira y un sentimiento más fuerte de integración social. Además, la relación entre el incremento de la actividad física y la reducción de la sintomatología depresiva, al menos en mujeres de mediana edad, es independiente del status de la salud física y psicológica preexistente (Brown, Ford, Burton, Marshall y Dobson, 2005).

También ha sido objeto de discusión si el ejercicio físico sería adecuado en todos los tipos de depresión, ya que algunos autores a principios de los ochenta consideraban que en el caso de la depresión severa podría ser, incluso, contraproducente. Sin embargo, los resultados de algunas investigaciones más recientes no han confirmado este punto y también han constatado que el ejercicio físico regular puede reducir los síntomas depresivos en personas con diagnóstico de depresión mayor. Un grupo de investigadores llevó a cabo un estudio en el que compararon la efectividad de un programa de ejercicio aeróbico con la medicación estándar para este trastorno. Para ello, asignaron aleatoriamente a 156 pacientes de edad avanzada a una de las siguientes tres condiciones de tratamiento: ejercicio aeróbico, antidepresivos, o una combinación de ambos procedimientos. Los resultados demostraron, después de 16 semanas de tratamiento, que los tres grupos de sujetos mejoraron por igual, tanto en términos estadísticos como clínicos, conforme a los resultados de la escala *Hamilton Rating Scale for Depression* (HAM-D) y del BDI. Sin embargo, los pacientes que recibieron sólo el tratamiento farmacológico mostraron una mejoría inicial más rápida, y, entre aquellos que recibieron la combinación de tratamientos, los que mostraban menos síntomas depresivos al inicio del tratamiento respondieron más rápidamente que aquellos que inicialmente presentaban síntomas depresivos más severos. Los autores del estudio llegaron a concluir que un programa de ejercicio físico podría considerarse como un tratamiento alternativo de la depresión en las personas mayores (Blumenthal, Babyak, Moore, Craighead, Herman y Khatri, 1999).

Un aspecto importante del ejercicio físico en el tratamiento de la depresión es qué tipo de ejercicio es el más adecuado y qué mejora en la forma física objetiva de las personas es necesario alcanzar para conseguir un alivio en la depresión. Con este propósito se asignó a una muestra de 40 mujeres con un diagnóstico de trastorno depresivo menor a tres condiciones: ejercicio físico aeróbico, ejercicio anaeróbico o una condición control. Al final de las ocho semanas de intervención ambos grupos de ejercicio físico, al contrario que el grupo control, habían reducido sus síntomas de depresión, tal y como se observó en el BDI, manteniéndose a los doce meses de seguimiento. Lo más interesante de este estudio fue, quizá, que ambos tipos de ejercicio físico, aeróbico y anaeróbico, resultaron igualmente eficaces en el tratamiento de la depresión y, más aún, que la mejora en los síntomas depresivos se produjo a pesar de no haberse evidenciado una mejora objetiva de la forma física (Doyne, Ossip-Klein, Bowman, Osborn, McDougall-Wilson y Neimeyer, 1987).

La relación positiva entre el ejercicio físico y la mejora en el estado de ánimo estaría también explicada (véase tabla 4.4) por toda una serie de procesos psicológicos asociados a su práctica y entre los que cabría destacar: la sensación de control sobre el propio cuerpo; un estado de conciencia más relajado; una forma de distracción y diversión que puede liberar a la persona, al menos durante algún tiempo, de emociones y pensamientos desagradables; la exposición a los síntomas físicos asociados con la ansiedad y el estrés (por ejemplo, sudoración, fatiga e hiperventilación) sin la experiencia de estrés emocional; el incremento potencial del reforzamiento social. En este sentido, Teychenne, Ball y Salmon (2008) han observado que el contexto social dentro del cual se realiza la actividad física (por ejemplo, con un amigo o con un miembro de la familia) puede ser tan importante o más para salud mental que la cantidad de actividad física que realiza.

TABLA 4.4

Actividad física y salud mental: mecanismos psicológicos

La relación positiva entre el ejercicio físico y la salud mental estaría también mediada por una serie de procesos psicológicos (Plante y Rodin, 1990).

- La mejora en la salud que se consigue a través de la actividad física proporciona a las personas una sensación de control, capacidad y autosuficiencia.
- El ejercicio físico es también una forma de meditación que proporciona un estado de conciencia más relajado.
- El ejercicio físico puede funcionar como una forma de biofeedback que enseña al sujeto a regular su propio estado autonómico.
- El ejercicio físico es una forma de distracción y diversión que puede liberar a la persona, al menos durante algún tiempo, de emociones y pensamientos desagradables.
- Dado que el ejercicio físico provoca síntomas físicos asociados con la ansiedad y el estrés (por ejemplo, sudoración, fatiga e hiperventilación) sin la experiencia de estrés emocional, el repetido emparejamiento de los síntomas en ausencia de dicha alteración puede mejorar el funcionamiento psíquico de la persona.
- La práctica del ejercicio físico suele ser una ocasión de reforzamiento social que también mejora el estado psíquico.
- El ejercicio físico también puede actuar como un amortiguador, disminuyendo la tensión causada por los acontecimientos vitales estresantes.

2.5. Control del peso

Otro aspecto sobre el cual el ejercicio físico proporciona importantes beneficios es el control del peso. Sin embargo, esa relación entre ejercicio y peso corporal no es tan sencilla como a veces se supone, y muchas personas saben por su propia experiencia que sus esfuerzos físicos no se corresponden ni remotamente con los resultados deseados sobre la báscula.

Un primer aspecto que puede sorprendernos de la relación entre ejercicio y peso es el bajo consumo de calorías que necesita el cuerpo humano para desarrollar cualquier carga de trabajo físico (véanse tablas 4.5 A y B). Baste pensar que una persona caminando a paso normal 24 horas seguidas y bebiendo sólo agua perdería al final del día, aproximadamente, un kilo, que recuperaría con facilidad durante la horas siguientes. Nuestro cuerpo está dotado de un motor ecológico de bajo consumo. La evolución en un contexto de escasez nos ha hecho así. Por todo lo cual, puede resultar muy frustrante someterse a costosos rituales de actividad física para tratar de perder peso si ésta es la única estrategia que se emplea con tal fin.

TABLA 4.5A

Coste en calorías por cada 10 minutos de actividad física (Brownell, 1980)

ACTIVIDAD	PESO CORPORAL			
	50 kg	60 kg	70 kg	80 kg
Actividades básicas				
Dormir	10	12	14	16
Estar sentado (leyendo o viendo televisión)	10	12	14	16
Estar sentado (charlando)	15	18	21	24
Vestirse o lavarse	26	32	37	42
Estar de pie	12	14	16	19
Locomoción				
Andar cuesta abajo	56	67	78	88
Andar cuesta arriba	146	175	202	229
Andar a 3 km/h	29	35	40	46
Andar a 6 km/h	52	62	72	81
Actividades domésticas				
Hacer las camas	32	39	46	52
Quitar el polvo	22	27	31	35
Limpiar ventanas	35	42	48	54
Preparar la comida	32	39	46	52
Actividades sedentarias				
Estar sentado escribiendo	15	18	21	24
Escribir en el ordenador	19	23	27	31
Actividad ligera de pie	25	30	34	39
Actividad laboral ligera				
Reparación de automóviles	35	42	48	54
Carpintería	32	38	44	51
Albañilería	28	34	40	45
Pintar paredes	29	35	40	46
Actividad laboral pesada				
Remover tierra	56	67	78	88
Extracción de carbón	79	95	111	127
Arrastrar troncos	158	189	220	252

TABLA 4.5B

Coste en calorías por cada 10 minutos de actividad física (Brownell, 1980)

ACTIVIDAD	PESO CORPORAL			
	50 kg	60 kg	70 kg	80 kg
Actividades deportivas				
Bailar moderadamente	35	42	48	55
Baloncesto	58	70	82	93
Correr a 9 km/h	90	108	125	142
Correr a 11 km/h	118	141	164	187
Correr en bicicleta a 9 km/h	42	50	58	67
Equitación	56	67	78	90
Esquí alpino	80	96	112	128
Esquí de fondo	98	117	138	158
Golf	33	40	48	55
Natación (braza)	32	38	45	52
Natación (crawl)	40	48	56	63
Tenis	56	67	80	92
Remo (6 km/h)	90	109	128	146
Squash	75	90	104	117
Voleibol	43	52	65	75

No obstante, y aunque parezca paradójico, cualquier esfuerzo para perder peso a través de una dieta hipocalórica debe acompañarse de un programa de ejercicio, porque éste suele prestar una contribución básica para alcanzar el objetivo propuesto. Si el ejercicio físico no sirve para perder peso, ¿por qué es entonces necesario? En primer lugar, porque lo que sí se ha encontrado es una relación muy fuerte entre sedentarismo y obesidad, en virtud de la cual se ha constatado que los hombres sedentarios tienen un 50 por 100 más de probabilidades de ser obesos que los hombres físicamente activos (Ching, Willet, Rimm, Colditz, Gormarker y Stampfer, 1996), lo que quiere decir que, al contrario de lo que ocurre con la actividad física, el sedentarismo *per se* puede provocar un incremento de peso. Los resultados sobre el consumo de horas de televisión lo han confirmado. Las personas, en especial las mujeres de clase media y media baja, que están más tiempo delante del televisor, presentan un índice de masa corporal más alto que aquellas que no le prestan tanta atención (Crawford, Jeffery y French, 1999). Se puede afirmar que la «televisión también engorda» y el ejercicio es bueno porque suele ser incompatible con la sala del televisor. Un exceso tan pequeño de 50 calorías diarias por encima de las necesidades energéticas de la persona supone una ganancia de 2 kg de peso al año y, por lo tanto, la actividad física sí puede contribuir a limar ese pequeño sobrante evitando que el sedentarismo reduzca aún más nuestras necesidades calóricas. *En definitiva, estos datos indican que si bien el ejercicio per se no es suficiente para perder peso, resulta fundamental para prevenir su ganancia.* Para obtener una pérdida significativa de peso realizando ejercicio físico, exclusivamente y sin modificar ningún otro hábito, sería necesaria una práctica aeróbica intensiva de, al menos, una hora de duración durante cinco o más veces a la semana. Por debajo de esta pauta de actividad, que es inviable e indeseable para la mayor parte de la población, dicha pérdida no empezaría a producirse (Johannsen, Redman y Ravussin, 2007).

Existen, además, otras razones importantes para incorporar un programa de actividad física a cualquier esfuerzo que se haga para perder, mantener o no ganar peso. La primera de ellas tiene que ver con la velocidad del metabolismo. Una dieta hipocalórica puede provocar un ralentización del metabolismo basal, lo cual supone que el organismo quema menos calorías que antes para realizar cualquier actividad (incluso para dormir). La práctica regular de ejercicio, por contra, puede imprimir una aceleración a la función metabólica y devolverla a su nivel habitual.

La actividad física también sirve para modificar el *setpoint,* del que hemos hablado en el capítulo anterior. El trabajo físico puede servir para bajar ese punto de resistencia que el organismo muestra cuando se inicia un programa dietético, y a partir del cual cualquier reducción de peso posterior implica una restricción alimenticia aún mayor. La actividad física sitúa así el *setpoint* en la báscula unos kilos más abajo, por lo que perder peso puede resultar entonces algo menos incómodo (Andersen, Franckowiak, Bartlett y Fontaine, 2002).

TABLA 4.6

12.000 pasos para mantener el peso

> Un estudio en el que participaron 3.127 personas de cinco países distintos con un rango de edad entre 18 y 94 años ha permitido determinar el número de pasos necesarios para mantenerse en un peso normal (Tudor-Locke, Basett, Rutherford, Ainsworth, Chan, Croteau et al. (2008). La contabilización de los pasos se realizó con un podómetro. Los resultados han mostrado, con gran precisión, que las personas que andan una media de 12.000 pasos totales al día, incluyendo los que caminan dentro de sus casas o en el trabajo, al menos tres veces por semana, están exentas del problema del sobrepeso. No obstante, el número de pasos varía en función de la edad y el sexo. Las mujeres de más de 60 años no necesitan más que 8.000, las que están entre 40 y 50 años necesitarían 10.000, y los hombres mayores de 50 unas 11.000. El resto de la población necesitaría en torno a unos 12.000 pasos diarios para mantener su peso. En términos de distancia esto supone recorrer en torno a unos 8,5-9 km. Estos resultados concuerdan con la recomendación ampliamente aceptada y extendida de caminar una hora al día, ya que si se realiza con un ritmo moderado de unos 100 pasos por minuto, en esa hora se alcanzarían cerca de los 8.000 pasos. Además, también llama la atención que si para la mejora de la salud cardiovascular es necesario realizar el ejercicio dentro con una intensidad moderada, para el control del peso, según los autores de este estudio, cada paso cuenta y llegando a las cifras antes descritas el control del peso es más que probable.

La práctica regular de ejercicio físico modera el apetito y sirve también para controlar los estados emocionales de ansiedad y depresión que pueden llevar a muchas personas a una ingesta de alimentos hipercalóricos (como chocolate o galletas) como una forma de calmar los nervios a corto plazo. Annesi y Unruh (2008) han mostrado que el ejercicio físico puede tener efectos muy positivos sobre el mantenimiento de la pérdida a largo plazo debido, sobre todo, a la mejora en el estado de ánimo que provoca.

2.6. Otros beneficios

El mantenimiento de la *salud ósea* es un elemento decisivo en la calidad de vida de las personas, ya que la fragilidad de los huesos suele traducirse en fracturas y otros problemas que condicionan la movilidad y la autonomía personal. La actividad física a lo largo de la vida parece ser un elemento crítico para conservar la masa ósea y evitar dichos problemas. En esta línea se encuentran los resultados de Brahm, Mallmin, Michaelsson, Strom y Ljunghall (1998), quienes compararon la actividad física durante las actividades laborales y de ocio y su relación, entre otras variables, con la masa ósea. Los resultados mostraron una fuerte asociación entre altos niveles de actividad durante la vida y altos niveles de masa ósea entre los hombres.

Sin embargo, es en la mujer donde la conservación de la masa ósea adquiere especial importancia, ya que es ella la principal afectada por la *osteoporosis*, un trastorno caracterizado por la reducción de la densidad del hueso provocado por la pérdida de calcio y que conlleva un incremento en el riesgo de fractura. El ejercicio físico moderado se ha mostrado como un elemento fundamental en la prevención de esta enfermedad (Jagal, Kreiger y Darlington, 1993).

En este sentido se ha observado que las mujeres que se someten a un programa de ejercicio físico tienden a preservar el contenido mineral del hueso, mientras que las mujeres del grupo control sedentario experimentan un decremento del mismo (Nelson, Fiatarone, Marganti, Trice, Greenberg y Evans, 1994).

El ejercicio físico también constituye un elemento preventivo de primer orden en el caso de la *diabetes*. Así lo probaron Helmrich, Ragland, Leung y Paffenbarger (1991), quienes observaron que los hombres físicamente más activos mostraban las tasas más bajas de diabetes tipo II (no insulinodependiente). El dato más interesante de esta investigación fue que esa relación se mantenía cuando se controlaban otras variables, como el peso, presión arterial e historia parental de diabetes. De hecho, era entre los hombres con mayor riesgo de padecer diabetes en los que el ejercicio físico mostraba un mayor efecto protector.

En el caso de la mujer, los resultados apuntan en la misma dirección. Hu, Sigal, Rich-Edwards, Colditz, Solomon, Willett, Speizer y Manson (1999) examinaron la relación entre la actividad física total y la incidencia de diabetes tipo II en mujeres, y compararon los beneficios de caminar frente a otras actividades físicas vigorosas. Los resultados demostraron claramente que, independientemente de la actividad física que se realizase, desde caminar a otras actividades más exigentes, a mayor consumo de energía a través del ejercicio físico mayor reducción del riesgo de desarrollar diabetes tipo II. Además, al margen de otras actividades, caminar habitualmente a buen paso se asociaba de manera independiente con la reducción del riesgo de esta enfermedad.

En el caso de la diabetes insulino-dependiente (tipo I) se ha observado que tanto los niños como los adolescentes sedentarios muestran un mayor riesgo de muerte que sus compañeros activos físicamente, aunque en las chicas esta tendencia no es tan clara. En general, los estudios también constatan que aunque el ejercicio físico no constituye exclusivamente un tratamiento de elección es un elemento importante en el programa de tratamiento de la diabetes insulino-dependiente (Polaino y Gil Roales-Nieto, 1994).

Parece bastante obvio pensar que la *sexualidad* de las personas mejore en paralelo con una mejora de su estado físico. Para conocer más de esta relación White, Case, McWhirter y Mattison (1990) sometieron a 78 hombres sanos de mediana edad a un programa de ejercicio físico aeróbico que se prolongó por un período de nueve meses durante una hora al día, tres días a la semana. A lo largo de las sesiones de entrenamiento, tras el período de calentamiento adecuado, se trataba de que cada persona se ejercitase en torno a un 70 por 100 de su capacidad de trabajo. Un grupo más reducido de 17 sujetos sirvió como grupo control. Los resultados mostraron claramente que, además de otros beneficios sobre la salud cardiovascular, los sujetos sometidos a este programa de ejercicio físico mejoraron significativamente su sexualidad en términos de frecuencia de relaciones con sus parejas habituales, mejora de la calidad de las mismas y porcentaje de orgasmos satisfactorios. Además, el grado de mejora en su funcionamiento sexual se relacionaba muy estrechamente con el grado de mejora observado en su salud física.

Finalmente, también empiezan a aparecer datos que ponen de manifiesto que la actividad física en personas mayores se asocia muy estrechamente al mantenimiento de la función cognitiva. En particular, los hombres mayores de 60 años que realizan ejercicio ligero (nunca intenso) a diario obtienen puntuaciones más altas en las pruebas de evaluación cognitiva y en el mini mental test. Esta relación no es tan estrecha en el caso de la mujer (Lindwall, Rennemark y Berggren, 2008).

3. RIESGOS DEL EJERCICIO FÍSICO

La *adicción al ejercicio* fue un fenómeno que comenzó a observarse durante la década de los setenta cuando se evidenció la enorme resistencia que algunos corredores de fondo mostraban para abandonar la práctica deportiva (Blasco, 1994). Inicialmente, esta adicción fue calificada como positiva por algunos investigadores en la medida que se suponía que todo lo que se derivara de dicha práctica sería bueno para la persona. No obstante, pronto se puso de manifiesto que, al igual que ocurre con otras adicciones, el abandono del ejercicio físico provocaba en algunas personas una especie de síndrome de abstinencia caracterizado por un amplio elenco de reacciones psicológicas que incluían ansiedad, cierto sentimiento de culpa, intranquilidad o irritabilidad, además de interferencias importantes en el ámbito de las responsabilidades sociales, personales y profesionales. En algunos casos se ha constatado la incapacidad de la persona para abandonar la práctica deportiva, aun cuando esto ha sido aconsejado explícitamente por el propio médico. Además, muchas lesiones asociadas a la práctica del *jogging,* por ejemplo, son debidas al uso excesivo del sistema músculo-esquelético.

Para explicar este fenómeno se ha sugerido que, inicialmente, la práctica continuada de la actividad física (particularmente la de fondo) provoca efectos psicológicos agradables, tales como cierta sensación de bienestar, disminución del estrés percibido, etc. Sin embargo, más tarde, aparece una reacción de tolerancia de tal manera que la persona necesita incrementar la carga de trabajo para obtener las mismas sensaciones. A ello habría que añadir la aparición de un fenómeno denominado *euforia del corredor* que se suele describir como una sensación de euforia en virtud de la cual el corredor siente que ha traspasado las barreras del tiempo y del espacio. En términos biológicos se ha postulado que esto es debido a la acción de los opiáceos endógenos. Este conjunto de sensaciones, junto con la necesidad de evitar el síndrome de abstinencia, permite comprender mejor la adicción al ejercicio físico, especialmente de aquellas personas que deberían reducir o abandonar la práctica deportiva por razones médicas (Sanz, Blasco y Cruz, 1992).

Otro riesgo lo constituye el *incremento de la morbi-mortalidad* asociada al ejercicio físico. Las lesiones músculo-esqueléticas son muy frecuentes entre los deportistas de competición. En un estudio retrospectivo (Pate y Macera, 1994), se ha observado que entre el 35 y 65 por 100 de los corredores habituales sufren lesiones más o menos permanentes, incrementándose el riesgo de lesión con el incremento de la práctica. Contrariamente a lo que se podía pensar, la edad de los corredores no incrementó la frecuencia de las lesiones.

Con ser esto relevante, resulta más llamativo el incremento de riesgo mortal durante la práctica deportiva. Comparando el número de casos de muerte súbita que se producían durante la práctica intensa y vigorosa de ejercicio físico *(jogging)* con relación a otras actividades físicas menos exigentes, se observó que la probabilidad de fallecimiento era siete veces mayor durante el *jogging*. Los autores de este estudio encontraron que la mayor parte de estas muertes eran debidas a la presencia previa de arteriosclerosis (Thompson, Funk, Carleton y Stuner, 1982). La arteriosclerosis es la principal causa de muerte asociada al ejercicio físico en mayores de 35 años (Möhlenkamp, Schmermund, Coger et al. 2006).

En una línea similar, Mittleman, Maclure, Tofler, Sherwod, Goldberg y Muller (1993) han demostrado, sobre una muestra de 1.200 personas que habían sufrido un infarto de miocardio reciente, que el 4,4 por 100 de ellos habían realizado, dentro de la hora anterior al infarto, algún tipo de ejercicio físico vigoroso. Pero, además, aquellos que tenían una historia de ejercicio físico menor de una vez por semana tenían un 40 por 100 más de probabilidades de sufrir un infarto que aquellos que se ejercitaban cinco o más veces por semana. Esta tendencia a sufrir un fallo cardíaco durante la realización de algún tipo de ejercicio vigoroso parece más acentuada aún entre aquellas personas que sufren alguna afectación cardíaca o tienen el colesterol alto (Virmani, Burke, Farb y Kark, 1997). No se debe olvidar, por lo tanto, que el ejercicio regular que se practica con una intensidad moderada proporciona enormes beneficios sin apenas riesgos. Sin embargo, *el ejercicio irregular e intensivo proporciona escasos dividendos e implica un elevado riesgo* (Jensen-Urstad, 1995).

TABLA 4.7

Ejercicio físico y eliminación de la grasa en zonas específicas del cuerpo

> Finalmente, cabría subrayar que una de las creencias más comunes sobre el ejercicio físico apuntalada sistemáticamente por la publicidad, según la cual existen ciertos tipos de ejercicios y aparatos que permiten eliminar o, cuando menos, reducir la acumulación de grasa en determinadas partes del cuerpo que no resultan estéticamente deseables, es falsa. Hace ya algunos años, un grupo de investigadores midieron la cantidad de grasa y músculo en los brazos de los jugadores de tenis. Por una parte, y tal como era de prever, observaron que el brazo utilizado en el juego tenía más músculo que el otro; sin embargo, no observaron diferencias en la cantidad de grasa, entre ambos brazos, de lo cual parece desprenderse lo erróneo de la creencia, muy comúnmente aceptada, que la práctica de determinados ejercicios físicos puede acabar con la grasa en un punto concreto del cuerpo. No ocurre así cuando se pierde peso a través de una dieta hipocalórica, ya que se reduce tanto la masa muscular como la cantidad de grasa, y esa reducción de grasa es mayor en unos lugares que en otros, particularmente allí donde es más abundante. Si una persona hace ejercicio físico al tiempo que se somete a dieta, suele notar un incremento de la masa muscular y una pérdida de grasa, pero esto último no es debido a los efectos de un programa específico de ejercicio físico. Baste recordar el estudio sobre los brazos de los tenistas. Por todo ello, tanto los ejercicios supuestamente diseñados para perder grasa (sobre todo en la cadera, estómago y cintura), como los aparatos (a veces muy costosos y habitualmente vendidos a través de la televisión) no sirven, en absoluto, para conseguir los resultados que prometen. Por si ello fuera poco, en algunos casos pueden llevar a ciertas lesiones musculares.

Pero no sólo el ejercicio vigoroso y de competición puede ser peligroso para las personas sedentarias, sino que, como es popularmente conocido, la muerte cardíaca súbita durante la práctica deportiva es un problema poco común pero trágico que también afecta a deportistas profesionales. La muerte súbita se refiere a los síntomas cardíacos que suelen aparecer dentro de la primera hora de participación en una práctica deportiva. El mecanismo más común es una arritmia fatal que lleva a la muerte de la persona y que afecta a individuos vulnerables. Anualmente se contabilizan entre 1 y 5 casos de muerte súbita por cada millón de atletas. Entre los deportistas más jóvenes (menores de 35 años) la mayoría de esos accidentes tienen su origen en alteraciones cardiovasculares hereditarias, como son, por ejemplo, las alteraciones de las arterias coronarias. Sin embargo, entre los atletas de mayor edad (mayores de 35 años), la muerte súbita esta asociada comúnmente a enfermedades cardíacas arterioscleróticas. Además, la identificación de los atletas con alto riesgo de presentar una muerte súbita a través de pruebas cardíacas se complica por las modificaciones que sufre el corazón de los atletas al adaptarse a la gran cantidad de trabajo físico que realizan, por lo cual se hace difícil distinguir, incluso a los mismos especialistas, entre lo que es una adaptación fisiológica del corazón o un proceso patológico del mismo. En consecuencia, hasta que se desarrollen pruebas más específicas y fáciles de aplicar de forma rutinaria en el mundo del deporte y que permitan discriminar con una mayor fiabilidad y sensibilidad las alteraciones fisiológicas que pueden conducir a un atleta a la muerte súbita, se ha de recurrir a las amplias recomendaciones que en la actualidad se manejan para ayudar a guiar y manejar la participación en el deporte de competición de los atletas con alteraciones cardiovasculares (Futterman y Myerburg, 1998).

En la actualidad, y muy relacionado con casos muy conocidos del deporte profesional, también se ha llamado la atención sobre el pernicioso efecto que pudiera tener el ejercicio físico extenuante en relación al *cáncer de testículos,* que, si bien es infrecuente, es, por el contrario, el más prevalente entre los varones jóvenes y de mediana edad en el mundo occidental. Srivastava y Kreiger (2000), examinando la relación entre la frecuencia e intensidad de la actividad física recreativa y ocupacional, encontraron que la alta frecuencia en la participación en actividades recreativas extenuantes durante la adolescencia incrementaba el riesgo de padecer cáncer testicular (cuando se comparaba actividad moderada realizada 5 veces a la semana frente a 3 veces al mes y cuando se comparaba la actividad extenuante practicada 5 veces a la semana frente 1 al mes). Del mismo modo, la actividad ocupacional extenuante incrementaba el riesgo de padecer esta enfermedad en un 20 por 100. No obstante, a pesar de estos datos se debería tener en cuenta, por un lado, la baja frecuencia de este tipo de cáncer y, por otro, la necesidad de que estos resultados sean confirmados en otras investigaciones, con objeto de extraer las conclusiones pertinentes.

4. LA ENSEÑANZA DE LA EDUCACIÓN FÍSICA

Por todo lo referido, se puede afirmar que la educación física es una de las herramientas más valiosas de la educación para la salud. Ahora bien, es importante subrayar que la educación física no debe referirse exclusivamente al deporte de competición, tal y como en la actualidad se sigue entendiendo en muchos centros escolares.

La reducción de la educación física al deporte de competición —aun siendo éste necesario por la función social que cumple— suele crear una amplísima bolsa de niños que se sienten emocionalmente alejados de la práctica regular de la actividad física, justamente por la frustración que produce no poder alcanzar los altos requisitos propios de ese tipo de deporte. La insistencia en la actividad física de competición, unida a la falta de habilidades deportivas o su mal aprendizaje, ayuda a que muchos niños se aparten de todo tipo de actividad física y se acerquen a otras actividades sedentarias de las que no salen derrotados, simpatizando y uniéndose a otros niños que tampoco alcanzan las metas de sus compañeros deportistas.

Es por ello que, con vistas a mantener la motivación en los programas de actividad física dentro de la escuela, sería muy importante que los niños no fuesen valorados *exclusivamente* en función de su posición en la clase o por su marca respecto a otros. Esto, como se ha expuesto, suele llevar a que aquellos niños y jóvenes que están situados en las últimas posiciones traten de evitar este tipo de actividad. Frente a esto, los niños deberían ser valorados también en función de su progresión individual y obtener reconocimiento cuando mejoran su rendimiento personal en una u otra actividad al margen de cuál haya sido el rendimiento de los demás, tal y como desde la Teoría de Orientación de Metas recogen Duda (1992) y García-Mas y Gimeno (2008). Si un niño ve que puede mejorar significativamente su marca en una carrera de 1.500 metros, y que se le va a reconocer un gran mérito por ello, es posible que afronte el deporte con ánimo para seguir corriendo. Si, por el contrario, esa marca, a pesar de mejorar, sigue considerándose fundamentalmente mala por su comparación con la de los otros compañeros, de forma que su esfuerzo no se ve reconocido, es posible que el chico adquiera cierta antipatía por la actividad deportiva y no sienta interés por seguir practicándola.

Alcohol 5

1. INTRODUCCIÓN

A lo largo de la historia de la humanidad, el uso de bebidas alcohólicas ha estado presente en todas las culturas. En la antigua Babilonia fue común el consumo de bebidas fermentadas (particularmente el vino y la cerveza), al igual que en Egipto, Grecia, Roma, China, la India e, incluso, en las culturas precolombinas. Las bebidas destiladas fueron descubiertas en la antigua China y refinadas posteriormente en el siglo VIII por los árabes. Hasta el siglo XVIII las bebidas fermentadas eran la forma más común de consumo de alcohol, sin embargo, Inglaterra, a partir de este siglo, alentó la creación de destilerías para favorecer el comercio. Las bebidas destiladas, con una mayor capacidad para provocar embriaguez (véase tabla 5.1) se hicieron muy populares entre las clases sociales más desfavorecidas y entre los trabajadores, reservándose el vino para las clases altas. Ya dentro de nuestra historia más reciente, un acontecimiento muy destacado respecto al comercio del alcohol fue el de su prohibición en Estados Unidos entre 1919 y 1934 que en absoluto sirvió para erradicarlo, sino tan sólo para crear redes clandestinas de producción, distribución y consumo. En la actualidad, en las sociedades industrializadas la mayor parte de la población utiliza bebidas alcohólicas, al menos, ocasionalmente. Así, por ejemplo, en España se calcula que hay un 25 por 100 de no bebedores, en torno a un 65 por 100 de bebedores y un 10 por 100 de ex bebedores (Echeburúa, 2001), si bien un 20 por 100 de la población adulta consume alcohol de forma arriesgada y perjudicial (véase tabla 5.2).

TABLA 5.1

Clasificación de las bebidas alcohólicas

Bebidas fermentadas	Bebidas destiladas	Bebidas sin alcohol
Vermú (16º-24º)	Orujo (40º-80º)	Cerveza sin alcohol (0,8º-1º)
Cava (12º)	Ron (40º-80º)	
Vino (11º-12º)	Whisky (40º-50º)	
Cerveza (4º-5º)	Coñac (40º)	
Sidra (3º)	Ginebra (40º)	
	Vodka (40º)	
	Anís (36º)	
	Pacharán (25º)	

Adaptada de Echeburúa (2001).

El alcohol puede resultar adictivo y, aunque no es una sustancia con un alto potencial para provocar tolerancia, sí puede provocar dependencia con la consiguiente sintomatología característica cuando se interrumpe su consumo habitual (desasosiego, irritabilidad y agitación). No es de extrañar entonces que, ante el poder adictivo del alcohol, se construyan tópicos culturales diversos que, en general, hablan de sus peligros y lo asocian, semánticamente y de un modo muy negativo, con sustancias realmente perjudiciales como el tabaco u otro tipo de drogas, cuando, como veremos a continuación, el consumo moderado de alcohol puede tener muchos efectos saludables.

TABLA 5.2

Clasificación del riesgo en el consumo de alcohol

Tipo de consumo	Género	Cantidad
Seguro	Masculino	0-40 gramos/día
	Femenino	0-20 gramos/día
Arriesgado	Masculino	41-60 gramos/día
	Femenino	21-40 gramos/día
Perjudicial	Masculino	>60 gramos/día
	Femenino	>40 gramos/día

Adaptada de Echeburúa (2001).

2. LOS BENEFICIOS DEL ALCOHOL

A pesar de que continuamente se van aportando nuevos datos que demuestran los efectos salutíferos del consumo moderado de alcohol (capacidad para regular el colesterol a través del incremento de la HDL, sus efectos sobre la presión arterial, su potencialidad para inhibir la acción de la *helicobacter pylori* en la úlcera de estómago o su papel beneficioso en la prevención del Alzheimer) existe una gran prudencia por parte de los investigadores para traducir esos resultados en nuevas recomendaciones sobre los hábitos de salud pública. La disonancia es tan grande que se ha llegado a constatar que el consumo ligero de alcohol puede resultar tan beneficioso como el que se obtiene con una dieta baja en grasas de cara a la prevención de las enfermedades del corazón (Peele, 1993); a pesar de ello, las recomendaciones de las instituciones públicas en favor de un consumo moderado de alcohol en la dieta se han obviado sistemáticamente.

En 1996 es cuando se reconoce por primera vez y abiertamente, desde una institución pública americana, el efecto cardiosaludable del alcohol (Burros, 1996). Sin embargo, son muchas más las campañas de salud que hablan de los efectos perniciosos del consumo excesivo del alcohol (cosa obvia por otra parte) que aquellas que describen el estado actual de conocimientos sobre el tema. Este planteamiento —qué duda cabe que bienintencionado— ha impedido que muchas personas se pudiesen beneficiar de las recomendaciones que sobre la base de estudios cada vez más concluyentes se pueden hacer en relación con un consumo inteligente del alcohol.

2.1. Sobre la salud cardiovascular

Los beneficios potenciales del consumo de alcohol y, en particular, del vino y la cerveza, ya fueron descritos durante la década de los setenta. Así, por ejemplo, Room y Day (1974) encontraron una relación en forma de U entre consumo de alcohol y mortalidad. En concreto, los bebedores ligeros y moderados (que bebían entre 1 y 5 copas de vino al día o su equivalente en otro tipo de alcohol) tenían las mejores perspectivas de vida, mientras que los no bebedores y los grandes bebedores mostraban el riesgo más alto de mortalidad.

Investigaciones posteriores han ido confirmando y delimitando aún más estos resultados. En esta línea, se realizó un estudio longitudinal de 10 años de duración con objeto de establecer la relación entre consumo de alcohol y mortalidad (Klasty, Friedman y Siegelaub, 1984). Los 2.000 participantes en la investigación fueron divididos en cuatro grupos: *a*) no bebedores; *b*) aquellos que bebían tres o menos bebidas al día; *c*) aquellos que bebían entre tres y cinco, y *d*) aquellos que bebían más de seis bebidas al día. Los resultados demostraron que los bebedores ligeros *b*) tenían la tasa de mortalidad más baja. Los no bebedores *a*) tenían una mortalidad comparable a la de los bebedores moderados *c*) y ambos, *a*) y *c*), mostraban una mortalidad un 50 por 100 más elevada que los bebedores ligeros *b*). Los grandes bebedores *d*) mostraban la tasa de mortalidad más elevada, duplicando la de los bebedores ligeros *b*).

Gaziano, Gaziano, Glynn, Sesso, Ajani, Stampfer, Manson et al. (2000) han presentado los resultados de una investigación en la que se examinaba la forma que adopta la relación del consumo ligero y moderado de alcohol, con la mortalidad atribuible a cualquier causa entre los hombres. Estos autores desarrollaron este trabajo sobre la hipótesis de que dicha relación presentaría una forma de J y que la reducción de la mortalidad imputable a un consumo ligero o moderado de alcohol sería consecuencia de un descenso de la mortalidad cardiovascular, sin que se observase incremento significativo alguno en la mortalidad atribuida a otra causas. Para ello llevaron a cabo un estudio prospectivo en el que participaron 89.299 médicos varones que, a su vez, formaban parte del *Physicians' Health Study*. Sus edades estaban comprendidas entre los 40 y 84 años, y en 1982, cuando se inició el estudio, no habían padecido ni infarto de miocardio ni accidente cerebrovascular, cáncer o alguna afección en el hígado. A los cinco años de seguimiento se habían contabilizado 3.216 fallecimientos, observándose una relación en forma U entre el consumo de alcohol y la mortalidad total. Comparados los sujetos abstemios y bebedores muy ocasionales (grupo 1) con los consumidores de entre una a seis copas a la semana y de una copa al día (grupo 2), se constató una reducción significativa del riesgo de fallecimiento en el grupo 2 respecto al grupo 1. El consumo de dos «copas» al día no suponía ningún daño ni beneficio adicional alguno. En lo referente a la mortalidad por enfermedades cardiovasculares se observó una relación inversa con el consumo de alcohol, incluso cuando el consumo era igual o algo superior a dos copas al día. En relación con el cáncer no se apreció una modificación significativa del riesgo debido al consumo moderado de alcohol. Los datos, en definitiva, mostraron una *relación en forma de U entre el consumo ligero y moderado de alcohol y la mortalidad total* o, lo que es lo mismo, una asociación inversa entre alcohol y enfermedades cardiovasculares, sin que el consumo de alcohol afectase la mortalidad por cáncer. Otros resultados también indican que el *efecto cardioprotector* del consumo moderado de alcohol es, incluso, *independiente del tipo de bebida y de su consumo durante las comidas* (Mukamal, Conigrave, Mittleman, Camargo, Stampfer, Willet y Rimm, 2003).

Utilizando los mismos sujetos que en el estudio anterior, Berger, Ajani, Kase, Gaziano, Buring, Glynn y Hennekens (1999) habían publicado un estudio en el que se revelaba, de nuevo, el efecto protector del consumo moderado del alcohol sobre el *accidente cerebrovascular,* diferenciando en este caso accidente cerebrovascular isquémico y accidente cerebrovascular hemorrágico. Siguieron a 22.071 médicos varones que participaron en el *Physicians' Health Study* durante 12,2 años. Al final de este período se habían confirmado 679 casos de accidente cerebrovascular. Comparados con aquellos que no bebían, los bebedores ligeros o moderados (aquellos que consumían entre una copa a la semana y una copa al día) mostraron una reducción significativa del riesgo de desarrollar accidente cerebrovascular isquémico. Por el contrario, no se observó ninguna asociación entre el accidente cerebrovascular hemorrágico y el consumo de alcohol. Asimismo, también se constató que un consumo superior al descrito (una copa al día) no suponía una reducción suplementaria de dicho riesgo.

Parece, por lo tanto, que el decremento de la mortalidad es debido, fundamentalmente, a la reducción de las enfermedades cardiovasculares en general y, en particular, de la cardiopatía isquémica (CI). Aunque los mecanismos que dan cuenta de este proceso no han sido totalmente aclarados, parece que la explicación más probable se encontraría en las lipoproteínas de alta densidad (HDL). Subfracciones específicas de las HDL, conocidas como HDL2 y HDL3, están negativamente asociadas a la CI. Si, tal como parece, la ingestión de alcohol provoca una elevación de las mismas, su consumo daría cuenta de la disminución del riesgo de CI (Gaziano, Buring, Breslow, Goldhaber, Rosner, VanDenburgh Willett y Hennekens, 1993). Además, también se ha mostrado que, el efecto cardioprotector del consumo moderado de alcohol puede estar asociado al incremento que provoca en los ácidos grasos omega 3 (di Giuseppe, de Lorgeril, Salen et al 2009).

En esta línea, Takahashi, Saitoh, Takagi y Shimamoto (1999) han realizado un estudio, a lo largo de la década de los noventa, en el que investigaban los factores que afectaban al pronóstico a largo plazo de las personas que habían sufrido un infarto agudo de miocardio. Los resultados obtenidos a partir del estudio de 194 pacientes revelaron que los factores que mejoraban el pronóstico de supervivencia fueron, por una parte, someterse tempranamente a un programa de rehabilitación y, por otra, el consumo moderado de alcohol. De hecho, la mortalidad era más alta entre los que no bebían alcohol que entre los que después del infarto mantenían un hábito saludable respecto al mismo. Por el contrario, la edad avanzada y la gravedad del infarto eran factores que empeoraban el pronóstico de supervivencia.

Los resultados en este tema parecen apuntar sistemáticamente en esta dirección. De Vreede-Swagemakers, Gorgels, Weijenberg, Dubois-Arbouw, Golombeck, Van Ree, Knottnerus y Wellens (1999) han publicado un estudio retrospectivo para tratar de identificar los factores de riesgo de paro cardíaco súbito en pacientes con enfermedad coronaria. Los resultados mostraron que mientras la existencia de un infarto de miocardio anterior, la hipertensión o un consumo de café abusivo (más de diez tazas al día) eran, entre otros, factores de riesgo independientes de paro cardíaco, el consumo de alcohol (entre una y veintiuna copas a la semana), parecía proteger ligeramente a los pacientes de esta posibilidad.

2.2. Alcohol y el riesgo de úlcera

A lo largo de los años ochenta los investigadores B. Marshall y J. R. Warren ya habían postulado que las úlceras eran el resultado de una infección causada por la bacteria *Helicobacter pylori*. El extremo grado de acidez existente en el estómago, junto con la aceptación general del estrés como factor etiopatogénico, bloquearon la financiación de esta propuesta de investigación. Así que Marshall se infectó a sí mismo con esta bacteria para demostrar sus efectos gástricos. Desarrolló gastritis, pero la administración posterior de antibióticos fue suficiente para curarse, poniendo de manifiesto el importante papel que desempeña esta bacteria en la enfermedad y la posibilidad de erradicarla farmacológicamente. Tras este arriesgado estudio piloto, B. Marshall llevó a cabo un ensayo clínico en 1995, en el cual la mitad de los pacientes afectados de úlcera de estómago que participaron en la investigación recibieron antibióticos y la otra mitad el tratamiento médico convencional (antiácidos). Los resultados de este estudio revelaron que mientras que en el grupo tratado con antiácidos la tasa de recurrencia de la úlcera de los pacientes osciló entre el 50 y el 95 por 100, la de los pacientes tratados con antibióticos fue tan sólo del 29 por 100.

Esta bacteria también ha sido implicada en las úlceras de duodeno en los niños. No obstante, la *Helicobacter pylori* no explica todos los casos de úlceras. Algunas personas que manifiestan este problema no están infectadas por la bacteria y algunas personas que sí están infectadas no desarrollan úlceras. Asimismo, también cabría destacar que esta bacteria se ha asociado con un incremento del riesgo en el cáncer de estómago.

Dentro de este nuevo contexto y sobre la base del conocido efecto antibacteriano de las bebidas alcohólicas, diversas investigaciones han dirigido su atención hacia el efecto que el consumo de alcohol pudiese tener sobre la *Helicobacter pylori*. Tursi, Cammarota, Papa, Cianci, Cuoco, Fedeli y Gasbarrini (1998) trataron de verificar si el consumo adecuado de alcohol podría servir de protección contra la infección de la *Helicobacter pylori*. Para ello trabajaron con una muestra de 303 pacientes con dispepsia a los que se tenía que realizar una gastroscopia. Los resultados demostraron con claridad que aquellas personas que mostraban un consumo moderado de alcohol tenían la menor prevalencia de infección a causa de la *Helicobacter pylory*. Esa diferencia se hacía especialmente significativa cuando se comparaba el grupo de bebedores moderados con un grupo de fumadores que no bebían. Todo lo cual apunta, tal y como indicaban los investigadores, a que un consumo saludable de alcohol puede inducir una citoprotección adaptativa, mediada por la descarga endógena de prostaglandinas y un incremento de actividad de los antioxidantes gástricos que prevendría de esta infección bacteriana.

En una línea similar, Brenner, Rothenbacher, Bode y Adler (1999) evaluaron la relación entre el consumo de alcohol y la infección activa con *Helicobacter pylory* en una muestra de 425 sujetos tomada de las revisiones médicas rutinarias de una compañía de seguros en el suroeste de Alemania. Los resultados dibujaron una relación gradual inversa monotónica entre el consumo de alcohol y la infección activa por esta bacteria, siendo esta relación más fuerte entre aquellos que consumían vino que entre los que consumían cerveza. Además, sobre la base de un estudio en el que se evaluó la relación entre el consumo de alcohol y la infección con *Helicobacter pylory* entre

1.785 participantes en la *German National Health and Nutrition Survey,* este mismo equipo de investigación ha postulado que el consumo moderado de alcohol puede facilitar la eliminación espontánea de esta bacteria entre adultos (Brenner, Berg, Lappus, Kliebsch, Bode y Boeing, 1999).

2.3. Otros efectos

Entre otros beneficios que también se han atribuido al consumo moderado de alcohol, se encuentran altas puntuaciones en salud mental. En relación a la depresion, aunque no hay evidencia de que el consumo ligero de alcohol prevenga estados de depresión mayor en relación a la abstinencia, sí se ha constatado que los bebedores ligeros son los que presentan menos síntomas recientes de un afecto deprimido comparados con los abstemios y grandes bebedores (Lipton, 1994; Graham, Massak, Demers y Rehm, 2007). Asimismo, el consumo moderado de alcohol se asocia con una *mayor densidad mineral* de los huesos (Felson, Zhang, Hannan, Kannel y Kiel, 1995). Recientemente, un grupo de investigadores que trataban de relacionar el consumo de alcohol con la pérdida de la visión en ancianos debida a la degeneración macular encontraron, en contra de sus hipótesis iniciales, que los bebedores moderados mostraban una menor pérdida de visión que los abstemios.

En resumen, parece que, hoy por hoy, la evidencia científica disponible apunta de una manera clara en la misma dirección. El consumo moderado de alcohol tiene efectos muy positivos en la mayor parte de los aspectos de la salud que se han estudiado. Por lo tanto, sólo razones ajenas al conocimiento científico (probablemente razones de prudencia social, para evitar un uso indebido de esta información) dificultan su divulgación.

3. LOS PELIGROS DEL ALCOHOL

A modo de contrapunto con los beneficios del alcohol también es de sobra conocido que el consumo elevado del mismo puede acarrear serios problemas para la salud (véase tabla 5.3). A continuación, nos centraremos en aquellos más perniciosos.

Aunque el alcohol puede afectar negativamente a todos los órganos del cuerpo humano, es el hígado, posiblemente, el que en mayor medida sufre sus consecuencias. Cuando el consumo es muy elevado (más de cinco o seis bebidas diarias) se comienza a acumular grasa en él provocando su engrosamiento. Si se continúa con la bebida, se puede llegar a bloquear el flujo de sangre a través del hígado, provocando la muerte de las células y un tipo particular de hepatitis. El siguiente estado de este proceso es la *cirrosis,* esto es, la acumulación de tejido fibroso en este órgano. La cirrosis es un estado irreversible que constituye la principal causa de muerte entre los alcohólicos. Ahora bien, no todos los alcohólicos desarrollan cirrosis y la cirrosis también puede darse entre los no bebedores.

TABLA 5.3

Riesgos del consumo abusivo de alcohol

Riesgo del consumo abusivo de alcohol en una situación concreta
- Accidentes de circulación, laborales y domésticos.
- Violencia doméstica y de otro tipo como agresor.
- Violencia doméstica y de otro tipo como víctima.
- Embarazos no deseados debidos a un contacto sexual no protegido.
- Contagio del sida y de otras enfermedades de transmisión sexual como consecuencia de un contacto sexual no protegido.

Riesgo del consumo abusivo habitual de alcohol
- Cirrosis hepática.
- Daños neurológicos irreversibles.
- Probable incremento del riesgo de ciertas enfermedades cardiovasculares y determinados tipos de cáncer.
- Problemas derivados de la adicción al alcohol.
- Exacerbación de problemas preexistentes como la depresión o problemas familiares.
- Pérdida de empleo y reducidas posibilidades de promoción laboral.

Riesgo del consumo habitual de alcohol durante el embarazo
- Síndrome de alcohol fetal.
- Aborto espontáneo.
- Bajo peso de los bebés en el nacimiento.

Adaptada de Marks, Murray, Evans y Willig (2000).

El abuso crónico de alcohol es también un factor decisivo en el desarrollo y la muerte a causa de una *crisis respiratoria*. En este sentido, se ha observado que aquellos pacientes en estado crítico que padecen alcoholismo tienen dos veces más probabilidades de fallecer a causa de una insuficiencia respiratoria que aquellos que no tienen una historia de abuso de alcohol (Moos, Bucher, Moore, Moore y Parsons, 1996).

Otro posible efecto pernicioso del abuso del alcohol es el cáncer. Los resultados de la investigación en este campo no resultan del todo claros debido a la presencia del tabaquismo en muchos grandes bebedores. No obstante, parece que el consumo excesivo de alcohol estaría implicado en el *cáncer de hígado, esófago y laringe* (Driver y Swan, 1987). En el estudio *Framinghan* se observó que el fallecimiento por cualesquiera forma de cáncer sólo se incrementaba ligeramente entre los hombres con una historia de abuso de alcohol, pero en ningún caso entre las mujeres. En este sentido, no se constató relación alguna entre cáncer y el consumo ligero o moderado de alcohol (Gordon y Kannel, 1984).

El abuso del alcohol tiene efectos dañinos sobre la salud cardiovascular. En grandes dosis el alcohol reduce la oxidación de los ácidos grasos (fuente de energía primaria del corazón) en el miocardio y deprime, además, la capacidad del propio miocardio para contraerse, lo cual puede conllevar un *funcionamiento cardíaco anormal*. Además, el consumo excesivo de alcohol puede afectar a todo el sistema vascular, y así, por ejemplo, se ha calculado que entre el 5 y el 24 por 100 de todos los cuadros de *hipertensión* son debidos a este hábito, habiéndose constatado por otra parte que, en algunos casos, los accidentes cerebrovasculares ocurren 24 horas después de un estado de embriaguez.

También de un modo directo, el abuso del alcohol puede ser nocivo para el desarrollo del feto y puede dar lugar a la aparición del conocido como *síndrome de alcohol fetal,* que afecta a aquellos niños cuyas madres beben excesivamente durante el embarazo. Este síndrome se caracteriza por anormalidades faciales específicas, retraso en el crecimiento, alteraciones del sistema nervioso central y retraso mental. El consumo ligero o moderado de alcohol no se ha relacionado con este síndrome; sin embargo, se han constatado decrementos significativos en el funcionamiento cognitivo de niños cuyas madres ingirían tres o más bebidas al día durante el embarazo (Larroque, Kaminski, Dehaene, Subtil, Delfosse y Querleu, 1995). Asimismo, los niños nacidos de mujeres que toman dos bebidas al día tienen una media de peso baja al nacimiento, lo cual, aunque no es peligroso en sí mismo, se relaciona con muchos más riesgos para el recién nacido. Además, las mujeres que ingieren cuatro bebidas alcohólicas a la semana muestran un ligero incremento en el riesgo de aborto espontáneo. Por lo tanto, parece que durante el embarazo es necesario restringir totalmente el consumo de alcohol.

Por otra parte, el consumo excesivo de alcohol aumenta indirectamente la probabilidad de que la persona se vea inmersa en conductas de riesgo. El exceso de alcohol en sangre tiene una fortísima relación con la mortalidad en accidente de automóvil, ya que produce lentitud de reflejos, falta de coordinación, estrechamiento del campo visual y distorsión respecto a las distancias. A su vez, su efecto desinhibidor genera un estado de euforia en el conductor que le lleva a infravalorar el peligro, tomar decisiones inapropiadas e implicarse en conductas de riesgo. No es de extrañar, entonces, que en España, por ejemplo, el 35 por 100 de los *accidentes mortales de circulación* se relaciona con el abuso del alcohol. En otro ámbito, también se ha asociado el consumo abusivo de alcohol con una *menor probabilidad de practicar el llamado sexo seguro,* y, finalmente, el exceso de alcohol también está presente en las lesiones o, incluso, en la *muerte producida por actos violentos.*

4. ¿ES EL ALCOHOLISMO UNA ENFERMEDAD?: IMPLICACIONES EN LA PREVENCIÓN

La definición del alcoholismo como una enfermedad responde al intento de explicar y modificar el abuso crónico del alcohol desde la óptica médica. Esta perspectiva es la heredera del modelo moral

© Ediciones Pirámide

que también atribuía una causa interna (la falta de voluntad y de principios) a este problema. Posiblemente, una de las descripciones más completas desde la consideración del alcoholismo como una enfermedad es la elaborada por Edwards y Gross (1976). Según estos autores, el síndrome de dependencia del alcohol incluye siete elementos. *a)* un limitado tipo de bebidas que se consumen, ya que la persona que bebe en exceso suele beber el mismo tipo de bebida a la misma hora del día y el mismo día de la semana; *b)* la búsqueda cotidiana de la ocasión para beber alcohol, en detrimento de cualesquiera otras responsabilidades de la vida; *c)* incremento de la tolerancia que lleva a niveles de alcohol en sangre no tolerables para un bebedor no habitual; *d)* síntomas de abstinencia; *e)* evitación de los síntomas de abstinencia consumiendo más alcohol; *f)* toma de conciencia de la compulsión de beber, y *g)* recaída en la dependencia después de la abstinencia, de tal manera que el tiempo que transcurre hasta la recaída es inversamente proporcional al grado de dependencia. Los alcohólicos crónicos pueden llegar a recaer en un plazo de tan sólo tres días.

Siendo esta categorización útil para mostrar las características del problema del alcoholismo, deja explicar cuestiones muy importantes, como pueden ser ¿por qué se empieza a beber?, ¿por qué la mayoría de las personas que beben no lo hacen de un modo abusivo? o ¿por qué no se ha desarrollado un tratamiento farmacológico eficaz para este síndrome? Probablemente, la razón de todo ello se encuentra en que este modelo no recoja los aspectos psicológicos y sociales que sinérgicamente actúan para favorecer el desarrollo del alcoholismo.

La teoría del aprendizaje social proporciona explicaciones adecuadas sobre la razón de por qué las personas empiezan a beber y por qué muchas lo hace moderadamente y otras abusan del alcohol. Básicamente, se han postulado tres razones por las cuales las personas empiezan a beber. Por un lado, el inicio del consumo se podría atribuir a los efectos gratificantes y placenteros a corto plazo del alcohol. Por otro, el inicio del consumo puede ser el resultado de una norma personal por la que la persona decida incorporar la bebida como un elemento más de su dieta o su ocio y, finalmente, también se puede aprender a beber de un modo vicario, observando el comportamiento de los otros. De hecho, el consumo de alcohol por parte de los amigos es el mejor indicador de la bebida en la adolescencia (Espada, Pereira y García, 2008). Cualquiera de estos factores puede servir para iniciarse en el consumo de alcohol, aunque, muchas veces, la causa suele ser una combinación de los mismos.

Del mismo modo, la teoría de aprendizaje social también ofrece diversas explicaciones posibles para dar cuenta de por qué las personas beben en exceso. Una muy bien conocida, es el uso del alcohol para facilitar el afrontamiento de determinadas situaciones. La desinhibición o la sensación de poder permite a muchas personas hacer cosas que de otro modo no haría y, si esto ocurre, continuarán bebiendo debido a esos efectos deseables que el alcohol les produce. Por otra parte, también se ha observado que las personas que beben tienden a ajustar su consumo al consumo de los otros. En este sentido, acompañarse de grandes bebedores suele provocar un incremento de la ingesta de alcohol en personas que beben con más moderación. Finalmente, el principio del reforzamiento negativo actúa para explicar por qué una vez que las personas se han hecho dependientes del alcohol necesitan seguir consumiendo. Como es sabido, el profundo malestar que provoca la abstinencia puede evitarse recurriendo de nuevo al alcohol. Se cierra entonces un círculo vicioso en virtud del cual el deseo del alcohol se retroalimenta sólo.

Desde esta perspectiva, el síndrome de dependencia del alcohol se aparta de la idea de enfermedad, ya que ésta no puede imputarse a una razón biológica. Ahora bien, todo ello no excluye que la persona dependiente desarrolle determinadas enfermedades y necesite atención médica por las consecuencias del abuso. En cualquier caso, el hecho de beber sólo puede explicarse dentro de un marco cultural y social que establece los contextos donde el consumo de alcohol se considera adecuado. Así, se ha observado que mientras los estados emocionales negativos predicen altos niveles de consumo de alcohol entre jóvenes blancos británicos, no lo

© Ediciones Pirámide

hacen en los estudiantes indios británicos (Brar y Moneta, 2009).

Posiblemente, el problema en la sociedad actual es la permisividad que se da a su consumo en relación a la edad y lugares donde se considera socialmente adecuado beber. Tal es el caso del botellón. Esa normalización del consumo en tantos ámbitos de la vida cotidiana facilita el incremento de su consumo. Es por ello, que desde una perspectiva psicológica, uno de los retos más importantes que se plantean es la prevención. Si la dependencia del alcohol no es una enfermedad (si bien puede haber personas que biológicamente puedan ser mas vulnerables a sus efectos), el medio adecuado para su regulación es enseñar a las personas a controlar el consumo y las presiones sociales que llevan al mismo. Desde esta perspectiva, los programas de prevención de abuso de sustancias son un paso necesario en este sentido. En el capítulo siguiente, al hablar del tabaquismo, se expondrá uno de estos programas, que, generalmente, no están diseñados para abordar el abuso de una sustancia en particular, sino que suelen abarcar las drogas más comunes, el tabaco y también el alcohol.

Tabaco 6

1. EL CONSUMO DE TABACO

Aunque el tabaco llega a Europa a finales del siglo XV tras el descubrimiento de América, no es hasta principios del siglo XX cuando se populariza de un modo creciente el consumo de cigarrillos tal y como los conocemos hoy. Esta forma de utilizar el tabaco alcanzó gran popularidad durante la Primera Guerra Mundial y en los años veinte se inició su consumo por parte de la mujer. A partir de ese momento, el incremento del uso del tabaco fue imparable pasando, en Estados Unidos por ejemplo, de una tasa anual por persona (mayor de 18 años) de menos de 500 cigarrillos hasta alcanzar más de 4.000 cigarrillos por persona y año en la década de los sesenta (Givovino, Schooley, Zhu, Chrismon, Tomar, Peddiccord, Merritt, Housten y Eriksen, 1994) (véase figura 6.1).

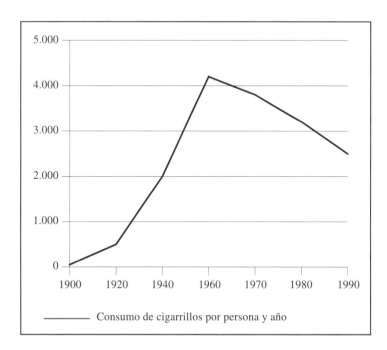

Figura 6.1.—Evolución del consumo de cigarrillos en Estados Unidos a lo largo del siglo XX. Adaptada de Givovino et al. (1994).

A comienzos de esa década, un informe del United States Public Health Service (1964) alertó por primera vez desde el punto de vista médico de los peligrosos efectos del consumo de tabaco sobre la salud. En 1967 se incluyó en las cajetillas de cigarrillos la advertencia sobre sus efectos perniciosos y en 1970 aparecieron los primeros anuncios en televisión en Estados Unidos donde se llamaba la atención sobre los mismos.

A pesar de lo que muchas veces se piensa, esta campaña no fue inútil, ya que desde comienzos de siglo hasta 1964 el consumo de tabaco (en Estados Unidos particularmente) mantuvo una tendencia creciente y, coincidiendo con las primeras señales de alerta sobre sus efectos sobre la salud pública, la tendencia se invirtió. Si en 1965 fumaba en Estados Unidos un 41 por 100 de los adultos, en la actualidad este porcentaje se ha reducido en torno a un 25 por 100 de la población adulta. En España, el 36 por 100 de la población adulta fuma frente al 42 por 100 que lo hacía a finales de los setenta (Becoña, Palomares y García, 1994). Además, ese descenso ha sido más acusado entre los hombres que entre las mujeres, ya que si bien históricamente la tasa de varones que fumaba era notablemente superior a la de las mujeres, hoy por hoy, esas diferencias son porcentualmente mucho más pequeñas. En la actualidad no tanto el género cuanto el nivel educativo es el que mejor predice el consumo de tabaco, siendo los sectores de la población con niveles de estudios más bajos los que muestran niveles más altos de consumo de tabaco.

2. TABACO Y ENFERMEDAD

Aunque el tabaco procesado en los cigarrillos contiene al menos 2.550 componentes y cuando se quema esta cifra se eleva por encima de los 4.000, al exponernos al humo del tabaco inhalamos, básicamente, dos tipos de sustancias, la nicotina y el alquitrán. La *nicotina,* además de otros efectos de tipo cardiovascular, es fundamental en la creación y mantenimiento de la adicción al tabaco. El fumador es un adicto a la nicotina y su grado de dependencia fisiológica de esta sustancia es mucho mayor que la del cocainómano de la cocaína y comparable, en algunos aspectos, a la adicción que causa la heroína (en estudios clásicos publicados en los setenta, se puso de manifiesto, *tomando como criterio de comparación la tasa de recaídas* de las personas que se han sometido a programas de desintoxicación, que *la fuerza de adicción al tabaco, al alcohol y a la heroína es similar*), si bien los efectos de esta sustancia son mucho más letales que los del tabaco. Así lo pone de manifiesto el que la mayor parte de los fumadores anhelan dejar fumar, a pesar de lo cual les resulta imposible.

La nicotina actúa sobre el sistema nervioso central, donde existen receptores específicos de esta sustancia que puede encontrarse en el cerebro tan sólo siete segundos después de haberse inhalado. Su actividad suele prolongarse en torno a 30-40 minutos, por lo que los adictos al tabaco raramente mantienen un intervalo en el consumo de dos cigarrillos superior a este tiempo. La llegada de la nicotina al cerebro provoca la descarga de catecolaminas y neurotransmisores que incrementan el *arousal* cortical. Además, también estimula la producción de beta-endorfinas. Este tipo de opiáceos son, posiblemente, los responsables de los efectos agradables del tabaco. La nicotina también incrementa el nivel de actividad metabólica del organismo.

Los alquitranes tienen un enorme potencial cancerígeno y, así, parece haberse comprobado que la reducción de alquitranes en el tabaco se asocia con un descenso de la morbi-mortalidad asociada al tabaco (Tang, Morris, Wald, Hole, Shipley y Tunstall-Pedoe, 1995). De entre estos compuestos químicos, cobra cada vez más fuerza la hipótesis de que el *benzopireno* (un hidrocarburo policíclico aromático) tiene la capacidad de provocar mutaciones en el gen p53 (un gen encargado de impedir la replicación de células potencialmente cancerígenas) y que se suele encontrar mutado en más de la mitad de los casos de cáncer de pulmón en el ser humano.

Este gen p53 supresor de tumores es uno de los que con más frecuencia se encuentra mutado en los cánceres del ser humano. Así, por ejemplo, se ha observado que los rayos ultravioleta provocan la mutación del gen p53 en el caso del cáncer de piel, y en el caso del cáncer de hígado la aflatoxina B1 (un tipo de toxina producida por el *Aspergillus flavus* que se encuentra en el moho de los alimentos) tiene el mismo poder mutógeno que el ya comentado del benzopireno en el caso del cáncer de pulmón (Soussi, Dehouche y Beroud, 2000).

2.1. Enfermedades cardiovasculares

Se ha calculado que la quinta parte de las muertes causadas por las enfermedades cardiovasculares son atribuibles al uso del tabaco y no se debe olvidar que en España alrededor de un 40 por 100 de los fallecimientos anuales son debidos a las enfermedades cardiovasculares (ECV). En el caso particular de los hombres, los fumadores tienen dos veces más probabilidades de morir a causa de las ECV que los no fumadores, mientras que el riesgo de la mujer fumadora es en torno a 1,7 veces superior al de la mujer no fumadora.

A pesar de esos datos, no existe un acuerdo total sobre el mecanismo etiopatogénico que relaciona el tabaco y las ECV. No obstante, la nicotina puede desempeñar un papel importante, en la medida que activa el sistema nervioso simpático provocando un incremento de la frecuencia cardíaca, la presión arterial y el gasto cardíaco al tiempo que, paradójicamente, decrementa la temperatura de la piel y constriñe las arteriolas. Además, el monóxido de carbono que se produce durante la combustión del tabaco se combina con la hemoglobina limitando su capacidad de transportar oxígeno, por lo que la producción de hemoglobina se incrementa, aumentando de un modo considerable la densidad de la sangre. En un estudio con ratas de laboratorio, se observó que cuando estos animales eran expuestos de forma crónica al monóxido de carbono, sus niveles de carboxihemo-globina alcanzaban niveles similares a los que se observan en los fumadores y se incrementaban, además, las alteraciones genéticas que conducen a una hipertrofia del músculo cardíaco (Loennechen, Beisvag, Arbo, Waldum, Sandvik, Knardahl y Ellingsen, 1999). Todo lo cual indica que fumar supone someter a todo el sistema cardiovascular a una presión elevada, innecesaria y no justificada por los requerimientos metabólicos del organismo, que eleva, de hecho, el riesgo de ECV.

2.2. Cáncer

Tal y como se ha indicado, el tabaco desempeña un papel muy importante en el desarrollo de diversos tipos de cáncer, entre los que se encuentran el de labio, cavidad oral, faringe, esófago, páncreas, laringe, tráquea, vejiga y riñón, pero entre los que destaca principalmente el *cáncer de pulmón* (véase tabla 6.1). Se calcula que el 80 por 100 de los fallecimientos anuales debidos a los efectos cancerígenos del tabaco son debidos al cáncer de pulmón.

TABLA 6.1

Tipos de cáncer asociados al consumo del tabaco

- Cáncer de pulmón, tráquea y bronquios.
- Cáncer de labio, cavidad oral, faringe, esófago.
- Cáncer de vejiga y riñón.
- Cáncer de páncreas.
- Cáncer de cuello de útero.

A pesar del consenso sobre relación entre los alquitranes que se inhalan al fumar tabaco y el cáncer, existe un punto de desacuerdo entre los investigadores respecto al tamaño de ese riesgo. Inicialmente, se presentaron algunos estudios que mostraban un incremento del riesgo verdaderamente impactante. Así, por ejemplo, Kubik (1984) encontró que la incidencia del cáncer de pulmón entre los hombres de 20 y 60 años que habían sido fumadores empedernidos era 50 veces mayor que entre los no fumadores, sugiriendo que el hecho de fumar multiplicaba por 50 las probabilidades de desarrollar cáncer de pulmón. Sin embargo, a la luz de los datos que se han ido publicando posteriormente, esas cifras parecen muy exageradas y la mayor parte de los estudios en la actualidad sitúan el riesgo relativo de padecer cáncer de pulmón a causa del tabaco entre 8,0 y 9,0, es decir, que los fumadores tendrían hasta 9 veces más probabilidades de desarrollar este tipo de cáncer que los no fumadores.

Estas cifras, en abstracto, no siempre resultan suficientemente clarificadoras de la extensión del problema. Para comprenderlas mejor, baste decir que un riesgo relativo de 1,3 supone un riesgo bajo, mientras que un riesgo relativo de 2,0 o más se considera un riesgo elevado. Utilizando un símil, cabe recurrir a la relación entre los factores de riesgo cardiovascular y las enfermedades del corazón. Básicamente, hoy se sabe que las enfermedades del corazón están fuertemente asociadas a tres factores de riesgo independientes (hipertensión, colesterol y tabaco) que mantienen entre sí una relación multiplicativa. Esto es, si una persona fuma multiplica por 2,0 sus posibilidades de padecer una enfermedad del corazón, si además es hipertensa eleva su riesgo a 4,0, y si también tiene alto el colesterol, el riesgo se dispara hasta 8,0. Por lo tanto, *el riesgo que suponen en conjunto el tabaco, la hipertensión y el colesterol con respecto a padecer una alteración cardiocoronaria es el mismo que el tabaco por sí sólo introduce con respecto a padecer cáncer de pulmón.*

Otro aspecto que también ha recibido la atención de algunas investigaciones es si el efecto del tabaco, en el caso del cáncer de pulmón, es más acusado en el hombre que en la mujer, o viceversa. En algunos casos se ha visto que las mujeres son más susceptibles a los efectos del tabaco que los hombres. Así, por ejemplo, se ha observado que las mujeres que han fumado siempre muestran un riesgo relativo de 9,2 frente a las no fumadoras, mientras que el riesgo entre los hombres que siempre han fumado es de 8,3 frente a los no fumadores (Risch, Howe, Jain, Burch, Holoway y Miller, 1993). A la luz de tales resultados se apeló a una mayor susceptibilidad femenina a los efectos del tabaco, sin embargo, pronto aparecieron estudios que encontraron los resultados opuestos. Esto fue debido, quizá, a las diferencias en el consumo de tabaco de los sujetos que componían las muestras de los distintos estudios. Kreuzer, Boffetta, Whitley, Ahrens, Gaborieau, Heinrich, Jockel et al. (2000) observaron inicialmente que el riesgo entre los hombres que siempre habían fumado era más elevado que entre las mujeres que también habían fumado siempre. Sin embargo, hallaron que los patrones de consumo eran diferentes entre hombres y mujeres, por lo que cuando se ajustaron los datos y se compararon personas que mostraban un nivel de consumo similar se encontró que el riesgo de desarrollar cáncer de pulmón era similar tanto en hombres como en mujeres. A todo ello habría que añadir, además, que es de sobra conocida la relación dosis-respuesta, que es especialmente evidente entre el consumo de tabaco y la mortalidad por cáncer de pulmón. Es decir, la mortalidad se incrementa a medida que se aumenta el número de cigarrillos que se fuman.

El tabaco también contribuye al incremento de la prevalencia de otros tipos de cáncer, aunque no de una manera tan alta. Así se ha podido cuantificar en un estudio prospectivo de 22 años de duración, en el que participaron 8.000 hombres de origen japonés residentes en Hawai. Al final de estas dos décadas de seguimiento habían desarrollado cáncer 1.389 sujetos. Los autores calcularon que el tabaco era responsable del 30 por 100 de esos casos de cáncer. Concretamente, el tabaco era el responsable del 85 por 100 de los casos de cáncer de pulmón, del 46 por 100 del cáncer de vejiga y del 16 por 100 de los otros tipos de esta enfermedad (Po-Huang, Noruma y Stemmermann, 1992).

Por todo ello, no cabe duda que el consumo de tabaco constituye un factor de primer orden en la incidencia del cáncer y, particularmente, del cáncer de pulmón. Las variaciones sobre el nivel de riesgo informado por distintas investigaciones, tienen su razón de ser en que el cáncer tiene una etiología pluricausal. Además de fumar, factores como la ocupación laboral, el nivel socioeconómico, la alimentación, los hábitos de conducta e, incluso, el material con el que está construida la propia vivienda son variables que pueden tener un efecto aditivo o multiplicativo sobre el cáncer de pulmón. De ahí, posiblemente, la disparidad en los resultados en cuanto al incremento del riesgo en los distintos estudios.

2.3. Envejecimiento de la piel

A pesar de los esfuerzos de efectivas campañas de publicidad que han conseguido asociar el hecho de fumar con un cierto atractivo social y personal, la realidad es que el consumo de cigarrillos se relaciona muy estrechamente con las arrugas y el envejecimiento prematuro de la piel. Grady y Ernster (1992) caracterizaron lo que se ha denominado como *piel de cigarrillo,* una piel pálida, grisácea, arrugada y con engrosamiento entre las arrugas. En su estudio, en el que participaron exclusivamente mujeres, encontraron que el 79 por 100 de las fumadoras tenía este tipo de piel, frente al 19 por 100 de las no fumadoras. Posteriormente, resultados similares han sido obtenidos también con hombres.

El efecto dañino del tabaco sobre la piel parece que puede tener mucho que ver con la alteración que el consumo de cigarrillos produce en el flujo sanguíneo cutáneo. Monfrecola, Riccio, Savarese, Posteraro y Procaccini (1998) evaluaron el efecto que fumar un único cigarrillo tenía sobre la microcirculación cutánea, tanto en fumadores habituales como en no fumadores. Los resultados mostraron que el consumo de un único cigarrillo producía una reducción de la microcirculación cutánea del 38,1 por 100 entre los fumadores y del 28,1 por 100 entre los no fumadores. Además de esas diferencias, también se constató que la fase de recuperación del flujo normal fue más rápida entre los no fumadores (en torno a 2 minutos) que entre los fumadores (en torno a los 5 minutos). Todo lo cual permite explicar, al menos en parte, el efecto del tabaco sobre la piel y evidencia el daño circulatorio que sufren los fumadores, ya que su flujo sanguíneo funciona peor y se recupera más lentamente que el de los no fumadores cuando consumen tabaco.

Además, son diversas las investigaciones que han encontrado un incremento en las arrugas de la piel entre los fumadores, respecto a los no fumadores. O'Hare, Fleischer, D'Agostino, Feldman, Rassette, McMichael y Williford (1999) llevaron a cabo una investigación con objeto de poder deslindar el efecto del tabaco de otros factores, como las horas de exposición solar, que son también responsables del proceso de envejecimiento de la piel y de la aparición de arrugas. Los resultados mostraron que aun siendo la edad la variable que más pesaba a la hora de explicar la presencia y profundidad de las arrugas en la piel, el tabaco tenía un efecto independiente que explicaba un 6 por 100 del proceso.

Estos datos podrían y deberían ser tenidos en cuenta en un futuro próximo, *a la hora de elaborar las campañas de prevención y de abandono del tabaco*. Eso es al menos lo que se desprendería del trabajo de Demierre, Brooks, Koh y Geller (1999) que se ocupó de analizar el grado de conocimiento que la opinión pública norteamericana tenía del efecto del tabaco sobre el envejecimiento de la piel. Para ello se realizó una encuesta sobre un total de 678 personas. Los resultados de la misma indicaron que los fumadores (un 24 por 100 de la muestra) conocían peor esta asociación que los ex fumadores y que aquellos que nunca habían fumado. Sin embargo, y esto es lo que interesa destacar aquí, cerca de una cuarta parte de los fumadores creía que la mayoría de los fumadores o muchos de ellos tendrían en cuenta esta información a la hora de tomar una decisión respecto al abandono del tabaco, siendo esto más probable entre los fumadores más jóvenes. Por lo tanto, parecería que estos resultados deberían ser tomados en cuenta a la hora de elaborar campañas para el control del tabaquismo, ya que el cuidado de la piel forma parte de nuestros valores culturales más preciados y entra en total contradicción con el consumo del tabaco.

2.4. Impotencia

La erección se produce cuando los cuerpos cavernosos del pene se inundan de sangre, por lo tanto, si el tabaco tiene un efecto dañino sobre las arterias más pequeñas es muy posible que también entorpezca o dificulte la erección. Esto fue lo que se investigó en una de las primera aproximaciones al tema (Condra, Morales, Owen, Surridge y Fenemore, 1986). Para ello se comparó la incidencia del consumo de cigarrillos en una muestra de pacientes impotentes con la que se conocía para la población general. Entre la muestra de 178 pacientes impotentes el número de fumadores era del 58,4 por 100, y si a ellos se sumaban los ex fumadores, el porcentaje se elevaba al 81 por 100, una cifra significativamente más alta que la del hábito del tabaquismo entre la población general que se situaría en torno al 35 por 100. Además, dentro de cada uno de los grupos de edad de la muestra, los varones que padecían impotencia fumaban mucho más que el resto de fumadores habituales. Respecto a los indicadores fisiológicos, también se observó que la presión arterial media en el pene era inferior entre los pacientes que fumaban que entre los que no fumaban. Además, una proporción significativamente más alta de pacientes con impotencia y con historia de tabaquismo (20,9 por 100) mostraban una presión arterial en el pene anormalmente baja respecto a pacientes no fumadores (8,8 por 100).

Otras investigaciones parecen confirmar el efecto perjudicial del consumo habitual del tabaco sobre la respuesta de erección masculina. En una encuesta con veteranos del Vietnam cuya media de edad era de 38 años, encontraron que mientras el 2,2 por 100 de los hombres que nunca habían fumado mostraban «una dificultad persistente para mantener una erección satisfactoria», ese porcentaje se elevaba al 3,7 por 100 entre aquellos que fumaban habitualmente. Cuando estadísticamente se corrigió el efecto de otras variables relevantes en relación al problema (enfermedad psiquiátrica y vascular, estado civil, factores hormonales, etcétera) estos autores constataron que el tabaco aumentaba en un 50 por 100 las probabilidades de padecer algún grado de impotencia (Manino, Klevens y Flanders, 1994).

En definitiva, el efecto negativo del tabaco sobre la circulación y, en particular, sobre la erección es tan importante que se ha subrayado que los daños vasculares causados por el tabaco *per se* en los casos de disfunción eréctil pueden ser tan severos como los producidos por otras enfermedades, como la arterioesclerosis, la diabetes o la hipertensión, tal y como puede comprobarse a través del estudio de los parámetros de la velocidad de flujo en el pene (Vidal, Moreno y Jiménez, 1996).

2.5. Otros efectos del tabaco

El consumo de tabaco parece explicar en torno al 80 por 100 de los fallecimientos causados por las *enfermedades respiratorias,* entre las cuales las más comunes son la bronquitis crónica y el enfisema. Este tipo de enfermedades son muy infrecuentes entre los no fumadores, de tal manera que tan sólo en torno a un 5 por 100 de las personas que no fuman reciben este tipo de diagnóstico. Además, el tabaco también se ha asociado con la *recurrencia de las úlceras,* con una mayor probabilidad de contraer *resfriado* o con una *menor densidad de la masa ósea*. En conjunto se estima que la frecuencia de la enfermedad aguda es un 14 y un 21 por 100 más alta, respectivamente, entre los hombres y mujeres fumadores que entre los no fumadores. Finalmente, también cabría destacar el *potencial abortivo del tabaco*. Ness, Grisso, Hirschinger, Markovic, Shaw, Day y Kline (1999) analizaron las relaciones entre el consumo de cocaína, el consumo de tabaco y el aborto espontáneo. Se estudió una muestra de 400 mujeres que habían sufrido un aborto espontáneo y habían ingresado por ello en el servicio de urgencias de un hospital británico. El consumo de cocaína y tabaco se evaluó a través de autoinformes y análisis de orina. Los resultados revelaron que entre aquellas mujeres que habían sufrido un aborto espontáneo, el 28,9 por 100 había tomado cocaína y el 34,6 por 100 había fumado, frente al 20,5 y 21,8 por 100, respectivamente, de mujeres del grupo control que, habiendo padecido un aborto espontáneo, no habían consumido ni tabaco ni cocaína. Según los autores del estudio, en este caso, el 24 por 100 del riesgo de sufrir un aborto espontáneo estaba asociado al consumo de tabaco o cocaína, siendo cada uno de estos elementos un factor de riesgo independiente.

3. EL FUMADOR PASIVO

Son pocas las dudas que quedan sobre la estrecha relación entre el tabaquismo y el incremento de mortalidad por cáncer y enfermedades cardiovasculares, sin embargo, se han planteado muchas más sobre el riesgo potencial que el tabaco pudiese representar para los llamados fumadores pasivos, es decir, personas que por razones laborales o familiares se ven obligadas a inhalar indirectamente el humo del tabaco presente en su ambiente cotidiano.

Durante la década de los ochenta se levantaron algunas voces de alarma sobre el potencial riesgo para la salud al que estaban sometidas las personas expuestas al humo ambiental del tabaco en lo concerniente al cáncer de pulmón y a las enfermedades del corazón. En relación al incremento de riesgo en el caso del *cáncer de pulmón*, los resultados de los estudios epidemiológicos tienden a mostrar una ligera aunque consistente tendencia de incremento del riesgo para los fumadores pasivos. En un estudio a gran escala se encontró que las mujeres no fumadoras mayores de 65 años casadas con fumadores mostraban un 30 por 100 más de riesgo de desarrollar cáncer de pulmón que un grupo de mujeres casadas con no fumadores (Fontham, Correa, Reynolds, Wu-Williams, Bufler y Grenberg, 1994). Ahora bien, si se tiene en cuenta que el cáncer de pulmón es una enfermedad muy infrecuente entre las mujeres no fumadoras, un incremento del riesgo del 30 por 100 no añade un número importante de casos (salvo para aquellas que lo padecen) a las tasas de cáncer de pulmón. Por lo tanto, aun cuando el fumador pasivo tiene un riesgo adicional de padecer este tipo de cáncer, dicho riesgo es muy pequeño.

La investigación, posteriormente, se ha dirigido al estudio del incremento de riesgo de las *enfermedades del corazón* en los fumadores pasivos. Al igual que ocurría en el caso del cáncer de pulmón, se ha encontrado, en general, un ligero pero significativo aumento de las enfermedades cardíacas entre los fumadores pasivos (Humble, Croft, Gerber, Casper, Hames y Tyroler, 1990). No obstante, ese ligero incremento de riesgo se traduce en un número muy importante de personas afectadas, debido al gigantesco número de individuos que mueren cada año a causa de este tipo de enfermedades. Thun, Henley y Apicella (1999) promediaron, a través de un metaanálisis, la asociación que los estudios epidemiológicos han encontrado entre las enfermedades del corazón y la exposición al humo ambiental del tabaco provocado por uno de los esposos que fuma. Se revisaron 17 estudios que incluían a 485.000 no fumadores entre los que se habían producido 7.345 accidentes cardiocoronarios. Como era de esperar, el riesgo relativo de padecer un accidente cardíaco (fatal o no fatal) entre los esposos de los fumadores fue significativamente muy superior al de los esposos de los no fumadores.

Pero es que, además, recientemente también se ha revelado la existencia de una cierta relación entre la *trombosis cerebral* y la exposición al humo ambiental de tabaco que padecen los fumadores pasivos. En este sentido, se comparó la exposición al humo ambiental del tabaco entre 521 pacientes que habían sufrido una trombosis aguda por primera vez, con un grupo control formado por 1.851 personas sanas, todas ellas residentes en Auckland, Nueva Zelanda. Después de ajustar estadísticamente otras variables que pudiesen influir en los resultados (edad, sexo, hipertensión, etcétera), los resultados demostraron que la exposición al humo ambiental del tabaco incrementaba significativamente, tanto en hombres como en mujeres, la incidencia de trombosis entre los no fumadores. Además, también se constató el dato de que el riesgo de trombosis era cuatro veces mayor entre los fumadores que entre los no fumadores (Bonita, Duncan, Truelsen, Jackson y Beaglehole, 1999).

Finalmente, cabría destacar que los *niños* son probablemente los más sensibles a los efectos del humo del tabaco. Informes elaborados a principios de los años ochenta ya alertaban de que los hijos de padres fumadores mostraban una mayor incidencia de *problemas respiratorios,* como la bronquitis y neumonía, que los niños que vivían en un ambiente más limpio. En la actualidad se ha constatado que, especialmente entre los niños menores de dos años cuyas madres son fumadoras, la presencia de las enfermedades respiratorias de tipo asmático es significativamente más alta y que el humo del tabaco puede desencadenar y agravar los síntomas respiratorios (Stoddard y Miller, 1995).

4. LOS BENEFICIOS DEL ABANDONO DEL TABACO

En muchas ocasiones se cuestiona los posibles beneficios para la salud que se pueden obtener dejando de fumar. Sin embargo, diversos estudios han mostrado que los fumadores que consumen menos de un paquete diario de cigarrillos y que abandonan el tabaco al menos durante 16 años tenían la misma tasa de mortalidad que aquellos que nunca habían fumado (United States Departament of Health and Human Services, 1990).

Ahora bien, la reducción de riesgo no es idéntica para todos los trastornos, ya que se ha observado que, en general, abandonar el tabaco reduce el riesgo de padecer una enfermedad cardiovascular al mismo nivel que el de los no fumadores. Sin embargo, la reducción del riesgo de cáncer de pulmón para aquellos fumadores con una larga historia de tabaquismo que dejan varios años de fumar se sitúa, todavía, tres veces por encima del de los no fumadores (Ben-Shlomo, Smith, Shipley y Marmot, 1994).

Los tratamientos para el abandono del tabaco tienen una eficacia limitada. Sin embargo, resulta sorprendente el énfasis que en la actualidad se está poniendo en algunas terapias como la del parche de nicotina, cuando se sabe que no es la más eficaz. Los estudios sobre el tema muestran, que mientras la terapia cognitivo-conductual puede alcanzar un éxito, al año de seguimiento, de en torno al 30 por 100, el parche de nicotina no alcanza el 11 por 100, mientras que, en ausencia de tratamiento, el porcentaje de personas que dejan de fumar es, aproximadamente, del 4 por 100. Incluso, la eficacia de la combinación de la terapia psicológica y el parche de nicotina no es superior a la terapia psicológica (García-Vera y Sanz, 2006). Estos datos hablan de nuevo de la enorme competencia que existe en el mercado de la salud y de la necesidad de impulsar los tratamientos que siendo los más útiles no son los más disponibles. En cualquier caso, conocidos los porcentajes de abandono del tabaco, es lógico pensar en la necesidad de insistir en la prevención de su consumo.

5. PREVENCIÓN DEL TABAQUISMO

De sobra es conocido que iniciarse en el consumo de tabaco, generalmente a través de un proceso de aprendizaje social, resulta mucho más fácil que abandonarlo. Una vez que los jóvenes comienzan a fumar desarrollan, de un modo bastante rápido, un cierto grado de dependencia. Según el Center for Disease Control and Prevention (1994) se ha observado que dos tercios de los jóvenes que han fumado al menos 100 cigarrillos a lo largo de su vida comentan que «es realmente difícil abandonarlo»; sin embargo, solamente un pequeño porcentaje de los que han fumado menos de 100 cigarrillos dan esta respuesta. Del mismo modo, en torno al 90 por 100 de los jóvenes que han fumado un día más de 15 cigarrillos comentan ya la dificultad para abandonar el tabaco. Por todo lo cual, parece que un consumo superior al descrito transforma a los iniciados en el tabaquismo en dependientes del mismo y la adicción a la nicotina se transforma en el principal enemigo del abandono.

Con objeto de contrapesar el efecto de la imitación social en el tabaquismo se han desarrollado programas para disuasión en el inicio del consumo de tabaco, en los cuales, habitualmente, se utilizan a jóvenes no fumadores de la propia comunidad donde se desarrolla el programa como modelos que intentan disuadir de fumar a sus compañeros. Diversos estudios han demostrado que estos programas son efectivos, ya que el consumo del tabaco suele ser significativamente menor entre los jóvenes que son incluidos en los referidos programas que entre los jóvenes asignados a los grupos control. Esos resultados se mantienen entre los 2 y 4 años de seguimiento; sin embargo, en períodos más amplios de seguimiento, entre 6 y 8 años, dichas diferencias tienden a desaparecer. A pesar de esta limitación, la importancia que desde el punto de vista de salud pública tienen estos resultados hace que la investigación futura deba atender al desarrollo de programas más amplios que garanticen, aún a más largo plazo, la abstinencia de los jóvenes.

6. PROGRAMA PARA LA PREVENCIÓN DEL ABUSO DE SUSTANCIAS

A continuación presentaremos un programa para la prevención del consumo de alcohol, tabaco y otras sustancias que pretende servir como guía de una intervención educativa elaborada para modificar las actitudes y comportamientos de los jóvenes hacia hábitos insalubres. Dicho programa, que ha sido desarrollado por Botvin, Baker, Renick, Filazzola y Botvin (1984), será descrito conforme a sus objetivos generales, las características del mismo y la descripción, sesión por sesión, de sus contenidos. Una completa y excelente exposición del mismo puede encontrarse en Luengo, Romero, Gómez, Guerra y Lence (1999).

6.1. Objetivos del programa

Este programa tiene como objeto, además de prevenir el consumo de determinadas sustancias, facilitar la adquisición de habilidades de carácter general que afectan a los aspectos fundamentales de funcionamiento vital de los adolescentes.

6.2. Características del programa

Este programa de prevención se desarrolla con un estilo dinámico más que estrictamente didáctico haciendo uso de la discusión en grupo, juego de roles y muchas actividades prácticas para casa y autorregistro. Este programa de prevención se desarrolla en diecisiete sesiones de cincuenta minutos. Se trata de una intervención diseñada para trabajar con la población adolescente, entre 12 y 14 años de edad y pensada para su aplicación íntegra dentro del contexto escolar por parte de los propios profesores, si bien se sugiere que el tutor de cada curso puede ser la persona idónea para desarrollarlo.

6.3. Descripción del programa por componentes

1.er *Componente: información acerca del tabaco, alcohol y otras drogas (4 sesiones)*

Objetivos

1. Promover la participación en el programa.
2. Conocer las creencias de los adolescentes sobre las sustancias que más usan y analizar las consecuencias inmediatas para el usuario y su posible repercusión sobre los otros.
3. Analizar, a través de las propias impresiones del alumno, la intensidad de la presión social que incita al consumo de estas sustancias.

1.ª sesión, objetivo: Modificar algunas falsas creencias sobre el consumo de tabaco

Contenidos

— Contrastar la prevalencia real del consumo de tabaco con la prevalencia percibida por los alumnos enfatizando que el número de fumadores es menor al de no fumadores.
— Discutir las razones para fumar y presentar la dificultades para su abandono.
— Subrayar el creciente rechazo social al tabaquismo y analizar el sentido de la prohibición de fumar en determinados lugares.

2.ª sesión, objetivo: Comprobar los efectos perjudiciales del tabaco a través de experimentos prácticos

Contenidos

— «Máquina de fumar».
— Experimento del pulso cardíaco.
— Prueba del temblor.

3.ª sesión, objetivo: Contrastar la prevalencia real del consumo de alcohol con la prevalencia percibida enfatizando que la mayor parte de la población usa correcta y moderadamente alcohol bien de forma regular o de manera ocasional.

Contenidos

— Se analizan las distintas pautas de consumo (abstinencia, consumo social y consumo problemático) desde los conceptos de uso y abuso.
— Se detallan los efectos del consumo de alcohol.

4.ª sesión, objetivo: Abordar el consumo de marihuana y otras drogas

Contenidos

— Se analizan las razones para el consumo de cannabis, subrayando su similaridad con razones para el uso del alcohol y el tabaco.

© Ediciones Pirámide

- Se presentan sus efectos a corto y largo plazo.
- Se introducen las drogas de síntesis y se discuten las creencias erróneas o acertadas que los alumnos tienen sobre las mismas y se plantean sus efectos nocivos, así como la dificultad para controlar el qué y el cuánto se consume.
- Finalmente se plantea el problema del «efecto escalada en el consumo» de las sustancias adictivas.

2.º Componente: autoestima (1 sesión)

Objetivos

- Reflexionar sobre la propia imagen y descubrir estrategias para su mejora.

5.ª sesión

Contenidos

- Presentación de la noción de autoimagen, enfatizando la necesidad de valorarse personalmente en tantas actividades como habitualmente uno realice.
- Dar a conocer los procesos de formación de la autoestima.
- Introducir un proyecto de autosuperación basado en el establecimiento de metas realistas y en planes adecuados para alcanzar dichas metas.

3.º Componente: toma de decisiones (3 sesiones)

Objetivos

- Potenciar el pensamiento crítico y proporcionar habilidades para la toma de decisiones.

6.ª sesión, objetivo: Mejorar la actuación en la toma de decisiones

Contenidos

- Destacar el efecto negativo de la impulsividad en la toma de decisiones.
- Practicar la técnica de resolución de problemas sobre ejemplos de los propios alumnos.

7.ª sesión, objetivo: Tomar conciencia de cómo otras personas pretenden influir en nuestras decisiones

Contenidos

- Debatir en qué medida nuestras decisiones son el resultado de la presión de los demás.
- Analizar las estrategias de persuasión.
- Aprender una pauta de pensamiento crítico ante la persuasión.
- Abordar el tema de la asertividad.

8.ª sesión, objetivo: Analizar las técnicas de persuasión publicitarias

Contenidos

- Debatir sobre los objetivos de la publicidad.
- Conocer los distintos tipos de soportes publicitarios.
- Análisis de anuncios publicitarios.

4.º Componente: control emocional (2 sesiones)

Objetivos

- Promover la comprensión de las reacciones emocionales y mostrar técnicas para su control.

9.ª sesión, objetivo: Estudiar la ansiedad y la ira

Contenidos

- Estudiar los mecanismos que desencadenan la ansiedad y la ira, apoyándose sobre experiencias de los propios alumnos.
- Enseñar a detectar tempranamente los signos de estas emociones para facilitar su control.

10.ª sesión, objetivo: Aprender estrategias básicas para el control de la ansiedad y la ira

Contenidos

- Respiración abdominal.
- Ensayo mental.
- Relajación muscular.

5.º Componente: habilidades sociales (5 sesiones)

Objetivos

— Promover las habilidades de comunicación, las habilidades sociales y la asertividad.

11.ª sesión, objetivo: Conocer técnicas básicas de comunicación eficaz

Contenidos

— Comunicación verbal y no verbal.
— El malentendido.
— Cómo hacer preguntas al interlocutor.

12.ª y 13.ª sesiones, objetivo: Enseñar algunas habilidades sociales básicas para optimizar la relación con los demás

Contenidos

— Debatir el problema de la timidez y formas para solucionarlo.
— Aprender a establecer contactos sociales.
— Habilidades para conversar.
— Desempeño en las situaciones de atracción interpersonal.

14.ª y 15.ª sesiones, objetivo: Entrenamiento en asertividad verbal y no verbal

Contenidos

— Aprender a decir que NO.
— Afirmar nuestros derechos.
— Expresión de sentimientos.

6.º Componente: actividades de ocio (1 sesión)

Objetivos

— Discutir las alternativas lúdicas para satisfacer la necesidad de nuevas sensaciones de los adolescentes y proponer un uso responsable del tiempo libre.

16.ª sesión

Contenidos

— Análisis del tiempo de ocio de los alumnos.
— Listado alternativo de actividades para el tiempo libre.
— Presentar los riesgos de determinadas formas de ocio.

7.º Componente: tolerancia y cooperación (1 sesión)

Objetivos

— Aprender a reconocer y respetar el valor de lo diferente.

17.ª sesión

Contenidos

— Presentación del concepto de tolerancia y la asociación intolerancia-agresión.
— Presentación del concepto de cooperación a través del «juego de los cuadrados».

PARTE TERCERA
Conducta y enfermedad

III.1. El papel del estrés en el desarrollo de la enfermedad

Estrés 7

1. DELIMITACIÓN CONCEPTUAL

El término «estrés» fue introducido en el campo de la salud por el fisiólogo Walter Cannon (1932) pero su popularización se debió a Hans Selye (1956). Con este concepto, tomado de la ingeniería, se quieren caracterizar *los cambios psicofisiológicos que se producen en el organismo en respuesta a una situación de sobredemanda.*

Cuando el organismo se activa ante una situación estresante, entre los cambios que se observan destacan: una rápida movilización de la energía que permanece almacenada, de modo que la glucosa, las proteínas más simples y las grasas salen de las células y se dirigen a la musculatura; un incremento de la frecuencia cardíaca y respiratoria y la presión arterial, lo que facilita el transporte del oxígeno a las células; una paralización de la digestión; una disminución del impulso sexual; una inhibición de la actividad del sistema inmunitario; además, si la situación estresante dura lo suficiente se produce una reacción analgésica al dolor de tal forma que se embota la capacidad de percibir las estimulaciones nocioceptivas y, finalmente, se observan ciertos cambios característicos en las capacidades sensoriales y cognitivas del organismo de tal manera que se activa y mejora el funcionamiento de la memoria y los sentidos se agudizan.

Todos estos cambios preparan al organismo para enfrentarse, *ocasionalmente,* a situaciones de emergencia en las cuales el medio demanda del sujeto que movilice todos sus recursos para afrontar, en las mejores condiciones posibles, la situación. Por todo ello, el organismo paraliza todos aquellos sistemas fisiológicos cuya actividad puede posponerse temporalmente, y concentra toda la energía disponible en los sistemas que son decisivos para hacer frente a la demanda. No es de extrañar que se inhiba temporalmente la libido, el proceso digestivo o, incluso, la actividad del sistema inmunitario y, por el contrario, que se incremente la presión arterial o se agudicen los sentidos. La respuesta de estrés, por lo tanto, cumple una función muy adaptativa en la supervivencia del individuo, tal y como Walter Cannon recogió en el título de su libro *La sabiduría del cuerpo.*

No obstante, aunque la respuesta de estrés pueda ser en determinados momentos altamente adaptativa, se ha constatado que si esta respuesta se mantiene durante largos períodos de tiempo el organismo acaba siendo dañado por este modo de comportarse. Fue el propio Selye el que constató experimentalmente este hecho. Selye (1954), que allá por los años treinta se encontraba trabajando en el campo de la endocrinología, observó que en aquellas ratas sometidas a situaciones cotidianas de estrés (en concreto la propia manipulación experimental a la que las sometía de cara a sus investigaciones), acababan desarrollando múltiples alteraciones psicofisiológicas, como úlceras pépticas, un incremento notable de las glándulas suprarrenales o atrofia de los tejidos del sistema inmunitario.

Sobre la base de esta investigación experimental, Selye postuló el *Síndrome General de Adaptación,* que describe el curso de la reacción del organismo en tres fases cuando se enfrenta a una situación estresante (véase tabla 7.1). En un primer momento, se produce la reacción *de alarma,* que aglutina

TABLA 7.1
Síndrome General de Adaptación

Estrés ⇨	**Alarma** movilización inicial para hacer frente a la amenaza ⇨	**Resistencia** lucha continuada contra el estresor ⇨	**Extenuación** Agotamiento de los recursos del organismo ⇨	**Enfermedades de adaptación**

toda la serie de modificaciones psicofisiológicas y comportamentales antes reseñadas, con el fin de satisfacer la demanda del medio. Si la situación continúa, el organismo se adapta, *fase de resistencia*, manteniendo la sobreactivación necesaria para ello y, finalmente, entra en la *fase de agotamiento* en la que pueden aparecer diversas alteraciones de tipo psicosomático (véase tabla 7.2).

TABLA 7.2
Trastornos potencialmente asociados al estrés

- Acné.
- Adicción a las drogas.
- Aerofagia.
- Aftas.
- Alteraciones de la libido.
- Alcoholismo.
- Alopecia.
- Angina de pecho.
- Anorexia.
- Ansiedad.
- Arritmias cardíacas episódicas.
- Artritis reumatoide.
- Asma.
- Bulimia.
- Dermatitis atípica.
- Diabetes.
- Cefalea tensional.
- Colitis ulcerosa.
- Depresión.
- Diarrea.
- Dispepsia.
- Dolor crónico.
- Enfermedad de Raynaud.
- Epilepsia.
- Estreñimiento.
- Eyaculación precoz.
- Fobias.
- Hipertensión.
- Hipoglucemia.
- Impotencia.
- Infarto de miocardio.
- Insomnio.
- Lumbago.
- Migrañas.
- Muerte súbita.
- Náuseas.
- Obesidad.
- Obsesiones.
- Pesadillas.
- Predisposición a los accidentes.
- Psoriasis.
- Seborrea.
- Síndrome del intestino irritable.
- Suicidio.
- Temblores.
- Trastornos esquizofrénicos.
- Trastornos menstruales.
- Tumores.
- Úlceras.
- Vaginismo.
- Vómitos.

Por lo tanto, si el organismo se activa repetidamente ante situaciones estresantes o no se desactiva una vez que dichas situaciones han cesado, es muy probable que el sujeto desarrolle algunas de las enfermedades asociadas al estrés (Vila, 1996). Ahora bien, de lo dicho no debe desprenderse que el estrés sea el factor causal responsable de tales enfermedades, más bien parece que el estrés aumenta el riesgo de que el organismo contraiga distintos tipos de enfermedades o, en su caso, acelera el proceso patológico. Por ejemplo, un cáncer incipiente es más fácil que se desarrolle y extienda en una persona que, como consecuencia de un momento vital estresante, tiene inhibida o debilitada la actividad del sistema inmunitario, que en una persona no estresada. Muchos estudiantes saben que tras una época intensa de exámenes es fácil contraer una gripe o un catarro. Es decir, el estrés no causa la enfermedad, pero sí puede llegar a debilitar lo suficiente al organismo para que éste caiga presa de la misma (Martínez Selva, 1995).

Pero hay otra razón *indirecta* por la cual el estrés puede facilitar la morbilidad y mortalidad en el ser humano. Nos referimos a su interacción con los otros hábitos que conforman el estilo de vida (véase tabla 7.3). En general, se ha constatado que ante un estado de tensión emocional se incrementan comportamientos de riesgo para la salud que sirven para paliar los efectos del estrés a corto plazo, como el tabaco, el alcohol o el consumo de alimentos ricos en grasas y azúcares (Dallman, Pecoraro, Akana, La Fleur, Gómez, Houshyar et al. 2003; Nichter, Nichter, Carkoglu, 2007). Pero al mismo tiempo, y debido al estado de fatiga que el estrés induce, se reduce la práctica de comportamientos saludables como el ejercicio físico, que constituye una estrategia natural para la regulación de los estados emocionales (véase capítulo 4).

TABLA 7.3

Efectos del estrés sobre el estilo de vida

Favocere e incrementa el consumo de:	Reduce la probabilidad de:
Tabaco	Práctica del ejercicio físico.
Alcohol	Alimentación equilibrada (incremento del consumo de grasas y azúcares).
	Precauciones ante accidentes.
	Precauciones ante contagios.

Cabría subrayar también la diferencia entre el *estrés* y la *ansiedad*. Ambos conceptos presentan muchas similitudes e, incluso, coloquialmente, se llegan a utilizar como sinónimos. De hecho, algunos de los cambios fisiológicos que se producen en el organismo cuando sufre estrés o ansiedad son idénticos: incremento de la presión arterial o de la frecuencia cardíaca. La distinción, por lo tanto, puede clarificarse mejor en términos de función.

Desde este punto de vista la respuesta de estrés se referiría al conjunto de cambios que se observan en el organismo ante una sobreexigencia real del medio, mientras ansiedad se referiría al desorden psicofisiológico que se experimenta ante la anticipación de una situación amenazante, sea ésta más o menos probable.

Por ejemplo, la sobrecarga de trabajo que suponen los exámenes finales para los estudiantes activaría muy probablemente su respuesta de estrés, mientras que, para muchos de ellos, además, el temor anticipado al resultado de dichos exámenes sería una forma común de ansiedad, cuyos efectos se sumarían, en este caso, al estrés de las horas de estudio. Académicamente, los conceptos de ansiedad y estrés han constituido el punto de partida conceptual de dos disciplinas diferentes. Así, mientras que la ansiedad es uno de los problemas fundamentales de la terapia de conducta, el estrés es el término de referencia en la psicología de salud.

CUADRO 7.1

Síntomas del estrés

> Cuando alguien está pasando por una etapa de sobrecarga profesional, académica y/o personal puede notar una serie de síntomas, entre los que se encontrarían:
>
> **Síntomas de conducta.** Evitación de determinadas tareas, dificultades para dormir, dificultades para finalizar el propio trabajo, temblores, inquietud, cara tensa, puños apretados, lloros o cambios en los hábitos de alimentación, tabaco o alcohol.
>
> **Síntomas emocionales.** Sensaciones de tensión, irritabilidad, desasosiego, preocupación constante, incapacidad para relajarse o depresión.
>
> **Síntomas psicofisiológicos.** Músculos tensos o rígidos, rechinar de dientes, sudoración profusa, cefalea tensional, sensaciones de mareo, sensaciones de sofoco, dificultad para tragar, dolor de estómago, nauseas, vómitos, estreñimiento, heces sueltas, frecuencia y urgencia en la necesidad de orinar, pérdida de interés en el sexo, fatiga, sacudidas y temblores, pérdida o ganancia de peso, conciencia de los latidos del corazón.
>
> **Síntomas cognitivos.** Pensamientos ansiógenos y catastrofistas, dificultad para concentrarse o dificultad para recordar acontecimientos.
>
> **Síntomas sociales.** Mientras que ciertas personas, cuando se encuentran estresadas, tienden a buscar a otras personas, algunas tienden a evitarlas. Además, la calidad de la relaciones suele cambiar cuando la persona está bajo estrés.

2. RUTAS PSICOFISIOLÓGICAS DEL ESTRÉS

Los cambios fisiológicos y psicológicos que se producen en el organismo cuando se enfrenta a una situación estresante están mediados por el sistema nervioso autónomo y el sistema hipotalámico-hipofisario-suprarrenal.

2.1. El sistema nervioso autónomo

El sistema nervioso autónomo (SNA) recibe este calificativo porque es capaz de responder a las exigencias del medio de un modo prácticamente automático e involuntario. Decimos prácticamente porque las técnicas de biofeedback, por ejemplo, han demostrado la posibilidad de un cierto grado de control sobre las respuestas gobernadas por el SNA que clásicamente se consideraban involuntarias. El SNA se divide en dos ramas, el sistema nervioso simpático, que activa al organismo ante las situaciones de estrés, y el sistema nervioso parasimpático, que lo inhibe.

Las proyecciones nerviosas del simpático parten del cerebro, salen por la columna vertebral y se ramifican e inervan casi todos los órganos, vasos sanguíneos y glándulas sudoríparas del organismo llegando, incluso, hasta los pequeños músculos en los que se encuentra el pelo. Además, las terminaciones nerviosas del simpático estimulan las glándulas suprarrenales, las cuales liberan adrenalina y noradrenalina en el torrente circulatorio. Los efectos de éstas son similares a los provocados por la estimulación simpática, a la que potencian, puesto que la adrenalina y noradrenalina pueden llegar, a través de la circulación sanguínea, a partes que carecen totalmente de inervación simpática. Por su parte, cuando se activa el sistema nervioso parasimpático, cuyas proyecciones nerviosas inervan las mismas estructuras que el SN simpático, se producen los resultados opuestos.

Cualquier actividad estresante provoca cambios psicofisiológicos significativos en el SNA, en concreto, hablar en público, que suele ser una tarea que siempre supone un esfuerzo de activación para el organismo y provoca, por término medio, un incremento del 100 por 100 de la adrenalina circulante en sangre y del 50 por 100 en la noradrenalina. En una situación todavía más estimulante, como la de saltar en paracaídas, el incremento en secreción de adrenalina supera fácilmente el 250 por 100. Del mismo modo, las ratas de laboratorio que son sometidas a manipulaciones sencillas por parte del experimentador pueden sufrir incrementos de hasta el 800 por 100 en adrenalina circulante en sangre, de ahí los primeros descubrimientos significativos de H. Seyle ya comentados.

2.2. El sistema hipotalámico-hipofisario-suprarrenal

El SN simpático es un primer medio para que el organismo responda adecuadamente ante las situaciones de estrés; no obstante, otra forma posible de respuesta es la hipotalámico-hipofisario-suprarrenal. Ésta es una vía más lenta, de efectos más duraderos que la anterior y que requiere, además, una exposición más prolongada del sujeto a la situación de sobredemanda.

Dentro de la respuesta hipotalámico-hipofisario-suprarrenal al estrés destacan los glucocorticoides que, unidos a las secreciones del SN simpático (adrenalina y noradrenalina), explican gran parte de la respuesta de estrés del organismo. Los glucocorticoides también son segregados en las glándulas suprarrenales, pero su actividad se prolonga incluso durante horas. Básicamente su activación sigue el siguiente proceso (véase tabla 7.4). Ante una condición estresante, el hipotálamo segrega el CRF (factor liberador de corticotropina) en el sistema circulatorio del hipotálamo y la pituitaria. Alrededor de 15 segundos más tarde, el CRF activa la pituitaria para que libere la hormona ACTH (corticotropina). Una vez en el torrente sanguíneo, la ACTH llega a las glándulas suprarrenales y, en unos minutos, activa la liberación de los glucocorticoides que si bien sirven para preparar al organismo a soportar el estrés, tienen efectos tan negativos como la supresión de la actividad del sistema inmunológico, el aumento de la irritación gástrica o el desarrollo de sentimientos asociados a la depresión (Sapolsky, 1996) (véase tabla 7.4).

TABLA 7.4

Proceso de secreción de los glucocorticoides

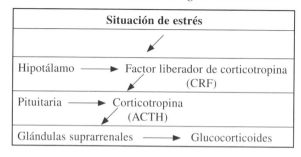

Asimismo, durante la fase de estrés el páncreas puede segregar glucagón, una hormona que junto a los glucocorticoides y el SN simpático eleva el nivel de glucosa en la circulación, lo cual es esencial para proporcionar energía al organismo durante esta fase. Por otra parte, la pituitaria y el cerebro liberan sustancias endógenas de carácter analgésico como las endorfinas y encefalinas que atenúan la percepción del dolor y, asimismo, la pituitaria segrega vasopresina cuyo efecto es la retención de líquido, por lo que se la ha relacionado con el desarrollo de la hipertensión arterial.

Pero el estrés no sólo activa la secreción de hormonas, sino que también puede inhibirlas. Así, por ejemplo, se inhiben las hormonas ligadas a la reproducción, como los estrógenos, la progesterona y testosterona, las hormonas asociadas al crecimiento o la secreción de insulina.

Ahora bien, a pesar del esbozo que se ha hecho, se debe aclarar que no todas las respuestas de estrés generan todos y los mismos cambios antes descritos. En general, los agentes estresantes de todo tipo implican cambios en lo que se refiere, especialmente, a los glucocorticoides y al SNS; sin embargo, la velocidad y magnitud del cambio varía en función del agente estresante.

3. ESTRÉS Y ENFERMEDAD

3.1. Estrés y sistema cardiovascular

Ante una situación de estrés, se producen en el sistema cardiovascular una serie de cambios característicos mediados por la activación del SN simpático. Éstos incluyen el incremento de la frecuencia cardíaca y la constricción de las arterias principales —envueltas en pequeñísimos músculos circulares inervados por esta rama del SNA— que provocan el aumento de la presión arterial. En particular, las arterias del sistema mesentérico, que canalizan la sangre al tracto digestivo, así como las arterias que suministran sangre a los riñones y la piel, se constriñen, facilitando el aporte sanguíneo a la musculatura y el cerebro. Por otra parte, la vasopresina u hormona antidiurética secretada por el hipotálamo vía hipófisis posterior hace que los riñones frenen la formación de orina, provocando una disminución de la eliminación de agua, efecto que aumenta el volumen sanguíneo y también con ello la presión arterial.

Este conjunto básico de cambios prepara al sujeto para la situación estresante que le demanda un esfuerzo especial, ahora bien, si este tipo de situaciones se repiten a lo largo del tiempo se produce un desgaste en el sistema cardiovascular que acaba degenerando en algún tipo de patología. Para comprender mejor este proceso es necesario tener en cuenta que la progresiva ramificación estructural que presenta el sistema circulatorio hace que existan múltiples puntos de bifurcación en toda la red vascular. En estos puntos la pared vascular sufre su mayor desgaste debido a que, en ellos, el torrente sanguíneo ejerce su máxima presión. La multiplicidad de las ramificaciones es tal que ninguna célula del cuerpo se halla a más de cinco células de distancia de un vaso sanguíneo (Sapolsky, 1994). Cuando esta capa de la pared vascular (u otra cualquiera) sufre algún tipo de daño, los ácidos grasos libres, los triglicéridos y el colesterol que se vierten al torrente circulatorio ante la respuesta de estrés se abren paso a través de estos puntos en la pared vascular adhiriéndose a ella, engrosándola y provocando el consiguiente estrechamiento de la luz del vaso. De este modo, el estrés puede facilitar la aparición de placas ateroscleróticas compuestas por grasas, almidones y células espumosas, por debajo de la cara interna de los vasos sanguíneos. En este estado de cosas, especialmente tres órganos, el corazón, el cerebro y los riñones pueden, a su vez, sufrir importantes patologías, como son la angina de pecho, el infarto de miocardio, insuficiencia renal o trombosis cerebral, siendo situaciones puntuales de estrés, entre otros factores, las que pueden desencadenar tales accidentes. En este sentido, Meisel, Kutz y Dayan et al. (1991) constataron que la incidencia de infarto de miocardio se triplicó en la población de Tel Aviv durante los tres días de ataque con misiles Scud de la Guerra del Golfo, comparados con los tres mismos días de enero del año anterior. El incremento de esta forma de mortalidad también se ha constatado ante desastres naturales. Tras el terremoto ocurrido en Northrige en 1994, una población al norte de California, se registro un incremento de los casos de muerte cardíaca súbita durante los seis días siguientes a la catástrofe para, a continuación, disminuir este tipo de patología por debajo de su frecuencia habitual. Parecería, por lo tanto, que este evento había desencadenado la muerte cardíaca en personas que estaban predispuestas a ello a causa de una aterosclerosis preexistente (Leor, Poole y Klorer, 1996). En la misma línea habría que entender los datos que indican que durante las finales de los campeonatos del mundo de futbol se incrementa el número de infartos de miocardio, especialmente si los partidos se resuelven en la tanda de penaltis (Carroll, Ebrahim, Tilling, Macleod y Smith, 2002). La incidencia más alta de accidentes vasculares se manifiesta dos horas después de los partidos (Wilbert-Lampen, Leistner, Greven, Pohl, Sper, Völker et al., 2008).

Tal como se quiere expresar en la figura 7.1, se podría concluir que tras un evento estresante severo la mortalidad asciende durante los días siguientes a dicho evento (por ejemplo, guerra, terremoto, etcétera) pero, posteriormente, desciende por debajo de la línea base compensando el exceso de fallecimientos previos para recuperar, finalmente, la tasa normal de mortalidad, lo cual subraya el hecho de que lo que hace el estrés es precipitar el fallecimiento de las personas en un estado de salud cardiovascular muy comprometido.

Figura 7.1.—Fluctuación de la tasa de mortalidad general de población tras un evento estresante

3.2. Estrés y sistema gastrointestinal

Como ya se expuso en el capítulo 5, la *Helicobacter pylori* no explica todos los casos de úlceras. Algunas personas que manifiestan este problema no están infectadas por la bacteria y algunas personas que sí están infectadas no desarrollan úlceras. Esas diferencias en respuesta a la infección sugieren que concurren otros factores en el desarrollo de las úlceras, sin que hasta el momento se haya conseguido precisar definitivamente el papel que el estrés podría desempeñar en las mismas, aunque hay cierto consenso sobre algunas vías etiopatogénicas (Sapolsky, 1996).

La primera de ellas se encuentra en el rebote de los ácidos gástricos, particularmente el ácido clorhídrico, que se produce tras un período de sobreactivación intensa. Ante este tipo de situación, el organismo tiende a reducir la secreción de los ácidos gástricos y, simultáneamente, también se reduce el engrosamiento de las paredes del estómago, puesto que no necesita protegerse tan intensamente de los ácidos gástricos de los que depende la digestión. Cuando finaliza la respuesta de estrés del organismo y se recupera la ingesta normal, las paredes del estómago no se encuentran suficientemente protegidas para soportar las cantidades normales de ácido clorhídrico, de tal modo que, si repetidamente se pasa por este ciclo de períodos de disminución de la secreción de ácidos gástricos y recuperación de una secreción normal, puede aparecer algún tipo de úlcera gástrica. De todo lo cual se desprende que la úlcera no se forma tanto en presencia del agente estresante cuanto en el período de recuperación. Así, se ha observado que períodos transitorios de estrés se asocian a una mayor probabilidad de desarrollar úlcera de estómago que un período de estrés largo y prolongado (Murison y Bake, 1990; Overmier y Murison, 2000). Este mecanismo etiopatogénico se vería fortalecido por el hecho constatado de que, en algunas personas predispuestas, se observa una sobreproducción de ácido clorhídrico, lo cual agravaría el problema.

Por otra parte, dentro del sistema gastrointestinal es de sobra conocida la sensibilidad del intestino al estrés. Un ejemplo muy claro de dicha sensibilidad lo representa la persona condenada a muerte que, instantes antes de ser ejecutada, no puede controlar la defecación espontánea. En este sentido no es de extrañar que el estrés se haya puesto en relación con el síndrome del intestino irritable (SII), un cuadro caracterizado fundamentalmente por el dolor y el cambio de hábito intestinal (diarrea o estreñimiento). En este cuadro parece que el estrés puede agravar la sintomatología, si bien no se ha podido implicarle como un factor etiológico. No obstante, parece que estos pacientes no se habitúan con igual facilidad que las personas asintomáticas a las condiciones estresantes, lo que sienta las bases para el desarrollo del cuadro en términos de conducta de enfermedad (véase capítulo 12).

3.3. Estrés y sistema endocrino

Para dar cuenta de las relaciones que el estrés mantiene con el sistema endocrino conviene recordar (véase tabla 7.5) cuál es la dinámica que sigue el organismo para asimilar los alimentos, almacenarlos y transformarlos en energía.

TABLA 7.5

Dinámica del proceso de transformación de los alimentos en energía

Ingesta	Circulante en sangre	Modo de almacenamiento	Movilización de la energía
Proteínas	Aminoácidos	Proteínas	Aminoácidos
Almidón, azúcares y carbohidratos	Glucosa	Glucógeno	Glucosa
Grasa	Ácidos grasos y glicerol	Triglicéridos	Ácidos grasos, glicerol y cuerpos cetónicos

Básicamente, el organismo descompone los alimentos en elementos más simples, de tal manera que éstos se pueden asimilar en forma de moléculas, particularmente aminoácidos, glucosa, ácidos grasos libres y glicerol. Estos elementos, en caso de exceso, se almacenan, respectivamente, en forma de proteínas, glucógeno y triglicéridos, y en este proceso la insulina desempeña un papel fundamental. Posteriormente, si el organismo se ve en una situación de sobredemanda que le exige movilizar esta energía sobrante lo hará mediante las hormonas del estrés. Estas hormonas provocan que los triglicéridos se descompongan en las células adiposas y se descarguen ácidos grasos y glicerol en el torrente circulatorio, que el glucógeno se degrade en glucosa y se vierta en la sangre y que las proteínas se vuelvan a convertir en aminoácidos. De este modo, el organismo puede disponer de la energía necesaria, que previamente había acumulado gracias a los nutrientes que había ingerido, para hacer frente a las sobredemandas del medio.

En este contexto, se puede poner en relación el estrés y la diabetes en el adulto, una de las enfermedades más comunes en la población de mayor edad en las sociedades industrializadas. En este tipo de diabetes, denominada diabetes tipo II o diabetes no insulino-dependiente, el problema no reside en que haya poca insulina, sino que las células no responden a ella, debido fundamentalmente a la tendencia de la población occidental a ganar peso con la edad.

Al llegar a la adolescencia el número de células adiposas ya no se modifica, por lo que la obesidad en el adulto se asocia con la distensión de este tipo de células y no con su crecimiento en número. Ello provoca a su vez una menor sensibilidad de las células adiposas a la insulina, debido a que los receptores especializados para esta hormona tienen que actuar sobre una superficie celular cada vez mayor. Esta falta de respuesta a la insulina es la causa del exceso de glucosa y ácidos grasos libres en sangre que, al no poder ser acumulados en las células adiposas, pueden formar placas ateroscleróticas en las arterias, obstruir los vasos sanguíneos o propiciar, por ejemplo, la acumulación de proteínas en los ojos dando lugar a lo que conocemos como cataratas.

El estrés facilita estos procesos a través de dos mecanismos. Por un lado, tal y como hemos señalado anteriormente, las hormonas de la respuesta de estrés hacen que todavía más glucosa y ácidos grasos entren en el torrente circulatorio. Por otra parte, ante una situación de estrés la inhibición de la secreción de insulina y los glucocorticoides hace que las células adiposas sean menos sensibles a la insulina.

Por lo tanto, el estrés crónico en una persona predispuesta a padecer diabetes (obesa y de edad avanzada) puede constituir un elemento coadyuvante de suma importancia de cara a la concreción de esta enfermedad. Un ejemplo muy ilustrativo de este proceso se ha probado con la ayuda de los indios Pima de Arizona (Surwit, 1993). Esta tribu, que ha sido endógama durante muchos años, tiene la tasa de diabetes más alta del mundo en poblaciones de estas características. A la edad de 40 años, por ejemplo, un indio Pima tiene una probabilidad del 60 por 100 de haber desarrollado diabetes. Este autor sometió a un grupo de jóvenes voluntarios Pima y a otro grupo de jóvenes también sanos, pero que no tenían susceptibilidad genética a la diabetes, a una prueba de laboratorio de solución de problemas pensada para provocar estrés. Ambos grupos de sujetos realizaron dicha prueba dos horas después de comer cuando el nivel de azúcar en sangre debería haber caído a niveles normales, observándose que mientras que entre los Pima el azúcar en sangre se mantenía elevado en torno a un 75 por 100 de lo normal, en los sujetos del grupo control se observó la caída que es habitual dos horas después de la comida. Este tipo de datos apoyan la teoría de que el estrés, en personas predispuestas puede facilitar el desarrollo de la diabetes, no obstante, se debe enfatizar que siempre va asociado a la concurrencia de otras variables como la obesidad, una dieta inadecuada u otras enfermedades.

3.4. Estrés y sistema inmunitario

La respuesta inmunitaria está mediada por un complejo conjunto de células de la corriente sanguínea denominadas linfocitos y monocitos (que reciben comúnmente el nombre de glóbulos blancos). Hay dos clases de linfocitos, las células T y las células B, los cuales se originan en la médula ósea; no obstante, las células T emigran al timo para madurar y por eso, precisamente, se denominan T.

Las células T y B atacan a los agentes infecciosos de forma distinta. Las células T, de las que se conocen varios tipos, producen inmunidad mediada por células. Cuando un agente extraño invade el organismo es reconocido por un monocito llamado macrófago, que alerta a una célula T auxiliar. Las células T entonces comienzan a proliferar y atacan al invasor utilizando sus propiedades citotóxicas. Las células B, por su parte, producen una inmunidad mediada por anticuerpos. Estas células dan lugar a anticuerpos, grandes proteínas que reconocen al agente invasor y se ligan a él (ya que tienen una forma perfectamente adaptada para ello), inmovilizando primero y destruyendo después al agente patógeno.

Este funcionamiento del SI puede verse modificado por los efectos del estrés. La activación intensa y prolongada de la rama simpática del sistema nervioso autónomo suprime la acción inmune, mientras que la activación parasimpática produce un aumento de la actividad inmune a través del incremento de anticuerpos y citotoxicidad celular. Por su parte, los resultados referidos al sistema hipotalámico-hipofisario-suprarrenal indican que, en conjunto, la elevación de glucocorticoides detiene la formación de nuevos linfocitos en el timo y disminuye la sensibilidad de los mismos a las señales de alerta. Además, los glucocorticoides pueden expulsar los linfocitos de la corriente sanguínea e, incluso, destruirlos a través de una proteína que rompe su ADN (Munck y Guyre, 1991).

En este sentido se ha constatado una clara relación entre la disminución de la función inmunitaria y los agentes estresantes muy intensos, así como con los agentes estresantes cotidianos. Levav, Fiedlander, Kark y Peritz (1988) encontraron que los padres de los soldados israelíes muertos en la Guerra del Yom Kippur mostraron una mayor mortalidad durante el período de duelo que la observada en el grupo control; ahora bien, ese incremento de mortalidad sólo se produjo en aquellos padres viudos o divorciados, lo que confirma el hecho conocido de que el efecto del estrés puede ser amortiguado por las redes de apoyo social. En el ámbito de lo cotidiano se ha observado que los estudiantes universitarios en períodos de examen pueden sufrir una disminución de su función inmunitaria (Kiecolt-Glaser, Glaser, Strain, Stout, Tarr, Holliday y Speicher, 1986; Rubio, Hernández, Cozar y Ulla, 1996; Uchakin, Tobin, Cubbage, Marshall, Sams, 2001)

Al margen de los resultados estadísticos, cuando se trata este asunto es inevitable referirse a una de

© Ediciones Pirámide

las investigaciones científicas más exhaustivas sobre los efectos del estrés crónico en la actividad de la función inmunitaria. Estos estudios se han realizado con personas que vivían cerca de la central nuclear accidentada de Three Mile Island, en Pensilvania, Estados Unidos. A finales de marzo de 1979, el reactor de esta central sufrió un grave accidente. Afortunadamente, la avería se controló y no se produjo una emisión significativa de contaminación radiactiva. Sin embargo, el accidente generó una gran preocupación y estrés entre la gente de la zona. Incluso, cuando la crisis inicial ya había sido superada, la población afectada fue consciente de la operación de limpieza a largo plazo ordenada por las autoridades y de la constante amenaza que suponía el daño del reactor. Por todo ello, la ansiedad y el estrés se mantuvieron durante años. Seis años después de este incidente nuclear, investigadores norteamericanos midieron la función inmunitaria de las personas que residían en un radio de 8 km a la redonda del reactor averiado. Los resultados demostraron que, comparados con sujetos control que vivían lejos de la central, los que vivían cerca de Three Mile Island presentaban fuertes alteraciones en su sistema inmunitario. En concreto, tenían menos lifoncitos B circulantes en sangre, menos «células asesinas», menos linfocitos T supresores/citotóxicos y una reducción del control sobre el virus del herpes. Además, otros parámetros cardiovasculares, como la presión arterial y la frecuencia cardíaca, se encontraban elevados, al igual que los niveles de adrenalina, noradrenalina y cortisol. El estudio, en definitiva, demostró con claridad que, a pesar de que no se produjo una radiación dañina, el estrés psicológico que concurre en un accidente nuclear puede tener, en muchas personas, un efecto nocivo sobre la salud física y, particularmente, sobre el funcionamiento inmunológico del organismo (Collins, 1983, 2002).

3.5. Estrés y sexualidad

Para dar cuenta de los *efectos del estrés en el hombre* es necesario recordar la dinámica de su sistema reproductor (Sapolsky, 1996). En síntesis, cabría decir que determinados estímulos hacen que su cerebro estimule la hormona liberadora de la hormona luteinizante conocida como (LHRH). Ésta, a su vez, estimula la pituitaria provocando la liberación de la hormona luteinizante (LH) y de la hormona estimulante de los folículos (FSH). La primera, la LH, actúa sobre los testículos favoreciendo la liberación de testosterona, mientras que la FSH, puesto que el hombre carece de folículos, activa la producción de esperma (véase tabla 7.6).

TABLA 7.6

Endocrinología reproductiva del varón y efectos inhibitorios del estrés

Dinámica reproductiva	Efectos del estrés
Cerebro libera LHRH (hormona liberadora de hormona luteinizante) ↓	Encefalinas y endorfinas disminuyen la producción de LHRH ↓
Estimulación de pituitaria: Libera LH (hormona luteinizante) y FSH (hormona estimulante de los folículos) ↓	La prolactina disminuye la sensibilidad a la LHRH ↓
LH estimula testículos para producir testosterona FSH activa la producción de esperma	Glucocorticoides bloquean la respuesta a la LH

La aparición de una situación estresante puede provocar una *inhibición de este sistema,* disminuyendo la producción y concentración de la LHRH y consecuentemente la de LH y FSH. Las razones de ello parecen encontrarse en que cuando se inicia una respuesta de estrés se activan dos tipos de hormonas: las endorfinas (que, a su vez, son las responsables de la analgesia del dolor en las situaciones de emergencia) y las encefalinas. Ambas actúan bloqueando la secreción de la LHRH. Una muestra de este efecto se ha observado en los deportistas profesionales que desarrollan una enorme actividad física, es decir, que están sometidos a un importante estrés físico. En general se ha observado que tienen menos LHRH, LH y testosterona circulando en sangre, además de unos testículos más pequeños y una menor movilidad espermática. Este hecho daría cuenta, en cierta medida, de por qué la actividad física constituye un hábito preventivo del cáncer de próstata que parece estar estrechamente relacionado con altos niveles de testosterona.

Además de la disminución en la secreción de la LHRH, ante situaciones altamente estresantes, la pituitaria segrega prolactina. La prolactina tiene la función de disminuir la sensibilidad de la pituitaria a la LHRH. Todo esto cierra un bucle de biorretroalimentación, muy común en el juego de la relación de los sistemas corporales. Por un lado el cerebro segrega menos LHRH y la pituitaria se protege para responder menos a ella.

Pero todavía hay más. Los glucocorticoides, que como hemos visto aparecen siempre en escena ante situaciones prolongadas de estrés, bloquean la respuesta de los testículos a la LH, eliminando la posibilidad de que, si hubiese restos de LH en sangre, esta hormona quedase activa. En definitiva, el organismo se ha adaptado para evitar cualquier gasto de energía que puntualmente pueda ser innecesario cuando el medio ambiente demanda la reacción total del individuo ante una situación potencialmente peligrosa. En tales ocasiones, el sexo puede esperar.

Un segundo aspecto de la respuesta sexual que también aparece comprometido cuando el hombre se estresa, es la *erección*. Para que la erección se produzca es necesario la activación del sistema nervioso parasimpático, dicha activación provoca, entre otros cambios, el incremento del riego sanguíneo en el pene, el bloqueo de la salida de la sangre por las venas y el llenado de sangre de los cuerpos cavernosos con el consiguiente endurecimiento de este miembro. Una vez que se ha producido esa excitación, mediada por el parasimpático, poco a poco (y esto es decisivo para una relación satisfactoria) el sistema simpático va incrementando el tono de la respiración, el ritmo cardíaco, etcétera, hasta que el tono parasimpático se mantiene sólo en el pene. Al final, como bien es conocido, el simpático también gana esta última batalla y se produce la eyaculación. Este mecanismo nos permite comprender algunos efectos tan interesantes como el de la viagra. Cuando se inició la utilización de este fármaco un urólogo recetó este producto a un hombre que había acudido a su consulta con su pareja. El hombre tomó la pastilla y se fue a la cama con su mujer a esperar a que se produjera su efecto. Tanto esperaron que se quedaron dormidos. Esta pareja no sabía que el fármaco puede ayudar a incrementar el riego sanguíneo, pero que esa vascularización sólo puede producirse en un contexto de deseo.

Ahora ya es fácil comprender cómo el estrés bloquea este proceso. Si el hombre está ansioso o estresado, su organismo se encuentra presa de un estado de activación autonómica del SN simpático, por lo que es difícil que se produzca la mínima activación parasimpática para que haya erección, en cuyo caso hablaríamos de un estado de impotencia. Pero en el caso de que hubiese erección, si durante el contacto sexual el sujeto se activa demasiado rápidamente, se produce la eyaculación precoz. El estrés, por lo tanto, dificulta o entorpece la respuesta sexual masculina viéndose ésta, en general, más afectada en lo que a la erección se refiere que en cuanto a la liberación de testosterona.

Por lo que respecta a los efectos del *estrés en la mujer* se ha de partir de que el sistema reproductor femenino es, cierta medida, muy similar al del hombre. Básicamente, el cerebro libera LHRH que activa la secreción de LH y FSH en la pituitaria. La FSH estimula la liberación de los óvulos en los ovarios, mientras que la LH activa la síntesis de estrógenos en los ovarios. Durante la primera mitad del ciclo menstrual (también llamado estado folicular) se incrementan los niveles de LHRH, LH, FSH y estrógenos, que alcanzan su punto máximo con la ovulación. La ovulación inicia la segunda fase del ciclo (también llamada fase luteal), en la que la progesterona, producida en el cuerpo lúteo del ovario, estimula las paredes del útero para que en caso de que un óvulo quedase fecundado en el momento de la ovulación pudiera implantarse en ellas y transformarse en embrión.

Un primer mecanismo de alteración del sistema reproductor femenino tiene que ver con la presencia en sangre de una pequeña cantidad (en torno a un 5 por 100 en relación al hombre) de hormonas sexuales masculinas. En la mujer, dichas hormonas se secretan en las glándulas suprarrenales, pero las células adiposas femeninas poseen un enzima que posibilita la transformación de estos andrógenos en estrógenos. Sin embargo, cuando por cualesquiera razón las reservas de grasa disminuyen de forma significativa en el cuerpo de la mujer, se bloquea la capacidad de transformación de andrógenos en estrógenos. Y este aumento de la concentración de andrógenos, junto con la disminución consiguiente de estrógenos, inhibe el funcionamiento del sistema reproductor, tal como ocurre en el caso de la amenorrea causada por la anorexia. El estrés, además, puede inhibir la reproducción de otras maneras. Tal y como vimos al hablar del estrés masculino, las endorfinas y encefalinas inhiben la secreción de LHRH, la prolactina y los glucocorticoides bloquean la sensibilidad de la pituitaria a esta hormona y, asimismo, los glucocorticoides también inhiben la sensibilidad de los ovarios a la LH. Como consecuencia disminuye la secreción de LH, FSH y estrógenos, lo que *reduce a su vez la probabilidad de ovulación*. Cuando esto ocurre, el estadio folicular se va alargando, haciendo el ciclo menos regular.

Entre otros problemas que el estrés puede causar en la reproducción se encuentra la disminución del nivel de progesterona, lo cual interrumpe la maduración de las paredes uterinas. A su vez, la liberación de prolactina durante el estrés incrementa este efecto, ya que interfiere en la actividad de la progesterona. Por eso, aunque haya suficiente acción hormonal durante la fase folicular como para que tenga lugar la ovulación y se fecunde el óvulo, es menos probable que se implante con normalidad. Éste es un posible mecanismo por el cual los problemas de fertilidad, que afectan a un número cada vez mayor de parejas, se transforman en una fuente de estrés que agrava el problema.

Disfunciones sexuales específicas femeninas como la dispareunia o el vaginismo también pueden tener una etiología psicológica ligada al estrés, si bien no habría que descartar inicialmente otras causas orgánicas. La dispareunia, o coito doloroso, y el vaginismo, contracción involuntaria de los músculos que rodean la abertura de la vagina, suelen presentarse juntos, de ahí que algunos autores consideren el coito doloroso como una forma de vaginismo de baja intensidad. En el caso del vaginismo, se ha observado que experiencias dolorosas y traumáticas de tipo sexual pueden provocar una respuesta condicionada de miedo a la penetración, mediada por un incremento de la actividad de s. n. simpático, que provoca la contracción de los músculos de la vagina. En la dispareunia, la ansiedad hacia las relaciones sexuales o simplemente la preocupación de la mujer por si lo hará bien, puede inhibir la actividad del s. n. parasimpático y favorecer la actividad del simpático, dificultando enormemente la excitación y lubricación, por lo que, del mismo modo que ocurría en el hombre, el estrés puede alterar negativamente las relaciones sexuales de la mujer.

CUADRO 7.2

El síndrome «de esta noche no pasa»

> El estado de tensión y estrés que suele causar la incapacidad para procrear, puede afectar severamente al funcionamiento emocional de algunas parejas, provocando en sus miembros un cierto desánimo, autovaloraciones negativas o sentimientos de falta de apoyo del compañero (Antequera, Moreno, Genaro y Ávila, 2008). En muchos de estos casos, las relaciones sexuales dejan de ser vividas como una expresión natural de afecto para transformarse en un intento de procreación. Aparece entonces el llamado síndrome «de esta noche no pasa», bajo el cual los cambios hormonales que se producen en la pareja suelen ser de signo opuesto a los que facilitan la concepción. El estrés emocional puede provocar fallos en la ovulación, espasmo en la trompa de Falopio, disfunción sexual o dificultar la producción de esperma. Éstos, a su vez, alargan el período de infertilidad, que suele provocar sentimientos y conductas de culpa, ira, pena y aislamiento, lo que añade más estrés a la pareja. Se trata de un bucle que se retroalimenta solo.
>
> Asimismo, el amplio uso de los aparatos para detectar la ovulación en casa puede complicar las cosas aún más. Las parejas se hacen con ellos para ganar control sobre el ciclo ovulatorio, pero pueden acabar condicionando sus contactos sexuales al cambio de color del indicador del aparato, sustituyendo las relaciones basadas en el deseo por unas relaciones cuyo fin es la inseminación natural. No es de extrañar, entonces, que algunas parejas con problemas de infertilidad acaben sufriendo algún tipo de disfunción sexual.

3.6. Estrés y estados emocionales

El estrés se ha relacionado con alteraciones emocionales, tales como la ansiedad y la depresión. Dentro de los trastornos de ansiedad el síndrome del *estrés postraumático* es el que más directamente se ha vinculado con una experiencia de estrés extrema. Los síntomas de este trastorno incluyen recuerdos intrusivos y recurrentes del acontecimiento traumático, sueños desagradables y recurrentes en los que se revive el acontecimiento y un estrés fisiológico y psicológico extremo. Los acontecimientos que se parecen o simbolizan, en alguna medida, el acontecimiento traumático original, así como los aniversarios del mismo, pueden provocar la recurrencia de los síntomas. Las personas que han sufrido un trastorno de este tipo tienden a evitar los pensamientos, sentimientos o, incluso, la conversación sobre los hechos traumatizantes y tienden también a evitar a cualquier persona o lugar que pueda hacer revivir los síntomas de estrés. Las revisiones sobre los distintos estudios sobre el trastorno de estrés postraumático han corroborado que dicho trastorno es suscitado por acontecimientos estresantes en los que se sufren el crimen y la violencia. Así, por ejemplo, mientras que la prevalencia del trastorno de estrés postraumático se sitúa en la población general en torno al 1 y el 3,5 por 100, la prevalencia entre los veteranos de Vietnam que fueron heridos en combate es del 20 por 100. Por su parte, los estudios sobre victimización entre las mujeres que han sido objeto de una agresión sexual revelan que la prevalencia del estrés postraumático puede llegar al 35 por 100 (Renck, 2006). Y los ataques terroristas también pueden tener un impacto acusado en forma de estrés postraumático entre la población civil que ha sido víctima o testigo de los atentados (Adams y Boscarino 2006).

Por otra parte, la evidencia de que los eventos estresantes pueden provocar un estado de *depresión* no es tan abrumadora. En general, la investigación sobre el tema ha revelado una significativa, aunque ligera tendencia, a que los acontecimientos estresantes constituyan un factor decisivo en la aparición de los síntomas depresivos. En la actualidad, se discute el llamado Post's kindling model (modelo de encendido de Post), según el cual el primer episodio de depresión estaría precedido con mucha más probabilidad por eventos vitales estresantes que los siguientes episodios (Stroud, Dávila y Moyer, 2008). No obstante, la capacidad personal para manejar acertadamente las situaciones y los recursos de afrontamiento modulan la relación con la depresión, siendo las personas que mejor se enfrentan a las situaciones estresantes las menos vulnerables a los estados depresivos asociados a ellas.

Padecer alguna enfermedad crónica, bien como paciente o bien como cuidador, se ha relacionado con la depresión, tal como ocurre en la enfermedad de Alzheimer. La persona que ha cuidado al enfermo puede mostrar signos de depresión después de que su labor haya finalizado tras la muerte del mismo, particularmente cuanto mayor haya sido la carga de trabajo que ha tenido y cuanto menor el apoyo social recibido (Zhang, Mitchell, Bambauer, Jones, Prigerson, 2008), todo lo cual enfatiza el papel que los estresores cotidianos, intensos y prolongados, pueden tener en las alteraciones del ánimo.

3.7. Estrés y conducta de enfermedad

La noción de conducta de enfermedad proviene del ámbito de la sociología médica (Mechanic, 1962) y ha sido retomada tanto desde el ámbito de la psiquiatría (Pilowsky, 1987) como de la psicología (Leventhal, Meyer y Nerez, 1980). Básicamente, aun cuando el concepto ha sido objeto de no pocas controversias teóricas, la noción de conducta de enfermedad cuando se utiliza desde el ámbito de la psicología de la salud se refiere, comúnmente, a las quejas que un paciente refiere sobre su estado de salud a pesar de que no exista evidencia alguna de tipo médico que pueda justificar tales quejas. Por ejemplo, la sintomatología que está presente en el síndrome del intestino irritable (véase capítulo 12) puede considerarse, en algunos casos, conducta de enfermedad y en este sentido, además, la *conducta de enfermedad* se hace equivalente, al menos en términos funcionales, a la de *conducta de dolor* (véase capítulo 8), por lo que su estudio puede realizarse dentro de una misma lógica. En síntesis, la conducta de enfermedad arrastra en ciertos casos *ganancias secundarias* en forma de atención, afecto y delegación de responsabilidades que desarrolla y mantiene un modo de expresar la enfermedad.

No obstante, la conducta de enfermedad, aun cuando puede tener una entidad independiente, mantiene una estrecha relación con el estrés, ya que se ha constatado que las personas que se encuentran bajo presión usan con una mayor frecuencia los servicios de salud que los que no están bajo tal presión (Barsky, Orav, Bates, 2006). El estrés se asocia, además, a una diversidad de síntomas, entre los que se incluye ansiedad, depresión, fatiga, insomnio, sudoración, temblor o nerviosismo, que algunas personas interpretan como síntomas de alguna enfermedad y buscan por ello tratamiento médico (Scicchitano, Lovell, Pearce, Marley, Pilowsky, 1996). En otros casos, la persona desempeña el papel de enfermo para evitar enfrentarse a situaciones estresantes de la vida cotidiana, lo que facilita la cronificación de dicho papel, como ya hace años describían Mechanic y Volkhart (1961).

4. ¿QUÉ HACE A UNA SITUACIÓN ESTRESANTE?

De sobra es conocido que existe una enorme idiosincrasia en la respuesta de las personas al estrés. Así, por ejemplo, es conocido que hay pilotos de aviación que manifiestan acrofobia si se asoman a un sitio a gran altura pero no en la cabina del avión. Sin embargo, a pesar de la gran variabilidad individual de este tipo de respuestas, se ha constatado la existencia de algunas características comunes a las situaciones potencialmente estresantes.

4.1. La impredecibilidad de los acontecimientos

La incapacidad para predecirlos hace que los eventos estresantes lo sean mucho más. En esta línea, Seligman (1975) constató, dentro del ámbito de la investigación animal en laboratorio, que las ratas hambrientas a las cuales se presentaba una señal que no servía realmente para predecir el momento en que, apretando una palanca podían obtener comida, acababan desarrollando masivamente úlceras de estómago, al contrario que otro grupo de ratas que aprendía a apretar la palanca para obtener comida en presencia de una señal discriminativa.

En el ser humano también se ha constatado que las personas sometidas a una menor tasa de agentes estresantes, pero más impredecibles, muestran una mayor tasa de enfermedad asociada al estrés que personas sometidas a más agentes pero más predecibles. Durante la Segunda Guerra Mundial, Londres llegó a sufrir un bombardeo nocturno continuo que se repetía casi matemáticamente. En las afueras de Londres, por el contrario, los bombardeos eran mucho más esporádicos, por lo tanto, la frecuencia de situaciones de estrés era mucho menor pero menos predecible. En esa época se observó un notable incremento de las úlceras de estómago que fue mucho más alto en la población de las afueras de Londres (Stewart y Winser, 1942; cif. Sapolsky, 1996). El estudio de las reacciones de los niños a los ataques terroristas también ha permitido constatar cómo la impredicibilidad de los atentados, en una situación de permanente de amenaza, contribuye a mantener en parte de la población infantil un continuo estado de ansiedad y estrés que se concreta en conductas regresivas, miedo a la separación de los padres y problemas de sueño y de conducta (Fremont, 2004).

4.2. La incontrolabilidad de los acontecimientos

Cualquier acontecimiento negativo, tal como el ruido, el gentío o cualquier otra forma de disconfort físico, tiene mucho de estresante en sí mismo; sin embargo, las investigaciones sobre el tema han revelado, desde hace mucho tiempo, que dichos eventos, si además de ser impredecibles son incontrolables, resultan mucho más estresantes que cuando se puede operar sobre ellos. Este sentimiento de control no sólo reduce la experiencia subjetiva de estrés, sino que también llega a modificar la reactividad psicofisiológica. Lundberg y Frankenhaeuser (1976) demostraron hace algunos años que creer que uno posee el control sobre un nivel de ruido molesto se asocia con niveles más bajos de adrenalina y noradrenalina en sangre.

El problema del control de las situaciones nos introduce en uno de los mitos más comunes sobre el *estrés laboral,* según el cual los profesionales que alcanzan los puestos más altos en el mundo laboral deben pagar un alto precio por el reconocimiento social y económico que conlleva su estatus. Esto es, sufrir el efecto corrosivo del estrés sobre la salud. Esta idea, que suele admitirse, incluso, por los propios afectados (que muestran así un signo y una queja más de su éxito en la vida), no parece haberse confirmado empíricamente. Uno de los primeros trabajos científicos que descubrió la existencia de una *correlación positiva entre escala laboral y salud* fue realizado por la Bell Telephone Company sobre sus 250.000 empleados, allá por los años sesenta. Los datos revelaron que cuanto más alto era el lugar que una persona ocupaba en la jerarquía laboral menos probabilidades tenía de padecer enfermedades cardiocoronarias. No obstante, esta relación estaba mediada, en cierta medida, por el nivel educativo; los individuos menos afectados por las enfermedades cardíacas tendían a ser aquellos que habían alcanzado los niveles educativos más elevados, de tal forma que los empleados que poseían formación universitaria tenían un 30 por 100 menos de problemas cardíacos que los no titulados. Corregido estadísticamente el efecto de la educación, en esta investigación se constató que las personas situadas en la base de la pirámide de la empresa tenían un 50 por 100 más de probabilidades de padecer enfermedades cardíacas graves que las personas que ocupaban el vértice de la misma. Conclusiones semejantes se han obtenido en otras investigaciones sobre el particular, tal y como se ha observado entre el funcionariado británico. Además, esta tendencia suele aparecer cuando se investiga cualquier otro tipo de enfermedades. Qué duda cabe que esas diferencias pueden venir explicadas, al menos en parte, apelando a factores como la dieta, el ejercicio físico o un menor consumo de tabaco. Pero también a que los trabajadores de las escalas inferiores se pueden ver sometidos a situaciones continuas y estresantes (pensemos en un funcionario de ventanilla en el departamento de reclamaciones) que, a su vez, facilite la aparición de otros factores de riesgo para la salud como el tabaco. Además, los individuos que llegan a las categorías superiores tienen, en principio, más capacidad para hacer frente a más demandas y suelen tener una mayor capacidad de control sobre las mismas. Los subordinados, por el contrario, tienen menos control sobre su entorno y si, además, trabajan en una empresa mal gestionada en la que no pueden estar seguros de cuáles son sus responsabilidades exactas, se agrava su situación de estrés laboral.

CUADRO 7.3

Respuesta del sistema nervioso autónomo al estrés en el trabajo: diferencias entre sexos

Diversos estudios científicos han puesto de manifiesto que los hombres soportan peor que las mujeres el estrés derivado de su trabajo. De hecho, en igualdad de condiciones, parece que las mujeres, aunque experimentan el mismo grado subjetivo de ansiedad y preocupación, muestran una menor producción de adrenalina que los hombres. T. Pollard, profesor de la Universidad de Oxford, presentó un estudio ante la Asociación Británica de Psicología en 1995, en el que midió la cantidad de adrenalina segregada en un grupo de 53 hombres y de 51 mujeres, entre 24 y 50 años, que ocupaban altos cargos de empresa. El análisis se realizó sobre la orina acumulada entre las cuatro y las seis de la tarde durante tres días consecutivos (domingos, lunes y martes). El estudio controló, por su posible influencia sobre los resultados, la cantidad de café, té y alcohol ingerido, así como la actividad física y el grado de control que cada uno de los 104 participantes tenía sobre su trabajo. Los resultados mostraron que los hombres tenían niveles más elevados y constantes de adrenalina el lunes y el martes que en domingo; sin embargo, estas diferencias no aparecieron en las mujeres. Aunque ha de reconocerse que las conclusiones de este estudio no pueden generalizarse más allá de una muestra de trabajadores muy cualificados, parecería que las mujeres, en contra de lo que se esperaría, cuando ejercen una labor directiva se alteran menos en términos fisiológicos que los hombres.

En esta línea, utilizando pruebas de reactividad cardiovascular en el laboratorio, con las cuales se puede medir la respuesta de estrés ante pruebas experimentales diseñadas para elicitarla, se ha observado que, aunque hombres y mujeres incrementan su liberación de catecolaminas, las mujeres, en general, tienen una menor reactividad que los hombres. Todo lo cual parece indicar que el organismo femenino puede soportar mejor el estrés que el masculino.

En esta línea, en un trabajo ya clásico donde se estableció la categorización del nivel del estrés laboral en función de las *demandas de productividad por unidad de tiempo* y el *grado de control sobre las circunstancias laborales,* se encontró que entre los trabajos menos estresantes se podía encontrar el de arquitecto o el de científico, mientras que en el otro polo se encontraría el de operador de teléfono, camarero, estibador o confeccionador de ropa (Karesek, 1979).

4.2.1. *El burn out o el síndrome de estar quemado en el trabajo*

El *burn out* es un tipo de estrés laboral crónico que tiene su origen, precisamente, en la falta de control sobre el trabajo. Se trata de un estado en el que la persona percibe que, por mucho que haga en su trabajo, no obtiene ningún tipo de reconocimiento adicional por ello (económico, promoción, etcétera). No es de extrañar que este síndrome fuese descrito en jóvenes voluntarios que atendían a drogodependientes con el fin de lograr su rehabilitación. (Freudenberger,1974). Además, el *burn out* suele observarse en las profesiones que conllevan una cierta implicación emocional en el trabajo, como ocurre generalmente en el ámbito de los servicios humanos: docentes, médicos, policías, asistentes sociales o enfermeras (Bermejo y Prieto, 2006; Ríos Peñalver y Godoy, 2008).

Este síndrome engloba tres componentes. En primer lugar, se encuentra lo que se ha denominado Baja Realización Personal, que se refiere a la valoración profesional negativa que la persona hace de su habilidad en el trabajo y en la relación con las personas a que atiende. Esto implica una fuerte desmotivación e insatisfacción con sus resultados laborales. En segundo lugar, aparece el llamado Cansancio Emocional, que se refiere a la sensación de sentirse agotado emocionalmente por el desgaste que provoca la interacción cotidiana con otras personas (pacientes, alumnos, víctimas de delitos o desastres, etcétera). Finalmente, se encontraría la Despersonalización, que engloba a la irritabilidad, las actitudes negativas y las respuestas frías e impersonales hacia las personas con las que se trabaja (pacientes, alumnos, etc.), llegándoles incluso a culpabilizar de sus problemas (enfermedad, suspenso, etc.).

Estos tres componentes del síndrome no aparecen simultáneamente sino que el cansancio emocional (muy similar a un estado de profundo desánimo) y la baja realización personal conforman un binomio que resulta el antecedente de la despersonalización (Gil-Monte y Peiró, 1997; Gil-Monte, 2005). Es por ello que no todas las personas que padecen *burn out* presentan los mismos síntomas. Es frecuente encontrar que la mujer, cuando está quemada en el trabajo, muestre una puntuación elevada, sobre todo en cansancio emocional, mientras el hombre suele puntuar mucho más alto en despersonalización (Ríos Risquez, Godoy Fernández y Peñalver Hernández, et al. 2008). El *Maslach Burn out Inventory* es, probablemente, el cuestionario de referencia para la evaluación de este problema.

Aun cuando el síndrome de estar quemado en el trabajo puede darse en diferentes profesiones, las distintas orientaciones profesionales están fuertemente asociadas con el *burn out*. Básicamente, cabría distinguir cuatro grandes orientaciones. En primer lugar, se encontraría la que se puede denominar *activistas sociales*. Se trata de personas que con su trabajo no sólo buscan un modo de subsistencia, sino que con él también pretenden cambiar la realidad que les rodea. Este perfil se encuentra en muchas profesiones llamadas vocacionales (docencia, medicina, etcétera). Por otra parte, encontraríamos lo que se denomina *escaladores,* personas que pretenden alcanzar el estatus más alto dentro de su profesión, al margen de cualquiera que sea ésta. Los *artesanos* serían aquellas personas cuyo objeto en el trabajo es hacerlo bien. Finalmente, los *auto-orientados,* para quienes el trabajo es sólo un modo de subsistencia.

Púes bien, partiendo de que sería difícil encasillar a cada persona en una única orientación, los datos parecen indicar que los llamados activistas sociales son los que muestran la mayor probabilidad de llegar a estar quemados en su trabajo. Probablemente, en ello influya la discrepancia entre sus expectativas de lo que pensaba lograr y una realidad que las limita significativamente. Por su

CUADRO 7.4

Evolución y desarrollo del síndrome de estar quemado en el trabajo (Edelwich y Brodsky, 1980)

El *burn out* es consecuencia de un proceso de desgaste laboral que va pasando por distintas fases:

1. *Fase inicial de entusiasmo.* Al principio, el trabajo se siente como algo estimulante. Aunque resulte exigente, se compensa con la ilusión del fin de la vida académica e inicio de la vida laboral. Los contratiempos están para ser salvados. Uno se identifica con los compañeros de trabajo y con la organización en la que trabaja. Alargar la jornada laboral es un reto más y no importa. Aun cuando no estén claramente definidos los objetivos del trabajo, este problema se sortea estableciendo objetivos muchos más altos de los esperados por los jefes. Este entusiasmo puede ser visto como una amenaza por parte de los compañeros que tienen más horas de vuelo.

2. *Fase de estancamiento.* El incumplimiento de las expectativas profesionales supone replantearse la relación entre el esfuerzo personal y sus beneficios. Puede aparecer entonces un sentimiento de derrota e incapacidad y es más fácil contagiarse del negativismo de los compañeros. Para evitarlo, se busca el aislamiento. Pueden aparecer las primeras alteraciones de la salud (jaquecas, problemas de estómago...).

3. *Fase de hiperactividad y de apatía.* Tras la fase de estancamiento se puede producir un estado de hiperactividad en la que se trata de hacer mucho, pero, como los resultados siguen siendo los mismos, se entra en un estado de apatía y un creciente distanciamiento laboral, evitación e inhibición en el trabajo. Ese distanciamiento puede generalizarse al ámbito familiar o personal. Se hace el vago, se «pasillea» y lo único que se busca es resolver asuntos personales.

4. *Burn out.* Se llega a un punto de colapso físico, emocional e intelectual que puede conllevar el traslado, el abandono del puesto de trabajo, las bajas continuadas o arrastrar una vida laboral de permanente insatisfacción o frustración.

parte, los escaladores y artesanos son los que más satisfacción muestran con su trabajo debido, quizá, a que su desempeño laboral cotidiano siempre tiene un objetivo concreto que conseguir. Los auto-orientados son los que más insatisfacción muestran con su trabajo. Es de destacar que, con el tiempo, las orientaciones del activismo social y del escalador se debilitan a favor de la artesanía. Parecería que muchos profesionales aprenden que hacer bien el trabajo cotidiano puede llegar a ser la fuente de gratificación más importante.

Respecto a las variables organizacionales que contribuyen a quemarse en el trabajo, la literatura recoge un diagnóstico amplio y preciso de la mismas (Gil-Monte, 2005). Entre ellas destacaríamos, en primer lugar, la sobrecarga de trabajo, bien en términos cuantitativos, como son largas jornadas de trabajo sin el descanso necesario para romper con la rutina laboral, o bien en términos cualitativos, como ocurre cuando el trabajo excede la competencia del profesional en un momento determinado. En este sentido, por ejemplo, el uso de las nuevas tecnologías puede hacer que muchas personas se sientan desbordadas laboralmente. Pero tampoco se debería olvidar que el déficit de trabajo (tener muy poco o nada que hacer), lejos de ser una recompensa, como a veces se mitifica en las conversaciones coloquiales, suele llegar a convertirse en una fuente de profundo malestar. Cuando no hay nada que hacer, el tiempo se desacelera y pesa como una losa sobre el trabajador, que lo único que quiere es acabar la jornada laboral. Sólo cuando se mantiene un cierto grado de ocupación el tiempo fluye con normalidad y el trabajo se acaba antes. De hecho, una de las formas comunes de *mobbing* es obligar al profesional a permanecer en su puesto sin nada que hacer.

Dentro de las variables organizacionales, la ambigüedad de rol contribuye de manera muy especial al *burn out*. La ambigüedad de rol ocurre cuando el profesional no tiene feedback sobre su propio rendimiento y percibe que no importa demasiado al nivel que rinde, ya que en cualquier caso, obtiene siempre la misma recompensa y reconocimiento. Esta variable es un potente antecedente de la baja realización personal (Gil-Monte, 2005) y constituye una de las razones principales de la desmoralización de los funcionarios públicos. Aun cuando el trabajo en la función pública es visto en nuestro país como un privilegio por las condiciones laborales y la estabilidad en el empleo, la realidad es que gran parte de los funcionarios se identifican plenamente con el proceso de *burn out* descrito en la tabla 7.4. El número de bajas por depresión o estrés es sorprendentemente alto. En la práctica, la función pública ha llegado a ser una burocracia que, por su propia estructura, anula o disminuye en gran medida el desarrollo profesional. Los mejores y peores profesionales reciben el mismo trato y, hágase lo que se haga, no se obtiene ningún tipo de reconocimiento adicional. Además, este tipo de organización laboral propicia el aislamiento, en la medida que cada individuo es responsable de un aspecto del trabajo que sólo a él le corresponde y los demás no siempre conocen. Esta burocracia se asienta, además, en normas virtualmente imposibles de alterar. En muchos casos, las normas explícitas en el trabajo no son las que marcan la dinámica laboral, sino otras implícitas que el trabajador tarda en llegar a conocer.

Por su parte, el conflicto de rol es otra de las variables organizacionales que también contribuye al *burn out*. Ocurre cuando el profesional no puede satisfacer las expectativas contradictorias que han puesto en él otros miembros de la organización. Esta variable es un potente antecedente del agotamiento emocional del profesional (Lee y Ashforth, 1996).

La prevención del *burn out* pasa, por lo tanto, por la modificación de la estructura de la organización para eliminar las condiciones que lo causan. Sin embargo, si ello no posible, desde el punto de vista psicológico, muchas personas tienen que aprender a convivir en una situación laboral que favorece su desgaste personal y profesional. En este sentido, las estrategias que se han propuesto incluyen, dada la naturaleza de los problemas que los profesionales presentan, el entrenamiento en habilidades sociales y asertividad para aprender a manejar las situaciones de conflicto que acontecen en el trabajo, el entrenamiento en solución de problemas o, incluso, favorecer el apoyo social en el trabajo, ya que, como veremos a continuación, este factor es decisivo en el control del estrés.

4.3. La falta de apoyo social

Los efectos moduladores del apoyo social sobre el estrés se han ido confirmando sistemáticamente siguiendo distintas líneas de investigación. La experimentación animal ha puesto de manifiesto, por ejemplo, que la respuesta fisiológica de estrés a la estimulación aversiva entre primates depende, en su magnitud, de si esa estimulación es aplicada en un medio desconocido o, por el contrario, de si es aplicada en presencia de otros primates conocidos.

La influencia del apoyo social en la salud queda perfectamente ilustrada en los datos de la relación del sexo y el estado civil con la morbimortalidad causada por diferentes enfermedades asociadas al estrés (figuras 7.1 y 7.2). Los datos indican que tanto en hombres como en mujeres, los solteros y especialmente los divorciados presentan un mayor riesgo de desarrollar problemas de salud que aquellas personas que permanecen casadas. En esta misma línea, Holt-Lunstad, Birmingham y Jones (2008) observaron que las personas casadas que se mostraban satisfechas con su matrimonio tenían una medida ambulatoria de la presión arterial más baja y mostraban menos estrés y depresión que las personas casadas insatisfechas con su matrimonio. Además, también resultó significativo el hecho de que las personas que permanecían solteras tenían un perfil en estos parámetros mejor que las personas insatisfechas con su matrimonio.

Aunque se suele hablar de él de un modo unívoco, el apoyo social incluye dos dimensiones fundamentales: la red social, definida por su tamaño y en la que se contabilizan el número total de conocidos, amigos y familiares, y la dimensión funcional de dicha red. Es decir, la capacidad de esa red para proporcionar apoyo emocional (empatía o confianza), apoyo instrumental (ayuda en la solución de los problemas) y apoyo informativo (Calvo y Díaz, 2004).

Para explicar cómo opera el apoyo social en la modulación del estrés se han propuesto dos hipótesis. La hipótesis del efecto directo postula que el apoyo social es benéfico tanto en momentos estresantes como en momentos sin estrés, mientras que la hipótesis de amortiguación subrayaría que el

© Ediciones Pirámide

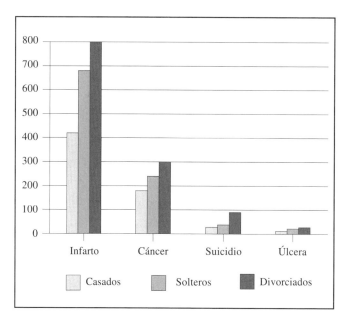

Figura 7.1.—Tasa de muertes en hombres por cada 100.000 habitantes en Estados Unidos. Adaptada de Fisher, S. (1989). *Handbook of Life Stress Cognition and Health*. Chichester: John Wiley and Sons.

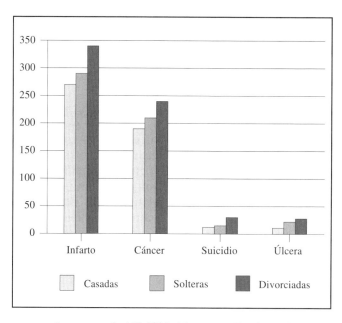

Figura 7.2.—Tasa de muertes en mujeres por cada 100.000 habitantes en Estados Unidos. Adaptada de Fisher, S. (1989). *Handbook of Life Stress Cognition and Health*. Chichester: John Wiley and Sons.

© Ediciones Pirámide

efecto benéfico del apoyo social se daría básicamente ante períodos de estrés. Los datos han subrayado la utilidad de ambas hipótesis. Así, se ha observado que cuando el apoyo social se mide en términos cuantitativos (número de personas con las se puede contar) los efectos directos se hacen evidentes. Sin embargo, el apoyo social medido en términos cualitativos (calidad de relación con el otro) se relaciona más estrechamente con la amortiguación del estrés (House, Landis y Umberson, 1988; Cacioppo y Hawkley, 2003).

Esto quiere decir que no hay una relación directa entre el número de miembros que componen la red social de las personas y los efectos positivos del apoyo social. Tener un amigo de confianza puede ser el apoyo social más efectivo, particularmente para los hombres. Por el contrario, las personas que pertenecen a redes sociales extensas pueden verse abrumadas, especialmente las mujeres y en momentos de estrés, por el exceso de apoyo en forma de información, ayuda y preocupación de los que les rodean (Kawachi y Berkman, 2001). En definitiva, tal y como habían señalado Langner y Michael (1960), tener una docena de amigos cercanos puede no ser tan beneficioso como tener dos o tres, aunque eso siempre sería mejor que carecer de red de apoyo.

El perfil de la persona que debe proveer el apoyo social para que éste sea efectivo también ha sido objeto de estudio en la literatura. No todas las personas son igualmente útiles para dar apoyo en una situación determinada. Así, es conocido el hecho de que el apoyo emocional parece más efectivo cuando se recibe de las personas que están más próximas y con las que se tiene una mayor complicidad, mientras que la información respecto a un problema (enfermedad, litigo jurídico, etc.) suele ser más valorado cuando proviene de un experto en el tema. El momento vital en el que se recibe apoyo también se asocia con la salud a lo largo de la vida. En un estudio prospectivo con un seguimiento de 35 años, se observó que el 91 por 100 de los participantes que no habían percibido una relación cercana y cálida con sus madres y sus padres (evaluada durante su etapa escolar) tenían un mayor número de diagnósticos de enfermedades en comparación con el 45 por 100 de los participantes que habían percibido esa calidez y cercanía con sus padres durante la infancia (Russek y Schwartz, 1997). Obviamente, aunque este estudio no lo evaluó, es muy posible que el apoyo social de los padres durante la infancia se pueda prolongar durante la vida adulta.

Pero no sólo recibir apoyo social contribuye al bienestar, sino que proporciona apoyo a otras personas, sin llegar a la extenuación, como ocurre en el caso de los cuidadores de pacientes de Alzheimer. Se asocia con una mejor salud física y mental (Brown, Nesse, Vinokur y Smith, 2003). Okamoto y Tanaka (2004) constataron que el sentido de utilidad actual para los otros en personas mayores predice una mayor longevidad de estas personas. Esto, quizá, pueda ser atribuido a que dar apoyo y desempeñar un papel dinámico en la vida proporciona un propósito y un significado vital que ayuda a permanecer a la persona activa física y mentalmente (Rodríguez-Laso, Zunzunegui y Otero, 2007).

Por todo lo expuesto, promover el apoyo social puede constituir una herramienta muy importante, tanto para la prevención de determinados trastornos como, incluso, para optimizar los tratamientos médicos y psicológicos. En este sentido, las personas deben ser alentadas para reconocer sus posibles fuentes de apoyo social y aprender cómo usarla de la forma más efectiva. También queda el recurso de utilizar las redes que se generan ante un problema común, como es el caso de las asociaciones que surgen en torno a intereses comunes, ya sean lúdicos o ligados a la enfermedad. Buscar nuevas fórmulas para promover el apoyo social en la sociedad del individualismo sería un reto para la investigación en la psicología de la salud.

4.4. Los eventos vitales estresantes

Los eventos vitales estresantes son situaciones caracterizadas, precisamente, por su impredecibilidad e incontrolabilidad y que han sido puestos en relación con el desarrollo de la enfermedad física. Holmes y Rahe (1967) fueron los primeros investigadores que, de un modo empírico, corroboraron esa relación, que explícitamente forma parte de la tradición popular. Holmes y Rahe probaron esta hipótesis a través del *Social Readjustment Rating Scale* (SRRS, véase tabla 7.7) un cuestionario que proporciona un índice cuantitativo en unidades de cambio de vida (UCV). Se observó que la acumulación de una alta puntuación a lo largo de un período de tiempo determinado incrementaba el riesgo de enfermedad física; sin embargo, también se constató que no era posible, a partir de este cuestionario, hacer predicciones específicas sobre el tipo de enfermedad asociada a un rango de puntuaciones en particular.

En los primeros estudios retrospectivos de Holmes y Rahe (1967) se observó que había un incremento en UCV en los dos años anteriores a la enfermedad. Los resultados mostraron que por debajo de 150 UCV no había razón para esperar un problema de salud; entre 150 y 300 UCV, aproximadamente la mitad de los individuos decían haber padecido algún tipo de enfermedad durante el año siguiente y, por encima de 300 UCV, el riesgo de enfermar se situaba en torno al 70 por 100. No obstante, el valor predictivo de las escalas de eventos vitales presenta algunos problemas, entre los que destaca el que el momento de inicio de la enfermedad puede ser desconocido. Por todo ello, en este tipo de estudios, el momento a partir del cual se registran los eventos vitales y la enfermedad se presenta como el principal problema a resolver.

Además, se han levantado algunas otras críticas a la SRRS. Se ha cuestionado que los 43 ítems no son una muestra válida de todos los eventos vitales posibles. Las escalas más recientes han llegado a incluir 100 o más eventos. Además, se ha dicho que a alguno de los ítems le falta especificidad (por ejemplo, «cambio en el estado financiero») y, sobre todo, que algunos ítems, tales como «enfermedad o lesión grave» o «cambios en los hábitos alimenticios» pueden reflejar más que predecir la enfermedad física y psíquica. En esta línea se ha señalado que 29 de los 43 ítems pueden ser vistos como reflejo de la enfermedad. Los estudios que han comparado el poder predictivo de las escalas de eventos vitales, incluida la SRRS, con o sin ítems relacionados con la enfermedad han obtenido resultados divergentes (Bishop, 1994). Mientras que en algunos casos la eliminación de dichos ítems debilita la relación entre enfermedad y eventos vitales, en otros apenas parece afectar a la relación.

Otros estudios sugieren que son los acontecimientos incontrolables y negativos los que muestran una relación más estrecha con la enfermedad. Así, por ejemplo, se ha observado que la muerte de un hijo se asocia con un incremento significativo, entre 10 y 18 años después de su fallecimiento, de la mortalidad materna, tanto por causas naturales como por causas no naturales y de la mortalidad paterna por causas no naturales (Li, Precht, Mortensen y Olsen, 2003). La muerte inesperada de un hijo también incrementa el riesgo de los padres de padecer un infarto de miocardio (Li, Hansen, Mortensen y Olsen, 2002), de ser hospitalizados por la diabetes tipo 2 (Olsen, Li y Precht, 2005) y por enfermedades psiquiátricas (Li, Laursen, Precht, Olsen y Mortensen, 2005).

Todas estas cuestiones han provocado que los investigadores hayan desarrollado nuevas medidas de eventos vitales que intentan mejorar la medida del estrés proporcionando listas más ajustadas de los mismos. En concreto, adaptadas al castellano pueden encontrarse en Valdés y Flores (1985) y Labrador (1992).

En cualquier caso, en la actualidad parece haberse aceptado que los *eventos vitales* tienen una relación efectiva con la salud, pero que *explican entre el 10 y el 15 por 100 de la varianza total de la enfermedad,* por lo que aunque se puede asumir la significatividad de su efecto en términos estadísticos, ello no supone una significación clínica en cada caso en particular. Así, mientras algunas personas que están expuestas a hechos vitales estresantes se ponen enfermas, otras muchas no sucumben a la enfermedad.

A pesar de todos estos matices que configuran la relación entre hechos vitales y enfermedad, esa relación se da también entre las *complicaciones más comunes de la vida cotidiana y la salud.* Existen algunos científicos que opinan que dada la gran frecuencia con que se presentan esas complicaciones, su influencia acumulativa sobre la salud puede ser, incluso, más fuerte que la de los hechos vitales más traumáticos pero menos habituales. Quizá una

TABLA 7.7

The Social Readjustment Rating Scale

1. Muerte del cónyuge	100
2. Divorcio	73
3. Separación conyugal	65
4. Encarcelamiento o confinamiento	63
5. Muerte de un familiar cercano	63
6. Enfermedad o lesión grave	53
7. Matrimonio	50
8. Pérdida de empleo	47
9. Reconciliación conyugal	45
10. Jubilación	45
11. Cambio en la salud de un familiar	44
12. Embarazo	40
13. Dificultades sexuales	39
14. Llegada de un nuevo miembro de la familia	39
15. Reajuste en los negocios	39
16. Cambios importantes en el estado financiero	38
17. Muerte de un amigo próximo	37
18. Cambio del tipo trabajo	36
19. Cambio en la frecuencia de las discusiones con el cónyuge	35
20. Desembolso importante de dinero	31
21. Vencimiento de hipoteca o préstamo	30
22. Cambio de responsabilidades en el trabajo	29
23. Hijos que abandonan el hogar	29
24. Problemas con la ley	29
25. Éxito personal importante	28
26. Esposa que empieza o deja de trabajar	26
27. Comienzo o final de la escolarización	26
28. Cambio en las condiciones de vida	25
29. Cambios en los hábitos personales	24
30. Problemas con el jefe	23
31. Cambios en las condiciones u horario de trabajo	20
32. Cambio de residencia	20
33. Cambio de escuela	20
34. Cambio en hábitos de ocio	19
35. Cambio en las actividades religiosas	19
36. Cambio en las actividades sociales	18
37. Desembolso de dinero	17
38. Cambio en los hábitos de sueño	16
39. Cambio en el número de personas que conviven en familia	15
40. Cambio en los hábitos de alimentación	15
41. Vacaciones	15
42. Navidades	12
43. Pequeñas transgresiones de la ley	11

ilustración muy llamativa se encuentre en la creencia popular, experimentalmente confirmada, de que el estrés facilita la aparición del resfriado común y la gripe.

Uno de los trabajos más convincentes en este sentido fue el realizado por Cohen, Tyrrel y Smith (1991), quienes reclutaron a 420 personas sanas e instalaron a todos estos voluntarios en la célebre Unidad de Resfriado Común del Consejo Británico de Investigación Médica en Salisbury (Inglaterra). A continuación se aplicó una batería de pruebas psicológicas para evaluar su estado emocional y su nivel de estrés. Los investigadores, durante el año anterior a este experimento, habían registrado los acontecimientos vitales que cada sujeto había padecido, la medida subjetiva en que los sujetos se consideraban incapaces de hacer frente a esas demandas vitales y su estado emocional. Los voluntarios, entonces, fueron expuestos a una dosis habitual de virus del resfriado en forma de gotas nasales. Durante la semana siguiente se hizo el seguimiento de los sujetos para comprobar si habían sido infectados y, en tal caso, si habían desarrollado síntomas clínicos. Los resultados fueron conclu-

© Ediciones Pirámide

CUADRO 7.5
¿Qué es primero, la emoción o la cognición?

Lazarus y Folkman (1984) desarrollaron una teoría que ha calado enormemente en el estudio de los procesos psicológicos. De acuerdo con ella, el estrés se entiende en términos de la interpretación cognitiva que la persona realiza de los acontecimientos potencialmente estresantes. De un modo más específico, estos autores señalan que cuando una persona se enfrenta a una situación de estrés (por ejemplo, una inundación en su casa o la realización del examen de conducir) valorará la cantidad de peligro potencial, así como los recursos que tiene disponibles para hacer frente a los mismos. La persona, entonces, experimentará estrés en la medida que perciba que la amenaza excede sus recursos disponibles par a hacer frente a la situación. La evaluación inicial de la amenaza a través de la cual la persona valora la cantidad de peligro potencial se denomina *valoración primaria*, mientras que la evaluación de los recursos disponibles para hacer frente y controlar la situación se denomina *valoración secundaria*. Esta distinción se ha utilizado para demostrar el importante papel que, supuestamente, tienen los procesos cognitivos en la emoción o el estrés. No obstante, este planteamiento, a pesar de su popularidad, no está exento de críticas muy bien fundamentadas, especialmente las presentadas por Zanjonc (1984) dentro su polémica escrita con Lazarus (Amigo, 1991). Zanjonc ha cuestionado que se defienda la existencia de una valoración cognitiva primaria que antecede a la emoción, incluso particularmente en aquellas situaciones en las que es imposible demostrar que ocurra dicha valoración. Por otra parte, Lazarus también ha argüido que la valoración primaria siempre existe, aun cuando ésta no deba ser necesariamente deliberada. Asumir esto supone, según Zanjonc, caer dentro de una argumentación circular; la cognición es un antecedente necesario de la emoción y cuando ésta se suscita sin la posibilidad de evidenciar aquélla, es la segunda la que justifica la presencia de la primera. En efecto, es difícil entender que los sujetos se desdoblen en una reflexión sobre lo que pasa para después sentir lo que decidan sentir, y, por otro lado, aun si fueran así las cosas, quedaría la petición de principio de cómo ha surgido la cognición, que tendría que ser explicada a su vez por la situación.

Más bien parecería que la interpretación cognitiva es a menudo simultánea a la reacción emocional. Las personas no suelen tomarse un tiempo ante una situación de estrés para decidir una cognición adecuada y luego sentir conforme a ella. La rapidez con que una situación da lugar a una emoción sugiere un aprendizaje previo, en virtud de lo cual la emoción es ya la interpretación del hecho (Pérez Álvarez, 1996).

Obviamente, lo expuesto en este cuadro no pretende cerrar la polémica sobre un tema de discusión tan recurrente en la literatura psicológica, sino abrirlo para su reflexión y discusión sobre sus implicaciones clínicas.

---

yentes, tanto el riesgo de contagiarse del virus como el riesgo de desarrollar síntomas clínicos aumentaban en proporción directa a la cantidad de estrés a la que habían estado expuestos.

La *correlación, por lo tanto, entre estrés, infección y enfermedad fue claramente significativa*. Las personas que habían experimentado los niveles de estrés más elevados multiplicaban por 6 las probabilidades de ser infectadas por el virus respecto a los que mostraban niveles bajos de estrés, y multiplicaban por 2 el riesgo de desarrollar la enfermedad. Esos resultados se confirmaron una vez que se corrigió estadísticamente la influencia que otras variables pudieron tener en la relación, tal como la edad, el sexo o el consumo de tabaco. A la luz de esta y otras muchas investigaciones que han llegado a conclusiones similares, parece claro que el estado emocional de las personas, y concretamente el estrés, puede modificar sustancialmente la probabilidad de contagio a través de virus y bacterias, además de afectar la probabilidad de desarrollar la enfermedad.

4.5. El modo de afrontar la situación

Las estrategias utilizadas por las personas para hacer frente a las situaciones estresantes están descritas detalladamente en la literatura. En la tabla 7.8 se recoge una taxonomía de las mismas. Básicamente, dichas estrategias se suelen dividir en dos grandes categorías, *las estrategias centradas en el problema* y *las estrategias centradas en la emoción*. Las primeras tienen como elemento común el intento, por parte del individuo, de cambiar la situación y resolver así el problema. Éstas incluyen la acción directa, como, por ejemplo, tratar de clarificar la situación problemática con la persona en conflicto, tratar de llegar a un acuerdo con ella o tomar alguna decisión con la que poner fin al problema. Con este tipo de estrategias se trataría de resolver el problema de raíz.

Las estrategias centradas en la emoción tienen como elemento común los esfuerzos de la persona para controlar el distrés emocional que la situación provoca. Estas estrategias suelen ser puestas en marcha cuando la persona cree que no puede hacer

TABLA 7.8

Taxonomía de las estrategias de afrontamiento

Estrategias	Descripción
Estrategias centradas en el problema	
— Afrontamiento activo.	— Consiste en adoptar las medidas necesarias para cambiar o evitar la situación estresante o aliviar sus efectos.
— Cancelación de actividades en competencia.	— Consiste en abandonar temporalmente todas las actividades para centrarse en la situación estresante.
— Retrasar el abordaje del problema.	— Consiste en esperar la oportunidad apropiada para actuar.
— Búsqueda de apoyo social por razones prácticas.	— Consiste en buscar consejo, asistencia o información sobre lo que hacer.
— Planificación.	— Consiste en pensar y programar los pasos a dar para tratar de manejar la situación.
Estrategias centradas en la emoción	
— Búsqueda de apoyo social por razones emocionales.	— Consiste en buscar apoyo moral, simpatía o comprensión.
— Aceptación.	— Consiste en aceptar la realidad de la situación.
— Negación.	— Consiste en negar la realidad de la situación.
— Volcarse en la religión.	— Consiste en rezar y buscar la ayuda de Dios o el confort en la religión.
— Reinterpretación positiva.	— Consiste en buscar el lado bueno de la situación.
— Centrarse y/o desahogarse emocionalmente.	— Consiste en ver por qué es estresante la situación y comunicar todos esos sentimientos de tensión.
— Evitación conductual	— Consiste en volcarse en otras actividades para distraerse de la situación estresante.
— Evitación mental.	— Consiste en ocuparse mentalmente de otros asuntos para no pensar en la situación estresante.

Adaptada de Labrador (1992).

nada realmente efectivo para modificar la situación problemática. En la mayor parte de los casos, las estrategias centradas en la emoción van dirigidas a reducir la tensión emocional, tal como ocurre cuando una persona se enfrenta a un examen o recibe un diagnóstico que confirma un problema serio de salud. No obstante, esas mismas estrategias pueden ir dirigidas a incrementar la tensión emocional de los sujetos, tal como suelen hacer los atletas de elite antes de iniciar la competición.

Ante tal diversidad de posibilidades la pregunta sería ¿qué tipo de esas estrategias es más efectiva? Obviamente, la respuesta a esta cuestión depende en gran medida de la situación. Aunque cualquiera de las estrategias orientadas a solucionar el problema es la más adecuada cuando hay alguna razón para creer que se puede cambiar la situación, dichas estrategias pueden ser una fuente importante de frustración si la persona se está enfrentando a circunstancias que difícilmente puede cambiar. En este último caso, las estrategias de afrontamiento centradas en la emoción serán, seguramente, las más útiles.

Por otra parte, la efectividad de una estrategia también depende del marco temporal que se considere. De hecho, algunas estrategias que son efectivas a corto plazo para reducir el estrés puede que no sean útiles para ayudar a la persona a manejar el estrés a largo plazo, y viceversa. En un metaanálisis realizado sobre el tema, se analizó la efectividad de las estrategias de evitación y de no evitación para el manejo del estrés a corto y a largo plazo. Las tácticas de evitación son aquellas en las que la persona intenta dirigir la atención lejos de la fuente de estrés o lejos de su propia reacción al mismo, mientras que las tácticas de no evitación son aquellas en las que la persona centra su atención en la fuente de estrés o en sus efectos. *En general, parece haberse constatado que las estrategias de evitación parecen más efectivas a corto plazo,* especialmente si el énfasis se coloca en el control de las emociones, mientras que las *tácticas de no evitación producen mejores resultados a largo plazo* (Carver, Scheier y Weintraub, 1989). Por lo tanto, las estrategias de evitación pueden ser útiles para amortiguar el shock inicial que puede provocar la situación alarmante, pero la resolución a largo plazo depende, en gran medida, del manejo directo de la misma. Un ejemplo muy ilustrativo de ello se puede encontrar en los casos de infarto de miocardio. Durante la fase aguda del proceso, es decir, en los primeros momentos tras el infarto, la negación (rechazar explícitamente el hecho de haber sufrido dicho accidente cardíaco) parece relacionarse con un mejor pronóstico durante el proceso de recuperación, mientras que una reacción de negación a largo plazo puede tener consecuencias muy perjudiciales sobre el curso de la enfermedad, al impedir el adecuado cumplimiento de las medidas higiénico-terapéuticas.

Pero es que, además, el modo de manejar las situaciones de estrés afecta directamente a las respuestas fisiológicas del organismo. Uno de los ejemplos más ilustrativos parece haberse observado en

CUADRO 7.6

El papel de la aceptación en el control emocional

De la mano de la terapia de aceptación y compromiso (ACT), la aceptación, como estrategia de control emocional, es un concepto sobre el cual se están poniendo en la actualidad muchas expectativas terapéuticas (Wilson y Luciano, 2002; Hayes y Strosahl, 2004). En primer lugar, es necesario puntualizar la diferencia entre lo que es la aceptación y la resignación, ya que en el lenguaje coloquial se utilizan indistintamente. Mientras que la resignación implica la renuncia voluntaria al control sobre algún ámbito de la vida, la aceptación, por el contrario, se refiere al hecho de recibir voluntariamente aquello que viene dado. El matiz es importante, puesto que aceptación no implica renunciar al control de la vida, sino renunciar al control de aquello que no se puede controlar.

Como hemos señalado, el control desempeña un papel sustancial en la forma de experimentar el estrés. Desde esta perspectiva, la aceptación se plantea como una forma de eliminar el estrés que provoca el intento de controlar aquello que no es controlable. El ejemplo paradigmático de este hecho tiene que ver con el control del pensamiento. El ser humano puede ejercer un control directo sobre muchos de sus comportamientos y planificar cosas que inmediatamente se transforman en actos. Sin embargo, nuestro mundo interno no funciona de la misma manera. Y si hay algo que no es posible, es no pensar en algo. Las personas no pueden no pensar en algo. Si tratamos de no pensar en un limón amarillo, estamos viendo un limón amarillo (Wegner, 1994). Del mismo modo, todos los esfuerzos que se hacen en no querer seguir dándole vueltas a un asunto que nos preocupa, agita o entristece se torna, generalmente, en un doble sufrimiento. Por un lado, la preocupación genuina que se tiene y, por otro, el estrés que provoca tratar de eliminarla.

Frente a otras opciones para hacer frente el estrés, como las estrategias basadas en la evitación mental o conductual antes señaladas, la práctica de la aceptación supone no oponer resistencia a esos eventos internos mientras se sigue con la vida cotidiana. La metáfora de la pantalla del ordenador se utiliza dentro de la ACT para explicar este punto. Básicamente, se podría contar así. Imagínese que una persona está trabajando con el ordenador y en un momento determinado aparecen mensajes en la pantalla insultantes del tipo «no sirves», «no vales para nada», «volverás a fracasar». La persona, rápidamente, reacciona y encuentra que pulsando una tecla el mensaje desaparece. Pero, en lugar de seguir con su trabajo, se dedica a estar vigilante por si esos mensajes aparecen de nuevo para borrarlos inmediatamente. El resultado de esa actitud es que su vida queda limitada a la pantalla y sumida en una tensión permanente por si aparecen esos mensajes para borrarlos. Su trabajo se torna entonces una fuente permanente de tensión. En la misma medida, esa persona pierde las oportunidades de mirar a otro sitio y disfrutar de todo aquello que le rodea y que es mucho más agradable que los mensajes de la pantalla. Por el contrario, ante esos mismos mensajes otra persona, en vez de tratar de borrarlos, puede limitarse a observarlos, pero continúa con su trabajo. Esos mensajes están ahí, pero no cambian el sentido de su vida. Los ha aceptado.

© Ediciones Pirámide

el caso de la presión arterial. Las personas que ante una situación de conflicto interpersonal usan un estilo de afrontamiento reflexivo, a través del cual analizan el modo de reaccionar del otro e intentan, bien razonar o bien retrasar su reacción hasta encontrar un momento más propicio para aclarar la situación, muestran una elevación de la presión arterial mucho menor que quien responde directamente con ira o negando la situación.

Finalmente, cabría señalar que si bien todas las personas utilizan diferentes estrategias para afrontar las situaciones complicadas que le afectan a lo largo de su vida, parece que se podría hacer una distinción entre aquellos que las manejan de un modo satisfactorio y los que no lo hacen así (Labrador, 1992; Muller y Spitz, 2003). Los primeros, a los que se les ha denominado *individuos autoeficaces,* son los que en cualquier situación de estrés se preocupan, en primer lugar, por saber qué es lo que la situación les demanda. Para ello, buscan información, estudian las características de la situación y planean la forma de salir de ella. Esto les suele permitir seleccionar las conductas más adecuadas para hacer frente y poner fin a la situación de estrés. En este proceso se activan intensamente, pero como suelen ser capaces de resolver pronto la situación, dicha activación también se disipa rápidamente y, por consiguiente, los efectos indeseables de ese estado les afectarán en menor medida. Además, en el futuro, este modo de proceder les permitirá percibir las situaciones de estrés como menos estresantes, en la medida que saben que pueden superar muchas situaciones de este tipo. Frente a estos se situarían los que se denominan *individuos autorreferentes,* quienes en lugar de centrarse en la situación para poder hacerle frente, tienden a centrarse en sí mismos preocupándose por cómo dicha situación les afecta o cómo les puede llegar a afectar, comparándose sistemáticamente con otros. Dan vueltas constantemente al problema sin buscar fuentes adicionales de información y se centran mucho en los síntomas psicofisiológicos que experimentan, formulando constantes autocríticas. Es decir, actúan de un modo que dificulta, en gran medida, obtener la información y los recursos necesarios para salir de la situación y todo ello hace que la persona anticipe con mucho miedo cualquier otra situación difícil en su vida.

5. TÉCNICAS PARA EL CONTROL DEL ESTRÉS

Dentro de las técnicas para el control del estrés destacaremos, en este apartado, aquellas que lo que buscan es facilitar la desactivación del organismo y que incluyen, entre otras, el entrenamiento en relajación muscular progresiva, el biofeedback o las distintas formas de meditación. A pesar de la conocida utilidad de las mismas, es necesario delimitar su potencial, ya que se han creado muchos mitos entorno a ellas. En este sentido, a veces se sostiene que cuando una persona está muy estresada, por ejemplo, fruto de una discusión con un compañero de trabajo, lo que podría hacer para relajarse es escuchar su CD de relajación. Nada más lejos de la realidad. Cuando alguien se encuentra profundamente airado y alterado ni suele acordarse de la relajación ni tan siquiera quiere relajarse. Además, como es de sobra conocido, el control se suele perder en cuestión de décimas de segundo; sin embargo, recuperar la calma suele llevar horas o incluso días.

Desde este punto de vista, cabría preguntarse cuál sería entonces la utilidad de las técnicas de desactivación. Posiblemente, su eficacia provenga de su capacidad para prevenir la pérdida de control. Las práctica de las técnicas de relajación parece que puede provocar cambios en el comportamiento de las personas, incrementando la conciencia sobre lo que significa estar relajado a lo largo del día y ayudándoles a prevenir situaciones que conlleven mucho estrés, favoreciendo la aceptación de su situación personal o reduciendo sus intentos de luchar con situaciones incontrolables (Johnston, 1986; Kabat-Zinn, 2004).

5.1. Técnicas de relajación muscular

Existen diversas técnicas de relajación muscular, pero una de las más utilizadas y mejor estudiadas desde un punto de vista científico es la desarrollada por Edmund Jacobson a finales de la década de los treinta. Este autor dedicó sus primeros estudios a investigar la reacción de miedo y sobresalto que se produce ante un ruido inesperado. Dentro de esta línea de trabajo, comenzó a entrenar a los sujetos a relajar su musculatura esquelética, observando que, cuando éstos se relajaban, no se producían sobresaltos ante la ocurrencia del ruido repentino. Fruto de este trabajo fue el desarrollo del primer programa estandarizado del entrenamiento en relajación muscular. Sin embargo, el procedimiento de Jacboson requería una cantidad excesiva de tiempo (más de cincuenta sesiones y dos horas de inducción en cada sesión), por lo que, posteriormente, otros investigadores lo simplificaron diseñando programas de entrenamiento que duran en torno a ocho semanas y que supone un práctica diaria de no más de quince minutos.

Diversas variaciones del procedimiento son ampliamente aplicadas hoy en día por los profesionales, pero todas tienen en común dos elementos característicos. Por un lado, la contracción y la subsiguiente relajación de los grupos musculares de todo el cuerpo y, por otro, la concentración de la atención en las sensaciones fisiológicas que se producen durante la tensión y distensión de los músculos. Se ha constatado que cuanto más duradera es la contracción de un grupo muscular, de hasta 15 segundos según uno de los procedimientos más utilizados (Bernstein y Borkovec 1983), más profunda es la relajación muscular subsecuente, medida a través de la actividad electromiográfica.

Los efectos del entrenamiento en relajación muscular suelen ser superiores al efecto del descanso, y se optimizan cuando el sujeto dirige su atención, específicamente, hacia las sensaciones corporales durante los momentos en los que los músculos están distendidos. Entre tales efectos se encuentran: la disminución de la tensión muscular, la disminución de la frecuencia e intensidad del ritmo cardíaco, el aumento de la vasodilatación arterial, con el consiguiente incremento en el riego periférico y en la oxigenación celular, cambios en el patrón respiratorio, con una disminución en la frecuencia, además de un aumento en la intensidad y en la regularidad del ritmo inspiratorio-espiratorio, caracterizándose la onda respiratoria por largas pausas posespiratorias, con aumento del volumen de ventilación y predominio de la respiración abdominal. Se incluye también una disminución de la actividad simpática general, disminución en los niveles de secreción de adrenalina y noradrenalina por las glándulas suprarrenales, disminución del consumo de oxígeno y eliminación de anhídrido carbónico sin cambios en el cociente respiratorio y, finalmente, reducción en el nivel de ácido láctico en la sangre arterial.

Esta capacidad para provocar la desactivación del organismo es la razón por la que el entrenamiento en relajación muscular se utiliza en el tratamiento de muchos trastornos psicofisiológicos asociados al estrés, tales como la hipertensión arterial, el intestino irritable o el dolor crónico. En los capítulos correspondientes, se citarán los estudios que han mostrado dichos efectos. Además, el entrenamiento en relajación muscular también se ha mostrado útil para el control de la ansiedad y las alteraciones de ánimo provocados por los acontecimientos cotidianos (Szabo y Hopkinson, 2007; Manzoni, Pagnini, Castelnuovo, Molinari, 2008).

5.2. Técnicas de biofeedback

Otro conjunto de técnicas que también han mostrado su eficacia en el control del estrés, son las llamadas técnicas de biofeedback. Estas técnicas aparecieron allá por los setenta, fruto de la convergencia de la investigación médica y psicológica con los avances de la tecnología biomédica que permitieron el desarrollo de instrumentos electrónicos capaces de transmitir información a las personas sobre el nivel de actividad de su sistema nervioso autónomo y de su musculatura en forma de señales visuales o auditivas muy fáciles de comprender por el usuario.

Es por ello que el biofeedback también se ha mostrado como una herramienta útil para enseñar a las personas a controlar su respuesta de estrés, aprendiendo a relajarse muscularmente o reduciendo la actividad de la rama simpática del sistema nervioso autónomo. Por extensión, también se aplica con cierto éxito a algunos trastornos habitualmente relacionados con el estrés, como son la cefalea tensional, la migraña, el bruxismo, el dolor crónico benigno o la enfermedad de Raynaud.

Por su propia naturaleza, el biofeedback constituye, a menudo, parte de los programas de entrenamiento en relajación destinados a reducir la tensión física y emocional que pueden desencadenar y empeorar algunas alteraciones de la salud. Algunos investigadores sostienen que el éxito que el entrenamiento en biofeedback tiene en dichas alteraciones se debe al aprendizaje de la relajación que tal técnica promueve.

En este sentido, no se ha de olvidar que la meta de los programas de entrenamiento en relajación es reducir la tensión muscular y modificar los patrones inadecuados de respiración de cara a aliviar la sintomatología asociada al estrés y la ansiedad. De un modo más específico, los objetivos del entrenamiento en relajación a través del biofeedback incluyen la reducción del número de ocasiones a lo largo del día durante las cuales la persona puede llegar a estar tensa, así como la intensidad y duración de esa tensión, además de aprender a disfrutar de estados cada vez más profundos e intensos de relajación muscular. Es evidente que muchas personas, tal como vimos en el apartado anterior, pueden alcanzar todos esos objetivos sin la necesidad del biofeedback, por lo que cabría preguntarse si toda esta tecnología es necesaria o aporta algo a este tipo de tratamientos y problemas. En muchos aspectos parece que sí. Una persona, por ejemplo, puede sentirse subjetivamente relajada, pero los indicadores psicofisiológicos sobre su actividad electromiográfica o actividad electrodermal pueden mostrar una escasa respuesta de relajación. De esta forma el biofeedback garantiza el aprendizaje del control voluntario de algunos estados psicofisiológicos de relax, además del estado subjetivo, y de facilitar dicho aprendizaje al proporcionar una información directa e inmediata a la persona sobre los cambios que se están produciendo en su organismo. Por otra parte, a través del biofeedback se puede aprender a discriminar muy específicamente las sensaciones de tensión y relajación en partes concretas del cuerpo. Así, por ejemplo, se puede aprender a relajar específicamente los músculos de cuello y hombros, lo cual puede ser muy útil en algunos trastornos como la cefalea tensional. Finalmente, cabe decir que la instrumentación de biofeedback suele provocar una reacción de confianza y seguridad en el tratamiento que es muy importante en cualquier proceso de curación.

5.2.1. *Los cinco tipos de biofeedback más utilizados*

Las formas más comunes de biofeedback y los trastornos a los que se aplican son las siguientes:

— *Biofeedback electromiográfico (EMG)*. Se utiliza para medir la tensión muscular, para lo cual los sensores se sujetan sobre la piel con objeto de detectar la actividad eléctrica en la zona donde se localiza la tensión muscular. Este aparato de biofeedback amplifica y convierte esta actividad en información útil para el paciente. En el monitor aparece una graduación de los niveles de tensión muscular y le indica si está reduciendo o elevando esa tensión muscular en función de cual sea el objetivo del entrenamiento. Entre los problemas habituales para los que se usa satisfactoriamente esta técnica se encuentran las cefaleas tensionales y la migraña, la rehabilitación física, el dolor muscular crónico, la incontinencia y la ansiedad.

— *Biofeedback de temperatura*. Se utiliza para medir cambios muy pequeños de la temperatura de la piel, como índice de los cambios del flujo sanguíneo provocados por la dilatación y constricción de los vasos sanguíneos. Para ello se sujeta un sensor sensible a la temperatura sobre la piel, habitualmente en un dedo. El aparato proporciona, de forma visual o auditiva, información sobre los cambios que se van produciendo. Una temperatura baja de la piel indica un decremento de flujo de sangre en esa área. En particular, las manos o los pies fríos pueden significar una cierta activación del sistema nervioso autónomo. A través de esta señal de feedback se puede aprender a reducir la constricción de las arterias en las manos y los pies. Entre los problemas habituales para los que se usa satisfactoriamente esta técnica se encuentran la migraña, la enfermedad de Raynaud, la hipertensión, la ansiedad y control del estrés a través de una relajación general.

— *Biofeedback de la actividad electrodermal.* Se utiliza para medir los cambios en la actividad de las glándulas sudoríparas para lo cual se suelen colocar dos sensores en las yemas de dos dedos. Estos producen una minúscula corriente eléctrica que mide la conductancia de la piel basándose en la cantidad de humedad presente. Como es de sobra conocido, el aumento de la sudoración suele indicar un aumento del nivel de activación autonómica y emocional. De hecho, pensamientos estresantes, respiraciones rápidas y profundas o sentirse asustado pueden incrementar la sudoración. Entre los problemas habituales para los que se usa satisfactoriamente esta técnica se encuentran la hiperhidrosis (una alteración caracterizada por la hiperactividad de las glándulas sudoríparas), la ansiedad y control del estrés a través de una relajación general.

— *Biofeedback del pulso.* Mide la frecuencia del pulso y su fuerza (cantidad de sangre en cada pulso cardíaco). Se coloca un sensor en un dedo que mide la actividad del corazón y que está indicando el grado de activación del sistema nervioso autónomo. Entre los problemas habituales para los que se puede usar esta técnica se encuentran la enfermedad de Raynaud, la hipertensión y algunas arritmias cardíacas.

— *Biofeedback de la respiración.* Mide la frecuencia, volumen, ritmo y localización (pecho y abdomen) de la respiración. Se colocan los sensores alrededor del pecho y el abdomen y se da a la persona un feedback visual de cómo esta respirando, de esta manera puede aprender a respirar más profunda, lenta y regularmente utilizando los músculos abdominales. Entre los problemas habituales para los que se usa satisfactoriamente esta técnica se encuentran el asma, la hiperventilación, la ansiedad y control del estrés a través de una relajación general (Carrobles y Godoy, 1987; López, Sosa, Capafons y Avero, 1998).

5.3. Las diversas formas de la meditación trascendental

Las técnicas de meditación tuvieron su origen en los albores del hinduismo en la India, hace más de 5.000 años, y pueden considerarse como los primeros procedimientos formales para el control de la tensión emocional. Su utilidad para el control del estrés y, sobre todo, para el tratamiento de determinadas alteraciones emocionales, ha estado en un debate permanente. Sin embargo, en los últimos años han aparecido un gran número de investigaciones que muestran su efectividad en aquellos pacientes que finalizan los programas de entrenamiento. Además de promover reducciones significativas de la presión arterial (Rainforth, Schneider, Nidich, Gaylord-King, Salerno y Anderson, 2007), también se ha relacionado con un descenso de la mortalidad por accidentes cardiovasculares y cáncer (Schneider, Alexander, Staggers et al. 2005). Sin embargo, en la literatura científica se señalan críticamente las incertidumbres que rodean la investigación sobre la práctica de la meditación. Por un lado, las diferencias teóricas y prácticas de las distintas formas de meditación que se utilizan en los estudios, y, por otro, la falta de calidad y problemas metodológicos de los mismos. Se insiste en la necesidad de corregir estas limitaciones antes de poder establecer conclusiones firmes sobre los beneficios de la práctica de la meditación (Ospina, Bond, Karkhaneh et al., 2007).

En la actualidad, un tipo particular de meditación, el *mindfulness,* que entronca con la de tradición budista y que ha sido popularizada en occidente por Jon kabat-Zinn, ha levantado un especial interés dentro del campo de la psicología clínica, en particular, dentro de las nuevas terapias conductuales, también denominadas terapias de contextuales (Vallejo, 2006). En esencia, el *mindfulness* enseña a la persona a centrarse en el momento presente de un modo activo, procurando evitar cualquier valoración de lo que se siente y percibe en cada momento. Muy en la lógica de la terapia de

CUADRO 7.7
La oración como un ejercicio de meditación trascendental

Como es de sobra conocido, los dos componentes básicos de la meditación trascendental son la repetición de un sonido, que es lo que habitualmente se conoce como *mantra*, y cuyo objeto es minimizar la distracción, y, en segundo lugar, desatender de una forma pasiva los pensamientos que pueden aparecer a lo largo de la misma, en cuyo caso se debe retomar la repetición del *mantra*. Aunque la meditación así caracterizada parece una técnica particular y propia de algunas culturas orientales, resulta sorprendente que la práctica de la oración en la mayoría de las religiones se pueda considerar, formalmente, como una forma de meditación trascendental. En el judaísmo, por ejemplo, en la época del Segundo Templo, en torno a 500 años a.C., los seguidores de un movimiento filosófico llamado Merkabolismo se sentaban agachados en una postura casi fetal y se concentraban en la respiración, al tiempo que repetían el nombre de un animal sagrado en cada exhalación. En el cristianismo, la repetición continuada de las plegarias parece que apareció primero entre los Padres del Desierto. Una de esas plegarias, que se codificó en el siglo XIV en el Monte Athos, en Grecia, donde la técnica es todavía conservada en los monasterios bizantinos, se realizaba prestando atención a la respiración y pronunciando en voz baja la siguiente rogativa: «Señor Jesús, ten compasión de mí». Se rezaba desatendiendo pasivamente a los pensamientos que iban apareciendo en la mente y recuperando, si era necesario, la atención en la oración. Esta plegaria ha sobrevivido en muchos ámbitos de la cristiandad. Prácticas muy similares se pueden encontrar en el islam, en el budismo, en el taoísmo, en el catolicismo o en el protestantismo, con la única diferencia de que lo que cambia es el contenido de la oración, pero no su formato. Curiosamente, se ha observado que tales prácticas se traducen en cambios psicofisiológicos similares, incluso idénticos, a los atribuidos a la meditación trascendental (Benson, 1986). En definitiva, todo lo anterior hace cierto el siguiente aforismo del escritor Ugo Beti: «Cuando un hombre reza, ¿sabéis lo que está haciendo? Se está diciendo a sí mismo: cálmate, todo está bien; todo está bien».

aceptación (véase cuadro 7.6), promueve erradicar el intento de control sobre los sucesos incontrolables del pensamiento, lo que facilita la eliminación del estrés que ese intento de control puede producir.

Los ejercicios prácticos de *mindfulness* suelen incluir la atención plena a la respiración, a la exploración del cuerpo, a los sonidos del ambiente, a los pensamientos o a alguna actividad, como caminar. La atención plena permite descubrir las rutinas mentales que cada persona va desarrollando y el carácter asociativo y muchas veces incontrolable de las mismas.

Muchas técnicas para el control del estrés pueden adaptarse a la filosofía del *mindfulness*. La relajación muscular progresiva se lleva a cabo, desde esta perspectiva, cuando el objeto de la técnica se dirige no a la consecución de un profundo estado de relajación, sino a la observación de los cambios que se producen con la tensión y distensión de los músculos. Las distracciones durante el entrenamiento no son vistas como un fracaso o un mal hacer, sino como un proceso natural que también hay que observar para, una vez que se ha tomado conciencia de él, volver a la práctica de la relajación.

Utilizadas inicialmente como un programa para el control del estrés que ha mostrado una cierta efectividad (Grossman, Niemann, Schmidt y Walach, 2004), las técnicas de *mindfulness* han sido integradas en procedimientos clínicos como la terapia de aceptación y compromiso o la terapia cognitiva de la depresión (Segal, Williams y Teasdale, 2002). Además, hay una autentica eclosión de investigaciones que tratan de utilizar la práctica de la atención plena no sólo en problemas de salud, como el dolor, la artritis reumatoide, el insomnio, la ansiedad, los trastornos sexuales o la mejora de la calida de vida, sino también para promover el incremento de la profesionalidad de los trabajadores. En cualquier caso, aunque se confirmasen muchas de las expectativas puestas en la meditación trascendental, y, en particular, en el *mindfulness*, no se debería olvidar que estas técnicas requieren un alto compromiso y disciplina para lograr su efectividad. Por ello, posiblemente se debe tener en cuenta que no todas las personas pueden tener la capacidad de dedicación y paciencia necesaria para beneficiarse de ellas.

CUADRO 7.8
Mitos sobre el mindfulness

QUÉ NO ES	QUÉ ES
— Un estado misterioso o místico de la mente.	— Toma de conciencia; atención; centrarse en algo sin juzgarlo ni valorarlo.
— Bloquear o apartar de un pensamiento o sentimiento.	— Darse cuenta de un pensamiento o sentimiento y retomar el ejercicio que se está realizando.
— Una solución rápida.	— Una forma de vivir una vida real; a menudo, un primer paso para usar otras habilidades.
— Una habilidad que se aprende en un momento, en un ¡eureka!	— Una habilidad que requiere mucha práctica.
— Algo que sólo los budistas zen pueden hacer.	— Una capacidad que todo el mundo tiene si se conoce.
— Alcanzar una concentración perfecta y nunca estar distraído.	— Aun tratando de mantener la atención, las distracciones aparecerán una y otra vez. El *mindfulness* incluye darse cuenta de que uno mismo esta divagando y suavemente llevar la atención al elemento de concentración escogido.
— Un ejercicio de relajación.	— Un ejercicio que implica un completa participación y aceptación de lo «que es», lo cual, en un momento dado, puede ser un estado de tensión.
— Un intento de cambiarte a ti mismo o al mundo.	— Una aceptación no valorativa de la realidad (aunque esto pueda inducir a hacer cambios en la vida).

6. EL ESTRÉS SALUDABLE

Aunque el estrés tiene una imagen muy negativa que los medios de comunicación se encargan de fomentar a través de las asociaciones que establecen con las úlceras, los infartos, la muerte prematura y un permanente estado de insatisfacción, la realidad es que esta visión recoge sólo un lado de la realidad. Tanto desde nuestra propia observación de la vida cotidiana como del resultado de algunas investigaciones al respecto, cabe concluir que, ni todo el estrés es malo, ni necesariamente desagradable. En general, el estrés relativamente leve, breve y que permanece bajo control puede ser estimulante y placentero (como lo demuestra la afición de la mayor parte de la gente a exponerse al incierto resultado de la lotería de Navidad). Este hecho ya fue reconocido por el propio Hans Selye, quien acuñó, hace más de 50 años, el concepto de *eustrés* para designar a las formas beneficiosas de estrés.

Dentro de unos límites, es de sobra conocido que nuestro rendimiento es mejor cuando estamos ligeramente estresados. En esta línea la ley de Yerkes-Dodson, formulada a principios de este siglo, recoge la conocida relación entre rendimiento y estrés. Dicha relación adoptaría una forma de U invertida de tal manera que, un nivel extremadamente alto o bajo de estrés tiene efectos claramente perjudiciales, pero un nivel intermedio se relaciona con un rendimiento óptimo. No obstante, esta relación habría que matizarla en función de la dificultad de la tarea, de tal suerte que el nivel de rendimiento en las tareas difíciles se alcanza con un nivel de activación menor que en las fáciles.

Cualquier estudiante sabe que para realizar un buen examen necesita estar un poco tenso, si se encuentra totalmente despreocupado o ese nivel de tensión es alto o incontrolable para él, su rendimiento puede deteriorarse hasta el punto de «quedarse en blanco» y, por lo tanto, tener un rendimiento cero en la prueba. En otro contexto diferente como es el del deporte profesional, también se encuentra documentado este hecho. Los deportistas, especialmente los de alta competición, necesitan un cierto grado de tensión para batir marcas y rendir al máximo. Los grandes récords mundiales suelen batirse en grandes campeonatos donde la presión del público, los incentivos económicos y el interés de los medios de comunicación alcanzan el punto más álgido. Estas mejoras a corto plazo en el rendimiento parecen estar asociadas a la liberación de adrenalina y noradrenalina, hormonas que, como hemos visto, ayudan a preparar al organismo para la acción y mejoran su capacidad para afrontar los desafíos inmediatos.

No obstante, en contraste con los beneficiosos efectos de la activación moderada del sistema nervioso simpático, la activación de la respuesta endocrina a través del eje hipotalámico-hipofisario-suprarrenal, con la consiguiente liberación de cortisol, está asociada, muy frecuentemente, con un descenso en el rendimiento. En un estudio realizado durante la instrucción de futuros paracaidistas, se observó que aquellos que presentaban los mayores incrementos de cortisol durante el entrenamiento eran los que peores resultados obtenían en los saltos y los que mostraban y referían más miedo durante los mismos (Henning, 1994).

Un efecto mimético al antes descrito se ha observado también en la relación entre el estrés y el sistema inmunitario. En la investigación animal en laboratorio se ha observado que el estrés moderado y de corta duración tiende a incrementar la actividad del sistema inmunitario. Por el contrario, cuando el estrés es demasiado intenso y tiene como consecuencia la liberación de cortisol, entonces, como ya ha quedado dicho, se produce un descenso sustancial de la respuesta inmunitaria.

Además, la exposición a un estrés breve y moderado puede tener a largo plazo ciertos beneficios. Así, se ha observado en un conjunto de experimentos realizados durante la década de los sesenta que, cuando se somete en el laboratorio a las crías de ratas a experiencias ligeramente estresantes (tales como su manipulación física por los propios investigadores), éstas son más resistentes al estrés cuando son adultas. Estos animales presentan niveles más bajos de las hormonas de estrés; sus respuestas de estrés son más pequeñas y breves y se comportan de una manera más fría en situaciones de desafío. Sobre la base de toda esta línea de investigación, Dienstibier (1989) ha sostenido que una activación fisiológica moderada e intermitente, del tipo a la que tiene lugar cuando se activa fundamentalmente el sistema nervioso simpático a corto plazo, puede tener un efecto beneficioso equivalente al que tendría el ejercicio físico moderado sobre el organismo. Esta idea vendría avalada, además, por las pruebas que revelan que la activación biológica moderada y frecuente puede mejorar la capacidad del organismo para hacer frente a las situaciones de estrés, incrementar su rendimiento en tales circunstancias y proporcionar una mayor estabilidad emocional y una mejor salud.

La razón de que muchas personas busquen activamente situaciones de riesgo (generalmente controladas), como correr delante de los toros, lanzarse desde un puente atado a una cuerda, atravesar el desierto o apostar en un juego de azar, se encontraría, entre otros, en sus efectos estimulantes y en la tensión emocional que generan. Los estudios sobre los cambios psicofisiológicos que se producen en las personas que participan en este tipo de actividades, el salto en paracaídas, por ejemplo, revelan que la sensación subjetiva de ansiedad se incrementa antes del salto y se reduce notablemente después del mismo. El cortisol medido en la saliva también se incrementa después del salto y retoma el nivel de su línea base al cabo de una hora. La sensación de euforia se incrementa extraordinariamente después del salto y permanece elevada durante unos 30 minutos. Se produce, además, un incremento de más del 200 por 100 en los niveles de betaendorfinas después del salto que se correlaciona significativamente con dichas sensaciones de euforia (Henning, 1994). Parecería, por lo tanto, que el estrés es la búsqueda de la euforia que sobreviene a una situación controlada de tensión física y/o emocional y que está mediada por los opiáceos endógenos (Boecker, Sprenger, Spilker et al., 2008).

III.2. El dolor como problema central de los trastornos psicofisiológicos

Dolor crónico 8

1. CARACTERIZACIÓN DEL TRASTORNO

En los países industrializados el dolor es un grave problema de salud que se traduce en un gran número de horas de trabajo perdidas, absentismo laboral, pensiones de invalidez y un consumo, a veces excesivo, de medicación para combatirlo. La depresión y la frustración son, en muchos casos, la reacción de la persona ante un problema que los avances médicos no han conseguido curar, sino únicamente paliar. Las mujeres son las que más sufren este problema, ya que experimentan más cuadros clínicos de dolor, sufren mayor estrés emocional asociado al dolor y muestran un umbral más bajo de respuesta al dolor inducido experimentalmente (Ramírez-Maestre, López Martínez y Zarazaga, 2004; García, Godoy, Godoy, Pérez y López, 2007; Paller, Campbell, Edwards, Dobs, 2009).

Las personas que padecen dolor crónico desarrollan, frecuentemente, conductas de evitación de determinadas actividades sociales, laborales o, incluso, relaciones íntimas que facilitan su progresivo y creciente aislamiento. Todo ello puede provocar a menudo estados emocionales que, por sí mismos, son capaces de exacerbar el dolor. Del mismo modo, el miedo a que los problemas empeoren conduce al retraimiento de cualquier esfuerzo físico, Pérez-Pareja, Borrás, Sesé y Palmer (2005), lo que acaba desembocando en el síndrome del desuso, caracterizado por una pérdida de la fortaleza muscular. En el intento de aliviar el dolor, muchas personas recurren al uso de fármacos que pueden llegar causar dependencia (el sujeto recurre automáticamente al fármaco ante cualquier indicio de que el dolor puede presentarse) además de efectos colaterales indeseables.

En definitiva, cuando una persona sufre dolor crónico su modo de comportarse puede hacerle caer en uno o múltiples círculos viciosos cuya resultante es la exacerbación del dolor (Philips, 1991). Si se retrae de realizar cualquier tipo de actividad física se producirá un debilitamiento de la musculatura afectada, con el consiguiente incremento de la sensación de dolor; si evita actividades placenteras para prevenir la aparición del dolor puede sentirse frustrado y las perturbaciones emocionales exacerbarán la sensación de dolor y, finalmente, si el único remedio utilizado por la persona es la medicación, ésta puede provocar una dependencia que hace que el sujeto necesite cada vez más dosis para aliviar el dolor (véase tabla 8.1).

TABLA 8.1

Consecuencias habituales de dolor que contribuyen a cronificarlo

Por otra parte, también se habrá de recordar que, en términos psicológicos, los correlatos del dolor (conductas de evitación, ansiedad, etcétera) son independientes del tipo concreto de dolor crónico que se sufra, ya sea éste dolor de cabeza, temporomandibular, de espalda, etcétera. Todo lo cual hace que el dolor crónico, al margen de su localización concreta, sea susceptible de un abordaje conductual que pueda contribuir al alivio de este problema, especialmente grave desde la perspectiva del que lo sufre.

Una ilustración de todo esto se encuentra habitualmente en el *dolor crónico de espalda* (véase, tabla 8.2). Este tipo de dolor puede ser desarrollado a partir de un daño agudo, un desgaste gradual o un proceso de tensión muscular crónica, aunque habitualmente la causa física precisa es muy difícil de determinar. El problema suele empezar cuando la persona experimenta una tensión muscular dolorosa o espasmos musculares en la espalda. En respuesta a este dolor, y para tratar de aliviarlo, restringe sus movimientos y se vuelve cada vez menos activa. Este tipo de comportamiento (dos o tres días de descanso después de un tirón en la espalda) puede ser muy beneficioso a corto plazo. Ahora bien, con la inactividad prolongada, los músculos se acortan, se tensan, se endurecen y se debilitan, incrementándose el riesgo de fatiga, espasmo muscular y dolor. Pronto otros músculos (generalmente los del lado opuesto al dolor) empezarán a compensar la restricción de actividad de sus pares. Este patrón asimétrico puede provocar una inestabilidad en la espina dorsal. El consumo habitual de fármacos para tolerar el dolor puede favorecer el mantenimiento de actividades físicas y posturas que favorezcan este proceso. Si hay una degeneración espinal pre-existente, esa descompensación puede presionar los nervios de la espina dorsal provocando más dolor, entumecimiento, pérdida de reflejos y debilidad muscular (Turk y Nash, 1993).

2. TEORÍAS EXPLICATIVAS DEL DOLOR

Ya hace años que ha quedado claro que el modelo médico de dolor crónico no era adecuado; para explicar este problema se postulaba que el dolor sufrido por una persona se encontraba directamente relacionado con la cantidad de daño tisular que

TABLA 8.2

El proceso del dolor crónico de espalda

Su inicio puede ser un desgaste gradual o tensión muscular
↕
Restricción del movimiento de forma prolongada
↕
Los músculos se acortan, endurecen y debilitan (mayor riesgo de fatiga, dolor y espasmos)
↕
Esfuerzo compensatorio de los músculos opuestos
↕
Inestabilidad de la espina dorsal
↕
Presión sobre los nervios (dolor, entumecimiento, pérdida de reflejos y debilidad)
↕
El 50 por 100 de los casos de dolor de espalda degeneran en una hernia discal

el sujeto había sufrido. Aunque esta perspectiva puede ser adecuada y útil de cara a la intervención en el dolor agudo, no sirve para dar cuenta del dolor crónico que se perpetúa, incluso, una vez que el tejido ya ha sanado.

La teoría del dolor propuesta por Melzack (un psicólogo) y Wall (un anatomista) (1965), conocida como *teoría de la puerta,* supuso un avance muy notable en la comprensión e integración de los datos clínicos y experimentales descritos en la literatura. No obstante, la influencia de esta teoría en el ámbito médico y el público en general ha sido muy limitada (Philips, 1991). En general, culturalmente se sobrentiende que el dolor es el síntoma de una patología o de algún tipo de disfunción, por lo que su tratamiento queda destinado de esta manera a un exclusivo abordaje médico.

La teoría de la puerta abrió nuevas perspectivas, de tal manera que el dolor ya no es visto como un producto lineal del daño tisular, sino como un fenómeno complejo que se encuentra vinculado tanto con el daño tisular como con el estado emocional, los aspectos motivacionales y de reforzamiento, así como por factores atencionales (Camacho y Arnate, 2003).

La teoría de la puerta descrita por Melzack (1983) sostiene, en esencia, que *la actividad neural aferente de los nociceptores periféricos está modulada en el asta dorsal de la médula, que actúa como una puerta que impide o no el paso de los impulsos nerviosos que proceden de los nociceptores y del córtex*. El grado con que la puerta incrementa o disminuye la transmisión de impulsos nerviosos está en función de *a)* la actividad de las fibras sensoriales aferentes y *b)* las influencias descendentes de las áreas centrales del córtex. Cuando la puerta está abierta, los impulsos que fluyen a través de la médula llegan al cerebro y la persona siente dolor. Con la puerta cerrada, los impulsos son inhibidos a lo largo de su ascenso a través de la médula y no alcanzan el cerebro, por lo que la persona no siente dolor.

Además, la entrada sensorial puede ser modulada en función de la actividad de las fibras grandes A-beta, las fibras pequeñas A-delta y las fibras pequeñas C que entran en la médula espinal, así como de las sinapsis en el asta dorsal. El asta dorsal de la médula espinal está compuesta de diversas láminas. Dos de estas láminas forman la sustancia gelatinosa que es la estructura donde se encontraría situada la puerta del dolor. Tanto las fibras pequeñas A-delta y C como las fibras grandes A-beta discurren a través de la sustancia gelatinosa. En particular, la actividad en las fibras pequeñas A-delta y C provoca una actividad prolongada en la médula espinal, de tal manera que este tipo de actividad facilitaría la sensibilidad que produce dolor. La actividad de estas fibras pequeñas abre la puerta del dolor. Por el contrario, la actividad de las fibras grandes A-beta provoca un estallido de la actividad en la médula, seguido de inhibición. La actividad de estas fibras grandes cierra la puerta del dolor.

La puerta también puede cerrarse o abrirse por los mensajes descendentes del cerebro. Este sistema se conoce como *mecanismo de control central*. La información sobre la experiencia dolorosa es valorada en los centros superiores del sistema nervioso, transmitida al sistema límbico y la formación reticular, y enviada a la médula para modular la experiencia de dolor. A través de este mecanismo, las reacciones emocionales como la ansiedad, el miedo o el estrés pueden exacerbar la sensación de dolor, mientras que la participación en otras actividades puede silenciar el dolor. Además, las creencias del sujeto, así como su experiencia previa, afectarían la sensación de dolor.

La teoría de la puerta de control puede explicar muchas experiencias personales de dolor. Cuando nos golpeamos accidentalmente un dedo con un martillo, muchas de las fibras pequeñas son activadas, abriendo la puerta del dolor. Entonces podemos coger el dedo y frotarlo. Según la teoría de la puerta, esa maniobra estimula las fibras grandes que cierran la puerta, bloqueando la estimulación de las fibras pequeñas y decrementando el dolor. La teoría de la puerta también puede explicar cómo pueden ocurrir lesiones sin que la persona se dé cuenta de ello. Un jugador de tenis puede torcerse un tobillo durante el juego, pero no notar el dolor agudo a causa de la excitación y concentración en el juego. Por un lado, hay una gran cantidad de información descendente como consecuencia de su atención en los movimientos del contrario y de la pelota y, por otro, hay un flujo de información ascendente de tipo propioceptivo que le permite ejecutar sus propios movimientos, por lo que, por el momento, la puerta del dolor está cerrada para toda la información que proviene de su tobillo lesionado. Sin embargo, una vez que el partido finaliza y la actividad, la atención y la tensión emocional generadas por el juego cesan, la puerta del dolor se va abriendo.

La importancia y el valor heurístico de la teoría de Melzack y Wall (1965) resultan más destacados si se tiene en cuenta que fue formulada cuando todavía no se conocían los opiáceos endógenos y las estructuras de control descendentes que modulan el dolor (entre otras, los núcleos del rafe) conforme a lo predicho en la teoría. Posteriormente, el propio Melzack (1993) ha formulado una *extensión de la teoría de la puerta de control, denominada teoría neuromatriz,* que enfatiza el papel del cerebro en la percepción del dolor. Él ha hipotetizado que la neuromatriz, una red de neuronas cerebrales distribuida a través de distintas áreas del cerebro, recibiría una determinada información sensorial que interpretaría como dolor, pero, al mismo tiempo, podría activarse en ausencia de esa información cuando la persona se enfrenta a estímulos externos o propioceptivos asociados al dolor, tal y como podría ocurrir en el caso del *miembro fantasma*.

Por lo tanto, la percepción del dolor se encuentra modulada por diversos factores, lo que ha llevado a los investigadores sobre el tema a presentar el dolor como una experiencia multidimensional con una mayor similaridad a los estados emocionales que a los procesos sensoriales. Melzack y Casey (1968) propusieron tempranamente tres dimensiones fundamentales que han permitido comprender la interrelación de los factores psicológicos y fisiológicos del dolor. Éstas son:

a) *Dimensión sensorial-discriminativa:* hace referencia a la transmisión de la estimulación nociva (térmica, mecánica o química) que activa los nociceptores y que explica la intensidad del dolor y su localización en el organismo.
b) *Dimensión afectivo-motivacional:* hace referencia a la caracterización que la persona hace del dolor cuando lo adjetiva como desagradable o nocivo. Éstas son cualidades que se pueden asociar con estados de ansiedad en el sujeto y respuestas de escape y/o evitación.
c) *Dimensión cognitivo-evaluativa:* hace referencia al papel que variables como la atención, las creencias y los pensamientos tienen sobre el dolor pudiendo afectar, además, a las dimensiones sensorial-discriminativa y afectivo-motivacional.

3. CONDUCTA DE DOLOR

En algunos casos ocurre que el dolor se perpetúa, incluso, después de que el daño tisular original se haya curado. Nos encontramos entonces ante un hecho que se hace incomprensible desde una óptica médica y pasa a ser un problema estrictamente psicológico. Para dar cuenta de ello, Fordyce (1976) apeló al concepto *conducta de dolor*. Este autor planteó que el dolor en la fase aguda estaría causado por los estímulos nociceptivos; sin embargo,

CUADRO 8.1

El significado del dolor

La experiencia del dolor, al igual que la respuesta de estrés, es un recurso fundamental del organismo para garantizar la supervivencia del individuo y la especie. Las escasas biografías documentadas de las personas que por su naturaleza son incapaces de sentir dolor señalan que suelen ser víctimas de una muerte temprana debido, sobre todo, a las infecciones que contraen como consecuencia de las heridas que sufren y de las cuales, en muchos casos, no son conscientes. Este hecho revela el significado vital del dolor. Es más, el dolor pone de manifiesto nuestros auténticos valores personales. Cuando aparece el dolor, los actos más cotidianos (como ir al cine, dar un paseo o disfrutar de una sobremesa) aparecen como privilegios que se han perdido injustamente. De esta manera se descubre lo que verdaderamente importa.

Ahora bien, este hecho debe matizarse teniendo claramente presente la distinción entre dolor agudo y dolor crónico. Sólo el dolor agudo cumple esa función vital de supervivencia que nos protege del daño y permite escapar o evitar una fuente de peligro como el fuego o el frío.

Incluso, aprendemos que el dolor agudo es un proceso necesario y lleno de significado con el que cursan la recuperación de muchas enfermedades comunes como la gripe, un resfriado, etc. El dolor es, entonces, parte del camino de la recuperación del bienestar.

El dolor crónico, por el contrario, carece de propósito biológico y lejos de ser un proceso de tránsito hacia el bienestar, se convierte en una losa que detiene el tiempo. El transcurrir del tiempo es un termómetro emocional. Cuando la vida se desarrolla con normalidad, el tiempo se escapa de las manos, cuando la vida pierde su sentido, el tiempo no pasa. El dolor crónico sitúa al que lo sufre en un estado en el que el tiempo se ha detenido. En palabras de un paciente con dolor, «por la noche son siempre las tres de la madrugada» (Morris, 1994). El dolor crónico también aísla, ya que los pacientes aprenden que sus quejas (potencialmente interminables como su dolor) suelen agotar, frustrar y distanciar a familia, amigos y médicos. Muchos pacientes aprenden a retirarse a un aislamiento defensivo que subraya aún más el sinsentido de su sufrimiento.

cuando el dolor pasa a ser crónico podría quedar bajo el control de las condiciones ambientales, en cuyo caso hablaríamos de un dolor operante. Tres son las vías a través de las cuales un dolor puede llegar a transformarse en una conducta operante de dolor (Fordyce, 1976):

a) En primer lugar, *la conducta de dolor puede ser reforzada positivamente*. Dicho reforzamiento puede incluir el descanso en la cama, la ingesta de medicación, la atención prestada por los familiares y el propio médico e, incluso, una baja laboral remunerada. Prescripciones del tipo «tome la medicación cuando sea necesario» o «descanse cuando le duela», pueden llevar a una situación en la que el sujeto tiene que mostrar una conducta de dolor para acceder a la medicación o al descanso, lo que, en definitiva, está promoviendo la cronicidad del problema. Todas estas maniobras conducen a que estas personas se perpetúen en esos círculos de cronificación de la enfermedad expuestos en la taba 8.1. En este sentido, se ha encontrado que la solicitud mostrada por el esposo/a de un paciente con dolor crónico está estrechamente ligada a la percepción de dolor que el paciente muestra. Flor, Breitenstein, Birbaumer y Fürst (1995) han observado que cuanto mayor es la solicitud del esposo más intensa es la percepción del dolor que el paciente tiene.
b) La *conducta de dolor puede ser* también *reforzada negativamente* cuando sus consecuencias permiten al sujeto liberarse de eventos y situaciones desagradables, tales como, conflictos en el trabajo, confrontaciones personales o asumir ciertas responsabilidades personales. Entre la gente mayor, asimismo, la conducta de dolor puede ser un medio eficaz de evitar ciertas situaciones que le resultan difíciles de manejar por sus limitaciones cognitivas (Groenman, Vlaeyen, Van Eek y Schuerman, 1990).
c) Finalmente, puede ocurrir que *la conducta funcional* del paciente *deja de ser reforzada*

porque, cuando dicho paciente quiere emprender alguna actividad, su medio social trata de impedírselo apelando a su estado físico, siendo alentado a tomar la medicación, a descansar y a no esforzarse demasiado, asumiendo los miembros de la familia algunas de sus actividades.

Por otra parte, *la conducta de dolor puede quedar bajo el control de distintos estímulos discriminativos* del ambiente, que indican cuándo existe una alta probabilidad de reforzamiento de las manifestaciones de dolor. Así, por ejemplo, un paciente puede no quejarse en presencia de sus hijos, pero cuando está en compañía de su mujer puede observarse un notable incremento de sus conductas de dolor. En este sentido, los médicos deberían ser conscientes de que su actuación también puede propiciar quejas que, a menudo, ellos mismos refuerzan a través de la prescripción de fármacos, de la repetición de los procedimientos diagnósticos, el cambio a otro tipo de medicación, la remisión al especialista, etcétera.

Topográficamente, las conductas de dolor pueden adoptar formas muy distintas. Dentro de éstas se encuentran las quejas verbales que, paradójicamente, no son las más importantes en las situaciones naturales. De hecho, cuando se pregunta a los familiares del paciente cómo saben cuando éste sufre dolor, la referencia verbal figura entre los últimos indicadores que se eligen en la contestación (Penzo, 1989). Otras formas más comunes que adopta la conducta de dolor incluyen las maniobras analgésicas de los pacientes (por ejemplo, darse calor), paradas dentro de una actividad, movimientos protectores (por ejemplo, llevarse la mano al estómago) o ciertas expresiones faciales.

Si bien es cierto que todas estas topografías de la conducta de dolor son operantes y su aparición es más probable en presencia de determinados estímulos discriminativos, es importante reconocer que su aprendizaje puede haberse realizado a través de procesos diferentes. Así, hay conductas de dolor que se adquieren por imitación (por ejemplo, reposo), por instrucción verbal (por ejemplo, automedicación) o por sus consecuencias sociales (por ejemplo, quejas verbales). Todo ello hace que cada paciente desarrolle un cuadro idiosincrásico cuyo abordaje requiere, fundamentalmente, del análisis funcional de la conducta.

4. EVALUACIÓN PSICOLÓGICA DEL DOLOR CRÓNICO

Como ya se ha discutido, el dolor presenta múltiples dimensiones y, por lo tanto, su evaluación puede abarcar diversos aspectos. No debe olvidarse que la evaluación está al servicio de una intervención futura y, por ello, debe permitir recoger toda la información necesaria para diseñar el programa de tratamiento que se va aplicar a un paciente concreto con un problema de dolor crónico concreto. La intervención será muy distinta en un caso donde el problema sea una conducta de dolor a otro donde el dolor se exacerba por la tensión y la ansiedad. Las herramientas que se disponen para llevar a cabo el proceso de evaluación son, por una parte, la entrevista y, por otra, los diferentes tipos de cuestionarios que pretenden abarcar las distintas dimensiones del dolor.

4.1. La entrevista

La entrevista constituye el primer paso del proceso de intervención y tiene como objeto el poner de manifiesto la naturaleza del dolor que el paciente presenta. Un aspecto fundamental es descubrir si las quejas pueden ser consideradas como conductas de dolor, ya que, en este supuesto, el tratamiento de elección determina el uso de una serie de procedimientos operantes que harían probablemente innecesario ahondar en los otros componentes y dimensiones del dolor.

Para el estudio del *componente conductual del dolor* se ha de acudir al análisis funcional de la conducta, siguiendo el proceder convencional de la evaluación conductual y la modificación de conducta (Fordyce, 1976). Consiste en una serie de preguntas estructuradas y operativizadas acerca de las manifestaciones del dolor y de las condiciones contextuales en las que ocurren. La guía para desarrollar el análisis conductual discurre sobre los siguientes aspectos:

a) Intensidad, frecuencia y duración del dolor percibido y momentos del día o la noche en el que se produce.
b) Tipo y frecuencia de las manifestaciones de dolor (verbales, gestuales, motoras) del paciente.
c) Contextos en los que ocurren las manifestaciones de dolor.
d) Condiciones (físicas, emocionales, cognitivas, ambientales y del contexto social) que aumentan y/o reducen la probabilidad de ocurrencia de manifestaciones de dolor.
e) Comportamiento de los allegados ante las manifestaciones de dolor.
f) Actividades que se han abandonado e iniciado tras la aparición del dolor (domésticas, laborales, ocio y sociales).
g) Actividades que realizaría el paciente si no existiese dolor.
h) Actividades que ha abandonado e iniciado la pareja del paciente tras la aparición del dolor.
i) Actividades que realizaría la pareja del paciente si no existiese dolor.
j) Conductas alternativas del sujeto y los allegados ante el dolor.

4.2. Procedimientos de autoinforme y cuestionarios

a) *Métodos para evaluar la dimensión sensorial-discriminativa*. Las escalas de apreciación constituyen el modo más frecuente de evaluar la intensidad percibida de dolor. Pueden ponderarse sobre un rango numérico (por ejemplo, de 1 a 10), verbal (por ejemplo, ausencia de dolor-ligero-moderado-intenso-insoportable) o analógico-visual (por ejemplo, usando una línea de 10 centímetros). No obstante, se ha de tener en cuenta que todas las escalas de apreciación son problemáticas, especialmente en la asunción de la igualdad de la distancia entre los puntos. En realidad, son escalas ordinales más que de intervalo, lo cual habrá de tenerse en cuenta en los análisis estadísticos de las mismas, en particular, cuando se trata de escalas verbales (Williams y Erskine, 1995). En cualquier caso, se ha de tener siempre en cuenta que no existe una escala ideal y que su bondad dependerá del uso que de ella se haga y del contexto en que se aplique. El *cuestionario de dolor de McGill* (MPQ) (Melzack, 1975, 1980) es un instrumento clásico, muy utilizado que permite obtener un índice de la intensidad del dolor, además de las dimensiones afectiva y evaluativa.

b) *Métodos para evaluar la dimensión afectivo-motivacional*. Existe un gran número de cuestionarios desarrollados en otras áreas de la psicología clínica que son apropiados para evaluar el componente afectivo en pacientes con dolor crónico. Entre ellos se encuentran el *Inventario de ansiedad rasgo-estado de Spielberger* (Spielberger et al., 1970), y para la depresión, *el inventario de depresión de Zung,* que ha sido adaptado especialmente para los pacientes con dolor crónico por Main y Wardell (1984). En esta línea, el *Pain Anxiety Symptoms Scale* (PASS) (McCracken, Zayfert y Gross, 1992) contiene 40 ítems que abarcan ansiedad somática, ansiedad cognitiva, miedo y conductas de escape/evitación). No obstante, el MPQ es uno de los pocos instrumentos que intenta evaluar específicamente los componentes afectivos del dolor utilizando 78 adjetivos para describirlo, más que un estado general de ánimo.

c) *Métodos para evaluar el componente de control central del dolor.* Este componente incluye áreas como la atención a los estados somáticos y las estrategias de afrontamiento cognitivo. Dentro de esta área se utilizan, entre otros, el *Coping Strategies Questionnaire* (Rosenstiel y Keefe (1983) que, en función de su frecuencia, agrupa en 7 categorías las respuestas al dolor; el *Pain Response Questionnarie* (Pearce, 1986) que ofrece tres escalas, cogniciones negativas, evitación disfuncional y respuestas positivas, o el *Pittsburgh Multiaxial Assessment of Pain (MAP)* de Turk y Rudy (1987) que ofrece una taxonomía de pacientes con dolor crónico.

d) *Métodos para evaluar el impacto sobre el estilo de vida*. El impacto sobre el estilo de vida no se refiere a conductas específicas ligadas a la experiencia inmediata de dolor, sino a factores de tipo psicosocial que pueden verse afectados por el dolor crónico, tales como las relaciones maritales, el estatus profesional, las actividades de ocio, etcétera. En este sentido, el *Sickness Impact Profile* (Bergner et al., 1976) es un cuestionario que incorpora la evaluación de las consecuencias de la enfermedad sobre las actividades y comportamientos cotidianos.

5. TRATAMIENTO DEL DOLOR CRÓNICO

5.1. Tratamiento farmacológico

Es una creencia común que el tratamiento de elección del dolor es el farmacológico. Sin embargo, si bien es cierto que la farmacoterapia ha demostrado una rotunda efectividad a corto plazo para el tratamiento del dolor agudo, presenta serias limitaciones para el alivio del dolor crónico. La medicación continuada para el dolor crónico reduce progresivamente su eficacia y, al mismo tiempo, da lugar a la aparición de efectos secundarios, además de cierto grado de dependencia fisiológica y psicológica.

En ciertos casos, como la artritis reumatoide o el dolor del cáncer terminal, parece imprescindible el uso continuado de analgésicos; no obstante, en los casos de dolor benigno una terapia exclusivamente medicamentosa acaba en uno de los círculos viciosos de los que hablamos al inicio de este capítulo.

Los tipos de drogas que se usan para el tratamiento del dolor podemos dividirlos en cuatro grandes categorías (Philips, 1991):

a) *Analgésicos de acción periférica.* Los tres principales analgésicos de este tipo son la aspirina, el acetaminofeno y otras drogas no esteroides antiinflamatorias. No originan dependencias físicas, adicciones o efectos secundarios. Sólo con dosis elevadas pueden aparecer efectos tóxicos. Estas drogas actúan inhibiendo la síntesis de prostaglandinas, sustancias que sensibilizan las terminaciones nerviosas libres. La aspirina, en concreto, presenta, en alrededor de un 15 por 100 de los pacientes, algunos efectos colaterales, como son dolor abdominal, náuseas, tinnitus y problemas respiratorios en aquellas personas que son propensas a reacciones alérgicas. Además, tiene un efecto techo en su eficacia a partir de 1.000 mg cada 4 horas.
b) *Analgésicos de acción central.* Actúan sobre el sistema nervioso central y se definen como narcóticos. Pueden ser derivados sintéticos o naturales de la morfina o del opio (por ejemplo, codeína u oxicodeína). Una consecuencia inevitable de su consumo prolongado es el progresivo incremento de la tolerancia. Por este motivo, el paciente necesita cada vez una dosis mayor para lograr el mismo efecto terapéutico. Esto tiene, a su vez, una doble consecuencia: el aumento de los efectos secundarios (por ejemplo, trastornos del sueño, dolor de cabeza, vértigo, náuseas, depresión, etcétera) y una mayor dependencia física que puede dar lugar a síntomas de abstinencia. Además, los narcóticos pueden provocar euforia inmediatamente después de su ingestión, por lo que algunos pacientes con dolor crónico y con alteraciones del estado de ánimo pueden hacerse dependientes de estas drogas.
c) *Analgésicos coadyuvantes.* Se les encuadra dentro del grupo de los analgésicos a pesar de que no está muy claro que actúen como tales. Hay muchos tipos diferentes de drogas que se pueden incluir dentro de este grupo, pero quizá el más importante sea el de los ansiolíticos (por ejemplo, diazepam), cuya acción farmacodinámica incluye una disminución del *arousal* permitiendo así la reducción de la tensión, agitación e insomnio. Por lo tanto, su efecto sobre el dolor no es directo, sino que lo amortigua en la medida que reduce sus concomitantes emocionales.
d) *Miorrelajantes.* Son relajantes musculares, muy comúnmente recetados. Parecen efectivos a corto plazo, aunque se cuestionan sus beneficios en su uso crónico. Entre los efectos secundarios más comunes se encuentran el dolor de cabeza, mareo y somnolencia.

En definitiva, se puede afirmar que, en la actualidad, el tratamiento medicamentoso del dolor crónico benigno presenta algunas limitaciones y problemas. Limitaciones que tienen que ver con los fármacos utilizados, ya que ninguno de ellos actúa sobre las distintas dimensiones del dolor. Así, por ejemplo, un ansiolítico puede aliviar el componente emocional dc dolor pero no el sensorial. Por lo que respecta a los problemas, destacan la dependencia psíquica y física que estos fármacos pueden provocar, además de sus efectos secundarios. A este respecto, cabría subrayar los asombrosos resultados obtenidos por un estudio encargado por el gobierno sueco sobre la evaluación de los tratamientos médicos ofrecidos en atención primaria para el tratamiento del dolor crónico (van Tulder, Groossens, Waddell y Nachemson 2000). La conclusión fue que no proporcionar tratamiento para el dolor crónico era mejor que cualquiera de las soluciones médicas ofrecidas en la actualidad. De ahí la importancia que puedan tener los programas psicológicos para contribuir al alivio del dolor.

5.2. Tratamientos psicológicos

5.2.1. *Técnicas operantes*

La aplicación de las técnicas operantes para el tratamiento del dolor crónico se hace necesaria en aquellos casos donde el problema del paciente se ha transformado en conducta operante de dolor crónico, tal y como Fordyce (1976) había planteado. La aplicación de un programa operante de manejo de contingencias requiere que el paciente cumpla una serie de requisitos que garanticen tanto la oportunidad del mencionado programa como su eficacia. Dichos requisitos son:

- Que el problema del dolor sea crónico, por lo tanto se ha de exigir una duración mínima del mismo de entre 4 y 6 meses.
- Que haya una evidencia notable de conductas operantes de dolor habiéndose ya descartado cualquier patología orgánica que pudiera explicar las quejas.
- Que las conductas funcionales que se pretende que el sujeto alcance se encuentren dentro de su repertorio comportamental o sean asequibles para él.
- Que los familiares estén de acuerdo en los objetivos que se pretenden alcanzar y en colaborar siguiendo las directrices del programa.
- Finalmente, un programa de manejo de contingencias sólo será exitoso si se pueden controlar los reforzadores que controlan, de hecho, la conducta del paciente (medicación, atención o descanso) y se pueden hacer contingentes de las conductas deseadas. De ahí que se tenga que decidir si la aplicación del programa requiere la hospitalización del paciente (lo cual permite un mejor control de las contingencias) o en su domicilio, donde se requiere la total colaboración de los familiares.

Por su propia lógica, el objetivo de este tipo de intervención no es reducir la intensidad del dolor, sino que lo que se pretende es incrementar la frecuencia de las conductas funcionales y reducir las conductas de dolor (Díaz, Comeche y Vallejo, 2003). Por todo ello, es muy importante explicarle al paciente antes de iniciar un programa de este tipo (de cara a que comprenda lo que va a hacer y motivarlo para hacerlo) que el *objetivo del mismo no es eliminar totalmente el dolor, sino aprender a manejarlo y reasumir las actividades normales* que había abandonado por esta causa. En concreto, los objetivos fundamentales del programa de Fordyce (1976, 1988) incluyen: 1) la extinción de las conductas de dolor verbales y no verbales; 2) la reducción del uso excesivo de los cuidados médicos, y 3) el incremento de la actividad física y de ocio.

En cuanto al procedimiento, si éste se lleva a cabo dentro de un marco hospitalario, los pacientes suelen ingresar en programas cuya duración oscila entre las dos y cuatro semanas. Durante este tiempo el personal del centro no presta atención a las conductas de dolor o a las peticiones de analgésicos, pero sí da un gran refuerzo social a las conductas meta. Simultáneamente, se pone en marcha un programa de ejercicio físico con el se pretende aumentar los niveles de actividad de los pacientes. Se establecen cuotas diarias de ejercicio que se incrementan progresivamente de acuerdo al estado físico de cada paciente en particular. El progreso se recoge en una gráfica y el personal refuerza de modo contingente la ejecución completa de esa cuota de ejercicio. En cuanto al consumo de medicación se comienza permitiendo que el paciente tome los analgésicos cuando lo desee, lo que sirve para establecer la línea base de la dosis. A partir de aquí se prepara un *cóctel para el dolor,* consistente en un líquido en el que se disuelve el analgésico. Progresivamente, se va reduciendo la dosis de analgésico que se añade al cóctel, que sólo podrá tomarse de acuerdo a un programa de intervalo fijo y cada vez con intervalos de tiempo más amplios. De esta forma se pretende romper la asociación entre dolor y medicación.

Los resultados de esta aproximación en el tratamiento del dolor crónico de espalda benigno avalan su eficacia cuando se han comparado con grupos control y grupos en lista de espera (Tulder, Ostelo, Vlaeyen, Linton, Morley y Assendelft, 2001). Ahora bien, aunque este tipo de intervención conductual puede provocar una reducción de la intensidad del dolor percibido, el efecto más llamativo suele ser la recuperación de conductas funcionales del paciente y la extinción de comportamientos disfuncionales que emergen con la aparición del dolor.

5.2.2. Técnicas de condicionamiento clásico

La percepción que el sujeto tiene del dolor está estrechamente relacionada con el estado emocional en el que se encuentra. De hecho, los pacientes que sufren dolor crónico pueden llegar a verse envueltos en un círculo vicioso de ansiedad-dolor del siguiente modo. En la fase aguda, el dolor puede asociarse con miedo y una elevada activación emocional que incluye, entre otros efectos, un incremento de la tensión muscular. La tensión muscular refuerza la estimulación nociceptiva y retroalimenta de esta forma la percepción del dolor. Si el dolor se repite en una serie de ocasiones distintas entonces las situaciones relacionadas con la situación original de dolor también provocarán ansiedad y dolor a través de un proceso de condicionamiento clásico. En este sentido, se ha demostrado experimentalmente que *las emociones y los pensamientos con los que las personas recuerdan acontecimientos estresantes pueden provocar una sensación de dolor en aquellas partes del cuerpo que están sensibilizadas*. Para ello se colocaron sensores con objeto de captar la tensión muscular en la zona lumbar de la espalda, en el antebrazo y en la frente de tres grupos de sujetos voluntarios: pacientes que sufrían dolor de espalda, pacientes con otros tipos de dolor y personas que no padecían dolor. Se registró la tensión muscular mientras estas personas recordaban y describían con gran detalle la última vez que experimentaron un dolor extremo y la última vez que vivieron un acontecimiento muy estresante. Mientras se describían esos acontecimientos, los pacientes con dolor de espalda tenían un nivel más alto de tensión muscular en su espalda (y solamente en los músculos de su espalda) que al inicio del experimento. Los otros dos grupos no mostraron cambios significativos en la tensión en la espalda. En estudios similares en pacientes que sufren dolor temporomandibular, el recuerdo del estrés y el dolor elevaba la tensión en los músculos de la mandíbula, pero no en la zona lumbar de la espalda (Turk y Nash, 1993). Asimismo, también se ha observado que los pacientes con dolor crónico obtienen unas puntuaciones significativamente más altas en la dimensión afectiva del MPQ que aquellos que sufren dolor agudo (Masedo y Esteve, 2002). Y que las puntuaciones más altas en catastrofismo, que se refieren a afirmaciones que reflejan que el paciente no se siente capaz de continuar esforzándose para afrontar la situación y tiende a ver el dolor y su estado como algo terrible, se asocian con un peor estado de los pacientes con dolor crónico (Esteve, Ramírez y López, 2004).

Desde este punto de vista las técnicas terapéuticas derivadas del paradigma del condicionamiento clásico, como son el entrenamiento en relajación muscular y la desensibilización sistemática (DS) pueden ser útiles para romper ese binomio de ansiedad-dolor. Se trataría, en definitiva, de enseñar al sujeto una respuesta de relajación incompatible con la activación emocional que retroalimenta el dolor o, en su caso, descondicionar, a través de la DS, algunos estímulos que eliciten la sensación de dolor. En esta misma línea también se ha utilizado el biofeedback EMG con objeto de enseñar al sujeto a controlar su grado de tensión muscular y emocional.

Aunque la eficacia del entrenamiento en relajación muscular está firmemente establecida para algunos tipos de dolor, como ocurre en el caso de las *cefaleas tensionales y la migraña,* tal y como veremos en el capítulo siguiente, *sus resultados sobre otros tipos de dolor crónico cuando se usa como estrategia única de tratamiento parecen un tanto cuestionables.* Carroll y Sears (1998), en una revisión de estudios bien controlados, encontraron que cuando se comparaba la relajación muscular con un grupo de control activo no se observó beneficio significativo alguno en pacientes con dolor crónico de espalda, dolor temporo-mandibular o fibromialgia. Siendo en estos casos la terapia física y el biofeedback más efectivos que la relajación.

5.2.3. Técnicas cognitivo-conductuales

Una de las mejores formas de ilustrar cómo se aborda el dolor desde la perspectiva cognitivo-conductual se encuentra en la técnica de la inoculación del estrés (Meichenbaum, 1977), que ha sido específicamente adaptada para el dolor por Turk, Meichenbaum y Genest (1983). Más recientemente, Williams (1993) también ha realizado una adecuada descripción del tratamiento cognitivo-conductual del dolor.

La inoculación del estrés para el tratamiento del dolor incorpora una serie de estrategias cognitivas que lo que pretenden, en definitiva, es que el sujeto aprenda a distraerse de las sensaciones de dolor o a situar la sensación dolorosa en otro contexto (imaginativo) que le permita tolerarlo mejor. No obstante, en el procedimiento no se olvida introducir también técnicas conductuales, la relajación por ejemplo, con las que abordar el componente emocional del dolor. La inoculación del estrés se desarrolla en tres fases que obviamente se van entrecruzando a lo largo del desarrollo del tratamiento:

1. *La primera fase o fase educativa* tiene como objeto ofrecer al cliente un marco conceptual (expresado siempre en términos asequibles para él) que le permita entender en qué consiste el dolor, cuáles son sus componentes y qué elementos incorpora el programa de tratamiento para conseguir su alivio. Se trata de presentar un marco lógico de actuación más que un modelo científico preciso, porque lo que se pretende en esta fase es motivar al paciente y fortalecer su adhesión al tratamiento.
2. *La fase de adquisición y entrenamiento en habilidades específicas* sirve para entrenar al sujeto en las distintas habilidades que puede utilizar para afrontar cada uno de los componentes del dolor. Un elevado *arousal* suele conllevar un alto grado de tensión muscular que potencia y mantiene la sensación de dolor. Por lo tanto, de cara a reducir el efecto de este factor sobre la percepción del dolor, se entrena al sujeto en alguna técnica de relajación muscular y se le instruye para utilizarla ante aquellas situaciones que pueden desencadenar la aparición del dolor. Por otra parte, a través de técnicas basadas en el uso de la imaginación fundamentalmente, el sujeto puede aprender a controlar la atención que presta a las sensaciones de dolor e, incluso, a modificar el valor afectivo del dolor situándolo en otro contexto. Entre dichas técnicas se encuentran las siguientes:

    - *Distracción imaginativa,* en la que se instruye al sujeto para que imagine una escena que sea incompatible con la experiencia del dolor.
    - *Transformación imaginaria del contexto,* cuyo propósito es que el paciente se imagine que las sensaciones de dolor que está sintiendo están ocurriendo en otro contexto. El objeto de esto es que el sujeto trate de «vivir» las sensaciones de dolor en otra situación en la que tendrían otro significado totalmente distinto. La técnica se fundamenta en que si las sensaciones se asocian con un estado emocional de valor más que de miedo y ansiedad, el dolor disminuirá.
    - *Trasformación imaginaria del dolor,* para lo cual el sujeto debe rotular las sensaciones dolorosas en términos de entumecimiento o tirantez.
    - *Somatización,* a través de la cual se le enseña al sujeto a atender al dolor pero analizándolo de una manera objetiva, como si tuviese que describir las sensaciones que está sintiendo a otra persona.
    - *Distracción de la atención a través de otras actividades* en las que él sea capaz de concentrarse.

Dentro de esta fase se introduce el entrenamiento autoinstruccional, con el que se pretende que la persona aprenda a autorregular su conducta y poner en marcha las técnicas de afrontamiento que ha aprendido. Para ello se utilizan verbalizaciones autodirigidas que deben describir operativamente la conducta a realizar en cada uno de los cuatro momentos descritos por Meichenbaum (1977):

a) Preparación para la aparición de la estimulación aversiva (por ejemplo, «piensa en la estrategia que has entrenado en el momento que el dolor aparezca»).
b) Afrontamiento y control de la estimulación dolorosa (por ejemplo, «no pienses en el dolor, sino en lo que tienes que hacer para aliviarlo»).

c) Control de las respuestas emocionales en el momento en que uno se puede sentir abrumado por el dolor (por ejemplo, «debo esperar que el dolor aumente algunas veces»).
d) Autorrefuerzo (por ejemplo, «lo he hecho bastante bien»).

3. *En la fase de aplicación,* se busca que el paciente vaya poniendo en práctica las habilidades aprendidas en situaciones cotidianas y cada vez más cercanas a las que ocurre el problema. Para ello, se puede utilizar tanto el entrenamiento en imaginación como el *role-playing*. De cara a optimizar el resultado del entrenamiento puede ser muy importante que el paciente, inicialmente, verbalice en voz alta las instrucciones que está utilizando en cada momento para hacer frente al dolor. Progresivamente, se irá atenuando dicho dialogo hasta hacerlo silente. Por otra parte, también se ha encontrado útil que el propio paciente, cuando esté suficientemente entrenado, instruya a otro nuevo paciente de cara a consolidar el aprendizaje de las habilidades de afrontamiento.

Los programas cognitivo-conductuales, que gozan de gran popularidad, también han demostrado resultados satisfactorios en el manejo del dolor crónico. En un metaanálisis realizado sobre 65 estudios de tratamiento, Flor, Fydrich y Turk (1992), mostraron mejoras no sólo en cuanto a los efectos directos del tratamiento, como la apreciación del dolor, el estado de ánimo o su efecto sobre la vida diaria, sino también en el trabajo y en el uso de los cuidados de la salud. En cualquier caso, hoy por hoy no se puede precisar el alcance terapéutico de las técnicas cognitivo-conductuales, puesto que su aplicación se suele hacer dentro de los llamados multicomponentes, en los que se incluyen también técnicas fisiológicas, conductuales, relajación, etcétera (Díaz et al., 2003). No obstante, esta aproximación multicomponente sí parece haber demostrado su efectividad en el tratamiento de distintos tipos de dolor crónico, tomando como índice de mejoría variables como experiencia de dolor, conductas de dolor, funcionamiento social, estado emocional o uso del sistema sanitario (Morley, Eccleston y Williams, 1999). Es por ello que estas intervenciones multicomponentes basadas en la modificación de conducta pueden considerarse como tratamientos bien establecidos para los casos de dolor crónico (Fishbain, 2000).

5.2.4. *La terapia de aceptación y compromiso*

Dentro de la terapia de conducta, las llamadas terapias de tercera generación y, en particular, la Terapia de Aceptación y Compromiso (ACT), constituyen un modo novedoso de abordar el dolor crónico. El objetivo de la ACT es enseñar al paciente a convivir con el dolor, recuperando en la medida de lo posible la normalidad y con ella los aspectos valiosos de la vida que ha abandonado tras su aparición. Básicamente, la aplicación de la ACT al dolor crónico sigue las mismas fases que se utilizan en otros problemas. A continuación, se describen en detalle. Las metáforas y ejercicios que se citan pueden encontrarse completas en (Hayes, Strosahl y Wilson, 1999; Wilson y Luciano, 2002). Recientes estudios han mostrado la utilidad del procedimiento para el tratamiento del dolor crónico (Vowles y McCracken, 2008).

Desesperanza creativa. Iniciando de este modo la terapia del dolor, lo que se quiere conseguir es ayudar al paciente a tomar consciencia de la falta de efectividad de las estrategias que ha empleado hasta el momento para paliar o eliminar el dolor, poniéndole en perspectiva de otras formas de responder ante él. No se debe caer en el análisis del contenido de la historia que el paciente cuenta, de las maniobras particulares que ha realizado ni en el análisis del tipo de pensamientos o en las llamadas distorsiones cognitivas. Por el contrario, lo que se debe subrayar es la falta de utilidad de lo que se ha hecho para eliminar el dolor. En muchos casos, tal como veremos al hablar de la cefalea por sobre-abuso de medicación, la medicación no sólo se verá como inefectiva, sino como la causa específica de este tipo de cefalea. Para

TABLA 8.3

Fases del tratamiento de la ACT para el dolor crónico (Robinson, Wicksell y Olsson, 2004)

Fase de tratamiento	Objetivos	Intervenciones clínicas
Desesperanza creativa	Ayudar al paciente a percibir la falta de eficacia de sus estrategias para combatir el dolor. Mostrarle otras formas de responder al dolor.	¿Qué se ha intentado y cómo ha funcionado? El científico habla del dolor. La metáfora del agujero y la pala. Discrepancia entre acciones valiosas y acciones reales. Evaluación del catastrofismo.
El control como problema	Ayudar al paciente a ver la eliminación del dolor como una estrategia que no funciona. Ayudarle a ver la relación entre control y sufrimiento.	Mostrar el papel de los eventos privados en la experiencia del dolor. Metáfora del polígrafo. Malestar «limpio» o «sucio». Metáfora de las dos escalas. Metáfora de la sopa de letras.
Alterar el papel del lenguaje	Ayudar al paciente a ver sus pensamientos y sentimientos, incluyendo las razones que se da para explicar su comportamiento, desde la perspectiva de un observador. Ayudarle a debilitar el contexto verbal/social que controla el dolor.	Metáfora de encontrar un sitio para sentarse. Metáfora de los pasajeros en el autobús. Ejercicio de la observación del flujo de la experiencia privada. Ejercicio de sacar la mente de paseo. El uso de las razones como causas.
El *self* como contexto	Ayuda al paciente al ver el *self* como algo distinto de su mente. Establecer un lugar seguro para vivir las experiencias relacionadas con el dolor.	Metáfora del tablero de ajedrez. Ejercicio del observador. Ejercicio de escoger una identidad.
Valores	Enseñar al paciente a identificar los valores importantes de su vida Proporcionarle fuerza motivacional para seguir funcionando con el dolor.	Metáfora del jardín. Ejercicio de los calcetines Perigó. Carta a un ser querido. Metáfora de la montaña. Montar en bicicleta.
Patrones de acción y compromiso	Ayudar a desarrollar e implementar planes de conducta para cambiar la vida.	Elección *versus* decisión. Ejercicio del salto. Metáfora de la ciénaga

ilustrar cómo lo hecho por el paciente no ha funcionado se pueden usar metáforas como la de la pala y el agujero. En ella, en síntesis, se cuenta la historia de una persona que cae en un hoyo profundo y para salir de él utiliza lo único que tiene a su alcance, que no es otra cosa que una pala. Usa la pala porque dispone de ella, sin darse cuenta de que lo único que ha hecho es hacer más grande el agujero en el que ha caído. En este mismo sentido, se puede empezar a plantear al paciente la discrepancia entre las acciones valiosas para él y las acciones reales que está llevando a cabo. Muchas veces, todas sus acciones van dirigidas a evitar el dolor, y ello supone evitar cosas verdaderamente importantes como estar con sus amigos. Evaluar el catastrofismo y los pensamientos negativos exagerados que acompañan al dolor es también una tarea inicial de la terapia, ya que se ha demostrado que éste se asocia con un mayor dolor, mayor consumo de medicación y un peor funcionamiento vital.

El control como problema. En esta fase se analizan en detalle con el paciente cuáles han sido sus estrategias de control del dolor y cómo han funcionado. El énfasis se pone en mostrar cómo, en el mejor de los casos, los intentos para controlar el dolor (como distraerse o recurrir a determinadas drogas) pueden funcionar a corto plazo, pero inmediatamente después se suele sentir igual o peor que antes. Además, se ha de subrayar cómo en aquellos casos en los que el intento de control no funciona el dolor se intensifica y se siente un mayor malestar. En este punto puede ser adecuada la conocida metáfora del polígrafo. En ella se ve a una persona intentando controlar sus índices fisiológicos de ansiedad bajo la amenaza de muerte sino lo consigue. El resultado es que su ansiedad se dispara. Del mismo modo que cuando el paciente intenta controlar el dolor y no lo consigue, su experiencia se torna mucho más desagradable. En este punto, se introduce el concepto del dolor limpio en oposición al dolor sucio. Con él se quiere mostrar cómo el grado de dolor que se siente está también en función de las respuestas emocionales y los pensamientos que lo acompañan. La frustración, la rabia y el deseo que pare de una vez sólo provocan más dolor. Si esto es así, dejar de esforzarse para salir del dolor hace que éste se viva de modo un limpio y sin cargas emocionales. La metáfora de las dos escalas se puede utilizar para ilustrar este aspecto. En ella se propone al paciente la existencia de dos escalas que van de 0 a 100 para medir y controlar el dolor. Con la primera de ellas, que es la que ha usado siempre, se trata de mantener el dolor a 0. Tan pronto como suba a 10, 30 ó 90 se trata de reducir el dolor a 0. Los resultados de este modo de actuar no funcionan o hacen que el dolor se acabe disparando aún más. Frente a ello existe la posibilidad de usar otra escala en la que hay que dejar fluctuar libremente el dolor sin hacer nada para controlarlo. Dejarlo subir a 90 y observar cómo posteriormente desciende. De este modo, habrá dolor, pero será un dolor limpio, sin la contaminación emocional y cognitiva de la que se solía acompañar, haciéndolo más tolerable.

Alterar el papel del lenguaje. El objetivo de esta parte del tratamiento es enseñar al paciente a distanciarse de los sentimientos y pensamientos sobre su experiencia del dolor que no hacen sino que incrementar su sufrimiento. El lenguaje interno sobre el dolor suele ser negativo y, en este sentido, se puede mostrar la diferencia entre lo meramente descriptivo y lo valorativo. Así, calificar un dolor como punzante y muy intenso no es lo mismo, en cuanto a su repercusión emocional, que calificarlo como «un dolor horrible que está arruinando mi vida». El manejo adecuado que puede hacerse de los eventos privados que están provocando un continuo desgaste emocional se puede ilustrar con la metáfora de los pasajeros en el autobús. En ella los pensamientos y emociones dañinas asociados al dolor son como los pasajeros molestos y amenazantes de un autobús del que el paciente es el conductor. Cuando esos pasajeros molestan, el conductor se limita a seguir sus instrucciones para evitar tratar de calmarles, o bien tiene que parar el autobús y enfrentarse a ellos. En ambos casos, el paciente ha detenido su vida y la lleva, bajo amenaza, por un camino que no quiere. Para recuperar el control, el conductor debe seguir conduciendo el autobús por la ruta de su vida, ya que así comprobará que los pasajeros dejan de molestarle porque, aunque puedan amenazarle, no pueden cumplir sus amenazas. Para explorar esos eventos internos que están interfiriendo en la vida del paciente, sobre todo con aquellos más ansiosos, puede usarse el ejercicio de la observación del flujo de la experiencia privada. Mediante ejercicios de respiración se favorece la relajación del paciente y se le invita a que observe su actividad mental y que vivencie cualquier pensamiento o sentimiento sobre el dolor (aunque sea desagradable) sin tratar de apartarlo o atraerlo. Finalmente, dentro de este apartado se trata de poner en cuestión la creencia común de que sólo actuamos por determinadas razones que a la postre son la causa de nuestro comportamiento. En un ejemplo común, un paciente puede indicar que no sale a caminar como le recomendó el médico porque

© Ediciones Pirámide

no encuentra ningún sitio agradable y que le guste para ello. Aun cuando eso pueda ser una razón para no hacerlo, la realidad es que el que no encuentre un sitio adecuado no es la causa de que no vaya a caminar, ya que se puede caminar por una senda, aunque ésta no le guste.

El *self* como contexto. En esta fase del tratamiento la meta es ayudar al paciente a ver que hay un lugar en el cual el dolor puede ser experimentado de un modo no tóxico. Para ello el ejercicio del observador o la metáfora del tablero de ajedrez puede ayudar a que el paciente deje de verse como lo que piensa y siente (contenido) y gradualmente pase a entenderse como el contexto en el que ocurren esos contenidos. En la metáfora del tablero de ajedrez se describen los eventos privados negativos como las fichas negras, y las fichas blancas como los pensamientos y sentimientos positivos que tratan de ganar a las negras. Sin embargo, esa guerra nunca tiene final, porque, gane quien gane una batalla, siempre habrá otra, y con ello el desgaste de estar siempre luchando. Sin embargo, si la persona se percibe como el tablero en el que se libra la batalla, podrá observar esa lucha desde un sitio seguro sin implicarse en una guerra que nunca tendrá un ganador.

Valores. Los valores marcan el rumbo de la conducta a lo largo de la vida, aunque suelen ir reordenándose con el tiempo. Por su propia definición, son más abstractos que las metas concretas que cada persona se va marcando a lo largo de los años y, al contrario de lo que ocurre con las metas, no pueden ser alcanzados de un modo permanente. Es por ello que un cambio de conducta dirigido hacia un valor puede ser más estable en el tiempo que el dirigido a una meta. Con los pacientes con dolor crónico la discusión sobre los valores puede tropezar con algunas dificultades. Por un lado, hablar sobre lo que es importante en su vida, genera fuertes respuestas emocionales como ansiedad y tristeza. Los pacientes con dolor crónico experimentan una enorme brecha entre lo que ellos están haciendo para cuidarse y cómo querrían vivir sus vidas. Además, a menudo se confunde lo que son valores y sentimientos. Muchos creen que su continuo sentimiento de dolor y depresión le hacen imposible vivir la vida de una manera valiosa. El ejercicio de los calcetines de Perigó puede ser una forma útil para introducir el hecho de que los sentimientos no son un obstáculo para vivir conforme a los valores. En este ejercicio se presenta a una persona que puede no tener ningún sentimiento hacia unos calcetines, pero que puede comportarse como si esos calcetines fuesen lo más importante de su vida. Se pueden tener sentimientos inconsistentes con un valor y comportarse de forma consistente con ese valor. Al final, el paciente tendrá que realizar una elección entre mantener su modo de afrontar el dolor tratando de eliminarlo, controlarlo y justificar todo ello u optar por un cambio en su comportamiento en la línea de sus valores. El trabajo sobre los valores se hace al principio y al final de la terapia y resultará más laborioso cuanto mayor sea la historia de dolor crónico del paciente. En la medida que se completa la evaluación de los valores y se establecen metas concretas, se identifican los déficit de habilidades (asertividad, lenguaje, solución de problemas, etcétera) para entrenarlas en el paciente en esta fase final de la terapia.

Patrones de acción y compromiso. En esta fase del tratamiento se trabaja con el paciente para apoyar su voluntad para sentir el dolor sin tratar de evitarlo a toda costa, aceptarlo e introducir los cambios de conducta necesarios para alcanzar una vida valiosa. Este planteamiento supone en sí mismo una amenaza para el paciente, cuyo objetivo ha sido siempre librarse del dolor. Los cambios de conducta que se piden se sintetizan en inglés en los acrósticos FEAR (fusión con los pensamientos, evaluación de la experiencia, evitación de la experiencia y dar razones para la conducta) y ACT (aceptar sus reacciones y estar en el momento presente, elegir una dirección valiosa y tomar las acciones necesarias para seguirla).

5.2.5. *Conclusiones*

La complejidad dimensional del dolor hace que las distintas intervenciones psicológicas que se pueden iniciar para paliarlo sólo sean adecuadas si se ha conseguido establecer previamente la naturaleza precisa de la queja del paciente. Si, por ejemplo, las manifestaciones verbales de dolor e incapacidad física que puede mostrar una persona en un momento determinado están mantenidas por las consecuencias sociales de las mismas (atención, afecto, delegación de responsabilidades, etcétera) de poca utilidad sería otra intervención que no fuera la destinada a modificar ese sistema de contingencias.

No es de extrañar entonces que los resultados sobre la eficacia de las técnicas terapéuticas estén, al menos en parte, en función del tipo de medidas utilizadas para valorar el tratamiento y, a su vez, de los diferentes tipos de tratamiento que parecen producir patrones característicos de cambio sobre las distintas medidas utilizadas (Pearce y Erskine, 1989). Así, los programas operantes parecen más efectivos para reducir el consumo de medicación e incrementar la actividad física, mientras que los programas cognitivo-conductuales parecen más eficaces para reducir la intensidad percibida de dolor.

Quizá, por ello, es cada vez más común la utilización de los llamados programas multimodales. En estos programas se suele incluir un amplio espectro de técnicas que han mostrado alguna utilidad para el alivio del dolor. Este uso clínico de la aproximación multimodal supone un reto futuro para la investigación experimental en este campo en la que se está pendiente de determinar cuáles son los principios activos de los tratamientos que son más adecuados al dolor en particular que sufre cada paciente (Díaz et al., 2003).

En los últimos años, de la mano de las llamadas terapias de tercera generación, y dentro de la terapia de conducta, ha emergido un nuevo modo de abordar el tratamiento del dolor crónico cuya diferencia más notable frente a los planteamientos tradicionales quizá sea el abordaje integral del problema. No se debe olvidar que la adaptación al dolor crónico depende, en gran medida, del modo en que la persona afronta cotidianamente ese dolor y del apoyo que percibe de los otros (López-Martínez, Esteve-Zarazaga y Ramírez-Maestre, 2008). Como se puede haber notado, la ACT no busca eliminar el dolor de la vida de los pacientes (hecho poco probable dada la naturaleza crónica del mismo), sino experimentarlo de un modo más tolerable y, sobre todo recuperar un estilo de vida lo más próximo a los valores del paciente. Esta lógica choca frontalmente con las expectativas de los pacientes, ya que el enfoque predominante del tratamiento del dolor (médico, social y psicológico) busca su total erradicación. En el mundo occidental, en los últimos 50 años se ha empleado una enorme cantidad de recursos para desarrollar modos de evitar el dolor o luchar para paliarlo. En este sentido, no se debería olvidar que cuando el dolor es inevitable se acaba tolerando, pero cuando el dolor puede evitarse se transforma en algo intolerable. De este modo, el mundo desarrollado ha creado, con todas las drogas disponibles para librarse del dolor, una fuerte intolerancia y una incrementada sensibilidad al mismo (Dahl y Lundgren, 2006). Es por esto que se hacen necesarios estudios que valoren la eficacia de la ACT en relación a otros procedimientos establecidos.

Cefaleas 9

1. CARACTERIZACIÓN DEL TRASTORNO

Las personas que sufren cefaleas tienen, en muchas ocasiones, grandes dificultades para desarrollar su trabajo y sus labores cotidianas, lo cual revela tanto su padecimiento como el costo social y laboral del problema. Los datos epidemiológicos indican que la cefalea está muy estrechamente relacionada con la edad y el sexo. Las mujeres son las que padecen con mayor frecuencia este problema y también los ataques más incapacitantes y de mayor severidad. En conjunto se ha estimado, según diversas investigaciones, que la cefalea afectaría aproximadamente a un 10-16 por 100 de los hombres y a un 20-26 por 100 de las mujeres (Van der Helm-Hylkema, 1990; Russell, Kristiansen, Saltyté-Benth y Kværner, 2008). Entre un 3 por 100 y 5 por 100 de la población sufren dolor de cabeza casi a diario (Gladstone, Eross y Dodick, 2003). Por lo que respecta a la edad, en el caso de la migraña, no se observan diferencias importantes en su prevalencia hasta la pubertad; a partir de este momento se hace hasta 2,5 veces más frecuente en la mujer que en el hombre (Stang y Osterhaus, 1993). A partir de los 45 años se observa un ligero descenso de su prevalencia, tanto en hombres como en mujeres (Russell et al. 2008).

Aunque el dolor de cabeza puede estar causado por diversas alteraciones orgánicas como la epilepsia, tumor intracraneal, enfermedades de la vista, de los oídos, bucodentales o por los efectos secundarios de algunos fármacos, en la mayor parte de los casos se trata de cuadros funcionales. Se calcula que tan sólo el 10 por 100 de los casos de cefalea tiene una etiología orgánica, mientras que el 90 por 100 restante sería de naturaleza-funcional.

A pesar de ello y de que la intervención conductual sobre la base de técnicas de relajación y/o biofeedback ha demostrado una clara y notable efectividad en el alivio del dolor de cabeza (Schwartz,1995; Penzien, Rains y Andrasik, 2002), la práctica clínico-terapéutica habitual sigue siendo, en muchos casos, la farmacoterapia. En particular, se ha destacado que el *uso continuado de medicamentos para aliviar el dolor* (que pueden ser muy efectivos cuando se administran durante períodos de tiempo limitado) *puede provocar* una *dependencia* que conduce a un mayor consumo del fármaco y, a la postre, a una *cronificación del dolor de cabeza*.

En resumen, se podría afirmar que, puesto que la cefalea es en la mayoría de los casos un problema funcional para el que sólo se dispone de un tratamiento médico sintomático y, a corto plazo, la intervención conductual, cuya eficacia ha sido probada a lo largo de las tres últimas décadas, se presenta como alternativa viable y efectiva al uso continuado de fármacos para un amplio grupo de pacientes (Penzien, Rains y Andrasik, 2002).

2. CLASIFICACIÓN DE LOS DOLORES DE CABEZA

En 1962, el Ad hoc Committee para la clasificación de las cefaleas describió hasta 15 categorías de dolor de cabeza. En 1988, la International Headache Society actualizó dicha clasificación buscando unos criterios diagnósticos y una descripción más exacta de las distintas categorías que se habían establecido para la cefalea. Básicamente, las cefaleas primarias o los dolores de cabeza sin etiología orgánica se dividieron en cuatro grandes categorías: cefaleas de tipo tensional, migraña, dolor de cabeza en racimos y dolores de cabeza diversos. De acuerdo a la clasificación de 1988, desaparecen los términos de migraña clásica y común, siendo sustituidos por el de migraña con o sin la presencia de aura, al tiempo que desaparece, definitivamente, la denominación de cefalea vascular. En 2004, se ha hecho una revisión del sistema de clasificación del dolor de cabeza que ha incluido pocos cambios, pero alguno de ellos bastante significativo (véase http://ihs-classification.org/en/). Entre éstos se encuentra el reconocimiento del incremento de la prevalencia, dentro de las cefaleas secundarias, de un tipo de dolor de cabeza cada vez más común ligado a mal uso de los fármacos llamado cefalea por sobreabuso de medicación (Olesen, 2005).

2.1. Cefalea tensional

La cefalea tensional (véase tabla 9.1) representa alrededor del 80 por 100 de los casos de dolor de cabeza funcional. En la literatura es descrita bajo múltiples nombres, como el de cefalea por estrés, cefalea psicomiogénica, cefalea idiopática o cefalea psicogénica. Se caracteriza, básicamente, por un dolor opresivo/tirante, de ligera o moderada intensidad, de localización bilateral y que no empeora con la actividad física rutinaria. Aunque no se acompaña de náuseas, puede presentarse con fotofobia o fonofobia.

Aunque en la clasificación del HCC (1988) se enfatiza el ajuste de cada caso de cefalea a un único criterio diagnóstico, la realidad es que un amplio grupo de pacientes que sufren dolor de cabeza (hasta un 30-40 por 100 de los mismos) presenta un cuadro mixto de migraña y cefalea tensional (Van der Helm-Hylkema, 1990).

2.2. Migrañas

De acuerdo con la clasificación del ICHD, se hablará básicamente de dos tipos de migraña en función de la presencia o ausencia de aura (véanse tablas 9.2 y 9.3). En aquellos casos donde el ataque migrañoso se inicia con la presencia de un estado prodrómico o aura, el sujeto no siente inicialmente dolor, aunque sí puede experimentar a menudo un estado de desasosiego además de vómitos, mareos y alteraciones visuales y/o auditivas. Durante esta fase se produce una constricción de los vasos sanguíneos cerebrales que parece provocar una caída de la presión sanguínea en todo el cerebro (Woods, 1994). No obstante, hay muchos pacientes migrañosos que no muestran queja subjetiva alguna durante esta fase. Al cabo, como máximo, de una hora, se desencadena el ataque migrañoso, durante el que el paciente sufre un dolor de cabeza unilateral, pulsátil y de intensidad moderada que se agrava con cualquier otra actividad física. Esta fase parece que se explica por una vasodilatación de las arterias extracraneales asociada a una inflamación estéril de los tejidos próximos a éstas. La causa del dolor

TABLA 9.1

Criterios diagnósticos de la cefalea tensional episódica según The International Classification of Headache Disorders, 2nd Edition (2004)

1. Al menos diez episodios que presenten una frecuencia ≥1 pero <15 días al mes durante tres meses (≥12 y <180 días al año) y que satisfagan los criterios 2 y 4.
2. Duración del episodio de 30 minutos a 7 días.
3. El dolor debe reunir dos de las siguientes características:
   a) Opresivo/tirante (no pulsátil).
   b) Intensidad leve o moderada que puede inhibir pero no impide realizar otras actividades.
   c) Localización bilateral.
   d) No se agrava al realizar otras actividades físicas rutinarias como caminar o subir escaleras.
4. Debe caracterizarse por la:
   a) Ausencia de náuseas y vómitos (anorexia puede ocurrir)
   b) Ausencia de fotofobia o fonofobia o sólo una de las dos debe estar presente.
5. No atribuible a otra alteración.

TABLA 9.2

Criterios diagnósticos de la migraña sin aura según The International Classification of Headache Disorders, 2nd Edition (2004)

1. Al menos cinco episodios de migraña que satisfagan los criterios 2 y 4.
2. Episodios de dolor de cabeza de una duración entre 4 y 72 horas (sin tratar o tratados sin éxito).
3. Dolor de cabeza con al menos dos de las siguientes características:
   a) Unilateral.
   b) Pulsátil.
   c) Intensidad moderada o severa inhibe o impide las actividades diarias.
   d) Se agrava o causa la evitación de actividades físicas rutinarias (como caminar o subir escaleras).
4. El episodio se acompaña de al menos una de las siguientes características:
   a) Náuseas y/o vómitos.
   b) Fotofobia y fonofobia.
5. No atribuible a otra alteración.

TABLA 9.3

Criterios diagnósticos de la migraña con aura según The International Classification of Headache Disorders, 2nd Edition (2004)

1. Al menos dos episodios cumpliendo el criterio 2 y 4.
2. El aura se caracteriza por, al menos, una de las siguientes cualidades, pero no por debilidad motora:
   a) Síntomas visuales completamente reversibles que incluyen características positivas (como luces, líneas o puntos) y/o negativas (como pérdida de visión).
   b) Síntomas sensoriales completamente reversibles que incluyen características positivas (como hormigueo y agujas) y/o negativas (como entumecimiento).
   c) Alteración disfásica del habla completamente reversible.
3. Al menos, dos de las siguientes:
   a) Síntomas visuales homónimos y/o síntomas sensoriales unilaterales.
   b) Al menos, un síntoma de aura que se desarrolla gradualmente sobre un período igual o mayor a 5 minutos y/o diferentes síntomas de aura que ocurren sucesivamente sobre un período igual o mayor a 5 minutos.
4. Los criterios 2 y 4 del dolor de cabeza de la migraña sin aura comienzan durante el aura o siguen al aura dentro de un intervalo de 60 minutos.
5. No atribuible a otra alteración.

se situaría en la liberación de los agentes bioquímicos bradikinina y neurokinina, que son también los causantes de la inflamación.

2.3. Cefalea por sobreabuso de medicación

La cefalea por sobreabuso de medicación, previamente denominada dolor de cabeza de rebote o dolor de cabeza inducido por las dogras, se refiere a aquellos cuadros de cefalea, bien migrañosa bien tensional, que se agravan por el uso indebido de fármacos paliativos. De hecho, la causa más común del dolor de cabeza migrañoso, que aparece unas 15 veces al mes, y el cuadro mixto de migraña y dolor de cabeza tensional, que ocurre con esta frecuencia, se encuentra en el sobreabuso de medicación. El dolor de cabeza de tipo tensional se asocia en menor medida con el sobreabuso de la medicación. Además, puede ocurrir que las personas con propensión al dolor de cabeza desarrollen dolor de cabeza por sobreabuso de medicación cuando toman medicamentos para el dolor de cabeza para otros problemas. El establecimiento del diagnóstico de este tipo de cefalea es clínicamente muy importante porque los pacientes no suelen responder a la medicación profiláctica mientras abusan de la medicación para el dolor agudo (ICHD, 2004).

Entre los fármacos que se utilizan para el tratamiento de la migraña, y que pueden convertirse en responsables de este tipo de cefalea, se encuentran la ergotamina, los triptanes, los analgésicos y los opiáceos y sus posibles combinaciones. El abuso de cada uno de estos fármacos, que debe ser superior a un consumo de 10 o 15 dosis al mes, provoca un dolor con características propias y actúa a través de mecanismos independientes. Así, mientras que la cefalea asociada al abuso de ergotamina, analgésicos u opiáceos se suele parecer mucho más en sus síntomas a una cefalea tensional, el abuso de triptanes tiene como consecuencia una cefalea con características más próximas a una migraña. El período de cronificación de la cefalea también varía en función del fármaco. Así, el intervalo para los triptanes es el más corto (1-2 años) y con un número menor de dosis, seguido del de la ergotamina (3-5 años), mientras que el de los analgésicos es el más largo, con un número de dosis similar a la ergotamina (5-10 años) (Katsarava y Fritsche 2004).

Desde una perspectiva psicológica, la cefalea por sobreabuso de medicación tiene un especial interés, ya que, al margen de la cefalea primaria a partir de la cual evoluciona, existe una gran similaridad con el de cualquier fenómeno de adicción a las drogas. El consumo continuado de los fármacos para aliviar el dolor provoca un incremento de tolerancia que lleva a la persona a incrementar la dosis de los medicamentos para lograr la misma eficacia. Llegado un punto del proceso, el fármaco apenas surte efecto y el consumo se hace a diario o casi a diario en relación directa con la presencia del dolor de cabeza. Si en este momento se retira el medicamento, se produce un intenso efecto rebote, similar al síndrome de abstinencia, que no cede si no se consume la dosis diaria; además, pueden aparecer náuseas, vómitos o problemas de sueño. De este modo se construye una adicción a los fármacos que lejos de servir para paliar el dolor sólo acaba sirviendo para evitar un efecto indeseable del dolor. Por lo tanto, su tratamiento debe seguir los pasos del tratamiento de una adicción.

En primer lugar, se debe llevar a cabo la retirada, bien abrupta o bien gradual, bajo la supervisión médica. Esa retirada puede ser muy molesta para el paciente, con lo que en algunos casos son frecuentes las recaídas, en particular la probabilidad de recaída se incrementa en función del tipo de cefalea a partir de la cual apareció la cefalea por sobreabuso de medicación y la medicación que se ha consumido. La cefalea tensional o mixta y el uso de analgésicos predicen un nivel de recaída superior al 60 por 100 (Katsarava, Limmroth, Finke Diener y Fritsche, 2003). Además, se debe tener en cuenta

TABLA 9.4

Criterios diagnósticos del dolor de cabeza por sobreabuso de medicación según The International Classification of Headache Disorders, 2nd Edition (2004)

1. Dolor de cabeza que satisface los criterios 3 y 4 quince o más días al mes.
2. Sobreabuso habitual durante tres meses o más de uno o más fármacos que pueden ser tomados como tratamiento sintomático o agudo del dolor de cabeza.
3. El dolor de cabeza se ha desarrollado o empeorado acusadamente con el sobreabuso de medicación.
4. El dolor de cabeza se resuelve o vuelve a sus patrones previos dentro de los dos meses posteriores al abandono del sobreabuso de medicación.

que la retirada de medicación no conlleva necesariamente la supresión total de la cefalea, sino su remisión al patrón previo del abuso de medicación.

3. MECANISMOS EXPLICATIVOS DEL DOLOR DE CABEZA

Haynes, Gannon, Bank, Shelton y Goodwin (1990) han propuesto sobre la base de su investigación experimental que los cambios en el flujo de sangre cefálico extracraneal en respuesta a situaciones estresantes explicarían tanto el dolor como los síntomas asociados a la migraña y a la cefalea tensional. En este estudio se expuso a 36 sujetos que padecían migraña, cefalea tensional o cefalea mixta a un estresor (una prueba de aritmética mental) durante una hora, diseñado para desencadenar el dolor de cabeza. Durante la prueba se midió la amplitud del volumen del pulso sanguíneo cefálico (AVPS). En 30 de los 36 sujetos experimentales se desencadenó el dolor de cabeza, observándose una estrecha relación entre el procedimiento y la AVPS. Además, en la mayoría de los sujetos se obtuvieron correlaciones significativas entre el dolor de cabeza y la AVPS cefálica. Los cambios en el flujo sanguíneo cefálico podrían dar cuenta del dolor de cabeza de dos modos diferentes: 1) a través de la anoxia y el incremento en la concentración del ácido láctico derivadas de la isquemia y contracción sostenida de la musculatura estriada del cuello y la cabeza, y/o 2) a través de la distensión compensatoria de las arterias cefálicas y otros cambios, tales como incremento circulatorio de neurokininas, catecolaminas, vasopresina y serotonina, en respuesta a la isquemia localizada en otras regiones.

Estos datos, además de demostrar experimentalmente el hecho ampliamente reconocido de que el estrés psicosocial puede desencadenar múltiples episodios de dolor de cabeza, reafirman el importante papel del flujo sanguíneo cefálico en el mismo. Siendo esto congruente con la teoría vascular, que hipotetiza que la migraña es el resultado de cambios en el flujo sanguíneo -cefálico, y con la teoría de la tensión muscular de la cefalea tensional, que propone que este dolor de cabeza es, ante todo, el resultado de la contracción sostenida de los músculos de la cabeza y cuello y las modificaciones asociadas en los patrones de flujo sanguíneo cefálico.

En esta línea, Olesen (1991) elaboró un modelo en el que se representan el papel que desempeñarían las distintas variables vasculares, musculares y nerviosas o centrales en los diferentes tipos de dolor de cabeza (véase tabla 9.5). De acuerdo a este modelo, los determinantes fundamentales del dolor en la cefalea tensional serían los musculares y centrales, mientras que la influencia de la vasculatura sería mucho más débil. La migraña con aura se produciría fundamentalmente por alteraciones vasculares, que en algunos pacientes estaría agravada por factores centrales y en otros por influencias musculares. En la migraña sin aura las alteraciones vasculares no serían tan extremas como ocurriría en la migraña con aura; sin embargo, el dolor de cabeza puede ser igualmente intenso por la acción de los factores centrales en unos casos y la combinación de influencias musculares y centrales en otros. El aura sin cefalea estaría explicada por la actividad vascular sin el acompañamiento de las influencias centrales o musculares. Finalmente, en los cuadros mixtos de migraña y cefalea tensional, el tipo de dolor de cada episodio dependerá de la magnitud de la influencia vascular o muscular, respectivamente.

TABLA 9.5

Modelo de Olesen (1991) sobre la fisiopatología del dolor de cabeza

Tipo de dolor de cabeza	Principales mecanismos explicativos
Cefalea tensional	Musculares y nerviosos.
Migraña sin aura	Musculares y nerviosos con escasa influencia vascular.
Migraña con aura	Vasculares agravados en unos pacientes por influencias musculares y en otros por influencias nerviosas.
Aura	Vasculares.

Todo este cúmulo de datos confluyen en la llamada *hipótesis de la convergencia del dolor de cabeza,* que ha puesto en relación las características clínicas de la evolución del dolor de cabeza con los modelos fsiopatológicos actuales del mismo (Cady, 2002; Cady, Schreiber, Farmer y Sheftell, 2007). Según esta hipótesis, la cefalea tensional y la migraña no sólo compartirían mecanismos explicativos similares, sino que los síntomas que manifiestan las personas aquejadas de dolor de cabeza escalarían desde la cefalea tensional, que, si no cesa, desembocaría en la migraña. Incluso otros tipos de dolor de cabeza como el síndrome temporomandibular también se podrían explicar desde este mismo modelo. En el caso particular de la cefalea por sobreabuso de medicación parece clara la implicación del la serotonina en el proceso, ya que se ha observado una disminución significativa de este neurotrasmisor en este tipo de pacientes, asociada al consumo de fármacos para aliviar el dolor.

4. EVALUACIÓN PSICOLÓGICA DEL DOLOR DE CABEZA

La evaluación del dolor de cabeza debe estar dirigida al estudio de la naturaleza del dolor. De especial importancia es dilucidar el carácter, bien operante, bien respondiente, de la cefalea, además del tipo de situaciones que la provoca, mantiene o exacerba, ya que de ello dependerá el tipo de intervención que se propondrá al sujeto.

Para llevar a cabo dicha evaluación será necesario realizar, básicamente, el análisis funcional del problema, para lo cual puede ser de gran utilidad el autorregistro en el que se pueda observar, además de la frecuencia, duración e intensidad subjetiva del dolor, las situaciones que habitualmente desencadenan la cefalea, así como la conducta motora y/o verbal que aparece contingentemente al dolor. Aun cuando es posible realizar una valoración más exhaustiva de los distintos componentes del dolor (véase capítulo 8), este análisis puede ser suficiente para decidir si la intervención se ha de fundamentar en técnicas de desensibilización emocional, técnicas operantes o si el sujeto requiere ser entrenado en algunas habilidades cuya carencia le haga muy difícil manejar satisfactoriamente distintas situaciones de la vida cotidiana (familiares, profesionales o interpersonales).

5. TRATAMIENTOS DEL DOLOR DE CABEZA

5.1. Tratamiento farmacológico

5.1.1. *Cefalea tensional*

Para el tratamiento de la cefalea tensional se utilizan, además de los analgésicos, tranquilizantes y antidepresivos. Los analgésicos, en un sentido amplio, buscan romper el círculo tensión-dolor que se presenta en este tipo de cefaleas. Por su parte, los tranquilizantes y antidepresivos buscan aliviar los efectos emocionales colaterales que en forma de ansiedad, irritabilidad o tristeza, suelen acompañar la experiencia del dolor. Curiosamente, aunque muy en consonancia con una visión psicológica de la experiencia del dolor, de entre estos fármacos, los que parecen mostrar una mayor efectividad son los tranquilizantes y antidepresivos, lo cual se entiende desde la perspectiva de que el alivio de los correlatos emocionales que conlleva el padecimiento del dolor crónico disminuye su percepción subjetiva.

5.1.2. *Migraña*

Los fármacos utilizados en el tratamiento de la migraña buscan inhibir la acción de las sustancias vasoactivas y reducir la actividad vasomotora y la inflamación. En la actualidad, el tratamiento farmacológico profiláctico más extendido se basa en el uso del *propanolol,* cuya efectividad se ha mostrado reiteradamente a lo largo de las últimas décadas (Holroyd y Penzien, 1990; Ashtari, Shaygannejad y Akbari, 2008). Este medicamento bloquea los receptores betaadrenérgicos de los vasos sanguíneos disminuyendo la vasodilatación.

No obstante, a pesar de su efectividad, se debe tener en cuenta que la farmacoterapia no actúa sobre los mecanismos etiopatogénicos del problema, sino que es un tratamiento sintomático y/o profiláctico. Además, su uso continuado, que supone un elevado costo económico, puede dar lugar a efectos secundarios nocivos de tipo hepático, gastrointestinal, etcétera. Si a ello añadimos que la efectividad del propanolol, que es claramente superior al placebo, es similar al del tratamiento conductual basado en técnicas de relajación y biofeedback (Holroyd y Penzien, 1990), resultaría que este tipo de intervención psicológica se presenta como una solución satisfactoria para muchos pacientes aquejados de migraña, libre de los costos y efectos secundarios antes mencionados.

5.2. Tratamiento dietético

El tratamiento dietético, que es especialmente recomendable en los casos de migraña, tiene un efecto profiláctico, ya que la ingesta de determinados alimentos puede desencadenar el ataque migrañoso debido a sus potentes efectos vasoactivos. En este sentido, se recomienda reducir y/o eliminar de la dieta una serie de alimentos (véase tabla 9.6). Particularmente se han de evitar, en la medida de lo posible, todos aquellos que sufren un proceso de fermentación en su elaboración, tal como ocurre en muchos quesos o con el yogur, ya que éstos contienen tiramina que es una de las sustancias vasoactivas más comunes. La precaución respecto a la comida china se fundamenta en la presencia en esta cocina de importantes cantidades de glutamato de monosodio. De hecho, se ha llegado a hablar del *síndrome del restaurante chino* caracterizado por sudoración, tensión facial y un dolor de cabeza pulsátil, debido al consumo de dicha sustancia.

TABLA 9.6
Alimentos que se deben reducir y/o eliminar en las personas aquejadas de migraña

En general, todos los alimentos fermentados, por ejemplo:
  Quesos (cabrales, gruyère, camembert, mahón, etcétera).
  Embutidos (salami, perritos calientes, etcétera).
  Pan, galletas o pastelillos recién hechos.
Los alimentos en escabeche.
Bebidas alcohólicas (no más de dos copas en un día).
Carne de cerdo (no más de dos o tres veces a la semana).
Chocolate.
Cítricos.
Comida china.
Habas.
Higos en conserva.
Plátanos (no más de medio plátano al día).
Pizza.
Té, café o bebidas con cola (no más de cuatro tazas al día).

5.3. Tratamientos psicológicos

De entre las técnicas de modificación de conducta utilizadas para el tratamiento de las cefaleas destacan, por la amplitud de su uso y por su eficacia, el entrenamiento en relajación muscular y el biofeedback. No obstante, otras técnicas, tales como el entrenamiento en asertividad o de reestructuración cognitiva, también pueden tener cabida cuando las características del caso lo demanden.

5.3.1. *Entrenamiento en relajación y biofeedback*

El entrenamiento en relajación muscular se ha propuesto como un primer paso, en muchos casos suficiente, para el tratamiento de la cefalea. Básicamente, de los resultados publicados en la literatura se puede concluir que *el entrenamiento en relajación muscular parece ser la terapéutica de elección en el caso de la cefalea tensional*, ya que su aplicación no requiere una instrumentación sofisticada como la de las técnicas de biofeedback y muestra una eficacia comparable a ellas. En la revisión clásica de Blanchard, Andrasik, Ahles, Tedees y O'Keffe (1980), el empleo de biofeedback EMG, el entrenamiento en relajación muscular o la combinación de ambos métodos mostraron la misma efectividad, alrededor de 60 por 100 de mejoría al final del tratamiento. Revisiones más recientes concluyen, en la misma línea, que: el entrenamiento en relajación sigue siendo el procedimiento habitualmente más usado en los tratamientos conductuales de la cefalea tensional; que sirve para reducir de una forma significativa el número de episodios de cefalea tensional; que es más eficaz que un placebo; que su eficacia es comparable a la del biofeedback y que en torno a un 50 por 100 de los pacientes con cefalea tensional experimentan un alivio muy notable gracias a la relajación muscular (Holroyd y Penzien, 1994; Lehrer, Carr, Sargunarj y Woolfolk, 1994; Penzien, Rains y Andrasik, 2002). Esta eficacia de la relajación muscular parece extensible a los casos de dolor de cabeza infantil (Díaz, Comeche y Vallejo, 2003).

El biofeedback (EMG) también ha mostrado su efectividad en el dolor de cabeza tensional (Grazzi, D'Amico y Bussone, 1992; Smitherman, Penzien, Rains, 2007), optimizándose, probablemente, cuando se adopta una estrategia de entrenamiento pasiva más que activa para el control de la señal (Comeche, Vallejo y Díaz, 1997, 2000). No obstante, en un gran número de estudios se utiliza este tipo de biofeedback en combinación con la relajación muscular, cuando no existe una evidencia suficiente de que la suma de ambos procedimientos sea superior a cualquiera de los dos por separado (Primavera y Kaiser, 1992; Compas, Haaga, Keefe, Leitenber y Williams, 1998).

Un aspecto que parece esencial en el entrenamiento en relajación muscular es la *práctica en casa*. En este sentido, se ha subrayado que la práctica diaria de la relajación puede estar directamente relacionada con el éxito terapéutico. Blanchard,

Nicholson, Radnitz, Steffek, Appelbaum y Detinger (1991) encontraron que, particularmente en las cefaleas tensionales, el grupo de sujetos que practicaron la relajación muscular progresiva en su domicilio mejoraron significativamente más en todas las medidas del dolor de cabeza que el grupo de sujetos que sólo practicaron la relajación en las sesiones clínicas. Por todo ello, la práctica en casa parece un elemento terapéutico decisivo en la cefalea tensional y por ello se ha de incluir, sistemáticamente, dentro del programa de tratamiento (Nash, 2003).

En este sentido, también se ha observado, a través de una investigación retrospectiva (Lake y Pingel, 1988) que la práctica diaria de una relajación breve de poco más de unos segundos correlaciona con una mejora de los distintos parámetros de la cefalea. Este interesante descubrimiento, que posiblemente merezca una investigación confirmatoria prospectiva, apunta el hecho de que el mecanismo que explica su efectividad no está tanto en conseguir unos niveles muy profundos de relajación —difíciles de alcanzar en tan corto tiempo— cuanto en el aprendizaje de una estrategia que permita reducir los altos niveles de tensión. En definitiva, parecería que las personas para quienes la relajación es útil, aprenden a discriminar, además de reducir y/o evitar, la tensión provocada por las situaciones estresantes.

El *tratamiento conductual de la migraña* nació más estrechamente vinculado a las técnicas de biofeedback. Al comienzo de los años setenta, durante los experimentos sobre biofeedback en el laboratorio de la Meenninger Foundation, una mujer que sufría ataques regulares de migraña y que participaba como sujeto experimental informó que un ataque migrañoso que se iniciaba cedió cuando la temperatura de su dedo comenzó a elevarse. Ante estos resultados, Sargent, Green y Walters (1972) hipotetizaron que el incremento de la temperatura periférica implicaba un proceso de vasodilatación que retraía sangre circulante en la vasculatura cefálica. En función de estas premisas se paso a trabajar con una señal de biofeedback que informaba de la diferencia entre la temperatura del dedo y de la frente. Poco después, estos mismos autores abandonaron esta atractiva hipótesis y el entrenamiento de esta señal de la temperatura diferencial, ya que los datos indicaban que el entrenamiento en el incremento en la temperatura de la mano, que correlaciona estrechamente con la disminución del nivel general de activación simpática, era suficiente para conseguir resultados clínicos satisfactorios.

Desde entonces, se ha llevado a cabo una amplia y sistemática investigación sobre la efectividad del biofeedback para el tratamiento de la migraña. Blanchard et al. (1980), en su revisión sobre el tema, destacaban que en el caso de la migraña el entrenamiento en biofeedback de temperatura y relajación producía una mejora, en el conjunto de estudios revisados, del 64,9 por 100 de los pacientes tratados, mientras que el entrenamiento en relajación sin biofeedback producía una mejora clínica en el 47,9 por 100 de los pacientes. El entrenamiento en biofeedback de temperatura sólo y del volumen de sangre en cada pulsación de la arteria temporal externa —AVPS— fueron menos efectivos mostrando una tasa de mejora del 35 y del 28 por 100 de los pacientes tratados, respectivamente.

Obviamente, estos datos llevaron a concluir a los autores que para el *tratamiento de la migraña la combinación del biofeedback de temperatura y la relajación es el tratamiento más efectivo*. En estudios posteriores se ha reafirmado esta misma conclusión, ya que en la actualidad el entrenamiento en relajación con la opción de biofeedback de temperatura se presenta como el tratamiento de elección en el caso de la cefalea migrañosa (Holroyd y Penzien, 1994; Compas et al., 1998; Penzien et al., 2002; Holroyd y Drew, 2006).

En cualquier caso, parece necesaria una mayor investigación sobre si el efecto de las técnicas psicológica para el dolor de cabeza (relajación, biofeedback o asertevidad) es más profiláctico que terapéutico, o viceversa, de cara a clarificar su papel clínico. En muchas ocasiones se han puesto unas expectativas excesivas sobre el alcance de las técnicas de relajación al suponer que una vez que ocurre el dolor de cabeza, la práctica de la relajación permitirá superarlo rápidamente. Lo que suele ocurrir es que las personas que sufren dolor de cabeza y son entrenadas en algún tipo de relajación muestran un descenso de la frecuencia e, incluso, de la intensidad de los ataques de dolor, pero, una vez que el episodio de cefalea se ha desencadenado, los esfuerzos para relajarse y controlar el dolor ya no son efectivos para erradicarlos rápidamente. En la misma lógica se debe entender el papel que el entrenamiento en asertividad puede desempeñar en el control del dolor de cabeza.

5.3.2. *Entrenamiento en asertividad*

A pesar de todo lo expuesto, no se debe olvidar que si bien hasta un 50 por 100 de las personas que sufren dolor de cabeza tensional o migraña pueden beneficiarse de los programas de relajación muscular y biofeedback, el otro 50 por 100 no mejora en igual medida. La razón de esto probablemente está en la naturaleza multidimensional del dolor y en la diversidad de causas que pueden desencadenarlo. Es por ello que tan sólo el análisis funcional de cada caso en particular permitirá descubrir las condiciones específicas que están en la raíz del dolor y diseñar la intervención más adecuada para el mismo.

En este sentido, es conocido, tanto en el ámbito clínico como por la experiencia de la vida cotidiana, que muchos episodios de cefalea (tensional y/o migrañosa) pueden tener su causa en la falta de habilidad de la persona para manejar conflictos interpersonales y la consecuente tensión generada por el propio sujeto a través de una serie de autoverbalizaciones internas negativas sobre dichos conflictos. Es por ello que el control de la activación autonómica puede ser insuficiente para aquellos pacientes cuyos dolores de cabeza se relacionan muy directamente con relaciones familiares o laborales difíciles. En tales circunstancias, dotar a la persona de las habilidades sociales necesarias para afrontar satisfactoriamente dichas situaciones podría ser imprescindible de cara a evitar «estallidos emocionales» o «resentimientos» que perpetúen un estado de tensión. Dentro de la lógica de esta argumentación cabe citar los resultados de la investigación psicofisiológica que indican que, *ante situaciones estresantes reales los pacientes con migraña muestran una mayor vasoconstricción de la arteria temporal que los sujetos control* y que existe una *estrecha relación entre inhibición emocional y vasoconstricción* (Passchier, Helm-Hylkema y Orbeleke, 1988).

Estos hechos justifican la propuesta de distintos autores (Blanchard y Andrasik, 1985; Helm-Hylkema, 1990; Vallejo y Labrador, 1984; Nicholson y Blanchard, 1993; Comeche, Díaz y Vallejo, 1995) de la posible inclusión, dentro del programa de tratamiento para la cefalea, del entrenamiento en asertividad con objeto de controlar eficazmente situaciones que les generan una gran tensión y que acaban provocando el dolor de cabeza.

En conclusión, aunque tal y como se ha subrayado a lo largo de este capítulo, algunos programas de tratamiento basados en técnicas de biofeedback y/o relajación han mostrado una eficacia clínica notable, la práctica terapéutica ha de adaptarse a cada caso en concreto. Para ello será imprescindible una evaluación adecuada basada en el análisis funcional que permitirá definir las técnicas más eficaces para cada persona en particular.

Placebo 10

1. INTRODUCCIÓN

A lo largo de la historia de la humanidad han existido múltiples y diferentes prácticas terapéuticas que incluían, en muchos casos, fármacos o drogas que no tenían un efecto específico. De hecho, los pacientes eran (y son también en la actualidad) tratados con una amplia gama de terapias inespecíficas. En Egipto, por ejemplo, entre los remedios terapéuticos utilizados se encontraba la sangre de lagarto, el excremento de cocodrilo, el diente de cerdo o la carne podrida, además de otros brebajes del mismo tipo que no sólo son inespecíficos, sino también potencialmente peligrosos. En conjunto, parece ser que los ochocientos remedios y las setecientas drogas que se mencionan en el célebre *papiro de Ebers,* en el que se recoge la mayor parte de los conocimientos médicos del antiguo Egipto, eran remedios inespecíficos o placebos, al igual que los procedimientos utilizados por un gran número de médicos ilustres, como Hipócrates o Galeno. Hoy es conocido que las curaciones hipocráticas se debían al poder natural de sanación del organismo sumado al efecto placebo; incluso en la era hipocrática había detractores que acusaron a los médicos hipocráticos de autoengañarse, señalando que sus pacientes mejoraban o morían gracias a la suerte y no como consecuencia de sus artes curativos. Tales críticos fueron acusados de locos o dementes por los autores del corpus hipocrático (Skrabanek y McCormick, 1992). A lo largo de la toda la historia de la humanidad hasta muy recientemente, la practica totalidad de la intervenciones terapéuticas que tenían algún beneficio en los pacientes eran consecuencia del efecto placebo. De hecho, a finales del siglo XIX sólo se conocían un número muy reducido de sustancias con unos efectos específicos superiores al placebo, tales como: la quinina, para el tratamiento del paludismo; el opio, como analgésico; el cólquico, para la gota; el nitrato de amilo, para dilatar las arterias en los casos de angina, y la aspirina, presentada en 1896 (Porter, 2003).

En la actualidad, se siguen utilizando muchos procedimientos que no tienen un efecto específico sobre el malestar y la enfermedad. Se ha calculado que alrededor de un 40 por 100 de los fármacos que se dispensan en las farmacias españolas no tienen contrastada su eficacia en ensayos clínicos (a pesar de lo cual existen enormes reticencias por parte de los consumidores y, especialmente, de la industria farmacéutica, a que dejen de ser recetados por la Seguridad Social). Del mismo modo, en Estados Unidos, un tercio de los preparados que se prescriben no tienen propiedades farmacológicas precisas. Pero no sólo determinados fármacos limitan su eficacia a la del efecto placebo, sino que otras muchas formas de procurar alivio, como la homeopatía o la acupuntura, funcionan del mismo modo.

El *efecto placebo* (EP) es consustancial a cualquier tipo de procedimiento terapéutico y, por lo tanto, está tan presente en nuestros días como lo ha estado siempre a lo largo de la historia de la humanidad. Una de las principales aplicaciones del placebo ha sido habitualmente al *dolor,* por lo cual su conocimiento es de gran interés dentro del ámbito

CUADRO 10.1
El alivio de las terapias placebo

Ante todo, habría que subrayar que el efecto placebo supone un alivio real del malestar y el dolor e, incluso, de las enfermedades que sufren muchas personas. Es un error, por lo tanto, suponer que aquellas terapias etiquetadas como terapias-placebo no provocan efecto alguno. Por el contrario, cualquier placebo proporciona una mejoría percibida por la persona. Esto se ha probado sistemáticamente en los ensayos clínicos de los fármacos en los cuales se suele observar, por ejemplo, cómo la inhalación de una sustancia sin capacidad para dilatar los bronquios mejora el episodio de asma, cómo los parches sin nicotina también ayudan a dejar de fumar o cómo la toma de una sustancia inerte puede provocar reducciones de la presión arterial, aliviar el dolor o reducir la ansiedad. Incluso se ha mostrado cómo una cirugía simulada de rodilla puede llegar a reducir el dolor tanto como la cirugía verdadera (Taylor, 2007).

Todos estos sorprendentes efectos tienen su explicación, tal como veremos en el apartado 5 de este capítulo, en la respuesta del organismo humano a un acto potencialmente curativo. Es por ello que cualquier terapéutica que quiera demostrar su eficacia tendrá que probar que sus efectos van más allá de la mejora que produce cualquier intervención curativa inespecífica. En el ámbito de la psicología, por ejemplo, las terapias de exposición son consideradas efectivas en el tratamiento de la agorafobia y ataque de pánico, porque sus efectos son superiores a otros tratamientos inespecíficos, como podría ser charlar con el psicólogo sobre los problemas de la vida, aunque este último pudiese hacer sentirse mejor al paciente.

Este efecto potencial de los actos terapéuticos es el que aprovechan muchas terapias para avalar su efectividad. Un ejemplo claro los tenemos en el caso de la acupuntura, que puede ser considerada como una terapia placebo, como lo muestra un hecho como el siguiente. Según las reglas de esta disciplina, para trabajar los dolores de espalda es necesario localizar con cierta precisión el punto donde deben clavarse las agujas. Este punto llamado Yinmen (puerta magnífica) es el adecuado para el tratamiento de la ciática, y, además, según el protocolo tradicional, las agujas deben clavarse entre dos y cuatro centímetros de profundidad. Un grupo de acupuntores comparó la eficacia del procedimiento convencional con otro procedimiento simulado en el que se varió tanto la localización del punto donde deben clavarse las agujas como la profundidad a la que deberían clavarse, sólo unos milímetros bajo la piel (Molsberger, Diener, Krämer et al., 2004). Los resultados mostraron, para sorpresa de los investigadores, que ambas formas de acupuntura funcionaban exactamente igual. Desde la lógica de la acupuntura como una terapia placebo, se entendería que el beneficio que obtienen los pacientes de este procedimiento se podrían deber, entre otros factores, al estrecho contacto con el terapeuta que se da en cualquier forma de terapia invasiva, junto a la actitud de los pacientes que acuden al acupuntor y que implica poner su problema en manos del otro, relajándose y distanciándose del mismo un cierto tiempo, todo ello acompañado de la consiguiente liberación de beta-endorfinas. No es extraño, entonces, que las revisiones sobre el tema muestren que la acupuntura es sólo claramente más efectiva que el no tratamiento a corto plazo, que los procedimientos de acupuntura tradicional funcionen igual que la acupuntura simulada y que no sea más efectiva que las terapias convencionales (Yuan, Purepong, Kerr, Park, Bradbury, McDonough, 2008).

Conclusiones similares podrían sostenerse respecto a la eficacia de la homeopatía. En la actualidad, este tipo de preparados son de uso corriente y muchas personas encuentran en ellos un cierto alivio de sus dolencias (dolor, insomnio, nerviosismo, etc.). Por definición, los preparados homeopáticos no alcanzan el nivel de concentración de la sustancia activa como para provocar efecto alguno. En sus diluciones no se encuentran cantidades significativas del principio activo, sino, en el mejor de los casos, algunas moléculas del mismo. Sin embargo, muchas personas se encuentran mejor o creen que estarían peor si no los consumiesen. De nuevo, podríamos hablar del alivio que producen los placebos.

---

de la psicología de la salud y, en particular, en relación con todos los trastornos psicofisiológicos que, como los que hemos citado en esta sección, tienen como causa más importante de queja el dolor o el malestar.

2. DEFINICIÓN

Cualquier intervención terapéutica, desde la cirugía a la psicoterapia, pasando por la farmacoterapia, contiene una cantidad variable de efecto placebo. En este sentido, Liberman (1962, p. 761) definió el efecto placebo (EP) como *cualquier procedimiento médico que tiene un efecto sobre el paciente debido a su intención terapéutica y no a causa de su naturaleza específica, sea ésta química o física.*

Desde esta perspectiva, se entiende perfectamente el hecho de que el efecto placebo no sólo esté presente en la utilización de tratamientos ineficaces, sino que cierta efectividad de los tratamientos activos se debe al componente placebo. En esta línea, destaca el conocido trabajo de Beecher (1959), que administró a pacientes aquejados de dolor, bien morfina o bien un placebo. Los resultados de este estudio mostraron que la morfina era significativamente más efectiva que el placebo para aliviar el dolor; no obstante, el placebo también era efectivo en un 35 por 100 de los pacientes. Además, también se ha constatado que la morfina puede perder hasta un 25 por 100 de su efectividad cuando los pacientes no saben que se les ha inyectado esta sustancia y, por lo tanto, no pueden predecir sus efectos.

Es por esto que la demostración de la eficacia de cualquier fármaco, preparado o intervención terapéutica, en general, ha de pasar por la comparación de sus efectos con una intervención administrada bajo las mismas condiciones experimentales, pero en la que se retira el elemento específico que se supone responsable de la mejoría de los pacientes (Taylor, 1986). Para ello, en la investigación terapéutica-experimental se recurre, allí donde es posible, a un tipo de estudio conocido como *doble-ciego,* en el cual ni el clínico ni el paciente conocen si están administrando o tomando la sustancia eficaz o el preparado placebo. De esta forma, se tratan de controlar las variables que rodean al acto clínico y que influyen de un modo muy importante en el resultado de cualquier terapia. De hecho, *en muchos de estos estudios* se suelen encontrar que *los pacientes del grupo placebo también mejoran en una amplia gama de problemas* (por ejemplo, hipertensión, asma, dolor, etcétera) y que muchos preparados supuestamente eficaces no lo son más que el placebo.

3. CARACTERÍSTICAS DEL EFECTO PLACEBO

El efecto placebo que acompaña a la actividad propia de los fármacos (u otro tratamiento médico), así como a las intervenciones psicológicas formales no siempre funciona del mismo modo, ya que puede ser favorable o nocivo para la salud. Por una parte, se ha observado que los efectos del placebo pueden ser muy similares a los del tratamiento estándar o ser de signo opuesto a los del tratamiento. No obstante, lo que suele ocurrir, en general, es que los efectos son beneficiosos, sanadores o de alivio. De hecho, el significado de la palabra placebo alude a un *efecto que agradará*. En cualquier caso, ambos procesos (placebo/nocebo) se entienden que son aspectos de un continuo y obedecen a los mismos mecanismos bioconductuales.

Respecto al efecto del placebo se han observado las siguientes características:

a) La dirección del EP reproduce el efecto del medicamento en estudio. Así, los placebos comparados con quinina reducen la presión sanguínea y los comparados con dexedrina la aumentan.

b) La intensidad del EP es proporcional a la potencia del medicamento de referencia. Los placebos comparados con morfina reducen más el dolor que los comparados con aspirina.

c) Los efectos secundarios de los placebos son similares a aquellos que produce la droga de comparación, tanto en manifestaciones objetivas (sudoración, vómitos, erupciones) como en informes subjetivos.

d) Las curvas temporales del efecto son similares en los placebos y las drogas activas, aunque con una latencia menor para los primeros. Por ejemplo, el placebo tomado como aspirina produce el efecto más rápidamente pero su duración es similar a la de la aspirina.

e) El EP varía conforme a la dosis administrada. Por ejemplo, el apetito de pacientes aumenta con dosis continuadas de placebo y se ha visto que dos placebos producen más efecto que uno.

En términos cuantitativos se puede decir que el EP estándar afecta a un rango de pacientes muy variable, entre el 0 y el 70 por 100, con una media de personas respondientes del orden del 35 por 100. La cantidad de alivio o mejoría de los síntomas se distribuye entre el 20 y el 70 por 100, con una media del 50 por 100, particularmente referida al dolor, que es el campo más investigado. El ámbito de ocurrencia es, igualmente, amplio y variado (dolores de diversa índole, asma, esclerosis múltiple, resfriado común, diabetes, úlceras, artritis, etcétera).

Por lo que respecta a los efectos del placebo que invierten la acción del tratamiento también se ha constatado que la reacción del organismo es contraria a los efectos del verdadero medicamento con el que viene siendo tratado el sujeto, particularmente cuando entra en relación con las condiciones que tienen que ver con la administración del placebo. Así, por ejemplo, se suele observar que la mayoría de los pacientes con larga experiencia con tranquilizantes empeoran cuando se les administra un placebo, mientras que el 70 por 100 de los pacientes agudos, sin historia de ansiolíticos, mejora con placebos.

En consecuencia, *diversos factores considerados inespecíficos respecto de los agentes específicos de un fármaco, añaden sus influencias (adquiridas en la historia de su administración) a las propiedades de éste*. Influencias que pueden tener una dirección paralela a la del fármaco y, entonces, ser sumatorias, o tener un signo inverso y, así, quizá ser reductoras del efecto originario de la droga u otro tratamiento (Martínez Camino y Pérez Álvarez, 1987).

4. VARIABLES QUE MODULAN EL EFECTO PLACEBO

Son diversas las variables que afectan la magnitud y la potencia del placebo y que, a reglón seguido, pasamos a reseñar.

4.1. La conducta del profesional de la salud

La amplitud del efecto placebo depende, en gran medida, del modo en el que el clínico interactúa con el paciente, así como la confianza que demuestra en las propiedades curativas del tratamiento. Aquellos profesionales que transmiten confianza, calor y empatía obtienen un efecto placebo mayor que aquellos que se muestran más distantes y formales. En este sentido, tomarse el tiempo necesario con el paciente sin urgirlo ni mostrar prisa mirando el reloj o iniciando la receta sin haber aclarado el diagnóstico, fortalece el efecto placebo.

Por otra parte, la confianza del profesional de la salud en el tratamiento es otro factor que influye la efectividad del placebo. Cualquier signo de duda o escepticismo sobre el mismo puede transmitirse sutilmente a través de los signos no verbales de la comunicación, reduciéndose de este modo su eficacia. En esta línea, incluso, se ha observado que fármacos clínicamente muy efectivos pueden perder gran parte de su eficacia cuando el profesional muestra, abiertamente, dudas sobre ellos. Así, por ejemplo, muchos estudios clásicos con tranquilizantes han demostrado que, cuando se pone en duda la eficacia de los mismos, su porcentaje de efectividad puede caer desde un 10 hasta un 77 por 100.

Este efecto de la conducta del profesional sobre la efectividad del tratamiento queda perfectamente ilustrado en la llamada paradoja de Asher (Skrabanek y McCormick, 1992). Este médico inglés planteó que si un médico cree con firmeza en su tratamiento, a pesar de que los estudios controlados hayan demostrado su ineficacia, los resultados que obtenga con el mismo serán mejores, sus pacientes se encontrarán mejor y tendrá más pacientes. Este hecho podría conllevar la siguiente paradoja, y es que aquel que puede ser considerado como mejor profesional no necesariamente es el que más sabe sino el que (siendo menos sabio) cree saber y es capaz de persuadir de ello a los demás. No obstante, el efecto placebo se diluye con el tiempo y, cuanto más severo y crónico sea el problema, más pronto se verá su pérdida de eficacia.

4.2. Las características del paciente

Aunque no se ha descrito ningún tipo de personalidad que sea más proclive al placebo que otra, sí que se ha observado que determinadas variables personales pueden incrementar o atenuar la susceptibilidad al EP. Así, por ejemplo, las personas con una alta necesidad de agradar, aquellas que muestran una baja autoestima o aquellos que puntúan alto en *locus de control externo* muestran una alta sensibilidad al EP. En el polo opuesto, las personas con una alta autoestima, con baja necesidad de aprobación y con un *locus de control interno,* son menos susceptibles al EP.

Ni el sexo, la edad, la hipocondría, la dependencia o el neuroticismo discriminan a aquellas personas que son más susceptibles al EP de las que lo son en menor medida. En general, la investigación en relación a las características de personalidad ha dado resultados muy contradictorios. Cualquier variable de personalidad (a excepción de las expuestas en el párrafo anterior) que se presente como discriminante sobre el EP debe tomarse con mucha precaución.

Por su parte, la ansiedad parece ser una variable facilitadora del EP. No obstante, es necesario precisar que, en este caso, no se trata de ansiedad entendida como un rasgo de personalidad, sino la concurrencia de síntomas somáticos de la ansiedad (por ejemplo, la taquicardia, el nerviosismo, la sudoración de las manos, la dificultad para dormir o la tendencia a la distracción). En todos estos casos, la administración de un placebo puede ser suficiente para la eliminación, al menos temporal, de este tipo de síntomas.

4.3. La comunicación médico-paciente

Una buena y correcta comunicación entre el médico y el paciente es esencial para optimizar el EP, entre otras razones, porque sin ella es muy difícil que los pacientes sigan correctamente las pautas del tratamiento prescrito y que comprendan, de modo suficiente, el objeto de dicho tratamiento y por qué han de seguirlo. Por lo tanto, el EP en relación con esta variable dependerá en gran medida de que el paciente conozca lo que tiene que hacer y cuándo tiene que hacerlo, de que sepa qué es lo que hace el medicamento y si cree que tiene de verdad esa propiedad farmacológica.

Por otra parte, otro aspecto de la relación médico-paciente que favorece el EP es el valor condicionado que el tratamiento o medicamento placebo tienen para él. Cuando alguien busca un tratamiento médico es porque quiere que un experto le diga lo que está mal y lo que debe hacer. Por consiguiente, cuando se diagnóstica algún tipo de alteración y se prescribe un régimen terapéutico, aunque éste sea inerte o inefectivo, el paciente se comportará respecto a todo el procedimiento como si el médico supiese lo que está mal y lo que se debe hacer para obtener una mejoría.

4.4. Determinantes contextuales del efecto placebo

Los aspectos concretos del propio placebo, así como del contexto en el que se administra, influyen en la fuerza de la respuesta al mismo. En este sentido, una consulta decorada con todos los elementos que la formalidad médica conlleva (medicamentos, aparatos, libros, revistas, personal uniformado, etcétera) inducirá un efecto placebo mayor que un contexto ambiental carente de todas estas formalidades. Del mismo modo, el EP se verá notablemente favorecido si todo el personal clínico se muestra tan convencido de la eficacia del tratamiento como el propio médico.

La forma, el tamaño, el color, el gusto e, incluso, la cantidad de placebo prescrito tienen influencia en su grado de efectividad. En general, se ha observado que cuanto más se asemeja el placebo a un medicamento mayor será su efectividad. Así, por ejemplo, un placebo será más eficaz si su sabor no es especialmente agradable, si se administra en pequeñas píldoras que deben tomarse de acuerdo a una dosis precisa («tome dos» frente a «tome dos o tres al día») y si se prescriben a intervalos fijos de tiempo. Por el contrario, un placebo con un sabor agradable, de aspecto parecido a un caramelo y que se prescribe sin precisión en cuanto a su cantidad y tiempo de administración, es menos placebo. Del mismo modo, los regímenes de tratamiento que parecen de tipo médico y que incluyen fármacos e instrucciones precisas, favorecerán más el EP que los regímenes que no parezcan muy médicos. Ésta es la razón, quizá, de que la prescripción de ejercicio físico o de una dieta tenga un EP menor que un medicamento.

4.5. El marco cultural y el efecto placebo

Probablemente, una de las características más distintivas de las sociedades industrializadas es el abuso en el consumo de fármacos. Se consumen un gran número de preparados que no tienen una eficacia por encima del EP. De hecho, tal y como se apuntó, muchos de los fármacos que se venden en las farmacias no son específicamente eficaces. La confianza en los medicamentos es tal que, en España, se ha calculado que más de un 1 por 100 de los ingresos hospitalarios se producen, bien por un consumo inadecuado de los mismos, bien por sus efectos secundarios.

A esta confianza, posiblemente, contribuya el hecho de que la mayor parte de la gente suele tener experiencias positivas con los medicamentos. Si uno se encuentra mal y toma un fármaco, habitualmente suele encontrarse mejor, incluso, en aquellos casos en los que el medicamento no ha tenido nada que ver. Hoy es de sobra conocido que la gripe, por ejemplo, u otras muchas enfermedades de tipo vírico no mejoran con los antibióticos, a pesar de lo cual se insiste (por desconocimiento o por el efecto placebo) en su autoadministración. En cualquier caso, dejando al margen la causa real de la mejoría, el paciente actúa como un médico ingenuo y atribuye su cambio de estado a la droga, de tal forma que ésta aparece como eficaz cuando en realidad no lo ha sido. Este mismo efecto ocurre con un gran número de preparados y así está sancionado culturalmente. Si una persona toma vitaminas y se encuentra mejor lo atribuirá a las vitaminas. Si una persona cae enferma, toma un medicamento ineficaz o innecesario y mejora, también atribuirá su mejoría al fármaco. Incluso, cuando se toma un preparado y no se mejora, se asume que esto es debido a que se trataba de un preparado inadecuado y, por lo tanto, hay que cambiarlo hasta encontrar «el bueno». De este modo, se perpetúa el consumo de medicamentos basado en la experiencia personal y marco cultural que sanciona, en muchos casos erróneamente, la eficacia de la medicación. Por todo ello se podría afirmar, quizá, que la cultura occidental ha creado el marco idóneo para la proliferación del uso de los placebos.

4.6. La generalidad del efecto placebo

Posiblemente el EP alcance su mayor efecto cuando no existe un daño orgánico. Este hecho es de sumo interés en la medida que en España, por ejemplo, los ansiolíticos y los analgésicos son algunos de los fármacos más prescritos en atención primaria. La ansiedad está asociada a numerosos síntomas psicosomáticos (trastornos digestivos, diarrea, temblor, sudoración, taquicardia o dificultad para dormir), al igual que la depresión (fatiga o falta de energía). En este sentido, cualquier gesto por parte del médico de búsqueda de solución o de atención puede tener un efecto directo sobre el estado emocional del paciente y aliviar, en cierta medida, los signos causados por la activación emocional.

No obstante, sería desaprovechar la potencia del EP suponer que éste está reservado a las pastillas o a las drogas inertes. Cualquier procedimiento médico o psicológico puede tener un EP. Así, por ejemplo, se ha constatado que, en algunos casos, los pacientes que han sido sometidos a una operación quirúrgica pueden mejorar tanto debido al hecho de haberse sometido a dicho procedimiento como al resultado del mismo. En el ámbito psiquiátrico y de la psicología clínica se ha observado que muchos pacientes pueden sentirse mejor, sencillamente, porque el clínico les explica la razón de su padecimiento, sea esta explicación científicamente correcta o no. En palabras de Frank (1973): *La cifra de logros de una forma cualquiera de terapia está compuesta, de hecho, por un porcentaje de éxitos que habrían ocurrido igualmente si se hubiera aplicado otra forma de terapia.*

En definitiva, parecería un error considerar el EP, meramente, bien como un truco médico, bien como una respuesta psicológica por parte del paciente. Puede ser muy útil si el clínico sabe utilizarlo convenientemente. El placebo alcanza su mayor efectividad allí donde no se dispone de una terapia auténticamente eficaz, pero es que, además, puede incrementar de forma significativa el efecto de un tratamiento de modesta eficacia. La historia de la medicina es inseparable de la historia de las terapéuticas inespecíficas que causan una mejora del malestar en muchos pacientes. En la actualidad, en la medicina más moderna también está presente y hay que tenerlo en cuenta para no desaprovechar el plus de eficacia que puede proporcionar a la mejoría.

5. MECANISMOS EXPLICATIVOS DEL EFECTO PLACEBO

¿Por qué las personas se encuentran mejor tras someterse a tratamientos que no contienen principios específicos activos? Aunque existen diversos puntos de vista sobre este tema, la explicación de este fenómeno puede encontrarse en los cambios conductuales y las respuestas psicofisiológicas condicionadas que pueden observarse tras la administración del placebo.

Respecto a los cambios conductuales, puede ocurrir que cuando una persona se somete a un tratamiento placebo (siendo consciente o no de ello) se despreocupe de aquello que le está produciendo malestar. Despreocuparse de un dolor por el hecho de que se ha tomado algo para aliviarlo hace que la persona pueda sentirse algo más relajada y facilita la realización de aquellas actividades cotidianas que pueden y suelen ser incompatibles con dichas sensaciones de dolor. Asimismo, existen muchos datos que indican que las recomendaciones verbales que acompañan a los productos placebo son fundamentales para operar los cambios señalados en la conducta de los pacientes. Por ejemplo, una investigación de Luparello (citada por Wickramasekera, 1985) demostró que la acción farmacológica de una droga broncodilatadora se incrementaba cuando su administración iba acompañada de sugerencias sobre las propiedades dilatadoras del medicamento. Este mismo efecto también se ha comprobado en relación a los ansiolíticos (Mañanes y Pérez Álvarez, 1990).

En una investigación sobre este asunto se midió la presión arterial a sesenta hipertensos y sesenta normotensos, antes y después de una serie de instrucciones verbales. Cada grupo de sesenta sujetos fue dividido en cuatro subgrupos de quince sujetos a los que se sugirió, respectivamente: 1) que su presión arterial disminuiría de la primera a la segunda lectura de la presión arterial; 2) que se incrementaría; 3) que no se modificaría, y 4) no recibieron instrucción alguna. Los resultados, muy similares en los subgrupos de hipertensos y normotensos, demostraron que la presión arterial en la segunda lectura se comportaba exactamente de acuerdo a las instrucciones que habían recibido los sujetos. Probablemente puede resultar un tanto obvio destacar que los cambios en los registros de la presión arterial fueron causados porque las instrucciones dadas a los sujetos sugerían cambios corporales que cualquier persona puede elicitar. Así, por ejemplo, a los grupos que se les decía que su tensión iba a subir en la segunda lectura se les sugería que esto era porque «la segunda medida, que es la más fiable, suele ser más alta que la primera, ya que después de la primera la musculatura y las arterias quedan contraídas y la persona se encuentra algo más tensa» (Amigo, Cuesta, Fernández y González, 1993). *En definitiva, a través del lenguaje se pueden operar cambios en el comportamiento de las personas, siempre y cuando las sugerencias verbales describan comportamientos conocidos y posibles para esas personas y tengan el tono emocional adecuado para provocar dichos comportamientos.*

Pero también es conocido que la respuesta positiva al placebo está mediada por cambios bioquímicos condicionados en la estructura cerebral. Este hecho, en particular, ha sido muy estudiado en relación a la efectividad del placebo en el tratamiento del dolor. En este caso, *el placebo provoca una respuesta condicionada psicofisiológica, en virtud de la cual se incrementa la producción de endorfinas y encefalinas,* que son opiáceos endógenos que el córtex produce naturalmente (Zubieta, Bueller, Jackson, Scott, Xu, Koeppe, Nichols y Stohler, 2005). Estas sustancias tienen, además de una importante función analgésica, propiedades antidepresivas y neurolépticas, induciendo una mejora general del estado de ánimo (el chocolate o el enamoramiento son comportamientos que incrementan la producción de endorfinas). En un experimento clásico para demostrar la acción del placebo a través de las endorfinas se administra a un grupo de voluntarios, a los que se ha provocado un dolor agudo (no peligroso), un supuesto analgésico que no es más que una píldora placebo, mientras que a otro grupo de sujetos se les administra, además del placebo, naloxone, un inhibidor de las endorfinas. A partir del segundo ensayo se suele observar que la reducción del dolor es mucho menor en los sujetos del segundo grupo que en los sujetos a los que sólo se les administra un placebo (Grevert, Albert y Goldstein, 1983), todo lo cual pondría de manifiesto que ante determinadas situaciones que provocan malestar en las personas, una intervención clínica inespecífica puede provocar una mejoría general del paciente, como resultado de la respuesta condicionada psicofisiológica mediada por la acción de distintos agentes neuroquímicos. Así, mientras que las endorfinas parecerían dar cuenta de la analgesia inducida por el placebo, la serotonina actuaría en la respuesta antidepresiva al placebo y la dopamina actuaría en la mejora del comportamiento motor inducida por el placebo en trastornos como la enfermedad de Parkinson (De la Fuente y Stoessl, 2002; Benedetti, 2002; De la Fuente, 2007).

III.3. Enfermedades crónicas: prevención y tratamiento

Hipertensión esencial 11

1. CARACTERIZACIÓN DEL TRASTORNO

La presión arterial (PA) es la fuerza que ejerce la sangre contra las paredes de las arterias. Esa fuerza no es constante, sino que fluctúa a lo largo del ciclo cardíaco. El momento de máxima presión es lo que se denomina presión arterial sistólica (PAs), mientras que el mínimo marca la presión arterial diastólica (PAd). La presión arterial normal se sitúa alrededor de 120/80 mm Hg, pero a medida que ésta se incrementa también aumenta el riesgo de sufrir patologías graves (véase tabla 11.1).

Desde un punto de vista epidemiológico se calcula que la hipertensión (HTA) afecta entre un 10-30 por 100 de los adultos en las sociedades industrializadas. El 95 por 100 de los casos de hipertensión no tiene una causa conocida y por ello se habla de *hipertensión esencial*. En el 5 por 100 restante de los casos se habla de *hipertensión secundaria* porque es debida a factores etiológicos conocidos, entre los cuales destacan los contraceptivos orales, la enfermedad renal o las alteraciones endocrinas.

Sin embargo, no existe una clara distinción entre la normotensión y la hipertensión, ya que la distribución de la PA en la población general es continua y unimodal. Por lo tanto, cualquier distinción entre sujetos normotensos e hipertensos es, hasta cierto punto, arbitraria. Las clasificaciones pretenden determinar el punto de corte a partir del cual se incrementa de forma significativa el riesgo de sufrir una alteración orgánica grave y, por lo tanto, utilizarlo para la toma de decisiones diagnósticas y terapéuticas.

En este sentido, una de las clasificaciones que cuenta con mayor aceptación es la de la OMS (1974). Según ésta, se puede hablar de hipertensión cuando la PAs es mayor o igual a 160 mm Hg y/o

TABLA 11.1

Complicaciones potenciales de la hipertensión arterial

Órgano afectado	Relacionadas con arterioesclerosis acelerada	Relacionadas con la hipertensión *per se*
Corazón	Angina, infarto de miocardio.	Insuficiencia cardíaca.
Cerebro	Crisis isquémicas, infarto.	Hemorragia cerebral.
Riñón	Enfermedad vascular renal.	Nefroesclerosis arteriolar, insuficiencia renal.
Ojos	Accidentes vasculares retinianos.	Hemorragias.
Arterias	Oclusión arterial.	Aneurisma.

cuando la PAd es mayor o igual a 95 mm Hg. El término *borderline* engloba las presiones comprendidas entre 140 y 160 mm Hg en la PAs y/o entre 90 y 95 mm Hg en la PAd. Concretamente, cuando la PAd se sitúa entre 95 y 104 mm Hg se habla de HTA ligera, entre 105 y 114 de HTA moderada y por encima de este nivel de HTA severa. El *VII Report of the Joint National Committee on Prevention, Detection, Evaluation and Treatment of High Blood Pressure (JNC VII, 2004)* ha definido, siguiendo los planteamientos iniciales de la OMS, dos estadios de gravedad de la HTA (véase tabla 11.2). La prehipertensión no es considerada una enfermedad y no necesita ser tratada, se toma como una señal de alerta de la posible evolución hacia la hipertensión.

TABLA 11.2

Clasificación de la presión arterial en mm Hg para adultos mayores de 18 años (JNC VII, 2004)

Categoría	PA sistólica		PA diastólica
Normal	< 120	y	< 80
Prehipertensión	120-139	u	80-89
Hipertensión			
Estadio 1	140-159	o	90-99
Estadio 2	> 160	o	> 100

En conjunto, la hipertensión multiplica por dos la probabilidad de sufrir cualquiera de los trastornos orgánicos citados en tabla 11.1, además, mantiene una relación multiplicativa con los otros dos grandes factores de riesgo cardiovascular, tabaco y colesterol. Cada uno de ellos también multiplica por dos el riesgo de sufrir las alteraciones antes citadas.

2. FACTORES DE RIESGO

2.1. Obesidad

Existe la evidencia de que la obesidad mantiene una estrecha relación con la elevación de la presión arterial y, del mismo modo, se ha observado que la reducción de peso se asocia, a su vez, con la reducción de la PA. Esta estrategia puede permitir a algunos pacientes disminuir o abandonar la medicación, ya que para reducir la PA de un modo significativo en una gran proporción de hipertensos puede ser suficiente perder 4 ó 5 kg (JNC VII, 2004). Además, la reducción de peso favorece la acción de los fármacos antihipertensivos y puede ayudar a controlar otros factores de riesgo cardiovascular como la dislipemia o la diabetes (JNC VII, 2004).

2.2. Consumo de sal

Los estudios transculturales muestran que la ingesta de sodio correlaciona estrechamente con la elevación de la PA. En esta línea, parece que la casi total eliminación del consumo de sal, como ocurre en la dieta de arroz y fruta (Kempner, 1948), que se utilizó ocasionalmente para el tratamiento de la HTA antes del desarrollo de farmacoterapia antihipertensiva, puede llevar a reducciones sustanciales de la PA. Este tipo de dietas, sin embargo, resultan inaceptables para la mayor parte de las personas. Los datos actuales indican que la reducción de la ingesta de sodio en la dieta permite reducir la PA de una forma significativa en un porcentaje importante de población hipertensa (si bien no en toda), siendo quienes más se benefician de esta medida las personas adultas mayores de 45 años y, precisamente, las que muestran cifras tensionales más elevadas (Cutler, Follmann y Allender, 1997). Sobre esta base, la recomendación actual para los pacientes hipertensos es reducir la ingesta de sodio en un 50 por 100, hasta unos 5 ó 6 gramos de sal diarios (JNC VII, 2004).

2.3. Alcohol

Aunque el consumo de pequeñas cantidades de alcohol parece ser muy beneficioso para la salud cardiovascular (tal y como se apuntó en el capítulo 5), se ha observado que cantidades importantes que son socialmente aceptadas, se asocian a un incremento de la PA. Este efecto se encuentra especialmente acentuado cuando el consumo supera los

60 ml de etanol diarios (independientemente del tipo de bebida) y cuando, a su vez, se asocia con la obesidad (Shaper, Walker, Cohen, Wale y Thompson 1981). Por todo ello, la recomendación actual sería limitar la ingesta diaria de etanol a un máximo de 30 ml diarios en el hombre y 15 ml en la mujer, lo que en la práctica se traduce, por ejemplo, en dos copas de vino en caso del hombre y una en el de la mujer (JNC VII, 2004).

2.4. Sedentarismo

Éste es otro de los factores que se han relacionado con el incremento de la PA. Paffenbarger, Wing, Hyde y Jung (1983) observaron en una muestra de 14.998 alumnos de la Universidad de Harvard, a los que siguió desde los 16 hasta los 50 años, que el riego de HTA entre los que no practicaban algún tipo de deporte era un 35 por 100 mayor que entre los que sí lo hacían, aun cuando en el estudio se controlaron otras variables relacionadas con la enfermedad, tales como el nivel de PA a su paso por la universidad, la historia familiar de HTA o la obesidad. Además, se ha demostrado que los programas de ejercicio físico isotónico pueden promover reducciones clínicamente significativas de la PA sin acompañarse de cambios en el peso (Amigo, González y Herrera, 1997). Por estas razones, en el caso de HTA, la recomendación de ejercicio físico incluye una actividad, tal como un paseo a paso vivo de 30 a 45 minutos de duración, un mínimo de tres días a la semana (JNC VII, 2004).

2.5. Variables psicológicas

Diversas investigaciones han tratado de encontrar el perfil psicológico del paciente hipertenso; sin embargo, respecto a este tema habría que comenzar señalando que el papel que se pueda atribuir a las variables psicológicas en el desarrollo y/o mantenimiento de la HTA se ha de confirmar, en la medida que los resultados de muchas de las investigaciones no permiten dilucidar si dichas variables son causa o consecuencia de la enfermedad. La razón de ello se encuentra en que los sujetos incluidos en la mayoría de las investigaciones son pacientes hipertensos ya diagnosticados y sometidos, en muchos casos, a un tratamiento farmacológico antihipertensivo. El problema surge porque el diagnóstico y el tratamiento farmacológico pueden tener repercusiones sobre el estado psicológico de los pacientes. Así, por ejemplo, Blumhagen (1980) estudió la actitud de 103 pacientes hipertensos varones que habían recibido consejo médico sobre la enfermedad. Blumhagen encontró más tarde que esos sujetos percibían la HTA como un estado de nerviosismo, miedo e ira, inducido, particularmente, por las situaciones estresantes en el trabajo. Del mismo modo, los efectos secundarios de la medicación hipotensora incluyen síntomas que podrían ser interpretados como psicológicos, a saber, fatiga, insomnio, mareos, náuseas, impotencia, etcétera.

Al considerar el papel de los factores psicológicos en la HTA otra cuestión es la falta de consistencia en los resultados que arrojan los estudios realizados hasta la fecha. Existe un número considerable de investigaciones longitudinales y transversales que han hallado una relación significativa entre la HTA y ciertos rasgos de personalidad, como, por ejemplo, ansiedad rasgo, patrón de conducta tipo A, ira rasgo u hostilidad, pero también existe un número no menos importante de estudios que no han encontrado apoyo empírico para tales relaciones (Jogersen, Johnson, Kolodziej y Scheer, 1996). Esta falta de consistencia podría atribuirse en parte a los problemas derivados del uso exclusivo de medidas de presión arterial tomadas en el contexto clínico para realizar el diagnóstico de HTA. Como se explica más adelante, existen personas cuya PA es más alta cuando se mide en la consulta médica que cuando se registra en su domicilio o a través de la MAPA. Esto es lo que se conoce como Hipertensión de Bata Blanca (HBB) y un estudio reciente ha demostrado que mientras los pacientes con HTA mantenida muestran mayores niveles de ansiedad rasgo o del patrón de conducta tipo A que las personas con normotensión, las personas con HBB no se diferencian de forma significativa de esos dos grupos de personas, ocupando una posición intermedia entre los hipertensos mantenidos y los nomotensos en dichos rasgos de personalidad (Sanz, García-Vera, Magán Espinosa y Fotún, 2006). Por lo tanto, cabe la posibilidad de que los resultados inconsistentes de la literatura científica sean en parte debidos a que la mayoría de los estudios realizados hasta la fecha, al utilizar únicamente medidas clínicas de la PA, han podido mezclar en el mismo grupo a pacientes que tienen verdaderamente HTA y personas con HBB, y puesto que estas últimas no difieren en ansiedad rasgo o en patrón tipo A de las personas normotensas, las diferencias en personalidad entre personas normotensas y personas con HTA han podido quedar atenuadas o desaparecer.

No obstante, la revisión de diversas investigaciones prospectivas que han encontrado que la inhibición de la ira es un predictor independiente del desarrollo futuro de hipertensión, permite concluir que una personalidad hostil, esto es, caracterizada por un estilo de afrontamiento en que predomina el resentimiento y la incapacidad para plantear clara y abiertamente los conflictos, de manera especial los conflictos interpersonales, puede ser un factor de riesgo importante de la enfermedad hipertensiva en algunos subgrupos de sujetos (Amigo y Herrera, 2001; Zhang, Niaura, Todaro, McCaffery, Shen, Spiro y Ward, 2005).

2.6. Estrés

La Organización Mundial de la Salud (OMS, 1986) ha reconocido el importante papel que puede jugar el estrés en la HTA; sin embargo, también ha subrayado la dificultad de cuantificar esa influencia en el desarrollo de esta enfermedad. En cualquier caso, existen múltiples datos que ponen de relieve la relación entre situaciones que podemos calificar como estresantes y la elevación de la presión arterial.

Los trabajos que requieren una vigilancia constante o conllevan una responsabilidad extrema parecen desempeñar algún papel en la HTA esencial. Un ejemplo bastante conocido es el de los controladores aéreos; en el estudio clásico de Cobb y Rose (1973) se observó una prevalencia de hipertensión cuatro veces mayor en estos trabajadores que en otros trabajadores aéreos con menor responsabilidad. Además, las tasas más elevadas correspondían a los controladores que trabajaban en los centros en los que había una mayor densidad de tráfico aéreo. Unos años antes, Kasl y Cobb (1970) habían observado que tras el despido y durante el período de desempleo, la PA de un grupo de trabajadores se incrementaba y permanecía elevada, si bien, posteriormente, tendía a normalizarse, sobre todo entre aquellos que volvían a encontrar un trabajo permanente. También el ruido puede constituir otra forma de estrés, habiéndose encontrado una relación entre éste y la hipertensión arterial (Kim, Roh, Kwon et al., 2008). No es de extrañar entonces que la prevalencia de hipertensión sea más elevada en los barrios más deprimidos de ciudades en los que se da una alta tasa de paro y sobrepoblación (Dragano, Bobak, Wege et al., 2007).

Otra línea de investigación de interés es el estudio de la respuesta al estrés de sujetos con historia familiar de hipertensión. Se pretende identificar a los sujetos con un mayor riesgo de desarrollar hipertensión, escogiéndose, por este motivo, a aquellos que tienen una historia familiar de esta enfermedad. A pesar de que el nivel basal de estos sujetos suele encontrarse dentro de un rango normotenso, su reactividad al estrés suele ser más elevada que la reactividad de los sujetos sin antecedentes familiares. Light, Girdler, Sherwood, Bragdon, Brownley y West (1999) siguieron a una muestra de 103 varones con una edad inicial entre 18 y 22 años a lo largo de diez años; transcurrido ese período, observaron que aquellos sujetos que tenían una elevada respuesta al estrés y eran hijos de padres hipertensos mostraban niveles significativamente más elevados en la PA sistólica y diastólica. Parece, por lo tanto, que una elevada reactividad cardiovascular en pruebas de laboratorio constituye un buen predictor del desarrollo futuro de la HTA, especialmente en sujetos con antecedentes familiares de la enfermedad (Armario y Hernández, 2001).

Es por todo ello, quizá, que los modelos psicofisiológicos que pretenden dar cuenta del desarrollo de la hipertensión también incluyen generalmente el estrés como uno de los factores desencadenantes de la enfermedad. No obstante, se ha de señalar que, hasta la fecha, son muchos los modelos que han sido propuestos para explicar la patogénesis de la

© Ediciones Pirámide

hipertensión, sin que, a pesar de los avances realizados, se haya logrado un amplio consenso entre investigadores. Fernández-Abascal (1993), tras revisar las diversas soluciones propuestas, ha señalado que sólo los dos modelos clásicos, el de Kaplan (1978, 1979), basado en los trabajos de Guyton (1976, 1977), y el de Obrist (Obrist, 1980; Obrist, Langer y Grignolo, 1983; Obrist, Langer, Light y Kopke, 1983), basado en el trabajo de Julius y Esler (1975), se ajustan al carácter evolutivo del trastorno. Ambos parten de un hecho ampliamente aceptado: el hallazgo de que el patrón hemodinámico en muchos hipertensos jóvenes se caracteriza por un gasto cardíaco elevado que, con el paso de los años, da lugar a un aumento de la resistencia periférica que, a partir de entonces, debe considerarse responsable de la cronificación de la enfermedad, al tiempo que el gasto cardíaco vuelve a un nivel normal.

A pesar de las concomitancias existentes entre el modelo de Kaplan y el de Obrist, existen una serie de divergencias entre ambos que podrían ilustrar los grandes interrogantes que todavía se plantean en la actualidad acerca de la patogénesis de la hipertensión esencial. Entre estas divergencias destaca el papel que se atribuye al estrés en el desarrollo y mantenimiento de esta alteración. Para Obrist juega un papel decisivo, ya que, de acuerdo a este modelo, el gasto cardíaco se eleva, inicialmente, por una excesiva activación betaadrenérgica ligada a factores comportamentales a través de los cuales se desencadenan reacciones de defensa y, consecuentemente, dichos incrementos en la activación beta. Para Kaplan, sin embargo, el estrés desempeña un papel más tangencial, provocando el aumento de las resistencias periféricas mediante el incremento de la activación del sistema nervioso simpático. Desde la investigación básica, por lo tanto, también se ha subrayado que el estrés desempeña un importante papel en el desarrollo y/o mantenimiento de la alteración hipertensiva.

Finalmente, resultan de gran interés en esta temática los resultados de una encuesta realizada (Patel, 1984), en la que se preguntaba, entre otras cuestiones, cuál era la causa más importante de la hipertensión. Ante esta pregunta, el 48 por 100 del público general y el 53 por 100 de los hipertensos encuestados atribuyeron a la categoría de *tensión emocional, preocupaciones y ansiedad,* el papel causal más importante en la etiología de la enfermedad, concediéndole, de esta forma, una importante posibilidad de actuación a los tratamientos psicológicos dirigidos al alivio de respuestas que suelen ser manifestaciones de la respuesta de estrés.

En resumen, *la HTA es una alteración con etiología pluricausal donde uno o varios factores de riesgo están presentes para provocar una elevación de la presión arterial, siendo esos factores de riesgo principalmente conductas.*

3. EVALUACIÓN DE LA PRESIÓN ARTERIAL

3.1. La medida manual de la presión arterial

En la actualidad, se dispone de diversos métodos y procedimientos para medir la presión arterial. A pesar de ello, en la consulta clínica sigue siendo habitual la medida manual con un esfigmomanómetro de mercurio. Este método esfigmográfico fue desarrollado por Marey en 1860. Sin embargo, aunque el método de Marey era adecuado para la medida de la presión sistólica, presentaba algunas dificultades en la medida de la presión arterial diastólica, problema que fue resuelto en 1905 por Korotkoff, un cirujano ruso que colocando un estetoscopio debajo de una almohadilla esfigmográfica inflada y desinflándola lentamente pudo escuchar los ruidos que indican el punto de presión máxima (sistólica) y mínima (diastólica).

Este descubrimiento ha sido de gran importancia, ya que en él se sientan las bases de la técnica auscultatoria que corrientemente se utiliza en la clínica. Esta técnica consiste en la auscultación de los sonidos descritos por Korotkoff, los cuales cubren una gama media de 45 mm Hg y se subdividen en cinco fases de duración variable: un sonido fuerte y chasqueante (14 mm Hg), una sucesión de murmullos (20 mm Hg), unos soni dos galopantes (5 mm Hg), un sonido envolvente (6 mm Hg) y silencio.

3.2. Métodos de medición automática de la presión arterial

En la actualidad, se dispone de diversos sistemas automáticos de medida de la PA en los que el observador lo único que hace es colocar, adecuadamente, los instrumentos de medida en el paciente o, en el caso de los instrumentos semiautomáticos, tiene que, únicamente, inflar el manguito. Este tipo de medida, que inicialmente generó algunas reticencias (Cuesta, 1991), hoy está plenamente aceptado y ha comenzado a extenderse no ya sólo dentro de los servicios especializados, sino que, por ejemplo, es corriente encontrarlo en las farmacias. La medida automática presenta indudables ventajas, ya que elimina, probablemente, todas las fuentes de variación debidas al observador pero no las debidas al sujeto evaluado (por ejemplo, la hipertensión de bata blanca).

3.3. La medida ambulatoria de la presión arterial (MAPA)

El desarrollo de la tecnología ha permitido disponer ya de un sistema de medición de la PA durante 24 horas consecutivas. Este sistema permite monitorizar a la persona en su contexto cotidiano e, incluso, se puede diagnosticar, con mayor probabilidad de acierto, los casos de falsos hipertensos. Las medidas de la Monitorización Ambulatoria de la Presión Arterial (MAPA) son generalmente más bajas que las obtenidas en consulta médica. Así se considera que se puede establecer un diagnóstico de hipertensión arterial cuando la media diurna es mayor a 135/85 mm Hg y la nocturna mayor de 120/75 mm Hg. La MAPA correlaciona mejor que las lecturas obtenidas en la consulta médica con el daño en los órganos diana (corazón, riñón y cerebro). En la mayor parte de las personas la PA cae entre un 10 por 100 y un 20 por 100 durante la noche cuando esto no ocurre, el riesgo de sufrir un accidente cardio-vascular se incrementa notablemente. Puesto que es una prueba algo compleja, la MAPA se recomienda especialmente en casos como la hipertensión resistente a las drogas, cuando aparecen síntomas de hipotensión al tomar medicación antihipertensiva o en la llamada hipertensión de bata blanca también denominada hipertensión clínica aislada (JNC VII, 2004).

4. LA HIPERTENSIÓN DE BATA BLANCA O HIPERTENSIÓN CLÍNICA AISLADA

La investigación sobre la HTA indica que existe una multiplicidad de fuentes de variación en la presión arterial que pueden provocar una inflación en la lectura de las cifras tensionales y, de este modo, poner en cuestión la representatividad de la misma (Amigo, Cuesta, González y Fernández, 1993; Amigo y Herrera, 1994). De entre ellas destaca por su importancia la que se le atribuye al contexto clínico, en general, y al médico, en particular, y que habitualmente se conoce como hipertensión de bata blanca (HBB) o hipertensión clínica aislada.

La HBB hace referencia a una elevación artefactual de la presión arterial provocada por la presencia del personal sanitario y/o del médico durante el proceso de medida que reduce, notablemente, la validez del diagnóstico de la hipertensión esencial (Amigo y Buceta, 1989). De hecho, los pacientes que muestran esta reactividad presora no presentan un riesgo cardiovascular mayor que las personas normotensas, si bien es necesario un seguimiento de estas personas en la medida que un porcentaje estimable de las mismas acaba desarrollando hipertensión.

La HBB comienza a ser considerada como un problema diagnóstico tras los estudios de Mancia, Bertinieri, Grasi, Parati, Promidosi y Ferrari (1983) y Mancia, Parati, Pomidossi, Grassi, Casade y Zanchetti (1987), en los que se constata, utilizando un registro latido a latido intraarterial, que la llegada del médico producía una reacción hipertensiva inmediata que elevaba la PA sistólica más de 26 mm Hg y la diastólica más 15 mm Hg.

4.1. Caracterización de la hipertensión de bata blanca

Ahora bien, este efecto no parece que sea inducido, exclusivamente, por la *bata blanca,* ya que esta elevación artefactual de la presión arterial se ha observado, incluso, cuando el médico no lleva bata. El estatus social atribuido a éste puede inducir dicha elevación. Long, Lynch Machiram, Thomas y Malinow (1982), registrando la presión arterial a un grupo de sujetos mientras mantenían una charla con el experimentador, bien de estatus similar, bien de estatus social superior, encontraron que aquellos que mantenían la conversación con el experimentador de estatus superior mostraban una presión arterial sistólica y diastólica significativamente más alta que los que conversaban con un experimentador de estatus similar. El experimentador de alto estatus era introducido por una secretaria como doctor, vistiendo traje y corbata y con un nombre en su tarjeta de identificación que le describía como doctor en medicina interna. El experimentador de igual estatus, por el contrario, se presentaba a sí mismo por su nombre y como un asistente del experimento sobre presión arterial.

Los datos de prevalencia de la HBB varían sustancialmente (entre el 15 y el 58 por 100 de la población hipertensa) en función de los distintos estudios (López, Arias, Tuero, Velasco, Pérez, Amigo, Huarto, Villar y Herrera, 1997). En conjunto, parece que alrededor de un 20 por 100 y un 35 por 100 de los pacientes hipertensos sufren HBB (JNC VII, 2004).

En el intento de buscar una explicación de este fenómeno se ha estudiado la personalidad del hipertenso de bata blanca. Se podría esperar que estos pacientes fuesen más ansiosos que los pacientes a los que se les atribuye una hipertensión crónica, sin embargo, en los resultados de estas comparaciones realizadas sobre diversos cuestionarios de ansiedad, no se han encontrado diferencias significativas (Gerardi, Blanchard y Andrasik, 1985; Ogedegbe, Pickering, Clemow, Chaplin, Spruill, Albanese, Eguchi, Burg y Gerin, 2008).

También se ha evaluado la posibilidad de que la HBB fuese un indicador de una alta labilidad de la presión arterial en estos pacientes. Sin embargo, los resultados obtenidos por Pickering, James, Boddie, Harshfield, Blank y Laragh, (1988) contradicen esta posibilidad. En este estudio, los pacientes con HBB no mostraron una mayor variabilidad en la presión arterial ni en la MAPA, ni en las pruebas de estrés realizadas en el laboratorio, ni en las diferencias entre las presiones registradas en el trabajo y el domicilio, que los pacientes con una hipertensión sostenida. Por todo ello, no parece que la HBB, a la luz de la evidencia hasta ahora disponible, pueda considerarse como un indicio de labilidad presora (Robles, 2001; García-Vera, Sanz Jesús y Labrador, 2007), sino que todo apunta a que se trata de una respuesta emocional específica al contexto clínico en el que se realiza la medida.

4.2. Presión arterial y condicionamiento clásico

Existe una abundante evidencia empírica que pone de manifiesto la posibilidad de condicionar clásicamente la presión arterial (Fronkova, Ehrlich y Sleg, 1957). Además, tales respuestas pueden ser establecidas en un amplio rango de clases filogenéticas, entre las que se incluyen las aves y los mamíferos. La reglas que gobiernan el condicionamiento cardiovascular parecen ser las mismas que han sido descritas ampliamente en la literatura sobre el condicionamiento clásico (Cohen y Goff, 1978). En este sentido, diversos estudios en la antigua Unión Soviética demostraron la posibilidad de desarrollar respuestas condicionadas (RRCC) hipertensivas en humanos. Malkova (1952) observó, en un grupo de aviadores que sufrían una elevación transitoria de la PA, que cuando eran expuestos, durante un examen físico rutinario, al sonido de los motores de un avión, su presión arterial se incrementaba pasando de 150/90 a 175/110 mm Hg.

Además, comúnmente se pueden observar RRCC de distinto tipo en pacientes que se ven sometidos a experiencias molestas o dolorosas y que desarrollan una respuesta emocional negativa hacia el contexto médico. Por ejemplo, la aplicación vía intravenosa de quimioterapia a los pacientes de cáncer a menudo provoca una ansiedad anticipatoria hacia este tratamiento que se traduce en náuseas y vómitos anticipatorios.

Es evidente que este proceso de formación de una RC no es tan claro en el caso de la HBB, ya que no se suele poder precisar qué elementos del contexto clínico son los que adquieren un valor de estímulo condicionado aversivo (por ejemplo, el manguito o la bata blanca) y cuáles son los que funcionan como estímulos incondicionados (EEII) (por ejemplo, el estatus profesional del médico o el diagnóstico de enfermedad hipertensiva).

No obstante, se ha observado como en el caso de la hipertensión que la comunicación del diagnóstico de esta alteración puede funcionar como EI aversivo (Rostrup, Kjeldsen y Eide, 1991). En este trabajo 29 jóvenes cuyas cifras tensionales se habían encontrado elevadas en un examen militar rutinario fueron divididos en dos grupos. A los sujetos de un grupo se les envió una carta comunicándoles que su presión arterial era demasiado alta, mientras que a los del otro la carta fue neutral. En una segunda revisión la presión arterial del primer grupo fue 16/10 mm Hg, más alta que la del segundo grupo. Este trabajo muestra cómo *el diagnóstico de presión arterial elevada puede ser suficientemente aversivo para generar una reacción emocional condicionada al procedimiento de medida que provoque una elevación arterfactual de la misma*. En este sentido, los estudios con normotensos incorrectamente etiquetados como hipertensos revelan un efecto similar al que se ha observado con hipertensos correctamente diagnosticados (Stenn, Noce y Buck, 1981; Wagner y Strogatz, 1984), lo cual indica que los individuos, en general, toman el diagnóstico de hipertensión como algo estresante y que todo ello puede condicionar la medidas posteriores de la presión arterial.

Ahora bien, puesto que la HBB es una respuesta condicionada a determinados estímulos del contexto clínico (Amigo y Herrera, 1994; Ogedegbe et al., 2008), cabría preguntarse por qué las repetidas visitas al médico y la *familiarización* del paciente con el procedimiento de medida no conllevan un proceso de habituación y la consiguiente estabilización de los niveles tensionales.

Posiblemente, para explicar este fenómeno la teoría de la incubación de la ansiedad (Eysenck, 1968, 1976) proporcione un marco adecuado. Una de las pruebas experimentales a las que Eysenck ha apelado para defender la teoría de la incubación es el trabajo de Napalkov (1967), que versó, precisamente, sobre condicionamiento clásico de la PA. Este autor encontró que la aplicación de un EI a los animales producía incrementos de la presión arterial de alrededor de 50 mm Hg. No obstante, después de 25 presentaciones consecutivas del estímulo incondicionado, el animal se habituaba y dejaban de observarse dichos incrementos. Ahora bien, si ese estímulo incondicionado se presentaba asociándolo con un estímulo condicionado (EC), ese estímulo llegaba a provocar elevaciones de la presión arterial de 30-40 mm Hg, alcanzando tras 100 ensayos, los 190-230 mm Hg. En algunos sujetos experimentales ese estado hipertensivo duró un año.

Este experimento pone de manifiesto cómo, en este caso, el condicionamiento de la presión arterial no se ajustó al proceso de extinción pavloviana. En este sentido, ya Eysenck (1968) había señalado cómo en muchas RRCC de ansiedad, las exposiciones no reforzadas del EC no sólo no provocan la extinción de la RC, sino que en algunos casos llevan consigo un fortalecimiento de la RC. Ello ocurre en virtud de lo que se conoce como el *fenómeno de incubación,* a través del cual las sucesivas exposiciones del EC no reforzado dan lugar a un incremento de la RC que llega ser más fuerte que la RI.

Algo similar ocurre, probablemente, en la HBB. El paciente se ve expuesto al contexto clínico (médico, sala de consulta o manguito) durante un tiempo muy corto, por lo que, en el caso de que este contexto clínico general o alguno de sus elementos hayan adquirido para él un valor emocional negativo, se podrá observar, probablemente, una RC hipertensiva resistente a la extinción. En el estudio de *Tecumseh,* la reacción de bata blanca no había desaparecido después de 27 años de visitar rutinariamente un consultorio (Julius, Mejia, Jones, Krause, Schork y Van de Ven (1990).

4.3. Implicaciones clínicas

La HBB parece ser responsable (Amigo y Herrera, 1994; Mancia, Sega, Milesi, Cesana y Zanchetti, 1997) de una *sobrestimación de la presión arterial de los pacientes hipertensos* y, como consecuencia de ésta, de una *posible sobremedicación* de estos pacientes, lo cual llevó a cuestionar la conveniencia de la prescripción de medicamentos antihipertensivos sobre la única base de las lecturas de la presión arterial tomadas en la consulta médica, sobre todo, teniendo en cuenta que las lecturas realizadas a lo largo del día en el medio ambiente propio del sujeto correlacionan mejor con la gravedad de las complicaciones hipertensivas. Por todo ello, si se sospechase que la medida de la PA en la clínica refleja un caso de HBB (el paciente puede comunicar lecturas casuales más bajas), entonces no parecería inconveniente que fuese el propio paciente o algún familiar quien realizase la medida de la presión arterial (Amigo y Buceta, 1989; JNC VII, 2004). De hecho, García-Vera y Sanz (1999) han observado que para establecer una estimación fiable de la PA diastólica a lo largo de un período de seis meses basta realizar una simple automedición en casa durante uno o dos días consecutivos, mientras que en el caso de la PA sistólica son necesarios más de ocho días de automedición. Idealmente, la toma ambulatoria de la presión arterial en otros lugares sin relación con el medio hospitalario constituiría el procedimiento más adecuado para una valoración precisa de este fenómeno (Cuesta, 1991). Y aún más, la MAPA que permite registrar de modo continuado la presión arterial durante al menos 24 horas constituiría el procedimiento ideal para del diagnóstico de la HBB (JNC VII, 2004).

Asimismo, en aquellos casos en los que se observa una *hipertensión resistente al tratamiento,* descartadas otras causas (baja adhesión al tratamiento, hipertensión secundaria, etcétera), *se puede sospechar la existencia de HBB*. Es importante subrayar que las respuestas presoras que induce este estado de ansiedad no son fácilmente bloqueables. Aunque, generalmente, dependen de la elevación del gasto cardíaco, ni tan siquiera el uso de beta-bloqueantes garantiza el control de esa elevación, ya que, a menudo, no consiguen suprimir el incremento en la PA, sino que únicamente modifican su mecanismo (Tarazi y Dustan, 1982).

La HBB tiene también importantes implicaciones sobre quién debe llevar a cabo la medida de la PA y cuándo comunicar el diagnóstico. Respecto a la primera, parece conveniente que sea la enfermera la encargada de tomar la presión arterial, ya que su rol profesional resulta menos estresante para los pacientes que el del médico. Respecto al diagnóstico, parece que puede funcionar como un estímulo incondicionado que da lugar a una respuesta emocional aversiva al contexto clínico en general y al procedimiento de medida en particular, y que, a la postre, podría inducir una HBB. Por todo ello, en la comunicación del diagnóstico se ha de ser prudente, ya que aunque éste se base en medidas efectuadas en tres ocasiones diferentes puede depender, al menos en parte, de si el paciente fue informado sobre su presión arterial en la primera ocasión. Así, salvo que se trate de un pico tensional importante, parecería conveniente presentar el diagnóstico como un proceso en el que se han de repetir las lecturas en diferentes ocasiones justificando, de un modo tranquilizador para el paciente, la necesidad de todo este procedimiento. También podría ser adecuado utilizar la MAPA para asegurar totalmente el diagnóstico, en especial si no existen condicionamientos clínicos que obliguen a comenzar el tratamiento medicamentoso (Amigo y Herrera, 1994).

Respecto a las técnicas de modificación de conducta para eliminar la HBB se debe tener en cuenta la posible inadecuación de la desensibilización sistemática, ya que a través de este procedimiento podría ocurrir que se presentase durante un tiempo insuficiente el EC, lo que contribuiría a la incubación más que a la extinción de la RC. En este caso se debería continuar siempre con la exposición de dicho estímulo de acuerdo a la lógica de las técnicas de exposición. En este sentido, Laughlin (1981) observó cómo las cifras tensionales de un sujeto hipertenso eran claramente más elevadas en la clínica que en su entorno familiar, llegando esta discrepancia a alcanzar los 40 mm Hg en la PAs y unos 20 mm Hg en la PAd. Esta hiperresponsividad arterial se mantuvo a pesar de un procedimiento de desensibilización sistemática al que el sujeto se sometió y que incluía en la jerarquía diversos estímulos presentes en el contexto clínico.

5. TRATAMIENTO DE LA HIPERTENSIÓN ARTERIAL

5.1. Tratamiento farmacológico

A lo largo de la década de los ochenta y principios de los noventa se propusieron y utilizaron nuevos fármacos (inhibidores de la ECA y los antagonistas del calcio) para el tratamiento de la HTA no complicada que, supuestamente, serían capaces de sustituir a los que habían sido clásicamente el tratamiento de elección, los diuréticos y/o los betabloqueantes. Sin embargo, los decepcionantes resultados de los ensayos clínicos han puesto de manifiesto que estos nuevos medicamentos no aportan ningún plus de eficacia y que sólo parecen adecuados para la hipertensión que presenta otra patología asociada como la diabetes, disfunción sistólica, infarto de miocardio o insuficiencia renal (JNC VI, 1997). *En pacientes con hipertensión en el estadio 1 y no complicada (140-159 mm Hg/ 90-99 mm Hg) se recomienda la modificación del estilo de vida encaminada a controlar los factores de riesgo reversibles (dieta, ejercicio, etcétera) durante un período superior a un año antes de iniciar el tratamiento farmacológico. Si estos pacientes (que son la mayoría) tienen un factor de riesgo cardiovascular adicional, tabaco o colesterol, ese período se reduce a 6 meses antes de iniciar la farmacoterapia* (JNC VI, 1997).

A todo esto habría que añadir el hallazgo de Gifford y Tarazi (1978), quienes observaron que la medicación hipotensora no siempre previene los incrementos de la PA en situaciones de estrés, durante las cuales las alteraciones cardiovasculares tienen más probabilidades de ocurrir. Este conjunto de dificultades que presentan los fármacos antihipertensivos ha dado pie a la búsqueda de tratamientos psicológicos que, sin afectar la calidad de vida del paciente y permitiendo a éste recuperar un cierto sentido de control sobre su enfermedad, sirvan para aliviar el problema.

A lo largo de la década de los ochenta y principios de los noventa se propusieron y utilizaron nuevos fármacos (beta-bloqueantes, inhibidores de la ECA o antagonistas del calcio) para el tratamiento de la HTA no complicada que, supuestamente, serían capaces de sustituir a los que habían sido clásicamente el tratamiento de elección, los diuréticos. Sin embargo, los resultados de diversos ensayos clínicos han puesto de manifiesto que, si bien estos nuevos medicamentos son hipotensores eficaces, no han superado a los diuréticos en la prevención de las complicaciones cardiovasculares asociadas a la hipertensión (JNC VII, 2004). En la actualidad, el tratamiento farmacológico inicial hipotensor recomendado se inicia con un diurético tipo tiazida en la hipertensión en estadio 1, al que se le podrá añadir alguno de los otros medicamentos para optimizar el control de la presión arterial. En el estadio 2 se han de combinar dos tipo de fármacos, siendo uno de ellos en la mayoría de los casos un diurético. No obstante, estos nuevos medicamentos desempeñan un papel importante para el tratamiento de la hipertensión que presenta otra patología asociada como la diabetes, disfunción sistólica, infarto de miocardio o insuficiencia renal.

5.2. Tratamientos psicológicos

A lo largo de los años setenta y principalmente durante la década de los ochenta, se realizaron un amplio número de investigaciones que tuvieron como objeto verificar si los procedimientos de manejo del estrés encaminados a enseñar a relajarse a los pacientes hipertensos provocaban un descenso mantenido de la PA. Estos programas se han fundamentado, en general, en la práctica de la relajación. En algunos estudios, el entrenamiento en relajación muscular se ha combinado con técnicas de biofeedback o con técnicas cognitivas. Aunque en las investigaciones realizadas se han utilizado programas de intervención con matices diferentes, los aspectos comunes de los programas más efectivos han coincidido en tres aspectos importantes: el entrenamiento en relajación muscular *in vivo*, la práctica diaria de dichas técnicas y la identificación de las situaciones estresantes de la vida diaria y el uso de las habilidades adquiridas para hacer frente a dichas situaciones. Johnston (1987) llevó a cabo una revisión de 25 estudios controlados y aleatorizados sobre programas de manejo del estrés en los que se había registrado la PA en condiciones estándar como principal resultado del tratamiento y promedió los resultados. En 12 de esos estudios los programas de manejo del estrés fueron más eficaces que las diversas condiciones control utilizadas. En conjunto, fueron tratados 823 pacientes con hipertensión esencial ligera, mientras que 578 pacientes hipertensos formaron parte de los grupos control. Los resultados mostraron una reducción, en este amplio grupo de manejo del estrés, de 8,8/6,2 mm Hg en la presión arterial sistólica y diastólica, respectivamente, mientras que en el grupo control esa reducción ha sido de 3,1/3 mm Hg. Dado el gran tamaño de la muestra, esas diferencias parecen ser altamente significativas y sugieren que las técnicas de relajación tienen un claro efecto sobre la PA.

Siguiendo el mismo procedimiento, también se calculó la reducción registrada en un ambiente no clínico. En el conjunto de esos estudios, 313 sujetos recibieron alguna forma de entrenamiento en manejo del estrés y 142 sirvieron como control. En la muestra de los pacientes sometidos a los programas de manejo del estrés la reducción de la PA sistólica y diastólica fue, respectivamente, de 6,5 mm Hg y 4,9 mm Hg, mientras que la observada en los grupos de control fue de 2,3 mm Hg y 1,7 mm Hg.

Pero los programas de manejo del estrés también han mostrado efectos positivos sobre otros parámetros, entre los que se incluye la reducción de la medicación hasta en un 30 por 100 de los pacientes tratados (Hatch, Klatt, Supik, Ríos, Fisher y Bauer, 1985), una reducción del número de admisiones de mujeres hipertensas durante el embarazo (Little, Hayworth, Benson, Hall, Beard, Dewhurst y Friest, 1984) o la alteración de otros factores de riesgo de las enfermedades cardiovasculares tales como el tabaco (Patel, Marmot y Terry, 1981) y el patrón de conducta Tipo A (Johnston, 1986) o la variabilidad de la PA (García-Vera, Sanz y Labrador, 2004).

Por otra parte, también se ha estudiado si la reducción de la PA conseguida a través de los programas de manejo de estrés, puede prevenir la aparición de cardiopatía isquémica. A este respecto Patel et al. (1981, 1985) examinaron el efecto de uno de estos programas en un grupo de aproximadamente 100 sujetos que mostraban un alto riesgo de padecer alguna enfermedad cardiocoronaria (ECC). Otros 100 sujetos sirvieron como grupo control. A los cuatro años de seguimiento, tan sólo uno de los sujetos que había recibido entrenamiento en manejo del estrés mostraba una nueva evidencia de ECC, frente a seis sujetos en el grupo control. En otro estudio, Patel y Marmot (1988) observaron, tras un año de seguimiento, que ninguno de los sujetos del grupo experimental presentaba alguna ECC, frente a tres sujetos en el grupo control.

Los resultados, por lo tanto, indican que los programas de manejo del estrés en pacientes hipertensos pueden reportar importantes beneficios que no parecen limitarse a la reducción de la PA. No obstante, las recomendaciones del V y VI informe del JNC (1993, 1997) han tenido en cuenta más los resultados negativos de algunos estudios (Van Montfrans, Karemaker, Wieling y Dunning, 1990) que la evidencia positiva de otros (García-Vera, Labrador y Sanz, 1997; Cengiz, Unalan, Tugrul y Ekerbicer, 1997) y han matizado el alcance de este tipo de intervención para el control de la HTA, *subrayando su papel como terapia adyuvante en el tratamiento de la HTA* (Abellán, Leal y Hernández, 2001). En el informe of the Joint National Committee on Prevention, Detection, Evaluation and Treatment of High Blood Pressure (JNC VII, 2004) los programas de manejo del estrés no se han evaluado.

Sin embargo, en los últimos años se han publicado un número cada vez más amplio de estudios que parecen mostrar que la meditación trascendental puede no sólo provocar reducciones significativas de la PA en pacientes hipertensos, sino que, además, parece disminuir la mortalidad asociada a la hipertensión. Rainforth et al. (2007) realizaron un metaanálisis con el que evaluaron la eficacia de las distintas técnicas de manejo del estrés para el control de la hipertensión. Los resultados mostraron que solo la meditación trascendental provocaba una reducción significativa de la presión arterial. Anderson, Liu y Kryscio (2008) confirmaron, a través del metaanálisis, la potencia de la meditación trascendental para reducir la PA sistólica y diastólica en 4,7/3,2 mm Hg, respectivamente. Lee, Pittler, Guo y Ernst (2007), en un estudio de revisión, también han mostrado la utilidad de esta técnica para reducir la PA. Los resultados más sorprendentes provienen, no obstante, del trabajo de Schneider et al. (2005). En él se mostró que sólo la meditación trascendental, frente a otras intervenciones conductuales, se asociaba a un decremento del 30 por 100 de la mortalidad cardiovascular y a un decremento del 49 por 100 de la mortalidad debida al cáncer en mayores de 55 años hipertensos. A pesar de este cúmulo de datos, diversos autores, Ospina et al. (2007) y Canter y Ernst (2004), insisten en señalar la necesidad de mejorar la calidad metodológica de este tipo de estudios para poder aceptar plenamente la validez de esta técnica (véase capítulo 7).

Asimismo, la guía para el manejo de la HTA del programa canadiense de educación para la hipertensión afirma que «en los pacientes en los cuales el estrés pueda estar contribuyendo a la elevación de la PA, se debe considerar como intervención el control del estrés», aconsejando en este caso la utilización de programas cognitivo-conductuales individualizados, ya que tales programas tienen más posibilidades de ser eficaces (Khan et al., 2008). En esta postura han tenido una gran influencia los resultados de recientes metaanálisis, como, por ejemplo, el de Dickinson et al. (2008), que tras analizar 25 estudios experimentales con grupo control en los que se trataron y evaluaron 1.198 pacientes con HTA con un seguimiento entre ocho semanas y cinco años, constataron una reducción en la PA sistólica y diastólica de 5,5 mm Hg y 3,5 mm Hg, respectivamente. Esa reducción fue superior a la del grupo control y similar a las que se han observado con otras medidas no farmacológicas como la dieta (–5/–3,7 mm Hg), el ejercicio físico (–4,6/–2,4 mm Hg) o la restricción de sal (–3,6/–2,5 mm Hg).

Síndrome del intestino irritable 12

1. CARACTERIZACIÓN DEL TRASTORNO

El síndrome del intestino irritable (SII) es el *trastorno digestivo funcional más frecuente* y de mayor trascendencia. De curso *crónico y recidivante,* el SII se caracteriza por un conjunto de síntomas gastrointestinales y extradigestivos entre los que son definitorios el dolor o malestar abdominal aliviado por la defecación y/o asociado con un cambio en la frecuencia o consistencia de las heces (Drossman, 2006). Precisamente, la ausencia de afectación orgánica y la amplia variación de la sintomatología informada por los pacientes e, incluso, por un mismo paciente a lo largo del tiempo, explican las dificultades para establecer marcadores diagnósticos específicos y diferenciados para los trastornos digestivos funcionales (Gasbarrini, Lauritano, Garcovich, Sparano y Gasbarrini, 2008). Y también es una de las razones por la que los estudios epidemiológicos, etiológicos o sobre el tratamiento no son siempre concluyentes. Podría decirse que el proceder diagnóstico en el SII se basa enteramente en las pautas comportamentales y las referencias verbales del paciente acerca de los síntomas, una vez que las exploraciones físicas o pruebas complementarias excluyen otras patologías.

La importancia del SII viene dada por su alta incidencia y los costos personales y sociales asociados (absentismo laboral, consumo de fármacos, ocupación de las consultas, elevados costos en pruebas clínicas, etcétera). El SII representa la principal causa de consulta ambulatoria del aparato digestivo, llegando a constituir hasta el 70 por 100 de los pacientes demandantes de asistencia y hasta un 25 por 100 de los pacientes que acuden a una consulta de medicina general. Los datos acerca de la incidencia en el medio hospitalario no son representativos, ya que estos pacientes rara vez precisan hospitalización; no obstante, se calcula que el dolor abdominal de causa desconocida es el décimo motivo más común de ingreso en el hospital entre los hombres y el sexto entre las mujeres, afectando por igual a todas las edades. En la población general, entre un 8 por 100 y un 25 por 100 tiene síntomas compatibles con un SII, aunque se calcula que sólo entre un 25 por 100 y un 40 por 100 de los afectados solicitan cuidados médicos. Por lo demás, afecta predominantemente a adultos jóvenes con edades comprendidas entre los 20 y los 50 años y su distribución por edades es homogénea. Y, en general, se observa una mayor incidencia en las mujeres, en una proporción de 2,3/1 con relación a los varones (esta peculiaridad se ha puesto en correspondencia con factores culturales como es la mayor tendencia de éstas a consultar al médico, al menos en occidente) (Heitkemper y Jarrett, 2008; Tutega, Talley, Joos y Hickam, 2003; Whitehead, Palson, Levy et al., 2003; Drossman, Whitehead y Camilleri, 1997). Estas cifras, aunque revelan una presencia extraordinariamente elevada del SII, deben interpretarse con prudencia porque no todos los estudios epidemiológicos se realizan con muestras representativas o emplean procedimientos adecuados para la obtención de los datos y, frecuentemente, no existe unanimidad en los criterios diagnósticos utilizados.

El estudio de las causas que motivan la consulta del paciente es uno de los principales objetivos de los estudios epidemiológicos analíticos. No existe una respuesta enteramente satisfactoria. Aunque la intensidad de los síntomas es la primera referencia, no parece ser la causa en la mayoría de las ocasiones. Algunos trabajos coinciden al señalar que los individuos que más consultan por sus problemas digestivos son quienes más alteraciones emocionales refieren, muestran mayor preocupación por la salud, valoran más negativamente su estado físico y presentan más conductas de enfermedad (Lee, Guthrie, Robinson, et al., 2008; Drossman, Whitehead, Toner, Diamant, Hu y Banbdiwala, 2000). En 1871, Da Costa hizo la primera comunicación acerca de la asociación entre la «colitis mucosa» (denominación utilizada entonces para referirse al SII) y las «manifestaciones nerviosas irregulares, del tipo de la histeria». Desde entonces, numerosos autores han hecho referencia a los trastornos psicológicos como desencadenantes o exacerbantes del SII (Almy, 1949; Bennet, Piesse, Palmer et al., 1998; Young, Alpers, Norland y Woodruff, 1976; Kovács y Kovács, 2007).

2. SINTOMATOLOGÍA

Desde el punto de vista clínico, el dolor abdominal y las alteraciones en los hábitos intestinales son definitorias de la entidad del SII, pero a partir de aquí son variadas sus manifestaciones clínicas. En primer lugar, puede ofrecer un *curso heterogéneo y diversos patrones clínicos*. Mientras la mayoría de los pacientes alternan períodos de bienestar con períodos sintomáticos (de diferente duración y severidad), otros tienen su vida continuamente afectada por estos síntomas. El dolor abdominal está presente en la mayoría de los casos. Algunos pacientes presentan un dolor continuo, si bien, por lo general, es intermitente y de carácter cólico, aunque variable en intensidad y localización. En aproximadamente el 50 por 100 de los pacientes se alivia con la defecación. El calor local y la presión sobre el abdomen también alivian el dolor. Ocasionalmente, se agrava con las comidas y, por lo general, en situaciones de tensión emocional. El comienzo o la presencia de dolor se suele asociar con un cambio en la frecuencia y consistencia de las heces, sensación de deposición incompleta e hinchazón abdominal. Por otra parte, la alteración del hábito intestinal es la forma más frecuente de presentación del SII, además de un requisito diagnóstico. Los pacientes pueden referir largos períodos de estreñimiento acentuado, diarrea o la alternancia de ambos.

En segundo lugar, es importante la *presencia de otros síntomas gastrointestinales*, tales como sensación de saciedad precoz, pirosis, náuseas, vómitos (muchas veces provocados para tratar de aliviar el malestar). Este conjunto sintomático (que se denomina dispepsia epigástrica no ulcerosa cuando ocurre de forma aislada y no relacionada con patología orgánica) se presenta en al menos el 50 por 100 de los casos diagnosticados de SII. La cuestión que se plantea es si se trata de trastornos diferentes o de manifestaciones distintas de una misma entidad. Estudios manométricos señalan que el SII presenta alteraciones motoras que afectan a todo el tubo digestivo y no se limitan al colon e intestino delgado. Por lo demás, se ha puesto también de relieve que no existen características clínicas y/o psicológicas diferenciales entre los trastornos digestivos funcionales (Bennet, Piesse, Palmer et al., 1998), por lo que su clasificación en base al tipo de síntomas que predominan no tendría más que una finalidad práctica (Riedl, Schimidtmann, Stengel, et al., 2008; Drossman, 1990).

En tercer lugar, no es menos importante la presencia de *sintomatología extradigestiva* inespecífica, como son astenia, pérdida de concentración, cefaleas, palpitaciones, lumbalgias, fibromialgia o fatiga crónica, que aparecen en un 65 por 100 de los casos con SII. Algunos autores han propuesto que la alta comorbilidad entre los trastornos gastrointestinales sugiere un mecanismo fisiopatológico común.

Las peculiaridades del comportamiento de aquellos que consultan motivados por la sintomatología característica del SII ha motivado el estudio de las características psicopatológicas y/o de personalidad de estos pacientes. Un sector importante de los clínicos mantiene la opinión de que el trastorno es psicológico y subrayan la importancia de los factores emocionales en la patogenia del SII. En muchos casos, los pacientes con SII han recibido diagnóstico y tratamiento psiquiátrico. La ansiedad, la depresión y la histeria son las alteraciones más comunes (Kovács y Kovács, 2007). Sin embargo, además de ser escasos los trabajos controlados y sistemáticos, por lo general, los estudios presentan varios déficits metodológicos que dificultan la generalización de los resultados. Cabe destacar el frecuente empleo de instrumentos de evaluación no fiables o clasificaciones basadas en el juicio clínico en ausencia de un criterio diagnóstico común, la utilización de muestras compuestas exclusivamente por individuos que consultan y por la propia población psiquiátrica en ausencia de grupos control, o la inexistencia de datos respecto a la sintomatología y su antigüedad en relación a las alteraciones psicológicas (Hutton, 2008; Lydiard y Falseti, 1999).

Por lo que respecta a la evaluación de la personalidad, estos pacientes muestran más alteraciones que la población general y que los enfermos con trastornos orgánicos (Drossman, McKee, Sandler et al., 1988). No obstante, no existen evidencias de un «perfil» de personalidad específico del SII a excepción de unos valores más altos en neuroticisno e introversión (Latimer, Sarna, Campbell, et al., 1981).

Por el contrario, sí se ha observado un patrón de conducta característico de estos pacientes que se denomina *comportamiento aprendido de enfermedad crónica* y se distingue por una continua preocupación en torno a la enfermedad, tematizándola en todas las conversaciones o situándola como referente de su actividad cotidiana; por un número frecuente de consultas a los médicos, incluso por problemas banales y unas muestras de incapacidad desproporcionada con los hallazgos de las exploraciones físicas (Whitehead, Winger, Fedoravicius et al., 1982). Esta peculiaridad sugiere la relevancia del aprendizaje tanto en la adquisición como en el mantenimiento de estas conductas de enfermedad.

3. ETIOLOGÍA

Los datos expuestos parecerían señalar el papel del «aprendizaje social» en la etiología del trastorno y el carácter operante de las conductas características de los pacientes con SII. Ahora bien, la investigación etiológica del SII debe contemplar las posibles relaciones entre las respuestas gastrointestinales y las condiciones ambientales y el comportamiento de los sujetos. A partir de las primeras investigaciones sistemáticas de Almy y Tulin (1947), se iniciaron un gran número de investigaciones que buscaban dilucidar las pautas de conducta colónica (en concreto, las anomalías en la fisiología intestinal). La mayoría de las investigaciones se desarrollaron en torno a los siguientes supuestos:

- Los pacientes con SII se ven expuestos a un mayor número de condiciones relevantes para elicitar tales repuestas. La incidencia del estrés como condición agravante de la sintomatología es conocida e investigada desde antiguo (Beaumont, 1833; Cannon, 1929; Friedman y Snape, 1946); sin embargo, no ha podido implicársele como un factor etiológico del SII. Trabajos que han empleado criterios restrictivos en el diagnóstico y selección de los pacientes con SII no han podido identificar una mayor y significativa presencia de episodios de estrés en estos pacientes en relación a sujetos asintomáticos o pacientes orgánicos (Drossman, McKee, Sandler et al., 1988; Whitehead, Bosmajian, Zonderman et al., 1988). En todo caso, la presencia de acontecimientos estresantes (con el consiguiente empeoramiento de las molestias) podría facilitar el aprendizaje de errores acerca de la sintomatología y de la propia inhabilidad personal de auto-cuidado. Las dificultades de adaptación a condiciones estresantes se han referido en la literatura como una característica del comportamiento de estos pacientes y relacionada con la adquisición de conductas de enfermedad.
- Los pacientes con SII experimentarían sus funciones colónicas normales como anormales. La posibilidad de explicar la sintomatología del SII por una hiperalgesia colónica cuenta con pocas evidencias empíricas. Algunos datos parecen indicar que los pacientes con SII con

- predominio del dolor, serían capaces de experimentarlo en respuesta a distensiones colónicas que serían indoloras para los individuos asintomáticos (Whitehead, Engel y Schuster, 1980). Sin embargo, estos resultados no se han confirmado en otras investigaciones. En cualquier caso, no explicaría la multiplicidad sintomática del SII y, por otra parte, podría explicarse de acuerdo a procesos de condicionamiento respondiente y operante.
- Los pacientes con SII tendrían un patrón, genético o aprendido, distintivo y anormal de motilidad colónica. En torno a este planteamiento se han desarrollado un gran número de trabajos. En su mayor parte, son estudios sobre la sensibilidad y motilidad intestinal, realizados tanto en condiciones basales como ante diferentes tipos de estimulación (comida, estrés y drogas). Los datos, por lo general, proceden del colon sigmoide y se han obtenido mediante registros electromiográficos o de presiones intraluminales. Actualmente, la investigación tiene interés por otras áreas gastrointestinales (esófago-gastroduodenal), en cuanto que se ha demostrado que la sintomatología compatible con el SII no se circunscribe exclusivamente al colon. En conjunto, en condiciones basales, los datos no apoyan la existencia de una alteración segura y bien definida. Las diferencias más marcadas se han encontrado, en condiciones de estimulación, en la actividad eléctrica y en la motilidad ante la distensión colónica. Se ha observado que en los pacientes con SII aparece incrementado un ritmo eléctrico de baja frecuencia que podría dar lugar a una mayor actividad segmentaria del colon, quizá relacionada con el estreñimiento y el dolor, y una menor tolerancia rectal a la distensión que podría ponerse en relación con la diarrea. Todo ello, según un modelo complejo de interacciones entre distintos factores (ambientales, dietéticos, sistema nervioso central y sistema nervioso entérico) implicados en la modulación de la motilidad intestinal (Benages y Tomas-Ridocci, 1987; Mayer, Chang y Lembo, 1998).
- Una línea de investigación más reciente sugiere que en el SII la regulación serotoninérgica está alterada. La serotonina es un neurotransmisor que está presente en abundancia en las células enterocromafines del intestino y es el más importante regulador del peristaltismo intestinal y de la transmisión sensorial (Gasbarrini, Lauritano, Garcovich, Saparano y Gasbarrini, 2008, Galligan y Parkman, 2007).

Sin embargo, el interés diferencial de estos datos como posible mecanismo etiológico de los síntomas característicos del SII se desdibuja cuando se comparan dichos datos con los hallazgos de las exploraciones físicas de pacientes asintomáticos pero con las mismas características psicológicas («neuroticismo»). Al hacer esto, Latimer (1983) encontró que no existían diferencias entre ambos grupos de pacientes, siendo lo más significativo la variabilidad entre ellos.

En base a estos hallazgos *Latimer (1983) ha propuesto un modelo conductual que explica el SII como una conducta aprendida que se inscribiría dentro de un patrón de conducta neurótica*. Se asume (amparándose en las investigaciones relativas a la selección genética en animales de la respuesta de defecación y deambulación en situaciones de miedo como criterios de personalidad —Gray, 1971—) que las respuestas fisiológicas alteradas y los cambios en el hábito intestinal son una respuesta inaprendida ante el estrés en los sujetos neuróticos, ya refieran un SII o no. Las diferencias entre los sujetos neuróticos asintomáticos o diagnosticados de SII estriban en la conducta verbal y otras conductas manifiestas. Lo que se pone de manifiesto es la dimensionalidad y la asincronía de las manifestaciones que caracterizan el SII. En el SII sólo pueden constatarse cambios cuantitativos. No existe una cualidad que lo haga distinto de la normalidad. Por otra parte, las expresiones verbales y motoras de malestar pueden ser independientes de los correlatos fisiológicos. En concreto, los pacientes con SII se diferenciarían de otros pacientes neuróticos en la «calidad» de sus conductas desadaptadas aprendidas. Así, mientras unos refieren los síntomas gastrointestinales como un problema que requiere

© Ediciones Pirámide

tratamiento (quejas, visitas al médico, etcétera), los otros describen sus problemas en términos de ansiedad, dificultades laborales o matrimoniales. Estas diferencias sólo se explicarían como el resultado de aprendizajes particulares. El aprendizaje de errores sobre la anormalidad del tránsito intestinal, o sobre la adecuación social de la sintomatología del SII ante una situación de estrés o el logro de atenciones o ventajas sociales (abandono del trabajo, ayuda de otros, etcétera), están en la base de la adquisición y mantenimiento de todas las conductas de enfermedad exhibidas por estos pacientes. Los procesos de reforzamiento y modelado que ocurren en el ámbito familiar tienen relevancia especial. En este mismo sentido, el papel de los profesionales de la salud es crucial respecto de la propia evolución de la enfermedad. Frecuentemente, y después de un primer tratamiento médico, la persistencia de sintomatología va seguida de sucesivas consultas a diferentes médicos, que si bien insisten en que «el problema no tiene importancia» ante su incapacidad para resolverlo y también ante la propia presión del paciente repiten las exploraciones, analíticas y prescriben nuevos tratamientos, aunque, por lo general, no llegan a eliminarse las molestias. Sin embargo, este proceso lo que sí favorece es la cronificación de las conductas de enfermedad del paciente.

4. TRATAMIENTOS DEL SÍNDROME DEL INTESTINO IRRITABLE

La ausencia de acuerdo acerca de la etiología y de las bases fisiopatológicas de este trastorno justifica el abundante número de medidas terapéuticas ensayadas y, en particular, de fármacos cuyos resultados son controvertidos. Por otra parte, algunos adolecen de un control metodológico suficiente para dar por satisfactorias sus conclusiones. También es preciso reconocer que algunas peculiaridades de este trastorno, como son la dificultad para cuantificar objetivamente los síntomas, dado que la única valoración posible es la referida por el paciente, la propia heterogeneidad de la sintomatología o la alta responsividad al placebo implican condiciones que dificultan la realización de estudios fiables (Klein, 1988; Kamm, 1999; Drossman, Torner, Whitehead et al., 2003).

4.1. Tratamientos médicos

El abordaje *médico-internista* del SII se ha basado en alteraciones (motoras y/o sensitivas) de la fisiología intestinal, en un déficit de lactosa y/o intolerancia a algunos alimentos. Sin embargo, esta caracterización patogénica presenta problemas. Como se señaló anteriormente, ni existe evidencia de una anomalía única de la fisiología digestiva, ni el gran número de síntomas gastrointestinales que refieren estos pacientes puede explicarse por un trastorno primario en la fisiología intestinal, y finalmente, es improbable que los problemas psicológicos de estos sujetos representen una mera reacción a los síntomas. No obstante, desde el modelo médico se sale al paso señalando que no es imprescindible para dar cuenta de la etiología del SII recurrir a explicaciones psicológicas, porque el SII podría tratarse no ya de una enfermedad digestiva, sino de una enfermedad sistémica (Gasbarrini, Lauritano, Garcovich, Saparano y Gasbarrini, 2008; Smart y Atkinson, 1987).

En consecuencia, los tratamientos médicos se caracterizan por ser fundamentalmente sintomáticos. Hoy por hoy, existe consenso acerca de la utilidad de diversas medicaciones. La fibra vegetal (12 g/día) está indicada para el tratamiento del estreñimiento. La loperamida y, con menos probabilidad, otros agonistas opiáceos pueden beneficiar a los pacientes diarreicos. En el tratamiento del dolor, los fármacos más utilizados son los antiespasmódicos (entre ellos los anticolinérgicos) solos o asociados con antidepresivos. El empleo de antidepresivos, por poseer efectos anticolinérgicos, se indica en casos de dolor severo. Sin embargo, aun cuando estos fármacos sí inhiben la respuesta motora gastrocolónica, su eficacia no está probada. El tratamiento con ansiolíticos no se ha probado que tenga efecto sobre la motilidad intestinal, ni sus resultados sobre la reducción de molestias en el paciente son superiores al placebo. Actualmente, de acuerdo con las más recientes líneas de investigación que indagan las relaciones entre el sistema nervioso central y el sistema nervioso entérico en la modulación de la motilidad intestinal se estudia el efecto de distintas sustancias (serotonina, opioides) que actúan a nivel central y periférico (Mearin, 2007; Whitehead, Palsson, Levy et al., 2003).

En resumen, el tratamiento médico farmacológico del SII no resuelve de forma definitiva los síntomas para un porcentaje elevado de pacientes. Algunos autores han afirmado que «actualmente para los pacientes con SII los tratamientos farmacológicos son similarmente ineficaces» (Berstad, 1998). En 2001, la Conferencia Europea para el tratamiento del SII (Thompson, Hungin, Holtmann, Sofos, Delvaux y Caballero-Plasencia, 2001) se hizo eco de la *insuficiencia del abordaje farmacológico* y de la necesidad de atender los aspectos psicológicos de este trastorno, al establecer que el mejor acercamiento terapéutico al SII es un abordaje interdisciplinar, basado en proporcionar al paciente una explicación adecuada de sus síntomas, desarrollar cambios dietéticos y de hábitos de vida, tratamiento psicológico y fármacos específicos en función de los síntomas (Creed, Tmenson, Guthrie, et al., 2008). Svedlund (2002) revisó 22 estudios controlados que compararon la eficacia de la terapéutica médica convencional y de la terapia psicológica para el tratamiento de los trastornos digestivos funcionales. En 19 estudios se encontraron diferencias significativamente superiores en el postratamiento y en el seguimiento a favor de la terapia psicológica. El trabajo no analiza, sin embargo, los resultados en función de las distintas modalidades psicológicas. La literatura sigue ofreciendo datos sobre la superioridad del tratamiento psicológico respecto al farmacológico (Kennedy, Chalder, McCrone et al., 2006; Drossman, Toner, Whitehead, et al., 2003). Además, los datos de algunas investigaciones muestran que el tratamiento conductual mejora la sintomatología y, en consecuencia, la calidad de vida, incluso aunque el estado emocional del paciente no mejore en la misma medida (Lackner, Jaccard, Krasner et al., 2007).

4.2. Tratamientos psicológicos

De acuerdo con las implicaciones psicológicas que se han planteado, los abordajes psicológicos se pueden agrupar en cuatro tipos, a saber: hipnosis, biofeedback, manejo del estrés y manejo de contingencias.

4.2.1. *Hipnosis*

Son escasas las investigaciones controladas que han empleado hipnosis en el tratamiento del SII aunque con resultados positivos (Byrne, 1973; Whorwell, Prior y Farengher, 1985; Whorwell, Prior y Colgan, 1987). Whorwell comparó la eficacia de la hipnosis enfocada a la relajación y control de la motilidad intestinal con un grupo control que recibió un placebo y sesiones de psicoterapia. Se observó una clara mejoría en los pacientes del grupo de hipnosis. Los mejores resultados se obtuvieron entre los pacientes con dolor abdominal, sin alteraciones de interés en el hábito intestinal, ni distensión abdominal. Los peores datos correspondían a pacientes con problemas psicológicos y mayores de 50 años. En último término, los pacientes con una sintomatología severa, trastornos psicológicos y edad avanzada (características asociadas ya en otros trabajos a mal pronóstico, Linares, 1986; Fernández Rodríguez, 1990; Drossman, Whitehead, Toner, Diamant, Hu, Bangdiwala yJia, 2000) tampoco mejoran con hipnoterapia, por lo que los aparentemente buenos resultados obtenidos con este procedimiento podrían cuestionarse. Otros trabajos más recientes, como los de Harvey, Hinton y Gurany (1989); Forbes, MacAuley y Chiotakakou-Faliakou (2000) o Whitehead (2006), obtienen igualmente resultados positivos. Sin embargo, la ausencia de grupos de control no permite valorar adecuadamente los efectos de la intervención que, por otra parte, también podrían atribuirse a las fluctuaciones habituales del SII o la responsividad al placebo. Los mecanismos de actuación de la hipnosis son desconocidos (Wickramarekera, 2006). Las expectativas del paciente y terapeuta se señalan como una variable moduladora de los resultados, que es, con demasiada frecuencia, ignorada en los estudios terapéuticos del SII (Talley et al., 1996).

4.2.2. *Biofeedback*

La técnica de biofeedback consiste en enseñar al paciente a controlar la motilidad colónica mediante el uso de un balón de aire de volumen modificable situado en el tramo sigmoideo, de modo que se trata de relajar y de prevenir las contracciones intestinales. La lógica que justifica este proceder está fundada en la alteración motórica dependiente de la estimulación mecánica local (de la que se ha hablado anteriormente). Aunque existen algunos estudios que informan de la posibilidad de ejercer un control aprendido de la motilidad y una elevación del umbral necesario para producir una contracción espástica (Whitehead, Engel y Schuster, 1980), *la efectividad del biofeedback para el tratamiento del SII no se ha probado. Sin embargo, su interés sigue vigente, al menos, por cuanto puede aportar algunas claves para el conocimiento de la naturaleza de la sintomatología del SII.*

4.2.3. Entrenamiento en el manejo del estrés

La justificación para el uso de procedimientos de control del estrés y de la ansiedad está, por una parte, en el conocido empeoramiento del SII en situaciones de la vida comprometidas «emocionalmente» (Simón, 1996) y, por otra, en una posible mayor responsividad intestinal ante acontecimientos relativamente convencionales para la mayor parte de las personas. Aunque los procesos mediante los cuales el estrés exacerba la sintomatología no se han descrito, la motilidad alterada y el patrón eléctrico «característico» que se elicitan ante ciertas estimulaciones, se entenderían como un posible mecanismo intermediario de las condiciones psicológicas, de acuerdo con las conexiones nerviosas. Por otra parte, la susceptibilidad al condicionamiento respondiente de la motilidad intestinal en humanos permite también entender la presencia de síntomas en situaciones aparentemente desprovistas de «desafío emocional», como pueden ser los momentos anticipatorios de condiciones de estrés (por ejemplo, la víspera de un examen). A su vez, las situaciones y estados de ansiedad pueden optimizar los procesos de condicionamiento y éste, a su vez, incrementarse cuando (como es probable) el paciente evita los estímulos exacerbantes, de acuerdo a los criterios que definen el condicionamiento pavloviano tipo II (Whitehead, 1985) (este tipo de condicionamiento constituye el paradigma de la incubación que parece implicado en la hipertensión de bata blanca, véase capítulo 11).

Las técnicas de tratamiento, dados los supuestos anteriores, son las propias de la reducción de la ansiedad y del manejo del estrés establecidas en otros ámbitos de la modificación de conducta. La pluralidad de técnicas disponibles se puede organizar en tres categorías, por lo demás, tecnológica y conceptualmente integrables.

Una está interesada en el *entrenamiento de la reducción de la ansiedad*. Generalmente, consiste en la relajación (muscular progresiva) y el biofeedback inespecífico. Ambas han mostrado su utilidad por sí mismas en diversos estudios de casos (Whitehead, 1985) y en combinación con otras estrategias (Blanchard, Greene y Scharff, 1993; Boyce, Talley, Balam, Koloski y Truman, 2003). La valoración positiva que hacen los pacientes de este entrenamiento lo ha convertido en un procedimiento de elección en la intervención conductual del SII.

Estarían también las técnicas especialmente interesadas en la *extinción de respuestas de ansiedad* (y de sintomatología colónica) condicionadas a situaciones determinadas, de acuerdo a la lógica de la desensibilización sistemática. Aunque los datos son escasos, si bien prometedores en los estudios en que se han empleado (Dulmen, Fenis y Bleijenberg, 1996; Fernández Rodríguez, Amigo y González Rato, 1998; Fernández Rodríguez, Linares y Pérez Álvarez, 1992; Whitehead, 1985), su conocida relevancia en el tratamiento de la ansiedad sitúa a estas técnicas entre las de posible elección. Eventualmente, serían el tratamiento de elección si se pudiera describir un tipo de paciente de SII cuya pauta sintomática se atuviera al condicionamiento respondiente.

Otro conjunto de técnicas se describiría en términos del *afrontamiento de situaciones,* de modo que el paciente sería, uno, entrenado a identificar el comienzo de la tensión y a contrarrestar su impacto, por lo general, mediante el entrenamiento en relajación. Y dos, a manejar situaciones inconvenientes mediante el entrenamiento en solución de problemas, reestructuración del tiempo, asertividad, habilidades sociales, terapia autoinstruccional y terapia cognitiva. Este paquete de tratamiento se ha venido identificando como «terapia multicomponente cognitivo-conductual para el SII». Neff y Blanchard (1987) desarrollaron un protocolo de tratamiento en 12 sesiones distribuidas en ocho semanas (dos sesiones en cada una de las cuatro primeras semanas y una semanal en las cuatro restantes). Los pacientes recibían entrenamiento en relajación muscular progresiva con la asistencia del biofeedback termal y un programa de afrontamiento del estrés que incluía las técnicas anteriores. La práctica en casa y la aplicación de lo aprendido en la vida cotidiana fueron dos aspectos a los que se prestaba especial atención. Los resultados informan de una respuesta favorable en el 50-65 por 100 de los pacientes y del mantenimiento de los logros al cabo de uno y cuatro años de seguimiento. Toner, Segal, Emmott, Myran, Ali, DiGasbarro y Stuckless (1998) han realizado una revisión exclusiva sobre los modelos, procedimientos y resultados de la terapia multicomponente cognitivo-conductual del SII. Puede considerarse que los datos y el número de estudios controlados y replicados avalan la *eficacia de la terapia multicomponente para el SII*. El informe de la Comisión sobre Promoción y Difusión de los Procedimientos Psicológicos (Task Force, 1985; Chambless et al., 1998) señala que este programa de tratamiento ha dado muestras de eficacia.

En los últimos años, distintos estudios han comprobado la superioridad de la terapia cognitivo-conductual en relación al tratamiento farmacológico y lista de espera para mejorar la calidad de vida y reducir la sintomatología característica en adultos (Kennedy, Chalder, McCrone et al., 2006; Drossman, Toner, Whitehead, et al., 2003) y en niños (Huertas-Ceballos, Logan, Bennett y Macarthur, 2008). Ahora bien, los datos sugieren una eficacia diferencial de la intervención en función de las peculiaridades clínicas y/o psicológicas de los pacientes. Drossman et al. (2003) señalan que son los pacientes con una intensidad moderada de los síntomas, con diarrea predominante y sin trastornos emocionales, quienes más se benefician. La depresión y la antigüedad de los síntomas se han identificado reiteradamente como factores de mal pronóstico terapéutico (Fernández, Pérez, Amigo y Linares, 1998; Lackner, Jaccard, Krasner, Katz, Gudleski y Blanchard, 2007). Estos resultados han promovido, sin duda, la utilización de estas técnicas en atención primaria aplicadas, incluso, por personal de enfermería (Kennedy, Jones, Darnley, Seed, Wessely, Chalder, 2005). La elaboración de protocolos de evaluación y tratamiento puede facilitar un mejor análisis de la eficacia, efectividad y eficiencia de la intervención. Ahora bien, no puede olvidarse que los síntomas y las conductas de enfermedad de los pacientes tienen una funcionalidad peculiar en cada caso y que no se altera simplemente entrenando un comportamiento alternativo. En un paciente que, en situaciones de tensión emocional, presenta dolor y diarrea, estos síntomas no desaparecerán por el mero hecho de aprender un procedimiento de relajación. Suponiendo que la activación fisiológica fuese la condición que explicase sus molestias, tendría que reconocer cuándo y cómo emplearla en su vida cotidiana y sin que interfiriese con el resto de sus actividades. Es decir, los protocolos terapéuticos no pueden obviar la adecuación de la intervención a cada caso. Esta aplicación estandarizada de las técnicas, ignorando el carácter idiográfico de la terapia psicológica, se entiende que puede explicar, en buena medida, que recientes revisiones consten resultados no superiores al placebo de los programas cognitivo-conductuales (Zijdenbos, de Wit, van der Heijden, Rubin, Quartero, 2009). En definitiva, lejos de cuestionarse la utilidad de la terapia cognitivo-conductual para el tratamiento SII, que, por otra parte, ha probado suficientemente su interés, lo que subrayaría es la inadecuación de este proceder nomotético en la aplicación de técnicas psicológicas. Cabe también señalar que los trabajos más recientes reclaman, junto con un mayor control metodológico, un análisis de los predictores de la eficacia terapéutica (McCrone, Knapp, Kennedy, Seed, Jones, Darnley y Chalder, 2008; Blanchard, Lackner, Gusmano, Gudleski, Sanders, Keefer y Krasner, 2006) y una mayor consideración del caso único (Sanders, Blanchard y Syker, 2007).

4.2.4. Manejo de contingencias

El fundamento para el empleo de esta modalidad de cambio tiene que ver con el carácter aprendido de la enfermedad que, según se ha visto, formaría parte del desarrollo del SII, al menos siendo ello evidente para cierto número de pacientes. Es decir, se sugiere, como particularmente ha destacado Latimer (1983), que los síntomas pudieron haber sido aprendidos y estar mantenidos, en parte, por reforzamiento social. La preocupación «exhibida» por la enfermedad, tal como su tematización en las conversaciones, la toma de medicación y las visitas al médico, así como, posiblemente, el absentismo laboral y otros comportamientos, serían vistos en esta formulación como operantes, sobre todo, si además se da el supuesto de que los pacientes no muestran ansiedad, ni que los síntomas empeoran bajo condiciones de estrés.

De acuerdo con estas consideraciones, el manejo de contingencias se dirige simultáneamente a la disminución del reforzamiento social de las manifestaciones sintomáticas y al aumento de actividades incompatibles de modo que tengan funcionalidad y, así, puedan ofrecerse como alternativas a los síntomas. En un proceder conforme a esta lógica es necesaria la implicación de personas significativas de la vida del paciente (generalmente la familia), con la misión (convenida) de prestar atención de forma distinta a como lo viene haciendo. Se trata, básicamente, de disminuir la atención, el interés, así como las ayudas, dependientes de las manifestaciones sintomáticas (por ejemplo, referencia o muestras de dolor abdominal) y, por el contrario, de «dispensar» éstas en condiciones de bienestar. Obviamente, al ser explícito este sistema de contingencias, el paciente está instruido para evitar hablar y «exhibir» sus problemas intestinales y, paralelamente, para implicarse en actividades alternativas, incompatibles con las molestias (y susceptibles de reforzamiento social). Por su parte, el clínico participaría (coherentemente) de esta lógica de dos maneras principales. Según una, administraría sus atenciones al paciente interesándose más en las mejoras presentadas y menos por las complicaciones. Según la otra, se trata de que el posible uso beneficioso de la medicación, o de otros agentes, se transfiera a la propia generación de autoayudas para resolver las molestias.

Dado que estos planteamientos son más difíciles de practicar que lo que sugiere la racionalidad de su exposición (si es que no parecen paradójicos), a menudo se requiere de un entrenamiento para el desarrollo de nuevos comportamientos (por ejemplo, una manera distinta de pedir o de discutir algo por parte del paciente, y/u otro modo de responder o de no hacer caso por parte de otras personas). Puede ser especialmente conveniente el uso de contratos de contingencias, en los que estarían especificadas las reglas que gobiernan las relaciones relativas a la enfermedad del SII.

La aplicación de esta modalidad terapéutica responde siempre al carácter idiográfico de la terapia de la conducta y a la lógica del N = 1.

5. INTERVENCIÓN COMPORTAMENTAL EN EL SÍNDROME DEL INTESTINO IRRITABLE

5.1. Evaluación conductual y análisis funcional

La intervención conductual en el SII es la propia del proceder del terapeuta de conducta. En consecuencia, el primer objetivo es realizar un análisis topográfico y funcional del SII. Se trata de identificar, en cada paciente, las manifestaciones (a un triple nivel de respuesta) que caracterizan este cuadro clínico. Es decir, indagar acerca de los síntomas digestivos definitorios, los extradigestivos, los comportamientos de enfermedad (quejas, abandono y/o delegación de actividades y responsabilidades, tematización de las conversaciones en torno a su enfermedad, consultas médicas, consumo injustificado de medicación, etcétera) y las posibles disfunciones psicológicas y sociales derivadas de la presencia de un trastorno crónico doloroso (ansiedad, evitación de alimentos o actividades, preocupación por la salud, el futuro, etcétera). Evidentemente, esta evaluación se interesa por la ocurrencia y magnitud de estas manifestaciones al tiempo que analiza qué condiciones (ya estrictamente ambientales, ya sociales y/o personales) pueden dar cuenta de la aparición y el mantenimiento de estas conductas desadaptadas. Por lo demás, los criterios de análisis y las técnicas de evaluación son los propios de la modificación de conducta.

La *entrevista funcional* es una técnica indispensable, responde a los objetivos de la evaluación y permite comunicar al paciente el «abordaje» psicológico de su problema. Se trata de informar acerca del funcionamiento intestinal, de corregir errores (normalidad del hábito intestinal, dieta, etcétera), y de «mostrar», sobre la propia experiencia cotidiana del paciente, las relaciones entre sus síntomas y ciertas condiciones ambientales y/o emocionales, al tiempo que se ofrecen sugerencias de control funcionales para el paciente. El valor terapéutico de la entrevista se pone también en relación, particularmente con estos enfermos, con el refuerzo diferencial que el terapeuta siempre debe proporcionar ante cualquier manifestación saludable y alternativa a las quejas. No puede olvidarse que la propia experiencia clínica de estos pacientes también ha ido moldeando, en buena medida, su actual conducta de enfermo crónico. Así, en muchos casos, el paciente se muestra en abierto desacuerdo con una explicación e intervención psicológica para «su problema digestivo». Ya anteriormente, otros médicos atribuyeron sus síntomas a los «nervios» e, incluso, recibieron diagnósticos y tratamientos psiquiátricos sin observar mejoría digestiva. Por otra parte, las continuas exploraciones, pruebas diagnósticas y nuevos tratamientos a los que los médicos le siguen sometiendo (generalmente bajo las propias presiones del paciente) ratifican tanto su enfermedad como el carácter orgánico de ésta.

En cuanto al proceso de la entrevista para la evaluación del SII viene, como es obvio, determinado por los aspectos que se consideran relevantes para caracterizar este cuadro clínico (antes referidos). Se trata de hacer una descripción precisa de la frecuencia, intensidad y duración de las manifestaciones sintomáticas, las conductas de enfermedad y otros comportamientos inadecuados (todos ellos suficientemente operativizados) y siempre en relación con las distintas situaciones en las que ocurren.

Siempre con el propósito de llegar a establecer las variables que explican cada una de las condiciones disfuncionales. La propia historia y evolución del problema pueden contribuir a conocer la posible existencia de condiciones desencadenantes, de contingencias de reforzamiento de la sintomatología y los recursos de afrontamiento del paciente, en definitiva, los determinantes de las condiciones problemáticas. Otro aspecto de interés son las expectativas y objetivos del paciente y de las personas relevantes para éste en relación a la enfermedad y tratamiento. Lo que el paciente se dice a sí mismo va a mediar en el seguimiento de las indicaciones terapéuticas. Del mismo modo, conviene no olvidar que una posible intervención psicológica podría suponer alterar ciertas contingencias familiares bien establecidas y, por ello, resistentes a los cambios (por ejemplo, cuando la presencia de un familiar en el hogar sólo parece justificarse por la ayuda que presta).

Por último, recordar que todas las sugerencias que se han mostrado de utilidad para realizar una entrevista conductual son, como no podía ser de otro modo, de interés aquí. Un modelo de entrevista funcional del SII se recoge en Fernández Rodríguez (1990).

Los *autorregistros* diseñados conforme al esquema A-B-C son instrumentos siempre convenientes, especialmente por su posible efecto como control de estímulos y también por las propias dificultades de llevar a cabo una observación directa en el medio particular del sujeto. Sin embargo, el psicólogo no debe despreciar la posibilidad de solicitar al paciente y a sus familiares que representen una situación específica. Las mismas dificultades que presenta el autorregistro en otros ámbitos de la modificación de conducta son aplicables aquí. La simplicidad del registro, en su formato y en el número de variables de observación, el entrenamiento del sujeto y el convenir un sistema de gratificación por su realización, parece que aumentaría el cumplimiento y, en consecuencia, podría mediar en un mejor conocimiento, por parte del sujeto, de las claves que determinan sus síntomas. Diferentes modelos de autorregistros pueden encontrarse en Latimer (1983) y Fernández Rodríguez (1990).

© Ediciones Pirámide

Los *autoinformes o inventarios de conducta* empleados en la evaluación del SII son los usuales del diagnóstico psicológico cuando se trata de indagar conductas desadaptadas específicas que mantienen una relación funcional con las manifestaciones fisiológicas del SII (miedos, ansiedad, depresión, etcétera). Son escasos los inventarios específicos que determinan la severidad sintomática (*Digestive Sympton Inventory,* Latimer, 1983).

5.2. Tratamiento conductual

El diseño de las estrategias de tratamiento del SII, como se ha comentado, se deriva de la propia evaluación comportamental y puesto que el objetivo no se circunscribe meramente a la eliminación o reducción de la sintomatología fisiológica (aun cuando estas respuestas caracterizan esta entidad), sino también a las acciones y verbalizaciones de enfermedad, la elección de las técnicas tendría que ver con las condiciones que mantienen las respuestas sintomáticas.

Los procedimientos usuales en modificación de conducta para el *manejo de estrés* parecen útiles cuando se identifican circunstancias específicas que activan la sintomatología. Cuando, por el contrario, la sintomatología se pone en relación con situaciones inespecíficas que comprometen las propias habilidades o recursos del paciente o están mantenidas por atenciones y ciertas ventajas sociales, son de elección técnicas operantes *(manejo de contingencias)* encaminadas a promover un incremento de actividades incompatibles con los síntomas y la disminución del reforzamiento social ante las manifestaciones sintomáticas. En la tabla 12.1 se exponen los objetivos terapéuticos de ambas modalidades de tratamiento según Fernández Rodríguez et al. (1998). Ambos planteamientos, además de correctos dentro de una lógica justificada por la clínica y la psicofisiología colónica, se apoyan en datos que corroboran la superioridad de estas intervenciones sobre los procedimientos médicos convencionales en el tratamiento del SII, y de manera particular con aquellos pacientes que no responden al mismo. Así, tienen particular interés aquellas investigaciones formales que además de comparar

TABLA 12.1

Objetivos terapéuticos de la intervención Manejo de Estrés en el síndrome del intestino irritable (Fernández Rodríguez et al., 1998)

Sesiones 1-2
- Evaluación conductual y análisis funcional de las manifestaciones características del SII.
- Información sobre SII.

Sesión 3
- Entrenamiento en relajación muscular; 16 grupos de músculos (tensión-distensión).
- Discusión de las respuestas de afrontamiento del sujeto ante acontecimientos estresantes.

Sesión 4
- Entrenamiento en relajación muscular; 7 grupos de músculos (tensión-distensión).
- Discusión de las respuestas de afrontamiento del sujeto ante acontecimientos estresantes.

Sesión 5
- Entrenamiento en relajación muscular; 4 grupos de músculos (tensión-distensión).
- Elaboración de jerarquía de acontecimientos estresantes.

Sesión 6
- Entrenamiento en relajación muscular; 4 grupos de músculos (evocación).
- Elaboración de jerarquía de acontecimientos estresantes.

Sesiones 7-11
- Exposición en imaginación de ítems de la jerarquía de acontecimientos estresantes.
- Entrenamiento en autoinstrucciones.
- Afrontamiento *in vivo* de ítems superados en cada sesión.

Sesión 12
- Revisión de conductas implantadas durante el tratamiento.
- Programa de seguimiento.

la efectividad de diferentes intervenciones permiten conocer qué condiciones de los propios pacientes y de las intervenciones harían especialmente apropiada una intervención (Talley, Owen, Boyce y Paterson, 1996). En este sentido, los resultados de nuestros estudios (Fernández Rodríguez, 1990; González Rato, Fernández Rodríguez y García Vega,

TABLA 12.2

Objetivos terapéuticos de la intervención Manejo de Contingencias en el síndrome del intestino irritable (Fernández Rodríguez et al., 1998)

Sesiones 1-2
- Evaluación conductual y análisis funcional de las manifestaciones características del SII y conductas de enfermo crónico.
- Información sobre SII.

Sesión 3
- Incremento de verbalizaciones y manifestaciones de bienestar (contrato de contingencias).

Sesión 4
- Desarrollo de conductas alternativas e incompatibles con la emisión de verbalizaciones negativas ante los síntomas (contrato de contingencias).

Sesiones 5-6
- Desarrollo de conductas alternativas e incompatibles con la inhibición motora ante los síntomas (contrato de contingencias).

Sesión 7
- Ejecución de tareas incompatibles con la emisión de pensamientos asociados a la presencia y agravamiento de las manifestaciones del SII.

Sesiones 8-9
- Control de estímulos y ejecución de conductas alternativas ante situaciones específicas relacionadas con presencia y agravamiento de las manifestaciones del SII.

Sesión 10
- Ruptura de cadenas de conducta que conducen al abandono de ocupaciones cotidianas y/o actividades gratificantes ante aparición de las manifestaciones del SII (contrato de contingencias).

Sesión 11
- Ruptura de cadenas de conducta que conducen a la delegación de las propias actividades y responsabilidades en otros (contrato de contingencias).

Sesión 12
- Revisión de conductas implantadas durante el tratamiento.
- Programa de seguimiento.

1998; Fernández Rodríguez, Pérez Álvarez, Amigo y Linares, 1998) nos han permitido constatar que la concurrencia de ansiedad y desencadenantes de síntomas parecen asociarse a un pronóstico favorable cuando el paciente no recibe atención por los síntomas. En los casos en los que sí aparecen estas conductas de enfermedad el valor predictivo de los parámetros cambia en función de otras variables con las que concurra. Cuando los comportamientos del enfermo están presentes, colabora la familia en el tratamiento y se entrena en manejo de contingencias se predice una evolución favorable. Los casos con peor pronóstico son aquellos en los que se da tratamiento psiquiátrico, edad avanzada, conductas de enfermedad y recibir atención social. En definitiva, la asignación de pacientes a grupos de tratamiento que se saben específicos y efectivos supondría, sin duda alguna, la prueba que validase los supuestos explicativos (psicológicos), pero también supondría reducir sustancialmente el sufrimiento de los pacientes y los cuantiosos costos económicos, sanitarios y sociales que implica el SII.

5.3. Estudio de un caso clínico

A continuación se expone un caso clínico que ilustra el uso del manejo de contingencias en el tratamiento del síndrome del intestino irritable:

A. M. es una mujer de 38 años, casada y con dos hijas. Consulta a causa de dolores abdominales, dispepsia y estreñimiento. Se le diagnostica SII. El gastroenterólogo le informa del carácter funcional de sus molestias así como de la utilidad del tratamiento psicológico. Es remitida a consulta psicológica. Presenta síntomas digestivos desde hace cuatro años coincidiendo con el nacimiento de su segunda hija. Por entonces, le fue diagnosticada una depresión (lloraba continuamente y padecía cefaleas) que trató con psicofármacos. Actualmente, no toma ninguna medicación, excepto analgésicos para aliviar las cefaleas. Desde el inicio de los problemas digestivos no ha tenido períodos asintomáticos de más de dos semanas. La paciente relaciona su sintomatología digestiva con el tipo de alimentación, por lo cual se ha autoimpuesto una dieta excluyen-

© Ediciones Pirámide

do verduras de hoja, legumbres y alimentos picantes o excesivamente condimentados.

LÍNEA BASE

Se empleó una entrevista semiestructurada para conocer la anamnesis del SII e indagar acerca de los factores que desencadenan y mantienen la sintomatología y conductas de enfermedad. Durante el transcurso de la misma, se le proporcionó información sobre la motilidad intestinal y el SII, con la finalidad de corregir sus errores respecto a la normalidad/anormalidad del tránsito intestinal, a la vez que se definió la intervención como un reaprendizaje (del sujeto y familiares) de conductas más adaptativas. La paciente fue también entrenada, mediante modelado y ensayo de conducta, a cumplimentar autorregistros diarios. Registraba la presencia de los síntomas, la intensidad subjetiva percibida y las condiciones del contexto social, ambiental y personal en las que concurrían.

Los síntomas y conductas más relevantes con relación al SII fueron las siguientes:

- Dolor abdominal focalizado en el lado izquierdo, que habitualmente se presentaba después del almuerzo, con una intensidad media. Por lo general, aparece acompañado de dispepsia. Siempre en estas ocasiones A. M. abandona cualquier tarea y se acuesta. Otras condiciones que desencadenan la aparición de dolor son recibir noticias de muertes o accidentes (televisión, conversaciones...). Aunque generalmente evita estas situaciones, una vez que ocurren, llora y se lamenta de sus molestias. En esos casos, obtiene siempre la atención y el apoyo de su marido y/o familiares, preocupados por su «sensibilidad y sufrimiento ante las desgracias ajenas». Una circunstancia más relacionada con el dolor y que también le genera ansiedad e indecisión es hablar con desconocidos (por ejemplo, empleados de la empresa familiar). Además, cualquier infracción a su dieta autoimpuesta le produce molestias a los pocos minutos.
- Estreñimiento, que se agrava en situaciones estresantes y que pudiera explicarse, en buena medida, por la dieta que sigue A. M. con muy bajo contenido de fibra. Utiliza laxantes todas las semanas.
- Por otra parte, la paciente se ocupa a diario del cuidado de la familia y reconoce no disponer apenas de actividades cotidianas gratificantes (se pasa el día sola con su hija pequeña), manteniendo escasos contactos sociales. Ni ella ni su esposo refieren ningún otro problema en su relación de pareja y familiar. El marido se interesa y participa activamente en las sesiones psicológicas.

TRATAMIENTO

Los objetivos de las sesiones de entrenamiento se orientaron a eliminar las conductas de enfermedad (quejas, llanto y otras manifestaciones, como caminar encorvada, inhibición y abandono de actividades cotidianas y de ocio) e implantar conductas más adaptativas. El instrumento básico de trabajo fue el *contrato de contingencias* (O'Banion y Whaley, 1981). Se convino semanalmente con A. M. y su pareja la conducta que se deseaba establecer y las gratificaciones que, de manera contingente, ambas partes recibirían y, en caso de incumplimiento, la sanción a aplicar. Durante todo el tratamiento, la paciente cubría diariamente autorregistros de síntomas y de las conductas especificadas en el contrato. El objetivo era doble; por una parte, constatar los progresos de la intervención y, por otra, disponer de feedback sobre la modificación de sus repertorios conductuales y su relación con la sintomatología.

1.ª sesión

Puesto que el dolor se presentaba el 57,1 por 100 de las veces después de las comidas, momento en que la paciente abandonaba toda actividad y se acostaba, se propuso la realización de conductas alternativas a la inactividad física, a la vez que se pretendía aumentar la comunicación entre la pareja (el aumento de comunicación se había reconocido que funcionaba como un reforzador potente para A. M.). Se elaboró un Contrato de Contingencias en el que se establecía que después de comer se emplearía en una tarea que le gustaba enormemente realizar, en esta ocasión fue coser vestidos a su hija. Al principio, le resultó difícil dejar de acostarse y se sentía cansada durante todo el día. Sin embargo, las consecuencias convenidas, mantener una conversación en la sobremesa durante al menos 15 minutos con su marido, tuvieron un alto valor reforzante.

2.ª sesión

La paciente siguió realizando tareas alternativas a la inactividad física según se estableció en la semana anterior. Además, se iniciaron verbalizaciones de bienestar físico y se redujeron las conductas de evitación ante noticias de muertes en la radio o televisión, directamente relacionadas con las manifestaciones de dolor. En consulta, se le entrenó a comentar objetivamente las noticias. Se elaboró un contrato de contingencias por el que ella se comprometía a ver el telediario todos los días en compañía de su pareja y a escuchar las noticias desagradables, comentándolas con él en voz alta. Obtenía la colaboración diaria del marido en la supervisión de los deberes escolares de la hija mayor. Por su parte, A. M. se comprometía a recibir a su marido con afecto, sin referir una tras otra todas sus dolencias.

Gran parte del tiempo semanal estuvo inquieta, preocupada por la asistencia a un funeral. Le refería a su marido que no se sentía capaz de enfrentarse a dicha situación y salir airosa, comentarios que su esposo corroboraba, animándola a no acudir.

3.ª sesión

Se mantuvieron los objetivos de la sesión anterior. Se analizó su conducta de evitación a raíz de su preocupación por evitar asistir al funeral y controlar sus emociones, condición que no sólo se relacionaba con dolor, sino también con estreñimiento. Identificó sus estrategias de evitación de pensamientos y emociones desagradables y la ineficacia de sus intentos de control. El distanciamiento emocional se buscó centrando precisamente su atención en las actividades valiosas de A. M., sus rutinas cotidianas y en el cuidado continuo de la niña pequeña. Adicionalmente, se estableció un nuevo Contrato Conductual en el que se ajustó la asistencia al funeral a una actividad muy grata, no sólo se pretendía dificultar la evitación, sino aumentar sus reducidas gratificaciones cotidianas y activar sus fuentes de reforzamiento.

4.ª sesión

En este momento, ella misma comenzó a introducir alimentos que antes evitaba, sin experimentar dolor y observando rápidamente una reducción del estreñimiento. En consulta, se abordó su evitación de situaciones sociales cotidianas de muy alta probabilidad, en concreto, mantener conversaciones con vecinos y empleados. En estos casos, refería sentirse ansiosa por «no saber de qué hablar». Se entrenaron habilidades de comunicación verbal y no verbal. Se convino un nuevo Contrato de Contingencias en el que se estipuló que mantuviese todos los días una conversación con un vecino o con los empleados de su marido. Además de la gratificación intrínseca de la propia relación, que fue valorada muy positivamente por ella, se estableció que ella y su marido saldrían a pasear, al menos, media hora diaria. Esta contingencia, altamente valiosa para A. M., permitía también recuperar el trato con amigos y conocidos, suponiendo una nueva oportunidad de exponerse a situaciones evitadas y ampliar las fuentes de reforzamiento. Por otra parte, daba oportunidad a la pareja para ocuparse en actividades «saludables» valiosas para ambos.

5.ª sesión

Se sugirió que aumentase sus actividades gratificantes y sus relaciones sociales, pero sin convenirlo mediante un Contrato Conductual. A. M. decidió, por propia iniciativa, acudir a una autoescuela y visitar con más frecuencia a una amiga. Se mantuvo el Contrato de Contingencias de la semana anterior.

6.ª sesión

Se hizo una revisión de las conductas implantadas durante el tratamiento y se observó cómo se había eliminado: el dolor, la dispepsia, el estreñimiento, las quejas ante el marido, la evitación de situaciones sociales, la inhibición motora y el seguimiento de la dieta. A la vez, habían aumentado sus actividades gratificantes.

Seguimiento

Al finalizar la terapia fue revisada por el gastroenterólogo, el cual corroboró la eliminación de la sintomatología digestiva. Tres meses después de finalizado el tratamiento se contactó telefónicamente con la paciente, quien refirió estar asintomática y mantener sin dificultad sus actividades cotidianas y de ocio.

Discusión

Las molestias digestivas de A. M. coinciden con el nacimiento de su segunda hija. Esta circunstancia bien pudiera explicar una mayor responsividad intestinal ante los múltiples acontecimientos estresantes que entraña el cuidado de un nuevo bebé, además del resto de responsabilidades familiares, máxime, en una situación de desgaste físico y emocional como es la secundaria a un parto. Recordemos que, en esta época, A. M. fue tratada farmacológicamente por depresión. No obstante, aunque pudiera probarse que el inicio de la sintomatología tuvo un carácter condicionado, en el momento en que A. M. es diagnosticada de SII, las conductas de enfermedad tienen un carácter operante. Por una parte, A. M. ha aprendido a reconocer una serie de condiciones «de alto riesgo de malestar» (comidas, emociones...), que trata de controlar evitándolas, no exponiéndose a ellas. Aunque su estrategia es ineficaz para acabar con el malestar, al menos, durante un tiempo consigue una leve mejoría (se acuesta en una determinada postura y con calor y se reduce el dolor; no ve televisión y no recibe noticias desagradables). No obstante, mientras hace esto, elimina también la posibilidad de encontrarse bien en su vida cotidiana con las cosas que realmente le son valiosas (dedicar más tiempo a las niñas, divertirse con su marido...), de tal manera que el alivio no sólo es incompleto, sino iatrogénico. Por lo demás, su modo de actuar, de enfrentarse a sus problemas, a su enfermedad, es atendido diferencialmente por sus allegados (la consuelan, le evitan malas noticias o acontecimientos desagradables). Al actuar así también reducen la posibilidad de mantener otras relaciones con A. M. (su marido está cansado de quejas y dolores, echa en falta divertirse como antes, pero qué otra cosa puede hacer si está enferma). Efectivamente, y aunque no se traen aquí a colación, existen otras condiciones de la historia personal y del contexto social que explican este comportamiento de A. M. y sus allegados. La intervención pasa por enseñar a la paciente y su entorno la relación entre sus conductas, emociones y pensamientos; a identificar la eficacia de sus respuestas y valorar qué cambios pueden llegar a ser funcionales en su día a día. La paciente y el marido reconocieron rápidamente estas situaciones. El entrenamiento en consulta y un control ambiental, instrumentalizado en la fórmula del contrato de contingencias, permitió que A. M. identificara los momentos en los que actuar de un modo u otro implicaba, con una alta probabilidad, unos determinados efectos. A su vez, la disponibilidad del contexto familiar y social para actuar de manera alternativa (en concreto, el marido) y dispensar refuerzo social (empleados, amigos...) movilizó comportamientos del propio repertorio de la paciente, aunque inhibidos por sus propias estrategias de evitación. En definitiva, estas condiciones, se entiende, explican la rápida eliminación de las conductas de enfermedad y síntomas y el mantenimiento de los logros y bienestar a medio plazo.

Asma bronquial 13

1. CARACTERIZACIÓN DEL TRASTORNO

El asma bronquial es una enfermedad crónica de origen desconocido que cursa con ataques respiratorios intermitentes cuyas características definitorias serían:

a) Dificultades respiratorias como consecuencia del estrechamiento de los bronquios (hiperreactividad bronquial) y el incremento en la producción de mucosa, cuando el paciente entra en contacto con el alergeno desencadenante de la crisis.
b) Episodios de tos, disnea (dificultad para respirar) y sibilancias (ruidos en el pecho en forma de silbidos).
c) Reversibilidad parcial o total de los síntomas, bien de forma espontánea, bien con ayuda medicamentosa.

En función de la gravedad de la enfermedad se habla de *asma leve* cuando los síntomas son leves y ocasionales (tos y/o disnea), no limitan la actividad física del paciente y tan sólo requieren un tratamiento broncodilatador puntual porque la capacidad ventilatoria en los períodos intercrisis es normal; en el *asma moderada* los síntomas, o bien son leves pero frecuentes o bien de gran intensidad pero ocasionales, se requiere un tratamiento broncodilatador casi a diario y la capacidad ventilatoria está sólo ligeramente alterada; en el *asma grave* los síntomas clínicos son diarios (sobre todo por la noche y las primeras horas de la mañana), se requiere un tratamiento broncodilatador diario y la capacidad ventilatoria está significativamente alterada (Picado, Benlloch, Casan, Duce, Manresa, Perpiñá y Sanchis, 1993).

Los datos epidemiológicos apuntan que en el mundo occidental el asma afecta entre un 3-5 por 100 de la población general y hasta un 10 por 100 de los menores de 15 años. Además, parece haberse constatado un claro incremento de esta enfermedad debido, posiblemente, a la polución ambiental y a la aparición de nuevas sustancias en el aire que pueden llegar a funcionar como alergenos (sustancias que sensibilizan al organismo y llegan a desencadenar el ataque asmático).

El asma suele aparecer en la infancia y, de hecho, alrededor de un tercio de los pacientes asmáticos tienen menos de 17 años, siendo esta enfermedad más frecuente entre los niños que entre las niñas, en una proporción de 2 a 1. Se ha constatado que el asma puede remitir o al menos disminuir su severidad con la adolescencia, sin embargo, las probabilidades de recaer se incrementan con la edad.

El ataque de asma suele comenzar cuando el paciente entra en contacto con algunos de los estímulos desencadenantes de la hiperreactividad bronquial (véase tabla 13.1). Los síntomas del ataque asmático incluyen sensaciones de tirantez en el pecho, necesidad de aire e incapacidad de respirar sin un esfuerzo deliberado. A veces el esfuerzo del paciente para inhalar aire se muestra en la postura que adopta doblando el cuerpo, presionando las manos contra el tablero de una mesa u otra superficie (como si ello influyese en la respiración), echando los hombros hacia arriba y hacia atrás y levantando el pecho. Estrechamente relacionado con el problema de la inspiración del aire, se encuentra el de la incapacidad del paciente para exhalar normalmente al quedar el aire atrapado en los pulmones. *Paradójicamente, cuanto mayor es el esfuerzo que el paciente hace por respirar, más dificultades tiene para conseguirlo, lo cual puede hacerle sentirse muy asustado y le lleva a hacer más esfuerzos para respirar. Romper esta dinámica circular es una de las metas del tratamiento conductual del asma.*

TABLA 13.1

Desencadenantes comunes de los ataques de asma

Sobrecarga física o ejercicio físico.
Clima, cambios de estación, frío, calor o la humedad.
Asma nocturno (el paciente amanece con los síntomas).
Emociones positivas.
Emociones negativas (preocupación, ira, ansiedad o tristeza).
Llorar.
Reírse.
Toser.
Resfriados u otras infecciones víricas.
Alergenos (ácaros, hongos, polen, plumas, etcétera).
Humo del tabaco u olores fuertes.
Animales.
Ver a alguien con dificultades respiratorias.
Aspirina.

2. TRATAMIENTO MÉDICO

La terapia farmacológica es, hoy por hoy, una estrategia completamente necesaria para el tratamiento del asma bronquial. Los medicamentos que habitualmente se utilizan pueden clasificarse en dos grandes grupos, según el tipo de acción que desarrollan (Picado et al., 1993). Por un lado, están los *broncodilatadores* o aliviadores (por ejemplo, metilxantinas, betaadrenérgicos y anticolinérgicos), que son fármacos que van dirigidos a relajar en un breve período de tiempo la musculatura lisa bronquial, es decir, a dilatar lo más rápidamente posible los bronquios cuando están contraídos y aliviar las molestias ligadas a esta situación: tos, pitidos, disnea, etcétera. Por otra parte, están los *antiinflamatorios* (por ejemplo, corticoides, cromoglicato disódico y ketotifeno), que actúan disminuyendo la inflamación de los bronquios y constituyen el tratamiento base en el asma bronquial. No tienen una acción inmediata sobre las molestias como los broncodilatadores y su efecto es a más largo plazo.

En general, los broncodilatadores y corticoides orales se recomiendan en las crisis agudas de asma. Los corticoides tópicos inhalados ejercen sólo una acción preventiva y no se usan en la crisis aguda de asma, aunque sea leve. El cromoglicato y ketotifeno son útiles en la fase de intercrisis como profilácticos. No obstante, a pesar de que a lo largo de los últimos años se han producido notables avances médicos que han permitido la mejora del tratamiento del asma, sin embargo, *diversos estudios demuestran que apenas el 10 por 100 de los asmáticos con terapéutica farmacológica regular para el control de su enfermedad siguen el tratamiento médico prescrito* (Creer, 1993).

3. EL PAPEL DE LOS FACTORES PSICOLÓGICOS EN EL ASMA

Lo que los pacientes y sus familiares conocen, sienten y hacen sobre el asma puede tener un efecto beneficioso o perjudicial sobre la enfermedad. Es decir, tanto las variables cognitivas como emocionales y comportamentales desempeñan un importante papel en la evolución de la enfermedad asmática (Weiss, 1994).

3.1. Variables cognitivas

La información correcta y un apropiado estado de alerta son, entre otros, elementos importantes para controlar el asma y reducir al mínimo su impacto sobre el estilo de vida. Los pacientes que conocen cuáles son los síntomas desencadenantes y qué es lo que agrava el ataque, pueden tratar de minimizar su efecto evitando su exposición a los mismos. De igual modo, los pacientes que están alerta sobre sus síntomas pero no manifiestan una preocupación excesiva sobre los mismos, evitan el pánico innecesario durante la crisis asmática. Aquellos que conocen los signos de alerta, que anticipan el ataque y saben lo que tienen que hacer, se encuentran en una situación idónea, si no para abortar, sí, por lo menos, para controlar más adecuadamente la crisis. Finalmente, los pacientes que comprenden adecuadamente el tratamiento es menos probable que se sientan indefensos, nieguen su enfermedad, eviten el tratamiento o muestren un baja adhesión al mismo.

No obstante, un número elevado de los pacientes no muestra esas características. Muchos médicos ni tienen el tiempo ni el entrenamiento para enseñar a los pacientes las habilidades de manejo de salud necesarias. Además, muchos pacientes prefieren no expresar frustración, confusión o ansiedad en la consulta, resultado de lo cual en vez de trabajar en colaboración con su médico suelen aceptar las recomendaciones (no siempre acertadas) de amigos, vecinos, familiares y, en general, de todos aquellos que conocen *un remedio que funciona*. Por todo ello, el trabajo del psicólogo de la salud en este campo debe incluir el entrenamiento del médico y todo el equipo sanitario en aquellas habilidades que, como las descritas anteriormente, son cruciales para un correcto manejo de la enfermedad (véase capítulo 15).

3.2. Variables emocionales

Las emociones, tanto positivas como negativas, son descritas frecuentemente por los pacientes como desencadenantes o agravantes del ataque de asma. Ahora bien, el efecto de las emociones es diverso y, a menudo, está mediado por variables no emocionales sin las cuales las emociones *per se* no tendrían efecto. Por ejemplo, la excitación emocional es, para muchos pacientes, un desencadenante del ataque, mientras que para otros sólo ocurre así cuando se acompaña de risas, saltos u otras actividades vigorosas. Weiss (1994) señala cuatro patrones distintos de relación emoción-ataque asmático:

1. *Emoción→Asma*. En este esquema, una emoción fuerte desencadena la sintomatología asmática. Por ejemplo, a veces ocurre que cuando el propio paciente se da cuenta de que ha olvidado la medicación para controlar la crisis respiratoria se desencadena una crisis asmática.
2. *Emoción→Conducta→Asma*. Dentro de este esquema ocurre que la emoción elicita un tipo de conducta que propicia la crisis respiratoria. Por ejemplo, la excitación emocional puede conllevar ejercicio físico y movimientos vigorosos, la ira puede desembocar en gritos o la ansiedad puede llevar a la hiperventilación. En cualquiera de estos casos, u otros posibles, es la conducta asociada a la emoción la que desencadena la crisis. Obviamente, en los pacientes que se observe este modo de comportamiento sería conveniente enseñarles a expresar sus emociones de forma tal que se mitigue la conducta desencadenante de la crisis.
3. *Emoción→Conducta→Estímulo fisiológico→Asma*. En este caso, la emoción y la conducta provocan una reacción asmática porque exponen al paciente a un estímulo fisiológico nocivo. Por ejemplo, la emoción y el comportamiento vergonzoso no desencadenarían una crisis si no fuera porque impiden al paciente rechazar un alimento alergénico.
4. *Asma↔Reacción emocional (→Síntomas secundarios)*. En este esquema, el paciente, que por cualquier razón sufre un ataque de asma, reacciona ante el mismo de un modo que agrava su severidad e, incluso, conlleva complicaciones secundarias. Por ejemplo, el miedo al ataque puede hacer que el paciente se hiperventile agravando así su estado. Esto parece que es más probable que ocurra entre los asmáticos que han iniciado la enfermedad de adultos y no han tenido tiempo, por lo tanto, para adaptarse a la

misma. Dentro de este esquema también pueden jugar un papel importante los familiares del paciente. Si estos actúan de tal forma que las crisis son reforzadas con un exceso de atención y preocupación, pueden facilitar la aparición de ganancias secundarias y, en definitiva, de lo que en este manual se ha descrito como *conducta de enfermedad*.

3.3. Variables conductuales

Entre las conductas que podrían llevar a un ataque asmático se incluyen un ejercicio físico arduo, hobbies como la pintura o la talla de madera (cuando exponen al paciente a estímulos nocivos o irritantes) o hábitos como el de fumar. Los déficits de habilidades, tales como la incapacidad para usar los recursos terapéuticos y los medicamentos, también se podrían incluir dentro de esta categoría. Por su parte, la hiperventilación (que conlleva la pérdida excesiva de dióxido de carbono, el enfriamiento y sequedad de las vías respiratorias), bien como respuesta característica al estrés, bien como hábito respiratorio, puede ser un comportamiento habitual asociado al asma.

4. EVALUACIÓN DE LAS VARIABLES PSICOLÓGICAS RELEVANTES EN EL ASMA

Además de la entrevista diagnóstica estándar, existen diversas técnicas que pueden ser un útil complemento para obtener un cuadro completo del problema. En Vázquez y Buceta (1996), el lector interesado puede encontrar una exhaustiva recopilación de las escalas empleadas en la evaluación del asma. Por nuestra parte, nos limitaremos a aquellas que pueden tener una mayor utilidad clínica para el psicólogo que trabaje en este campo.

4.1. La entrevista en el asma

El propósito de esta entrevista es obtener información detallada, entre otros aspectos, sobre las condiciones que desencadenan y agravan las crisis asmáticas, las estrategias de afrontamiento que el paciente utiliza ante las mismas, las reacciones de los otros y el impacto del asma en el estilo de vida (Gila y Martín-Mateos, 1991; Purcell y Weiss, 1970; Weiss, 1994).

Con objeto de alcanzar estos objetivos durante la entrevista se puede comenzar pidiendo a los pacientes (y a los otros informantes) que traten de recordar aquello que suele provocar o agravar su asma. Para ello, parece útil sugerir al entrevistado que trate de recordar lo que él ha experimentado y no lo que los otros (incluido el propio médico) le han dicho que puede desencadenar el ataque asmático. Una vez elaborada la lista, se puede pedir al paciente que describa un episodio de crisis con cada uno de los desencadenantes citados, con objeto de descubrir cualquier posible mediador en dicho episodio, tal y como se describía en el apartado anterior. Por ejemplo, un paciente puede describir el frío intenso como un desencadenante de los ataques asmáticos, pero puede ocurrir que el frío sólo empeora su estado asmático cuando, además, está resfriado.

Siguiendo esta lógica también se puede descubrir el papel que juegan las emociones en los episodios de crisis. Por ejemplo, un paciente puede contar que el miedo a una determinada situación (quedarse sólo en casa) desencadena con frecuencia un ataque. Un análisis más en profundidad de esta conducta puede permitir poner de relieve que no es tanto el miedo a quedarse sólo cuanto el ejercicio físico que supone mirar por toda la casa si hay alguien, el que facilita la crisis. La entrevista realizada de esta manera puede ser suficientemente clarificadora para extraer conclusiones respecto a los *verdaderos* estímulos que desencadenan y agravan el asma.

A continuación, se pasa a estudiar los recursos de los que el paciente dispone para manejar las crisis asmáticas. En esta línea, se debe preguntar al paciente cómo reconoce el inicio de un ataque asmático, cuáles son los signos prodrómicos y qué es lo que hace cuando es consciente de que está sufriendo una crisis. También es de gran interés conocer cuáles han sido las prescripciones del doctor y, sobre todo, saber si éstas se están poniendo en práctica. Finalmente, se debería preguntar a los pacientes qué es lo que hacen sus familiares cuando sufre un ataque con toda su sintomatología, con objeto de indagar las consecuencias sociales del mismo.

La entrevista puede servir, en último lugar, para evaluar los efectos del asma sobre el estilo de vida. Por ejemplo, si la enfermedad ha afectado la asistencia al trabajo o a la escuela, la participación en actividades deportivas o de ocio, las vacaciones, la economía familiar, además de las tensiones que los síntomas de la enfermedad (por ejemplo, las sibilancias) pueden provocar en los otros. En cualquier caso (y como es usual en el proceder del psicólogo clínico) los datos recogidos en la entrevista han de contrastarse con la información recogida a través de otros procedimientos (observación, registros de conducta, etcétera).

4.2. Listado de Problemas Conductuales en el Asma

Esta escala (*Listado de Problemas Conductuales en el Asma*) de Creer, Wigal, Tobin, Kotses, Snyder y Winder (1989) está basada en una escala original de Creer (*Asthma Problems Checklist,* 1979) y su validación en castellano se encuentra en Pascual y Belloch (1996). Consta de 76 ítems en cada uno de los cuales el paciente tiene que describir la frecuencia con que aparece la conducta a la que se alude en el ítem. Entre las áreas problema que se examinan se encuentran los signos tempranos de asma, la conducta del paciente y de los otros durante la crisis, además de los efectos del asma en el desarrollo social, en la escolarización y en la familia. Esta escala que ha mostrado una fiabilidad test-retest superior a 0,90 puede ser utilizada antes de la entrevista (descrita en el punto anterior) para servir de guía durante la misma o como fuente adicional de la información que el clínico pudo haber omitido en la entrevista.

4.3. Encuesta de Actitud sobre el Asma

Esta *Encuesta de Actitud sobre el Asma* fue elaborada por Creer (1979) y contiene dos escalas, una para los padres y otra para el niño asmático. La escala para padres se divide, a su vez, en dos subescalas, la primera de ellas examina lo que el niño y sus padres saben hacer para manejar la enfermedad y la segunda las relaciones del niño con el mundo exterior a la familia. La escala para los niños también está dividida en dos subescalas y cubre, por una parte, la actitud del niño hacia el automanejo del asma y, por otra, cómo el asma ha influido en su autopercepción y percepción de las relaciones con los otros. Cada uno de los ítems se evalúa en una escala de 5 puntos. Al igual que ocurría con el *Listado de Problemas Conductuales en el Asma,* esta escala puede ser utilizada como guía o para obtener información suplementaria de la entrevista.

4.4. El autorregistro del asma

Obtenida una buena cooperación con el paciente, se le puede pedir a éste que mantenga un registro diario del asma en el cual se debe incluir: cuándo ocurren los síntomas; qué fue lo que el paciente cree que los desencadenó; su duración y grado de severidad; la medicación u otras estrategias utilizadas para mitigarlos e, incluso, y si ello fuera posible, la medida de la capacidad vital forzada (cantidad máxima de aire que puede ser espirada siguiendo una inspiración máxima). Este registro de variables puede proporcionar una guía muy adecuada para centrarse en el control de las variables relevantes que intervienen en el cuadro asmático y permite elaborar, incluso, un registro del progreso en el control sobre la enfermedad que es muy motivamente para el paciente y le ayuda a mantener sus conductas de autocuidado. No obstante, algunos pacientes pueden tener dificultades para cumplimentar los registros, por lo que una llamada telefónica cuando parezca necesario, puede ser adecuada para ayudarle a recoger la información y reforzar su cooperación, a veces mediante contratos de contingencias.

5. EL MANEJO DE LOS FACTORES PSICOLÓGICOS QUE CONTRIBUYEN AL ASMA

El tratamiento de los factores psicológicos que contribuyen al asma (las emociones, las creencias erróneas, etcétera) es una parte del tratamiento del asma. La parte médica debe ser controlada por el especialista en neumología. Desde esta perspectiva sería también un error trabajar sólo con aquellos pacientes que creen que el problema es fundamentalmente psicológico (se puede controlar con la mente) como con aquellos que el médico remite porque son especialmente difíciles.

En cualquier caso, el tratamiento psicológico comienza con una formulación diagnóstica del problema, en la que se describe cuáles son los factores que mantienen las manifestaciones clínicas del sujeto y cuál sería la intervención más adecuada para la modificación de dichos factores. Un recurso fundamental para alcanzar tal diagnóstico adoptaría la forma del análisis funcional del comportamiento en el que se pretende poner en relación las crisis asmáticas con sus antecedentes y consecuentes, sean éstos conductas, emociones o pensamientos. Por ejemplo, un niño asmático puede no saber negarse a participar en un práctica deportiva que conlleve un ejercicio vigoroso con sus compañeros. Este comportamiento, con el que se pretende habitualmente evitar la ansiedad y la vergüenza que supondría sentirse inferior a los demás, puede ser un antecedente potencial de una crisis asmática. Del mismo modo, una madre que se siente culpable por la enfermedad de su hijo puede tender a sobreprotegerle y a consentir todo lo que el niño quiera, incluso aquello que puede acabar en una crisis respiratoria.

Son muchos los ejemplos posibles para describir cómo comportamientos inadecuados de la persona que sufre asma pueden agravar su problema. A pesar de esa idiosincrasia, hay un conjunto de habilidades comportamentales que se pueden y deben incorporar al tratamiento psicológico del asma bronquial y que, siguiendo a Weiss (1994), pasamos a reseñar.

5.1. Corregir creencias erróneas sobre el tratamiento del asma

Muchas veces el fracaso en la prevención y control de las crisis asmáticas deviene de la falta de información sobre la enfermedad, que suele sustituirse por los consejos y remedios propuestos por amigos, vecinos o familiares. Entre las *creencias erróneas más comunes* se encontrarían: el asma es una enfermedad emocional; es un fallo del organismo; el ataque puede ser controlado voluntariamente; el asmático debe evitar el ejercicio físico; el asmático nunca debe alterarse; los asmáticos deben evitar los frutos secos, el chocolate, etcétera. Se debe alentar al paciente a preguntar sobre todas estas cuestiones a su médico y éste, a su vez, debe saber que este conjunto de preocupaciones y creencias, si no se corrigen, pueden deteriorar un tratamiento que podría ser altamente efectivo. Cuando un paciente tiene miedo a preguntarle a su doctor sobre su problema, poco a poco se va socavando la relación y necesariamente se compromete el tratamiento. Sin una correcta comunicación a dos bandas entre médico y paciente resultará muy difícil, si no imposible, rentabilizar y sacar todo el provecho posible de los eficaces recursos terapéuticos que están hoy disponibles.

5.2. Conocer las condiciones que desencadenan y agravan el asma

Las acciones preventivas adecuadas y efectivas sólo son posibles si se conocen las condiciones que pueden desencadenar con una alta probabilidad el ataque asmático. Si el paciente, por el contrario, ve un peligro potencial en casi todas partes, puede autorrestringir sus actividades de un modo totalmente innecesario. Los medicamentos modernos pueden prevenir ciertos ataques si se usan adecuadamente. Por todo ello, un programa conductual del asma tiene que incluir una serie de estrategias para enseñar al paciente a identificar las condiciones que desencadenan el cuadro. Para ello el autorregistro diario, además de las pruebas diagnósticas realizadas por el médico, puede ser de enorme utilidad.

5.3. Reconocer los signos tempranos de la crisis y saber responder a ellos

Tanto la familia como el paciente asmático pueden equivocarse a la hora de hacer frente a los signos tempranos de la crisis. Por una parte, pueden mostrarse hipervigilantes prestando atención a cualquier signo respiratorio de fatiga o disnea para administrar la medicación, acudir al hospital o provocar un estado de ansiedad que suele acabar agravando la crisis. Por otro lado, hay pacientes que tienden a ignorar los signos prodrómicos de una crisis y, por lo tanto, no toman medida alguna para atenuar su intensidad. En este sentido, una meta importante de la intervención conductual sería enseñar a los pacientes y a sus familias la forma de reconocer los signos de alerta y mantener la calma durante la crisis. Los miembros de la familia pueden aprender a escuchar el resollar en el pecho del paciente y a usar el *peak flow meter,* un instrumento que mide el pico del flujo máximo de una espiración, es decir, la velocidad máxima del aire durante la espiración. Asimismo, *se deberá instruir sobre cómo responder a los pródromos mediante la toma de una medicación extra apropiada, la utilización de técnicas de relajación, el consumo de líquidos, los ejercicios de respiración abdominal, el drenaje postural (con el que se pretende limpiar el moco de las vías respiratorias) o el recurso a la asistencia médica.*

5.4. Aprender técnicas de relajación y respiración abdominal

Las técnicas de relajación y respiración abdominal pueden servir para controlar la ansiedad y facilitar una respiración rítmica, regular y profunda. Éstas son habilidades muy importantes para el paciente, que pueden ser útiles tanto si se practican en los períodos asintomáticos o para hacer frente a las crisis. Su empleo dentro de la desensibilización sistemática puede ayudar a atenuar o eliminar los temores que han sido condicionados a la enfermedad (Botella y Benedito, 1993).

Existen dos técnicas sencillas que pueden facilitar el aprendizaje de la respiración abdominal y que no requieren un entrenamiento para ser eficaces (por lo que pueden ser utilizadas durante el período de entrenamiento en técnicas de relajación muscular) (Weiss, 1994). La primera consiste en que el paciente coloque sus puños en la parte de atrás de la cadera y trate de juntar sus codos mientras inspira. Un miembro de la familia puede ayudarle cogiéndole por los codos y empujando suavemente uno contra otro. Por otra parte, puede ser útil ponerse a cuatro patas, relajando al abdomen. En esta postura es muy fácil la respiración abdominal y muchos pacientes informan que así les resulta más fácil coger aire.

6. PROGRAMAS DE AUTOMANEJO

Además de todas las estrategias para el manejo de las crisis asmáticas que se han mencionado en el punto anterior y de *las técnicas de relajación que se han mostrado eficaces en pacientes con un componente emocional asociado a la evolución del asma, tanto en lo referido al consumo de fármacos como a la duración de las crisis* (Vázquez, Romero y Sández, 2003), *los programas de automanejo constituyen una aportación muy importante para el tratamiento del asma.* Se trata de una estrategia de intervención global sobre la enfermedad que pretende informar al paciente sobre su enfermedad y, sobre todo, dotarle de las habilidades necesarias para regular y controlar aquellos comportamientos que directa o indirectamente inciden en el asma y cuya eficacia ha sido bien establecida (Vázquez et al., 2003). Objetivos importantes de estos programas serán entrenar al paciente a identificar y actuar para limitar su exposición a los alergenos. Y de otro lado, asegurar su adhesión al tratamiento broncodilatador. De entre estos programas, presentaremos el del psicólogo Thomas L. Creer por ser uno de los pioneros en este campo y referencia para muchos médicos en esta área.

El programa *Living with asthma* (Creer, Backial, Ullman y Leung, 1986) está pensado para su aplicación en pequeños grupos de 6 a 12 miembros, tiene una versión para adultos y otra para niños, se organiza en siete grandes temas e incluye tareas para casa. Contiene material escrito y se estimula a que los participantes presenten sus dudas y propuestas para el control de la enfermedad.

Sesión 1. Principios de automanejo y naturaleza del asma

— Presentación de los participantes.
— Orientación sobre el desarrollo de las sesiones.
— Establecimiento de las metas del programa de automanejo.
— Acercamiento al uso del *peak flow meter*.
— Introducción de la técnica de solución de problemas.
— Descripción del sistema respiratorio y de la naturaleza del asma.
— Descripción del diagnóstico del asma.
— Discusión sobre los mitos comunes sobre el asma.

Sesión 2. Medicación del asma

— Discusión sobre las medicaciones comunes sobre el asma.
— Revisión de los aspectos de automanejo relacionados con el uso de la medicación.
— Discusión sobre los problemas relacionados con los efectos secundarios del asma y la adhesión a la medicación.

Sesión 3. Prevención del asma

— Discutir los factores y los problemas derivados del incumplimiento del tratamiento médico.
— Enseñar a los pacientes a reconocer el ataque y la formas de evitarlo o manejarlo.
— Enseñar a los pacientes a identificar los signos tempranos del asma.

Sesión 4. Manejo de los ataques

— Describir los signos del empeoramiento del asma.
— Describir los signos de asma severo.
— Revisión de los pasos a dar para el manejo de la crisis: descansar y relajarse (lo que incluye la práctica de la relajación durante la sesión), beber líquidos templados, usar las medicinas prescritas para el ataque, contactar con los miembros de la familia, llamar al médico.

Sesión 5. Consecuencias del asma

— Discutir los problemas derivados de padecer asma.
— Introducir la estrategia de solución de problemas para hacer frente a las consecuencias del asma.

Sesión 6. Solución de problemas

— Finalizar la presentación de los problemas derivados de padecer asma.
— Introducir el entrenamiento en asertividad.
— Educar al paciente sobre la elección del médico.
— Llevar a cabo la solución de problemas en grupo.

Sesión 7. Revisión y discusión

— Resolución de cuestiones personales presentadas por los participantes.
— Revisar las experiencias de solución de problemas realizadas por los participantes.
— Promover el uso del apoyo social como parte del esfuerzo de automanejo.

Cáncer 14

1. CARACTERIZACIÓN DEL TRASTORNO

El cáncer, a pesar de los tópicos, ni es exclusivo de la especie humana ni tampoco es una enfermedad sólo presente en las sociedades industrializadas. Por el contrario, en todas las especies animales (y aun vegetales) se puede detectar la presencia de algún tipo de cáncer, constituyendo esta enfermedad una constante en la historia del género humano. De hecho, cáncer proviene de «carcinos» (cangrejo), término que Hipócrates utilizó para designar a los procesos neoplásicos (como el de mama) que a simple vista se presentan como formaciones dotadas de prolongaciones o patas y que, al igual que un cangrejo, hacen presa en los tejidos que invaden.

No obstante, la prevalencia del cáncer en el mundo desarrollado es muy alta, llegando a constituir la segunda causa de muerte tras las enfermedades cardiovasculares. En cifras esto supone que más del 20 por 100 de los fallecimientos en el mundo industrial son debidos al cáncer y, en particular, cerca de la mitad de todas las muertes por esta enfermedad son debidas al cáncer de pulmón, mama y tracto digestivo.

Aunque se habla de cáncer en singular, dentro de ese diagnóstico común se encuadran no menos de 200 tipos de enfermedades distintas que presentan diferencias fundamentales en su etiología, localización, sintomatología e, incluso, prognosis (tabla 14.1).

Ahora bien, a pesar de esas diferencias, los *procesos cancerígenos* tienen, al menos, como *elementos comunes* una proliferación anormal de células, la tendencia a invadir los tejidos vecinos y, finalmente, la capacidad de metastizarse, esto es, de diseminarse por otras partes del organismo.

En el cáncer se habla de *proliferación anormal de células* porque, al contrario de lo que ocurre en los tejidos normales, que cuando crecen o se renuevan se produce una división celular controlada en virtud de la cual se van sustituyendo unas células por otras, en el caso del cáncer ese sistema de división celular se altera y se inicia una división incontrolada que da lugar al crecimiento geométrico de una masa tumoral o neoplasia.

Multiplicándose rápidamente, las células cancerosas pueden, por ejemplo, infiltrarse en órganos como el riñón o el hígado sin dejar apenas tejido suficiente para que dicho órgano cumpla su función; pueden erosionar los pequeños vasos sanguíneos provocando una anemia grave, como ocurre en el caso del estómago o, incluso, pueden bloquear, debido a su propio volumen, el drenaje de los exudados llenos de bacterias y provocar así neumonía o insuficiencia respiratoria, causas corrientes de muerte en el cáncer de pulmón.

El crecimiento celular incontrolado se denomina en general neoplasia, etimológicamente «nueva formación». Las neoplasias pueden ser benignas o malignas (tabla 14.2) y suelen dar lugar a la aparición de un bulto que es lo que se denomina comúnmente como tumor. Ahora bien, aunque coloquialmente el término «tumor» se utiliza como sinónimo de cáncer, en propiedad, sólo hablaremos de cáncer cuando se trate de un tumor maligno.

TABLA 14.1

Diferencias entre distintos tipos de cáncer

Tipo de cáncer	Factor etiológico principal	Localización	Síntoma principal	Cáncer localizado (sin y con metástasis). Supervivencia a los cinco años (%)
Colon	Dieta	Tracto intestinal	Cambio hábito evacuación intestinal	73 y 7
Esófago	Alcohol Tabaco	Esófago	Dificultad para tragar	22 y 1
Mama	Factores hormonales Dieta Número de hijos	Parte superior externa de la mama	Nódulo	90 y 19
Estómago	Dieta Nitrosaminas	Aparato digestivo	Pesadez gástrica	41 y 1
Pulmón	Tabaco	Aparato respiratorio	Tos	47 y 1
Útero	Papilomavirus	Endometrio	Secreción vaginal sanguínea	85 y 21

TABLA 14.2

Diferencias entre las neoplasias benignas y malignas

Neoplasia benigna	Crece a ritmo lento	No invade tejidos aledaños	No produce metástasis
Neoplasia maligna	Crece rápidamente	Invade tejidos aledaños	Produce metástasis

Para poder crecer, las células cancerígenas requieren satisfacer su enorme voracidad. Necesitan oxígeno y otros nutrientes que debe llegarles a través de la sangre. Es por ello que en el seno de los tumores se observa la formación de una profusa red de capilares que se desarrolla gracias a una sustancia segregada por las propias células tumorales denominada factor angiogenético tumoral, lo que da lugar a un recorte en la aportación de los nutrientes que el organismo necesita para mantener su equilibrio. De hecho, algunos experimentos con animales ya han demostrado que los fármacos que son capaces de inhibir la formación de esta red capilar inhiben también el proceso cancerígeno.

Una segunda característica de las *células cancerígenas* es que, al contrario de las células normales, *no permanecen unidas entre sí porque su membrana carece de puntos de adherencia, lo que favorece su tendencia a invadir los tejidos vecinos.* Además, tienen capacidad de desplazarse reptando entre las demás células y, al mismo tiempo, segregan enzimas y fermentos que destruyen la sustancia colágena del tejido conjuntivo que sirve de soporte a los tejidos.

Finalmente, el cáncer tiene una conocida *capacidad de metastizarse,* esto es, de desplazarse a otras partes del organismo. Las células cancerosas desprendidas de la masa tumoral pueden propagarse, a través del sistema circulatorio y del linfático, a otros puntos del organismo. En el lugar donde quedan ancladas pueden dar lugar a otro cáncer idéntico del que proceden que, en ocasiones, puede ser más grande que el inicial. Cualquier metástasis, que suele ser fatal para el organismo, puede dar lugar, a su vez, a otra metástasis.

© Ediciones Pirámide

2. FACTORES DE RIESGO DEL CÁNCER

Se estima que no menos de un 70 por 100 de los factores de riesgo que favorecen o desencadenan la aparición de algún tipo de cáncer, o bien están ligados al estilo de vida de las personas y a sus comportamientos, o bien se deben a causas ambientales (Weiss, 1985). No es de extrañar, por lo tanto, que la prevalencia del cáncer haya aumentado de un modo permanente a lo largo de este siglo y especialmente en las sociedades industrializadas (González, 1984), ya que el estilo de vida del hombre moderno se caracteriza por su necesaria convivencia con los llamados factores de riesgo. El reconocimiento de que el comportamiento del ser humano desempeña un papel fundamental en la etiología, el desarrollo y pronóstico del cáncer, así como la utilidad de algunas terapias psicológicas para mejorar calidad y cantidad de vida de los pacientes es lo que ha propiciado el nacimiento de una nueva disciplina que hoy se denomina *Psicología Oncológica* o *Psico-Oncología*.

A modo de ilustración histórica de esa influencia ambiental y cultural en la aparición de los tumores malignos, baste citar el conocido caso del cáncer de escroto, que un médico inglés en el siglo XVII —Sir Percivall Pott— denominó cáncer de los deshollinadores (Nuland, 1995). Pott sospechó, atinadamente, que el hollín depositado de forma permanente en el escroto provocaría este cáncer de piel. Hoy se sabe que los alquitranes contenidos en el hollín son sustancias cancerígenas que pueden desencadenar esta enfermedad.

No obstante, en el caso del cáncer es muy importante recordar que los *factores de riesgo* no actúan, en general, de modo aislado, sino que *actúan sinérgicamente* para provocar la aparición de la enfermedad, tal como puede ocurrir, por ejemplo, con el humo del tabaco y la contaminación atmosférica de naturaleza industrial, en el cáncer de pulmón. Teniendo en cuenta este hecho, a continuación se describen algunos de los factores de riesgo que con más frecuencia y certeza se han relacionado con el cáncer.

Sustancias químicas. Es sabido que algunos productos químicos industriales pueden tener un efecto nocivo sobre la salud, que se manifiesta con el paso del tiempo. Esto es lo que ha ocurrido con el amianto —usado como aislante térmico y eléctrico— y que se ha relacionado muy directamente con el desarrollo de los mesioteliomas pleurales. El cloruro de vinilo —utilizado en la industria de los plásticos— parece el causante del cáncer maligno de hígado. La contaminación de las grandes ciudades por los compuestos de azufre que se desprenden de los medios de transporte y de las chimeneas puede incrementar el riesgo de muerte prematura por cáncer de pulmón. Dentro de esta lógica, en España, según reciente estudio epidemiológico, se ha observado que el cáncer de pulmón presenta la incidencia más alta en las zonas industriales más contaminadas de nuestro país, por ejemplo las provincias de Andalucía occidental y Asturias, donde el número de casos por cada 100.000 habitantes es muy superior al de la media nacional y dentro de las cuales la afectación de la enfermedad es de 6 a 1 en cuanto a la relación hombre-mujer.

Sexualidad. El comportamiento sexual parece estrechamente ligado al cáncer de útero, ya que éste tiene su origen, en un porcentaje muy importante de los casos, en una infección de tipo vírico cuyo desencadenante es el papilomavirus. No es de extrañar entonces que este cáncer sea muy frecuente entre las prostitutas y, sin embargo, resulte prácticamente desconocido entre las monjas.

Tabaco. La relación tabaco-cáncer de pulmón parece particularmente estrecha (véase capítulo 6). Se calcula que más de un 80 por 100 de este tipo de neoplasias se puede atribuir al hábito de fumar y que el riesgo de padecer cáncer de pulmón entre los fumadores es diez veces mayor que entre los no fumadores. Además, el tabaco también incrementa la probabilidad de sufrir cáncer de boca, laringe, páncreas y vejiga (Daufí, 1987).

Rayos UVA. Antes de que Coco Chanel, hace más de cincuenta años, propusiese la moda del bronceado, el cáncer de piel se daba, fundamentalmente, entre agricultores y pescadores, que solían pasar mucho tiempo expuestos al sol. En la actualidad, este tipo de cáncer —cuya prevalencia en los últimos 50 años se ha incrementado en un 500 por 100— se observa en aquellas personas que abusan de los baños de sol o lámparas de cuarzo y, así, se calcula que esta forma de culto al sol causa en Estados Unidos 400.000 nuevos casos de cáncer anualmente (Bayés, 1985). En España, el mayor número de casos se registra en las Islas Canarias, donde la población femenina muestra una mayor tendencia relativa de riesgo que la masculina (López-Abente, Pollan, Escolar, Abraira y Errezola, 1997).

Alcohol. El alcohol ingerido en exceso tiene un potencial efecto cancerígeno que aumenta el riesgo de neoplasias en la boca, laringe, esófago e hígado. En este sentido, en aquellas regiones en las que el consumo es más elevado, la prevalencia de este tipo de cánceres es hasta cuatro veces mayor (Daufi, 1987).

Dieta. Una alimentación rica en grasas y proteínas y escasa en fibra, característica de los países desarrollados, condiciona la aparición de uno de los cánceres más comunes, el de colon. De ahí la necesidad de modificar el consumo de nutrientes antes citados. Por otra parte y de un modo más específico, se ha constatado que las nitrosaminas que se ingieren en los alimentos ahumados están estrechamente relacionadas con el cáncer de estómago y colon. Asimismo, otro producto derivado de la combustión de las grasas, el benzopireno, también se ha relacionado con el cáncer.

Variables de personalidad. La idea de que determinados perfiles de personalidad estaban relacionados con el desarrollo del cáncer fue recogida por Galeno, quien afirmaba que las mujeres melancólicas eran más propensas a padecer cáncer que las mujeres que se mostraban activas y seguras de sí mismas (LeShan y Worthington, 1956). Desde entonces han sido muchos los autores que han postulado la relación entre el cáncer y distintos tipos psicológicos. En la actualidad la personalidad con propensión al cáncer —habitualmente denominada Tipo C para distinguirla del Tipo A con propensión a padecer cardiopatía isquémica y del Tipo B o personalidad sana— se la ha descrito como apaciguadora, no asertiva, extremadamente paciente y cooperativa, buscadora de armonía y evitadora de conflictos, dócil y defensiva (Baltrusch, Stangel y Waltz, 1988). Las dos características sobre las que se pone el énfasis son, por una parte, la supresión y/o negación de reacciones emocionales fuertes y, por otra, la imposibilidad de hacer frente adecuadamente al estrés con la subsiguiente reacción de abandono asociada a sentimientos de desesperación y desamparo.

Muchos de los estudios que han sostenido la relación entre personalidad Tipo C y cáncer han trabajado con una muestra de sujetos que ya estaban enfermos, por lo que resulta imposible conocer si este tipo de personalidad es un antecedente o una consecuencia de la enfermedad. Del mismo modo, otros estudios de naturaleza prospectiva, utilizando el *Minnesota Multiple Personality Inventory* (MMPI), han querido confirmar el carácter antecedente de la personalidad Tipo C en el cáncer. No obstante, estas investigaciones han sido criticadas porque, además de, en muchos casos, obtener resultados poco claros, el MMPI no parece el instrumento más pertinente en este tipo de investigación (Fox, 1988).

A pesar de todas estas dificultades, en el estudio de la relación personalidad-cáncer, Eysenck (1993) recoge una serie de tres trabajos de Grossarth-Maticek, Eysenck y Verter (1988), cuyos sorprendentes resultados merecen ser comentados. El primero de ellos fue realizado en una población de la antigua Yugoslavia donde se estudió uno de cada dos hogares y se utilizó como sujeto de examen al de mayor edad de la casa. Los otros dos estudios se llevaron a cabo en Heidelberg (Alemania), utilizando una muestra normal de sujetos y otra sometida a un gran estrés. Los miembros de estas muestras fueron entrevistados y se les administró un cuestionario de personalidad y de estrés; los sujetos también informaron acerca de sus comportamientos de riesgo para la salud, se les tomó la presión arterial y se les analizó el colesterol en sangre. La mortalidad se evaluó 10 años más tarde.

Las entrevistas y cuestionarios de personalidad-estrés fueron utilizados para clasificar a los sujetos en cuatro tipos. El tipo 1 se consideraba como de predisposición al cáncer y describe las características ya apuntadas. El tipo 2 se consideraba como de predisposición a la cardiopatía isquémica (CI). El tipo 3, que se caracterizaba por mostrar reacciones tanto del tipo 1 como del tipo 2 y que parece estar a salvo tanto del cáncer como de la CI. El tipo 4, caracterizado por la autonomía personal, es la personalidad sana.

Los resultados en los tres estudios mostraron el poder predictivo de los tipos de personalidad respecto al cáncer, a la CI y a los estados de salud (tabla 14.3). Así, por ejemplo, en la muestra yugoslava, a los 10 años de seguimiento, el 46,2 por 100 de los tipo 1 habían muerto de cáncer, frente al 5,6 por 100 de los tipo 2, 1,8 por 100 de los tipo 3 y 0,6 por 100 de los tipo 4. Por lo que respecta a la CI el 29,2 por 100 de los tipo 2 habían fallecido por esta causa, frente al 8,3 por 100 de los tipo 1, 9,2 por 100 de los tipo 3 y 1,7 por 100 de los tipo 4.

Aunque ha habido algún otro trabajo prospectivo que abunda en la idea de la relación entre la inhibición de las emociones y el cáncer (Shaffer, Graves, Swank y Pearson, 1987), otros estudios con muestras más amplias y con seguimientos más largos, de hasta trece años de duración, no han encontrado una relación significativa entre los rasgos de personalidad y el cáncer, ni entre el llamado patrón de personalidad de predisposición al cáncer y el desarrollo de la enfermedad (Bleiker, Hendriks, Otten, Verbeek, van der Ploeg, 2008). Obviamente, para explicar la discrepancia entre esos resultados habría que apelar al tamaño muestral de las investigaciones y al propio sistema de reclutamientos de los participantes. Cuando la participación en un estudio es voluntaria entre aquellos que acuden a consulta, los sujetos se están autoseleccionando y, por lo tanto, esto puede sesgar la muestra. Pero es que, además, no se debe olvidar que los *datos* sobre este tema son tan sólo *correlacionales,* lo cual quiere decir que aunque se demostrase una fuerte relación entre la inhibición de emociones y el cáncer no se podría hablar en términos causales de dicha relación. Quedaría por explicar qué variables mediarían entre la personalidad con propensión al cáncer y el desarrollo de la enfermedad.

Estrés. La relación entre cáncer y estrés ha sido objeto de una profusa investigación que ha dado lugar a una extensa literatura sobre el tema. Un estudio clásico que pone de manifiesto la aceleración que el estrés podía imprimir a los procesos tumorales es el de Riley (1975). Utilizando una cepa de ratas que desarrollan característicamente cáncer de mama, colocó a un grupo de ellas en una situación experimental de estrés, mientras que otro grupo fue utilizado de control. Al cabo de 400 días el 92 por 100 de los sujetos del grupo experimental habían desarrollado cáncer de mama, mientras que, en el grupo control, sólo el 7 por 100 lo habían hecho.

En este sentido, estudios con humanos han mostrado que las personas que sufren una mayor frecuencia de acontecimientos vitales estresantes (por ejemplo, pérdidas afectivas, ausencia de apoyo social, etcétera) tienen una mayor probabilidad de padecer distintos tipos de enfermedades, incluido el cáncer. No obstante, tal y como se ha descrito en el capítulo 7, se ha de tener en cuenta que la mayor parte de esos resultados provienen de investigaciones retrospectivas y son menos los estudios prospectivos realizados que confirman esta visión.

TABLA 14.3

Causas de mortalidad a los 10 años de seguimiento en el estudio de Grossarth-Maticek et al. (1988)

Causa de muerte	Personalidad tipo 1 (cáncer)	Personalidad tipo 2 (CI)	Personalidad tipo 3 (reacciones tipo 1 y 2)	Personalidad tipo 4 (autonomía personal)
Cáncer	46,2 por 100	5,6 por 100	1,8 por 100	0,6 por 100
Cardiopatía isquémica (CI)	8,3 por 100	29,2 por 100	9,2 por 100	1,7 por 100

© Ediciones Pirámide

En cualquier caso, sobre esa base habría que añadir algunos matices que perfilan la relación estrés-cáncer, ya que no todos los tipos de estrés se han relacionado por igual con los procesos cancerígenos. Resumiendo los resultados (Pérez Álvarez, 1990), parece que el estrés incontrolable, agudo y de tipo físico parece propiciar el crecimiento del tumor. Cuando es posible el control del estrés por medios conductuales, el desarrollo del tumor no es afectado. Por el contrario, el estrés físico crónico, aunque sea incontrolable, inhibe el desarrollo del tumor. En cambio, el estrés social es favorecedor del desarrollo del tumor, independientemente de su cronicidad.

La explicación de por qué el estrés favorece el desarrollo de los tumores, incluye, al menos, tres posibles mecanismos. En primer lugar, se ha constatado que el estrés elimina en un tipo de células especializadas en combatir, precisamente, las células cancerígenas que circulan en sangre, las llamadas células asesinas naturales (NK) (Munck y Guyre, 1991). Por otra parte, la elevada producción de glucocorticoides ante la situación de sobredemanda favorece la angiogénesis, es decir, la formación de redes de capilares a través de los cuales llegan los nutrientes que necesita el tumor para desarrollarse (Folkman et al., 1983). Finalmente, un tercer mecanismo sería el de la glucosa, que se libera en el torrente sanguíneo ante situaciones de estrés y de la que el tumor se nutre antes de que llegue a los músculos (Romero et al., 1992).

En resumen, se podría afirmar que un organismo sometido a determinados tipos de estrés puede facilitar e incrementar la velocidad de desarrollo de un proceso cancerígeno, pero esto no quiere decir que el estrés sea el elemento que desencadene el proceso tumoral. En un ejemplo, el estrés *per se* no es la causa de un melanoma, ya que el factor cancerígeno principal en este tipo de cáncer suele ser la exposición a elevadas dosis de radiación ultravioleta. Ahora bien, si una persona está estresada, la velocidad de crecimiento de dicho tumor será, con seguridad, mucho mayor que si la persona es capaz (lo cual no deja de ser difícil en tales circunstancias) de mantener un cierto sosiego en esa nueva situación vital. Y de otra forma, el estrés también puede deprimir el sistema inmunitario haciendo al organismo más vulnerable al factor cancerígeno.

3. SINTOMATOLOGÍA

La carcinogénesis es un proceso silencioso del cual la persona no nota inicialmente síntoma alguno si exceptuamos, claro está, los epiteliomas o cánceres de piel que al ser externos son fácilmente descubiertos. Esto hace que muchos tipos de cánceres pasen desapercibidos hasta que se encuentran en una fase avanzada. Los síntomas que en este momento aparecen dependen tanto de la localización en la que se asientan (con abultamiento, dolor, hemorragia, etcétera) como de la función del órgano que afectan y la de los órganos vecinos que son invadidos o comprimidos por el crecimiento neoplásico.

En cualquier caso, el cáncer puede advertir de su presencia a través de una serie de síntomas inespecíficos entre los que destacan: fatiga, debilidad, pérdida de peso, pérdida del apetito o fiebre. Junto a éstos, los oncólogos han descrito siete signos de alarma que pueden ser síntoma de la presencia de un tumor maligno en un estado precoz. Obviamente, se ha de advertir que la presencia de dichos signos no se relaciona directa y necesariamente con la presencia de un cáncer, ya que pueden ser debidos a otras alteraciones. Por lo tanto, tomándolo con la prudencia necesaria, se puede afirmar que:

— *El cáncer de colon y recto o de las vías urinarias* (en especial de próstata) puede dar lugar a una alteración inexplicable de los hábitos de evacuación intestinal y urinaria.
— *Los tumores en el riñón, vejiga y recto* pueden presentarse con la expulsión de sangre por el ano o vías genitourinarias.
— *El cáncer cutáneo* se manifiesta, a veces, a través de una ulceración de la piel que tarda en cicatrizar.
— *El cáncer de mama o los ganglios afectos de metástasis* dan lugar a la aparición de un bulto en el pecho o en otra parte del organismo (aunque parece que tan sólo el 20 por

100 de los bultos en el pecho tienen carácter maligno).
— *El melanoma* se presenta a través del crecimiento súbito de una verruga, peca o lunar.
— *El cáncer de pulmón o laringe* puede dar lugar a una tos persistente o cambio en la cualidad de la voz, especialmente ronquera.
— *El cáncer de estómago o de esófago* puede conllevar una pesadez gástrica persistente o la dificultad para tragar los alimentos.

4. TRATAMIENTO MÉDICO

El tratamiento médico oncológico ha experimentado un notable desarrollo que hace posible, en la actualidad, conseguir cada vez más curaciones efectivas en casos de cáncer. La terapéutica utilizada es amplia; sin embargo, tres tipos de actuaciones son, por su frecuencia, merecedoras de ser destacadas.

Cirugía. Este tipo de intervención tiene como objeto la extirpación de la formación neoplásica, aunque sólo se aplica cuando el cáncer está muy localizado y no es muy extenso. El problema que presenta la extirpación del tumor durante la operación es que siempre se corre el riesgo de desprender alguna célula cancerígena y permitir que se infiltre en el torrente circulatorio, lo cual podría dar lugar a la aparición de metástasis. La cirugía, por lo general, se acompaña de radioterapia o de quimioterapia.

Radioterapia. Consiste en la aplicación sobre el tejido tumoral de radiaciones ionizantes de onda corta que pueden ser producidas eléctricamente, como es el caso de los rayos X, o a través de la desintegración de elementos radiactivos, como es el caso de los rayos gamma. La radioterapia se justifica en el hecho de que las células cancerígenas son más sensibles a las radiaciones ionizantes que las normales. Dichas radiaciones provocan importantes alteraciones en el ADN, en el momento de la formación de los cromosomas, esto es, durante la mitosis. Puesto que las células cancerígenas cuanto más malignas son, más mitosis sufren, se ven claramente más afectadas por las radiaciones. El problema de esta terapéutica es que las radiaciones pueden afectar también a los tejidos vecinos al tejido tumoral y que, además, existen células del organismo, en particular las células sanguíneas, que muestran a las radiaciones ionizantes una sensibilidad muy similar a las células tumorales.

Quimioterapia. La quimioterapia consiste en el uso de sustancias químicas llamadas citostáticos que actúan contra la mitosis celular y que, por lo tanto, detienen la reproducción de las células cancerígenas. Al igual que ocurría con la radioterapia, al tener las células tumorales una mayor actividad mitótica que las normales, se muestran más sensibles a los citostáticos. El problema de éstos es que también afectan a las células normales, especialmente a las de la piel y a las de la sangre, por lo cual su uso conlleva la aparición de efectos secundarios característicos, como son la anemia, la desaparición de leucocitos en la sangre o una sistemática alopecia total que suele provocar un profundo malestar psicológico. Una adecuada preparación para el afrontamiento de esta situación será fundamental para que el sujeto pueda superarla con el menor costo emocional posible. Finalmente, se ha de subrayar que la quimioterapia, salvo en tumores muy específicos, no busca la curación del cáncer, sino que se trata sencillamente de un tratamiento coadyuvante de la cirugía y radioterapia.

Terapia hormonal. Las hormonas favorecen el crecimiento de algunos tipos de células cancerosas, como las del cáncer de mama y el cáncer de próstata. La terapia hormonal consiste básicamente en la administración de medicamentos que interfieran con la actividad de la hormona o que detengan su producción. La prueba de receptores hormonales mide la cantidad de ciertas proteínas, denominadas receptores hormonales, presentes en el tejido canceroso. Las hormonas se pueden unir a estas proteínas facilitando el crecimiento de las células tumorales. Si la prueba es positiva, indica que la hormona probablemente está ayudando a crecer a las células cancerosas. En este caso es cuando se recomienda administrar terapia hormonal para frenar la estimulación hormonal del tumor.

5. CONSECUENCIAS FÍSICAS Y PSICOLÓGICAS DEL CÁNCER

A medida que han progresado las técnicas de diagnóstico y tratamiento, el porcentaje de personas que sobrevive al cáncer (al menos cinco años después del diagnóstico) se ha ido incrementando y, en conjunto, puede situarse en torno a un 50 por 100, si bien, en determinados tipo de tumores, ese porcentaje de supervivencia es mucho mayor. Sin embargo, la enfermedad puede conllevar muchos problemas para vida cotidiana a los que las personas necesitan adaptarse.

Las limitaciones físicas se deben, en general, al *dolor y el malestar* que suelen aparecer en las etapas finales de la enfermedad. Los efectos sobre el sistema inmunológico pueden incrementar la *vulnerabilidad a otros padecimientos e infecciones*. Además, la *fatiga* asociada a la enfermedad y al tratamiento constituye una de las quejas más comunes de los pacientes de cáncer, todo lo cual compromete seriamente su calidad de vida (Fernández, Padierna, Amigo, Pérez, García, Fernández y Peláez, 2006).

El propio tratamiento de la enfermedad, en particular la cirugía que se práctica en algunos tipos de cáncer, puede alterar severamente la *imagen corporal* y con ello el funcionamiento normal de la persona, tal como puede ocurrir en pacientes con cáncer de mama, cabeza o cuello o con la colocación de las prótesis que se usan en la ostomía urinaria (adaptación de una sonda para la excreción de orina) o la colostomía, que conlleva la pérdida de control sobre el intestino. Por su parte, son conocidos los efectos secundarios de la quimioterapia en forma de *nauseas y vómitos* que pueden condicionarse a estímulos particulares, dando lugar a náuseas y vómitos anticipatorios. Afortunadamente, en los últimos años se han desarrollado quimioterapias con efectos menos agresivos y antieméticos bastante eficaces. Todo este conjunto de problemas constituyen una dificultad añadida a la propia enfermedad, que aumenta la probabilidad de entrar en un estado de desánimo o depresión.

En términos psicológicos, si bien los pacientes con cáncer, en su mayor parte, no tienen más tensión psicológica que las personas no enfermas, sí son más susceptibles a la *depresión*, debido, especialmente, a las limitaciones en las actividades de la vida cotidiana que sufren por la enfermedad y al tratamiento (Williamson, 2000). En torno a un 20 por 100 de los pacientes diagnosticados de cáncer presentan un cuadro de depresión clínica que requiere tratamiento psicológico (McGuire, 2000). Un aspecto de gran influencia en el estado emocional de los pacientes, e incluso, en la propia evolución de la enfermedad, es el *apoyo social*. Sin embargo, éste no siempre se proporciona de manera adecuada. Hagedoorn, Kuijer, Buunk, Dejong, Woobes y Sandermand (2000) encontraron que cuando la comunicación con el enfermo tiene como objeto hallar métodos constructivos para solventar los problemas que se van presentando, el apoyo social es benéfico; sin embargo, la sobreprotección y el ocultamiento de la preocupación no suelen ser tan positivos. La *sexualidad* también puede verse comprometida. La desfiguración de parte del cuerpo puede resultar en un miedo al rechazo o malestar del otro. Del mismo modo que la ansiedad y la depresión, también se asocian con una reducción del deseo.

6. ESTILOS DE AFRONTAMIENTO DEL CÁNCER

El cáncer es un evento vital estresante y el modo de afrontarlo implica recurrir a las estrategias para hacer frente a las situaciones de estrés que ya se detallaron en el capítulo 7. En este sentido, Dunkel-Schetter, Feinstein, Taylor y Falke (1992) definieron cinco patrones distintos de afrontamiento del cáncer, que incluyen: búsqueda del apoyo social, centrarse en lo positivo, distanciamiento, escape y evitación cognitiva y escape y evitación conductual.

Los distintos modos de enfrentarse a la enfermedad han sido objeto de debate (Barreto, Toledo, Martínez y Ferrero (2003); sin embargo, los datos parecen indicar que tanto la búsqueda del apoyo social como el distanciamiento y centrarse en lo positivo pueden servir para reducir la tensión psicológica y el malestar emocional. Además, estas estrategias también modulan positivamente la percepción del dolor (López-Martínez, Esteve-Zarazaga, Ramírez-Maestre, 2008). Por el contrario cual-

CUADRO 14.1
El afrontamiento de la muerte. La teoría de las cinco etapas

En 1969, Kübler-Ross sugirió que, ante la expectativa de la muerte, las personas pasan por cinco etapas distintas: negación, enojo, tristeza, depresión y aceptación. Es importante subrayar que estas etapas no se dan ni en un orden estricto, ni todas las personas pasan por todas ellas, o que muchas personas reviven más de una etapa. A pesar de todas estas limitaciones, esta teoría presenta una descripción fenomenológica detallada de muchos de los sentimientos y pensamientos que emergen ante la evidencia de la muerte (Taylor, 2007).

La negación suele ser la reacción inicial de una persona al recibir un diagnóstico de una enfermedad terminal. Se trata de una estrategia de afrontamiento que tiene como resultado la evitación de las consecuencias que supondría asumir la enfermedad que se padece. En este momento, las personas actúan como si la enfermedad no fuese tan grave, como si fuese a desaparecer o como si nada de lo que está ocurriendo tuviera implicaciones para el futuro. En estos casos, se suele pensar que el diagnóstico ha sido erróneo o está confundido. Para la mayoría de las personas este estado puede durar unos días. La negación es un proceso normal e, incluso, a corto plazo puede ser útil y protector, ya que permite a la persona no exponerse de forma abrupta a una situación muy difícil. Sin embargo, si la negación se mantiene a largo plazo, las consecuencias suelen ser muy negativas en la medida que la persona será incapaz de hacer frente a las implicaciones de una nueva situación, que requiere tomar importantes decisiones.

El enojo suele comenzar con la pregunta ¿por qué a mí? y continúa con todas las comparaciones posibles con aquellos que, estando en la misma situación, tuvieron un diagnóstico favorable o con aquellos otros cuya salud en principio era peor. El enojo puede traducirse en un resentimiento abierto hacia el personal sanitario, la familia o cualquier persona sana, o, por el contrario, cuando no se expresa abiertamente, adopta la forma de irritabilidad y la amargura. Esta etapa es una de las más difíciles para la familia y amigos, ya que pueden sentir que el paciente les está culpando de estar sanos. En este sentido, entender que ese enfado no va dirigido contra ellos sino con su destino, puede facilitar la convivencia, ya que el enojo puede ir fácilmente dirigido a cualquier persona cercana, especialmente a aquellas con quienes el paciente no considere necesario ser educado o amable.

La negociación es la tercera etapa propuesta por esta autora. En este momento, algunos pacientes hacen cábalas intercambiando buen comportamiento por buena salud. Son personas creyentes que buscan un pacto con Dios. La implicación en acciones caritativas o la complacencia pueden ser signos de esta etapa.

La depresión aparece cuando el paciente va aprendiendo que poco o nada se puede hacer para evitar el desarrollo de la enfermedad. Esta etapa puede coincidir con el agravamiento de los síntomas, con una importante sensación de cansancio y dificultad para escapar del dolor y el malestar.

La aceptación puede ser el estadio final del proceso. En este momento, el pensamiento nada agradable de la muerte ronda la mente del paciente pero, al mismo tiempo, le proporciona un cierto estado de tranquilidad y paz. Algunas personas, entonces, son capaces de dejar sus cuestiones personales arregladas y despedirse de la familia y amigos.

---

quier forma cognitiva o conductual de evitación o escape que se utilice para «olvidarse» y huir sistemáticamente de la enfermedad se asocia a una mayor tensión emocional y distrés psicológico. Además, cuando la familia adopta este mismo patrón de evitación, el malestar emocional aumenta (Ben-Zur, Gilbar y Lev, 2001; Gilbar y Zusman, 2007).

A pesar del impacto psicológico que provoca el diagnóstico y el tratamiento del cáncer, resulta sorprendente que muchas personas se adaptan notablemente a esa situación y, con la excepción de los casos de depresión, su estado psicológico no difiere de las personas sanas (Villoria et al., 2008) y es significativamente mejor que las personas que sufren problemas de salud mental (van Spiljker, 1997). También se ha observado que los pacientes de cáncer de pulmón que han sido operados tienden a mostrar mayores niveles de calidad de vida y mejor estado afectivo que los enfermos respiratorios crónicos (Galán, Pérez Martín y Borda-Mas, 2008).

En este sentido, algunas personas con cáncer llegan a manifestar que esa experiencia ha hecho que su vida mejore en otros aspectos, como en la satisfacción en sus relaciones personales (particularmente en el caso de la mujer) y en el crecimiento personal (de modo especial en el caso del hombre). Estos descubrimientos se han enmarcado dentro del constructo que se denomina Benefit Finding (Katz y Flasher, 2001; Harrington, McGurk y Llewellyn, 2008). Esta reacción ante el cáncer, que lleva a algunas personas a apreciar detalles de su vida que hasta entonces habían pasado por alto, es el punto de partida de un círculo virtuoso en la medida que reduce la activación neuroendocrina al estrés y tienen efectos benéficos sobre el sistema inmunológico (Crues, Antoni y Mc Gregor, 2000).

7. INTERVENCIONES PSICOLÓGICAS EN EL CÁNCER

La aparición y diagnóstico del cáncer coloca a la persona en una nueva situación vital que le obliga a adaptarse a los cambios que la enfermedad provoca en el ámbito personal, familiar, social, laboral y del autocuidado. En este contexto ha emergido la necesidad de una ayuda profesional psicológica que contribuye a facilitar dicha adaptación, Aunque en la intervención psicológica en el cáncer se están utilizando herramientas distintas, cabría agruparlas en función de sus objetivos. Por un lado, se han aportado algunas estrategias sobre cómo debe ser la comunicación efectiva sobre la enfermedad; se han desarrollado programas para reducir el malestar físico causado tanto por la enfermedad como por el tratamiento médico y farmacológico; programas de carácter psicoterapéutico cuyo objeto es enseñar a manejar al paciente y a su familia los daños emocionales que provoca la enfermedad y, finalmente, programas dirigidos a la prevención del cáncer. A continuación, se expondrán las líneas básicas de cada uno de ellos.

7.1. La comunicación de la información sobre la enfermedad

Uno de los primeros asuntos que se plantea en relación al cáncer es abordar la comunicación del diagnóstico de la enfermedad al paciente y sus familiares, del proceso de tratamiento que se va a seguir y de las consecuencias físicas y psicosociales del mismo. El cáncer ha sido hasta no hace muchas décadas una enfermedad tabú que se tendía a ocultar al paciente y a la que se evitaba mencionar directamente, para lo cual se utilizaban algunos eufemismos tales como el de «una larga y penosa enfermedad». Sin embargo, a lo largo de los últimos años esa tendencia se ha ido invirtiendo. A ello contribuye, sin duda, el creciente número de personas que sufren esta enfermedad, el conocimiento generalizado de síntomas de algunos tipos de cáncer (por ejemplo, un bulto en la mama) y de los efectos secundarios de los tratamientos o la adopción de un modelo médico en el que se enfatiza el papel más activo del paciente. En España, los criterios sobre los que se toma la decisión de dar información al paciente son subjetivos y están influidos notablemente por el entorno familiar y cultural (Marín, López y Pastor, 1996). En EE.UU., dar la información sobre la enfermedad es un imperativo legal.

En cualquier caso, en todo lo relativo a la comunicación sobre la enfermedad no deberían perderse de vista dos variables que pueden permitir organizar la información que se da al paciente. Por un lado, existe un importante grupo de pacientes que desean ser informados lo más completamente posible sobre su enfermedad, mientras que otros no desean recibir información alguna. Por una parte, una información detallada de los tratamientos es probable que provoque, a corto plazo, desajustes comportamentales especialmente en aquellos casos donde la enfermedad tiene un peor pronóstico o cuando la persona sea informada de más problemas de los que esperaba. Ahora bien, a medio y largo plazo la información puede mejorar las conductas de autocuidado y reducir el miedo y las conductas depresivas (Durá, 1990; McQuellon, Wells, Hoffman et al., 1998).

Desde esta perspectiva, la comunicación del diagnóstico tendrá un efecto más o menos positivo en función del qué, cómo y cuándo se comunique dicha información (Cruzado y Olivares, 1996). En cuanto al *qué* o contenido de la información, estos autores destacan que debería incluir: el diagnóstico de la enfermedad y las características clínicas del cáncer, el tipo de sistema diagnóstico que se va a utilizar (analítica, biopsia, etcétera) y las modalidades de tratamiento que se van a aplicar, además de sus efectos secundarios (alopecia, náuseas y vómitos, etcétera) y las medidas paliativas disponibles para hacer frente a los mismos.

En cuanto al *cómo* y *cuándo* presentar la información se han subrayado los siguientes aspectos (Couuzijn et al., 1990; Cruzado y Olivares, 1996). *La información debe darse gradualmente* en función de la fase del proceso asistencial en que la persona se encuentra. Demasiada información puede confundir al paciente, máxime en aquellos momentos en que su capacidad para atender y comprender la misma no es la óptima. Superar el cáncer supone un largo proceso que implica momentos tan distintos como el diagnóstico, la cirugía o la quimioterapia, por ello la información deberá ir detallándose en cada momento del proceso. Por otra parte, *la información debe ser congruente* desde todas las instancias, de tal manera que debe ser dada al paciente y a los miembros de su entorno a la vez y, además, todo ello supone una buena comunicación entre los doctores y otros profesionales sanitarios para evitar, en lo posible, contradicciones o explicaciones diferentes del problema. No se debe olvidar que en situaciones tan difíciles como ésta las personas escuchan aquello que quieren oír y tienden a seleccionar determinados fragmentos de la información, por lo que cualquier divergencia, por pequeña que sea, siempre puede ser mal interpretada (Abizanda, Bernat, Ballester et al., 2008). En tercer lugar, *la información sobre la naturaleza, evolución y pronóstico de la enfermedad ha de ser dada por el médico,* aunque los *aspectos psicosociales* (relacionados con los vómitos, con la imagen corporal, etcétera) *han de ser tratados, bien por el psicólogo, bien por otro paciente que ha pasado por la misma situación.* Por otra parte, *la información ha de adecuarse al estilo personal del paciente.* Tal y como se ha destacado, hay personas que no quieren saber nada sobre su enfermedad, y viceversa. Mientras que en el primer caso una insistencia excesiva puede generar un mayor malestar en el paciente, en el segundo se debería ser suficientemente extenso en la información para evitar que el paciente siguiese indagando por su cuenta. Finalmente, se ha de insistir, de un modo *realista,* en las posibilidades de tratamiento y las elevadas tasas de recuperación existentes en la actualidad, además de destacar el papel que el comportamiento del propio paciente juega en su recuperación. No se trata de alentar expectativas desproporcionadas, sino suministrar la información adecuada a cada paciente en particular para conseguir una mejor adaptación a la enfermedad a largo plazo.

Font (2003) en un estudio sobre la eficacia de las intervenciones psicológicas en el cáncer observa que no se han mostrado suficientemente los efectos de las intervenciones informativas a nivel de conocimiento sobre la enfermedad y su tratamiento. Ni se conoce con detalle qué pacientes quieren ser informados ni hasta qué punto debe profundizarse en la información. Sin embargo, las intervenciones informativo-educativas sí logran efectos positivos en el campo afectivo.

7.2. Intervención psicológica sobre los efectos negativos de la enfermedad y del tratamiento

El cáncer puede provocar en los pacientes mucho malestar físico y psicológico que reduce notablemente su calidad de vida. El proceso de la enfermedad puede ser vivido con mucho estrés, ansiedad y desánimo. Las intervenciones dirigidas a abordar estos problemas pueden contribuir significativamente a paliarlos. Antoni, Lehman, Kilbourne, Boyers, Cover y Alferi (2001) mostraron la eficacia de un programa cognitivo-conductual para reducir los síntomas de depresión en mujeres que habían recibido un diagnóstico reciente de cáncer de mama. Asimismo, también se ha mostrado la utilidad de la meditación a través de la atención plena *(mindfulness)* con este mismo objetivo (Carlson, Speca, Patel y Goodey, 2003; Witek-Janusek, Albuquerque, Chroniak, Chroniak, Durazo-Arvizu y Mathews, 2008). Esta técnica, además, puede facilitar que el paciente aprenda a distanciarse del torrente de sentimientos y pensamientos que sobre la enfermedad le pueden abrumar en determinados momentos. A través de ella se trata de fomentar el sentido del aquí y ahora y esto es especialmente importante en esta situación, en la que se suele anticipar recurrentemente todo lo negativo que puede ocurrir. Más recientemente, se ha comenzado a introducir la recomendación de la práctica de ejercicio físico, ya que, tal y como se ha apuntado en el capítulo 4, además de mejorar el estado físico de las personas, favorece el bienestar emocional, al reducir los estados de ansiedad y depresión, de ahí que debería ser alentado en aquellos pacientes que estén en condiciones de realizarlo de manera regular y moderada. (Courneya y Friendenreich, 2001; Schmitz, Troxel, Cheville et al., 2009). Por otra parte, diversas investigaciones han mostrado que favorecer un estado de relajación ayuda a afrontar y tolerar mejor el dolor. El entrenamiento en relajación muscular progresiva, junto con la imaginación, es uno de los que se han utilizado con éxito, particularmente con niños (Astuto, Favara-Scacco, Crimi, Rizzo, Di Cataldo, 2002).

Los nauseas y vómitos anticipatorios, que pueden ser un efecto secundario de la quimioterapia, pueden ser abordados a través de la intervención psicológica. Una vez iniciado este tipo de tratamiento, entre un 25 por 100 y un 65 por 100 de los pacientes, aproximadamente, desarrolla náuseas y vómitos anticipatorios, es decir, antes o durante la administración del fármaco (Divgi, 1989). Cuando esto ocurre, se pueden observar, en general, dos tipos de reacción. En primer lugar, aquellos casos en los que las náuseas y vómitos sólo aparecen en el recinto clínico donde se administran los citostáticos y ante la presencia de las personas, los objetos y los olores de la sala relacionados con la administración del fármaco. En otros casos, las náuseas pueden presentarse en un tiempo muy variable antes de quimioterapia e, incluso, como respuesta a algún tipo de pensamiento que el paciente puede tener sobre este tratamiento. En general, las personas que sufren náuseas y vómitos tienden a padecer también más molestias físicas, tienen más miedos y suelen culpabilizarse de algunos aspectos de la enfermedad (Carballeira y Marrero, 2000).

Esta reacción anticipatoria encaja perfectamente en el modelo pavloviano de condicionamiento clásico, siendo las náuseas y vómitos la respuesta condicionada a un estímulo condicionado (por ejemplo, el hospital o el olor de la sala) que ha adquirido su capacidad para elicitar esta respuesta por su emparejamiento con los efectos de la quimioterapia, el estímulo incondicionado. Desde esta perspectiva, se han puesto a prueba distintas terapias comportamentales. Entre ellas cabe destacar, en primer lugar, el *entrenamiento en relajación muscular con imaginación*. Esta terapia se aplica antes y durante la sesión de quimioterapia con objeto de bloquear la formación de respuestas condicionadas. Las cuatro primeras sesiones son dirigidas por el terapeuta y posteriormente el paciente ha de practicarla por sí mismo. Su grado de eficacia se ha situado en torno al 50 por 100 (Carey y Burish, 1988) y también se ha demostrado superioridad respecto a los grupos control (Sirgo, Gil y Pérez-Manga, 2000). Con la *desensibilización sistemática* (DS) se busca desensibilizar los estímulos asociados a la quimioterapia y que por su valor ansiógeno desencadenan las náuseas. Por su parte, las *técnicas de control atencional* buscan distraer al paciente mediante estímulos externos (videojuegos, historias, etcétera) de lo que acontece en la sesión de quimioterapia para impedir así la formación de náuseas y vómitos condicionados. Se trata de una intervención sencilla y fácil de implementar en oncología infantil (Cruzado y Olivares, 1996) y su eficacia en adultos parece comparable al entrenamiento en relajación (Vasterling, Jenkins, Tope y Burish, 1993).

Por todo ello parecería conveniente comparar la eficacia de las técnicas para el control de los efectos secundarios en términos de costo-beneficio y de su adaptación a las características del paciente en particular (niño, adulto, etcétera), sin olvidar que, en la medida que se están consiguiendo fármacos cada vez menos tóxicos y antieméticos más eficaces, este tipo de intervenciones se podrán reorientar al control de las respuestas emocionales de los pacientes (Font, 2003).

7.3. Psicoterapia

Dentro de este apartado, se suelen incluir aquellas intervenciones que tienen como objeto satisfacer las necesidades psicológicas y de comunicación del paciente. Entre ellas se encuentran hacer frente a los cambios en la dinámica familiar que puede verse alterada por la enfermedad, problemas psicológicos que se exacerban en este momento o la necesidad de encontrar un espacio seguro donde el paciente pueda exponer sus miedos y sus deseos sin el temor de hacer daño a la gente más próxima.

La terapia individual suele adoptar, por las razones expuestas, un formato de intervención en crisis centrada en problemas específicos. El temor a la recaída o la muerte, las mutilaciones o pérdida de algún órgano, los problemas laborales y la comunicación con la pareja y la familia son algunas de las cuestiones más comunes (Cruzado, 2006). En la efectividad de este tipo de psicoterapia desempeña un papel muy importante la relación paciente-terapeuta. En este marco, el paciente puede exponerse a sus emociones, mientras que no lo haría en su entorno familiar o social. Esta exposición, junto a una potencial desensibilización emocional, facilita también tomar distancia de sus propias condiciones, que le podría permitir dirigir sus recursos hacia el manejo efectivo de la situación.

En este contexto, también se han de abordar, a veces, las dificultades que surgen con el entorno familiar. Cuando la calidad de vida del paciente se ve afectada, la pareja y el resto de los familiares sufren una importante tensión emocional que, en algunos casos, dificulta aún más la adaptación del paciente. De ahí que facilitar la comunicación familiar entorno a la enfermedad es, probablemente, el mejor modo de que el paciente sienta el apoyo social de quienes les rodean y permita evitar algunos malentendidos que pueden surgir sobre los nuevos problemas que la enfermedad plantea. En este sentido, se señala que precisamente la psicoterapia orientada a los problemas parece ser la más efectiva. Un ejemplo de este tipo de intervención es la terapia coadyuvante.

7.3.1. *Terapia psicológica adyuvante*

La terapia psicológica adyuvante (TPA) es una adaptación de la terapia cognitiva de Beck a la situación problemática particular que plantea el cáncer (Moorey y Greer, 1989). No se trata tanto de una innovación terapéutica cuanto de sistematizar un conjunto de técnicas que han sido objeto de gran atención en la literatura psicológica para su utilización en los trastornos emocionales que aparecen comúnmente asociados al diagnóstico de cáncer. Por esta razón se trata de un programa flexible que se ha de ir adaptando durante su aplicación a las necesidades del paciente. Su eficacia ha sido probada en diversos estudios por sus propios autores y otros grupos de investigación (Moorey, Greer, Watson, Baruch, Robertson, Manson, Rowden, Tunmore, Law y Bliss, 1994; Moorey, Greer, Bliss y Law, 1998; Romero, Ibáñez y Monsalve, 2000). Básicamente, se proponen tres fases con objetivos y procedimientos distintos.

Fase inicial

Esta fase suele prolongarse entre 2 y 4 sesiones dependiendo del paciente. En este momento los objetivos que se pretenden son los siguientes:

1. *Alivio de los síntomas*. El terapeuta trabaja con el paciente para desarrollar estrategias de afrontamiento con las que dar respuesta a los problemas más inmediatos. Entre éstos se encuentran habitualmente la depresión, la ansiedad e, incluso, la crisis vital. Las técnicas de resolución de problemas y técnicas conductuales como la distracción, la relajación, la asignación gradual de tareas y la programación de actividades son habitualmente utilizadas en este momento.

2. *Recuperar la actividad cotidiana*. Se enseña al paciente los principios fundamentales para optimizar su calidad de vida. El objetivo es que el paciente y su pareja traten de emplear su tiempo de una forma activa y reforzante para ambos dentro de los límites que impone la enfermedad. Para ello se incluyen dentro de la programación diaria la realización de actividades cotidianas y placenteras que formaban parte del día a día del paciente y que pueden servir para recuperar el sentido

de control sobre su vida diaria que la enfermedad puede haber truncado.
3. *Enseñar el modelo cognitivo.* Los objetivos 1 y 2 antes citados se presentan dentro del marco de la teoría cognitiva, en virtud de la cual se enfatiza la conexión entre los pensamientos automáticos, los estados de ánimo y la conducta utilizando ejemplos de la vida diaria del paciente. Para ello se inicia con algunos pacientes el registro de pensamientos automáticos.
4. *Alentar la expresión de los sentimientos.* Se estimula al paciente para que exprese sus sentimientos negativos, como la ira y la desesperación, antes de someterlos a una «prueba de realidad». Las personas con cáncer pueden sentirse socialmente obligadas a parecer alegres y optimistas, lo que incrementa el malestar y la tensión que ya están viviendo a causa de la enfermedad. Por ello, la expresión genuina de los sentimientos puede ser emocional y fisiológicamente saludable si no se cae en el pesimismo y la desesperanza. El arte de la TPA consiste en alcanzar el equilibrio adecuado entre el afrontamiento de los miedos del cáncer y la evitación positiva de los mismos a través de la vida activa descrita en el apartado 2.

Fase intermedia

Al inicio de esta segunda fase el sujeto debería haber conseguido un cierto alivio de sus problemas emocionales y conocer el esquema cognitivo de trabajo sobre el que se va a actuar durante las (3-6) sesiones de esta nueva fase. Los objetivos son:

1. *Enseñar a los pacientes a usar la monitorización de pensamientos* y los principios básicos de la *prueba de realidad* para hacer frente a los problemas emocionales.
2. *Continuar con el proceso de solución de problemas.* Pero ahora se irá cambiando gradualmente su objetivo, que pasará de modificar los estados emocionales a otro tipo de problemas también importantes, como el aislamiento social, los problemas de comunicación con la pareja o la dificultad para afrontar la impredecibilidad del cáncer. El paciente y su pareja han de adoptar un papel activo en la resolución de problemas a medida que la terapia progresa.
3. *Continuar el proceso de lucha contra el cáncer.* Aunque mejorar la calidad de vida del paciente sigue siendo una meta fundamental, algunos pacientes desean explorar formas a través de las cuales pueden mejorar su pronóstico de vida.

Fase final

Al final de la fase anterior el paciente y su pareja habrán aprendido nuevas formas de continuar con su vida y hacer frente a los pensamientos negativos. La fase final de TPA se prolongará entre 1 y 3 sesiones y sus objetivos son:

1. *La prevención de la recaída.* Se discuten las estrategias de afrontamiento que podrán ser usadas en el futuro si el cáncer vuelve a presentarse o si otra fuente de estrés amenaza la estabilidad emocional de la persona. Con los pacientes adecuados puede ser adecuada la discusión sobre la recaída o la muerte.
2. *Planificar el futuro.* A medida que la terapia progresa se pueden abordar metas a más largo plazo con los pacientes que tengan un buen pronóstico. Se anima a la pareja a establecer metas a tres, seis y doce meses y a elaborar planes adecuados para poder alcanzarlas.
3. *Identificar los supuestos subyacentes.* En determinados pacientes puede ser adecuado explorar las creencias que subyacen a sus alteraciones emocionales y enseñarles a cambiar alguna de las reglas que habitualmente se aplican a sí mismos y al mundo. Como consecuencia de un diagnóstico de cáncer muchas personas desean cambiar su estilo de vida (por ejemplo, colocar menos énfasis en sus logros en el trabajo y vivir

más saludablemente). En este punto de la terapia es el momento de discutirlos.

7.4. Terapia de grupo

El objetivo principal de las terapias de grupo pasa por facilitar la comunicación, el apoyo emocional y mejorar el afrontamiento de la enfermedad. Existen dos modalidades diferenciadas de terapias de grupo: unas, las conducidas por un profesional de la salud con unos objetivos definidos, y otras que son dirigidas por personas afectadas y se orientan a proporcionar, fundamentalmente, apoyo emocional. En ambos casos, los efectos positivos de las terapias de grupo radican en la obtención de apoyo social. De hecho, se ha sugerido que la participación en estas terapias está particularmente indicada para personas con escaso apoyo social. Asimismo, la terapia de grupo permitiría, a través de la instrucción, moldeamiento y/o el modelado, desarrollar habilidades para el manejo de las emociones y otros efectos negativos de la enfermedad y el tratamiento. Sin olvidar la posibilidad que se abre de canalizar, a través y mediante el colectivo de pacientes afectados, ayudas sociales y de las instituciones en relación a la prevención y tratamiento de la enfermedad.

Ahora bien, como en cualquier terapia de grupo, la composición de los miembros (en cuanto a la fase de la enfermedad y sus propios recursos emocionales y de afrontamiento) repercutirá en el grado de participación de éstos y en la capacidad del grupo para responder a las necesidades de cada persona. Sin olvidar que, precisamente por los procesos de modelado que el grupo conlleva, las recaídas o el fallecimiento de alguno de los componentes entrañan una dificultad añadida a las múltiples pérdidas que ha de afrontar el paciente oncológico.

Los estudios publicados utilizan diferentes formas de intervención (*counselling,* relajación, visualización, parada de pensamiento, reestructuración cognitiva, modelado, técnicas operantes, resolución de problemas o entrenamiento asertivo). Font (2003) revisa los resultados de este tipo de terapia y concluye que, en general, pueden observarse mejoras al finalizar la intervención y en períodos de seguimiento de seis meses sobre el estado emocional y las habilidades de afrontamiento (Feigin, Greenberg y Ras, 2000).

7.5. Terapias psicológicas para la prevención del cáncer y recidiva de la enfermedad

Sobre la base de la existencia de un patrón característico de personalidad asociado al cáncer, se han llevado a cabo diversos estudios en los que la aplicación de una terapia conductual, que combina estrategias de desensibilización y el desarrollo de habilidades sociales, parece ser un adecuado tratamiento profiláctico para la prevención del cáncer (Eysenck y Grossarth-Maticek, 1991; Grossarth-Maticek y Eysenck 1991). En uno de estos estudios, se empleó terapia conductual individual a 100 sujetos, 50 varones y 50 mujeres, que se clasificaron como personalidad tipo 1 (predispuesta al cáncer). Los resultados demostraron a los trece años de seguimiento que tan sólo dos sujetos del grupo de terapia conductual habían fallecido a causa del cáncer frente a 23 en el grupo control. En la misma línea, Grossarth-Maticek, Eysenck, Boyle, Heeb, Costa y Diel (2000) asignaron aleatoriamente a un grupo de mujeres sanas con elevado riesgo de padecer cáncer de mama a dos grupos, uno de entrenamiento en autonomía y un grupo control. Tras catorce años de seguimiento una de las mujeres del grupo experimental desarrolló este tipo de cáncer frente a siete en el grupo control.

A pesar de la rotundidad de estos resultados sobre la eficacia de la terapia conductual como tratamiento preventivo del cáncer, queda un largo camino por recorrer antes de que dichos resultados puedan ser aceptados. Se necesitaría que grupos independientes de investigación consiguiesen la replicación de estos llamativos resultados con muestras más amplias y en otros tipos de cáncer de peor pronóstico, como, por ejemplo, el cáncer de pulmón. En la investigación científica ésta es una condición *sine qua non* para validar cualquier hallazgo.

Por otra parte y dada la importante relación existente entre el cáncer y el estrés (véase capítulo 7), ha llevado a diversos autores a la aplicación de distintas técnicas psicológicas cuyo objeto busca el fortalecimiento de la inmunidad del paciente. Particularmente conocido es el trabajo de los doctores Simonton (1981) quienes, aplicando la *terapia de visualización* a pacientes con cánceres avanzados, consiguieron unos resultados bastante sorprendentes. En el caso del cáncer de mama la tasa de supervivencia tras dicha terapia fue de tres años frente al año y medio esperable; en el cáncer de pulmón la tasa de supervivencia fue de algo más de un año frente a los seis meses que describe la literatura y en el caso del cáncer de colon la supervivencia fue de casi dos años frente a los nueve meses que indican las estadísticas.

La terapia utilizada incluye, además del entrenamiento en relajación de los pacientes, la visualización de una serie de imágenes entre las que se encuentran células cancerosas que aparecen como fácilmente vulnerables, un tratamiento médico que es capaz de destruir a las células cancerosas, células sanas que soportan ese mismo tratamiento médico, glóbulos blancos que son superiores en número entran en combate con las células cancerosas y acaban expulsándolas del organismo y, finalmente, la visión del propio paciente que se ve a sí mismo recuperando la salud (Simonton, Simonton y Creighton, 1978).

Obviamente, estos resultados, que pueden ser muy alentadores para muchos pacientes y sus familiares, deben ser analizados a la luz de las limitaciones metodológicas que este tipo de estudios arrastran. Particularmente, destaca la dificultad de evitar los sesgos en la selección de la muestra y la ausencia de un grupo control. Es evidente que los participantes en este tipo de estudios son sujetos *auto-seleccionados* que voluntariamente se prestan a participar en este tipo de programas y, por lo tanto, se encuentran muy motivados para hacer frente a su difícil situación personal. Qué duda cabe entonces, que los resultados positivos obtenidos vienen siempre mediados por este hecho. Por otra parte, la *ausencia de un grupo control* que permita contrastar la eficacia de la terapia con otros efectos no específicos, hace imposible dilucidar si la terapia de visualización podría ser sustituida por cualesquiera otra forma de terapia de cara a obtener los mismos resultados. Por todo lo cual, la efectividad de la terapia de visualización en el cáncer no es más (ni menos) que la de un placebo que se ajusta un grupo de pacientes dispuestos a luchar contra la enfermedad con todas sus fuerzas y aplicada a una enfermedad en un estadio irreversible (véase capítulo 10).

Por otra parte, llaman la atención los resultados obtenidos por Grossarth-Maticek (1980a), quien trabajó con 100 mujeres que padecían cáncer terminal de mama, la mitad de las cuales recibió quimioterapia y la otra mitad no. Dentro de cada uno de estos grupos, a su vez, la mitad recibió terapia psicológica y la otra mitad no. Los resultados mostraron que la supervivencia de quienes no recibieron ninguna forma de terapia fue de 11,28 meses. Las que recibieron sólo quimioterapia sobrevivieron 14,08 meses, las que sólo recibieron terapia psicológica 14,92 meses, mientras que las que fueron tratadas con quimioterapia y terapia psicológica sobrevivieron 22,40 meses.

En la misma línea se encuentran los resultados encontrados por Spiegel, Bloom, Kraemer y Gottleib (1989), en los cuales se observó que la expectativa de vida de las pacientes con cáncer de mama en las que había aparecido metástasis, se duplicaba en aquellas que recibían terapia psicológica (36,8 meses) respecto a las pacientes del grupo control, cuya supervivencia media fue de 18,9 meses. No obstante, una revisión posterior de los datos demostró que esas diferencias, aunque existían, no eran tan amplias como el equipo de Spiegel había apuntado inicialmente.

Una revisión sobre este tema indica que, si bien este tipo de programas pueden proporcionar una mejora del estado psicológico de los pacientes, especialmente a corto plazo, no se han confirmado las expectativas iniciales que se habían puesto sobre su potencialidad para la prolongar la vida. Por ello, no existe una evidencia suficiente para reclamar una extensión indiscriminada de las terapias de grupo a todas las mujeres que padecen cáncer de mama con metástasis. Su uso parecería más adecuado a demanda de las pacientes (Edwards, Hulbert-Williams y Neal, 2008).

PARTE CUARTA
La adhesión a los tratamientos

La adhesión a los tratamientos terapéuticos

15

1. LOS PROBLEMAS DE LA ADHESIÓN

Un problema común, compartido por todos los profesionales de la salud (psicólogos, médicos, personal de enfermería, etcétera), es el insuficiente o inadecuado cumplimiento de las prescripciones. La falta de adhesión terapéutica, ya se trate de dificultades para tomar la medicación, para modificar hábitos nocivos o de alto riesgo (dieta, ejercicio, estrés, alcohol y tabaco) o bien del abandono del tratamiento o el incumplimiento de las revisiones, es una condición característica de los pacientes sea cual sea su dolencia y una de las condiciones que los clínicos unánimemente coinciden en señalar como más desalentadoras.

Determinar con precisión las tasas de incumplimiento y, alternativamente, de adhesión, en tanto que implican una amplia variedad de conductas (sujetas a los sesgos que afectan a los procedimientos de evaluación), es difícil. Como ejemplos, se puede citar que, entre todo el colectivo de pacientes, en torno al 30 por 100 no sigue los tratamientos curativos, aproximadamente el 70 por 100 incumple los programas preventivos (hasta un 80 por 100 abandona los programas que incluyen modificación de dieta o tabaco) y más del 50 por 100 de los pacientes crónicos no se adhiere a los tratamientos (sólo un 7 por 100 de los enfermos diabéticos cumple adecuadamente todas las condiciones de tratamiento). En cuanto a las consultas médicas, se calcula que un 50 por 100 de los pacientes no acude a las revisiones establecidas por el médico y cuando es el propio paciente quien lo solicita el incumplimiento se sitúa en el 20 por 100. Entre los pacientes a quienes se les prescribe medicación, se estima que entre el 20 y el 60 por 100 dejará el tratamiento antes de lo establecido, entre el 25-65 por 100 cometerá errores en la administración y un 35 por 100 de los pacientes incurrirá en errores graves con riesgo para su salud. Por lo demás, entre los profesionales de la salud, como promedio sólo un 20 por 100 se adhiere satisfactoriamente a los tratamientos médicos. Alternativamente, puede estimarse en torno al 50 por 100 la tasa típica de adhesión, aunque, con frecuencia, no supera el 20 por 100. En general, los niveles más altos de adhesión se observan en los tratamientos que requieren medicación directamente supervisada (por ejemplo, quimioterapia) y en los trastornos con un inicio agudo. Los niveles más bajos corresponden a pacientes crónicos, en los que no hay malestar o riesgo inmediato y en los que el tratamiento exige cambios en su estilo de vida (una extensa recopilación sobre esta cuestión se puede encontrar en el ya clásico trabajo de Meichenbaum y Turk, 1987).

La repercusión tal vez más evidente del incumplimiento es el fracaso terapéutico, además del incremento del coste económico, sanitario y social por la repetición de pruebas diagnósticas, nuevos tratamientos o bajas laborales que, a menudo, el paciente solicita cuando no se ha resuelto definitivamente su problema. Sin olvidar también el potencial malestar y desajuste social y psicológico del propio paciente.

Por otra parte, en la medida que los resultados negativos puedan atribuirse al incumplimiento, se compromete enormemente la evaluación objetiva de la efectividad de los tratamientos. Así, podría ocurrir que habiendo un correcto proceder diagnóstico y un cumplimiento adecuado se produzca un fracaso terapéutico debido a la inadecuación de la terapia. Y, al margen de las consecuencias sanitarias que se pudieran derivar de estas situaciones, en estos casos sería precisamente la ineficacia del tratamiento lo que imposibilitaría que se estableciese relación alguna entre la actuación del paciente (por lo demás, conforme a la prescripción) y la reducción del malestar. Evidentemente, el análisis del comportamiento de adhesión es más complejo y la eficacia terapéutica, si bien es necesaria, no es suficiente para resolver el problema del incumplimiento. Por otra parte, también hay que reconocer que, aunque en otras épocas la falta de adhesión pudo haber sido una cuestión de sentido común o de supervivencia (Hanson, 1986) dada la dudosa «entidad sanatoria» de ciertos tratamientos (purgas, sanguijuelas, trepanaciones, etcétera), actualmente, la medicina dispone de procedimientos eficaces para el tratamiento de la mayoría de las enfermedades que pierden o carecen de la eficacia apetecida porque no se cumplen, especialmente cuando es el paciente quien debe asumir una función activa en su tratamiento.

La promoción de la adhesión terapéutica tiene, en definitiva, una importancia decisiva. Ahora bien, la propia magnitud del problema sugiere la complejidad y multiplicidad de los factores determinantes y, consiguientemente, la dificultad para su promoción. En términos generales, el *adecuado cumplimiento de cualquier prescripción terapéutica* (por ejemplo, administrarse un medicamento o seguir una dieta) implica *realizar una serie de tareas que requieren no sólo saber qué hacer, sino cómo y cuándo hacerlo*. Según qué prescripciones, el paciente ha de disponer de una serie de habilidades con diferente grado de complejidad. Por ejemplo, tomar una pastilla cada seis horas es sencillo, sin embargo, el paciente que ha recibido esta única instrucción es posible que no actúe conforme a lo prescrito (y mucho menos conforme a la farmacocinética del producto) cuando deba decidir si despertarse de madrugada para asegurar la periodicidad entre tomas o qué hacer cuando haya olvidado una dosis.

Las prescripciones además se establecen durante un tiempo, a veces, toda la vida. Con frecuencia, se exige el cambio de hábitos consolidados y, muchas veces, gratificantes (por ejemplo, consumir ciertos alimentos) que, generalmente, están asociados a ciertos lugares, momentos o compañías (por ejemplo, ir de tapas después del trabajo). De manera que, una vez que ocurren las situaciones, la probabilidad de actuar como es «habitual» es muy alta. Así, por ejemplo, prescribir una reducción en el consumo de grasas requiere instruir al paciente (y en su caso a aquellas personas que «cocinan» para el paciente) acerca de los alimentos que deben eliminarse o en qué proporción reducirse y, especialmente, acerca de los alimentos alternativos que podrían emplearse y cómo prepararlos conforme a sus preferencias (lo cual ya es difícil). Ahora bien, la ingesta de grasas sólo se modificará cuando cambie el comportamiento alimenticio y, en buena medida, el estilo de vida del paciente (lo cual es más difícil aún). Pedirle a un paciente que reduzca las grasas puede suponer, entre otras condiciones, pedirle que reduzca o elimine las tapas y vinos que «diariamente se toma con los amigos después del trabajo y que tanto le agradan». Puede ocurrir que, en muchas ocasiones, las consecuencias del seguimiento del tratamiento sean más punitivas (al menos, a corto plazo) que las del incumplimiento. Otras veces, las prescripciones consisten en prácticas sencillas que ni interfieren ni requieren modificar las actividades cotidianas del paciente, pero, sin embargo, no se recuerdan. Por ejemplo, se olvida con facilidad tomar una pastilla justo «antes de las comidas» cuando ni se disponen recordatorios ambientales ni se incluye en las «rutinas cotidianas de la comida». En resumen, *el seguimiento de las prescripciones no es meramente un asunto voluntarista; requiere, además de una actuación eficaz, un control ambiental y beneficios contingentes al cumplimiento* (por ejemplo, la remisión de los síntomas, la mejoría del estado general, unas expectativas de mejora, una relación de confianza con el médico, etcétera).

Si la adhesión a los tratamientos es un asunto comportamental en tanto que depende fundamentalmente de la conducta del paciente, lo es también en cuanto que se relaciona estrechamente con la conducta del clínico, al menos en la medida que éste pretende influir a través de las prescripciones (comportamiento verbal) en lo que el paciente haga. En cierto modo, podría decirse que existe adhesión cuando hay una coincidencia entre la instrucción del clínico y el comportamiento del paciente. Esta cuestión nos remite a la definición del concepto y a los distintos modelos o teorías que han abordado este problema.

2. CONCEPTO Y TEORÍAS

Los términos *compliance* y *adherence*, traducidos, respectivamente, por «cumplimiento» y «adhesión» o «adherencia» (preferimos emplear el término «adhesión», en cuanto que refiere una «acción», en detrimento del vocablo «adherencia», que indicaría una «propiedad»), suelen utilizarse indistintamente, si bien existe cierta polémica en torno a las implicaciones de cada término.

Haynes (1979) empleó el termino *compliance* como «la medida en que el comportamiento de la persona coincide con las instrucciones médicas que se le han proporcionado». Esta definición ha sido criticada por cuanto que se centraría en el profesional de la salud y atribuiría un papel pasivo al paciente (Karoly, 1993). Alternativamente, el término *adherence* se emplea para implicar «un compromiso de colaboración activa e intencionada del paciente en un curso de comportamiento, aceptado de mutuo acuerdo, con el fin de producir un resultado preventivo o terapéutico deseado» (DiMatteo y DiNicola, 1982). Ahora bien, establecer la diferencia entre ambos términos en el énfasis que se ponga en la participación del paciente no es correcto. Autores como Raven (1988), Karoly (1993) o Ewart (1993) emplean el término cumplimiento aun cuando aluden expresamente a un proceso de cambio de conducta que implica analizar la competencia de la persona y las condiciones de la situación para manejar el tratamiento. Otros autores consideran que el cumplimiento y la adhesión son simplemente dos fases consecutivas en un proceso de autorregulación cuyo objetivo es la incorporación en el estilo de vida de una persona de una serie de conductas no supervisadas relacionadas con la salud (Kristeller y Rodin, 1984).

Hoy por hoy, parece evidente que existe mayor acuerdo en analizar el hecho que nos ocupa como una conducta compleja que se desarrolla en la interacción del enfermo y los agentes de la salud que en el término que debe utilizarse para referirnos a este hecho. Sin embargo, esto no quiere decir que exista acuerdo respecto a los componentes de la conducta de cumplimiento o adhesión ni en las condiciones que la explican (como muestran los distintos modelos que se han ocupado de esta cuestión). Entre los más aludidos cabe citar los modelos biomédicos y los cognitivo-conductuales.

2.1. Modelos biomédicos

Se asume que existen una serie de condiciones de la persona y de la enfermedad que permitirían predecir el no cumplimiento. Haynes y colaboradores en sucesivos trabajos (1987, 1992) han señalado una serie de características del paciente, de la enfermedad y de la relación terapéutica como parámetros predictores del incumplimiento terapéutico y, alternativamente, han indicado las condiciones que favorecerían un incremento de la adhesión terapéutica. Cabe señalar que, si bien esta información es valiosa, no permite explicar cómo se implantan o modifican esas referidas condiciones en los contextos que las harían pertinentes. Podría ocurrir que los parámetros que se describen como condiciones, por ejemplo, de la persona (piénsese en la comprensión o las expectativas) no fuesen más que conductas específicas resultantes de un contexto particular.

2.2. Modelos conductuales

En los últimos años se han propuesto en el ámbito de la psicología de la salud y, en particular, en el campo de la prevención, distintos modelos comportamentales para explicar el comportamiento de salud de los individuos. Modelos éstos a los que se ha recurrido, generalmente, para dar cuenta de la adhesión terapéutica en tanto que conducta saludable. No obstante, retomando la exposición de Leventhal (1993) sobre los modelos conductuales que se han ocupado de la adhesión, se identifican los que han dado en llamarse modelos operantes, los modelos de comunicación y los modelos cognitivos.

2.2.1. Modelos operantes

Basados en la aplicación de los principios operantes, han promovido la utilización del moldeamiento de conductas, la planificación ambiental y el manejo de las contingencias de reforzamiento como estrategias centrales en el desarrollo de conductas de adhesión. Son numerosos los programas conductuales para la promoción de la adhesión a distintos tratamientos crónicos, en hospitales y en el hogar. No obstante, se ha reiterado (en particular, desde posiciones cognitivas) que la complejidad del problema no se resuelve a través del control ambiental y el refuerzo de las conductas implicadas y se ha enfatizado el papel que desempeñan las variables cognitivas desatendidas desde este planteamiento. Cabe decir, en primer lugar, que existen evidencias de que las estrategias cognitivas no mejoran los resultados de los programas operantes. Pero también debe señalarse aquí, no la inadecuación de este modelo, pero sí la insuficiencia de los planteamientos iniciales que no fueron capaces de ofrecer, desde la misma lógica operante, las claves para explicar el papel de la conducta verbal (las creencias, las expectativas de los pacientes) como mediador de la conducta manifiesta de adhesión. Esta situación, en buena medida, explica las críticas que se le han formulado a este modelo aun cuando los resultados siempre han apoyado su idoneidad.

2.2.2. Modelos de comunicación

Buscan cómo mejorar los procesos de recepción, comprensión y retención de mensajes como condición y estrategia para la promoción de la adhesión. Estos modelos son los que han tenido mayor repercusión en las campañas informativas para la promoción de la salud en distintos ámbitos (véase capítulo 2).

2.2.3. Modelos cognitivos

Basados fundamentalmente en el modelo del aprendizaje social (Bandura, 1969) y en los modelos cognitivos de decisión. Se describen a continuación las propuestas más representativas. Aunque hay que señalar que, en los últimos años, pueden encontrarse distintas propuestas específicas para explicar e intervenir sobre problemas concretos. Un ejemplo es el Modelo de la Adhesión a la Medicación de Johnston (2002) aplicado a la hipertensión y que sostiene que el seguimiento de la medicación depende de una decisión deliberada conforme a las expectativas del sujeto y a su propia capacidad de actuación.

Teoría de la Autoeficacia. Este concepto hace referencia a la convicción de la persona de ser capaz de realizar con éxito la conducta requerida para producir ciertos resultados (Bandura, 1977). Las expectativas de eficacia se proponen como un determinante fundamental en la elección de actividades, de cuánto esfuerzo se empleará y cuánto tiempo se mantendrá al enfrentar las situaciones que producen tensión. Más adelante se discute el valor de la autoeficacia en la explicación y promoción de la adhesión terapéutica.

Modelo de Creencias de Salud. El planteamiento central es que una persona no llevará a cabo un comportamiento de salud (de prevención, de participación, de cumplimiento o rehabilitación) a menos que tenga unos niveles mínimos de motivación e información relevantes para su salud, se vea a sí misma como vulnerable o potencialmente susceptible de padecer esa enfermedad, vea la enfermedad como potencialmente amenazante o grave, esté convencida de la eficacia de la intervención (estimación de costos y beneficios) y vea pocas dificultades para la puesta en marcha de la conducta de salud (acontecimientos claves para la acción, como síntomas, campañas informativas, prescripciones). No obstante, se señala el importante papel que juegan otras variables adicionales, como son la estructura del régimen de tratamiento o las condiciones ambientales y sociales que regulan el cumplimiento. Y se reconoce que, aunque las expectativas del paciente son importantes, no son suficientes para predecir la adhesión en todos los casos (Rosenstock, 1974).

Becker (1979) realizó una detallada revisión del modelo y defendió su capacidad explicativa y utilidad para promocionar el cumplimiento de las prescripciones. Sin embargo, los estudios que han analizado estadísticamente la interacción entre las variables propuestas no sostienen las mismas conclusiones. Así, por ejemplo, Bond, Aiken y Somerville (1992) estudiaron la capacidad del modelo para predecir la adhesión al tratamiento de diabéticos juveniles y concluyeron que sólo la estimación de costos-beneficios y las claves para la acción (podríamos decir sus expectativas acerca del resultado) daban cuenta del cumplimiento terapéutico. La amenaza percibida no actuaba en la dirección esperada. La cuestión es que las expectativas (lo que la persona se dice a sí misma) no se pueden explicar, y por lo tanto modificar, al margen de la propia ejecución y de las contingencias que controlan esa conducta. Cualquier actuación encaminada a la promoción de la adhesión no puede centrarse en las creencias de las personas sin examinar las contingencias que las explican.

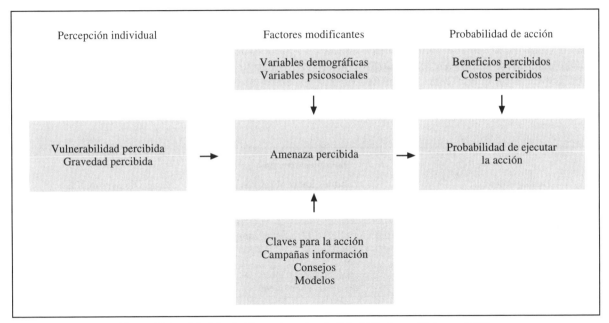

Figura 15.1.—Modelo de Creencias sobre la Salud (Becker y Maiman, 1975).

Teoría de la Acción Razonada. El supuesto básico es que las personas antes de decidir llevar a cabo una acción consideran las implicaciones de sus actuaciones (Ajzen y Fishbein, 1890). Según el modelo, el determinante inmediato de una conducta es la intención que la persona tiene de realizarla. A su vez, la intención está en función de dos componentes que tienen un valor relativo que depende de la actuación y de la persona en cuestión. Uno, la actitud hacia la acción está en función de la creencia sobre los resultados más probables de esa conducta (creencia conductual) y de la valoración de esa conducta (valoración de resultados). Y dos, la creencia que la persona tiene de que existen presiones sociales para que realice (o no) la conducta en cuestión (creencia normativa). Esta teoría tampoco toma en consideración las variables contextuales o sociodemográficas a las que se refiere como variables externas y que, aun admitiendo que pueden influir en la conducta, no postula que exista una relación necesaria entre ellas y la conducta.

No cabe duda que esta teoría cognitiva, al igual que otras, tiene el interés de enfatizar el papel mediador de lo que la persona se dice a sí misma sobre su conducta manifiesta (de adhesión en este caso). Ahora bien, en tanto que ni conceptual ni empíricamente se pueden explicar las creencias conductuales y normativas independientemente de la disponibilidad de la conducta a la que se alude ni de las contingencias presentes en esa situación (condición a la que aluden los autores) se plantea qué utilidad reporta indagar en una variable (creencias) que en sí misma no es autónoma. En este sentido podría entenderse cómo Miller, Wikoff y Hiaff (1992) observaron que la Teoría de la Acción Razonada sólo parecía predecir el seguimiento de alguna de las prescripciones del programa de tratamiento hipertensivo. En el caso de la medicación, por ejemplo, las intenciones no tuvieron valor alguno como parámetro predictor. Sin embargo, por lo que concernía a dejar de fumar, la motivación y la intención se relacionaron negativamente. Se diría que son, precisamente, las condiciones que definen la conducta (administración de medicación o fumar, seguir dieta, hacer ejercicio) las claves para explicar tanto las creencias como la propia conducta de adhesión.

Teoría de la Acción Social. Ewart (1993) defiende que la adhesión debe analizarse simultáneamente como un hábito deseable o «acción estado» que es el objetivo de la intervención conductual, como un «proceso de cambio» a través del cual se modifican los hábitos y como el resultado de unos «contextos» en los cuales se producen los cambios. El modelo defiende que la clave del mantenimiento de un hábito saludable radica en la «autorregulación» entre las actividades autoprotectoras y sus consecuencias biológicas, emocionales y sociales experimentadas. Así, el punto de partida para cualquier

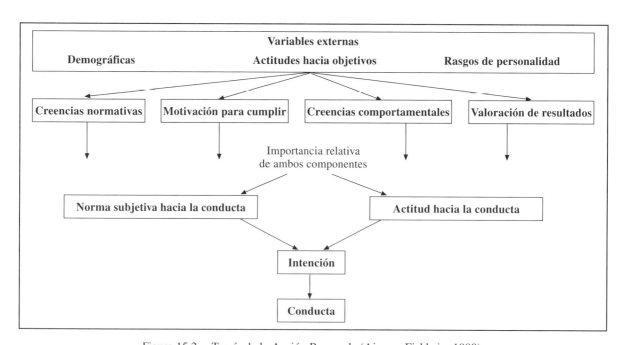

Figura 15.2.—Teoría de la Acción Razonada (Ajzen y Fishbein, 1980).

intervención en la promoción de la salud requiere el análisis de las conductas objetivo y los efectos que producen. Es decir, la creación de hábitos saludables implicaría el establecimiento de cadenas conductuales muy rutinizadas (guiones en los que cada acontecimiento refuerza las conductas antecedentes y guía las consecuentes) integradas (o que pueden ejecutarse al mismo tiempo) en otras conductas habituales y que disminuyen el riesgo personal. Otra clave del cambio y mantenimiento de hábitos saludables radica en que las acciones personales estén interconectadas con las de los miembros de la familia o personas relevantes, de forma que cuanto mayor sea la interconexión, mayor dificultad tendrá alterar una rutina en tanto que supone cambiar las rutinas de muchos.

El modelo establece, por lo demás, que los individuos se motivan a sí mismos a partir de sus expectativas sobre los resultados, evaluando su autoeficacia y estableciendo metas que influyen sobre los actos de resolución de problemas. La Teoría de la Acción Social sostiene que el cambio de hábitos no se iniciará a menos que la persona crea que es capaz de ejecutar dicha acción y que dicha acción sea compatible, además, con sus proyectos vitales. Las elecciones comportamentales estarían influidas, en definitiva, por esquemas de control cognitivo que representan conjuntos de conocimiento organizado que dirigen nuestra atención hacia aspectos específicos de situaciones y que proporcionan rutinas procedimentales para realizar tareas familiares. La teoría también analiza cómo afectan las influencias contextuales (escenarios del medio físico y social inmediato, relaciones sociales y estructuras organizacionales) en el establecimiento de metas y estrategias comportamentales.

El modelo propuesto por Ewart (1993) puede, sin duda, ofrecer criterios adecuados para diseñar intervenciones comportamentales encaminadas a la promoción de la adhesión. Dentro de la lógica operante, enfatiza el análisis topográfico y funcional de la conducta (hábito saludable) como «la estrategia» de intervención; sin embargo, alude a un proceso de autorregulación como condición explicativa. El término autorregulación, más próximo a planteamientos cognitivos que operantes, si bien no

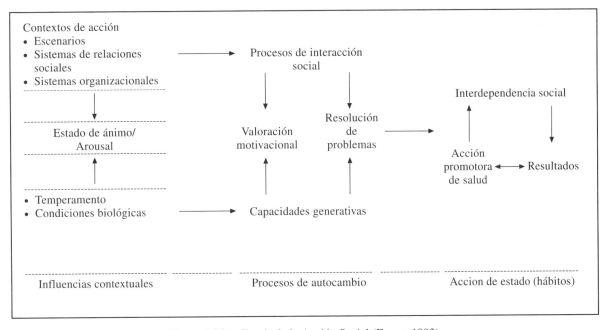

Figura 15.3.—Teoría de la Acción Social (Ewart, 1993).

supone que deba hacerse otra cosa que no sea la descripción operativa de la conducta y sus consecuencias, sí estaría presuponiendo (al menos conceptualmente) que existe un proceso externo a la propia conducta que es el responsable final de que un determinado hábito (por ejemplo, ingerir una pastilla) se haga más probable ante determinadas condiciones antecedentes (por ejemplo, a la hora de la comida estando el envase anudado a la servilleta) y consecuentes (por ejemplo, eliminación de la flatulencia). Es decir, aun cuando se reconoce la utilidad práctica de los modelos de autorregulación para diseñar intervenciones (Fernández, 1986, 1990; Fernández y Pérez, 1988, 1993), la dificultad estriba en buscar un mecanismo de funcionamiento psicológico «por encima» de la conducta y, especialmente, cuando sus fuentes de información son la propia conducta y las condiciones que la definen. Esta misma crítica se hace extensiva a los procesos motivacionales y esquemas cognitivos a los que alude Ewart para explicar la activación de la conducta. No se discute, en modo alguno, que lo que las personas se dicen a sí mismas module lo que hacen, sino la necesidad de crear estructuras psicológicas que, por otra parte, no pueden explicar esa mediación si no es aludiendo, en último término, a la propia ejecución. Por otra parte y como ya se dijo, la conducta verbal puede ser perfectamente analizada dentro del modelo operante. Más aún, cabría describir la adhesión terapéutica como un tipo de conducta controlada por reglas verbales instruidas y moldeadas (Luciano y Herruzo, 1992).

3. EVALUACIÓN DE LA ADHESIÓN

Desde diferentes disciplinas (medicina, psicología, sociología, etcétera) se han realizado muchas investigaciones que han ido proporcionando constantemente datos sobre el tema. Sin embargo, no siempre con el necesario rigor metodológico, entre otras razones, por la propia variedad de conductas que cubre la adhesión y los múltiples contextos en que pueden ocurrir. Dos cuestiones fundamentales (aún no resueltas) de cara a mejorar la confiabilidad de los resultados es lograr un acuerdo sobre los criterios definitorios de adhesión y asegurar la fiabilidad de los sistemas de evaluación.

Frecuentemente, se ha adoptado como criterio determinante del grado de adhesión «el valor por debajo del cual no es posible que se alcancen los resultados terapéuticos esperados» (Gordis, 1976). Utilizar la tasa de ejecución como criterio del grado de adhesión no siempre es posible (por ejemplo, sesiones de entrenamiento para lograr una rehabilitación muscular o unidades de insulina para normalizar la glucemia); además, en innumerables tratamientos existen razonables discrepancias respecto a la tasa requerida para lograr el efecto deseado. En cualquier caso, este criterio no es útil para indagar las variables que regulan el cumplimiento. El análisis funcional de las habilidades requeridas para el seguimiento correcto de un régimen de tratamiento sí permite establecer criterios más objetivos que la mera cuantificación y, sobre todo, más operativos para la investigación de los determinantes de la adhesión.

Se han empleado varios procedimientos de evaluación de la adhesión terapéutica, aunque no siempre ofrecen una referencia fiable y válida de la incidencia y los factores asociados. Las principales medidas empleadas son las siguientes.

La medida más frecuente es el *autoinforme*, preguntar directamente al paciente cómo ha seguido las indicaciones. La fiabilidad del autoinforme es baja como se comprueba sistemáticamente al comparar estos datos con los obtenidos mediante otros procedimientos más objetivos. La deseabilidad social o simplemente el olvido constituyen sesgos importantes. Por otra parte, el entrenamiento del interlocutor para precisar e identificar errores es una variable destacada. En este sentido, se ha observado, por ejemplo, que cuando los médicos preguntan al paciente sobrestiman el cumplimiento y no parecen capaces de detectar los pacientes no cumplidores. Caron y Roth (1997) establecieron una correlación del .01 entre la estimación que los médicos hacían sobre la adhesión de los pacientes y la que se observaba mediante otros procedimientos (por ejemplo, recuento de píldoras).

Otra estrategia es la *autoobservación y registro* de las condiciones de tratamiento. Unas veces, se trata de un mero recuento de pastillas. Otras, de procedimientos computarizados o mecanizados para medir algunas variables fisiológicas (por ejemplo, glucemia, flujo de aire espirado, etcétera). Otras, se conviene formalmente un registro escrito de conducta. En este caso, es usual que el clínico observe cómo el paciente realiza las tareas requeridas, a fin de comprobar que puede hacer lo que se le encomienda en relación a su tratamiento (por ejemplo, autoinyección de insulina, inhalación de broncodilatador) y entrenando al sujeto sobre cuándo y cómo observar y registrar. Este método, aunque más objetivo, es difícil de implantar. Los pacientes no cumplimentan los registros, o bien lo hacen incorrectamente. No puede olvidarse que se está requiriendo al sujeto realizar otra tarea adicional a su régimen de tratamiento. Tarea que, aunque puede servir como control de estímulos o feedback sobre su ejecución, generalmente es complicada y casi siempre interferente con las actividades cotidianas del paciente. Además, cumplimentar un registro no reporta beneficios aparentes al paciente, salvo cuando éste ha sido entrenado para actuar en consecuencia (algunos programas de autocontrol de la diabetes o el asma logran este objetivo). Como estrategia para mejorar la realización de los registros, es frecuente convenir ciertos privilegios contingentes a su cumplimentación mediante contratos de contingencias o sistemas de puntos. Las limitaciones de este procedimiento de evaluación no siempre permiten asegurar que los datos reflejen realmente la incidencia y determinantes de la adhesión en cada momento. Por otra parte, tampoco es fácil para los profesionales de la salud no psicólogos diseñar y emplear correctamente estas técnicas.

Otras medidas, aunque sólo potencialmente útiles para evaluar la adhesión a los tratamientos farmacológicos, son el empleo de *marcadores bioquímicos* incorporados a la medicación. Son indicadores objetivos de la tasa de consumo, pero no informan de cómo o cuándo se ingirió la sustancia, es decir, si el paciente respetó su régimen del modo adecuado para lograr el efecto. Tampoco se dispone actualmente de marcadores ideales, es decir, que sean completamente absorbidos, farmacológicamente inertes, completamente excretados, aunque deben tener una vida relativamente larga en plasma y no ser metabolizados (Masek, 1982). Algunas drogas pueden ser detectadas en sangre o en orina, aunque los análisis, además de intrusivos y costosos, son casi siempre difíciles de interpretar por la variabilidad individual en la absorción de los medicamentos.

Por último, se han utilizado los *resultados clínicos* como otra forma de medir la adhesión. Se supone que existe una relación directa entre el tratamiento y el resultado deseable. Este planteamiento es, desde luego, inaceptable y más aún desde un análisis psicológico.

En resumen, encontrar indicadores válidos de la adhesión terapéutica es problemático. Además, los estudios que comparan distintos procedimientos coinciden en mostrar niveles medios o bajos de concordancia entre las distintas mediciones. Aun así, se comprueba que, en general, tanto las investigaciones como los mismos profesionales de la salud sobrestiman las tasas de adhesión, especialmente cuando el tratamiento exige la modificación de los hábitos del paciente. Con relación a los métodos de evaluación conductuales conviene no olvidar que suponen la realización de una tarea extra en el programa de tratamiento y, por tanto, suelen presentar el mismo problema del que pretenden informar, es decir, la falta de adhesión. Probablemente, la alternativa para mejorar las técnicas de evaluación pase por utilizar con ingenio los principios y técnicas conductuales, sin olvidar emplear al mismo tiempo distintos procedimientos.

4. FACTORES ASOCIADOS A LA ADHESIÓN TERAPÉUTICA

A pesar de estas limitaciones existen innumerables trabajos que han tratado de establecer relaciones entre la adhesión terapéutica y múltiples variables de tipo sociodemográfico, personalidad, inteligencia, actitudes, características de la enfermedad, del régimen de tratamiento y de la interacción entre el paciente y el profesional de la salud. (Goldman y Smith, 2002; Castillo, Pérez y Aubareda, 1996; Fernández, 1996; Ferrer, 1995; Labrador y Castro, 1987). En todas estas excelentes revisiones se suelen referir más de 200 variables. La mayoría de los trabajos son de tipo correlacional y han tenido una escasa repercusión práctica. Las correlaciones encontradas son bajas, tanto más cuanto más objetiva es la técnica de evaluación. Los distintos factores referidos con mayor frecuencia pueden agruparse en cuatro categorías: *a*) variables de la enfermedad; *b*) variables del tratamiento; *c*) variables de la relación terapeuta-paciente, y *d*) variables del paciente (Meichenbaum y Turk, 1991).

4.1. Variables de la enfermedad

Los síntomas parecen desempeñar un papel importante en el cumplimiento de las prescripciones. Efectivamente, cuando los síntomas tienen un inicio agudo, son reconocibles, molestos y se alivian con el tratamiento, la probabilidad de adhesión es mayor. Por el contrario, es baja cuando la enfermedad no provoca síntomas identificables (por ejemplo, hipertensión), cuando se mantienen constantes durante largo tiempo facilitando la adaptación del paciente a un estado sintomático o cuando los propios síntomas dificultan el cumplimiento de las prescripciones (por ejemplo, alucinaciones en la esquizofrenia o el glaucoma en la diabetes).

Otras variables como la gravedad de la enfermedad medida objetivamente, la existencia de brotes anteriores, su duración y antigüedad no han demostrado tener una relación con la adhesión al tratamiento, incluso, en trastornos graves. Por el contrario, la percepción subjetiva de gravedad de la enfermedad y de las ventajas asociadas al cumplimiento se ha relacionado con la adhesión a corto plazo, con el tiempo, las tasas de adhesión siempre se deterioran.

4.2. Variables del tratamiento

Puede decirse que, en conjunto, las condiciones del tratamiento son las que mejor dan cuenta de la probabilidad de adhesión. Es seguro que cuanto más complejo, interfiriente con el estilo de vida del paciente, duradero (tratamientos crónicos o profilácticos) y escasa o inadecuadamente supervisado sea el tratamiento, menor será la adhesión. Por otra parte, la adhesión a un programa complejo no tiene nada que ver con la adhesión a cada uno de los componentes por separado.

4.3. Variables de la relación médico-paciente

Como parece obvio, la satisfacción del paciente con la relación terapéutica se identifica, en la mayoría de las investigaciones, como un factor que puede potenciar la adhesión a pesar de que sólo un porcentaje reducido de los profesionales de la salud reconoce contribuir a la falta de adhesión. Los principales componentes que se han señalado como determinantes de la satisfacción del paciente son una buena comunicación y mantener una relación respetuosa y cordial encaminada a mejorar el grado de comprensión y colaboración del paciente en el programa de tratamiento.

Con relación a la *comunicación*, es conocido que saber más acerca de algo no mejora necesariamente el cumplimiento. Pero también es cierto que cuando el médico requiere que los pacientes hagan o sepan algunas cosas su primera tarea es informarles. Por otra parte, es un hecho que los médicos aportan, en general, menos información de la necesaria y que los pacientes, en muchas ocasiones, comprenden insuficiente o erróneamente la información que reciben. Se ha comprobado que, como promedio, los pacientes sólo son capaces de recordar, incluso minutos después de la entrevista, el 50 por 100 de la información que reciben; además, entre el 30 y el 50 por 100 de las instrucciones se comprenden erróneamente. Pero también más del 80 por 100 de los pacientes desea más información de la que dispone y están insatisfechos con la recibida (Godoy, Sánchez y Muela, 1994; Pérez Álvarez y Martínez Camino, 1984).

La comunicación del diagnóstico y del tratamiento no se realiza, generalmente, en unas condiciones formales que promuevan las destrezas requeridas en el cumplimiento y la satisfacción del paciente. No se dan instrucciones explícitas. No se emplean términos operativos acerca de qué, cómo y cuándo. No se atiende al estilo de vida del paciente al prescribir el tratamiento. No se proporciona feedback adecuado sobre los problemas surgidos. No se ensayan las conductas requeridas, particularmente cuando son novedosas o complicadas; además, la supervisión es insuficiente y, con frecuencia, realizada por otros clínicos que desconocen al paciente.

Desde esta perspectiva, se pone de relieve la conveniencia de utilizar procedimientos conductuales para aumentar la información del sujeto (Ley, 1982). Pero también tiene especial interés conocer en qué condiciones la información de que dispone el paciente puede influir en sus ejecuciones. Aquí habría que recurrir al concepto de conducta gobernada por reglas (Skinner, 1957). Las reglas verbales permiten que un individuo se comporte de determinada forma en el contexto apropiado sin necesidad de exponerse a las contingencias que la propia regla define. En este sentido, las reglas permiten que el individuo produzca respuestas adecuadas en un tiempo menor que cuando simplemente está sometido a las contingencias. Ahora bien, no puede olvidarse que son las contingencias las que regulan la utilización del lenguaje y no las reglas (las reglas se construyen a partir de las contingencias a las que el sujeto ha estado expuesto y son efectivas en la medida que describen adecuadamente las contingencias). Parece entonces razonable utilizar intencionalmente las autoinstrucciones a modo de estímulos antecedentes de ciertos comportamientos verbales y no verbales del paciente; ahora bien, se entiende que el individuo los ha aprendido a realizar previamente. Por ejemplo, se podrían utilizar autoinstrucciones para incrementar la eficacia de ciertos tratamientos (por ejemplo, ansiolíticos) instruyendo al paciente para que actúe en la dirección del tratamiento (por ejemplo, relajarse), aunque sin perder de vista que ello no ocurre al margen de las contingencias (Mañanes y Pérez, 1990). Desde este análisis se podría explicar la pretendida eficacia de ciertos programas educativos que se definen meramente informativos.

Por lo que respecta a la importancia de las *actitudes del terapeuta,* en concreto mantener una actitud empática, no sólo se ha relacionado con una mejor adhesión, sino que se ha considerado como un elemento crucial para el cambio terapéutico (Rogers, 1957). La efectividad de un trato cordial que, al menos como una norma de urbanidad debería ser un mínimo inherente al trato profesional, sólo se podría explicar por la inmediata repercusión práctica que para el paciente tuviese la relación, como, por ejemplo, ofrecer una información simple, precisa y operativa de las tareas que debe realizar el paciente, adecuar en lo posible el tratamiento a su ritmo de vida, facilitar el recuerdo de las prescripciones (control de estímulos ambientales, social, etcétera).

También se ha sugerido que la actitud de ayuda y colaboración del terapeuta potencia la adhesión al tratamiento en la medida que mejore las expectativas del paciente respecto a su enfermedad o los beneficios del tratamiento, con lo que debe analizarse este efecto desde la perspectiva del paciente.

4.4. Variables del paciente

Las variables del paciente son las que menor valor han mostrado como predictores asociados a la adhesión. En concreto, las variables *sociodemográficas* no parecen determinar la adhesión. Aunque algunos estudios han hallado ciertas relaciones, por ejemplo, en función de la edad (Thomas, White, Mah, Geisser, Church y Mandel, 1995) o del estatus sociocultural (Goldman y Smith, 2002), pero que, generalmente, vienen mediadas por factores como el tipo de enfermedad y la duración y complejidad del tratamiento.

Con relación a las variables de *personalidad,* su peso tampoco parece importante. Aquí cabría referirse a los problemas que presenta la investigación de las variables de personalidad. En concreto, a la discrepancia respecto a qué se mide y cómo se interpreta, incluso cuando dice medirse una misma variable. Frecuentemente, la varianza de los resultados se explica antes por los métodos empleados que por los rasgos evaluados, lo cual dificulta establecer conclusiones firmes. En cualquier caso, existen suficientes evidencias como para asegurar que la adhesión no está en función de características específicas de personalidad. Un hecho probado es que la adhesión a una condición terapéutica no es predictor de la adhesión a otras condiciones específicas.

Una variable que sí se ha relacionado con la adhesión y con la mejora terapéutica son las *expectativas del paciente* sobre la enfermedad, es decir, sus creencias sobre las causas, el curso y las consecuencias de la enfermedad y su tratamiento, que, por otra parte, pocas veces coinciden con las del profesional de la salud. En este punto nos remitimos, particularmente, a los distintos modelos cognitivos propuestos para dar cuenta del comportamiento saludable.

La investigación en torno al papel de las expectativas ha mostrado correlaciones muy bajas, aunque positivas, entre las expectativas y la conducta de adhesión. En este sentido, la información transmitida por el médico podría jugar un papel importante, al menos para corregir errores respecto a la enfermedad y su tratamiento. No obstante, como acabamos de argumentar, no debe olvidarse que con ello no siempre se neutraliza el efecto que ciertas condiciones ambientales y sociales pueden ejercer para mantener ciertas prácticas (a veces, culturales y muy arraigadas) y que interfieren en el seguimiento correcto de las prescripciones (por ejemplo, «descansar» un tiempo cuando se toma un medicamento de forma habitual; consumir o eliminar ciertos alimentos o actividades según el tipo de enfermedad o estado del paciente: «comer por dos las embarazadas» y «evitar ejercicio a los niños asmáticos o diabéticos»).

Las expectativas del paciente antes que con la adhesión se han relacionado con los beneficios terapéuticos. Corrientemente, las expectativas se han puesto en relación con el concepto de *efecto placebo* (véase capítulo 10). Esta suerte de «disponibilidad» del paciente en relación al valor del tratamiento afecta tanto a prácticas sanitarias reconocidas (medicina, psicología, etcétera) como a prácticas mágicas (curanderos, videntes, etcétera) o religiosas. Sin embargo, lejos de ser un efecto esotérico puede describirse en términos conductuales (Amigo, 1998). Se entendería que una vez que el sujeto ha iniciado un proceso terapéutico (ir al médico, seguir un programa de tratamiento), potencialmente eficaz (el más eficaz), la atención que inicialmente dirigía al síntoma o a las posibles repercusiones de la enfermedad (que pueden constituir una fuente de estrés) podría «reorientarse», tal vez, hacia sus rutinas cotidianas y/o hacia las instrucciones del clínico, reduciendo o eliminando así una condición estresante. De este modo, cuando las prescripciones, aunque meramente moduladas por el sentido común, tuviesen una repercusión clínica efectiva o, al menos, de orden práctico, los beneficios se justificarían razonablemente. Pero incluso cuando las prescripciones fueran inespecíficas en tanto que no afectasen a las causas directas del problema (por ejemplo, tomar agua de azahar para el dolor de estómago), el paciente podría también evocar respuestas de relajación que amortiguasen la tensión emocional inicial facilitando, a su vez, la activación de los propios recursos adaptativos del individuo. Se sugiere que ello podría explicar, al menos en parte, la mejora que experimentan muchos pacientes al inicio del tratamiento, aun en ausencia de un tratamiento específico.

Por otra parte, si se tiene en cuenta la gratificación que supondría una mejoría, secundariamente se podría estar reforzando la adhesión. En unos casos, la adhesión a prescripciones específicas y, en otros, a prácticas inespecíficas aunque adaptativas para el sujeto. En cualquier caso, se podría potenciar la mejoría. Efectivamente, la reivindicación de las expectativas como un elemento promotor de cambios terapéuticos sería reconstruirse conforme a la conducta verbal que define las relaciones entre eventos. De este modo, el llamado «efecto placebo» podría psicológicamente desenmascararse y utilizarse intencionalmente (Pérez Álvarez, 1990).

En estrecha relación con la noción de expectativa está el concepto de *autoeficacia,* que se ha argüido como un parámetro seguro de adhesión terapéutica. Este concepto hace referencia a la convicción de la persona de ser capaz de realizar con éxito la conducta requerida para producir ciertos resultados (Bandura, 1977). Las expectativas de eficacia se proponen como un determinante fundamental en la elección de actividades, de cuánto esfuerzo se empleará y cuánto tiempo se mantendrán al enfrentar situaciones que producen tensión.

En la caracterización de este concepto como un mecanismo de funcionamiento psicológico deben distinguirse las expectativas de autoeficacia de las expectativas de resultado, que se definen como la estimación de que una conducta dada conducirá a ciertos resultados, de modo que, aun cuando un individuo pueda conocer que una determinada acción produce un resultado, si se percibe a sí mismo como carente de las habilidades implicadas, tal información no influirá en su conducta. Por el contrario, dadas las habilidades requeridas y los incentivos adecuados, las expectativas de eficacia determinarán la elección de actividades. Las fuentes de información en las que se basan las expectativas de eficacia son: los logros de ejecución, la experiencia vicaria, la persuasión verbal y los estados fisiológicos.

Son varias las dificultades metodológicas y conceptuales que cuestionan la calidad y la utilidad de la propuesta de Bandura. Una crítica central está en la entidad propia de las expectativas de autoeficacia al margen de las expectativas de resultado. Ni conceptual ni empíricamente se puede entender qué es la autoeficacia separadamente de las conductas de ejecución y de las contingencias presentes en la situación. De hecho, según Bandura (1977), la influencia de la autoeficacia en la ejecución se hace depender de la existencia de los repertorios de conducta apropiados y de los incentivos adecuados. En consecuencia, la autoeficacia no tiene reconocimiento independiente de la disponibilidad de las conductas implicadas. Por otra parte, el hecho de que los incentivos contingentes a la ejecución modifiquen la eficacia percibida indica que ésta no tiene, como es lógico, un estatuto autónomo de los resultados potenciales. El concepto de autoeficacia percibida no parece, en modo alguno, disociable de las condiciones que definen la tarea. Y en efecto, las propias dimensiones que caracterizan las expectativas de autoeficacia son las obvias considerando la tarea y las condiciones del sujeto. Así, la magnitud de la autoeficacia se gradúa conforme a la dificultad de la tarea, la generalidad hace referencia al gradiente generalización-discriminación y la fuerza depende de las experiencias confirmatorias (a más éxito mayor autoeficacia, éxitos más intermitentes hacen más persistentes las expectativas). También las fuentes en las que se basa permiten considerar que el valor como parámetro de la ejecución puede venir dado por el propio contexto en que se hace la estimación. La mejor predicción tiene como fuente la ejecución, es decir, la mejor condición para el «autoconocimiento». Es importante resaltar el valor de la ejecución como elemento crítico antes que sobre la autoeficacia. Ya que ésta opera a condición de que se disponga del comportamiento instrumental y del incentivo correspondiente, sería más coherente ver en la acción práctica-comportamental y sus efectos el criterio básico en que indagar.

5. ANÁLISIS FUNCIONAL DE LA ADHESIÓN TERAPÉUTICA

Conforme a las consideraciones que se han venido haciendo, se describe aquí la conducta de adhesión terapéutica dentro de la propia lógica del análisis funcional de conducta. Cabe decir que esta propuesta de análisis está en la base de distintos modelos en el campo de la prevención de la salud (Rodríguez Marín, 1995). Sin embargo, lo que se presenta no pretende ser, en modo alguno, un nuevo modelo integrador de todas las variables referidas en las distintas teorías o investigaciones acerca de la adhesión. Por el contrario, se trata de utilizar el análisis de conducta para descubrir la autonomía de cada una de las variables propuestas en la literatura o, en su caso, las condiciones de las que dependen. Y se pretende, fundamentalmente, ofrecer una secuencia útil para realizar la evaluación y diseñar la intervención en casos concretos.

Se define la adhesión terapéutica *(conducta meta)* como la *incorporación* (puntual, ya se trate de una prescripción para un problema agudo; o definitiva, en caso de intervenciones preventivas o trastornos crónicos) *en las rutinas cotidianas* de la persona (al efecto de fortalecer la nueva práctica situándola bajo las mismas claves del contexto ambiental y social que controlan otras conductas habituales) de *nuevos hábitos* (simples o complejos, novedosos o conocidos) *beneficiosos* para el sujeto (bien por la eliminación de condiciones aversivas, como, por ejemplo, síntomas, desaprobación social, reducción de miedos, etcétera, o bien por la obtención de ventajas, como la mejora de las condiciones de vida, atención social, creencias de autocontrol o de reducción de riesgos, etcétera).

TABLA 15.1

Análisis conductual de la adhesión terapéutica

Antecedentes	Adhesión	Consecuentes
1. Factores motivacionales: • Manifestaciones de la enfermedad, síntomas (condición aversiva). • Repercusiones de la enfermedad en su vida cotidiana (condición aversiva). • Expectativas en relación a la enfermedad, el tratamiento y la relación médica (coherentes con los efectos informados y contingencias privadas y sociales). • Estado físico y/o biológico como Ed para admón. tratamiento. 2. Condiciones de vida del paciente relativas a: • Ausencia de competencia prescripciones/rutina cotidiana. • Baja interdependencia social de prescripciones. • Atención social a la enfermedad y/o tratamiento. • Control de factores de riesgo/desencadenantes. • Presencia Ed para actuar conforme prescrito. 3. Disponibilidad de recursos: • Económicos y sanitarios. • Tiempo paciente. 4. Relativos a las prescripciones: • Atención a las prescripciones. • Comprensión. • Formulación de reglas verbales. 5. Relación médico-paciente: • Habilidades del clínico para informar (instruir reglas). • Competencia del clínico: programar, entrenar y supervisar destrezas requeridas al sujeto. • Actitud empática. 6. Efectividad clínica de la terapéutica.	1. Repertorios y habilidades del paciente para incorporar las prescripciones en rutinas cotidianas: • Desarrollo destrezas específicas. • Repertorio autoinstruccional. • Planificación ambiental. • Manejo contingencias sociales. 2. Compromiso público de cumplimiento.	• Reducción y/o eliminación progresiva de la sintomatología y/o condiciones aversivas cotidianas asociadas a la enfermedad. • Desarrollo de conductas alternativas con el estilo de vida del paciente y pautas terapéuticas. • Ausencia/bajo coste económico y/o personal asociado al cumplimiento. • Expectativas acerca del tratamiento y enfermedad coherentes con las contingencias privadas y sociales habidas en el tratamiento. • Ausencia de efectos secundarios del tratamiento. • Supervisión y adaptación del tratamiento por parte del clínico de acuerdo a peculiaridades del paciente (clínicas, condiciones de vida). • Supervisión y apoyo social al cumplimiento. No conflicto entre las consecuencias derivadas del cumplimiento para la familia y el paciente. • Reducción de inconvenientes asociados al funcionamiento sanitario. • Satisfacción del paciente y del clínico.

Definir y promover la adhesión como la adquisición de hábitos saludables conlleva abordar la adhesión para cada caso concreto desde el análisis de la conducta de cada sujeto en relación a su tratamiento (tabla 15.1). Esta propuesta se atiene a las siguientes consideraciones generales:

1. *El programa o régimen terapéutico a adherirse será eficaz, o al menos el potencialmente más efectivo (en cada caso concreto).*

Esta cuestión, por sobrentendida, no puede desatenderse. Las consecuencias que se derivan del tratamiento determinan el cumplimiento. Cuando el tratamiento permite el alivio o la eliminación del malestar, la adhesión podría fortalecerse por reforzamiento negativo. Ahora bien, esto no siempre es posible, bien porque muchas enfermedades cursan asintomáticas o no entrañan condiciones físicas aversivas, bien porque los efectos del tratamiento sólo son evidentes (o plausibles) a largo plazo, o bien porque se trata de estrategias preventivas. En estos casos la decisión del clínico respecto a qué prescripciones establecer no sólo puede estar en función del beneficio potencial que se derivaría de la terapéutica, sino de los costes del cumplimiento y de las consecuencias positivas (inherentes y externas al tratamiento) que se podrían establecer para cada paciente. De lo contrario, podría ocurrir que la efectividad clínica de la terapia se estuviese comprometiendo, de partida, por la inviabilidad de las pautas prescritas. Es evidente que este asunto no puede decidirse al margen de las condiciones clínicas, pero tampoco, y en ningún caso, al margen de las condiciones de la vida del paciente, lo que requiere considerar una serie de variables que usualmente no son atendidas por el médico.

2. *Para cada tratamiento o programa específico se han de establecer (genéricamente) qué habilidades, conocimientos y destrezas comportamentales se requieren para una ejecución adecuada.*

Es un hecho que cada programa terapéutico es distinto de otros e, incluso, la terapéutica de un trastorno varía en función de la situación clínica del paciente. En cualquier caso, las habilidades requeridas han de describirse, de forma secuenciada, desde las conductas más simples hasta las que conforman una ejecución óptima. Ello permitiría, por una parte, disponer de criterios objetivos para evaluar el grado de competencia del paciente y programar el entrenamiento que se requiera (tal y como desde otros ámbitos de la modificación de conducta se realiza empleando técnicas de modelado, instrucciones, encadenamiento y moldeamiento, feedback correctivo, autoinstrucciones como guía de la ejecución, entre otras). Y por otra parte, facilitaría determinar qué información realmente necesita cada paciente para realizar adecuadamente las prescripciones convenidas. Y es que ocurre que, en ocasiones, bastaría con que la persona simplemente hiciese «siempre lo mismo» para que el tratamiento fuese eficaz, mientras que en otras, la eficacia pasa porque el paciente sea competente para tomar decisiones (por ejemplo, los pacientes diabéticos podrían tomar distintas decisiones y todas acertadas para normalizar sus glucemias).

Lo que se plantea es que la *información* que se proporcione al paciente acerca del tratamiento debe hacerse para facilitar el seguimiento de «sus» prescripciones. Es decir, ha de *servir de guión para actuar describiendo la conducta que se solicita al paciente, las condiciones (físicas o de las rutinas cotidianas) en las que ha de iniciarse y las consecuencias (físicas, emocionales, sociales) que cabe esperar.* La información recibida llegará a facilitar el cumplimiento cuando el paciente reconozca el «momento» para actuar (disponiendo de habilidad) y cuando las «consecuencias» que se produzcan, siguiendo las pautas en las que ha sido instruido, son coherentes con lo esperado y ventajosas para el paciente. La información que se proporcione al paciente cumple distintos objetivos, pero en la medida que se pretenda influir en lo que el paciente haga debe adecuarse necesariamente a la competencia de cada persona y a sus condiciones de vida. De otro modo, y en el mejor de los casos, el paciente dispondrá de más conocimientos sin que ello influya necesariamente en su adhesión al tratamiento.

3. *Las prescripciones terapéuticas (objeto de adhesión) han de establecerse conforme a la competencia del paciente.*

En definitiva, la terapéutica ha de adecuarse a las habilidades de la persona. Ello podría exigir aplicar progresivamente las recomendaciones conforme a una valoración objetiva de las *habilidades del paciente para cumplir cotidianamente las pautas prescritas*. Esta condición, en ocasiones, por obvia o sobrentendida y, en otras, por ignorada podría explicar que, usualmente, se establezca y solicite a todos los pacientes adherirse a un mismo programa de tratamiento simplemente porque es el (potencialmente) más efectivo. Incluso, cuando por el tipo de tratamiento se entrena al paciente en su manejo (por ejemplo, tratamiento de la diabetes), los programas de formación responden, por lo general, a una secuencia estructurada más interesada en mecanizar unos procedimientos estandarizados que en instaurarlos en las propias rutinas cotidianas del paciente. Facilitar la adhesión terapéutica pasa por establecer progresivamente prescripciones que se puedan incorporar a las condiciones de vida del paciente. Buscar la adhesión por el número de recomendaciones que siga el paciente no conduce a los resultados apetecidos.

Junto con la evaluación de las habilidades específicas en relación al tratamiento deben contemplarse otras condiciones del paciente que van a afectar la adhesión, como son *la atención y la comprensión de la complejidad de las prescripciones*. Prestar atención depende básicamente de variables motivacionales. Obviamente, han de darse también unas condiciones físicas y biológicas indispensables para mantener la atención. En el caso de la adhesión terapéutica, la propia historia de interacciones con el personal sanitario, la utilidad de las recomendaciones previas o la resolución de demandas concretas determina, en buena medida, la atención que el paciente preste al médico. Esto ocurre, especialmente, cuando las condiciones y sanitarios comparten características similares y cuando el clínico refuerza al paciente por atender.

Otras variables que afectan al grado de atención y comprensión son las del contexto donde se produzca la interacción y las relativas al contenido de las instrucciones. En relación a esta cuestión habremos de remitirnos al punto anterior, particularmente si tenemos en cuenta que la comprensión del paciente puede medirse por el grado en que es capaz de formular instrucciones acerca de actuaciones concretas, de las circunstancias físicas o contextuales que las hacen apropiadas y de sus efectos inmediatos. Todas estas variables del paciente están mediadas por condiciones del contexto sanitario.

4. *El contexto sanitario y la interacción del profesional de la salud con el paciente son condiciones determinantes de la adhesión terapéutica.*

La *satisfacción del paciente y la repercusión práctica que se derive de la interacción* entre el personal sanitario y el paciente son dos condiciones clave. A todos parece evidente (aunque también hay que decir que no precisamente porque sea lo habitual) que un entorno agradable, donde estén presentes el menor número de estímulos aversivos asociados al hospital o consultorio, donde los potenciales inconvenientes asociados al funcionamiento sanitario (listas, tiempo de espera, gastos económicos) sean reducidos y un clínico accesible, empático, que mantiene una relación terapéutica personalizada, puede potenciar la satisfacción del paciente. Ahora bien, la relación entre satisfacción y adhesión, ya establecida en la literatura, no cabe entenderla más que por las consecuencias que para el paciente tenga esa relación. Lo que nos lleva al papel que ha de desempeñar la comunicación y/o el entrenamiento formal que ofrezcan los clínicos para mejorar tanto la competencia del paciente en el autocuidado como las expectativas del paciente respecto a su enfermedad y los beneficios del tratamiento.

Ya se ha señalado qué contenidos específicos acerca del tratamiento pueden llegar a influir en la competencia del paciente para su autocuidado. Pero cabe también señalar que la comunicación entre médico y paciente ha de servir para corregir errores respecto a la enfermedad y tratamiento. Si interesa indagar las expectativas del paciente (sobre las causas, gravedad y pronóstico de la enfermedad, sobre los costos, riesgos y beneficios del tratamiento y sobre las actuales prácticas de autocuidado) es, precisamente, porque lo que se dice a sí mismo puede influir en lo que haga y porque sus creencias pueden actuar como potenciales obstáculos o barreras para la adhesión. Una actitud empática del médico podría facilitar la comunicación y, por tanto, contribuir a corregir errores. Ahora bien, no conviene olvidar (y aun cuando al informar se estén formulando reglas que puedan servir al paciente como una guía para actuar) que muchas prácticas o expectativas inconvenientes pueden estar mantenidas por ciertas condiciones sociales o culturales muy arraigadas y que la información dispensada no conllevará un cambio duradero en el comportamiento del paciente, a menos que sus efectos sean valiosos para esa persona. Un cambio de expectativas no garantizará la modificación de la conducta salvo que se modifiquen las condiciones que controlan la conducta habitual que se quiere sustituir.

5. *La adhesión terapéutica depende de factores motivacionales.*

Las condiciones motivacionales son claramente distintas cuando el paciente sigue un tratamiento curativo o paliativo que cuando se trata de una estrategia preventiva. En el primer caso, puede decirse que existen estímulos aversivos (síntomas) cuya eliminación puede ser un reforzador potente de la adhesión terapéutica. En el segundo caso, el estímulo aversivo es la verbalización sobre las consecuencias futuras negativas que se han establecido, muchas veces fruto de la información y, algunas otras, por la exposición a un modelo (por ejemplo, el compañero que sufrió un infarto), por lo que es improbable que aquí el cumplimiento de las prescripciones se mantenga por reforzamiento negativo. Lo que la persona se dice a sí misma desempeña, en estas circunstancias, un papel mediador decisivo sobre lo que haga y cómo lo haga. Así, parecería más que razonable que en la medida que cada uno se perciba a sí mismo como vulnerable a la enfermedad y a las consecuencias negativas de la enfermedad en su vida y, además, tenga expectativas favorables sobre los beneficios terapéuticos y los costes asociados, la adhesión será mayor.

Ahora bien, cabe recordar de nuevo que las expectativas ni se establecen ni dirigen las acciones del sujeto al margen de las contingencias de la situación. Mientras que, en algunos casos, las expectativas de la persona se ajustan a una descripción adecuada de los hechos (por ejemplo, se corresponden con la gravedad objetiva de la enfermedad), en otros ocurre todo lo contrario. En ambos casos, las expectativas, correctas o no, pueden ser indistintamente el resultado de la experiencia privada y/o pública (modelos, instrucciones) de la persona. Y también, en ambos casos, lo que el sujeto dice no necesariamente se corresponderá con lo que haga. El decir y el hacer pueden estar controlados por contingencias distintas. Sólo la congruencia entre las consecuencias privadas y públicas puede facilitar que lo que las personas se dicen a sí mismas pueda influir en lo que hacen. Las expectativas de vulnerabilidad o, por el contrario, de autoeficacia, no podrían dar cuenta de la adhesión cuando las contingencias que controlan la conducta concreta del paciente (actuar conforme a la terapéutica) no van en la misma dirección.

En definitiva, *las expectativas son una variable motivacional importante, pero su potencial valor predictivo viene dado por las propias contingencias (privadas y públicas) que las pueden estar controlando*. En este sentido, dar información para corregir errores, resolver dudas y generar expectativas adecuadas ha de hacerse en congruencia con las consecuencias reales que se deriven del tratamiento. Y, por lo tanto, es imprescindible facilitar al paciente el entrenamiento de habilidades que le permitan incorporar en sus rutinas actuaciones terapéuticas concretas y efectivas. Ello requerirá, en muchos casos, además de entrenar destrezas específicas, una planificación ambiental, el manejo de contingencias sociales (en el contexto sanitario y familiar principalmente) o el entrenamiento autoinstruccional.

6. *La adhesión dependerá directamente de la eficacia del paciente en la ejecución de las habilidades que el tratamiento precise y de su capacidad para generar autoinstrucciones (coherentes con las instrucciones del médico) que dirijan actuaciones ventajosas.*

Este supuesto que se desprende de los anteriores, y básico, por lo demás, de acuerdo con la definición que se ha dado de adhesión, implica considerar dos niveles de competencia en los pacientes que pueden o no requerirse ambos según la complejidad del tratamiento y que pueden o no alcanzarse según las condiciones de la vida del paciente.

Lo que se pone de manifiesto es que el *primer objetivo* en el análisis y promoción de la adhesión es *asegurar que el paciente conoce y puede realizar, al menos, las pautas terapéuticas mínimas (de probada eficacia) en las condiciones (biológicas o físicas) adecuadas para que operen los efectos requeridos*. El siguiente objetivo (o mejor, *siguientes objetivos*) pasaría por *facilitar la competencia del paciente para tomar decisiones adecuadas para su autocuidado* (sin que con ello se pretenda prescindir del médico). Esto en la práctica podría traducirse en, por ejemplo, inyectarse adecuadamente la dosis convenida de insulina a la hora establecida, o tomar decisiones sobre el aporte y tipo de carbohidratos en la cena y sobre la dosis, tipo y horario de inyección de insulina para normalizar la glucemia nocturna una vez comprobado objetivamente que se alcanzan valores anormales. Si bien es cierto que no todos los tratamientos implican tareas complejas o que exijan tomar decisiones en función de parámetros cambiantes, no es menos cierto que, sea cual sea el número y complejidad de las tareas, éstas deben incorporarse en la vida cotidiana del paciente y ocupar muchas veces el lugar y tiempo destinados a otras actividades habituales. Lo que se quiere subrayar, en todo momento, es que las prescripciones objeto de adhesión han de formularse conociendo y conforme a los contextos donde han de emplearse. Y ello puede suponer, además de entrenar en la consulta las habilidades oportunas, planear una cierta programación ambiental (conforme a los principios de la modificación de conducta) de los contextos y actividades cotidianas.

En definitiva, *la información y el entrenamiento del paciente ocurren en el ámbito sanitario, pero su oportunidad ocurre en los contextos privados del paciente*. La promoción del autocuidado del paciente dependerá de la medida en que se consiga incorporar las pautas de tratamiento en sus rutinas cotidianas y en la medida que la persona pueda generar instrucciones acerca de la actuación conveniente ante condiciones determinadas para alcanzar efectos saludables. Evidentemente, este asunto no es, en absoluto, ajeno a las consecuencias que se derivan de la actuación del paciente.

7. *La adhesión dependerá de las consecuencias que se deriven para el paciente.*

Llegados a este punto, cabría hacer un listado de condiciones que pueden fortalecer o debilitar la adhesión terapéutica. Merecen especial atención los efectos sobre la sintomatología. Mientras que la reducción de síntomas puede reforzar el cumplimiento, es conocido que la ausencia de cambios evidentes en la reducción y/o eliminación de sintomatología se relaciona directamente con el incumplimiento. Es cierto también que la adhesión no es meramente un asunto de alivio o reducción de la sintomatología. Incluso una rápida eliminación de los síntomas y mejoría en el estado general del paciente se relaciona con abandono terapéutico.

Los beneficios terapéuticos también deben ponerse en relación con el grado de cumplimiento que exhiba el paciente. Pero, en cualquier caso, la *efectividad de la terapia* es una condición directamente asociada a la adhesión. Ahora bien, la efectividad de las terapéuticas no sólo está *en función de los parámetros clínicos del paciente, sino de la competencia (exhibida o susceptible de entrenamiento) de éste para incorporar las pautas médicas en sus rutinas,* especialmente en tratamientos preventivos y siempre que los efectos no sean evidentes a corto plazo. Desatender cualquiera de estos aspectos implica comprometer de partida la adhesión terapéutica.

Los *efectos sobre el estilo de vida del paciente implican potenciales costes o beneficios* asociados al tratamiento y, por lo tanto, actúan como potenciales condiciones reforzantes o aversivas. Cuando el tratamiento entraña la pérdida de gratificaciones cotidianas (por ejemplo, alimentos y/o actividades placenteras) o cambios en rutinas muy establecidas, el incumplimiento se establece rápidamente por reforzamiento negativo. En algunos casos, se diría que esta situación ocurre de manera inevitable por las propias peculiaridades de los tratamientos. Y no parece que exista más alternativa que la que puede ofrecer la modificación de conducta. No obstante, esta situación se sostiene que ocurre con mayor frecuencia de lo que justificaría la propia eficacia terapéutica cuando las prescripciones se establecen desatendiendo la propia competencia del paciente para incorporar las pautas de tratamiento en sus rutinas. Lo que se vuelve a reclamar es la evaluación de las condiciones de vida del paciente antes de establecer el tratamiento.

En los distintos contextos, fundamentalmente el sanitario y el familiar, en los que el paciente interacciona en relación a su tratamiento, se establecen una serie de relaciones y contingencias que pueden afectar también decisivamente al mantenimiento de la adhesión terapéutica. Por lo que se refiere al ámbito familiar, no puede olvidarse que, generalmente, las recomendaciones terapéuticas no llegan a incorporarse en las rutinas diarias del paciente sin alterar, en buena medida, los hábitos de aquellos que conviven con él, ya sean situaciones específicas (por ejemplo, cambios de menús), ya sean las condiciones ambientales (por ejemplo, eliminar objetos donde se acumulen ácaros) e, incluso, las pautas de relación (por ejemplo, incremento de tareas cotidianas para algún miembro). Estas contingencias potencialmente aversivas pueden superar fácilmente los beneficios a los que se expondría la familia. De manera que no cabría esperar que los cambios que se produjesen fuesen duraderos, con lo que, adicionalmente, se estaría socavando la adhesión del paciente. Las prescripciones deben tener en cuenta la interdependencia de la conducta del paciente con la de otras personas relevantes en su vida cotidiana. Cuanto mayor sea dicha interdependencia, más dificultades habrá para introducir cambios. Incluso cuando las prescripciones no compitan directamente con las rutinas de la familia podría ocurrir que contravengan ciertas costumbres o creencias arraigadas en el contexto social del paciente, en cuyo caso, las contingencias sociales a las que está expuesta esa persona tampoco facilitarían el mantenimiento de las pautas terapéuticas.

En definitiva, *el apoyo familiar de la adhesión no pasa por la mera disponibilidad de colaboradores o de supervisión familiar, sino por evitar un conflicto de contingencias a las que ha de exponerse el paciente y la familia derivadas del cumplimiento.*

Por lo que se refiere al *ámbito sanitario,* se considera que algunas limitaciones de *funcionamiento* (como son las listas o el tiempo de espera, la falta de continuidad de la atención médica) o de los *recursos* (como son los gastos económicos, algunas peculiaridades de presentación y administración de los fármacos) pueden tener también un efecto disuasorio sobre la adhesión.

Ahora bien, se quiere insistir aquí en aquellas condiciones que, en tanto que dependen más directamente de la actuación de los profesionales de la salud, pueden promoverse mejor. En concreto, el *reforzamiento que los clínicos hagan al cumplimiento* del paciente es una condición directamente relacionada con la adhesión. Ahora bien, además del reconocimiento al paciente, reforzar la adhesión implica una actuación en la que (en función de las condiciones de vida del paciente y de la novedad, cantidad y complejidad de las prescripciones) se han jerarquizado las metas terapéuticas y se ha instruido y entrenado al paciente supervisando la competencia de éste para actuar de un modo saludable. Se alude aquí a la *empatía,* pero también la *habilidad* de los clínicos para, por una parte, *informar proporcionando al paciente instrucciones capaces de servir de guías para actuar* y, por otra, para *programar las condiciones* (aprendizaje de nuevas habilidades, control ambiental, manejo de contingencias, autoinstrucciones) que permitan al paciente *incorporar las prescripciones en lo cotidiano.*

Conforme a la secuencia del análisis funcional descrita se consideran las distintas variables que se recogen en la literatura como parámetros predictores del incumplimiento y se presentan en la tabla 15.2. Se pretende que este análisis sirva de pauta para la evaluación de situaciones particulares.

6. ESTRATEGIAS DE INTERVENCIÓN PARA LA PROMOCIÓN DE LA ADHESIÓN

El reconocimiento de las dificultades para una correcta y duradera adhesión ha promovido inter-

TABLA 15.2
Análisis conductual del incumplimiento

Antecedentes	Incumplimiento	Consecuentes
1. Del paciente: • Ausencia de síntomas reconocibles o molestos. • Habituación al estado sintomático. • Deterioro físico/psicológico resta competencia. • Comportamientos de enfermo crónico (R+). • Pobres expectativas (R+) de beneficio terapéutico y/o expectativa coste emocional social económico y/o creencias erróneas sobre la enfermedad/tratamiento. • Experiencia previa de incumplimiento (mismo tratamiento). • Información errónea/insuficiente acerca del tratamiento. • Insatisfacción con la actitud y atención médica. 2. Del entorno: • Exigencia de cambios en las rutinas con motivo del tratamiento. • No modificabilidad de los factores de riesgo o desencadenantes. • Rechazo social a la enfermedad y/o tratamiento. • Valores/creencias socioculturales contradictorias al tratamiento. • Ausencia de «recordatorios» (Ed) de las prescripciones. • Refuerzo social del incumplimiento. • Demandas sociales/ laborales/ familiares que compiten con la enfermedad y tratamiento. • Escasez de recursos económicos, sanitarios y tiempo. 3. De las prescripciones: • Complejidad/novedad. • Formulaciones no específicas ni operativas. • Ausencia de entrenamiento de las habilidades. 4. Del clínico: • Comunicación insuficiente y/o inadecuada. • Empatía pobre. • Supervisión inadecuada de comprensión/habilidades del sujeto. • Supervisión inadecuada del tratamiento. • No reforzamiento del cumplimiento. 5. Del funcionamiento sanitario: • Inconvenientes con costes para el sujeto (por ejemplo, tiempo de espera). • Falta de continuidad o cambios no justificados en la terapia. 6. De la terapéutica: • Baja efectividad clínica.	Repertorios y habilidades del paciente para seguir las prescripciones: • Ausentes, erróneas o insuficientes verbalizaciones de las prescripciones. • Ineficacia en la ejecución de las habilidades requeridas para el tratamiento. • Inadecuación entre la ejecución y la descripción de la conducta (no correspondencia hacer-decir). • Ineficacia para modificar las rutinas cotidianas incompatibles con las prescripciones.	• Reducción y/o eliminación progresiva de la sintomatología y/o condiciones aversivas cotidianas asociadas a la enfermedad. • Desarrollo de conductas alternativas con el estilo de vida del paciente y pautas terapéuticas. • Ausencia/bajo coste económico y/o personal asociado al cumplimiento. • Expectativas acerca del tratamiento y enfermedad coherentes con las contingencias privadas y sociales habidas en el tratamiento. • Ausencia de efectos secundarios del tratamiento. • Supervisión y adaptación del tratamiento por parte del clínico de acuerdo a peculiaridades del paciente (clínicas, condiciones de vida). • Supervisión y apoyo social al cumplimiento. No conflicto entre las consecuencias derivadas del cumplimiento para la familia y el paciente. • Reducción de inconvenientes asociados al funcionamiento sanitario. • Satisfacción del paciente y del clínico.

venciones diversas, todas ellas encaminadas a facilitar el cumplimiento de las prescripciones interviniendo sobre las condiciones que lo obstaculizan. En particular, y en especial desde el ámbito médico, se ha defendido la educación como un requisito necesario para mejorar el cumplimiento. Sin embargo, y como reiteradamente se ha mostrado en múltiples trastornos, el nivel de conocimientos no se corresponde con la adhesión al tratamiento. La contribución conductual a la promoción de la adhesión responde a las dificultades prácticas; se diría que el último objetivo es enseñar cómo y cuándo, e intervenir sobre los factores que regulan la ejecución. Se diría que de este modo se han aplicado todas las técnicas de terapia de conducta.

A continuación se enumeran algunas de las estrategias más específicas, de acuerdo con el análisis que se ha hecho de los determinantes de la adhesión. Trabajos excelentes para profundizar en este aspecto son los textos ya clásicos de Leevob, Vergare y Scott (1990) y de Meichenbaum y Turk, (1987, 1991).

6.1. Métodos para mejorar la comunicación

Los procedimientos siguientes implicados en cómo proporcionar la información han mostrado sistemáticamente, y tanto de forma aislada como en combinación, su superioridad respecto a procedimientos convencionales para incrementar el porcentaje de información que los sujetos retienen:

1. *Categorización explícita:* el recuerdo de la información se ve facilitado cuando el clínico anuncia el contenido de lo que va a decir. Es decir, cuando se establecen primero los tipos de indicaciones que se van a dar y después, al repetirlos, se proporcionan las instrucciones pertinentes para cada condición.
2. *Efecto de primacía:* es más eficaz proporcionar la información más importante que se desea transmitir al principio (en contra de lo usual), en particular, cuando las decisiones sobre las que el comunicador pretende influir han de tomarse en un momento posterior (por ejemplo, tratamiento). Si, por el contrario, la actuación sobre la que se informa ha de ser inmediata (por ejemplo, solicitar una cita), resulta más efectiva realizar esta comunicación al final (efecto de recencia).
3. *Simplificación:* la comprensión y el recuerdo se facilitan mediante el empleo de palabras usuales, frases y palabras cortas.
4. *Indicaciones específicas y operativas:* directamente vinculadas a una acción concreta. Por ejemplo, «haga ejercicio» es una indicación general, mientras que «suba a su casa por las escaleras al menos una vez al día» es una indicación específica y operativa. Ahora bien, la probabilidad de que el sujeto se adhiera a esta medida va a depender además de los beneficios o costes que se deriven de esta conducta. Así, si el clínico ignora que el paciente vive en un 10.º piso o que su familia le ridiculiza cuando usa la escalera, aun cuando haya proporcionado una instrucción eficaz las contingencias que se aplican al paciente seguramente no contribuirían al mantenimiento de esta conducta.
5. *Repetición:* la repetición aumenta el recuerdo de una información. La repetición en forma de categorización explícita de instrucciones específicas y operativas, atendiendo a los principios de primacía y recencia y siempre con un lenguaje simplificado y accesible, facilita que el paciente llegue a verbalizar correctamente la prescripción médica.
6. *Repetición del paciente:* se trata de que el paciente repita las instrucciones clave para llevar a cabo de forma adecuada el tratamiento (qué, cómo, cuándo, dónde). Esta repetición permite al médico comprobar el conocimiento verbal del paciente, corregir errores y, algo muy importante, proporcionar al paciente atención y reconocimiento porque ha comprendido correctamente qué ha de hacer, cómo, dónde y cuándo. Entonces, es el momento de solicitar su colaboración, de pedir su compromiso público para seguir

las prescripciones (por ejemplo, por lo tanto usted se compromete a...).

Esta estrategia pretender influir sobre la conducta de adhesión desde la propia conducta, mejorando la competencia del sujeto para actuar, y desde las consecuencias de la conducta en tanto que se están dispensando beneficios al paciente, como es la atención médica. Una consecuencia adicional es la mejora de la relación y comunicación médico-paciente que ha de redundar en una mejor supervisión del tratamiento y la corrección de expectativas erróneas del paciente en relación a la enfermedad y el tratamiento que pudieran estar interfiriendo sobre la adhesión. Cabe mentar aquí que la mejora en la competencia verbal del paciente (saber qué hacer) no presupone una mejor ejecución («saber cómo hacer una tortilla no implica hacer buenas tortillas»).

7. *Uso de ilustraciones:* ayudan siempre a realizar una transmisión rápida e intuitiva facilitando la comprensión.
8. *Utilización de material grabado y escrito:* es siempre bien apreciado y mejora el recuerdo cuando es pertinente y operativo y no meramente información extra.

6.2. Entrenamiento en entrevista clínica

Este objetivo tiene especial interés en la formación del personal sanitario para la promoción de la adhesión. En la entrevista con el paciente se ofrece al clínico la posibilidad de establecer una relación de empatía con el paciente en tanto que ser escuchado entraña un valor motivacional implicado en la adhesión. Ahora bien, lo que justifica la necesidad de entrenar adecuadamente al personal sanitario en esta tarea es, precisamente, que la información recogida en la entrevista con el paciente compromete, en buena manera, la posibilidad de evaluar y también promover la adhesión del enfermo.

En los anexos 15.1 y 15.2 se presenta un modelo de entrevista y registro de interés para distintos profesionales de la salud. No se trata, en modo alguno, de una entrevista cerrada que prefigure decisiones terapéuticas concretas. El propósito es ofrecer un esquema de actuación válido para satisfacer, en los distintos momentos de la interacción paciente-profesional sanitario, los objetivos siguientes: 1) recoger información clínica y de las condiciones de vida del paciente relevante para establecer la prescripción terapéutica más conveniente; 2) proporcionar información útil al paciente en relación al cuidado de su enfermedad, y 3) ofrecer al paciente un modelo adecuado (si fuese el caso) para iniciar aprendizajes concretos en relación al tratamiento. En lo que atañe al psicólogo, las peculiaridades de la entrevista vienen dadas por los propios objetivos específicos de la situación. Por lo demás, debe atenerse a todas las especificaciones habituales para realizar una entrevista clínica, controlar las fuentes de sesgo, garantizar la objetividad de la información y la validez del proceso (Fernández-Ballesteros, 1994).

6.3. Estrategias psicológicas de interés en la promoción de la adhesión

Se describen a continuación estrategias útiles para mejorar el cumplimiento de los tratamientos y de las recomendaciones preventivas considerando un ámbito general de aplicaciones. Es evidente que se requiere la adecuación de las técnicas y los procedimientos a las situaciones concretas que aborde cada clínico. La literatura comportamental relativa a la promoción de la adhesión en problemas específicos (diabetes, asma, regímenes dietéticos, de ejercicio, rehabilitación postinfarto, etcétera) recoge, actualmente, programas de probada eficacia que ofrecen un marco de actuación seguro para los profesionales de la salud.

Las técnicas tienen como marco de referencia la propia secuencia conductual de la adhesión. Así, la finalidad que se persigue es siempre (y conjuntamente) la implantación de los autocuidados necesarios para cumplir las instrucciones médicas, la consecución de beneficios y/o reducción de costes por seguir el tratamiento, así como el control y/o preparación de aquellas condiciones que hacen más probable la actuación del paciente. En términos aplicados y una vez resuelta la rutina diagnóstica, las estrategias conductuales para mejorar el cumplimiento son:

1. *Establecer un tratamiento individualizado adaptado, en lo posible, al estilo de vida del paciente.*

Un recurso imprescindible puede ser la entrevista clínica planificada para recoger información sobre las condiciones del paciente que motivan su solicitud de ayuda médica, sus propias condiciones de vida, así como en qué medida dispone de los recursos económicos y/o personales requeridos (véase tabla 15.1) y dirigida según las consideraciones anteriores.

2. *Entrenar en los autocuidados necesarios.*

Se pone aquí en juego, de un lado, el desarrollo de las habilidades del clínico para proporcionar la información (tal y como fueron descritas) y, de otro, la propia competencia del paciente para «ejecutar», para comportarse tal y como sería necesario para obtener beneficios terapéuticos. Es ya conocido que saber qué hacer no implica actuar correctamente. Es decir, aun cuando el paciente disponga de una información correcta y suficiente, y así lo compruebe el clínico, la efectividad de su actuación es un asunto distinto. Unas veces, por nuevas, el paciente no dispone de las habilidades que se le solicitan (por ejemplo, autoinyectarse). Otras veces son varias las condiciones que pueden interferir en el cumplimiento (véase tabla 15.2). No puede perderse de vista que, salvo en condiciones de hospitalización, el paciente ha de incorporar el tratamiento en su vida cotidiana y, en alguna medida, puede éste interferir o competir con otras actividades. En consecuencia, tanto el propio «ensayo» guiado y supervisado de tales habilidades como la evaluación del cumplimiento (informes, registros, etcétera) son dos recursos de clara utilidad.

En el desarrollo de nuevas habilidades algunas técnicas conductuales eficaces son el modelado y moldeado, el encadenamiento, el control de estímulos y el empleo de autoinstrucciones.

3. *Averiguar los intereses puntuales de los pacientes.*

Las condiciones por las que el paciente solicita ayuda y los efectos que cabe esperar del tratamiento van a ser variables que median directamente en el cumplimiento. Debemos recordar aquí el papel que pueden jugar las expectativas del paciente relativas a la enfermedad y tratamiento, muchas veces erróneas o contrarias a lo que parecería conveniente para su tratamiento, pero también el papel que puede jugar la información y el entrenamiento que el médico ofrezca para corregir esas expectativas. En cualquier caso, es importante recordar que si la información del médico es contraria a los propios efectos del tratamiento la modificación de creencias es muy difícil. De nuevo, las habilidades de comunicación y el entrenamiento en entrevista son recursos útiles.

4. *Negociar los cambios procurando (siempre que la terapéutica lo permita) que el paciente realice la menor cantidad de conductas en las mínimas ocasiones posibles y fijando secuencialmente las metas o tareas.*

El paciente es un agente activo en su tratamiento y el seguimiento de unas prescripciones novedosas, complejas, contrarias a sus expectativas o interfirientes con sus rutinas no es seguro, mucho menos si implica costes superiores a los potenciales beneficios del tratamiento. Por lo tanto, es una muy buena estrategia negociar los cambios solicitando siempre el compromiso público del paciente. Hablar de negociar los cambios no presupone que exista una relación simétrica entre el médico y el paciente respecto al criterio de lo que terapéuticamente es más eficaz; supone que de acuerdo a las características del paciente, la naturaleza de las prescripciones y las dificultades para la adhesión, se fijen secuencialmente los objetivos terapéuticos. De este modo, se puede mejorar la competencia del sujeto y, en particular en los paciente crónicos, incorporar las prescripciones como una rutina cotidiana más. Las técnicas conductuales de control de estímulos pueden ser muy útiles en este sentido.

© Ediciones Pirámide

5. *Reforzar el seguimiento de las prescripciones del paciente.*

Uno de los reforzadores más potentes son los propios efectos sobre la sintomatología (si bien una reducción rápida de síntomas se relaciona con abandono de las prescripciones). No obstante, existen trastornos no sintomáticos, otros crónicos y otros en los que los síntomas no parecen aliviarse sustancialmente con el tratamiento. Por lo demás, los propios costes personales y económicos de muchos tratamientos son condiciones claramente aversivas. La atención y relación de empatía que el médico mantenga con el paciente es un reforzador importante. Aun así, y cuando haya que introducir nuevas pautas en la vida del paciente o cambios en sus rutinas, la familia puede jugar un papel valioso como supervisores y dispensadores de atención contingente al cumplimiento de las prescripciones. Son situaciones claras las relacionadas con el tratamiento de niños, de personas con algún déficit o, simplemente, que requieran de un familiar para dispensarles en todo o en parte el tratamiento. Ahora bien, esto nunca puede significar que la atención dispensada redunde en un mantenimiento de quejas, dependencias o delegaciones porque se estaría estableciendo un comportamiento de enfermo que, en ningún caso, contribuiría a la mejoría del paciente. Tampoco la atención que se solicita a la familia puede suponer un coste, una sobreexigencia, porque, en definitiva, no se dispensaría. El empleo de reforzadores es una técnica conductual que debe aplicarse con extrema corrección. Un recurso muy adecuado es el contrato de contingencias.

6. *Mantener una atención personalizada, continua, accesible y supervisada.*

Es evidente, que las consideraciones hechas hasta ahora no podrían llevarse a cabo si no existe este comportamiento por parte del clínico. Debe insistirse en la importancia de proporcionar feedback al paciente. Feedback sobre la información que nos da, es decir, pedirle que verifique los datos que nos ha dado. Feedback sobre la información que recibe, es decir, comprobar la suficiencia y exactitud de la información de que dispone. Feedback sobre su ejecución, es decir, evaluar cómo aplica el tratamiento y, en cada caso, corregir los errores y, por supuesto, recibir feedback sobre la propia actuación. Como consecuencia, se está anticipando el posible incumplimiento del paciente, especialmente si no se pierde de vista la secuencia funcional de la adhesión.

El resultado de todas estas estrategias es sin duda gratificante para el paciente y para el médico, que puede ver amortiguada una de las condiciones que más afectan a la eficacia de su actuación.

A modo de resumen, se recoge en la tabla 15.3 una serie de *directrices generales para la promoción y adhesión a los tratamientos de problemas agudos y de enfermedades crónicas*. En cualquier caso, se debe recordar que siempre es preciso establecer cuáles son las habilidades y conocimientos que se requieren para un cumplimiento adecuado (según el tratamiento) y planificar para cada caso concreto, conforme a la lógica del análisis funcional de conducta, la incorporación en las rutinas del paciente de pautas médicas clínicamente eficaces y comportamentalmente efectivas.

TABLA 15.3
Directrices generales para la promoción de la adhesión a los tratamientos

1. *Relación cordial.*
   - Expresar interés por el paciente.
   - Expresar conocimiento y seguridad diagnóstica y terapéutica.
   - Expresar confianza en el tratamiento.
2. *Anticipar la falta de adhesión.*
   - Conocimiento de las variables implicadas en la adhesión.
   - Entrenamiento en entrevista clínica para la promoción de la adhesión.
3. *Conocer e incorporar como objetivos los propios del paciente* (dentro de las posibilidades clínicas) en relación a las condiciones siguientes.
   - La evolución de la sintomatología.
   - Las repercusiones en estilo de vida y rutinas cotidianas (demandas familiares, laborales, sociales).
   - Las repercusiones emocionales.
4. *Descripción de la enfermedad. Proporcionar información y corregir errores y expectativas.*
   - Emplear estrategias de comunicación eficaces.
5. *Simplificar el tratamiento y adaptarlo a las demandas e intereses del paciente.*
   - Dentro de lo clínicamente posible: dosis mínimas reduciendo el número de preparados, horarios flexibilizados a demanda del paciente pero siempre establecidos, sincronizar distintas tomas.
6. *Establecer metas terapéuticas.*
   - Jerarquizar de acuerdo a los criterios de beneficio clínico probado, los intereses del paciente y su habilidad para seguir prescripciones (potencialmente) nuevas, complejas, interfirientes o ajenas a sus rutinas.
7. *Negociar los cambios con el paciente.*
   - Introducción gradual de componentes
   - Priorizar la calidad de vida del paciente.
   - Ponderar la relación costes-beneficios por el cumplimiento e incumplimiento.
8. *Entrenamiento de las competencias requeridas al paciente.*
   - Disponibilidad de información correcta, suficiente y operativa. El objetivo es que el paciente disponga de instrucciones útiles para comportarse tal y como el médico desea sin que su actuación y los efectos públicos y privados de su actuación entren en competencia con sus rutinas.
   - Ejecución eficaz de habilidades específicas. Realizar ensayo de conducta, empleando modelos, dando instrucciones, moldeando, ofreciendo feedback y reforzando los logros. Observar y registrar el cumplimiento. Supervisar y moldear progresivamente.
   - Desarrollar competencias de autorregulación. Aplicación de programas específicos de modificación de conducta.
9. *Prever beneficios y manejar los inconvenientes* en relación al estado del paciente y a su repercusión en sus rutinas cotidianas y su interacción social.
   - Emplear tratamientos eficaces
   - Conocer y, en su caso, modificar las contingencias a las que está expuesto el paciente.
10. *Incorporar en la supervisión y/o administración del tratamiento a personas relevantes* para el paciente.
    - Analizar los costes que para los propios colaboradores entrañe su participación.
    - Garantizar siempre la efectividad en la actuación de los colaboradores. Generalmente, se requiere el ensayo de conducta.
    - Entrenar a los colaboradores para extinguir comportamientos de enfermedad.
11. *Reforzar el seguimiento.*
    - La continuidad en la atención y la actitud empática pueden ser potentes reforzadores.
    - Los efectos del tratamiento sobre la sintomatología y los efectos secundarios pueden actuar reforzando o interfiriendo la adhesión.
    - Considerar las sanciones sociales a las que esté expuesto el paciente por estar enfermo o seguir tratamiento como condiciones potencialmente interfirientes con la adhesión. Con frecuencia se requiere manejar las contingencias de reforzamiento en el entorno del paciente.
12. *Asegurar la continuidad y accesibilidad. Adhesión citas.*
    - Especificar forma de contacto segura.
    - Atención a las peculiaridades de la organización sanitaria.

Anexo 15.1
Esquema de entrevista para promover la adhesión a los tratamientos

I. Preparación

- Examen de las variables criterio (clínicas y relativas al análisis conductual de la adhesión).
- Examen de información disponible (contrastar la veracidad de la información importante).
- Esbozar esquema (disponer un tiempo al final para dar información).

II. Desarrollo de la entrevista

1. *Presentación del clínico y de los objetivos de la entrevista*

    - Presentación personal (adecuación entre la comunicación verbal y no verbal).
    - Asegurar la confidencialidad (siempre que sea posible).
    - Informar al paciente sobre qué se va a indagar y qué información es útil para establecer el diagnóstico y tratamiento.

2. *Indagación clínica diagnóstica*

    Estructurar las preguntas según categorías de información que se desee recoger.
    Registrar y ordenar las respuestas.
    Dar al paciente la posibilidad de contrastar la adecuación de sus respuestas:

    - Evaluación de parámetros clínicos y manifestaciones del trastorno o enfermedad.
    - Evaluación de las repercusiones particulares y cotidianas que, para el paciente y personas relevantes, ocasiona el problema que motiva la consulta.
    - Evaluación de los conocimientos y expectativas del paciente acerca de la causa y gravedad de la enfermedad.
    - Evaluación de las prácticas del paciente (ya existentes) en el autocuidado de la enfermedad.
    - Evaluación de los factores de riesgo/desencadenantes.

    Algunos ejemplos de preguntas para orientar la recogida de información:

    — ¿Cuál es el problema que le ha llevado a buscar ayuda médica? ¿En concreto, en esta ocasión?
    — ¿Qué problemas cotidianos le ocasiona? Póngame ejemplos sobre cómo afecta la enfermedad a su vida cotidiana y a su relación con la familia, compañeros de trabajo, amigos? Pedir al paciente que nos cuente someramente su actividad y rutinas cotidianas.
    — ¿Qué cosas le dificulta o impide hacer su estado actual? Recuerde las últimas ocasiones.
    — ¿Su enfermedad ocasiona problemas a otros? ¿a quién, cómo, con qué frecuencia?
    — ¿Qué gravedad le atribuye? ¿Qué importancia le atribuye a esto? ¿Cómo reper-

cute en su estado de ánimo? ¿Y en su vida cotidiana?
- ¿Cuál cree que es la causa de su enfermedad?
- ¿Qué ha estado haciendo para aliviar sus molestias?
- (Si toma medicación) ¿Quién se la prescribió? ¿Lo hace conforme a lo prescrito, la olvida, la abandona cuando cesa el malestar?
- (Otras prácticas) ¿Quién le aconsejó?, ¿qué utilidad tuvieron?, ¿sigue empleándolas?, ¿las personas próximas le animan a utilizar estas prácticas?
- ¿Conocen sus familiares y amigos su enfermedad?
- ¿Recibe alguna ayuda a causa de su enfermedad? (concretar).
- ¿Cree que existen personas que rechazan a quienes tienen sus problemas de salud?
- ¿A alguna de sus personas próximas le desagrada su enfermedad?
- ¿Ha conocido a alguien con su mismo problema? ¿Cómo le fueron las cosas?
- ¿Qué espera usted del tratamiento? ¿Qué le gustaría que le ofreciese el tratamiento?
- ¿En qué cambiaría su vida si su enfermedad se resolviese?
- ¿Cree que puede usted hacer algo más para curar su enfermedad?

3. *Establecer el tratamiento* atendiendo, en la medida de lo clínicamente permisible, las siguientes condiciones:

- ¿Es lo más simple y adaptado a las rutinas del paciente?
- ¿Son compatibles con el tratamiento las demandas laborales, familiares, los horarios y rutinas cotidianas del paciente?
- ¿Se pueden anticipar y evitar efectos secundarios?
- ¿Dispone el paciente de recursos económicos, sanitarios y tiempo para adherirse?

4. *Presentar el tratamiento* empleando estrategias conductuales para facilitar la comprensión y recuerdo de prescripciones y considerando siempre si dispone el paciente de habilidades para seguir las prescripciones.

5. *Evaluar los conocimientos y creencias del paciente sobre los costos, los riesgos y los beneficios del tratamiento.*

Algunos ejemplos de preguntas para orientar la recogida de información:

- ¿Cómo cree que le va a ayudar el tratamiento?
- ¿Cree que el tratamiento (especificado y operativizado) es difícil de seguir?
- ¿Se considera capaz de seguir el tratamiento (especificado y operativizado)?
- ¿Es capaz de prever algún problema debido al tratamiento (especificado y operativizado) en relación a su vida cotidiana y a su relación con los otros?
- ¿Cómo cree que le afectaría el incumplimiento (de cada una de las distintas condiciones del tratamiento)?
- ¿Anteriormente, tuvo dificultades para seguir otros tratamientos? ¿Qué tratamientos y qué problemas?
- ¿Le preocupan los (posibles o percibidos) efectos secundarios?

III. Toma de decisiones

1. *Repetir la información más importante* relativa al tratamiento y que permita aclarar cuestiones incompletas o erróneas indagadas hasta el momento. Atender a las estrategias de categorización, primacía, simplicidad y operatividad.

2. *Comprobar y asegurar la comprensión y habilidad del paciente respecto al tratamiento.* Emplear estrategias conductuales para dar información y programar conductas.

- ¿Puede el paciente repetir el qué, cómo, cuándo y dónde del tratamiento?

— ¿Puede actuar para autodispensarse el tratamiento? ¿Cómo va a comprobarse?

Si requiere de otros:

— ¿Han aceptado abiertamente colaborar o supervisar con las tareas que se les encomiendan?
— ¿Saben y pueden hacerlas eficazmente? ¿Cómo va a comprobarse?

El paciente debe disponer de instrucciones que puedan guiar su actuación tal y como el clínico desea. Ahora bien, debe recordarse que los efectos públicos y/o privados del cumplimiento determinan el seguimiento.

Se llama aquí la atención sobre la conveniencia de emplear con tratamientos complejos, duraderos o de enfermedades crónicas recursos como establecer progresivamente metas terapéuticas de acuerdo a los intereses del paciente, negociar cambios, ensayar conductas, ofrecer feedback ejecución, la programación ambiental, reforzar el cumplimiento y emplear estrategias de autorregulación.

3. *Solicitar al paciente el compromiso de seguir el tratamiento.*
4. *Establecer la supervisión del tratamiento.*

    — Convenir procedimientos de medida de la adhesión.
    — Establecer nuevas citas y posibilidad de contacto previo a demanda del paciente.

5. *Conocer la satisfacción del paciente.*

    Si este examen se realiza, obviamente, se hará respetando el anonimato.

    Satisfacción:

    — ¿Considera que el médico se ha mostrado interesado en ayudarle?
    — ¿El médico le ha proporcionado una información comprensible?
    — ¿El médico ha escuchado sus dudas y preocupaciones?
    — ¿Considera que el médico se ha mostrado interesado en conocer sus preocupaciones?
    — ¿Considera que el médico se ha mostrado interesado en resolver sus dudas?
    — ¿Le ha resuelto sus dudas?
    — ¿Ha recibido un trato cordial por parte del médico?
    — ¿El médico ha estado con usted tanto tiempo como le hubiera gustado?
    — ¿Está satisfecho con la atención que el médico le ha dispensado?
    — ¿Considera que el médico está correctamente formado para tratar su enfermedad?

Anexo 15.2
Pauta de registro de variables implicadas en la adhesión terapéutica

Expectativas sobre relación terapéutica y funcionamiento sanitario	• Continuidad atención médica y terapéutica. • Relación cordial. • Relación confidencial.
Sintomatología	• Características. • Duración. • Habituación. • Deterioro físico. • Deterioro emocional. • Cambios sintomatología por el tratamiento.
Circunstancias vitales	• Recursos económicos. • Recursos sanitarios. • Disponibilidad de tiempo. • Compatibilidad tratamiento-rutina paciente.
Tratamiento	• Simple. • Adaptado a las rutinas del paciente. • Se anticipan efectos secundarios. • Se evitan efectos secundarios. • Se emplean estrategias comunicación. • Se establece la supervisión del tratamiento. • Se entrenan las habilidades necesarias. • Se solicita al paciente compromiso de adhesión.
Conocimientos y habilidades del paciente	• Puede repetir el qué, cómo, cuándo y dónde del tratamiento. • Puede actuar para autodispensarse el tratamiento. • Se establece criterio y medida de adhesión. • Compromiso del paciente a seguir el tratamiento.

© Ediciones Pirámide

Prácticas de autocuidado del paciente	• Medicación:
	  — ¿Quién la prescribió?
	  — ¿Lo hace conforme a lo prescrito?
	  — ¿La olvida?
	  — ¿La abandona cuando cesa el malestar?
	• Otras prácticas (especificar):
	  — ¿Se dejan aconsejar por personas próximas?

Creencias sobre la enfermedad	• ¿Qué le preocupa? • ¿Cómo afecta a su vida cotidiana? • ¿Cómo afecta a su relación con otros? • ¿Cómo cree que afecta a su futuro? • ¿Qué gravedad le atribuye? • ¿Cuál cree que es la causa de su problema? • ¿Probabilidad percibida de recidiva? • Modelos (familiares, amigos) de enfermedad. • Evolución enfermedad en modelos.

Creencias sobre los costos, los riesgos y los beneficios del tratamiento	• Eficacia percibida del tratamiento:
	  — En relación a los síntomas.
	  — En relación a su estado general físico.
	  — En relación a su estado emocional.
	• ¿Cree que el tratamiento es difícil de seguir?
	• ¿Se considera capaz de seguir el tratamiento?
	• Previsión de dificultades a la adhesión:
	  — Olvidos.
	  — Cambios de rutina.
	  — Otros.
	• ¿Cómo cree que le afectaría el incumplimiento.
	• Historia de incumplimiento.
	• Preocupación efectos secundarios.

Aceptación-rechazo social, enfermedad y tratamiento	• Si requiere de otros:
	  — ¿Existe compromiso de firme colaboración?
	  — ¿Son eficaces las tareas encomendadas?
	  — ¿Se establece medida de adecuación?
	• ¿Puede involucrarse a otros en la supervisión del tratamiento?
	• ¿Conocen las personas relevantes para el paciente su enfermedad y tratamiento?
	• ¿Recibe atención y/o ayuda específica por su enfermedad?
	• ¿Existe rechazo social hacia la enfermedad o a alguna condición del tratamiento?

La adhesión al tratamiento diabetológico   16

1. CARACTERIZACIÓN DEL TRASTORNO

La diabetes es, hoy por hoy, uno de los más frecuentes problemas de salud. Se calcula que está presente en un 1-3 por 100 de la población y alrededor de un 5-10 por 100 de los individuos con más de 40 años. Es difícil determinar con precisión las tasas de prevalencia e incidencia, en parte por las diferencias metodológicas de los estudios epidemiológicos. Se calcula que en 1955 existían 135 millones de diabéticos en el mundo. Para 2025 se espera un incremento de la prevalencia del 35 por 100, lo que supondría un total de 300 millones. Aunque la prevalencia es mayor en los países desarrollados, en torno al 7 por 100, el incremento proporcional es superior en los países en vías de desarrollo (Zimmet, 1999). Este crecimiento, junto a factores demográficos como el incremento y la longevidad de la población y la mejora de la asistencia médica, refleja la estrecha relación entre esta enfermedad y el estilo de vida. La diabetes es también un problema muy importante de salud debido a las repercusiones personales, económicas y sanitarias asociadas a su tratamiento y de las propias complicaciones degenerativas responsables directas de un alto porcentaje de muertes. Comparados con la población general, los diabéticos tienen 25 veces mayor probabilidad de sufrir ceguera, 20 veces gangrena, 17 veces nefropatías o 12 veces cardiopatías, probabilidades que aumentan considerablemente entre los diabéticos mal controlados. Esta circunstancia tiene especial interés dado que el abandono del tratamiento diabetológico está considerado como la primera causa de desajuste metabólico.

La diabetes mellitus es una enfermedad endocrina y metabólica que se caracteriza por una deficiencia en la secreción o en la acción de la insulina. La insulina es una hormona, producida en las células beta del páncreas, esencial para el metabolismo de los tejidos. Su acción más evidente es aumentar la captación de la glucosa en los músculos y tejido adiposo. En su ausencia (total o parcial), la glucosa (resultante de la trasformación de los alimentos) que no es eliminada en la orina se acumula en la sangre. Los músculos, entonces, han de obtener la energía que necesitan a partir de las reservas almacenadas (fundamentalmente grasas y proteínas). Este proceso provoca un estado similar a la desnutrición que puede terminar en coma y que requiere tratamiento médico. Hoy en día, aun cuando esta enfermedad no se pueda curar, sí es posible su control y, consecuentemente, la posibilidad de reducir las complicaciones degenerativas a largo plazo.

Se reconocen dos tipos de diabetes. La diabetes tipo I insulino-dependiente (DID) o diabetes juvenil, que afecta fundamentalmente a niños y jóvenes adultos. Se caracteriza por necesitar un aporte diario de insulina exógena. Las células beta pancreáticas de los diabéticos tipo I no secretan insulina, o lo hacen de modo insuficiente. También puede ocurrir que individuos que sí conservan la capacidad de producir insulina presenten una resistencia celular a los efectos de la misma. Este es el caso de la diabetes tipo II no insulino-dependiente (DNID) o diabetes del adulto. Se presenta, por lo general, después de los 30 años y se asocia con la obesidad (entre un 60-90 por 100 de los DNID son obesos). Para estos enfermos las condiciones de su tratamiento son pérdida de peso, control dietético y, en ocasiones, medicación hipoglucemiante y/o insulina.

La diabetes es una enfermedad crónica. Así, el objetivo del tratamiento médico consiste en poner en práctica un complejo programa encaminado a ejercer un control externo sobre la glucosa. Los componentes básicos para el cuidado de ambos tipos de diabetes son similares y consisten básicamente en el seguimiento de una dieta, ejercicio físico, la administración diaria de insulina y/o antidiabéticos orales (además de ciertos cuidados generales de salud). En consecuencia, la normalización glucémica y la prevención de complicaciones dependen, en último término, de la adhesión activa del paciente al tratamiento. Puede afirmarse, sin duda, que entre un diagnóstico preciso y un tratamiento eficaz media un cambio en el comportamiento del paciente. El diabético debe adquirir una serie de habilidades con distinto grado de complejidad que, muchas veces, exigen la modificación de sus hábitos anteriores. Lo que puede explicar que el seguimiento de las prescripciones sea particularmente pobre. Tal es así, que las cifras recogidas en los estudios sobre la adhesión terapéutica son muy similares a lo largo de décadas. Se estima que sólo entre un 10 y un 20 por 100 cumplen todas las condiciones, mientras que un 75 por 100 incumple su dieta o en torno al 75 por 100 mide insuficientemente o utiliza incorrectamente la evaluación de la glucemia en casa (Kirkman, Williams, Caffrey y Marrero, 2002; Sherbourne, Hays, Ordway, DiMatteo y Kravitz, 1992)

2. LAS BARRERAS PARA LA ADHESIÓN AL TRATAMIENTO DIABETOLÓGICO

Las principales dificultades para la adhesión al tratamiento diabetológico tienen que ver con múltiples condiciones ligadas al estilo o las condiciones de vida de los pacientes que se escapan, habitualmente, al análisis y control médico. Se han puesto de relieve a menudo (Vermeire, Hearnshaw, Rätsep, et al., 2007; Skinner, 2004; Whittemore, 2000; Fernández Rodríguez y Pérez Álvarez, 1996; Beléndez y Méndez, 1995), a saber:

- *La complejidad y cronicidad del tratamiento.* Baste señalar que los distintos componentes del tratamiento (medicación, dieta, ejercicio) han de administrarse coordinados a lo largo del día y durante toda la vida. Sin ignorar, además, la aversividad de las medidas terapéuticas (una o más inyecciones de insulina diaria y controles de glucemia).
- *Las modificaciones en el estilo de vida.* Éstas vienen dadas por los cambios y restricciones en la dieta, la modificación de los hábitos de ejercicio físico, el control de situaciones cotidianas estresantes, además del tiempo requerido para la administración de insulina y la medida diaria de las glucemias y otros cuidados personales. Por lo demás, los contextos en los que han de ocurrir las nuevas conductas son, evidentemente, los mismos que hacían adecuadas, hasta ese momento, las anteriores pautas de alimentación, de ejercicio, etc. (por ejemplo, ir de tapas después del trabajo). Ello significa que las claves contextuales y las contingencias sociales pueden suponer barreras continuas a la adhesión. Por otra parte, la interdependencia de la conducta del sujeto con otras personas, ya sean familiares o amigos (respecto a las conductas que afectan al tratamiento), puede suponer también otra importante barrera al cumplimiento. Alternativamente, podría decirse que el apoyo social es una condición facilitadora del tratamiento. Ahora bien, queremos recordar que esta cuestión no pasa, meramente, por disponer de familiares y/o amigos, sino por reducir o eliminar las potenciales consecuencias negativas que suponga el tratamiento para esas personas. Es cierto que la colaboración de una persona relevante para el enfermo podría favorecer el mantenimiento de nuevas rutinas de actividad física. Ahora bien, no es menos cierto que el apoyo inicial no suele mantenerse mucho tiempo si, simplemente, cabe la posibilidad de que el momento destinado, por ejemplo, al ejercicio compite con

otras actividades personales o que antes hacían juntos.
- *La ausencia de síntomas.* Un cumplimiento moderado suele permitir un estado asintomático aunque metabólicamente descompensado. Durante los episodios hiperglucémicos la mayoría de los diabéticos no tienen síntomas. Por otra parte, aunque existen una serie de síntomas neurogénicos y neuroglucopénicos indicativos de descompensación, es un hecho que cada paciente suele tener un patrón idiosincrásico y además cambiante a lo largo del tiempo, lo que supone una clara dificultad para discriminar e interpretar los síntomas.
- *Las complicaciones asociadas* (ceguera, nefropatías, etc.) ocurren *a largo plazo,* perdiendo, en buena medida, su potencial efecto aversivo, con lo cual no cabe esperar que esta condición actúe como un reforzador de la adhesión.
- *La ausencia de beneficios contingentes al cumplimiento.* En tanto que la normalización glucémica depende de múltiples factores, no siempre es contingente al cumplimiento. Alternativamente, y salvo graves infracciones, el incumplimiento no siempre produce consecuencias aversivas. En definitiva, la contingencia adhesión-normalización glucémica no es segura en modo alguno.
- En la práctica médica convencional, *la comunicación de las complejas prescripciones* del tratamiento no se realiza, generalmente, en unas condiciones formales que promuevan las destrezas requeridas para el cumplimiento y la satisfacción del paciente. Por lo general, no se emplean términos operativos, no se atiende al estilo de vida del paciente, no se proporciona feedback adecuado sobre los problemas surgidos ni el modelado de las conductas requeridas ni la supervisión es suficiente y, con frecuencia, es realizada por médicos que desconocen al paciente (un diabético, como promedio, visita una o dos veces al año al endocrinólogo y cada tres meses al médico de familia).
- *La ausencia de conocimientos y habilidades específicas* para el adecuado seguimiento del tratamiento. Los estudios sobre la falta de adhesión en la diabetes evidencian suficientemente este aspecto. Por ejemplo, hemos constatado (de acuerdo con los datos que arroja la literatura) en una muestra de 75 diabéticos tipo I que el 81,7 por 100 ignoraba cómo utilizar el ejercicio físico para ajustar las glucemias (Fernández, 1990). Sin embargo, en el mismo trabajo, se puso de manifiesto cómo las expectativas de autoeficacia superaban claramente la habilidad objetiva de los pacientes. El 45 por 100 de los pacientes se consideraba eficaz para ajustar nutricional y calóricamente la dieta, aun cuando se comprobó que el 91 por 100 no podía sustituir correctamente los alimentos de la misma. Sin embargo, una vez que los pacientes habían sido entrenados en las habilidades requeridas, la estimación que hacían de su autoeficacia se ajustaba mejor (aunque siempre por encima) a su competencia objetiva. Tras el programa de entrenamiento, un 52 por 100 de los pacientes realizaba cambios y ajustes en la dieta y un 70 por 100 se consideraba autoeficaz. Se quiere poner de manifiesto que las expectativas no parece que puedan servir como elemento predictor seguro al margen de la efectividad real del paciente.
- *Las consecuencias de un seguimiento correcto* (tal y como se han descrito) son, *en muchos casos, más punitivas que las del incumplimiento.* Es ilustrativo que, entre todos los componentes del tratamiento, la dieta y el ejercicio son los que mayores porcentajes de incumplimiento presentan.

Parece evidente, entonces, que los problemas relacionados con el seguimiento del tratamiento y, por lo tanto, con el propio ajuste metabólico son un asunto fundamentalmente conductual, sujeto a la evaluación e intervención psicológica, además de la médica.

3. LOS REQUISITOS CONDUCTUALES DEL TRATAMIENTO DIABETOLÓGICO

Podría decirse que el tratamiento médico de la diabetes consiste en ejercer un control externo sobre la glucosa. Por lo tanto, promover la adhesión consiste en poner bajo el control conductual del diabético el proceso regulador de la glucosa. En un individuo sano, la regulación de la glucosa en sangre podría describirse como un proceso de feedback negativo. Es decir, lo que podríamos denominar un mecanismo detector de error identificaría los valores de glucemia fuera de los límites de compensación metabólica y, en consecuencia, se iniciaría alguna respuesta correctora dirigida a restablecer la normalización glucémica. Por ejemplo, supongamos que, como resultado de la ingesta de alimentos, se produce una discrepancia en los límites convenientes de glucosa en sangre. En este caso, para disminuir la glucemia la acción correctora pasaría por la producción y secreción de insulina desde las células pancreáticas al torrente sanguíneo.

En los individuos diabéticos, este sistema de control no funciona correctamente. El objetivo del tratamiento consiste en disponer las condiciones para efectuar, desde el exterior, el control glucémico. Ahora bien, la adhesión o incorporación en las rutinas diarias del tratamiento diabetológico supondría que el tratamiento proporciona y el diabético dispone de las condiciones que le permitan ejercer la autorregulación de la glucosa. A saber:

a) Criterios válidos de valoración de glucemia. Indicadores analíticos y conductuales válidos y fiables acerca de las condiciones propioceptivas (glucemia, síntomas hipo o hiperglucémicos, ansiedad) y ambientales (falta o exceso de alimentos, ejercicio, olvidos o errores de medicación, etcétera) que pueden descompensar la glucemia.
b) Competencia para realizar la automedición de glucemia (habilidades específicas como, por ejemplo, toma de muestras, manipulación del instrumental, lectura y valoración de la glucemia).
c) Competencia para normalizar la glucemia. Información acerca de las posibles alternativas de ajuste glucémico y entrenamiento de las habilidades requeridas para una correcta ejecución (medicación-dieta-ejercicio-automedición).
d) Disponibilidad de recursos personales y sanitarios.
e) Competencia para afrontar situaciones interferientes con el tratamiento (por ejemplo, invitaciones a comer, prácticas culturales no convenientes, etc.) y/o descompensadoras del metabolismo basal de la glucosa (por ejemplo, estrés).
f) Retroinformación sobre la eficacia de su actuación (mejora sintomática, valor glucemias, supervisión médica).
g) Beneficios por el autocuidado (por ejemplo, estado sintomático, apoyo social y clínico).

El interés de este planteamiento radica en favorecer la identificación y descripción de: 1) las habilidades conductuales para el manejo de las condiciones básicas implicadas en el metabolismo de la glucemia, y 2) de las condiciones ambientales y del propio paciente que facilitarían la incorporación de las nuevas pautas en su vida cotidiana (de acuerdo con la lógica del análisis funcional de la conducta de adhesión (véase capítulo 15).

A continuación vamos a referirnos a cada una de las condiciones de las que dependería el autocontrol de la glucosa.

3.1. La medida de la glucosa: técnicas e indicadores

La OMS considera como característico de la diabetes mellitus un valor de glucemia plasmática de 11,1 mmol/l (200 mg/dl) o superior dos horas después de una dosis normal de glucosa oral. Un valor por debajo de 7,8 mmol/l (140 mg/dl) excluye el diagnóstico y entre 7,8-11,1 mmol/dl indica una tolerancia disminuida a la glucosa.

Las determinaciones clínicas no sólo son imprescindibles para establecer el diagnóstico de la enfermedad, sino, en todo momento, para evaluar el estado metabólico del paciente y tomar las pertinentes decisiones terapéuticas. La autorrealización de controles analíticos por el propio paciente, se ha establecido ya como una tarea central en el programa de tratamiento de la diabetes. Sin embargo, la falta de adhesión a estos procedimientos, su utilización incorrecta y la ineficacia de los pacientes para actuar corrigiendo el tratamiento cuestiona la efectividad de los sistemas de automedición de glucemia. Y es que al paciente la automedición sólo le es realmente útil cuando se le ha entrenado para emplearla como un sistema de feedback, para conocer y realizar ajustes metabólicos. El valor de la automedición para mejorar el control y la adhesión terapéutica depende de la exactitud y validez de las cifras de glucemia obtenidas y, muy esencialmente, de las habilidades del paciente para realizar la medición y ajustar, en consecuencia, el tratamiento (medicación, dieta y ejercicio).

Los principales sistemas de estimación del azúcar son los siguientes.

3.1.1. *Glucosuria*

Para la determinación de glucosa en orina basta con impregnar una tira reactiva que indica, por un cambio de color, la cantidad de glucosa presente. Aunque se trata un método fácil, es, sobre todo, impreciso, ya que sólo informa de niveles elevados y nunca de niveles por debajo del umbral renal. El umbral renal es aquella concentración de glucosa en sangre por encima de la cual los riñones ya no pueden filtrarla para reabsorberla y ésta comienza a aparecer en la orina. Este umbral varía con cada individuo y está relacionado con la edad, el sexo o el deterioro renal (frecuente en los diabéticos), por lo que no tiene un valor absoluto. Por tanto, no puede asumirse que un resultado negativo signifique la normalidad glucémica ni, por el contrario, que efectivamente no sea lo suficientemente bajo como para causar una hipoglucemia. Otra limitación es que no indica el nivel de glucosa en el momento preciso que se realiza la medida, sino un valor promedio desde la última vez que se vació la vejiga. Otros problemas son de tipo práctico y tienen que ver con las dificultades para realizar correctamente el procedimiento (por ejemplo, calcular volúmenes de orina, comparar colores, etc.). En general, se encuentra que al menos el 50 por 100 de los diabéticos que utilizan este procedimiento cometen errores en las rutinas o de estimación. Un indicador analítico objetivo de compensación metabólica es una glucosuria inferior al 15 por 100 de los gramos de hidratos consumidos durante el día. Esta estimación es costosa, ya que obliga a recoger la orina de 24 horas y conocer los gramos de hidratos consumidos a lo largo del día. En definitiva, los resultados obtenidos con este método son de escaso valor.

3.1.2. *Glucemia*

Los resultados de la medida de glucosa en sangre son claramente superiores a la prueba en orina. Correctamente medida proporciona, con baja probabilidad de error, un feedback inmediato y preciso. Hoy es posible realizar una rápida y precisa evaluación de la glucemia en casa. Su principal inconveniente (además de las dificultades prácticas del manejo) es que la determinación puede resultar dolorosa al requerir pinchar la yema de los dedos para obtener una gota de sangre para impregnar el reactivo. Existen, además, aparatos que realizan la lectura computarizada de la glucemia, lo que elimina errores de interpretación de los reactivos.

En los diabéticos no insulino-dependientes, la tasa de glucemia basal suelen ser un buen indicador de las oscilaciones de glucemia a lo largo del día. No ocurre así en los diabéticos insulino-dependientes, por lo que es recomendable realizar, en ocasiones, un perfil diario con una serie de determinaciones programadas (en ayunas, antes de la comida y cena, dos horas después del desayuno, comida y cena y a medianoche). De este modo, se puede conocer el comportamiento de la glucosa en función de todas las variables que afectan a su producción y consumo (alimentos, ejercicio, estrés, insulina, etc.). En términos generales, los criterios estándar de compensación son valores de glucemia inferiores a 150 mg/dl antes de las comidas e inferiores a 200 mg/dl después de las comidas.

Ahora bien, para proporcionar un feedback adecuado ha de disponerse también de información objetiva acerca del comportamiento alimenticio, de la actividad física, de las situaciones estresantes (entre otras condiciones) del paciente a lo largo del día. Una estrategia usual es emplear sistemas de observación y registro, por lo general, para ser realizados por el propio paciente. Como es evidente, esta estrategia de control es, en sí misma, compleja y frecuentemente incompatible con el resto de actividades cotidianas del paciente. Además, a corto plazo, cabe esperar que no redunde en una mayor normalización glucémica, especialmente si el paciente no conoce o no dispone de recursos para ajustar adecuadamente y, en cada momento, las condiciones del tratamiento.

Con todo, los beneficios que se derivarían de la monitorización de la glucemia como elemento autorregulador pueden estar limitados por la falta de adhesión a la automedición de glucemia en casa. Algunos estudios comprobaron que las tasas de seguimiento al cabo de un año descendían de manera muy importante, así como la fiabilidad de los valores obtenidos y el aumento de los errores cometidos al realizar las medidas, incluso en los casos en los que existió un entrenamiento cuidadoso y una supervisión periódica (Wing, Koeste y New, 1986). No obstante, la utilidad de la automedición de glucemia en casa para mejorar la adhesión al tratamiento diabetológico sí se ha establecido en varios trabajos controlados (Davidson, 1986; Pérez y Fernández, 1992). Cabe señalar que, si bien la complejidad e intrusividad del procedimiento son condiciones que dificultan su empleo, sólo mejora la adhesión cuando el autocontrol es utilizado no como una tarea adicional del programa diabetológico, sino como un método preciso para realizar los ajustes necesarios al tratamiento.

3.1.3. Entrenamiento en discriminación del nivel de glucemia

Una línea de investigación más novedosa, en relación directa con este aspecto, es el entrenamiento en la discriminación del nivel de glucosa en sangre. Se trata de enseñar al paciente a reconocer, con la mayor exactitud posible, su glucemia a partir de la discriminación de ciertos parámetros físicos y/o señales externas. Este entrenamiento, por lo demás complementario a las determinaciones analíticas, permitiría reducir el número de autoanálisis necesarios para conocer la situación glucémica, lo que sin duda contribuiría a una mayor adhesión al tratamiento. La comprobación de estos procedimientos y, en su caso, del mantenimiento de la discriminación a largo plazo redundaría en la incorporación de estas estrategias como un método más de control diabetológico. Los trabajos de Gil Roales-Nieto han demostrado que los pacientes diabéticos son capaces de aprender a estimar con precisión los cambios en sus glucemias en ausencia de mediciones analíticas (Gil Roales-Nieto, 1990, 1991). Durante el entrenamiento los pacientes son expuestos a un feedback sistemático sobre la precisión de sus estimaciones y aprenden a discriminar las señales externas asociadas a nivel de glucosa en sangre (insulina-dieta-ejercicio). Esta última condición se relaciona directamente con la mejora significativa de las estimaciones (más información sobre estos procedimientos puede encontrarse en Gil Roales-Nieto y Vilchez-Joya, 1993)

3.1.4. Hemoglobina glucosilada

La hemoglobina glucosilada es un procedimiento de control que proporciona un índice de la cantidad de glucosa en la circulación sanguínea entre las seis y las ocho semanas previas al análisis. Es una prueba objetiva que describe el control metabólico general con una única cifra significativa. No obstante, no permite detectar las fluctuaciones a corto plazo ni permite determinar cuándo ha ocurrido un episodio hipoglucémico o hiperglucémico. Los períodos cortos de mal control tienen un efecto desproporcionado sobre esta prueba.

A modo de criterio, la variabilidad de los valores GHb oscilan en normales entre el 4-8 por 100, en diabéticos tipo I con buen control entre el 8-10 por 100 y en diabéticos con control deficiente entre el 10-14 por 100.

Finalmente, es preciso recordar que aunque se considere la glucemia la medida más significativa del control, no es menor la importancia de otras alteraciones, como las perturbaciones de los lípidos, aminoácidos, hormonas contrarreguladoras y factores del crecimiento. También junto a los aspectos bioquímicos, la evaluación del control debe incluir siempre aspectos propiamente conductuales, como el cumplimiento de la dieta, la práctica de ejercicio regular, el mantenimiento del peso en torno al indicado para el paciente y el control de los factores de riesgo, como la hipertensión; su desconocimiento impediría valorar adecuadamente la adhesión al tratamiento diabetológico.

3.2. Medicación hipoglucemiante

3.2.1. *La insulina*

Desde el descubrimiento de la insulina en 1921 (Banting y Bests), el tratamiento de la diabetes tipo I es inconcebible sin esta proteína. La primera insulina que se empleó tenía una acción relativamente corta que obligaba a los enfermos a inyectarse cada seis horas. Contenía, además, impurezas que provocaban la aparición de reacciones alérgicas, hipersensibilización e insulinorresistencias. A través de la modificación química de la insulina porcina y de la síntesis de proteínas por mutación genética se ha logrado que, hoy por hoy, la mayoría de los tipos de insulina que se emplean sean humanos, con lo que se consigue una menor antigenicidad. Las actuales insulinas pueden clasificarse, en función de la rapidez con la que comienzan a efectuar su acción, en rápida (simple o regular), semirretardada, retardada o muy retardada. Aunque se ha intentado administrar insulina por diferentes vías (por ejemplo, empleo de aerosoles nasales) ninguna ha mostrado ser tan eficaz como la subcutánea. Por lo demás, de unos pacientes a otros variará mucho el tipo y cantidad de insulina que necesiten para regular su metabolismo y estabilizar la enfermedad.

El procedimiento convencional para la administración de insulina son las inyecciones subcutáneas. Otra forma de administración, cada vez más empleada, es la percusión continua de insulina subcutánea mediante las denominadas bombas de insulina, que se pueden implantar interna o externamente. Se suele citar como principal ventaja de este procedimiento un control más riguroso y estable de la diabetes. Es también cierto que su utilización exige al paciente una mayor capacidad de observación y autocontrol de las posibles descompensaciones y un manejo conveniente de todas las condiciones del tratamiento. Los beneficios clínicos de este procedimiento están especialmente sujetos a las competencias del paciente para adherirse al tratamiento diabetológico.

Pero independientemente de la cantidad y frecuencia de las autoinoculaciones y de la modalidad empleada, los diabéticos tipo I deben utilizar la insulina a diario. Generalmente, lo hacen de forma autoinyectada una o más veces al día. Esto supone que el paciente requiere, en un primer momento, un entrenamiento para desarrollar habilidades concretas sobre las suficientemente numerosas y complejas (además de aversivas) técnicas y recomendaciones para la adecuada conservación, preparación y administración de la insulina. El hecho de que aproximadamente un 80 por 100 de los diabéticos cometa errores en la administración de la insulina puede relacionarse directamente (aunque no de forma exclusiva) con su ineficacia. Ahora bien, la adhesión a estas pautas vendría dada cuando se consigan incorporar esas actuaciones en las rutinas diarias del paciente y se mantengan por sus efectos. Lo que se pretende es que el paciente no sólo sepa emplear la insulina, sino que lo haga teniendo en cuenta, al menos, las siguientes condiciones:

1. El nivel de glucosa en sangre antes de la inyección, estimado mediante analítica y/o la discriminación de señales externas y propioceptivas.
2. Las características del tipo o tipos de insulina que utiliza, es decir, el comienzo de la acción, la acción máxima o pico de acción y la duración máxima.
3. Las condiciones que afectan al curso temporal de la insulina y relativas a las circunstancias de administración (lugar, temperatura).
4. El efecto de la alimentación y ejercicio físico sobre la curva de acción de la insulina.

Diseñar el entrenamiento, ya sea de las habilidades básicas requeridas para la administración de la insulina, ya de las condiciones que facilitarían la adhesión, pasa, en primer lugar, por especificar cada uno de los objetivos en los componentes más sencillos (destrezas y/o conocimientos) que los conforman. Ello permitiría evaluar y determinar el grado de destreza inicial de cada uno de los pacientes y establecer objetivos relevantes y pertinentes en cada caso. Durante el entrenamiento, que habrá de ser siempre progresivo (componente a componente), se trataría de proporcionar sólo aquella información (cantidad y modo) que permitiese al paciente disponer de instrucciones adecuadas para guiar las actuaciones concretas que se estén entrenando. Esto sólo puede hacerse tomando en cuenta, en todo momento, las condiciones cotidianas del paciente en las que deben de ocurrir las nuevas pautas objeto del entrenamiento. En último caso, se trataría de colocar las nuevas rutinas bajo el control de ciertas claves contextuales y sujetas a contingencias sociales y privadas que favoreciesen su mantenimiento. Las propias posibilidades (o límites) del entrenamiento estarán siempre en función de que las nuevas recomendaciones se incorporen como una más en las rutinas cotidianas del paciente (un análisis más detallado de estas cuestiones se encuentra en el capítulo 15).

3.2.2. *Antidiabéticos orales*

Los medicamentos hipoglucemiantes orales empleados en el tratamiento de los diabéticos tipo II son las sulfonilureas, que estimulan la producción de insulina en el páncreas, y las biguanidinas, que inhiben la absorción de glucosa por el intestino y facilitan su consumo por parte de las células. Estas sustancias no son insulina y, por lo tanto, no son un tratamiento alternativo a la misma. En ocasiones, los diabéticos tipo II (DNID) pueden recibir insulina si así lo aconseja su situación metabólica o los efectos secundarios producidos por esta medicación. Por el contrario, lo que no ocurrirá es que el diabético tipo I (DID) pueda ser tratado mediante este tipo de medicación hipoglucemiante.

Es evidente que el tratamiento medicamentoso de la diabetes tipo II (ingestión diaria de una o varias «pastillas») carece de la complejidad y aversividad que presenta la tipo I. No obstante, las condiciones de las que depende el control externo de la glucemia son las mismas sea cual sea el tipo de diabetes. Por lo que el problema de la adhesión terapéutica en los DNID no es menor que entre los DNI, aunque sea cierto que la cantidad y complejidad de las habilidades que requieran ambos tipos de diabéticos sean distintas (en particular, por lo que se refiere a la medicación). Por lo tanto, el análisis y la estrategia terapéutica serán los mismos, y siempre conforme a las condiciones clínicas y personales del paciente.

3.3. Dieta

De la dieta depende la cantidad de glucosa que se aporta al organismo mediante el proceso de digestión. Y, en tanto que el diabético no puede metabolizar la glucosa, puede afirmarse que la dieta es siempre una condición determinante del curso de la enfermedad. Un objetivo prioritario consiste en evitar un aporte excesivo de carbohidratos. Lo que no significa que éstos deban eliminarse por completo, pues, en este caso, se provocarían estados hipoglucémicos. Se busca que el paciente consuma una dieta que le proporcione un buen estado de nutrición en función de sus requerimientos metabólicos (distintos para cada paciente). Actualmente, se considera que una dieta bien contrabalanceada para un paciente diabético es aquella que le proporciona el 50 por 100 de las calorías diarias que necesita a través los carbohidratos, el 20 por 100 mediante proteínas y el 30 por 100 restante en forma de grasas, distribuyendo el consumo de alimentos en 4 o 5 tomas diarias. En torno a este propósito se ofrece al paciente información dietética y distintas opciones (más o menos abiertas) para confeccionar sus menús diarios.

Es frecuente tener ideas erróneas y, casi siempre, simplistas sobre la repercusión de los alimentos sobre la glucemia. Ideas que están arraigadas en la cultura de cada sociedad, en las propias prácticas culinarias de cada familia y en las preferencias y hábitos alimentarios de cada persona. Así, aunque es evidente que se ha de ofrecer formación sobre los tipos de alimentos y cómo repercuten en la glucemia cada uno de ellos (solos y combinados, crudos y según los tipos de preparación), la formación no presupone la adhesión. Incorporar las nuevas pautas de alimentación pasa por disponer de alternativas compatibles con los gustos del diabético y con las prácticas alimenticias de su contexto. De ahí su dificultad, puesto que la alimentación tiene una función social ineludible. Es realmente un reto encontrar un acontecimiento social relevante que ocurra totalmente al margen de la comida y bebida.

Aunque es difícil incorporar en el estilo de alimentación nuevos alimentos o cantidades y/o formas de preparación distintas, los programas de modificación de conducta han mostrado ser los más efectivos. Ahora bien, y aun cuando el paciente disponga de nuevas alternativas para alimentarse, la autorregulación de la glucemia (y en consecuencia la adhesión) sólo ocurrirá cuando el paciente, además de estar instruido acerca del efecto de los alimentos sobre la glucemia, utilice la dieta como una condición externa asociada a la glucemia. Se trata de entrenar al paciente teniendo en cuenta, al menos, las siguientes condiciones:

1. El nivel de glucosa en sangre estimado mediante analítica y/o la discriminación de señales externas y propioceptivas.
2. Las características y diferencias de los alimentos según su contenido y rapidez en repercutir sobre la glucemia.
3. Los factores que aceleran o retrasan la repercusión de los alimentos sobre la glucemia.
4. El efecto de la alimentación y ejercicio físico sobre la curva de acción de la insulina.

No se pretende que el diabético conozca con exactitud el gran número de variables referidas a la dieta que afectan a la glucemia (por otra parte, difíciles de controlar, incluso para el endocrinólogo y el dietista). Antes bien, se trata de que el paciente aprenda el índice glicémico de los alimentos que mejor responden a su estilo de alimentación personal y familiar e identifique y disponga de alternativas efectivas frente a las condiciones cotidianas que modifican el efecto de la alimentación sobre la glucemia.

3.4. Ejercicio físico

El ejercicio físico desempeña una importante función en la regulación externa de la glucemia. Por una parte, se consume la glucosa disponible con la consiguiente reducción de los niveles de glucemia. Por otra, el ejercicio regular se asocia con un incremento en la sensibilidad celular a la insulina, lo que supone una mayor efectividad de una misma cantidad de insulina. Además, el ejercicio tiene una acción beneficiosa para todo el organismo. Mejora la circulación, contribuye a normalizar la tensión arterial y prevenir enfermedades cardiovasculares, tiene un efecto tonificante, etcétera.

A pesar de las ventajas del ejercicio físico, es evidente que el tipo, cantidad y momento de la actividad debe programarse para cada diabético. Las recomendaciones se harán ajustadas al estado de su enfermedad y las condiciones personales del paciente. La adhesión ocurrirá en la medida en que las pautas prescritas se hagan compatibles con las rutinas cotidianas y los hábitos previos de actividad física. En la medida que «se dé el momento» o condiciones en las que «hacer ejercicio» reporte beneficios (estado gratificante, compañía, distracción, etcétera). Ahora bien, aun cuando el paciente realice regularmente ejercicio, no por ello estará empleando la actividad física como una condición externa reguladora de la glucemia. Para que el paciente pueda autorregular la glucemia, se trata de instruir al paciente teniendo en cuenta, al menos, las siguientes condiciones:

1. El nivel de glucosa en sangre estimado mediante analítica y/o la discriminación de señales externas y propioceptivas.
2. El gasto aproximado de calorías que suponen los tipos de ejercicio que se adecuan a sus preferencias, a sus condiciones de vida y, por supuesto, al estado de su diabetes.
3. Las precauciones que han de tomar para utilizar la actividad física diaria como un elemento regulador de la glucemia.
4. El efecto de la alimentación y ejercicio físico sobre la curva de acción de la insulina.

3.5. Estados metabólicos descompensados

Un aspecto importante del tratamiento es el control de las descompensaciones, de las crisis hipoglucémicas e hiperglucémicas (cetoacidosis, coma hiperosmolar y acidosis láctica). El procedimiento de intervención es sencillo ante una hipoglucemia. Bastaría con que, lo más rápidamente posible, el diabético ingiera carbohidratos de absorción rápida (por ejemplo, dos terrones de azúcar, que siempre llevará consigo) y repita esta operación si al cabo de unos quince minutos no han remitido los síntomas. Ante manifestaciones más graves, y en el resto de los casos, las medidas terapéuticas han de venir supervisadas por el clínico, dados los distintos factores que pueden estar implicados. Cabría decir que estas situaciones no ocurrirían o, al menos, serían poco frecuentes si el paciente se adhiere a un tratamiento diabetológico correcto. En cualquier caso, ocurren, y el diabético ha de ser competente para resolverlas. Interesa aquí, en particular, entrenar a la persona a discriminar las señales propioceptivas indicadoras de descompensación como una condición para iniciar precozmente medidas compensadoras. Estas medidas, además de sencillas, son efectivas (cuando se aplican oportunamente), por lo que ni su aprendizaje ni su cumplimiento ha de suponer una dificultad importante.

En definitiva, la prevención y manejo de estados metabólicos descompensados es más fácil cuando el diabético ha ido incorporando en sus rutinas las recomendaciones del tratamiento diabetológico, al tiempo que es entrenado para estimar el nivel de glucosa en sangre (mediante analítica y/o la discriminación de señales externas y propioceptivas) y para considerar, en conjunto, el efecto de la alimentación y ejercicio físico sobre la curva de acción de la insulina.

Las mismas consideraciones pueden hacerse respecto a otras situaciones, como enfermedades o medicamentos que pueden descompensar la glucemia. El diabético debe disponer información sobre su potencial efecto y la estrategia correctora que debe poner en marcha. Pero igualmente importante es que utilice el análisis de la glucemia como un indicador para iniciar esas acciones.

3.6. Estrés

Puede decirse que existe un mutuo efecto descompensador diabetes-estrés. El estrés puede interferir en la adhesión al tratamiento, provocando una descompensación metabólica. Alternativamente, un bajo nivel de control diabético puede alterar el funcionamiento general, a nivel de sistema nervioso y endocrino y también comportamental, exacerbando el efecto de la(s) situación(es) estresante(s). Sobre esta cuestión, la investigación ha debatido si el efecto descompensador del estrés se debe a su repercusión metabólica o sobre las conductas. Existen evidencias a favor de ambas explicaciones. Precisamente porque al hacer esta distinción se está olvidando que la conducta no ocurre al margen de sus correlatos biológicos. Es conocido que existe una clara relación entre el estrés y la elevación de la glucemia. En concreto, el estrés puede afectar a la glucemia por tres vías diferentes: una, vía pituitario-córtico-adrenal a través del cortisol; dos, vía simpático-médulo adrenal a través de la adrenalina y noradrenalina; y tres, a través de un incremento en la secreción del glucagón. Otras hormonas que incrementan la glucemia son la hormona del crecimiento, la prolactina y la betaendorfina. De manera que podría esperarse que un individuo diabético sometido a estrés presentara niveles de glucemia inusualmente elevados (Dungan, Braithwaite, Preiser, 2009; Goetsch, 1993). No obstante, la relación estrés-diabetes no es ni mucho menos clara. Actualmente, sólo puede decirse que mientras que el estrés agudo tiende a provocar una desestabilización en las personas con diabetes, no hay pruebas convincentes de que dé lugar a hiperglucemia. El nivel de glucemia tras una situación estresante puede estar influido, entre otras variables, por el momento en que se tomen las muestras de sangre, el tiempo transcurrido entre dicha situación y la última comida, además de los niveles anteriores de compensación. Por otra parte, recuérdese que ni los indicadores médicos de descompensación están libres de problemas ni las medidas de glucemia son suficientes para advertir con exactitud el ajuste metabólico. Otro factor que es preciso considerar es el efecto indirecto del estrés sobre la compensación a través de cambios en el comportamiento y en la adhesión al tratamiento. Existen evidencias de que en un porcentaje elevado de pacientes, las infracciones, por lo general en la dieta, vienen precedidas de tensiones o conflictos emocionales.

En último término, lo relevante es destacar el interés de la intervención psicológica para el afrontamiento del estrés y la creación de una condición metabólica favorable. En momentos puntuales o de manera prolongada, el paciente puede estar expuesto a condiciones estresantes, ya sean asociadas al impacto de la enfermedad y/o a las condiciones de vida del paciente (conflictos familiares, laborales, etc.). Los procedimientos de intervención son, evidentemente, los mismos que han mostrado su utilidad en otros ámbitos de la modificación de conducta, como, por ejemplo, las técnicas para la reducción o amortiguación de la activación fisiológica, las técnicas de exposición, o el desarrollo de habilidades específicas y estrategias de afrontamiento (habilidades sociales, asertividad, etcétera). La intervención, como no puede ser de otro modo, se habrá de diseñar conforme a la evaluación de cada caso particular. Ahora bien, el paciente, además de manejar el estrés, deberá reconocer la repercusión del estrés sobre la glucemia. Durante el entrenamiento del paciente en el manejo del tratamiento diabetológico, observar y registrar, junto con las glucemias, medicación, dieta y ejercicio, las rutinas cotidianas y, en particular, las situaciones de tensión es una estrategia necesaria. Es un requisito tanto para adecuar los objetivos de la intervención a las condiciones particulares de cada diabético como para analizar y estimar (bien es cierto que con cierta perspectiva) en qué medida el estrés puede ser un indicador de la evolución de las glucemias. Como en el resto de condiciones, se trata de entrenar al paciente en el manejo del estrés teniendo en cuenta, al menos, las siguientes condiciones:

1. El perfil de la glucemia (puntualmente y en períodos concretos de tiempo).
2. Las características de su conducta y las condiciones (contextuales y del paciente) que las explican.
3. Las habilidades o estrategias alternativas.
4. El efecto del estrés sobre la adhesión al tratamiento (insulina, dieta, ejercicio) y sobre el perfil de glucemia.

4. PROGRAMAS PARA FACILITAR LA ADHESIÓN DIABETOLÓGICA

Asegurar el cumplimiento de las prescripciones y, más aún, lograr que los pacientes autorregulen las condiciones del tratamiento para mantener dentro de la normalidad los niveles de glucemia, es el objetivo y mayor preocupación de cualquier programa diabetológico. Las estrategias de intervención han girado básicamente en torno a la educación o al cambio de conducta de los pacientes diabéticos.

4.1. Programas educativos

Desde los equipos médicos se han promovido programas de educación como un medio eficaz para promover la adhesión. El supuesto que subyace es que el nivel de conocimientos está relacionado con los resultados. Así, y atendiendo a las diversas peculiaridades de los pacientes y las familias (edad, fase de la enfermedad, nivel sociocultural, etcétera), se proporciona a los diabéticos la información necesaria acerca de la naturaleza de la diabetes y los tratamientos disponibles (revisiones más detalladas de los objetivos y contenidos de los programas educativos pueden encontrarse en Foster, Taylor, Eldridge, Ramsay y Griffiths (2007). Los resultados de los programas educativos frecuentemente no correlacionan con el control de la enfermedad. La mayoría de los programas, aunque aumentan el nivel de conocimientos, no tienen efecto o bien no son duraderos sobre el control de la diabetes, pudiendo atribuirse los resultados favorables a otras variables, como la atención recibida (Brown, Harris, Webster-Bogaert et al., 2002). Al objeto de subsanar esta conocida limitación, publicaciones más recientes reclaman la necesidad de incorporar los procedimientos y las técnicas de la modificación de conducta a los programas educativos (Hill, 2007; Knight, Dornan, Bundy, 2006). En cualquier caso, es necesario recordar que la ausencia de criterios operativos y uniformes, tanto en el diseño y aplicación de estos programas como en su misma evaluación, facilita que los resultados puedan ser controvertidos. Sica, Harker-Murray, Montori y Smith (2002) han analizado las garantías metodológicas de las guías para la educación diabetológica publicadas entre 1988 y 2000 en estudios recogidos en bases de datos internacionales y en Internet. Sobre un total de 25 requisitos metodólógicos evaluados, el conjunto de las 43 guías evaluadas cumplía una media de nueve condiciones (rango de 2 a 19). Sólo un 21 por 100 aportaba datos suficientes sobre el procedimiento y sus resultados. La Cochrane, en 2007, ha elaborado diferentes informes sobre la eficacia, efectividad y eficiencia de las intervenciones educativas, sus garantías y limitaciones, considerando los artículos publicados en las principales bases de datos científicas entre 1986 y 2006. Entre las conclusiones, como ya señalamos, se reiteran en la recomendación de un mayor control metodológico y seguimientos a más largo plazo.

4.2. Programas de modificación de conducta

Frente al elevado coste y escasos resultados de los programas educativos tradicionales, los programas conductuales han supuesto una alternativa. Se han dirigido a implantar las habilidades pertinentes para el adecuado cumplimiento de todas o, de forma específica, alguna de las condiciones del tratamiento. Se han ensayado técnicas puntuales y, más frecuentemente, paquetes de técnicas. Entre los procedimientos más empleados cabe citar los siguientes: asignaciones específicas y operativas de las tareas a realizar; proporcionar señales y claves para conductas específicas; adaptar el régimen de tratamiento a las necesidades específicas del paciente; elaborar contratos que definan las contingencias en caso de cumplimiento y, alternativamente, de incumplimiento; práctica gradual de las conductas a implantar y en fases sucesivas; empleo del modelado, moldeado y refuerzo diferencial en el entrenamiento de nuevas conductas (una revisión detallada sobre las distintas estrategias de intervención psicológica puede encontrarse en Polaino y Gil Roales-Nieto (1990).

Los resultados demuestran la superioridad de estas técnicas en el desarrollo de conductas específicas y un mejor control. En general, entre las intervenciones con mejores resultados se encuentran: la supervisión regular del terapeuta, el control de estímulos y el reforzamiento de los progresos y el empleo de estrategias seguras de feedback sobre la ejecución y los valores glucémicos.

En los últimos años, y tanto en Europa como en Estados Unidos, los programas de autocuidado de la diabetes (al igual que ocurre en otras enfermedades crónicas) han salido de los servicios especializados de endocrinología para desarrollarse también en los consultorios del médico de familia. Estos programas han dejado de ser exclusivamente educativos e incluyen estrategias de modificación de conducta. Whittemore (2000) ha realizado un estudio de metaanálisis sobre los datos publicados en la literatura entre 1985-1999 sobre las estrategias empleadas en modificar el estilo de vida de los pacientes diabetológicos. Sobre un total de 72 estudios metodológicamente bien controlados concluye que los resultados positivos se encuentran en los programas que emplean estrategias conductuales. No obstante, una vez más el autor llama la atención sobre la necesidad de mejorar el rigor metodológico de la investigación. Funnell (2009), a partir de estudios controlados y metaanálisis publicados, describe las intervenciones conductuales y sus resultados, y se reafirma en la superioridad de estos procedimientos para mejorar el autocuidado de los pacientes diabéticos.

Los métodos de intervención conductual pueden, sin duda, ofrecer herramientas muy útiles para mejorar la adhesión al tratamiento diabetológico. Se requiere, no obstante, un mayor rigor metodológico que garantice la validez de los resultados obtenidos. Entre las limitaciones que pueden observarse en la mayoría de los trabajos cabría destacar, en primer lugar, el uso casi exclusivo de los valores de glucemia como medida de la adhesión al tratamiento, desatendiendo las variables comportamentales que con mayor objetividad informan del grado de cumplimiento. En segundo lugar, no se ofrecen resultados de seguimientos a largo plazo. Aunque es conocida una cierta regresión a la situación de partida, sólo la efectividad de los procedimientos a largo plazo puede demostrar su utilidad. En este mismo sentido, y teniendo en cuenta la, más o menos rápida, recuperación de la situación inicial de los pacientes que se observa en muchos programas, un aspecto a conocer es en qué medida factores como la atención prestada, las expectativas del paciente respecto a la enfermedad y su tratamiento, contribuyen al cumplimiento de las prescripciones. En tercer lugar, son importantes los análisis que indaguen los predictores terapéuticos y/o psicosociales de la mejoría clínica.

Los programas conductuales hacen también especial énfasis en la investigación de procedimientos de evaluación adecuados tanto de los parámetros físicos como del estilo de vida del sujeto. Por lo general, se utilizan autoinformes, autoobservación, entrevistas conductuales y análisis funcionales para identificar conductas específicas y las variables que las mantienen, cuestionarios específicos. Un problema habitual es la escasa fiabilidad y validez que ofrecen los registros de los pacientes, especialmente en lo que respecta a la observación de la dieta y las rutinas cotidianas. Parece especialmente conveniente diseñar la evaluación (y por supuesto el tratamiento) para cada caso particular.

Desde esta perspectiva, los autores y su equipo vienen desarrollando un programa para la promoción de la adhesión diabetológica en que el régimen del tratamiento diabético se entiende como un comportamiento complejo que el diabético debe aprender y asimilar en su rutina cotidiana de forma definitiva y sin que entre en competencia con sus actividades diarias (según las especificaciones hechas en el capítulo 15). Así, y de acuerdo al análisis de conducta, el primer requisito de la intervención consiste en identificar y operativizar las conductas específicas que median en el seguimiento de cada una de las citadas condiciones de tratamiento en cada diabético (véase anexo 16.1).

Estas conductas constituyen propiamente lo que podríamos llamar requisitos de cada condición de tratamiento, que se habrán de especificar desde los componentes más simples a los más complejos y siempre en términos operativos.

El segundo requisito es identificar para cada paciente sus habilidades y sus déficits para el manejo de cada condición del tratamiento diabetológico. Mediante entrevista conductual y registros de conducta se recoge información acerca de: 1) las habilidades y déficits específicos en relación al cumplimiento y la automanipulación de cada condición de tratamiento; 2) las rutinas cotidianas, a fin de adaptar las exigencias del tratamiento al estilo de vida (y las demandas ambientales) de cada individuo, y 3) la presencia de conductas desadaptadas a causa de la diabetes (dependencia, ansiedad, abandono de actividades gratificantes, depresión, etcétera). Esta evaluación permite establecer la línea base de cada paciente y configurar un plan de acción individualizado, lo que no excluye que la intervención pueda realizarse en grupo.

El tercer requisito es establecer las metas de la intervención para cada diabético. Se trata de operativizar las conductas a implantar (o eliminar). Se jerarquizarán procurando siempre facilitar la incorporación efectiva en la vida del paciente de las distintas pautas del tratamiento, desde las más simples a las más complejas. Así, en cada sesión, se establecen metas concretas de cambio atendiendo a la condición particular de cada individuo, sus recursos y las condiciones facilitadoras o entorpecedoras derivadas de su estilo de vida o ambiente. Es entonces cuando se emplean a fondo los procedimientos y técnicas de modificación de conducta antes citados. Los objetivos han de ser siempre relevantes, pues, en definitiva, de la implantación de estas conductas dependerá tanto el logro de la adhesión al tratamiento como la capacitación del sujeto para el autocontrol de la glucemia. En último término, se pretende poner bajo control conductual el proceso autorregulador de la glucosa. Como se ha venido reclamando, se concede un papel destacado a la estimación de la glucemia como feedback respecto de la eficacia de los cambios introducidos. En la tabla 16.1 se recoge la secuencia del proceder en cada una de las distintas sesiones que se invierten en el entrenamiento de los pacientes en el manejo del tratamiento (una descripción más detallada de los materiales, la intervención y los resultados puede encontrarse en Fernández Rodríguez, 1986, 1990, y Pérez Álvarez y Fernández Rodríguez, 1993)

A pesar de las limitaciones que se han comentado, es indiscutible que sólo la práctica comportamental de las habilidades que requiere el complejo

© Ediciones Pirámide

TABLA 16.1

Secuencia de tareas para promover la autorregulación de la glucosa

a) Análisis «glucemia-dieta-ejercicio-rutinas cotidianas» a partir registros.
b) Identificación de las conductas a instaurar y/o eliminar, descritas en términos operativos y contextualizadas en la situación en la que ocurren. Se busca conocer condiciones facilitadoras o interfirientes (se establecen objetivos para cada sesión).
c) Propuesta (paciente, familiares, personal sanitario, psicólogo) de alternativas para resolver el problema.
d) Elección de una o varias alternativas para su puesta en práctica. Se tiene en cuenta tanto las exigencias del tratamiento como los propios recursos del sujeto y del medio.
e) Entrenamiento al paciente en su puesta en práctica (modelado, moldeado, refuerzo diferencial, estímulos discriminativos, reglas verbales...).
f) Convenio por escrito («contrato de contingencias») de la conducta específica a poner en práctica, su frecuencia, el momento y lugar de su ocurrencia y las consecuencias positivas que se dispensarán por el cumplimiento y las negativas en caso contrario.
g) Establecer los momentos de automedición de la glucemia al efecto de obtener feedback respecto de la eficacia del cambio.
h) Toma de decisiones (repite proceso).

régimen diabetológico, y en los contextos del paciente que las hacen apropiadas, facilita la adhesión al tratamiento y, en consecuencia, una mejor prevención de las graves complicaciones degenerativas asociadas a esta enfermedad. Por lo tanto, y a modo de conclusión, se quiere enfatizar que es el psicólogo, el profesional sanitario especialista, el que puede diseñar la autorregulación conductual de la terapéutica diabetológica que, evidentemente, habrá establecido, conforme a los parámetros metabólicos del diabético, otro especialista sanitario, el endocrinólogo.

Anexo 16.1
Descripción conductual de un programa de tratamiento diabetológico. Un estudio de caso

La dieta

1. Consume una dieta ajustada a sus necesidades de consumo de energía.
   Criterio:
   - Se conviene (endocrinólogo/nutricionista) el aporte diario según sus necesidades individuales.
   - Utiliza una medida para estimar el peso.
   - Consume regularmente las cantidades establecidas.

2. Consume una dieta nutricionalmente equilibrada.
   Criterio:
   - Consume de modo regular y diario verduras y frutas, alimentos ricos en fibras (pan, patatas, legumbres...), carne y/o pescado y/o huevos.
   - Consigue aproximadamente el 50 por 100 de las calorías diarias a partir de hidratos de carbono, entre el 20-30 por 100 de grasas (preferentemente insaturadas) y un 25 por 100 de proteínas (ajustes según criterio médico).

3. Autoconfecciona la dieta diaria.
   Criterio:
   - Confecciona menús nutricional y calóricamente ajustados y de su preferencia.
   - Conoce y utiliza el índice glicémico de los alimentos, la velocidad de digestión y los factores que aceleran o retrasan el efecto de los alimentos sobre el nivel de glucemia.
   - Utiliza la tabla de sustitución de alimentos.

4. Realiza una dieta variada.
   Criterio:
   - Emplea los nutrientes básicos.
   - No repite menús.

5. Realiza cinco comidas diarias en intervalos de no más de 3 o 4 horas.
   Criterio:
   - Se conviene (endocrino/nutricionista) la distribución diaria de nutrientes y calorías según sus necesidades individuales.

6. Conoce y maneja la relación ingesta-ejercicio-medicación-glucemia.
   Criterio:
   - Utiliza con regularidad el autocontrol de glucemia.
   - Realiza autocontrol cuando infringe (exceso/defecto) la dieta.
   - Realiza autocontrol cuando percibe síntomas de descompensación.
   - Conoce el nivel de ajuste metabólico (en función del momento del día y de los factores asociados presentes) y, en su caso, pone en práctica estrategias de compensación.

El ejercicio

1. Realiza el ejercicio recomendado por su médico al horario convenido
    Criterio:
    - Prescripción médica.

2. Realiza a diario un ejercicio moderado después de haber realizado una ingesta de hidratos de carbono (después de las comidas) y asesorado por su médico. Por ejemplo:
    — Camina una hora diaria.
    — Bicicleta estática alrededor de 20 min.
    — Gimnasia de mantenimiento durante aproximadamente 30 min.
    — Cualquier otra actividad física o deporte (asesoramiento médico).

3. Aumenta el ejercicio físico dentro de sus actividades cotidianas. Por ejemplo:
    — Sube escaleras.
    — Se desplaza a pie.
    — Hace «rodeos» en sus desplazamientos a pie.
    — Cualquier otra opción compatible con su estilo de vida.

4. Conoce y maneja la relación ejercicio-dieta-medicación-glucemia.
    Criterio:
    - Aumenta el ejercicio físico para rebajar la glucemia.
    - Utiliza la automedición de glucemia para evaluar los nieles de azúcar y comprobar la adecuación de su proceder.

La insulina

1. Conserva correctamente la insulina (según pautas del médico y personal de enfermería).
2. Se autodosifica y autoinyecta correctamente la insulina (según prescripciones y entrenamiento del médico y personal de enfermería).
3. Conoce y maneja la relación ejercicio-dieta-medicación-glucemia.

    Criterio:
    - Conoce y considera el(los) tipo(s) de insulina y sus características principales.
    - Conoce y considera el comienzo de acción, el momento del «pico» o nivel máximo disponible y la duración máxima de la acción de la insulina.
    - Conoce y considera las condiciones de administración de la insulina (temperatura, zona, profundidad) que aceleran o retrasan el curso temporal de la insulina.
    - Atiende y valora si la ingesta de alimentos se adecua a la curva de acción de la insulina.
    - Atiende y valora el efecto del ejercicio sobre la curva de acción de la insulina.
    - Considera el nivel de glucemia previo a la inyección.

CASO CLÍNICO

A. A. es mujer de 60 años, diabética insulinodependiente desde los 23 años. La deficiencia visual comenzó hace 10 años a causa de una retinopatía diabética; desde hace cuatro años es ciega total. A raíz de la ceguera, ha dejado de autoinyectarse la insulina, de planificar su dieta o tomar cualquier decisión sobre el tratamiento, dependiendo totalmente de los cuidados familiares (desde entonces, junto con su marido, conviven con su hija, yerno y nietos). No obstante, las limitaciones derivadas de la diabetes no impiden el autocuidado del tratamiento.

En la actualidad, la paciente está controlada por un endocrinólogo, que visita cada tres meses. Su tratamiento actual, según consta en el informe del médico, consiste en dos tomas diarias de insulina y una «dieta de 1.500 calorías». No aparece recomendación expresa de ejercicio físico, ni pauta dietética alguna. Según informa la hija, el médico entiende que después de tantos años de enfermedad ella sabría perfectamente cómo alimentarse del modo más conveniente. A. A. nunca había recibido información diabetológica estructurada. Con relación a la dieta, refiere que sólo los azúcares «están prohibidos a los diabéticos» y si existe algún motivo para cuidar su alimentación es su sobrepeso. Insiste repetidas veces que «cuando era joven estaba más ágil y tampoco estaba de moda ser flaca, así que siempre comí de todo». La descompensación de los niveles de glucemia durante años puede explicar, además de la retinopatía, otras complicaciones vasculares y nefropatía que A. A. sufre desde hace tiempo.

En el momento en que se lleva a cabo la evaluación de su adhesión terapéutica, A. A. sí realiza, por prescripción médica, la automedición de la glucemia. Mide en casa su glucemia en los momentos en que el gastroenterólogo le recomienda. Sin embargo, no sabe interpretar la información, ni adopta ninguna medida concreta en la dieta o ejercicio para restablecer la normalidad glucémica. Solamente cuando los valores glucémicos en ayunas están por debajo de 100mg/dl, la hija está instruida por el médico para disminuir dos unidades de insulina. Esta medida se toma sin atender al perfil glucémico diario, ni se consideran otras condiciones como la dieta. No obstante, nunca han tomado medidas compensatorias. La paciente dice reconocer síntomas de hipoglucemia, aunque nunca lo ha comprobado mediante una medida de glucemia. No identifica síntomas de hiperglucemia. No obstante, en los perfiles glucémicos se observan ambas situaciones.

Después de la entrevista inicial, se proporcionó durante dos sesiones de 45 minutos, información básica sobre la implicación de la medicación-dieta y ejercicio en el nivel de azúcar en sangre y sobre la importancia de identificar el comportamiento del paciente y familiares en relación a estas condiciones. Se entrenó y convino con la paciente y sus familiares un registro quincenal de su dieta, actividad física, rutinas cotidianas y glucemias. La evaluación de las habilidades y déficit de la paciente en relación a cada condición del tratamiento diabetológico (según las condiciones expuestas en el capítulo y criterios recogidos en el anexo 16.1) fue la siguiente:

Línea base

Valores clínicos	
A.A.	(valores deseables diabético tipo 1.)
• Glucemias en ayunas >130 mg/dl " 2 h. p.p. >200 mg/dl	(< 130 mg/dl) (< 180 mg/dl)
• Hemoglobina glicosilada: 12	(< 10)
• Triglicéridos: 210 mg/dl	(< 150 mg/dl)
• HDL: 80 mg/dl LDL: 160 mg/dl	(< 65 mg/dl) (<150 mg/dl)
• I.M.C.: 28	

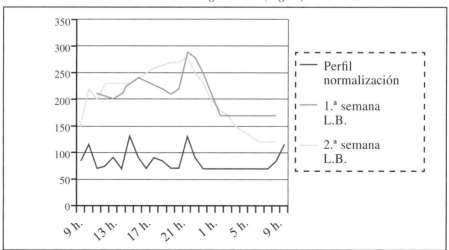

Niveles de glucemia (mg/dl)

DIETA:

Conductas a modificar:

• Ingesta nutricional y calóricamente incorrecta:

a) Consumo superior a 1.500 cal/día.
en cada comida diaria y de todos los alimentos consume raciones aproximadamente un 50 por 100 superiores a las necesarias para asegurar una ingesta de 1.500 cal.#

b) Consumo excesivo de proteínas animales (aproximadamente el 45 por 100 de las calorías diarias provienen de proteínas animales, frente al 30 por 100 recomendado).
en todos los almuerzos y cenas consume carne de ternera y/o huevos y leche o derivados

c) Consumo excesivo de grasas (aproximadamente el 35 por 100 de las calorías diarias provienen de grasas, frente al 25 por 100 recomendado).
en todos los almuerzos y cenas diarias prepara:
las carnes y los pescados guisados o con salsas.
las legumbres, pastas o féculas con grasas animales.
utiliza margarina en desayuno y merienda, aceite y *avecrem* a discreción #

d) Consumo deficitario de carbohidratos (aproximadamente el 20 por 100 de las calorías diarias, frente al 50 por 100 recomendado).
a diario consume pequeñas cantidades de verduras de hoja y menos pan del recomendado (alimento de preferencia).
excepcionalmente consume legumbres (alimento de preferencia).
aproximadamente consume pastas (alimento de preferencia) #

e) # no utiliza ninguna medida fiable de estimación del peso de los alimentos #

f) Consume alimentos no convenientes
a diario, toma «alguna cucharada» del postre de nietos o marido # # a diario, durante el paseo de la tarde, consume una o dos copas de vino

g) Ausencia de alimentos nutricionalmente convenientes y de la preferencia del paciente (y hábitos familiares).
no consume pescado azul y marisco; sopa, macarrones y legumbres (lentejas); refrescos

• Come entre horas, «picotea»

come pan, frutos secos, galletas o embutidos en cantidades no controladas y en cualquier momento que está en casa sola sin hacer nada o disgustada

• No autoconfecciona dieta ni planifica menús.

• No conoce ni maneja la relación «dieta-ejercicio-medicación-glucemia».

EJERCICIO:

Conductas a modificar:

• Ausencia de ejercicio físico.
se levanta a medio día.
mientras permanece en casa está sentada.
no realiza tareas domésticas.
durante las tardes camina aproximadamente 30 min. (acudir reunión cafetería) #

Conductas a mantener:

• Cuidado de pies (correcta higiene, calzado y cuidados especiales).

INSULINA:

Conductas a modificar:

• Dependiente en la autoinyección (sí realizaba antes de la ceguera) y preparación (limitaciones motoras para manipular el instrumental) y falta de colaboración familiar («más cómodo preparar dosis»).

Conductas a mantener:

• Procedimiento correcto de preparación e inyección de insulina por parte de la familia.

Una vez identificadas (en los momentos y contextos en los que ocurren) y operativizadas las conductas concretas a mantener y eliminar, en tanto que de ellas depende la normalización glucémica y el autocuidado de la enfermedad (conforme a las peculiaridades metabólicas y personales de A. A.), el siguiente paso es establecer un plan de intervención con el objetivo final de incorporar a la vida del paciente nuevos hábitos (alimentación, actividad física, rutinas cotidianas...). En consecuencia, cualquier meta terapéutica implica, en primer lugar, el conocimiento del profesional y del paciente de sus déficit y competencias y de las condiciones personales (su estado físico, sus emociones, el recuerdo y reconocimiento de cómo actuar...) y sociales (lugares, actividades, compañías...) que facilitan o dificultan que actúe de un modo u otro. En consecuencia, la información que se proporcione al paciente sobre su comportamiento y las relaciones con su estado metabólico, además de teórica, debe realizarse sobre datos objetivos. Enseñar al paciente a autoobservar la relación entre lo que hace, su entorno y su diabetes será, a lo largo de la intervención, un objetivo central. Precisamente, se busca que el paciente y allegados, sobre estas observaciones, propongan alternativas disponibles, es decir, recursos propios que están ya disponibles y, por tanto, instaurados bajo las claves contextuales en las que se desenvuelven. Sobre esta lógica, se emplean siempre observación, registros (conductas y perfiles glucémicos), feedback y todo el arsenal terapéutico de la terapia de conducta. Ni que decir tiene que, en cada caso, las técnicas a utilizar son las que convienen sobre el análisis funcional, e incluso, en un mismo caso, estaría justificado utilizar varios procedimientos.

Se exponen a continuación los objetivos, conductas operativizadas, para cada semana de intervención con A. A. Entre paréntesis, se señala la principal técnica que se empleó. No obstante, siempre la observación, el registro y el feedback fueron un recurso capital en el aprendizaje de la relación entre contexto, hábitos y glucemias. En el caso de A. A. participaron en el programa ella, el marido, la hija y, ocasionalmente, los nietos. La colaboración de los allegados fue siempre adecuada. Hay que señalar que desde la ceguera de A. A., dependía altamente de su familia en su cuidado diario. Por tanto, una intervención en el contexto nunca podría excluir a la familia y debía asegurar que los cambios beneficiaran a todos; de lo contrario, difícilmente se consolidarían. En todo momento se procedió siguiendo el esquema que se recoge en la tabla 16.1.

Objetivos de la intervención:

1.ª semana:

a) Aumentar el consumo de carbohidratos (50 por 100 del total de calorías).
• Convenir el número de rebanadas de pan para cada comida diaria (cambio de lugar del paquete de pan —control de estímulos—).
• Elaborar por escrito un primer plato para la comida y la cena de cada día de la semana, con verduras y/o féculas del gusto del paciente y su familia —tipo, cantidad, forma de preparación— (sugerencias del paciente e hija siguiendo la lógica de resolución de problemas).
• Mantener consumo de fruta (tipo y cantidad).

b) Disminuir el consumo grasas.
• Eliminar la margarina del desayuno y la merienda (contrato de contingencias).
• Convenir la cantidad diaria de aceite (control de estímulos).
• Consumir a diario una sola ración de carne y de pescado (con preferencia del azul) preparado al horno con limón o a la plancha, alternando en la comida y la cena (sugerencias de paciente, hija y psicólogo según modelo de resolución de problemas).
• Eliminar el uso de *avecrem* (control de estímulos).

c) Utilizar peso o medidas equivalentes, por ejemplo, una taza (control de estímulos de la hija).

d) Realizar tareas domésticas. Después de inyectada la insulina (9.30 h.), aseo, desayuno, limpieza del dormitorio y baño (coste de respuesta *(versus)* refuerzo social).

e) Caminar una hora diaria durante el paseo de la tarde (acuerdo con el marido, no sujeto a contingencias específicas).

© Ediciones Pirámide

f) Sustituir el vino de las tardes por un refresco (Tab) o café (preferencia del paciente, no sujeto a contingencias específicas).

g) Observar la relación dieta-ejercicio-medicación-glucemia. Análisis conjunto de registros y sugerencias del paciente.

Evaluación:

Se cumplieron los objetivos «a», «b», «d» y «f» y no se alcanzaron satisfactoriamente «c», «e» y «g».

2.ª semana:

Se mantienen todas las conductas establecidas (y puestas en práctica) para la 1.ª semana, aunque se revisaron las contingencias a las que estaban sujetas.

a) Caminar una hora diaria (o más).
Durante la mañana (registro glucemia), acompañar al marido a la recogida de los nietos al colegio y la compra del pan para la familia (alternativa del paciente, y sujeta a un contrato de contingencias).
Durante la tarde, paseo con las cuñadas antes de acudir al café (alternativa de la familia, refuerzo social).

b) Ejercicio después de la cena (perfil glucemia). Tabla de gimnasia (principio Premarck, refuerzo social —nietos—).

c) Utilizar un sistema de medida de alimentos (control de estímulos, la hija rechaza otras técnicas).

d) Observación de la relación dieta-ejercicio-medicación-glucemia.

Evaluación:

Se mantienen conductas puestas en práctica en la primera entrevista y la realización del ejercicio. Mejora de glucemias y sugerencias correctas de la paciente sobre los factores implicados.

3.ª semana:

Se mantienen todas las conductas establecidas para semanas anteriores, revisión técnica y sistema de contingencias.

a) Eliminar «picoteo» (coste de respuesta).

b) Medida de glucemia ante descompensaciones (estrategia de feedback).

c) Manipular la dieta y el ejercicio para reducir la glucemia (sugerencias de la paciente según modelo descrito de «resolución de problemas»; se conviene por escrito una estrategia propuesta por la paciente para reducir las glucemias antes de la cena; empleo de medida de glucemia como estrategia de feedback y refuerzo social del psicólogo y familia).

Evaluación:

Se mantienen las conductas puestas en práctica con anterioridad. Las estrategias convenidas para eliminar el picoteo no se pusieron en práctica al no ocurrir esta conducta (generalmente, sólo ocurría ante claves ambientales concretas).

Los cambios en la dieta y ejercicio propuestos por la paciente fueron efectivos para reducir las glucemias antes de la cena. Uso correcto de la automedición de glucemia como sistema de feedback.

4.ª semana:

Se mantienen los mismos objetivos de la semana anterior. Revisión de técnicas.

Valoración:

Al finalizar la intervención (seis semanas) con A. A., había reducido significativamente sus valores basales de glucemia y lípidos, había perdido un 10 por 100 del peso inicial, su IMC se había reducido a 26 y había reducido la cantidad de insulina que se administraba a diario. Su perfil glucémico de 24 horas se ajustaba en algunos momentos a los criterios de normalización y había mejorado significativamente respecto a la línea base. Su impresión sobre su estado general era positiva. Decía sentirse «más ágil y contenta» y valorada, especialmente al haber retomado algunas actividades domésticas y de ocio: «me siento menos inútil y soy menos carga para mi hija y mi marido». En relación a los cambios introducidos, estimaba que, a excepción de la tabla de gimnasia, todo lo demás: «ya lo sabía hacer, sólo necesitaba saber que era eso lo que tenía que hacer». Su familia valoraba que la intervención había significado «un gran y buen cambio de todos sin aprender nada nuevo». Efectivamente, estas referencias parecen indicar que no sólo ha habido cambios (fundamentalmente en su patrón de alimentación y rutinas cotidianas), sino que tales cambios se han incorporado a las rutinas de la familia en tanto que eran respuestas ya disponibles y funcionales. En un seguimiento a los seis meses, la situación de A. A. era similar. La principal infracción que cometía y también explicaba en qué condiciones se producía, era «picotear» cuando estaba sola y desocupada. En definitiva, se considera que la estrategia de intervención empleada con A. A. facilitó ejercer un control externo de la glucemia suficiente, duradero y adecuado a sus características metabólicas, personales y del contexto vital.

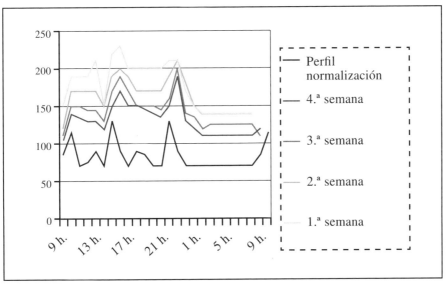

Niveles de glucemia (mg/dl)

1.ª semana: dosis diaria de insulina 28 unidades a 8.30 h//22 unidades a 21 h.
2.ª semana: 24 unidades a 8.30 h//18 unidades a 21 h.
3.ª semana: 24 unidades a 8.30 h//18 unidades a 21 h.
4.ª semana: 22 unidades a 8.30 h//18 unidades a 21 h.

Bibliografía

Abbott, R. D., Rodríguez, B. L., Burchfiel, C. M. y Curb, J. D. (1994). Physical activity in older middle-aged men and reduced risk of stroke. *Journal of Epidemiology, 139,* 881-893.

Abellán, J., Leal, M. y Hernández, F. (2001). Técnicas de autocontrol: relajación, biofeedback y meditación trascendental. En J. Ocón, J. Abellán y J. Herrera (Eds.), *Sobre la persona hipertensa.* Madrid: Ergon.

Abizanda, R., Bernat, A. y Ballester, R. et al (2008). Information strategies in a polyvalent Intensive Care Unit. *Medicina Intensiva, 32,* 216-221.

Adams, R. E. y Boscarino, J. A. (2006). Predictors of PTSD and delayed PTSD after disaster: the impact of exposure and psychosocial resources. *Journal of Nervous and Ment Disesase, 194,* 485-93.

Ad hoc Committee on the Classification of Headache (1962). Classification of headache. *Journal of American Medical Association, 179,* 717-718.

Ader, R. y Cohen, N. (1985). CNS-immune system interactions: Conditioning phenomena. *The Behavioral and Brain Sciences, 8,* 379-394.

Ajzen, I. y Fishbein, M. (1980). *Understanding attitudes and predicting social behavior.* Nueva Jersey: Prentice-Hall.

Alexander, F. (1950). *Psychosomatic Medicine.* Nueva York: Norton.

Almy, T. y Tulin, M. (1947). Alteration in colonic function in man under stress. *Gastroenterology, 8,* 616-626.

Almy, T. (1981). *Therapeutic strategy in stess-related digestive disorders.* Paper presented at the American Gastroenterological Association Course.

American Psychiatric Association (1995). *Manual diagnóstico y estadístico de los trastornos mentales. DSM-IV.* Barcelona: Masson.

Amigo, I. y Buceta, J. M. (1989). Valoración de la presión arterial en pacientes hipertensos: Influencia del procedimiento de medida. *Psicothema, 1,* 87-95.

Amigo, I. (1991). De la primacía de la emoción sobre la cognición: Implicaciones teóricas y clínicas. *Psicothema, 3,* 137-151.

Amigo, I., Buceta, J. M., Becoña, E. y Bueno, A. M. (1991). Cognitive-behavioural treatment of essential hypertensión: a controlled study. *Stress Medicine, 7,* 103-109.

Amigo, I., Cuesta, V., Fernández, A. y González, A. (1993). The effect of verbal instructions on blood pressure measurement. *Journal of Hypertension, 11,* 293-296.

Amigo, I. y Herrera, J. (1993). Hipertensión y estrés. *Medicina Clínica, 101,* 541-543.

Amigo, I. y Herrera, J. (1994). La hipertensión de bata blanca: consideraciones sobre su diagnóstico y manejo. *Medicina Clínica, 102,* 64-66.

Amigo, I., González, A. y Herrera, J. (1997). Comparison of physical exercise and muscle relaxation training in the treatment of mild hypertension. *Stress Medicine, 13,* 59-65.

Amigo, I. y Herrera, J. (2001). Temperamento e hipertensión. En J. Ocón, J. Abellán y J. Herrera (Eds.), *Sobre la persona hipertensa.* Madrid: Ergon.

Amigo, I. (2003). *La delgadez imposible.* Barcelona: Paidós.

Andersen, R. E., Franckowiak, S.C., Bartlett S. J. y Fontaine, K. R. (2002). Physiologic changes after diet combined with structured aerobic exercise or lifestyle activity. *Metabolism, 51,* 1528-33.

Anderson, J. W., Liu, C., Kryscio, R. J. (2008). Blood pressure response to transcendental meditation: a meta-analysis. *American Journal of Hypertension, 21,* 310-316.

Annesi, J. J. y Unruh, J. L. (2008). Relations of exercise, self-appraisal, mood changes and weight loss in obese women: testing propositions based on Baker and Brownell's (2000) model. *American Journal of Medical Science, 335,* 198-204.

Armario, P. y Hernández, R. (2001). Investigación psicofisiológica de la enfermedad cardiovascular. Reactividad cardiovascular en hipertension. En J. Ocón, J. Abellán y J. Herrera (Eds.), *Sobre la persona hipertensa.* Madrid: Ergon.

Antequera Jurado, R., Moreno, C., Jenaro, C. y Ávila, A. (2008). Principales trastornos psicológicos asociados a la infertilidad. *Papeles del Psicólogo, 29,* 167-175.

Antoni, M. H., Lehman, J., Kilbourne, K. M., Boyers, A. E., Cover, J. y Alferi, S. M. (2001). Cognitive-behavioral stress management intervention decreases the prevalence of depression among women under treatment of breast cancer. *Health Psychology, 20,* 20 32.

Asken, M. J. (1979). Medical Psychology: Toward definition, clarification and organization. *Professional Psychology, 10,* 66-73.

Ashtari, F., Shaygannejad, V. y Akbari, M. (2008). A double-blind, randomized trial of low-dose topiramate *vs* propranolol in migraine prophylaxis. *Acta Neurológica Scandinávica, 118,* 301-305.

Astuto, M., Favara-Scacco, C., Crimi, E., Rizzo, G., Di Cataldo, A. (2002). Pain control during diagnostic and/or therapeutic procedures in children. *Minerva Anestesiology, 68,* 695-703.

Baile, J. I., Guillen, F. y Garrido, E. (2002). Insatisfacción corporal en adolescentes medida con el Body Sharp Questionnaire (BSQ): efecto del anonimato, sexo y edad. *Revista Internacional de Psicología Clínica y de la Salud, 2,* 439-450.

Baltrusch, H., Stangel, W. y Waltz, M. (1988). Cancer from the behavioral perspective: The Type C pattern. *Activitas Nervosa Superior, 30,* 18-20.

Ballester, R. (1998). *Introducción a la psicología de la salud.* Valencia: Promolibro.

Ballester, R. y Gil, M. D. (2003). Intervenciones psicológicas eficaces en la promoción de la salud. En M. Pérez, J. R. Fernández, C. Fernández e I. Amigo (Eds.), *Guía de tratamientos psicológicos eficaces.* Madrid: Pirámide.

Bandura, W. (1969). *Principles of behavior modification.* Nueva York: Holt, Rinehart & Winston.

Bandura, W. (1977). Self-efficacy. Toward a unifying theory of behavioral change. *Psychological Review, 84,* 191-215.

Baratas, D., Monteserín, F., Parejo, M., Peña, C., Polo, A. y Robledo, J. M. (1996). Programa marco de intervención psicológica en seropositivos y afectos por el sida. *Ansiedad y Estrés, 2,* 69-82.

Bardet Blochet, A. y Zbinden, E. (2008). Self-help group in health: solidarity partnership and request. *Revue Medicale Suisse, 17,* 1972-1975.

Barker, S., Funk, S. C. y Houston, B. K. (1988). Psychological treatment versus nonspecific factors: a meta-analysis of condictions that engerder comparable expectations for improvement. *Clinical Psychology Review, 8,* 579-594.

Barnard, R. J. (2007). Prostate cancer prevention by nutritional means to alleviate metabolic syndrome. *American Journal of Clinical Nutrition, 86,* s889-893.

Barreto, P., Toledo, M., Martínez, E. y Ferrero, J. (2003). Afrontamiento y cáncer. De dónde venimos y si sabemos a dónde vamos. Una revisión del estado de la cuestión. *Revista de Psicología Universitas Tarraconensis, 25,* 163-177.

Barsky, A. J., Orav, E. J. y Bates, D. W.(2006). Distinctive patterns of medical care utilization in patients who somatize.*Medical Care, 44,* 799-802.

Beaumont, W. (1933). *Experiments and observations on the gastric juice and the physiology of digestion.* Nueva York: F. P. Allen.

Becker, M. H. y Maiman, L. A. (1975). Sociobehavioral determinants of compliance with health and medical care recommendations. *Medical Care, 13,* 10-24.

Becker, M. (1979). Understanding patient compliance: the contributions of attitudes and other psychosocial factors. En S. Cohen (Ed.), *New directions in patient compliance.* Lexington, MA: Lexington Books.

Becker, M. y Rosenstock, I. (1984). Compliance with medical advice. En A. M. A. Steptoe (Ed.), *Health care and human behavior.* Nueva York: Academic Press.

Becoña, E., Palomares, A. y García, M. P. (1994). *Tabaco y salud.* Madrid: Pirámide.

Becoña, E. (2006). Tabaco. Madrid: Pirámide.

Beecher, H. K. (1959). *Measurement of subjective response.* Nueva York: Oxford University Press.

Beléndez, M. y Méndez, F. X. (1995). Adherencia al tratamiento de la diabetes. *Revista de Psicología de la Salud, 7,* 63-82.

© Ediciones Pirámide

Belloc, N. y Breslow, L. (1972). Relationship of physical health status and health practices. *Preventive Medicine, 1,* 409-421.

Belloc, N. (1973). Relationship of health practices and mortality. *Preventive Medicine, 2,* 67-81.

Belloch, A. (1996). Mentes y cuerpos: amores, desamores y renuncias. *Análisis y Modificación de Conducta, 22,* 235-269.

Benages, A. y Thomas-Ridocci, M. (1987). *Patología motora digestiva.* Madrid: CEA.

Benedetti, F. (2002). How the doctor's words affect the patient's brain. *Evaluation & The Health Proffesions, 25,* 369-386.

Bennett, E., Piesse, C., Badcok, C., Tennant, C. y Kellow, J. (1998). Functional gastrointestinal disorders: psychological, social and somatic features. *Gut, 42, 3,* 414-420.

Ben-Shlomo, Y., Smith, G. D., Shipley, M. S. y Marmot, M. G. (1994). What determines mortality risk in male former cigarrete smokers? *American Journal of Public Health, 84,* 1235-1242.

Benson, H. (1986). *La relajación.* Barcelona, Grijalbo.

Ben-Zur, H., Gilbar, O., y Lev, S. (2001). Coping with breast cancer: Patient, spouse and dyad models. *Psychosomatic Medicine, 62,* 32-39.

Bernstein, D. A. y Borkoveck, T. D. (1983). *Entrenamiento en relajación progresiva.* Bilbao: DDB.

Berger, K., Ajani, U. A., Kase, C. S., Gaziano, J. M., Buring, J. E., Glynn, R. J. y Hennekens, C. H. (1999). Light-to-moderate alcohol consumption and risk of stroke among U.S. male physicians. *New England Journal of Medicine, 341,* 1557-1564.

Bergner, M., Bobbit, R. A. y Pollard, W. E. (1976). The Sickness Impact Profile: Validation of the health status measure. *Medical Care, 14,* 56-67.

Bermejo, L. y Prieto, M. (2006). Teachers' irrational beliefs and their relationship to distress in the profession. *Psychology in Spain, 10,* 88-96.

Berrocal, C. y Ruiz, M. A. (2001). Revisión del estado actual de la investigación sobre el trastorno por atracón. *Psicologemas, 15,* 179-229.

Berstad, A. (1998). Today's therapy of functional gastrointestinal disorders does it help? *European Journal Surgery Suppl, 583,* 92-97.

Bertram, S., Kurland, M., Lydick, E., Locke, G. R. y Yawn, B. P. (2001). The patient's perspective of irritable bowel syndrome. *The Journal of Family Practice, 50,* 521-525.

Birk, L. (1973). *Biofeedback: Behavioral Medicine.* Nueva York: Grune & Stratton.

Bishop, G. D. (1994). *Heath Psychology.* Boston: Allyn and Bacon.

Blanco Picabia, A. (1996). Psicología clínica, psicología de la salud... ¿En qué quedamos? *Análisis y Modificación, 22,* 219-235.

Blanchard, E. B., Andrasik, F., Ahles, T. A., Tedees, S. J. y O'Keffe, D. (1980). Migraine and tension headache. A meta-analytic review. *Behaviour Therapy, 11,* 613-631.

Blanchard, E. B. y Andrasik, F. (1989/1985). *Tratamiento del dolor de cabeza crónico.* Barcelona: Martínez Roca.

Blanchard, E. B., Nicholson, N. L., Radnitz, C. L., Steffek, B. D., Appelbaum, K. A. y Detinger, M. P. (1991). The role of home practice in thermal biofeedback. *Journal of Consulting and Clinical Psychology, 59,* 507-512.

Blanchard, E. B., Lackner, J. M., Gusmano, R., Gudleski, G. D., Sanders, K., Keefer, L. y Krasner, S. (2006). Prediction of treatment outcome among patients with irritable bowel syndrome treated with group cognitive therapy. *Behaviour, Research and Therapy, 44,* 317-337.

Blanchard, E. B., Lackner, J. M., Sanders, K., Krasner, S., Keefer, L., Payne, A., Gudleski, G. D., Katz, L., Rowell, D., Sykes, M., Kuhn, E., Gusmano, R., Carosella, A. M., Firth, R. y Dulgar-Tulloch, L. (2007). A controlled evaluation of group cognitive therapy in the treatment of irritable bowel syndrome. *Behaviour Research and Therapy, 45,* 633-638.

Bleiker, E. M., Hendriks, J. H., Otten, J. D., Verbeek, A. L. y van der Ploeg, H. M. (2008). Personality factors and breast cancer risk: a 13-year follow-up. *Journal of the National Cancer Institute, 100,* 213-218.

Block, L. G., Morwitz, V. G., Putsis, W. P. Jr y Sen, S. K. (2002). Assessing the impact of antidrug advertising on adolescent drug consumption: results from a behavioral economic model. *American Journal of Public Health, 92,* 1346-1351.

Blumenthal, J. A., Babyak, M. A., Moore, K. A., Craighead, W. E., Herman, S., Khatri, P., Waugh, R., Napolitano, M. A., Forman, L. M., Appelbaum, M., Doraiswamy, P. M. y Krishnan, K. R. (1999). Effects of exercise training on older patients with major depression. *Archives of Internnal Medicine, 25,* 2349-2356.

Blumhagen, D. (1980). Hypertension: A Folk Illnes with medical name. *Culture Medical Psychiatry, 4,* 197-227.

Boecker, H., Sprenger, T., Spilker, M. E., Henriksen, G., Koppenhoefer, M., Wagner, K. J., Valet, M., Berthele, A. y Tolle, T. R. (2008). The Runner's High: Opioidergic Mechanisms in the Human Brain. *Cerebral Cortex,* Feb 21.

Bond, G., Aiken, L. y Somerville, J. (1992). The health belief model and adolescents with insulin-dependent-diabetes mellitus. *Health Psychology, 11,* 190-198.

Bonita, R., Duncan, J., Truelsen, T., Jackson, R. T. y Beaglehole, R. (1999). Passive smoking as well as active smoking increases the risk of acute stroke. *Tobacco Control, 8,* 156-160.

Botella, C. y Benedito, C. (1993). *Asma bronquial. Evaluación e intervención en niños y jóvenes.* Madrid: Pirámide.

Botella, C. (1996). En defensa de la psicología clínica. *Análisis y Modificación de Conducta, 22,* 181-219.

Botvin, G., Baker, E., Renick, N., Filazzola, A. y Botvin, E. (1984). A cognitive-behavioral approach to substance abuse prevention. *Addictive Behaviors, 9,* 137-147.

Botvin, G., Baker, E., Dusenbury, L., Tortu, S. y Botvin, E. (1990). Preventing adolescent drug abuse through a multimodal cognitive-behavioral approach: results of a 3-year study. *Journal of Consulting and Clinical Psychology, 58,* 437-446.

Boutelle, K., Neumark-Sztainer, D., Story, M. y Resnick M. (2002).Weight control behaviors among obese, overweight, and nonoverweight adolescents. *Journal of Pediatrics Psychology, 27,* 531-540.

Bowman, S. A. y Spence, J. T. (2002). A comparison of low-carbohydrate vs high-carbohydrate diets: energy restriction, nutrient quality and correlation to body mass index. *Journal of American College Nutrition, 21,* 268-274.

Boyce, P. (2001). Psychologic Therapies for irritable bowel syndrome. *European Journal Surgery Suppl, 4,* 323-331.

Boyce, P., Talley, N. J., Ballaam, B., Koloski, N. A. y Truman, G. (2003). A randomized controlled trial of cognitive behavior therapy, relaxation training, and routine clinical care for the irritable bowel syndrome. *American Journal of Gastroenterology, 98,* 2209-2218.

Brandsma, J. M., Maultsby, M. C. y Wesh, R. J. (1980). *The outpatient treatment of alcoholism: a review and comparative study.* Baltimore: University Park Press.

Brannon, L. y Feist, J. (1997). *Health Psychology. An Introduction to behavior and health.* California: Brooks/Cole.

Brannon, L. y Feist, J. (2001). *Psicología de la Salud.* Madrid: Paraninfo.

Brahm, H., Mallmin, H., Michaelsson, K., Strom, H. y Ljunghall, S. (1998). Relationships between bone mass measurements and lifetime physical activity in a Swedish population. *Calcif Tissue Int, 62,* 400-412.

Brar, A. y Moneta, G. B. (2009). Negative emotions and alcohol dependence symptoms in British Indian and White college students. *Addictive Behavior, 34,* 292-296.

Brenner, H., Berg, G., Lappus, N., Kliebsch, U., Bode, G. y Boeing, H. (1999). Alcohol consumption and Helicobacter pylori infection: results from the German National Health and Nutrition Survey. *Epidemiology, 10,* 214-218.

Brenner, H., Rothenbacher, D., Bode, G. y Adler, G. (1999). Inverse graded relation between alcohol consumption and active infection with Helicobacter pylori. *American Journal of Epidemiololgy, 149,* 571-576.

Breslau, N. y Klein, D. F. (1999). Smoking and panic attacks: an epidemiologic investigation. *Archives of General Psychiatry, 56,* 1141-1147.

Breslow, L. y Enstrom, J. (1980). Persistence of health habits and their relationship to mortality. *Preventive Medicine, 9,* 469-483.

Broman-Fulks, J. J. y Storey, K. M. (2008). Evaluation of a brief aerobic exercise intervention for high anxiety sensitivity. *Anxiety Stress Coping, 21,* 117-128.

Brown, J. B., Harris, S. B., Webster-Bogaert, S., Wetmore, S., Faulds, C. y Stewart, M. (2002). The role of patient, physician and systemic factors in the management of type 2 diabetes mellitus. *Farmacology Practice, 19,* 344-339.

Brown, S., Nesse, R., Vinokur, A. y Smith, D. (2003). Providing social support may be more beneficial than receiving it: results from a prospective study of mortality. *Psychological Science, 14,* 320-327.

Brown, W. J., Ford, J. H. Burton, N. W., Marshall, A. L. y Dobson, A. J. (2005). Prospective study of physical activity and depressive symptoms in middle-aged women. *American Journal of Prevention Medicine, 29,* 265-272.

Brownley, K. A., Berkman, N. D., Sedway, J. A., Lohr, K. N. y Bulik C. M. (2007). Binge eating disorder treatment: a systematic review of randomized controlled trials. *Interantional Journal of Eating Disordes, 40*, 337-48.

Brownell, K. D. (1980). *The partnership diet program*. Nueva York, Rawson-Wade Publishers.

Brownell, K. D. (1994a). The dieting maelstrom: Is it possible and advisable to lose weight? *American Psychologist, 49*, 781-791.

Brownell, K. D. (1994b). Medical metabolic, and psychological effects of weight cycling. *Archives of Internal Medicine, 154*, 1325-1330.

Buckalew, L. y Sallis, R. E. (1986). Patient compliance and medication perception. *Journal of Clinical Psychology, 42*, 245-248.

Burros, M. (1996, January 3). En an about-face, U.S. says alcohol has health benefits. *New York Times*, pp. A1,C2.

Byrne, L. S. (1973). Hipnosis and the irritable bowel. Case, histories, method and speculation. *American Journal of Clinic Hypnosis, 15*, 263-265.

Cáceres, J. y Escudero, V. (2002). *Relación de pareja en jóvenes y embarazos no deseados*. Madrid: Pirámide.

Cacioppo, J. T. y Hawkley, L. C. (2003). Social isolation and health, with an emphasis on underlying mechanisms. *Perspectives in Biology and Medicine, 46*, S39-52.

Cady, R., Schreiber, C., Farmer, K. y Sheftell, F. (2002). Primary headaches: a convergence hypothesis. *Headache, 42*, 204-216.

Cady, R. K. (2007). The convergence hypothesis. *Headache, 47*, Suppl, 1S44-51.

Calvo, F. y Díaz, M. D. (2004). Apoyo social percibido: características psicométricas del cuestionario caspe en una población urbana geriátrica. *Psicothema, 16*, 570-575.

Camacho, L. y Arnate, M. T. (2003). Creencias, afrontamiento y estado de ánimo deprimido en pacientes con dolor crónico. *Psicothema, 15*, 464-470.

Cannon, W. B. (1932). *The Wisdom of the Body*. Nueva York: Norton.

Carballeira, M. y Marrero, R. (2000). Variables psicológicas implicadas en los problemas eméticos de los enfermos de cáncer. *Clínica y Salud, 11*, 289-308.

Carey, M. P. y Burish, T. G. (1988). An aetology and treatment of the pshychological side-effects associated with cancer chemotherapy. *Psychological Bulletin, 104*, 307-325.

Carlson, L. E., Speca, M., Patel, K., y Goodey, E. (2003). Mindfulness-based stress reduction in relation to quality of life, mood, symptoms of stress, and immune parameters in breast and prostate cancer outpatients. *Psychosomatic Medicine, 65*, 571-581.

Carrobles, J. A. y Godoy, J. (1987). *Biofeedback*. Barcelona: Martínez Roca.

Carroll, D. y Sears, K. (1998). Relaxation for the relief of chronic pain: a systematic review. *Journal of Advanced Nursing, 27*, 476-487.

Carroll, D., Ebrahim, S., Tilling, K., Macleod, J. y Smith, G. D. (2002). Admissions for myocardial infarction and World Cup football: datebase survey. *British Medical Journal, 325*, 1439-1442.

Carver, C. S., Scheier, M. F. y Weintraub, J. K. (1989). Assessing coping strategies: A theoretically based approach. *Journal of Personality and Social Psychology, 56*, 267-283.

Castillo, A., Garayoa, J. A., Pérez Testor, S. y Aubareda Magriña, M. (1996). El abandono de los tratamiento psicoterapéuticos. *Clínica y Salud, 7*, 271-292.

Cengiz, E., Unalan, H., Tugrul, A. y Ekerbicer, H. (1997). Biofeedback assissted relaxation in essential hypertension: short term follow-up of contributing effects of pharmacotherapy on blood pressure and heart rate. *Yonsei Medical Journal, 38*, 86-90.

Centers for Disease Control (1991). Smoking-attributable mortality and years of potential life lost-U.S., 1988. *Morbidity and Mortality Weekly Report, 40*, 69-71.

Centers for Disease Control and Prevention (1994). Reasons for tobacco use and symptoms of nicotine withdrawal among adolescent and young adult tobacco users-U.S., 1993. *Morbidity and Mortality Weekly Report, 43*, 745-750.

Champion, V. L. (1990) Breast self-examination in women 35 and older: A prospective study. *Journal of Behavioral Medicine, 13*, 523-538.

Ching, P. L., Willet, W. C., Rimm, E. B., Colditz, G. A., Gortmarker, S. L., Stampfer, M. J. (1996). Activity level and risk of overweight in male health proffesionals. *American Journal of Public Health, 86*, 25-30.

Clouse, R., Lustman, P., Geisman, R. y Alpers, D. (1994). Antidepressant Therapy in 138 patients with irritable bowel syndrome. *Aliment Pharmacol Therapy, 8, 4*, 409-416.

Cobb, S. y Rose, R. M. (1973). Hypertension, pelpitc ulcer and diabetes in traffic controllers. *Journal of American Medical Association, 224*, 489-492.

Cohen, D. y Coff, D. M. (1978). Conditioned heart rate change in the pigeon: Analysis and prediction of acquisition patterns. *Physiology and Psychology, 6,* 127-141.

Cohen, S., Tyrrell, D. y Smith, A. (1991). Psychological stress and susceptibility to the common cold. *New England Journal of Medicine, 325,* 606.

Coleman, V. (1985). Physician behavior and compliance. *Journal of Hypertension, 3,* 69-71.

Collins, D. L. (1983). Coping with chronic stress at Three Mile Island. *Health Psychology, 2,* 149-163.

Collins, D. L. (2002). Human response to the threat of exposure to ionizing radiation at the Three Mile Island, Pennsylvania, and Goiane, Brazil. *Military Medicine, 167,* 137-138.

Comeche, M. I., Díaz, M. I. y Vallejo, M. A. (1995). Intervención comportamental en las cefaleas funcionales. En J. M. Buceta y A. M. Bueno (Eds.), *Psicología y salud. Control del estrés y trastornos funcionales.* Madrid: Dykinson.

Comeche, M. I., Vallejo, M. y Díaz, M. (1997). Tratamiento psicológico de las cefaleas: potenciación de los efectos terapéuticos mediante un acercamiento activo-pasivo. *Análisis y Modificación de Conducta, 23,* 527-551.

Comeche, M. I., Vallejo, M. y Díaz, M. (2000). Tratamiento psicológico de las cefaleas: Predicción de la mejoría en un acercamiento activo-pasivo. *Psicothema, 12,* 55-63.

Compas, B. E., Haaga, D. A., Keefe, F. J., Leitenberg, H. y Williams, D. A. (1998). Sampling of empirically supported psychological treatment from health psychology: Smoking, chronic pain, cancer and bulimia nervosa. *Journal of Consulting and Clinical Psychology, 66,* 89-112.

Condra, M., Morales, A., Owen, J. A., Surridge, D. H. y Fenemore, J. (1986). Prevalence and significance of tobacco smoking in impotence. *Urology, 27,* 495-498.

Connor, E. M. (1994). Reduction of maternal-infant transmission immunodeficiency virus type 1 with zivoduvine treatment. *New England Journal of Medicine, 331,* 1173-1180.

Cooper, K. H. (1994). *Dr. Kenneth H. Coopers antioxidant revolution.* Nashville: T. N. Nelson.

Costa, M. y López, E. (2008). *Eduación para la salud. Guía práctica para promover estilos de vida saludables.* Madrid: Pirámide

Courneya, K. S. y Friendenreich, C. M. (2001). Framework PEACE. An orgational model for examining physical exercise across the cancer experience. *Annals of Behavioral Medicine, 23,* 263-272.

Crawford, D. A., Jeffery, R. W. y French, S. A. (1999). Television viewing, physical inactivity and obesity. *International Journal of Obesity and Related Metabolic Disorders, 23,* 437-40.

Creed, F. (1999). The relationship between psychosocial parameters and outcome in irritable bowel syndrome. *American Journal Medicine, 107(5A),* 74S-80S.

Creer, T. (1979). *Asthma Therapy: A behavioral health care system for respiratory disorders.* Nueva York: Springer.

Creer, T. L., Backial, M., Ullman, S. y Leung, P. (1986). *Living with asthma.* NIH Publication No 86-2364: U.S. Departament of Health & Human Services, Washintong, D.C.

Creer, T. L., Wigal, J., Tobin, D., Kotses, H., Snyder, S. y Winder, J. (1989). The Revised Asthma Problem Checklist, *Journal of Asthma, 26,* 17-29.

Creer, T. L. (1993). Medication compliance and childhood asthma. En N. A. Krasnegor, L. Epstein, S. Z. Johnson y S. J. Yaffe (Eds.), *Developmental Aspects of Health Compliance Behavior.* Hillsdale: Lawrence Erlbaum.

Crues, D. G., Antoni, M. H. y Mc Gregor, B. A. (2000). Cognitive-behavioral stress Management reduces serum cortisol by enhancing benefit finding among women being treated by early stage breast cancer. *Psychosomatic Medicine, 62,* 304-308.

Cruzado, J. A. y Olivares, M. E. (1996). Intervención psicológica en pacientes con cáncer. En J. M. Buceta y A. M. Bueno (Eds.), *Tratamiento psicológico de hábitos y enfermedades.* Madrid: Pirámide.

Cruzado, J. A. (2006). La formulación clínica en psicooncología: un caso de depresión, aversión a alimentos y problemas maritales en una paciente con cáncer de mama. *Psicooncología, 3,* 175-187.

Cuesta, V. (1991). Medición de la presión arterial por medio de aparatos automáticos. *Hipertensión, 8,* 153-163.

Cutler, J., Follmann, D. y Allender, P. S. (1997). Randomized trials of sodium reduction: an overview. *American Journal of Clinical Nutrition, 65,* 643S-651S.

Champion, V. L. (1990). Breast self-examination in women 35 and older: A prospective study. *Journal of Behavioral Medicine, 13,* 523-538.

Dahl, J. y Lundgren, T. (2006). *Acceptance and Commitment Therapy (ACT) in the treatment of chronic pain*. En R. A. Baer (Ed.). Mindfulness-based treatment approach. San Francisco: Academic Press.

Dallman, M. F., Pecoraro, N., Akana, S. F., La Fleur, S. E., Gomez, F., Houshyar, H., Bell, M. E., Bhatnagar, S., Laugero, K. D. y Manalo, S. (2003). Chronic stress and obesity: a new view of «comfort food». *Proceedings of the National Academy of Science of USA, 100*, 11696-11701.

Dancey, C., Thagavi, M. y Fox, R. (1998). The relationship betwen daily stress and symptoms of irritable bowel syndrome. *Journal Psychosomatic Research, 44*, 537-545.

Dansinger, M. L., Gleason, J. A., Griffith, J. L., Selker, H. P. y Schafer, E. J. (2005). Comparison of the Atkins, Ornish, Weight Watchers, and Zone diets for weight loss and heart disease risk reduction: a randomized trial. *JAMA, 293*, 43-53.

Das, S. K., Roberts, S. B., McCrory, M. A., Hsu, L. K., Shikora, S. A., Kehayias, J. J., Dallal, G. E. y Saltzman, E. (2003). Long-term changes in energy expenditure and body composition after massive weight loss induced by gastric bypass surgery. *American Journal of Clinical Nutrition, 78*, 22-30.

Davidson, M. (1986). *Diabetes mellitus: Diagnosis and Treatment*. Nueva York: Wiley and Sons.

Dawber, T. R. (1980). *The Framingham study: The epidemiology of atheroesclerotic disease*. Cambrigde, MA: Harvard University Press.

De la Fuente, R. y Stoessl, A. J. (2002). The biochemical bases for reward. Implications for the placebo effect. *Evaluation & The Health Proffesions, 25*, 399-405.

De la Fuente-Fernández, R. (2007). Placebo, placebo effect and clinical trials. *Neurologia, 22*, 69-71.

Del Río, C., Torres, I. y Borda, M. (2002). Comorbilidad entre la bulimia nerviosa purgativa y los trastornos de personalidad según el Inventario Clínico Multiaxial de Millon (MCMI-II). *Revista Internacional de Psicología Clínica y de la Salud, 2*, 425-438.

Demierre, M. F., Brooks, D., Koh, H. K. y Geller, A. C. (1999). Knowledge, awareness, and perceptions of the association between skin aging and smoking. *Journal of Public American Academy of Dermatology, 41*, 27-30.

De Vreede-Swagemakers, J. J., Gorgels, A. P., Weijenberg, M. P., Dubois-Arbouw, W. I., Golombeck, B., van Ree, J. W., Knottnerus, A. y Wellens, H. J. (1999). Risk indicators for out-of-hospital cardiac arrest in patients with coronary artery disease. *Journal of Clinical Epidemiology, 52*, 601-607.

Díaz, M., Comeche, M. I. y Vallejo, M. A. (2003). Tratamientos psicológicos eficaces en el dolor crónico. En M. Pérez, J. R. Fernández, C. Fernández e I. Amigo (Eds.), *Guía de tratamientos psicológicos eficaces*. Madrid: Pirámide.

Díaz, M. A., Comeche M. I. y Mas, B. (2007). Protocolized cognitive-behavioural group therapy for inflammatory bowel disease. *Revista Española de Enfermería Digestiva, 99*, 593-598.

Dickinson, H. O., Mason, J. M., Nicolson, D. J., Campbell, F., Beyer, F. R., Cook, J. V., Williams, B. y Ford, G.A. (2006). Life style intervention to reduce raised blood pressure: a systematic review of randomized controlled trials. *Journal of Hypertension, 24*, 215-233.

Dickinson, H. O., Campbell, F., Beyer, F. R., Nicolson, D. J., Cook, J. V., Ford, G. A. y Mason, J. M. (2007). Terapias de relajación para el tratamiento de la hipertensión esencial en adultos. En: *La biblioteca Chrocane plus 2007, núm. 4*. Oxford: Update software Ltd.

Dienstbier, R. A. (1989) Arousal and physiological toughness. *Psycholgical Review, 96*, 84.

Di Giuseppe, R., de Lorgeril, M., Salen, P., Laporte, F., Di Castelnuovo, A., Krogh, V., Siani, A., Arnout, J., Cappuccio, F. P., van Dongen, M., Donati, M. B., de Gaetano, G., Iacoviello, L. (2009). European Collaborative Group of the IMMIDIET Project. Alcohol consumption and n-3 polyunsaturated fatty acids in healthy men and women from 3 European populations. *American Journal of Clinical Nutrition, 89*, 354-362.

DiMatteo, M. y DiNicola, D. (1982). *Achieving patient compliance: the psychology of the medical practitioner's role*. Nueva York: Pergamon Press.

Divgi, A. B. (1989). Oncologist-induced vomiting: the Igvid syndrome. *New England Journal of Medicine, 320* (189).

Doyne, E. J., Ossip-Klein, D. J., Bowman, E. D., Osborn, K. M., McDougall-Wilson, I. B. y Neimeyer, R. A. (1987). Running versus weight lifting in the treatment of depression. *Journal of Consulting and Clinical Psychology, 55*, 748-754.

Dragano, N., Bobak, M., Wege, N., Peasey, A., Verde, P. E., Kubinova, R., Weyers, S., Moebus, S., Möhlenkamp, S., Stang, A., Erbel, R., Jöckel, K. H., Siegrist, J. y Pikhart, H. (2007). Neighbourhood socioeconomic status and cardiovascular risk factors: a multilevel analysis of nine cities in the Czech Republic and Germany. *BMC Public Health. 21,* 255.

Driver, H. E. y Swan, P. E. (1987). Alcohol and human cancer (review). *Anticancer Research, 7,* 309-320.

Drossman, D., Sandler, R., McKee, D. y Lovitz, A. (1981). The prevalence of irregular bowel patterns in healthy young adults. *Gastroenterology, 80,* 1139.

Drossman, D., McKee, A., Sandler, R., Mitchell, M., Cramer, E., Lowman, B. y Burger, A. (1988). Psychosocial factors in the irritable bowel syndrome. *Gastroenterology, 95,* 701-708.

Drossman, D. A., Whitehead, W. y Camilleri, M. (1997). Irritable bowel syndrome: A technical review for practice guidelines development. *Gastroenterology, 112,* 2120-2137.

Drossman, D. A., Whitehead, W. E., Toner, N., Diamant, Y., Hu S. y Banbdiwala, J. (2000). What determines severity among patients with painful functional bowel disorders? *American Journal Gastroenterology, 95,* 4, 974-980.

Drossman, D. A., Camilleri, M., Mayer, E. A. y Whitehead, W. E. (2002). AGA technical review on irritable bowel syndrome. *Gastroenterology, 123,* 2108-2131.

Drossman, D. A., Toner, B. B., Whitehead, W. E., Diamant, N. E., Dalton, C. B., Duncan, S., Emmott, S., Proffitt, V., Akman, D., Frusciante K., Le, T., Meyer, K., Bradshaw, B., Mikula, K., Morris, C. B., Blackman, C. J., Hu, Y., Jia, H., Li, J. Z., Koch, G. G. y Bangdiwala, S. I. (2003). Cognitive-behavioral therapy versus education and desipramine versus placebo for moderate to severe functional bowel disorders. *Gastroenterology, 125,* 19-31.

Duda, J. L. (1992). *Sport and exercise motivation: A goal perspective analysis.* En G. C. Roberts (Ed.), Motivation in Sports and Exercise. Champaigne, IL: Human Kinetics.

Dunbar, J. y Agras, W. (1980). Compliance with medical instructions. En J. M. Ferguson y C. B. Taylor (Ed.), *Comprehensive handbook of behavioral medicine* (vol. 3). Nueva York: Spectrum.

Dungan, K. M., Braithwaite, S. S. y Preiser, J. C. (2009). Stress Hyperglycaemia. *Lancet, 373,* 1798-1807.

Dunkel-Schetter, C., Feinstein, L., Taylor, S. y Falke, R.(1992). Patterns of coping with cancer. *Health Psychology, 11,* 79-87.

Echeburúa, E. (1996). La psicología de la salud en España: un camino errado. *Análisis y Modificación de Conducta, 22,* 269-289.

Echeburúa, E. (2001). *Abuso de alcohol.* Madrid: Síntesis.

Edelwich, J. y Brodsky, A. (1980). *Burn-out: Stages of Dissillusionment in the Helping Proffesions.* New York: Human Science Press.

Editorial (1985). ¿Una mente irritable o un intestino irritable? *Lancet (Ed. española), 6,* 278-280.

Edwards, A. G., Hulbert-Williams, N. y Neal, R. D. (2008). Psychological interventions for women with metastatic breast cancer. *Cochrane Database of Systematic Reviews, 16,* CD004253.

Engel, G. L. (1977). The need for a new medical model: A challenge for biomedicine. *Science, 196,* 129-136.

Engelberg, M. J., Gauvin, L., y Steiger, H. (2005). A naturalistic evaluation of the relation between dietary restraint, the urge to binge, and actual binge eating: a clarification. *International Journal of Eating Disorders, 38,* 355-360.

Enstrom, J. E. y Breslow, L. (2008). Lifestyle and reduced mortality among active California Mormons, 1980-2004. *Preventive Medicine, 46,* 133-6.

Epstein, L. y Cluss, P. (1982). A behavioral medicine perspective on adherence to long-term medical regimens. *Journal of Consulting and Clinical Psychology, 50,* 960-971.

Epstein, L. H., Valoski, A., Wing, R. R. y McCurley, J. (1994). Ten-years outcome of behavioral family-based treatment for childhoold obesity. *Health Psychology, 13,* 373-383.

Espada, J. P. y Méndez, F. X. (2003). *Programa SALUDA. Prevención del abuso del alcohol y del consumo de drogas de síntesis.* Madrid: Pirámide.

Espada, J. P., Pereira, J. R. y García, J. M. (2008). Influencia de los modelos sociales en el consumo de alcohol en los adolescentes. *Psicothema, 20,* 531-537.

Esteve, M. R., Ramírez, C. y López, A. (2004). Índices generales *versus* específicos en la evaluación del afrontamiento al dolor crónico. *Psicothema, 16,* 421-428.

Eraker, S., Kirscht, J. y Becker, M. (1984). Understanding and improving patient compliance. *Journal of Applied Behavior Analysis, 11,* 1-9.

Espina, A., Ortego, M. A., Ochoa, I., Yenes, F. y Alemán, A. (2001). La imagen corporal en los trastornos alimentarios. *Psicothema, 13,* 533-538.

European Commission (1999). *A Pan-EU Survey of Con-*

sumer Attitudes to Physical Activity, Body Weight and Health. Luxembourg: EC. DGV/F.3.
Ewart, C. (1993). Health promotion and disease prevention. A social action conception of compliance behavior. En L. E. Krasnegor, S. Bennett-Johnson y J. Yoffe (Eds.), *Developmental aspects of health compliance.* Nueva York: LEA.
Eysenck, H. J. (1968). A theory of the incubation of anxiety/fear responses. *Behaviour Research and Therapy, 6,* 309-321.
Eysenck, H. J. (1976). The learning theory model of neurosis: a new approach. *Behavior Research and Therapy, 14,* 251-267.
Eysenck, H. J. y Grossarth-Maticek, R. (1991). Creative novation behaviour therapy as a prophylactic treatment for cancer and coronary heart disease. II: Effects of treatment. *Behaviour Research and Therapy, 29,* 17-31.
Eysenck, H. J. (1994). *Tabaco, personalidad y estrés.* Barcelona: Herder.
Fairburn, C. G. y Garner, D. M.(1986). The diagnosis of bulimia nervosa. *International Journal of Eating Disorders, 5,* 401-419.
Farthing, M. J. (2004). Treatment options in irritable bowel syndrome. *Best Practice and Research. Clinic Gastroenterology, 18,* 773-786.
Feigin, R., Greenberg, A., Ras, H., Hardan, Y., Rizel, S., Ben, E. y Stemmer, S. M. (2000). The psychological experience of women treated for breast cancer by high-dose chemotherapy supported by autologous stem cell transplant: a qualitative analysis of support groups. *Psycho-Oncology, 9,* 57-68.
Feldman, M., Walker, P., Green, J. y Weingarden, K. (1986). Life events, stress, and psychosocial factors in men with peptic ulcer disease: A multidimensional case-controlled study. *Grastroenterology, 91,* 1370.
Felson, D. T., Zhang, Y., Hannan, M. T., Kannel, W. B. y Kiel, D. P. (1995). Alcohol intake and bone mineral density in elderly mena and women. The Framinghan Study. *American Journal of Epidemiology, 142,* 485-492.
Fernández, M. C. y Vera, M. N. (1996). Evaluación y tratamiento de la obesidad. En J. M. Buceta y A. M. Bueno (Eds.), *Tratamiento psicológico de hábitos y enfermedades.* Madrid: Pirámide.
Fernández-Ballesteros, R. (1994). *Evaluación conductual hoy. Un enfoque para el cambio en psicología clínica y de la salud.* Madrid: Pirámide.

Fernández Ríos, L., Cornes, J. M. y Codesido, F. (1997). Psicología preventiva: situación actual. En G. Buela, L. Fernández Ríos y T. J. Carrasco (Eds.), *Psicología preventiva.* Madrid: Pirámide.
Fernández Rodríguez, C. (1988). Modificación de conducta y mejora en el cumplimiento del tratamiento en diabéticos Tipo II. *Revista Española de Terapia del Comportamiento, 5,* 233-249.
Fernández Rodríguez, C. (1989). Tratamiento psicológico en el síndrome del intestino irritable. *Psicothema, 1,* 71-86.
Fernández Rodríguez, C. y Del Coz García, B. (1990). Investigación conductual en odontología preventiva. Efectos de la educación, feedback y manejo de contingencias para incrementar la higiene bucodental. *RETCO, 8, 1,* 109-122.
Fernández Rodríguez, C. (1990). *Programa de intervención conductual para la mejora de la adhesión al tratamiento diabetológico en deficientes visuales.* ONCE.
Fernández Rodríguez, C. (1996). La adhesión a los tratamientos terapéuticos. *Iberpsicología. Internet, 1,* 1-3.
Fernández Rodríguez, C. y Pérez Álvarez, M. (1996). Evaluación de las implicaciones psicológicas de la diabetes. En G. Buela-Casal, V. E. Caballo y J. C. Sierra (Eds.), *Manual de evaluación en psicología clínica y de la salud.* Madrid: Siglo XXI.
Fernández Rodríguez, C., Amigo, I. y Gónzalez Rato, M. C. (1998). Manejo de estrés en el síndrome del intestino irritable. *Cuadernos de Medicina Psicosomática, 45-46.*
Fernández Rodríguez, C., Pérez, M., Amigo, I. y Linares, A. (1998). Stress management and contingency management in treatment of irritable bowell syndrome. *Stress Medicine,14,* 31-42.
Fernández Rodríguez, C., Padierna, C., Amigo, I., Pérez, M., García, J. M., Fernández, R. y Peláez, I. (2006). Calidad de vida informada por los pacientes oncológicos paliativos. *Index de Enfermería, 52-53,* 30-34.
Fernández-Abascal, E. y Calvo, F. (1985). Modelos psicofisiológicos de la hipertensión. *RETCO, 3,* 71-103.
Fernández-Abascal, E. (1993). *Hipertensión. Intervención psicológica.* Madrid: Eudema.
Ferrer-García, M. y Gutiérrez-Maldonado, J. (2008). Body Image Assessment Software: psychometric data. *Behavior Research Methods, 40,* 394-407.
Ferrer Pérez, A. (1995). «Adherencia a» o «cumplimiento de» prescripciones terapéuticas y de salud. Con-

cepto y factores psicosociales implicados. *Revista de Psicología de la Salud, 7, 1,* 35-61.

Fielding, J. E. (1978). Successes of prevention. *Milbank Memorial Fund Quartely, 56,* 274-302.

Fishbain, D. A. (2000). Non surgical chronic pain treatment outcome: a review. *International Journal of Psychiatry, 12,* 170-180.

Flor, H., Fydrich, T. y Turk, D. C. (1992). Eficcacy of multidisciplinary pain treatment centers: a meta-analytic review. *Pain, 49,* 221-230.

Flor, H., Breitenstein, C., Birbaumer, N. y Fürst, M. (1995). A psychophysiological analysis of spouse solicitiouness towards pain behaviors, spouse interaction and pain perception. *Behavior Therapy, 26,* 255-272.

Folkman, J., Langer, R., Linhart, R., Haudenschild, C. y Taylor, S. (1983). Angiogenesis inhibition and tumor regression caused by heparin or heparin fragment in the presence of cortisone. *Science, 221,* 719.

Folsom, A. R., Kaye, S. A., Sellers, T. A., Hong, C. P., Cerhan, J. D., Poter, J. D. y Prineas, R. J. (1993). Body fat distribution and 5 year risk of death in older women. *Journal of American Medical Association, 269,* 483-487.

Font, A. (2003). Revisión y evaluación de las intervenciones psicológicas eficaces en el cáncer. En M. Pérez, J. R. Fernández, C. Fernández e I. Amigo (Eds.), *Guía de tratamientos psicológicos eficaces.* Madrid: Pirámide.

Fontham, E. T., Correa, P., Reynolds, P., Wu-Williams, A., Bufler, P. A. Grenberg, R. S., Chen, V., Alterman, T., Boyd, P., Austin, D. y Liff, J. (1994). Enviromental tobacco smoke and lung cancer in non-smoking women: A multicenter study. *Journal of American Medical Association, 271,* 1952-1959.

Forbes, A., MacAuley, S. y Chiotakakou-Faliakou, E. (2000). Hypnotherapy and therapeutic audiotape: effective in previously unsuccessufully treatted irritable bowel syndrome. *International Journal Colorectal Diseases, 15,* 328-334.

Fordyce, W. E. (1976). *Behavioral methods for chronic pain and Illness.* St Louis: Mosby.

Fordyce, W. E. (1988). Pain and suffering: A reappraisal. *American Psychologist, 43,* 276-283.

Foster, G, Taylor, S. J., Eldridge, S. E., Ramsay, J. y Griffiths, C. J. (2007). Self-management education programmes by lay leaders for people with chronic conditions. *Cochrane Database Systematic Review, 17* (4): CD005108.

Fox, B. H. (1988). Psychogenic factors in cancer, especially its incidence. En S. Maes, C. D. Spielberg, I. B. Defares y I. G. Sarason (Eds.), *Topics in Heatlh Psychology.* Chichester: Wiley.

Frank, J. D. (1973). *Persuasion and healing. A comparative study of psychotherapy.* Baltimore: John Hopkins University Press.

Freedman, D. S., Byers, T., Barrett, D. H., Stroup, N. E. y Moroe-Blum, H. (1995). Plasma lipid levels and psychologic characteristics in men. *American Journal of Epidemiology, 141,* 507-517.

Freedman, D. S., Williamson, D. F., Croft, J. B., Ballew, C. y Byers, T. (1995). Relationship of body fat distribution to ischemic heart disease: the National Health and Nutrition Examination Survey: Epidemiologic Follow-up Study. *American Journal of Epidemiology, 142,* 53-63.

Fremont, J. y Craighead, L. W. (1987). Aerobic exercise and cognitive therapy in the treatment of disphoric moods. *Cognitive Therapy and Research, 11,* 241-251.

Fremont, W. P. (2004). Childhood reactions to terrorism-induced trauma: a review of the past 10 years. *Journal American Academy of Child and Adolescent Psychiatry, 43,* 381-392.

French, S. A., Jeffery, R. W., Sherwood, N. E. y Neumark-Sztainer, D. (1999). Prevalence and correlates of binge eating in a nonclinical sample of women enrolled in a weight gain prevention program. *International Journal of Obesity and Relatated Metabolic Disorders, 23,* 576-585.

Freudenberger, H. J. (1974). Staff burn-out. *Journal of Social Issues, 30,* 159-165.

Friedman, M. y Snape, W. (1946). Color changes in the mucosa of the colon in children as a affected by food and psychic stimuli. *American Psychological Society. Federation Proceeding, 5,* 30-31.

Friedman, S. B. (1970). The challenge in behavioural pediatrics. *Journal of Pediatrics, 77,* 172-173.

Fronkova, R., Ehrlich, W. y Slegr, L. (1975). Die Kreislauganderug beim humde wahred des bedingten und unbedingten nahrung-reflexes un seiner hemmung. *Pflügers Archives, 263,* 704-712.

Funnell, M. M. (2009). Peer-based behavioural strategies to improve chronic disease self-management and clinical outcomes: evidence, logistics, evaluation consideratiiosn and needs for future research. *Family Practice.*

Futterman, L. G. y Myerburg, R. (1998). Sudden death in athletes: an update. *Sports Medicine, 26,* 335-350.

Galán, A., Pérez, M. A. Martín, A. y Borda-Mas, M. (2008). Calidad de vida de los trasplantados en relación a otras situaciones médicas estresantes vividas por los enfermos pulmonares. *Psicothema, 20,* 266-272.

García, E., Godoy, D., Godoy, J., Pérez, M. y López, I. (2007). Gender differences in pressure pain threshold in a repeated measures assessment. *Psychology, Health and Medicine, 12,* 567-579.

García, Y., Gorospe, A., López, A. B. y Vázquez, I. (1997). Culpa en toxicomanías y sida. *Clínica y Salud, 8,* 333-346.

García Huete, E. (1991). Prevención del sida. En G. Buela y V. Caballo (Eds.), *Manual de psicología clínica aplicada.* Madrid: Siglo XXI.

García-Mas, A. y Gimeno, F. (2008). La Teoría de Orientación de Metas en educación física. *Apuntes de Psicología, 26,* 129-142.

García Vera, M. P., Labrador. F. y Sanz, J. (1997). Stress management training for essential hypertension: a controlled study. *Applied Psychophysiological Biofeedback, 22,* 261-283.

García Vera, M. P. y Sanz, J. (1999). How many measurements of blood pressure readings are needed to estimate hypertensive patient's «true» blood pressure? *Journal of Behavioral Medicine, 22,* 93-113.

García-Vera, M. P., Sanz, J. y Labrador, F. J. (2004). Blood pressure variability and stress management training for essential hypertension. *Behavioral Medicine, 30,* 53-62.

García-Vera, M. P. y Sanz, J., (2006). Análisis de la situación de los tratamientos para dejar de fumar basado en la terapia cognitvo-conductual y en parches de nicotina. *Psicooncología, 3,* 269-289.

García-Vera, M. P. Sanz, J. y Labrador F. J. (2007). Orienting-defense responses and psychophysiological reactivity in isolated clinic versus sustained hypertension. *Clinical and experimental hypertension, 29,* 175-188.

Garret, N.A., Brasure, M., Schmitz, K.H., Schultz, M.M. y Hubber, M.R. (2004) Physical inactivity: direct cost to a health plan. *American Journal of Prevention Medicine, 27,* 304-9.

Gatchel, R. J. y Oordt, M. S. (2003). *Clinical Health Psychology and Primary Care: Practical Advice and Clinical Guidance for Successful Collaboration*; Washington, DC: American Psychological Association.

Gavino, A. y Godoy, A. (1993). Motivos de abandono en terapia de conducta. *Análisis y Modificación de Conducta, 19,* 511-536.

Gaziano, J. M., Buring, J. E., Breslow, J. L., Goldhaber, S. Z., Rosner, B., VanDenburgh M., Willett, W. y Hennekens, C. H. (1993). Moderate alcohol intake, increased levels of high-density lipoprotein and its subfractions, and decreased risk of myocardial infarction. *New England Journal fo Medicine, 329,* 1829-1834.

Gaziano, J. M., Gaziano, T. A., Glynn, R. J., Sesso, H. D., Ajani, U. A., Stampfer, M. J., Manson, J. E., Hennekens, C. H. y Buring, J. E. (2000). Light-to-mode-rate alcohol consumption and mortality in the Physicians' Health Study enrollment cohort. Light-to-moderate alcohol consumption and mortality in the Physicians' Health Study enrollment cohort. *Journal of American College of Cardiology, 35,* 96-105.

Gerardi, R., Blanchard, E. B. y Andrasik, F. (1985). Psychological dimensions of office hypertension. *Behaviour Research and Therapy, 23,* 609-612.

Gifford, R. y Tarazi, R. C. (1978). Resistent hypertension: Diagnosis and Management. *Annals of Internal Medicine, 88,* 661-665.

Gil, M. D. y Ballester, R. (2002). Inicio temprano de consumo de alcohol entre niños de 9 a 14 años. *Análisis y Modificación de Conducta, 28,*165-213.

Gil-Monte, P. y Peiró, J. M. (1997). *Desgaste Psíquico en el Trabajo: El Síndrome de Quemarse.* Madrid: Síntesis.

Gil-Monte, P. (2005). *El Síndrome de Quemarse por el Trabajo.* Madrid: Pirámide.

Gil Roales-Nieto, J. (1990). Programas de educación en diabetes. En A. Polaino y J. Gil Roales-Nieto (Eds.), *La diabetes.* Barcelona: Martínez Roca.

Gil Roales-Nieto, J. (1991). Intervención conductual en diabetes. Procedimientos de discriminación de niveles de glucosa en sangre. En J. Gil Roales-Nieto (Ed.), *Medicina conductual. Intervenciones conductuales en problemas médicos y de salud.* Granada: Universidad de Granada. Servicio de Publicaciones.

Gil Roales-Nieto, J. y Vilchez Joya, R. (1993). *Diabetes. Intervención psicológica.* Madrid: Eudema.

Gil Roales-Nieto, J. y Luciano, M. C. (1996). Acerca de la psicología clínica y de la salud, su delimitación, coincidencia y diversidad y algunas reflexiones al hilo. *Análisis y Modificación de Conducta, 22,* 269-289.

Gil Roales-Nieto, J. (1996). *Proyecto docente e investigador*, Universidad de Almería.

Gila, A. y Martín-Mateos, M. A. (1991). *El niño asmático*. Barcelona: Martínez Roca.

Gilbar, O. y Zusman, A. (2007). The correlation between coping strategies, doctor-patient/spouse relationships and psychological distress among women cancer patients and their spouses. *Psychooncology, 16,* 1010-1018.

Givovino, G. A., Schooley, M., Zhu, B., Chrismon, J. H., Tomar, S. L., Peddiccord, J. P., Merritt, R. K., Housten, C. G. y Eriksen, M. P. (1994). Surveillance for selected tobacco-use behaviors -United States, 1990-1994. *Morbidity and Mortality Weekly Report, 43* (SS-3).

Gladstone, J., Eross, E. y Dodick, D. (2003). Chronic daily headache: a rational approach to a challenging Problem. *Seminars in Neurology, 23,* 265-76.

Gladstone, J. P. y Dodick, D. W. (2004). Revised 2004 International Classification of Headache Disorders: new headache types. *The Canadian Journal of Neurological Sciences, 31,* 304-314.

Godoy, J. (1999). Psicología de la salud. Delimitación conceptual. En M. A. Simón (Ed.), *Manual de psicología de la salud.* Madrid: Biblioteca Nueva.

Godoy, J., Sanchez-Huete, J. y Muela, J. (1994). Evaluación del nivel de comunicación médico-paciente en la consulta ambulatoria. *Revista de Psicología de la Salud, 6, 1,* 103-122.

Goetsch, V. (1993). Estrés y nivel de glucosa en sangre en diabetes mellitus: revisión y comentario metodológico. En J. Gil Roales-Nieto y M. de la Fuente (Eds.), *Psicología y diabetes: áreas de intervención y aplicaciones.* Almería: IEA.

Goetsch, V. (1993). Estrés y nivel de glucosa en sangre. En J. Gil y M. de la Fuente (Eds.), *Psicología y diabetes: áreas de intervención y aplicaciones.* Almería: IEA.

Goldman, D. P. y Smith, J. P (2002). Can patient self-management help explain the SES health gradient. *Prot. Natl. Acad. Sci. USA, 99,* 10929-10934.

González, C. A. (1984). *Análisis epidemiológico del cáncer en la actualidad*. I Jornadas de Psicología Oncológica. Asociación Española contra el Cáncer.

Gordis, L. (1976). Methodological issues in the measurement of patient compliance. En D. Sackett y R. Haynes (Eds.), *Compliance with therapeutic regimens.* Baltimore: Johns Hopkins University Press.

Gordon, T. y Kannel, W. B. (1984). Drinking and mortality: The Framinghan study. *American Journal of Epidemiology, 120,* 97-107.

Grady, D. E. V. (1992). Does cigarrete smoking make you ugly and old? *American Journal of Epidemiology, 135,* 839-842.

Graham, K., Massak, A., Demers, A. y Rehm, J. (2007). Does the association between alcohol consumption and depression depend on how they are measured? *Alcoholism Clinical Experimental Research, 31,* 78-88.

Gram, I. T., Funkhouser, E. y Tabar, L. (1999). Moderate physical activity in relation to mammographic patterns. *Cancer Epidemiology Biomarkers Prevention, 8,* 117-22.

Grande Covián, F. (1988). *Nutrición y salud*. Madrid: Temas de Hoy.

Gray, J. (1971). *La psicología del miedo*. Madrid: Guadarrama.

Grazzi, L., D'Amico, D. y Bussone, G. (1992). Italian experience of electromyographic biofeedback for tension headache: Clinical results and one year of follow-up. *Headache Quarterly, 3,* 421-435.

Green, J. (1989). Consuelling in HIV infection and AIDS. En S. Pearce y J. Wardle (Eds.), *The practice of behavioural medicine.* Oxford: BPS Books.

Grégoire, J., Moisan, J., Guibert, R., Ciampi, A. y Milot, A. (2006). Predictors of self-reported noncompliance with antihypertensive drug treatment: a prospective cohort study. *The Canadian Journal of Cardiology, 22,* 323-329.

Grevert, P., Albert, L. H. y Goldstein, A. (1983). Partial antagonism of placebo analgesia by naloxone. *Pain, 16,* 129-143.

Groenman, N. H., Vlaeyen, J. W., Van Eek, H. y Schuerman, J. (1990). Chronic pain. En A. A. Kaptein (Ed.), *Behavioural medicine. Psychological treatment of somatic disorders.* Chichester: John Wiley and Sons.

Grossman, P., Niemann, L., Schmidt, S. y Walach H. (2004). Mindfulness-based stress reduction and health benefits. A meta-analysis. *Journal of Psychosomatic Research, 57,* 35-43.

Grossarth-Maticek, R. (1980). Social Psychotherapy and course of the disease. *Psychotherapy and Psychosomatics, 33,* 129-138.

Grossarth-Maticek, R., Eysenck, H. J. y Vetter, H. (1988). Personality type, smoking habit and their interaction as predictors of cancer and coronary heart disease. *Personality and Individual Differences, 9,* 479-495.

Grossarth-Maticek, R. y Eysenck, H. J. (1990). Prophylactic effects of psychoanalysis on cancer-prone and coronary heart disease-prone probands, as compared with control groups and behavior therapy groups. *Journal of Behavior Therapy and Experimental Psychiatry, 21,* 91-99.

Grossarth-Maticek, R. y Eysenck, H. J. (1991). Creative novation behaviour therapy as prophylactic treatment for cancer and coronary heart disease. I: Description and treatment. *Behaviour Research and Therapy, 29,* 1-16.

Grossarth-Maticek, R., Eysenck, H. J., Boyle, G. J., Heeb, J., Costa, S. D. y Diel, I. J. (2000). Interaction of psychosocial and physical risk factors in the causation of mamary cancer and its prevention through psychological methods of treament. *Journal of Clinical Psychology, 56,* 35-50.

Guagnano, M. T., Ballone, E., Pace-Palitti, V., Vecchia, R. D., D'Orazio, N., Manigrasso, M. R., Merlitti, D. y Sensi, S. (2000). Risk factors for hypertension in obese women. The role of weight cycling. *European Journal of Clinical Nutrition, 54,* 356-60.

Guthrie, E., Creed, F. y Dawson, D. (1993). A randomised controlled trial of psychotherapy in patients with refractory irritable bowel syndrome. *British Journal Psychiatry, 163,* 315-321.

Guyton, A. (1976). *Text book of medical physiology.* Philadelphia: Saunders.

Guyton, A. (1977). Personal views on mechanisms of hypertension. En J. Genest, E. Koiw y O. Kuchel (Eds.), *Hypertension: Physiophatology and treatment.* Nueva York: McGraw-Hill.

Hagedoorn, M., Kuijer, R. G., Buunk, B., Dejong, G., Woobes, T. y Sandermand, R. (2000). Marital satisfacction in patients with cancer: Does support for intimate partners benefic those who need it most? *Health Psychology, 19,* 274-282.

Halbert, J. A., Silagy, C. A., Finucane, P., Withers, R. T. y Hamdorf, P. A. (1999). Exercise training and blood lipids in hyperlipidemic and normolipidemic adults: a meta-analysis of randomized, controlled trials. *European Journal of Clinical Nutrition, 53,* 514-522.

Hanson, R. (1986). Physican-patient communication and compliance. En A. N. K. Gerber (Ed.), *Compliance: the dilemma of the chronically ill.* Nueva York: Springer.

Harrington, S., McGurk, M., Llewellyn, C. D. (2008). Positive consequences of head and neck cancer: key correlates of finding benefit. *Journal of Psychosocial Oncology, 26,* 43-62.

Hartz, A. J., Rupley, D. C. y Rimm, A. A. (1984). The association of girth measurements with disease in 32856 women. *American Journal of Epidemiology, 119,* 71-80.

Harvey, R. F., Hinton, R. y Gurany R. (1989). Individual and group hypnotherapy in the treatment of refractory irritable bowel syndrome. *Lancet, 1,* 424-425.

Hassmen, P., Koivula, N. y Uutela, A. (2000). Physical Exercise and Psychological Well-Being: A Population Study in Finland. *Preventive Medicine, 30,* 17-25.

Hatch, J., Supik, J. D., Ríos, N., Fisher, J. G. y Bauer, R. L. (1985). Combined behavioral and pharmacological treatment of hypertension. *Bioffedback and Self-Regulation, 10,* 119-138.

Hay, P. J., Bacaltchuk, J. y Stefano, S. (2004). Psychotherapy for bulimia nervosa and binging. *Cochrane Database Systematic Review, 3,* CD000562.

Hayes, S. C., Strosahl, K. D. y Wilson, K. G. (1999). *Acceptance and Commitment Therapy: An Experiental Approach to Behavior Change.* New York: Guilford Press.

Hayes, S. C. y Strosahl, K. D. (2004). *A Practical Guide of Acceptance and Commitment Therapy.* New York: Springer.

Haynes, R., Wang, E. y Da Mota, M. (1987). A critical review of interventions to improve compliance with prescribed medications. *Patient Education and Counseling, 10,* 155-166.

Haynes, S. N., Gannon, L. R., Bank, J., Shelton, D. y Goodwin, J. (1990). Cephalic blood flow correlates of induced headaches. *Journal of Behavioral Medicine, 13,* 467-480.

Heefner, J., Wilder, R. y Wilson, I. (1978). Irritable colon and depresion. *Psychosomatics, 19,* 540-547.

Hegel, M., Ayllon, T., Thiel, G. y Oulton, B. (1992). Improving adherence to fluid restrictions in the male hemodialysis patients. A comparison of cognitive and behavioral approaches. *Health Psychology, 11,* 324-330.

Helmrich, S. P., Ragland, D. R., Leung, R. W. y Paffenbarger, R. S. (1991). Physical actitivity and reduced ocurrence of non-insulin-dependet diabetes melitus. *New England Journal of Medicine, 325,* 147-152.

Hennig, J. (1994). Biopsychological changes after bunge jumping. *Neuropsychobiology, 29,* 8-35.

Hennig, P. y Knowles. A. (1990). Factors influencing women over 40 years to take precautions against cervical cancer. *Journal of Applied Social Psychology, 20,* 1612-1621.

© Ediciones Pirámide

Herman, C. P. y Polivy, J. (1984). *A boundary model for the regulation of eating*. En A. J. Stunkard y E. Stellar (Eds.). *Eating and its disorder*, Nueva York: Raven Press.

Herrera, J. y Amigo, I. (2001). El hipertenso y sus hábitos personales. El tratamiento no farmacológico de la hipertensión esencial. En J. Ocón, J. Abellán y J. Herrera (Eds.), *Sobre la persona hipertensa*. Madrid: Ergon.

Hilbert, A. y Tuschen-Caffier, B. (2007). Maintenance of binge eating through negative mood: a naturalistic comparison of binge eating disorder and bulimia nervosa. *International Journal of Eating Disordes. 40*, 521-530.

Hill, M. J. (1999). Diet, physical activity and cancer risk. *Public Health Nutrition, 2*, 397-401.

Hill, J. (2007). Delivering patient education for people with diabetes. *Nursing Times, 103*, 28-29.

Hobden, A. (2006). Strategies to promote concordance within consultations. *British Journal of Community nursing, 11*, 286-289.

Holmes, T. H. y Rahe, R. H. (1967). The social readjustment rating scale. *Journal of Psychosomatic Research, 11*, 213-218.

Holroyd, K. A. y Penzien, D. B. (1994). Pharmacological versus nonpharmacological prophylaxis of recurrent migraine headache: A meta-anlytic review of clinical trials. *Pain, 42*, 1-13.

Holroyd, K. A. y Drew, J. B. (2006). Behavioral approaches to the treatment of migraine. *Seminars in Neurology, 26*, 199-207.

Holt-Lunstad, J., Birmingham, W. y Jones, B. Q. (2008). Is there something unique about marriage? The relative impact of marital status, relationship quality, and network social support on ambulatory blood pressure and mental health. *Annals of Behavioral Medicine, 35*, 239-244.

House, J. S., Landis, K. R. y Umberson, D. (1988). Social relationships and health. *Science, 241*, 540-545.

Hu, F. B., Sigal, R. J., Rich-Edwards, J. W., Colditz, G. A., Solomon, C. G., Willett, W. C., Speizer, F. E. y Manson, J. E. (1999). Walking compared with vigorous physical activity and risk of type 2 diabetes in women: a prospective study. *Journal of American Medical Association, 282*, 1433-1439.

Huang, Z., Willet, W. C., Colditz, G. A., Hunter, D. J., Manson, J. E., Rosner, B., Spiezer, F. E. y Hankinson, S. E. (1999). Waist circumference, waist: hip ratio, and risk of breast cancer in the Nurses' Heath Study. *American Journal of Epidemiology, 150*, 1316-1324.

Huertas-Ceballos, A., Logan, S., Bennett, C. y Macarthur, C. (2008). Psychological interventions for recurrent abdominal pain (rap) and irritable bowel syndrome. *Cochrane Database Systematic Review, 23*, CD003014.

Humble, C., Croft, J., Gerber, A., Casper, M., Hames, C. y Tyroler, H. (1990). Passive smoking and 20-years cardiovascular disease mortality among nonsmoking wives, Evans County, Georgia. *American Journal of Public Health, 80*, 599-601.

Hutton, J.M. (2008). Iusses to consider in cognitive-behavioural therapy for irritable bowel syndrome. *European Journal of Gastroenterology and Hepatology, 20*, 249-251.

Ibáñez, E. y Durá, E. (1990). Tratamientos psicológicos específicos para el enfermo oncológico. Una revisión. En E. Ibáñez (Ed.), *Psicología de la salud y estilos de vida*. Valencia: Promolibro.

International Classification of Headache Disorders, 2nd Edition (2004). http://ihs-classification.org/en/

International Headache Society (1988). Classification and diagnostic criteria for headaches disorders, cranial neuralgias and facial pain. *Cephalgia, 8*, 1-96.

Iribarren, C., Sharp, D. S., Burchfiel, C. M., Petrovitch, H. (1995). Association of weight loss and weight fluctuation with mortality among Japanese American men. *New England Journal of Medicine, 333*, 686-92.

Jackson, R., Scragg, R. y Beaglehole, R. (1992) Does recent alcohol comsumption reduce the risk of acute myocardial infartction and coronary death in regular drinkers? *American Journal of Epidemiology, 136*, 819-824.

Jagal, S. B., Kreiger, N. y Darlington, G. (1993). Past and recent physical activity and risk of hip fracture. *American Journal of Epidemiology, 138*, 107-118.

Jasnoski, M. L. y Schwartz, G. E. (1985). A synchronous systems model for health. *American Behavioral Scientist, 28*, 468-485.

Jebb, S. A., Goldberg, G. R., Coward, W. A., Murgatroyd, P. R. y Prentice, A. M. (1991). Effects of weight cycling caused by intermittent dieting on metabolic rate and body composition in obese women. *International Journal of Obesity, 15*, 367-374.

Jensen, M. D. (1997). Health consequences of fat distribution. *Hormonal Research, 48, Suppl 5*, 88-92.

Jensen, M. D. (2006). Is visceral fat involved in the pathogenesis of the metabolic syndrome? Human model. *Obesity, 14.* Suppl 1:20S-24S.

Jensen-Urstad, M. (1995). Sudden death and physical activity in athletes and nonathletes. *Scandinavian Journal of Medicine Science Sports, 5,* 279-284.

Johannsen, D. L., Redman, L. M. y Ravussin, E. (2007) The role of physical activity in maintaining a reduced weight. *Current Atheroesclerosis Reports, 9,* 463-471.

Johnston, D. (1986). How does relaxation training reduce blood pressure in primary hypertension? En T. D. Dembroski, T. H. Schmidt y C. Blumcehn (Eds.), *Biological and Psychological Factors in Coronary Heart Disease.* Berlin: Springer-Verlag.

Johnston, D. (1987). The behavioral control of high blood pressure. *Current Psychology Research and Review, 6,* 99-114.

Johnson, M. J. (2002). The medication adherence model: a guide for assessing medication taking. *Research Theory of Nursing Practice, 16,* 179-192.

Julius, S. y Esler, M. (1975). Autonomic nervous cardiovascular regulation in borderline hypertension. *American Journal of Cardiology, 36,* 685-696.

Julius, S., Mejia, A., Jones, K., Krause, L., Schork, N. y Van de Ven, C. (1990). «White coat» versus «sustained» borderline hypertension in Tecumseh, Michigan. *Hypertension, 16,* 617-623.

Kabat-Zinn, J. (2004). *Vivir con plenitud las crisis.* Barcelona: Kairós.

Kamm, M. A. (1999). Entry criteria for drug trials of irritable bowel syndrome. *American Journal Medicine, 107*(5A), 51S-58S.

Kannel, W. B. y Couples, L. A. (1989). Cardiovascular and non-cardiovascular consequences of obesity. En J. Stunkard y A. Baum (Eds.), *Perspectives in behavioral medicine: Eating, sleeping and sex.* Hillsdale, NJ: Erlbaum.

Kaplan, N. M. (1978). *Clinical Hypertension.* Baltimore: Williams and Wilkins.

Kaplan, N. M. (1979). The goldbatt memorial lecture: The role of the kidney in hypertension. *Hypertension, 1,* 456-461.

Kaptein, A. A. y Van Rooiejn, E. (1990). Behavioural medicine some introductory remarks. En A. A. Kaptein (Ed.), *Behavioural medicine. Psychological treatment of somatic disorders.* Chichester: John Wiley & Sons.

Karesek, R. (1979). Job demands, job decission attitude and mental strain: implications for job redesign. *Administrative Science Quarterly, 24,* 285-308.

Karoly, P. (1993). Enlarging the scope of the compliance construct. En N. Krasnegor, L. Epstein, S. Bennett-Johnson y J. Yoffe (Eds.), *Development aspects of health compliance.* Nueva York: LEA.

Kasl, D. y Cobb, S. (1966). Health behavior, illness behavior, and sick role behavior I. Health and illness behavior. *Archives of Enviromental Health, 12,* 246-266.

Kasl, D. y Cobb, S. (1970). Blood pressure changes in men undergoing job loos: a preliminary report. *Psychosomatic Medicine, 32,* 19-38.

Katsarava, Z., Limmroth, V., Finke, M., Diener, H. C. y Fritsche, G. (2003). Rates and predictors for relapse in medication overuse headache: a 1-year prospective study. *Neurology, 60,* 1682-1683.

Katsarava, Z. y Fritsche, G. (2004). Gordian knot: medication overuse headache. *Schmerz, 18,* 421-423.

Katz, R. C. y Flasher, L. (2001). The psychological impact of cancer and lupus. A cross validation study that extends the generality of benefit finding in patients with chronic disease. *Journal of Behavioral Medicine, 24,* 561-571.

Kawachi, I. y Berkman, L. F. (2001). Social ties and mental health. *Journal of Urban Health, 78,* 458-476.

Keesey, R. E. (1980). The regulation of body weight: A set-point analysis. En A. J. Stunkard (Ed.), *Obesity.* Philadelphia: W. B. Saunders.

Kemmer, F., Bisping, R. y Steingrüberg, H. G. (1986). Psychological stress and metabolic control in patients with type I diabetes mellitus. *New England Journal of Medicine, 314,* 1078-1084.

Kempner, W. (1948). Treatment of hypertensive cardiovascular disease with rice diet. *American Journal of Medicine, 4,* 54.

Kennedy, T., Jones, R., Darnley, S., Seed, P., Wessely, S. y Chalder, T. (2005). Cognitive behaviour therapy in addition to antispasmodic treatment for irritable bowel syndrome in primary care: randomised controlled trial. *Bristish Medical Journal, 331,* 435.

Kennedy, T. M., Chalder, T., McCrone, P., Darnley, S., Knapp, M., Jones, R. H. y Wessely, S. (2006). Cognitive behavioural therapy in addition to antispasmodic therapy for irritable bowel syndrome in primary care: randomised controlled trial. *Health Technology Assessment, 10,* 1-67.

Keys, A., Brozek, J., Henschel, A., Mickelsen, O. y

Taylor, H. L. (1950). *The biology of human starvation*. Minneapolis: University of Minnesota Press.

Khan, N. A., Hemelgarn, B., Herman, R. J. (2008). The 2008 Canadian Education Hypertension Programme recommendations for management of hypertension: part 2, Therapy. *Canadian Journal of Cardiology, 24*, 465-475.

Kielcolt-Glaser, J., Glaser, R., Strain, E., Stout, J., Tarr, K., Holliday, J. y Speicher, C. (1986). Modulation of celular Inmunity in medical students. *Journal of behavioral medicine, 9*, 5.

Kiely, D. K., Wolf, P. A., Cupples, L. A., Beiser, A. S. y Kannel, W.B. (1994). Physical activity and stroke risk: The Framinghan Study. *American Journal of Epidemiology, 140*, 608-620.

Killen, J., Barr Taylor, C., Hammer, L. y Litt, J. (1993). An attemp to modify unhealthful eating attitudes and weight reduction practices of young adolescent girls. *International Journal of Eating Disorders, 13*, 369-384.

Kim, H., Roh, S., Kwon, H. J., Paik, K. C., Rhee, M. Y., Jeong, J. Y., Lim, M. H., Koo, M. J., Kim, C. H., Kim, H. Y., Lim, J. H. y Kim, D. H. (2008). Study on the health status of the residents near military airbases in Pyeongtaek City. *Journal of Preventive Medicine and Public Health, 41*, 307-314.

King, E. B., Schlundt, D. G., Pichert, J. W., Kinzer, C. K. y Baker, B. A. (2002). Improving the skills of health professionals in engaging patients in diabetes-related problem solving. *J. Contin. Educ. Health Prof., 22*, 94-102.

Kirkman M. S., Williams, S. R., Caffrey, H. H. y Marrero, D. G. (2002). Impact of a program to improve adherence to diabetes guidelines by primary care physicians. *Diabetes Care, 25*, 1946-1951.

Kjelsas, E., Bjornstorm, C. y Götelan, K. G. (2004). Prevalence of eating disorders in female and male adolescents (14-15 years). *Eating Behavior, 5*, 13-25.

Klasty, A. L., Friedman, G. D. y Siegelaub, A. B. (1981). Alcohol and mortality: A ten years Kaiser Permanente experience. *Annals of Internal Medicine, 95*, 139-145.

Klein, K. (1988). Controled clinical trials in the irritable bowel syndrome. A critique. *Gastroenterology, 87*, 1-7.

Knight, K. M., Dornan, T. y Bundy, C. (2006). The diabetes educator: traying hard, but most concretate more on behavior. *Diabetes Medicine, 23*, 485-501.

Koster, A., Leitzmann, M. F., Schatzin, A., Mouw, T., Adams, K. F., van Eijk, T., Hollenbeck, A. R. y Harris, T. B. (2008). Waist circumference and mortality. *Amercian Journal of Epidemiology, 167*, 1465-1475.

Kovacs, Z. y Kovacs, F. (2007). Depressive and anxiety symptoms, disfunctional attitudes and social aspects in irritable bowel syndrome and inflammatory bowel disease. *International Journal of Psychiatry Medicine, 37*, 245-255.

Kramsch, D. M., Aspen, A. J. Abramowitz, B. M., Kreimendahl, T. y Hood, W. B. (1981). Reduction of coronary atherosclerosis by moderate conditioning exercise in monkeys on an atherogenic diet. *New England Journal of Medicine, 305*, 1483-1489.

Kreuzer, M., Boffetta, P., Whitley, E., Ahrens, W., Gaborieau, V., Heinrich, J., Jockel, K. H., Kreienbrock, L., Mallone, S., Merletti, F., Roesch, F., Zambon, P. y Simonato, L. (2000). Gender differences in lung cancer risk by smoking: a multicentre case-control study in Germany and Italy. *British Journal of Cancer, 82*, 227-233.

Kristeller, S. y Rodin, J. (1984). A three-stage model of treatment continuity: compliance, adherence and maintenance. En A. Baum, J. Taylor y J. Singer (Eds.), *Handbook of psychology and health. Social psychological aspects of health*. Nueva York: LEA.

Kruk, J. (2007). Physical activity in the prevention of the most frequent chronic diseases: an analysis of the recent evidence. *Asian Pacific Journal Cancer Prevention, 8*, 325-38.

Krysanski, V. L. y Ferraro, F. R. (2008). Review of controlled psychotherapy treatment trials for binge eating disorder. *Psychological Reports, 102,3*, 39-68.

Kubik, A. (1984). The influence of smoking and other etiopathogenic factors on the incidence of broncoghenic carcinoma and chronic nonspecific respiratory disease. *Czechoslovakian Medicine, 7*, 25-34.

Kübler-Ross, E. (1969). *On death and dying*. New York. MacMillan.

Labrador Encinas, F. y Castro, L. (1987). La adhesión al tratamiento médico. Análisis y modificacion. *RETCO, 5, 2*, 157-164.

Labrador, F. J. (1992). *El estrés*. Madrid: Temas de Hoy.

Lackner, J. M., Jaccard, J., Krasner, S. S., Katz, L. A., Gudleski, G. D. y Blanchard, E. B. (2007). How does cognitive behavior therapy for irritable bowel syndrome work? A mediational analysis of a randomized clinical trial. *Gastroenterology, 133*, 433-444.

Lackner, J. M., Jaccard, J., Krasner, S. S., Katz, L. A., Gudleski, G. D. y Holroyd, K. (2008). Self-administered cognitive behavior therapy for moderate to severe irritable bowel syndrome: clinical efficacy, tolerability, feasibility. *Clinical Gastroenterology and Hepatology, 6,* 899-906.

Lakel, A. E. y Pingel, J. D. (1988). Brief versus extended relaxation. Relationship to improvement at follow up in mixed headache patients. *Medical Psychotherapy, 1,* 119-129.

Lakka, T. A. y Salonen, J. T. (1992). Physical activity and serum lipids: A cross-sectional population study in Eastern Finnish men. *American Journal of Epidemiology, 136,* 806-816.

Lameiras, M., Rodríguez, Y. y Ojea, M. (2004). Programa Agarimos: Programa coeducativo del desarrollo psicoafectivo y sexual. Madrid: Pirámide.

Lancaster, T. y Otead, L. (2004). Physician advice for smoking cessation. *Cochrane Database Systematic Review, 4,* CD000165.

Langner, T. y Michael, S. (1960). *Life stress and mental health.* New York: Free Press.

Larroque, B., Kaminski, M., Dehaene, P., Subtil, D., Delfosse, M. J. y Querleu, D. (1995). Moderate prenatal alcohol exposure and psychomotor development at preschool age. *American Journal of Public Health, 85,* 1654-1661.

Latimer, P. (1983). *Functional Gastrointestinal Disorders. A behavioral Medicine Approach.* Nueva York: Springer Publishing Company.

Laughlin, K. (1981). Enhancing the effectiveness of behavioral treatments of essential hypertension. *Physiology and Behavior, 26,* 907-913.

Lazarus, R. S. y Folkman, S. (1986). *Estrés y procesos cognitivos.* Barcelona: Martínez Roca.

Lee, I. M., Paffenbarger, R. S. y Hsieh, C. (1992). Physical activity and risk of prostatic cancer among college alumni. *American Journal of Epidemiology, 135,* 169-179.

Lee, I. M., Hennekens, C. H., Berger, K., Buring, J. E. y Manson, J. E. (1999). Exercise and risk of stroke in male physicians. *Stroke, 30,* 1-6.

Lee, R. T. y Ashforth, B. T. (1996). A meta-analytic examination of the correlates of the three dimensions of job burnout. *Journal of Applied Psychology, 81,* 123-133.

Lee I. M., Sesso H. D. y Paffenbarger R. S. Jr (1999). Physical activity and risk of lung cancer. *International Journal of Epidemiology, 28,* 620-5

Lee, M. S., Pittler, M. H., Guo, R. y Ernst, E. (2007). Qigong for hypertension: a systematic review of randomized clinical trials. *Journal of Hypertension, 25,* 1525-1532.

Lehane, E. y McCarthy, G. (2009). Medication non adherente-exploring the conceptual mire. *International Journal of Nursing Practice, 15,* 25-31.

Lehrer, R. M., Carr, R., Sargunarj, D. y Woolfolk, R. L. (1994). Stress management techniques: Are they equivalent or they have specific effects? *Biofeedback and Self-Regulation, 19,* 353-401.

Leebov, W., Vergare, M. y Scott, G. (1990). *Patient satisfaction. A guide of practice enhancement.* Nueva Jersey: MEB.

Leibel, R. L., Rosenbaum, M. y Hirsch, J. (1995). Changes in energy expenditure resulting from altered body weight. *New England Journal of Medicine, 332,* 621-629.

LeMarchand, L., Kolonel, L. N. y Yoshizawa, C. N. (1991). Life-time occupational physical activity and prostate cancer risk. *American Journal of Epidemiology, 133,* 103-111.

Leor, J., Poole, W. K. y Klorer, R. A. (1996). Sudden cardiac death triggered by an earthquake. *New England Journal of Medicine, 334,* 460-461.

LeShan, L. y Worthintong, R. E. (1956). Some Psychological correlates of neoplasic disease: preliminary report. *Journal of Clinical and Experimental Psychopathology, 16,* 281.

Levav, I., Fiedlander, Y., Kark, J. y Peritz, E. (1988). An epidemiological study of mortality among bereaved parents. *New England Journal of Medicine, 319,* 457.

Leventhal, H., Meyer, D. R. y Nerez, D. (1980). The common sense representation of illness danger. En D. Rachman (Ed.), *Contributions to Medical Psychology* (vol. 2). Oxford: Pergamon Press.

Leventhal, H., Zimmermman, R. y Gutmann, M. (1984). Compliance: a self regulation perspective. En W. Gentry (Ed.), *Handbook of Behavioral Medicine.* Nueva York: Guilford Press.

Leventhal, H. (1993). Theories of compliance and turning necessities into preferences. Application to adolescent health action. En N. Krasnegor, L. Epstein, S. Bennett-Johnson y J. Yoffe (Eds.), *Developmental aspects of health compliance.* Nueva York: LEA.

Levy, R.L., Olden, K. W. Naiboff, B. D., Bradley, L. A., Francisconi, C. y Drossman, D. A. (2006). Psychological aspects of the functional gastrointestinal disorders. *Gastroenterology, 130,* 1447-1458.

Ley, P. (1982). Giving information to patient. En J. Eiser (Ed.), *Social psychology and behavioral medicine*. Nueva York: Wiley.

Li, J., Hansen, D., Mortensen, P. B. y Olsen, J. (2002). Myocardial infarction in parents who lost a child: a nationwide prospective cohort study in Denmark. *Circulation, 106,* 1634-1639.

Li, J., Precht, H. D., Mortensen, P. B. y Olsen, J. (2003). Mortality in parents after death of a child in Denmark: a nationwide follow-up study. *Lancet, 361,* 363-367.

Li, J., Laursen, T. M., Precht, D. H., Olsen, J. y Mortensen, P. B. (2005). Hospitalization for mental illness among parents after the death of a child. *New England Journal of Medicine, 352,* 1190-1196.

Light, K. C., Girdler, S. S., Sherwood, A., Bragdon, E. E., Brownley, K. A. y West, S. G. (1999). High stress responsivity predicts later blood pressure only in combination with positive family history and high life stress. *Hypertension, 33,* 1458-1464.

Lindwall, M., Rennemark, M. y Berggren, T. (2008). Movement in mind: the relationship of exercise with cognitive status for older adults in the Swedish National Study on Aging and Care (SNAC). *Aging Mental Health, 12,* 212-220.

Lipowski, Z. J. (1986). Psychosomatic Medicine: Past and Present. Part I. Historical background. *Canadian Journal of Psychiatry, 31,* 2-7.

Lipton, R. I. (1994). The effects of moderate alcohol use on the relationship between stress and depression. *American Journal of Public Health, 84,* 1913-1917.

Liss, J., Alpers, D. y Woodruff, R. (1973). The irritable colon syndrome and the psychiatric illness. *Dis. Nerv. Syst., 34,* 151-157.

Little, B., Hayworth, J., Benson, P., Hall, F., Beard, B. W., Dewhurst, J. y Friest, R. G. (1984). Treatment in hypertension in pregnancy by relaxation and biofeedback. *Lancet, I,* 865-867.

Loennechen, J. P., Beisvag, V., Arbo, I., Waldum, H. L., Sandvik, A. K., Knardahl, S. y Ellingsen, O. (1999). Chronic carbon monoxide exposure in vivo induces myocardial endothelin-1 expression and hypertrophy in rat. *Pharmacological Toxicology, 85,* 192-197.

Long, J., Lynch, J. J., Machiran, N. M., Thomas, S. A. y Malinow, K. L. (1982). The effect of status on blood pressure during verbal communication. *Journal of Behavioral Medicine, 5,* 165-172.

López, M., Sosa, C. D., Capafons, J. I. y Avero, P. (1998). *Manual práctico de entrenamiento en biofeedback.* Tenerife: Servicio de Publicaciones de la Universidad de La Laguna.

López, V., Arias, T., Tuero, M. R., Velasco, A. R., Pérez, R., Amigo, I., Hurtado, P., Villar, C. y Herrera, J. (1997). Prevalencia de la hipertensión de bata blanca o hipertensión clínica aislada y del efecto de bata blanca en un consultorio de atención primaria del área sanitaria de Oviedo. *Hipertensión, 14,* 24-34.

López-Abente, G., Pollan, M., Escolar, A., Abraira, V. y Errezola, M. (1997). Atlas de mortalidad por cáncer y otras causas en España. *Http://www.uca.es/hospital/atlas/introdu.html.*

López-Martínez, A. E., Esteve-Zarazaga, R., Ramírez-Maestre, C. (2008). Perceived social support and coping responses are independent variables explaining pain adjustment among chronic pain patients. *Journal of Pain, 9,* 373-379.

Lowe, M., Foster, G. D., Kerzhnerman, I., Swain, R. M. y Wadden, T. (2001). Restrictive dieting vs «undieting». Effects on eating regulation in obese clinic attenders. *Addictive Behaviors, 26,* 253-266.

Lubin, J., Blot, W. J., Berrino, F., Flamant, R., Gillis, C., Kunzer, M., Schmahl, D. y Visco, G. (1984). Patterns of lung cancer according to type of cigarrete smokers. *International Journal of Cancer, 33,* 569-576.

Luciano, M. C. y Herruzo, J. (1992). Some relevant components of adherence behavior. *Behavior Therapy and Experimental Psychiatry, 23,* 117-123.

Luengo, M. A., Romero, E., Gómez, J. A., Guerra, A. y Lence, M. (1999). *La prevención del consumo de drogas y la conducta antisocial en la escuela: análisis y evaluación de un programa.* Universidad de Santiago de Compostela.

Lundberg, U. y Frankenhaeuser, M. (1976). *Adjustment to noise stress.* Derpartment of Psychology: University of Stockholm.

Lydiard, R. y Falseti, S. (1999). Experience with anxiety and depression treatment studies: implications for designning irritable bowel syndrome clinical trials. *American Journal Medicine, 107*(5A), 65S-73S.

Maccoby, N., Farquhar, J. W., Wood, P. D. y Alexander, J. K. (1977). Reducing the risk of cardiovascular disease: Effects of a community -based campaign on knowledge and behavior. *Journal of Community Health, 3,* 100-114.

Macera, C. A., Ham, S. A., Yore, M. M., Jones, D. A., Ainsworth, B. E., Kimsey, C. D. y Kohl, H. (2005). Prevalence of physical activity in the United States:

Behavioral Risk Factor Surveillance System, 2001. *Prevention Chronic Diseases, 2,* A17.
Macià, D. (1995). *Las drogas: conocer y educar para prevenir.* Madrid: Pirámide.
Macharia, W., Leon, G., Rowe, B., Stephenson, B. y Haynes, R. (1992). An overview of interventions to improve compliance with appointment keeping for medical services. *Journal of the American Medical Association, 267,* 1813-1817.
Manzoni, G. M., Pagnini, F., Castelnuovo, G. y Molinari E. (2008). Relaxation training for anxiety: a ten-years systematic review with meta-analysis. *BMC Psychiatry, 2,* 41.
McCrone, P., Knapp, M., Kennedy, T., Seed, P., Jones, R., Darnley, S. y Chalder, T. (2008). Cost-effectiveness of cognitive behaviour therapy in addition to mebeverine for irritable bowel syndrome. *European Journal of Gastroenterology and Hepatology, 20,* 255-263.
McGuire, M. T., Wing, R. R., Klem, M. L., Lang, W. y Hill, G. O. (1999).What predicts weight regain in a group of successful weight losers? *Journal of Consulting and Clinical Psychology, 67,* 177-185.
Maguire, P. (2000). Managing psychological morbidity in cancer patients. *European Journal of Cancer, 36,* 556-558.
Main, C. J. y Waddell, G. (1984). The detection of psychological abnormality using four simple scales. *Current Concepts in Pain, 2,* 10-16.
Malkova, N. (1952). The effect of some emotions on blood pressure. *Gipertonicheskaia Bolzen, 2,* 14.
Mancia, G., Bertinieri, G., Grassi, G., Pomodossi, G., Ferrari, A. y Zanchetti, A. (1983). Effects of blood pressure measurement by the doctor on patient's pressure and heart rate. *Lancet, 2,* 695-698.
Mancia, G., Sega, R., Milesi, C., Cesana, G. y Zanchetti, A. (1997). Blood pressure control in the hypertensive population. *Lancet, 349,* 454-457.
Manino, D. M., Klevens, R. M. y Flanders, W. D. (1994). Cigarette smoking: An independent risk factor for impotence? *American Journal of Epidemiology, 140,* 1003-1008.
Mansfield, E., McPherson, R. y Koski, K. G. (1999). Diet and waist-to-hip ratio: important predictors of lipoprotein levels in sedentary and active young men with no evidence of cardiovascular disease. *Journal of American Dietetics Association, 99,* 1373-1379.

Manson, J. E., Willett, W. C., Stampfer, M. J., Colditz, G. A., Hunter, D. J., Hamkinson, J. E. y Speizer, F. E. (1995). Body weight and mortality among women. *New England Journal of Medicine, 333,* 677-685.
Mañanes, M. y Pérez Álvarez, M. (1990). La contribución de las instrucciones al efecto farmacológico. *RETCO, 8, 1,* 61-70.
Marín, J., López, S. y Pastor, M. A. (1996). Doctors' decision-making on giving information to cancer patients. *Psychology & Health, 11,* 839-844.
Marlatt, G. A. (1985). Relapse prevention: Theoretical rationale and overview of the model. En G. A. Marlatt y J. R. Gordon (Eds.), *Relapse prevention: Maintenance strategies in the treatment of addictive behaviors.* Nueva York: Guilford Press.
Marshall, B. J. (1995). Helicobacter pylori. The etiologic agent for peptic ulcers. *Journal of the American Medical Association, 274,* 1064-1066.
Marks, D. F., Murray, M., Evans, B. y Willig, C. (2000). *Health Psychology. Theory, Research and Practice.* Londres: Sage.
Martínez Selva, J. M. (1995). *Psicofisiología.* Madrid: Síntesis.
Maruti, S. S., Willett, W. C., Feskanich, D., Rosner, B. y Colditz, G. A. (2008). A Prospective Study of Age-Specific Physical Activity and Premenopausal Breast Cancer. *Journal of the National Cancer Institute, 100,* 728-737.
Masedo, A. I. y Esteve, M. R. (2002). On the affective nature of chronic pain. *Psicothema, 14,* 511-515.
Masek, B. (1982). Compliance and Medicine. En D. Doleys, R. Meredith y A. Ciminero (Eds.). *Behavioral medicine. Assessment and treatment strategies.* Nueva York: Wiley.
Masheb, R. M. y Grilo, C. M. (2000). On the relation of attempting to lose weight, restraint, and binge eating in outpatients with binge eating disorder. *Obesity Research, 8,* 638-645.
Matarazzo, J. D. (1980). Behavioral health and behavioral medicine: frontiers for a new health psychology. *American Psychologist, 37,* 1-14.
Matarazzo, J. D. (1984). Behavioral health: A 1990 challenge for the health sciences professions. En J. D. Matarazzo, S. M. Weiss, J. A. Herd, N. E. Miller y S. M. Weiss (Eds.), *Behavioral health: A handbook of health enhancement and disease prevention.* Nueva York: Wiley.

© Ediciones Pirámide

McCallum, M., Creed, F. y Roberts, C. (1986). Non-colonic features of irritable bowel syndrome. *Gut, 27,* 37-40.

McCracken, L. M., Zayfert, C. y Gross, R. T. (1992). The Pain Anxiety Symptoms Scale: development and validation of a scale to measure fear of pain. *Pain, 50,* 67-73.

McFall, R. M. (1970). The effects of self monitoring on normal smoking behavior. *Journal of Consulting and Clinical Psychology, 35,* 135-142.

McPhillips, S. D. (1984). A dietary approach to Bulimia Treatment. *Psychology and Behavior, 33,* 769-775.

McQuellon, R. P., Wells, M., Hoffman, S. Crave, B., Russell, G., Cruz, J., Hurt, G., Dechatelet, P., Adrykowsky, A. y Savage, P. (1998). Reducing distress in cancer patients with an orientation program. *Psycho-oncology, 7,* 207-217.

Mearin, F. (2007). Drug Treatment of irritable bowel syndrome: an unmet need. *Gastroenterology & Hepatología, 30, 3,* 130-137.

Mechanic, D. y Volkart, E. H. (1961). Stress, illness behavior and the sick role. *American Sociological Review, 26,* 51-58.

Mechanic, D. (1962). The concept of illness behavior. *Journal of Chronic Diseases, 15,* 189-194.

Meichenbaum, D. (1974). The clinical potential and pit-falls on modifying what clients say to themselves. En M. J. Mahoney y C. E.Thoresen (Eds.), *Self-control: Power to the person*. Monterey, CA: Brooks-Cole.

Meichenbaum, D. (1977). *Cognitive and Behavior Modification: An integrative approach*. Nueva York: Plenum Press.

Meichenbaum, D. (1985). *Stress Inoculation Training*. Nueva York: Pergamon.

Meichenbaum, D. y Turk, D. (1987/1991). *Cómo facilitar el seguimiento de los tratamientos terapéuticos*. Bilbao: DDB.

Meisel, S., Kutz, I. y Dayan, K. (1991). Effect of Iraqui missile war on incidence of acute myocardial infarction and sudden death in Israeli civilians. *The Lancet, 338,* 660.

Melzack, R. y Wall, P. D. (1965). Pain mechanisms: a new theory. *Science, 150,* 971.

Melzack, R. y Casey, K. L. (1968). Sensory, motivational and central control determinants of pain: a new conceptual model. En D. Kenshalo (Ed.), *The skin senses*. Thomas: Springfield.

Melzack, R. (1983). The McGill Pain Questionnaire. En R. Melzack (Ed.), *Pain measurement and Assessment*. Nueva York: Raven Press.

Melzack, R. (1993). Pain: past, present and future. *Canadian Journal of Experimental Psychology, 47,* 615-629.

Mikkelsen, K. L., Heitmann, B. L., Keiding, N. y Sorensen, T. I. (1999). Independent effects of stable and changing body weight on total mortality. *Epidemiology, 10,* 671-678.

Miller, P., Wikoff, R. y Hiatt, A. (1992). Fishbein's model of reasoned action and compliance behavior of hypertensive patients. *Nursing Research, 41,* 104-109.

Mischel, W. (1968/1973). *Personalidad y evaluación*. Mexico: Trillas.

Mittleman, H. A., Maclure, M., Tofler, G. H., Sherwod, J. B., Goldberg, R. J. y Muller, J. E. (1993). Triggering of acute myocardial infarction by heavy physical exertion: Protection against triggering by regular exertion. *New England Journal of Medicine, 329,* 1677-1683.

Möhlenkamp, Schmermund, Coger et al. (2006). Coronary atherosclerosis and cardiovascular risk in masters male marathon runners. Rationale and design of the «marathon study». *Herz, 31,* 575-585.

Molsberger, A., Diener, H. C., Krämer, J., Michaelis, J., Schäfer, H., Trampisch, H. J., Victor, N. y Zenz, M. (2004). German acupuncture studies. *Zeitschrift für ärztliche Fortbildung und Qualitätssicherung, 98,* 468-471.

Monfrecola, G., Riccio, G., Savarese, C., Posteraro, G. y Procaccini, E. M. (1998). The acute effect of smoking on cutaneous microcirculation blood flow in habitual smokers and nonsmokers. *Dermatology, 197,* 115-118.

Moorey, S. y Greer, S. (1989). *Psychological Therapy for Patients with Cancer*. Londres: Heinemann Medical Books.

Moorey, S. Greer,S., Watson, M., Baruch, J. D., Robertson, B. M., Manson, A., Rowden, L. Tunmore, R., Law, M. y Bliss, J. M. (1994). Adjuvant psychological therapy for patients with cancer: Outcome at one year. *Psycho-oncology, 3,* 39-46.

Moorey, S., Greer, S., Bliss, J. M. y Law, M. (1998). A comparison of adjuvant psychological therapy and supportive counselling in patients with cancer. *Psycho-oncology, 7,* 218-228.

Moos, M., Bucher, B., Moore, F. A., Moore, E. E. y Parsons, P. E. (1996). The role of chronic alcohol abuse in the development of Acute Respiratory Distress Syndorme. *Journal of the American Medical Association, 275,* 50-54.

Morandé, G. (1999). *La anorexia. Cómo combatir el miedo a engordar de las adolescentes.* Madrid: Temas de hoy.

Morley, S., Eccleston, C. y Williams, A. (1999). Systematic review and meta-analysis of randomized controlled trials of cognitive behavior therapy and behavior therapy for chronic pain in adults excluding headaches, *Pain, 80,* 1-13.

Morris, D. (1994). *La cultura del dolor.* Santiago de Chile: Ed. Andrés Bello.

Mukamal, K. J., Conigrave, K. M., Mittleman, M. A., Camargo, C. A., Stampfer, M. J., Willet, W. C. y Rimm, E. B. (2003). Roles of drinking pattern and type of alcohol consumed in coronary heart disease in men. *New England Journal of Medicine, 348,* 109-118.

Muller, L. y Spitz, E. (2003). Multidimensional assessment of coping: validation of the Bref COPE among French population. *L'Encephale, 29,* 507-518.

Munck, A. y Guyre, P. (1991). Glucocorticoids and immune function. En R. Ader, D. Felten y N. Cohen (Eds.), *Psychoneuroimmunology.* San Diego: Academic Press.

Murison, R. y Bakke, H. (1990). The role of corticotropin-releasing factor in rat gastric ulcerogenesis. En D. Hernández y G. Glauin (Eds.), *Neurobiology of Stress Ulcers* (vol. 597). Annals of New York Academy of Science.

Nahcivan, N. O. y Secginli, S. (2007). Health beliefs related to breast self-examination in a sample of Turkish women. *Oncology Nursing Forum, 34,* 425-32.

Napalkov, A. (1963). Information process of the brain. En N. Wiener y P. Schade (Eds.), *Progress in brain research.* Amsterdam: Elsevier.

Nash, J. M. (2003). Psychologic and behavioral management of tension-type headache: treatment procedures. *Current Pain and Headache Reports, 7,* 475-81.

Neff, D. y Blanchard, E. (1987). A multi-component treatment for irritable bowel syndrome. *Behavior Therapy, 18,* 70-83.

Nelson, M. E., Fiatarone, M. A., Marganti, C. M., Trice, I., Greenberg, R. A. y Evans, W. J. (1994). Effects of high-density strength training on multiple risk factors for osteroporotic fractures. *Journal of American Medical Association, 272,* 1909-1914.

Ness, R. B., Grisso, J. A., Hirschinger, N., Markovic, N., Shaw, L. M., Day, N. L. y Kline, J. (1999). Cocaine and tobacco use and the risk of spontaneous abortion. *New England Journal of Medicine, 340,* 333-339.

Nicholson, N. L. y Blanchard, E. B. (1993). A controlled evaluation of behavioral treatment of chronic headache in the elderly. *Behavior Therapy, 24,* 395-408.

Nichter, M., Nichter, M. y Carkoglu, A. (2007), Tobacco Etiology Research Network. Reconsidering stress and smoking: a qualitative study among college students. *Tobacco Control, 16,* 211-214.

Nilsen, T. I., Romundsatad, P. R., Petersen, H., Gunnell, D. y Vatten, L. J. (2008). Recreational physical activity and cancer risk in subsites of the colon (the Nord-Trøndelag Health Study). *Cancer Epidemiology Biomarkers Prevention, 17,* 183-8.

Novak, B., Bullen, C., Howden-Chapman, P. y Thornley, S. (2007). Blue-collar workplaces: a setting for reducing heart health inequalities in New Zealand? *New Zeland Medicine Journal, 120,* U2704.

Nuland, S. B. (1995). *Cómo morimos.* Madrid: Alianza Editorial.

Obrist, P. (1980). *Cardiovascular Psychophysiology: a perspective.* Nueva York: Plenum.

Obrist, P., Langer, A. W. y Gringolo, A. (1983). Behavioral cardiac interactions in hypertension. En D. S. Krantz, A. Baum y J. E. Singer (Eds.), *Handbook of psychology and health cardiovascular disorders and behavior.* Hillsdale: LEA.

Obrist, P., Langer, A. W., Light K. C. y Kopke, J. P. (1983). A cardiac-behavioral approach in the study of hypertension. En T. D. Dembroski, T. Schmidt y G. Blumchen (Eds.), *Biobehavioral bases of coronary heart disease.* Basel: Karger.

Oda, S., Matsumoto, T., Nakagawa, K. y Moriya, K. (1999). Relaxation effects in humans of underwater exercise of moderate intensity. *European Journal of Applied Physiology, 80,* 253-259.

Ogedegbe, G., Pickering, T. G., Clemow, L., Chaplin, W., Spruill, T. M., Albanese, G. M., Eguchi, K., Burg, M. y Gerin, W. (2008). The misdiagnosis of hypertension: the role of patient anxiety. *Archives of Internnal Medicine, 168,* 2459-2465.

O'Hare, P. M., Fleischer, A. B. Jr, D'Agostino, R. B. Jr, Feldman, S. R., Hinds, M. A., Rassette, S. A., McMichael, A. J. y Williford, P. M. (1999). Tobacco smoking contributes little to facial wrinkling. *Journal* of *European Academy of Dermatology and Venereology, 12,* 133-139.

Okamoto, K. y Tanaka, Y. (2004). Usefulness and 6-year mortality risks among elderly persons in Japan. *Journal of Gerontology B Psychol Sci Soc Sci, 59,* 246-249.

Olesen, J. (2005). The International Classification of Headache Disorders, 2nd edition: application to practice. *Functional Neurology, 20,* 61-68.

Olsen, J., Li, J. y Precht, D. H. (2005). Hospitalization because of diabetes and bereavement: a national cohort study of parents who lost a child. *Diabetic Medicine, 22,* 1338-1342.

OMS (1974). Prevención y lucha contra las enfermedades cardiovasculares. *Crónica de la OMS, 28,* 126-137.

OMS (1978). Hipertensión arterial. *Serie de Informes Técnicos,* 628.

OMS (1986). *Prevención y lucha contra las enfermedades cardiovasculares en la comunidad.* Ginebra: OMS.

Ospina, M. B., Bond, K., Karkhaneh, M., Tjosvold, L., Vandermeer, B., Liang, Y, Bialy, L., Hooton, N., Buscemi, N., Dryden, D. M. y Klassen, T. P. (2007). Meditation practices for health: state of the research. *Evidence Reports Technology Assessment 155,* 1-263.

Overmaier, J. B. y Murison, R. (2000) Anxiety and helpessness in the face of stress predisposes, precipitates and sustaing gastric ulceration. *Behavioural Brain Research, 7,* 723-733.

Oya, M., Itoh, H., Kato, K., Tanabe, K. y Murayama, M. (1999). Effects of exercise training on the recovery of the autonomic nervous system and exercise capacity after acute myocardial infarction. *Japan Circulation Journal, 63,* 843-848.

Pachuta, D. M. (1989). Chinese medicine: The law of five elements. En K. K. Sheikh y K. S. Sheikh (Eds.), *Eastern and Western approaches to healing: Ancient wisdom and modern knowledge.* Nueva York: Wiley.

Padierna, C., Fernández Rodríguez, C. y González, A. (2002). Calidad de vida en pacientes oncológicos terminales medida con QL-CA-AFEX. *Psicothema, 14,* 1-8.

Paffenbarger, R. S., Hyde, R. T., Wing, A. L. y Hsieh, C. (1986). Physical activity, all-cause mortality and longevity of college alumni. *New England Journal of Medicine, 314,* 605-613.

Paffenbarger, R. S., Hyde, R. T., Wing, A. L., Lee, I. M., Jung, D. y Klampert, J. B. (1993). The association of changes in physical activity level and other lifestyle characteristics with mortality among men. *New England Journal of Medicine, 328,* 538.

Paffenbarger, R. S., Hyde, R. T., Wing, A. L., Lee, I. M., Jung, D. y Klampert, J. B. (1993). The association of changes in physical activity level and other lifestyle characteristics with mortality among men. *New England Journal of Medicine, 328,* 538.

Paffengarber, R. S., Wing, A. L. y Hyde, R. T. (1978). Physical activity as an index of heart attack risk in college alumni. *American Journal of Epidemiology, 108,* 161-175.

Paller, C. J., Campbell, C. M., Edwards, R. R. y Dobs, A. S. (2009). Sex-Based Differences in Pain Perception and Treatment. *Pain Medicine,* Jan 16.

Pan, Y. y Pratt, C. A. (2008). Metabolic syndrome and its association with diet and physical activity in US adolescents. *Journal of American Dietician Association, 108,* 276-86. ;

Pascual, I. M y Belloch, A. (1996). Evaluación psicológica del asma bronquial. *Análisis y Modificación de Conducta, 22,* 533-555.

Passchier, J., Helm-Hylkema, H. y van der and Orlebeke, J. F. (1985). Lack of concordance between changes in headache acitivity and psychophysiology and personality variables following treatment. *Headache, 25,* 310-316.

Pate, R. R. y Macera, C. A. (1994). Risk of exercising: Musculo-skeletal injuries. En C. Bouchard, R. J. Shepard y T. Sthepens (Eds.), *Physical activity, fitness and health: International proceedings and consensus statement.* Champaing, IL: Human Kinetics.

Patel, C., Marmot, M. y Terry, D. (1981). Controlled trial of biofeedback-aided behavioural methods in reducing mild hypertension. *British Medical Journal, 282,* 2005-2008.

Patel, C. (1984). A relaxation-centered behavioural package for reducing hypertension. En J. Matarazzo, S. Weiss, J. Herd, N. Miller y S. Weiss. (Eds.), *Behavioral Health.* Nueva York: Wiley-Interscience.

Pearce, S. (1986). Chronic pain: A biobehavioral perspective. En M. J. Christe y P. G.Mellet (Eds.), *The psychosomatic approach. Contemporary practice of whole-person care.* Chichester: Wiley.

Pearce, S. y Erskine, A. (1989). Chronic Pain. En S. Pearce y J. Wardle (Eds.), *The practice of behavioural medicine.* Oxford: Oxford University Press.

Peele, S. (1993). The conflict between public health goals and the temperance mentality. *American Journal of Public Health, 83,* 805-810.

Pelechano, V. (1996). Salud, enfermedad, clínica y psicología: un laberinto con una salida sensata y muchos caminos ciegos. *Análisis y Modificación de Conducta, 22,* 365-382.

Penzien, D. B., Rains, J. C. y Andrasik, F. (2002). Behavioral management of recurrent headache: three decades of experience and empricism. *Applied Psychophysiology and Biofeedback, 27,* 163-181.

Penzo, W. (1989). *El dolor crónico*. Barcelona: Martínez Roca.

Pérez Álvarez, M. y Martínez Camino, J. R. (1984). Medicina conductual. La comunicación médico-paciente. *Medicina Clínica, 83,* 4, 167-172.

Pérez Álvarez, M. y Fernández Rodríguez, C. (1992). Programa para la adhesión al tratamiento en diabéticos ciegos. En F. X. Méndez, D. Macià y J. Olivares (Eds.), *Intervención comportamental en contextos comunitarios*. Madrid: Pirámide.

Pérez Álvarez, M. (1996). *Tratamientos psicológicos*. Madrid: Universitas.

Pérez-Pareja, J., Borrás, C., Sesé, A. y Palmer, A. (2005). Pain perception and fibromyalgia. *Actas Españolas de Psiquiatría, 33,* 303-310.

Perry, M. G., McAllister, D. A., Gange, J. J., Jordan, R. C., McAdoo, W. G. y Nezu, A. M. (1988). Effects of four maintenance programs on the long-term management of obesity. *Journal of Consulting and Clinical Psychology, 56,* 529-534.

Perry, C., Williams, C., Veblen-Mortenson, S., Toomey, T., Komro, D., Anstine, P., McGovern, P., Finnegan, J., Forster, J., Wagenaar, A. y Wolfson, M. (1996). Project Northland: Outcomes of a community-wide alcohol use prevention program during early adolescence. *American Journal of Public Health, 89,* 956-965.

Perry, C. L., Williams, C. L., Komro, K. A., Veblen-Mortenson, S., Stigler, M. H., Munson, K. A., Farbakhsh, K., Jones, R. M. y Forster, J. L. (2002). Project Northland: long-term outcomes of community action to reduce adolescent alcohol use. *Health Education Research, 17,* 117-132.

Petersmarck, K. A., Teitelbaum, H. S., Bond, J. T., Bianchi, L., Hoerr, S. M. y Sowers, M. F. (1999). The effect of weight cycling on blood lipids and blood pressure in the Multiple Risk Factor Intervention Trial Special Intervention Group. *Interantional Journal of Obesity & Related Metabolic Disorders, 23,* 1246-1255.

Peterson, C. B., Wimmer, S., Ackard D. M., Crosby R., Cavanagh, L. C., Engbloom, S. y Mitchell, J. E. (2004). Changes in body image during cognitive-behavioral treatment in women with bulimia nervosa. *Body Image, 1,* 139-153.

Philips, H. C. (1991). *El tratamiento psicológico del dolor crónico*. Madrid: Pirámide.

Picado, C., Benlloch, E., Casan, P., Duce, F., Manresa, F., Perpiña, M. y Sanchis, J. (1993). Recomendaciones para el tratamiento del asma en adultos. *Archivos de Bronconeumonología, 29,* 8-13.

Pickering, T., James, G. D., Boddie, C., Harshfield, G. A., Blank, S. y Laragy, J. H. (1988). How common is white coat hypertension? *Journal of American Medical Association, 259,* 225-228.

Pickles, U., Hall, W., Best, F. y Smith, G. (1965). Prostaglandins in endometrium and menstrual fluids from normal and dysmenorrheic women. *Journal of Obstetrics and Gynecological Brithis Common-Wealth, 72,* 185-192.

Pike, K. M. y Rodin, J. (1991). Mothers, daughters and disordered eating. *Journal of Abnormal Psychology, 100,* 198-204.

Pilowsky, I. (1987). Abnormal illness behavior. *Psychiatric Medicine, 5,* 85-91.

Plante, T. G. y Rodin, J. (1990). Physical fitness and enhaced psychological health. *Current Psychology: Research and Reviews, 9,* 3-24.

Polaino, A. y Gil Roales-Nieto, J. (1990). *La diabetes*. Barcelona: Martínez Roca.

Polaino, A. y Gil Roales-Nieto, J. (1994). *Psicología y diabetes infanto-juvenil*. Madrid: Siglo XXI.

Pomerleau, O. F. y Brady, J. P. (1979). Introduction: The scope and promise of behavioral medicine. En O. F. Pomerleau y J. P. Brady (Eds.), *Behavioral medicine: Theory and Practice*. Baltimore: Williams and Wilkins.

Po-Huang, C., Nomura, A. M. y Stemmermann, G. M. (1992). A prospective study of the attributable risk of cancer due to cigarrette smoking. *American Journal of Public Health, 82,* 37-40.

Porter, A. (2003). *Breve historia de la medicina*. Madrid: Taurus.

Powles, J. (1992). Changes in disease patterns and related social trends. *Social Science and Medicine, 35,* 377-387.

Primavera, J. y Kaiser, R. S. (1992). Non-pharmacological treatment of headache: Is less more. *Headache, 32,* 393-395.

Purcell, K. y Weiss, J. H. (1970). Asthma. En C. G. Costello (Ed.), *Symptoms of Psychophysiology.* Nueva York: Wiley.

Puska, P. (1984). Community based prevention of cardiovascular disease: The North Karelia Project. En J. D. Matarazzo, S. M. Weiss, J. A. Herd, N. E. Miller y S. M. Weiss (Eds.), *Behavioral health: A handbook of health enhancement and disease prevention.* Nueva York: Wiley.

Puska. P. y Keller, I. (2004). [Primary prevention of noncommunicable diseases. Experiences from population based intervention in Finland for the global work of WHO]. *Zeitschrift für Kardiologie, 93,* Suppl. 2:II37-42.

Quiles, Y., Quiles, M. J. y Terol, M. C. (2003). Evaluación del apoyo social en pacientes con trastornos de la conducta alimentaria. *Revista Internacional de Psicología Clínica y de la Salud, 3,* 313-333.

Rahe, R. (1989). Recent life changes and coronary heart disease: 10 years'research. En S. Fisher y J. Reason (Eds.), *Handbook of Life Stress, Cognition and Health.* Londres: John Wiley and Sons.

Raich, R. M. (1999). *Anorexia y bulimia: Trastornos alimentarios.* Madrid: Pirámide.

Raich, R. M., Sánchez-Carracedo, D., López-Guimerà, G., Portell, M., Moncada, A. y Fauquet, J. (2008). A controlled assessment of school-based preventive programs for reducing eating disorder risk factors in adolescent Spanish girls. *Eating Disorders, 16,* 255-272.

Rainforth, M. V., Schneider, R. H., Nidich, S. I., Gaylord-King, C., Salerno, J. W. y Anderson, J. W. (2007). Stress Reduction Programs in Patients with Elevated Blood Pressure: A Systematic Review and Meta-analysis. *Current Hypertension Reports, 9,* 520-528.

Ramírez-Maestre, C., López Martínez, A. E., Zarazaga, R. E. (2004). Personality characteristics as differential variables of the pain experience. *Journal of Behavioral Medicine, 27,* 147-165.

Raven, B. (1988). Social power and compliance in health care. En S. Maes, C. Spielberger, P. Defares y J. Sorason (Eds.), *Topics in health psychology.* Chichester: Wiley.

Raynor, H. y Epstein, L. (2003). The relative reinforcing-value of food under differing levels of food deprivation and restriction. *Appetite, 40,* 15-24.

Read, N. (1985). *Irritable Bowel Syndrome.* Nueva York: Grune and Stratton.

Reig, A. (1981). Medicina comportamental: Desarrollo y líneas de intervención. *Análisis y Modificación de Conducta, 7,* 99-161.

Reig, A., Rodríguez Marín, J., Sancho, P., Rivero, D. y García, J. (1986). Susceptibilidad a los problemas de salud y correlatos de personalidad. *Análisis y Modificación de Conducta, 33,* 441-458.

Reig, A. (2005). ¿Qué debería saber un médico de psicología? *Análisis y Modificación de Conducta, 31,* 273-312.

Renck, B. (2006). Psychological stress reactions of women in Sweden who have been assaulted: acute response and four-month follow-up. *Nursing Outlook, 54,* 312-319.

Ridker, P. M., Vaughan, D. E., Stampfer, M. J., Glym, R. J. y Hennekens, C. H. (1994). Association of moderate alcohol consumption and plasma concentration of endogenous issue-type plasminogen activator. *Journal of the American Medical Association, 272,* 929-933.

Riley, V. (1975). Mouse mammary tumors: alteration of incidence as apparent function of stress. *Science, 189,* 465-467.

Rimm, E. B., Stampfer, M. J., Giovannucci, F., Ascherio, A., Spegelman, D., Colditz, G. A. y Willet, W. C. (1995) Body size and fat distribution as predictors of coronary heart disease among middle-age and older US men. *American Journal of Epidemiology, 141,* 1117-1127.

Rinbäck-Weitoft, G., Eliasson, M. y Rosén, M. (2008). Underweight, overweight and obesity as risk factors for mortality and hospitalization. *Scandinavian Journal of Public Health 36,* 169-76.

Ríos Risquez, M. I., Godoy Fernández, C., Peñalver Hernández, F. et al. (2008). Comparative study of burnout in Intensive Care and Emergency Care nursing staff. *Enfermería Intensiva, 19,* 2-13.

Ríos, M. I., Peñalver, F. y Godoy, C. (2008). Burnout and perceived health in Critical Care nursing professionals. *Enfermería Intensiva, 19,* 169-178.

Risch, H. A., Howe, G. R., Jain, M., Burch, J. D., Holoway, E. J. y Miller, A. G. (1993). Are female smokers at higher risk for lung cancer than male smokers? *American Journal of Epidemiology, 138,* 281-293.

Robertson, D. N. y Palmer, R. L. (1997). The prevalence and correlates of binge eating in a British community sample of women with a history of obesity. *International Journal of Eating Disorders, 22*, 323-327.

Robinson, P., Wicksell, R. K. y Olsson, G. L. (2004). ACT with chronic pain patients. En S. C. Hayes y K. D. Strosahl (Eds.), *A practical guide to acceptance and commitment therapy*. New York: Springer.

Robles, N. R. (2001). Fenómeno e hipertension de bata blanca. En J. Ocón, J. Abellán y J. Herrera (Eds.) *Sobre la persona hipertensa*. Madrid: Ergon.

Rodríguez, S., Mata, J. L., Moreno, S., Fernández, M., y Vila, J. (2008). Mecanismos psicofisiológicos implicados en la regulación afectiva y restricción alimentaria de mujeres con riesgo de padecer bulimia nerviosa. *Psicothema, 19*, 30-36.

Rodríguez-Laso, A., Zunzunegui, M. y Otero, A. (2007). The effect of social relationships on survival in elderly residents of a Southern European community: a cohort study. *BMC Geriatrics, 7*, 19.

Rodríguez Marín, J. (1995). *Psicología social de la salud*. Madrid: Síntesis.

Rogers, R. (1957). The necessary and sufficient conditions of therapeutic personality change. *Journal of Consulting Psychology, 21*, 95-103.

Romero, L., Raley-Susman, K., Redish, K., Brooke, S., Horner, H. y Sapolsky, R. (1992). *A possible mechanism by which stress accelerates growth of virally-derived tumours*. Paper presented at the Proceedings of the National Academy of Sciences, USA.

Romero, R., Ibáñez, E. y Monsalve, V. (2000). La terapia psico-oncológica adyuvante en enfermas con cáncer de mama: un estudio preliminar. En F. Gil (Ed.) *Manual de Psico-Oncología*. Madrid: Nova Sidonia.

Room, R. y Day, N. (1974). Alcohol and mortality. En M. Keller (Ed.), *Second special report to the U.S. Congress. Alcohol and Health*. Washington, DC: U.S. Goverment Printing Office.

Rosenstiel, A. K. y Deefe, F. J. (1983). The use of coping strategies in chronic low back in pain patients; relationship to patient characteristics and current adjustment. *Pain, 17*, 33-44.

Rosenstock, I. (1974). Historical origins of the health belief model. *Health Education Monographs, 2*.

Rostrup, M., Kjeldsen, S. E. y Eide, I. K. (1991). Awareness of Hypertension Increases Blood Pressure and Sympathetic Responses to Cold Pressor Test. *American Journal of Hypertension, 3*, 912-917.

Roth, H. y Caron, H. S. (1978). Accuracy of doctor's estimates and patients'statements on adherence to a drug regimen. *Clinical Pharmacology and Therapeutics, 23*, 360-370.

Russek, L. G. y Schwartz, G. E. (1997). Feelings of parental caring predict health status in midlife: a 35-year follow-up of the Harvard Mastery of Stress Study. *Journal of Behavioral Medicine, 20*, 1-13.

Russell, M. B., Kristiansen, H. A., Saltyt-Benth, J. y Kværner, K. J. (2008). A cross-sectional population-based survey of migraine and headache in 21,177 Norwegians: the Akershus sleep apnea project.*The Journal of Headache and Pain, 9*, 339-347.

Russolillo, G. y Martínez, J. (2002). Nutrición saludable y dietas de adelgazamiento. León: Everest.

Ryle, G. (1949). *The concept of the mind*. Chicago: The University of Chicago Press.

Saito, Y. A., Schoenfeld, P., Locke, G R. (2002). The epidemiology of irritable bowel syndrome in North America: a systematic review. *The American Journal of Gastroenterology, 97*, 10-15.

Saldaña, C. (1994). *Trastornos del comportamiento alimentario*. Madrid: Fundación Universidad-Empresa.

Saldaña, C. (2000). Consecuencias psicopatológicas del seguimiento de dietas. *Nutrición y Obesidad, 3*, 81-86.

Sanders, K. A., Blanchard, E. B. y Sykes, M. A. (2007). Preliminary study of a self-administered treatment for irritable bowel syndrome: comparison to a wait list control group. *Applied Psychophysiology and Biofeedback. 32*, 111-119.

Sanz, J., García-Vera, M. P., Magán, I., Espinosa, R. y Fotún, M. (2006). Differences in personality between sustained hypertension, isolated clinic hypertension and normotension. *European Journal of Personality, 21*, 209-224.

Sanz, T., Blasco, T. y Cruz, J. (1992). Adicción a la actividad física de fondo. *Archivos de Medicina del Deporte, 9*, 279-286.

Sapolsky, R. M. (1996). *¿Por qué las cebras no tienen úlceras?* Madrid: Alianza Editorial.

Sargent, J. D., Green, E. E. y Walters, E. D. (1972). The use of autogenic feedback training in a pilot study of migraine and tension headaches. *Headache, 12*, 120-125.

Sarlio-Lahteenkorva, S., Rissanen, A. y Kaprio, J. (2000) A descriptive study of weight loss maintenance: 6 and 15 year follow-up of initially overweight adults. *International *Journal of Obesity and Related Metabolic Disorders, 24,* 116-125.

Schmitz, K. H., Troxel, A. B., Cheville, A., Grant, L. L., Bryan, C. J., Gross, C., Lytle, L. A., Ahmed, R. L. (2009). Physical activity and lymphedema (the PAL trial): Assessing the safety of progressive strength training in breast cancer survivors. *Contemporaty Clinical Trials,* Jan 8.

Schneider, R. H., Alexander, C. N., Staggers, F., Rainforth, M., Salerno, J. W., Hartz, A., Arndt, S., Barnes, V. A. y Nidich, S. I. (2005). Long-term effects of stress reduction on mortality in persons > or = 55 years of age with systemic hypertension. *American Journal of Cardiology, 95,* 1060-1064.

Schwartz, G. E. y Weiss, S. M. (1978). Behavioral medicine revisited: An amended definition. *Journal of Behavioural Medicine, 1,* 249-251.

Schwartz, M. S. (1995). Headache: Selected iusses and considerations in evaluation and treatment. En M. S. Schwartz (Ed.), *Biofeedback. A practitioner's guide.* Nueva York: Guilford Press.

Scicchitano, J., Lovell, P., Pearce, R., Marley, J. y Pilowsky, I. (1996). Illness behavior and somatization in general practice. *Journal of Psychosomatic Research, 41,* 247-254.

Secades, R. (2001). *Alcoholismo juvenil.* Madrid: Pirámide.

Segal, Z. V., Williams J. M., y Teasdale, J. D. (2002). *Mindfulness-based cognitive therapy for depression.* New York: Guilford.

Seligman, M. (1975). *Helplessness: On depression, development and death.* San Francisco: Freeman.

Sepúlveda, A. R., Botella, J. y León, J. A. (2001). La alteración de la imagen corporal en los trastornos de la alimentación. *Psicothema, 13,* 7-16.

Serdula, M. K., Collins, M. E., Williamson, D. F., Anda, R. F., Pamuk, E. y Byers, T. E. (1993). Weight control practices of U.S. adolescents and adults. *Annals of Internal Medicine, 119,* 667-671.

Seyle, H. (1956). *The Stress of Life.* Nueva York: McGraw-Hill.

Shaffer, J. W., Graves, P. L., Swank, R. T. y Pearson, T. A. (1987). Clustering of personality traits in youth and the subsequent development of cancer among physicians. *Journal of Behavioral Medicine, 10,* 441-447.

Shaper, A., Walker, M., Cohen, N. M., Wale, C. J. y Thomsohn, A. G. (1981). British Regional Heart Study: Cardiovascular risk factors in middle-aged men in 24 towns. *British Medical Journal, 283,* 179-186.

Shelton, T. L., Anastopoulos, A. D. y Elliot, C. H. (1991). Behavioral Medicine. En C. E. Walker (Ed.), *Clinical Psychology. Historical and Research Foundations.* Nueva York: Plenum Press.

Sherbourne, C., Hays, R. D., Ordway, L., DiMatteo, H. R. y Kravitz, R. L. (1992). Antecedents of adherence to medical recommendations: results from the medical outcomes study. *Journal of Behavioral Medicine, 15,* 447-468.

Sherman, S. E., D'Agostino, R. B., Silbershatz, H. y Kannel, W. B. (1999). Comparison of past versus recent physical activity in the prevention of premature death and coronary artery disease. *American Heart Journal, 138,* 900-907.

Shillitoe, R. W. (1988). *Psychology and Diabetes. Psychology factors in management and control.* Londres: Chapman and Hall.

Sica, G., Harker-Murray, P., Montori, V. W. y Smith, S. A. (2002). Adherence of published diabetes mellitus practice guidelines to methodologic standars of guideline development. *Endocrinol. Metab. Clin. North. Am., 31,* 819-828.

Skinner, T. C. (2004). Psychological barriers. *European Journal of Endocrinology, 151,* Suppl. 2:T13-17.

Skrabanek, P. y McCormick, J. (1992). *Sofismas y desatinos en medicina.* Barcelona: Doyma.

Simón, M. A. (1996). Evaluación de los trastornos gastrointestinales. En G. Buela, V. E. Caballo y J. C. Sierra (Eds.), *Manual de evaluación en psicología clínica y de la salud.* Madrid: Siglo XXI.

Simonton, O. C., Simonton, S. y Creighton, J. L. (1978). *Getting Well Again.* Nueva York: Bantham.

Simonton, O. C. y Simonton, S. (1981). Cancer and stress. Counseling the cancer patient. *The Medical Journal of Australia, 1,* 679-683.

Sims, E. (1976). Experimental obesity, diet-induced thermogenesis and their clinical implications. *Clinics of Endocrinology and Metabolism, 5,* 377-395.

Sirgo, A., Gil, F. y Pérez-Manga, G. (2000) Intervención cognitivo-conductual en el tratamiento de las náuseas y vómitos asociados a la quimioterapia en pacientes con cáncer de mama. *Revista Electrónica de Psicología, 3,* 3.

Sjodin, I. y Svedlund, J. (1985). Psychological aspect or non-ulcer dyspepsia. *Scandinavian Journal of Gastroenterology Suppl., 109,* 51-58.

© Ediciones Pirámide

Sjöstrom, L. V. (1992). Mortality and severely obese subjects. *American Journal of Clinical Nutrition, 55,* 516S-523S.

Skinner, B. F. (1974/1977). *Sobre el conductismo.* Barcelona: Fontanella.

Slattery M. I., Schumacher, M. C., Smith, K. R., West, D. W. y Abd-Elghany, N. (1990). Physical activity, diet, and risk of colon cancer in Utah. *American Journal of Epidemiology, 128,* 989-999.

Sloan, R. P. (1987). Workplace health promotion: A commentary on the evolution of a paradigm. *Health Education Quarterly, 17,* 182-194.

Smitherman, T. A., Penzien, D. B. y Rains, J. C. Challenges of nonpharmacologic interventions in chronic tension-type headache. *Current Pain and Headache Reports, 11,* 471-477.

Smyth, J. M., Wonderlich, S. A., Heron, K. E., Sliwinski, M. J., Crosby, R. D., Mitchell, J. E. y Engel, S. G. (2007). Daily and momentary mood and stress are associated with binge eating and vomiting in bulimia nervosa patients in the natural environment. *Journal of Consulting and Clinical Psychology, 75,* 629-638.

Sorensen, T.I. (2003). Weight loss causes increased mortality: pros. Obesity Review, 4, 3-7.

Soussi, T., Dehouche, K. y Beroud, C. (2000). P53 website and analysis of p53 gene mutations in human cancer: forging a link between epidemiology and carcinogenesis. *Human Mutation, 15,* 105-113.

Spiegel, D., Bloom, J. R., Kraemer, H. C. y Gottleib, E. (1989). Effects of psychosocial treatment on survival of patients with metastatic breast cancer. *Lancet, 2,* 888-891.

Spielberger, C. D., Gorsuch, R. L. y Lushene, R. (1970). *Manual for the State Trait Anxiety Inventory.* Palo Alto: Consulting Psychological Press.

Spiering, E. L. (1988). Recent advances in the understanding of migraine. *Headache, 28,* 655-659.

Spoor, S. T., Stice, E., Bekker, M. H., Van Serien, T., Croon, M. A.y Van Heck, G. L. (2006) Relations between dietary restraint, depressive symptoms, and binge eating: A longitudinal study. *International Journal of Eating Disorders, 39,* 700-709.

Srivastava, A. y Kreiger, N. (2000). Relation of physical activity to risk of testicular cancer. *American Journal of Epidemiology, 15,* 78-87.

Surwit, R. S. (1993) Diabetes. Mind over metabolism. En D. Goleman y J. Gurin (Eds.), *Mind, Body, Medicine.* Nueva York: Consumer Report Books.

Swinburn, B., y Egger, G. (2004). The runaway weight gain train: too many accelerators, not enough brakes. *British Medical Journal, 329,* 736-739.

Stang, P. E. y Osterhaus, J. T. (1993). Impact of migraine in the United States: Data from the national health interview survey. *Headache, 33,* 29-35.

Stenn, P., Noce, A. y Buck, C. (1981). A study of labeling phenomenon in school children with elevated blood pressure. *Clinic Investigation Medicine, 4,* 179-181.

Steptoe, A., Kimbell, J. y Basford, P. (1988). Exercise and the experience and appraisal of daily stressors: a naturalistic study. *Journal of Behavioral Medicine, 21,* 363-74.

Stewart, D. y Winser, D. (1942). Incidence of perforated peptic ulcer: Effect of heavy airraids. *The Lancet,* 28 de febrero, 259.

Stewart, A. (1998). Experience with a school-based eating disorders prevention programme. En W. Vandereycken y G. Noordenbos (Eds.), *The Prevention of Eating Disorders.* Londres: The Athalone Press.

Stoddard, J. J. y Miller, T. (1995). Impact of parental smoking on the prevalence of wheezing respiratory illness in children. *American Journal of Epidemiology, 141,* 96-102.

Stokols, D. (1992) Establishing and Maintaining healthy enviroments. *American Psychologist, 47,* 6-22.

Stice, E., Cameron, R. P., Killen, J. D., Hayward, C. y Taylor, C. B. (1999). Naturalistic weight-reductions efforts prospectively predict growth in relative weight and onset of obesity among female adolescents. *Journal of Consulting and Clinical Psychology, 67,* 967-974.

Stoll, B. A. (1999). Western nutrition and the insulin resistance syndrome: a link to breast cancer. *European Journal of Clinical Nutrition, 53,* 83-87.

Stone, G. C., Cohen, F. y Adler, N. E. (1979). *Health Psychology.* San Francisco: Jossey-Bass.

Stroud, C. B., Davila, J. y Moyer, A.(2008). The relationship between stress and depression in first onsets versus recurrences: a meta-analytic review. *Journal of Abnormal Psychology, 117,* 206-213.

Sue, W., Roberts, L., Roalfe, A., Bridge, P. y Singh, S. (2004). Prevalence of irritable bowel syndrome: a community survey. *Bristish Journal of General Practice, 54,* 495-502.

Svedlund, J., Sjodin I. y Ottoson J. (1983). Controlled study of psychotherapy in irritable bowel syndrome. *Lancet, 2,* 589-592.

Svedlund, J. (2002). Functional gastrointestinal disease. Psychoterapy is an efecctive complement to drug therapy. *Lakartidningen, 17,* 172-174.

Sweet, J., Rozensky, R. y Tovian, S. (1991). *Handbook of clinical psychology in medical setting.* Nueva York: Plenum Press.

Sweeting, J. G. (1984). Can psychotherapy help treat the irritable bowel syndrome? *Gastroenterology, 86,* 371.

Szabo, A. y Hopkinson, K. L. (2007). Negative psychological effects of watching the news in the television: relaxation or another intervention may be needed to buffer them! *International Journal of Behavioral Medicine, 14,* 57-62.

Takahashi, H., Saitoh, S., Takagi, S. y Shimamoto, K. (1999). Prognosis predictor of chronic-stage acute myocardial infarction. *Nippon Ronen Igakkai Zasshi, 36,* 721-729.

Talley, N., Owen, B. Boyce, P. y Paterson, K. (1996). Psychological treatments for irritable bowel syndrome: a critique of controlled treatment trials. *American Journal of Gastroenterology, 91, 2,* 277-283.

Tang, J. L., Morris, J. K., Wald, N. J., Hole, D., Shipley, M. y Tunstall-Pedoe, H. (1995). Mortality in relation to tar yield of cigarettes: A prospective study of four cohorts. *British Medical Journal, 311,* 1530-1533.

Tarazi, R. y Dustan, H. P. (1972). Beta adrenergic blockade in hypertension: practical and theoretical implications of long-term haemodynamic variables. *American Journal of Cardiology, 29,* 633-640.

Task Force on Promotion an Dissemination of Psychological Procedures (1995).Trainning and dissemination of empirically-validated psychological treatment. *The Clinical Psychologist, 48,* 3-29.

Taylor, S. E. (1986). *Health Psychology.* Nueva York: Random House.

Taylor, C. B., Bryson, S., Luce, K. H., Cunning, D., Doyle, A. C., Abascal, L. B., Rockwell, R., Dev P., Winzelberg, A. J. y Wilfley, D. E. (2006). Prevention of eating disorders in at-risk college-age women. *Archives of General Psychiatry, 63,* 881-8.

Taylor, S. E. (2007). *Psicología de la Salud.* México. McGraw-Hill.

Teychenne, M., Ball, K. y Salmon, J. (2008). Associations between physical activity and depressive symptoms in women. *International Journal of Behavioral Nutrition and Physical Activity, 5, 27 (Epub ahead print).*

The Fifth Report of the Joint National Committee on Detection, Evaluation and Treatment of High Blood Pressure (1993). *Archives of Internal Medicine, 153,* 154-183.

The Seventh Report of the Joint National Committee on Prevention, Detection, Evaluation and Treatment of High Blood Pressure (2004). *U.S. Departament of Health and Human Services,* NH Publication No 04-5230.

Thomas, W., White, G. M., Mah, J., Geisser, M. S., Church, T. R. y Mandel, J. S. (1995). Longitudinal compliance with annual screening for fecal occult blood. *Americal Journal of Epidemiology, 142,* 176-182.

Thompson, P. D., Funk, E. J., Carleton, R. A. y Stuner, W. A. (1982). The incidence of death during jogging in Rhode Island joggers from 1975 though 1980. *Journal of the American Medical Association, 247,* 2535-2538.

Thompson, W., Hungin, A., Neri, M., Holtmann, G., Sofos, S., Delvaux, M. y Caballero-Plasencia, A. (2001). The management of irritable bowel syndrome: A European, primary and secondary care collaboration. *European Journal Gastroenterology Hepatology, 13, 8,* 933-939.

Thun, M., Henley, J. y Apicella, L. (1999). Epidemiologic studies of fatal and nonfatal cardiovascular disease and ETS exposure from spousal smoking. *Environmental Health Perspectives, 107(Suppl 6),* 841-846.

Toner, B., Segal, Z., Emmott, S., Myran, D., Ali, A., DiGasbarro, I. y Stuckless, N. (1998). Cognitive-behavioral group therapy for patients with irritable bowel syndrome. *International Journal Group Psychoterapy, 48,* 215-243.

Toobert, D. y Glasgow, R. (1991). Problem solving and diabetes self-care. *Journal of Behavioral Medicine, 14,* 71-86.

Torii, A. y Toda, G. (2004). Management of irritable bowel syndrome. *Internnal Medicine, 43,* 353-359.

Toro, J. y Vilardell, E. (1987). *Anorexia nerviosa.* Barcelona: Martínez Roca.

Toro, J. (1996). *El cuerpo como delito.* Ariel: Barcelona.

Toro, J. y Artigas, M. A. (2000). *El cuerpo como enemigo.* Barcelona: Martínez Roca.

Torres, S. J. y Nowson, C. A. (2007a). Relationship between stress, eating behavior, and obesity. *Nutrition. 23,* 887-894.

Torres, S. J. y Nowson, C. A. (2007b). Effect of a weight-loss program on mental stress-induced cardiovascular responses and recovery. *Nutrition, 23,* 521-528.

Tovar, G. M. (2003). Terapias alternativas en síndrome de intestino irritable. *Revista Colombiana de Gastroenterología, 227*-228.

Tremblay, A., Plourde, G., Després, J. P. y Bouchard, C. (1989). Impact of dietary fat content and fat oxidation on energy intake in humans. *American Journal of Clinical Nutrition, 49,* 799-805.

Tudor-Locke, C., Basett, D. R. Jr., Rutherford, W. J., Ainsworth, B. E., Chan, C. B., Croteau, K. et al. (2008). BMI-referenced cut points for pedometer-determined steps per day in adults.*Journal of Physical Actitivity and Health, 5,* Suppl. 1: S126-39.

Trials of Hypertension Prevention Collaborative Research Group (1997). Effects of weght loss and sodium reduction on blood pressure and hypertension incidence in overweight people with high normal blood pressure. *Archives of Internal Medicine, 157,* 657-667.

Tulder, M. W., Ostelo, R. W., Vlaeyen, J. W., Linton, S. J., Morley, S. J. y Assendelft, W. J. (2001). Behavioral treatment for low back pain (Cochrane review). En The Cochrane library, 4, Oxford: Update Software. En Internet: www.update-software.com/abstracts/ab002014.htm

Turk, D. C., Meichenbaum, D. y Genest, M. (1983). *Pain and Behavioral Medicine.* Nueva York: Guilford Press.

Turk, D. C. y Rudy, T. E. (1987). Towards a comprehensive assessment of chronic pain patients: a multiaxial approach. *Behaviour Research and Therapy, 25,* 237.

Turk, D. C. y Nash, J. M. (1993). Chronic pain: new ways to cope. En D. Goleman y J. Gurin (Eds.), *Mind Body Medicine.* Nueva York: Consumer Report -Books.

Tursi, A., Cammarota, G., Papa, A., Cianci, R., Cuoco, L., Fedeli, G. y Gasbarrini, G. (1998). Effect of adequate alcohol intake, with or without cigarette smoking, on the risk of Helicobacter pylori infection. *Hepatogastroenterology, 45,* 1892-1895.

Uchakin, P. N., Tobin, B., Cubbage, M., Marshall, G., Sams, C. (2001). Immune responsiveness following academic stress in first-year medical students. *Journal of Interferon Cytokine Research, 21,* 687-694.

United States Public Health Service (1964) (USPHS). *Smoking and Health: Public Health Service Report of the Advisory Committee to Surgeon General of the Public Health Service.* (PHS Publicaton No. 1103). Washington DC: U.S. Government Printing Office.

United States Department of Health and Human Services (USDHHS) (1989). *Reducing the health consequences of smoking: 25 years of progress: A report of the Surgeon General.* Rockville, MD: U.S. Government Printing Office.

United States Department of Health and Human Services (USDHHS) (1990). *The health benefits of smoking cessation. A report of the surgeon general* (DHHS Publication No. CDC 90-8416).Washington DC: U.S. Government Printing Office.

United States Department of Health and Human Services (USDHHS) (1993). *Eight Special Report to the U.S. Congress on Alcohol and Health.* Washington DC: U.S. Government Printing Office.

United States Department of Health and Human Services (USDHHS) (1994). *Surveillance for selected tobacco use behavior- United States 1900-1994.* Washington DC: U.S. Government Printing Office.

United States Department of Health and Human Services (USDHHS) (1995). *Healthy people 2000 review, 1994* (DHHS Publication No95-1256-1). Washington DC: U.S. Government Printing Office.

Valdés, M. y Flores, T. (1985). *Psicobiología del estrés.* Barcelona: Martínez Roca.

Vallejo, G. (1996). *Análisis multivariados en las ciencias comportamentales.* Oviedo: Servicio de Publicaciones de la Universidad de Oviedo.

Vallejo, M. A. (2006). Mindfulness. *Papeles del Psicólogo, 27,* 92-99.

Vallejo, M. A. y Labrador F. J. (1984). Trastornos psicofisiológicos: cefaleas. En J. Mayor y F. J. Labrador (Eds.), *Manual de modificación de conducta.* Madrid: Alhambra.

Van der Helm-Hylkema, H. (1990). Headache. En A. A. Kaptein (Ed.), *Behavioural medicine. Psychological treatment of somatic disorders.* Chichester: John Wiley and Sons.

Van der Horst, H., van Dulmen A., Schevellis, F., van Eijk, J., Fennis, J. y Bleijenberg, G. (1997). Do patients with irritable bowel syndrome in primary care really differ from outpatients with irritable bowel syndrome? *Gut, 41, 5,* 669-674.

Van Montfrans, G. A., Karemaker, J. M., Wieling, W. y Dunning, A. J. (1990) Relaxation therapy and continous ambulatory blood pressure in mild hypertension: a controlled study. *Bristish Medical Journal, 300,* 1368-1372.

Van Tulder, M., Groossens, M., Waddell, G. y Nachemson, A. (2000). Kroniska landryggshervar-konservativ behandling. En *Ont I. Ryggen out Inacken,* vol. II, 17-113, Stockholm: SBU.

Van Spiljker, A., Trisjburg, R. W. y Duivenvoorden, H. J. (1997). Psychological sequale of cancer diagnosis: A meta-analytic review of 58 studies after 1980. *Psychosomatic Medicine, 59,* 280-293.

Vasterling, J., Jenkins, R. A., Tope, D. M. y Burish, T. G. (1993). Cognitive distraction and relaxation training form the control training for the control of side effects due to cancer chemotherapy. *Journal of Behavioral Medicine, 16,* 65-60.

Vázquez, M. y Buceta, J. M. (1996). *Tratamiento psicológico del asma bronquial.* Madrid: Pirámide.

Vázquez, M., Romero, E. y Sández, E. (2003). Intervenciones psicológicas eficaces en el asma bronquial. En M. Pérez, J. R. Fernández, C. Fernández e I. Amigo (2003). *Guía de tratamientos psicológicos eficaces.* Madrid: Pirámide.

Vena, J. E., Graham, S., Zielezny, M., Swanson, M. K., Barnes, R. E. y Nolan, J. (1985). Lifetime occupational exercise and colon cancer. *American Journal of Epidemiology, 122,* 357-365.

Vera, N. y Fernández, M. C. (1989). *Prevención y tratamiento de la obesidad.* Barcelona: Martínez Roca.

Vermeire, E., Hearnshaw, H., Rätsep, A., Levasseur, G., Petek, D., van Dam, H., van der Horst, F., Vinter-Repalust, N., Wens, J., Dale, J. y van Royen, P. (2007). Obstacles in adherence in living with type 2 diabetes: an international qualitative study using meta-etnography (EUROBSTACLE). *Primary Care Diabetes, 1,* 25-33.

Vicenzi, D. (1994). A longitudinal study of human immunodeficiency virus transmission by heterosexual parteners. *New England Journal of Medicine, 331,* 341-346.

Vidal Moreno, J. F., Moreno Pardo, B. y Jiménez Cruz, J. F. (1996). Evaluación del impacto del tabaco sobre la vascularización del pene con eco-Doppler e inyección intracavernosa. *Actas Urológicas Españolas, 20,* 365-371.

Vila, J. (1996). *Una introducción a la psicofisiología clínica.* Madrid: Pirámide.

Villoria, E., Fernández, C., Amigo, I., Padierna, C, Gracia, J. M., Peláez, I., y Fernández, R. (2008). Comparación de la calidad de vida de dos grupos de pacientes oncológicos: pacientes libres de enfermedad a los cinco años y pacientes fallecidos. *Medicina Paliativa,15,* 338-345.

Virmani, R., Burke, A. P., Farb, A. y Kark, J. A. (1997). Causes of sudden death in young and middle-aged competitive athletes. *Cardiology Clinical, 15,* 439-466.

Vowles, K. E. y McCracken, L. M. (2008). Acceptance and values-based action in chronic pain: a study of treatment effectiveness and process. *Journal of Consulting and Clinical Psychology, 76,* 397-407.

Wadden, T. A., Foster, G. D., Stunkard, A. J. y Conill A. M. (1996). Effects of weight cycling on the resting energy expenditure: body composition of obese women. *International Journal of Eating Disorders, 19,* 5-12.

Wagner, E. y Strogatz, D. S. (1984). Hypertension labelling and well-being: alternative explanations in cross-sectional data. *Journal of Chronic Disease, 37,* 943-947.

Wallston, B. S. y Wallston, K. A. (1984). Social psychological models of health behavior: An examination and integration. En A. Baum, S. E. Taylor y J. E. Singer (Eds.), *Handbook of Psychology and Health* (vol. 4). Hillsdale, NJ: Erlbaum.

Wammes, B., French, S. y Brug, J. (2007). What young Dutch adults say they do to keep from gaining weight: self-reported prevalence of overeating, compensatory behaviours and specific weight control behaviours. *Public Health Nutrition, 10,* 790-798.

Wang, W., Pan, G. y Qian, J. (2003). Treatment of refractory irritable bowel syndrome with subclinical dosage of antidepressants. *Zhongguo Yi Xue Ke Xue Yuan Xue Bao, 25: 74-78.*

Wannamethee, G., Shaper, A. G. y McFarlane, P. W. (1993). Heart rate, physical activity and mortality from cancer and other noncardiovascular diseases. *American Journal of Epidemiology, 137,* 735-748.

Wannamethee, S. G., Shaper, A. G. y Walker, M. (2002). Weight change, weight fluctuation, and mortality. *Archives of Internal Medicine, 162,* 2575-2580.

Wegner, D. M. (1994). Ironical processes of mental control.*Psychological Review, 101,* 34-52.

Weinstein, N. D., Klotz, M. L., Sandman, P. M. (1988). Optimistic biases in public perceptions of the risk from radon. *American Journal of Public Health. 78,* 796-800.

Weiss, J. H. (1994). Behavioral management of asthma. En B. H. Timmons y R. Ley (Eds.), *Behavioral and Psychological Approaches to Breathing Disorders.* Nueva York: Plenum Press.

Weiss, S. M. (1984). Community health promotion demonstration programs: Introduction. En J. D. Matarazzo, S. M. Weiss, J. A. Herd, N. E. Miller y S. M. Weiss (Eds.), *Behavioral Health: A hand-book of health enhancement and disease prevention.* N.Y.: Wiley.

Weiss, S. M. (1985). Paper presented at the Conferencia pronunciada en el 15th Annual Meeting European Association for Behavior Therpay, Munich.

White, J. R., Case, D. A., McWhirter, D. y Mattison, A. M. (1990). Enhanced sexual behavior in exercising men. *Archives of Sexual Behavior, 19*, 193-209.

Whitehead, W., Engel, B. y Schuster, M. (1980). Irritable bowel syndrome. Physiological and psychological differences between diarrhea-predominant and constipation-predominant patients. *Digestive Disease Science, 25*, 404-413.

Whitehead, W., Winget, C., Fedoravicius, A., Wooley, S. y Backwell, B. (1982). Learned illness-behavior in patients with irritable bowel syndrome and pectic ulcer. *Digestive Disease Sicence, 27*, 202-208.

Whitehead, W., Basmajian, L., Zonderman, A., Costa, P. y Schuster, M. (1989). Symptoms of psychologic distress associated with irritable bowel syndrome. *Gastroenterology, 95*, 709-712.

Whitehead, W. E. (2006). Hypnosis for irritable bowel syndrome: the empirical evidence of therapeutic effects. *Interantional Journal of Clinical and Experimental Hipnosis, 54*, 7-20.

Whiteside, U., Chen, E., Neighbors, C., Hunter, D., Lo, T. y Larimer, M. (2007). Difficulties regulation emotions: Do binge eaters have fewer strategies to modulate and tolerate negative affect? *Eating Behavior, 8*, 162-169.

Whittemore, R. (2000). Strategies to facilitate lifestyle change associated with diabetes mellitus. *Journal of Nursing Scholarship, 32*, 225-232.

Whorwell, P. J., Prior, A. y Colgan, S. M. (1987). Hypnotherapy in severe irritable syndrome: futher experience. *Gut, 28*, 423-25.

Whorwell, P., Prior, A. y Farengher, E. (1985). Controlled trial of hipnotherapy in the treatment of sever refractary irritable bowel syndrome. *Lancet, 2,* 1232-1234.

Wickramasekera, I. (1985). A conditioned response model of the placebo effect: predictions from the model. En L. White, B. Tursky y G. E. Schwartz (Eds.), *Placebo: Theory, Research and Mechanisms*. Nueva York: Guilford Press.

Wilbert-Lampen, U., Leistner, D., Greven, S., Pohl, T., Sper, S., Völker, C., Güthlin, D., Plasse, A., Knez, A., Küchenhoff, H. y Steinbeck G. (2008). Cardiovascular events during World Cup soccer. *New England Journal of Medicine, 358*, 475-583.

Wilson, D., Lavelle, S., Greenspan, R. y Wilson, C. (1991). Psychological predictors of HIV-preventive behavior among Zimbabwean students. *Journal of Social Psychology, 131*, 293-295.

Williams, A. C. (1993). Inpatient management of chronic pain. En M. Hodes y S. Moorey (Eds.), *Psychological treatment in human diseases and illnesses*. Londres: Gaskel Press.

Williamson, D. A., Prather, R. C., McKenzie, S. J. y Blouin, D. C. (1990). Behavioral assessment procedures can differentiate bulimia nervosa, compulsive overeater, obese, and normal subjects. *Behavioral Assessment, 12*, 239-252.

Williamson, G. M. (2000). Extending the activity restriction model of depressed affect: evidence from a sample of breast cancer patients. *Health Psychology,19*, 339-347.

Wilson K. G. y Luciano, M. C. (2002). Terapia de Aceptación y Compromiso. Madrid: Pirámide.

Wing, R., Epstein, L. H., Nowalk, M. P. y Scott, N. (1988). Behavioral self-regulation in the treatment of patients with diabetes mellitus. *Psychological Bulletin, 99*, 78-79.

Wing, R. R., Jefrey, R. W., Hellerstedt, W. L. (1995) A prospective study of effects of weight cycling on cardiovascular risk factor. *Archives of Internal Medicine, 155*, 1416-1420.

Wingate, D., Hongo, M., Kellow, J., Lindberg, G. y Smout, A. (2002). Disorders of gastrointestinal motility: towards a new classification. *Journal of Gastroenterology and Hepatology, 17*, Suppl: S1-14.

Witek-Janusek, L., Albuquerque, K., Chroniak, K. R., Chroniak, C., Durazo-Arvizu, R., Mathews, H. L. (2008). Effect of mindfulness based stress reduction on immune function, quality of life and coping in women newly diagnosed with early stage breast cancer. *Brain, Behavior and Immunity, 22*, 969-981.

Yaari, S. y Goldbourt, U. (1998). Voluntary and involuntary weight loss: associations with long term mortality in 9,228 middle-aged and elderly men. *American Journal of Epidemiology, 148*, 546-55.

Yamagishi, M., Kobayashi, T., Kobayashi, T., Nagami, M., Shimazu, A., Kageyama, T. (2007). Effect of web-based assertion training for stress management of Japanese nurses. *Journal of Nursing Management, 15*, 603-607.

Young, D. R., Haskell, W. L., Jatulius, D. E. y Fortman, P. (1993). Associations between changes in physical activity and risk factors for coronary heart disease in a community based sample of men and women: the

Stanford Five-City Project. *American Journal of Epidemiology, 138,* 205-216.

Young, S., Alpers, D., Norland, C. y Woodruff, R. (1976). Psychiatric illness and the irritable bowel syndrome. *Gastroenterology, 70,* 162-166.

Yuan, J., Purepong, N., Kerr, D. P., Park, J., Bradbury, I., McDonough, S. (2008). Effectiveness of acupuncture for low back pain: a systematic review. *Spine, 33,* E.887-900.

Zanjonc, R. B. (1984). On the primacy of affect. *American Psychologist, 39,* 151-175.

Zhang, B., Mitchell, S. L., Bambauer, K. Z., Jones, R. y Prigerson, H. G. (2008). Depressive symptom trajectories and associated risks among bereaved Alzheimer disease caregivers. *American Journal of Geriatric Psychiatry. 16,* 145-155.

Zhang, J., Niaura, R., Todaro, J. F., McCaffery, J. M., Shen. B. J., Spiro, A. y Ward, K. D. (2005). Suppressed hostility predicted hypertension incidence among middle-aged men: the normative aging study. *Journal of Behavioral Medicine, 28,* 443-454.

Zijdenbos, I. L., de Wit, N. J., van der Heijden, G. J., Rubin, G. y Quartero, A. O. (2009). Psychological treatments for the management of irritable bowel syndrome. *Cochrane Database Systematic Review, 21,* CD006442.

Zubieta, J. K., Bueller, J. A., Jackson, L. R., Scott, D. J., Xu, Y., Koeppe, R. A., Nichols. T. E. y Stohler, C. S. Placebo effects mediated by endogenous opioid activity on mu-opioid receptors. *Journal of Neuroscience, 25,* 7754-7762.

TÍTULOS RELACIONADOS

ADICCIÓN A LA COMPRA. Análisis, evaluación y tratamiento, *R. Rodríguez Villarino, J. M. Otero-López y R. Rodríguez Castro.*
ADICCIÓN A LAS NUEVAS TECNOLOGÍAS EN ADOLESCENTES Y JÓVENES, *E. Echeburúa, F. J. Labrador y E. Becoña.*
AGORAFOBIA Y ATAQUES DE PÁNICO, *A. Bados López.*
AVANCES EN EL TRATAMIENTO PSICOLÓGICO DE LOS TRASTORNOS DE ANSIEDAD, *E. Echeburúa Odriozola.*
CONSULTORÍA CONDUCTUAL. Terapia psicológica breve, *M.ª X. Froján Parga (coord.).*
DE LOS PRINCIPIOS DE LA PSICOLOGÍA A LA PRÁCTICA CLÍNICA, *C. Rodríguez-Naranjo.*
DETECCIÓN Y PREVENCIÓN EN EL AULA DE LOS PROBLEMAS DEL ADOLESCENTE, *C. Saldaña García (coord.).*
EL ADOLESCENTE EN SU MUNDO. Riesgos, problemas y trastornos, *J. Toro Trallero.*
FAMILIA Y PSICOLOGÍA DE LA SALUD, *J. R. Buendía Vidal.*
GUÍA DE AYUDA AL TERAPEUTA COGNITIVO-CONDUCTUAL, *A. Gavino Lázaro.*
GUÍA DE ÉTICA PROFESIONAL EN PSICOLOGÍA CLÍNICA, *C. del Río Sánchez.*
GUÍA DE TRATAMIENTOS PSICOLÓGICOS EFICACES I, II Y III, *M. Pérez Álvarez, J. R. Fernández Hermida, C. Fernández Rodríguez e I. Amigo Vázquez (coords.).*
INTERVENCIÓN CONDUCTUAL EN CONTEXTOS COMUNITARIOS I. Programas aplicados de prevención, *F. X. Méndez Carrillo, D. Macià Antón y J. Olivares Rodríguez.*
INTERVENCIÓN EN LOS TRASTORNOS DEL COMPORTAMIENTO INFANTIL. Una perspectiva conductual de sistemas, *M. Servera Barceló (coord.).*
INTERVENCIÓN PSICOLÓGICA Y EDUCATIVA CON NIÑOS Y ADOLESCENTES. Estudio de casos escolares, *F. X. Méndez Carrillo, J. P. Espada Sánchez y M. Orgilés Amorós (coords.).*
LA INTERVENCIÓN ANTE EL MALTRATO INFANTIL. Una revisión del sistema de protección, *J. Martín Hernández.*
LA VOZ Y LAS DISFONÍAS DISFUNCIONALES. Prevención y tratamiento, *R. M.ª Rivas Torres y M.ª J. Fiuza Asorey.*
LOS PROBLEMAS DE LA BEBIDA: UN SISTEMA DE TRATAMIENTO PASO A PASO. Manual del terapeuta. Manual de autoayuda, *B. S. McCrady, R. Rodríguez Villarino y J. M. Otero-López.*
MANUAL DE PSICOLOGÍA CLÍNICA INFANTIL Y DEL ADOLESCENTE. Trastornos específicos, *V. E. Caballo Manrique y M. A. Simón López (coords.).*
MANUAL DE PSICOLOGÍA CLÍNICA INFANTIL Y DEL ADOLESCENTE. Trastornos generales, *V. E. Caballo Manrique y M. A. Simón López (coords.).*
MANUAL DE PSICOLOGÍA DE LA SALUD, *I. Amigo Vázquez, C. Fernández Rodríguez y M. Pérez Álvarez.*
MANUAL DE PSICOLOGÍA DE LA SALUD CON NIÑOS, ADOLESCENTES Y FAMILIA, *J. M. Ortigosa Quiles, M.ª J. Quiles Sebastián y F. X. Méndez Carrillo.*
MANUAL DE PSICOMOTRICIDAD, *M. Bernaldo de Quirós Aragón.*
MANUAL DE PSICOPATOLOGÍA GENERAL, *P. J. Mesa Cid y J. F. Rodríguez Testal.*
MANUAL DE TÉCNICAS DE MODIFICACIÓN Y TERAPIA DE CONDUCTA, *F. J. Labrador Encinas, J. A. Cruzado Rodríguez y M. Muñoz López.*
MANUAL PARA LA AYUDA PSICOLÓGICA. Dar poder para vivir. Más allá del *counselling*, *M. Costa Cabanillas y E. López Méndez.*
MANUAL PARA EL TRATAMIENTO PSCOLÓGICO DE LOS DELINCUENTES, *S. Redondo Illescas.*
MANUAL PRÁCTICO DEL JUEGO PATOLÓGICO. Ayuda para el paciente y guía para el terapeuta, *J. Fernández Montalvo y E. Echeburúa Odriozola.*
PRESERVACIÓN FAMILIAR. Un enfoque positivo para la intervención con familias, *M.ª J. Rodrigo, M.ª L. Máiquez, J. C. Martín y S. Byrne.*
PREVENCIÓN DE LAS ALTERACIONES ALIMENTARIAS. Fundamentos teóricos y recursos prácticos, *G. López-Guimerà y D. Sánchez-Carracedo.*
PSICOLOGÍA APLICADA A LA ACTIVIDAD FÍSICO-DEPORTIVA, *J. A. Mora Mérida, J. García Rodríguez, S. Toro Bueno y J. A. Zarco Resa.*
PSICOLOGÍA DE LA SALUD. Aproximación histórica, conceptual y aplicaciones, *J. Gil Roales-Nieto (dir.).*
PSICOLOGÍA DE LA VEJEZ. Evaluación e intervención, *R. Fernández-Ballesteros (dir.).*
PSICOLOGÍA PREVENTIVA. Avances recientes en técnicas y programas de prevención, *G. Buela-Casal, L. Fernández Ríos y T. J. Carrasco Jiménez.*
PSICOPATOLOGÍA DEL NIÑO Y DEL ADOLESCENTE, *R. González Barrón (coord.).*
PSICOPATOLOGÍA DESCRIPTIVA. Signos, síntomas y rasgos, *V. Gradillas.*
PSICOPATOLOGÍA EN NIÑOS Y ADOLESCENTES. Desarrollos actuales, *J. R. Buendía Vidal.*
PSICOPATOLOGÍA INFANTIL BÁSICA. Teoría y casos clínicos, *J. Rodríguez Sacristán (dir.).*
PSICOTERAPIAS. Escuelas y conceptos básicos, *J. L. Martorell.*
REHABILITACIÓN PSICOSOCIAL DE PERSONAS CON TRASTORNOS MENTALES CRÓNICOS, *A. Rodríguez González (coord.).*
TÉCNICAS DE MODIFICACIÓN DE CONDUCTA, *F. J. Labrador Encinas (coord.).*
TERAPIA DE ACEPTACIÓN Y COMPROMISO (ACT). Un tratamiento conductual orientado a los valores, *K. G. Wilson y M. C. Luciano Soriano.*
TERAPIA DE CONDUCTA EN LA INFANCIA. Guía de intervención, *I. Moreno García.*
TERAPIA PSICOLÓGICA. Casos prácticos, *J. P. Espada Sánchez, J. Olivares Rodríguez y F. X. Méndez Carrillo (coords.).*
TERAPIA PSICOLÓGICA CON NIÑOS Y ADOLESCENTES. Estudio de casos clínicos, *F. X. Méndez Carrillo, J. P. Espada Sánchez y M. Orgilés Amorós (coords.).*
TRASTORNO ESPECÍFICO DEL LENGUAJE (TEL), *E. Mendoza Lara (coord.).*
TRATAMIENTO PSICOLÓGICO DE HÁBITOS Y ENFERMEDADES, *J. M.ª Buceta Fernández y A. M.ª Bueno Palomino.*
TRATAMIENTO PSICOLÓGICO DEL MUTISMO SELECTIVO, *J. Olivares Rodríguez, A. I. Rosa Alcázar y P. J. Olivares Olivares.*
TRATAMIENTOS CONDUCTUALES EN LA INFANCIA Y ADOLESCENCIA. Bases históricas, conceptuales y metodológicas. Situación actual y perspectivas futuras, *J. Olivares Rodríguez, F. X. Méndez Carrillo y D. Macià Antón.*
TRATAMIENTOS PSICOLÓGICOS. La perspectiva experimental, *J. Vila Castellar y M.ª del C. Fernández-Santaella.*
TRATAMIENTOS PSICOLÓGICOS Y TRASTORNOS CLÍNICOS, *A. Gavino Lázaro.*
VIVIR CON LA DROGA. Experiencia de intervención sobre pobreza, droga y sida, *J. Valverde Molina.*

Si lo desea, en nuestra página web puede consultar el catálogo completo o descargarlo:

www.edicionespiramide.es